Minitab을 활용한
통계적품질관리와
6 Sigma 이해
박성현·박영현·이제영 공저
SUCCESS

머리말

21세기는 품질 경쟁의 시대라고 말한다. 지금은 품질로 승부하는 시대이며, 품질경쟁에서 뒤지면 기업은 살아남을 수 없다. 품질경쟁에서 사용되는 중요한 무기 중의 하나는 통계적 품질관리(SQC)이다. SQC는 또한 전사적 품질경영(TQM)과 6시그마(Six Sigma)의 가장 중요한 인프라이다. 특히 6시그마는 탄탄한 SQC의 기반이 없으면 프로젝트 활동에 상당한 어려움이 있다.

이 책의 내용은 품질관리사가 되고자 하는 사람들과 6시그마를 수행하는 그린벨트(GB)나 블랙벨트(BB)들이 반드시 알아야 할 SQC 기법들을 모두 포함하도록 하였고, 또한 6시그마 시스템에 대해서도 상세히 설명하였다. 이 책은 공장이나 연구실에서 근무하는 기술자(engineer)와 관리자(manager)들을 염두에 두고 이들을 돕기 위하여 만들어진 책이지만, 대학에서의 SQC 교재로서 손색이 없는 책이라고 생각한다. 이 책은 이론보다는 응용을 염두에 둔 책이므로 예제를 많이 싣도록 하였고, 통계학과 학생들은 물론 산업공학과, 경영학과의 학생들, 또는 상대나 공대의 기타 학과 학생들도 큰 부담 없이 공부할 수 있는 책이라고 믿는다.

SQC 기법을 사용할 때에는 통계 패키지의 도움이 절실하다. 현재 가장 많이 사용되는 것이 MINITAB 통계 패키지이므로, 이 책에서는 MINITAB에 대한 소개는 물론, 각 장별로 SQC 기법에 대한 MINITAB 분석을 상세히 수록하여 놓았다. 실무에서 SQC 분석을 하는 분들께 도움이 되기를 바란다.

끝으로 강의 및 자문의 기회를 필자들에게 수시로 제공하여 이 책을 쓰는데 크게 도움을 준 한국표준협회, 삼성전자(주), LG전자(주), 동부제강(주) 등의 품질관리 담당직원들께 고마움을 전하고 싶다. 또한 민영사의 김동현 사장과 직원 여러분께 감사의 뜻을 전하고 싶다. 그들의 부단한 노력과 인내가 없었다면 이 책이 출판되기 어려웠을 것이다. 마지막으로 저자들에게 건강을 주시고 학문추구의 열정을 주신 우리 주 하나님께 진심으로 감사한 마음과 영광을 올리고 싶다.

2017년 2월

저자 씀

차례

제3장 데이터의 기초적 정리

제4장 확률변수와 확률분포

제5장 추정과 검정

제7장 관리도

제8장 공정능력관리

제9장 상관과 회귀

제10장 실험계획법

제1장

품질관리란?

1.1 품질

1.2 관리

1.3 품질관리와 통계적 품질관리

1.4 품질관리의 역사

1.5 통계적 품질관리의 범위

1.6 품질관리활동의 체계와 통계적 수법의 활용

과거 어느 때보다도 오늘날처럼 품질관리의 중요성이 절실히 요구되는 시기도 없었던 것 같다. 그 이유를 생각해 보면, 첫 번째로, 수출 주도형 경제성장 정책을 추구하여 온 우리나라는 21세기에 들어서면서 국제적인 수출경쟁의 심화로 인하여 수출이 어려워짐에 따라, 이를 극복하기 위해서는 수출상품의 품질향상과 원가절감을 통하여 수출상품의 해외 경쟁력을 증가시키는 것이 중요한 당면과제가 되었기 때문이다. 두 번째로, 우리나라의 생활수준이 향상됨에 따라 국민의 품질의식이 높아지고, 소비자가 요구하는 품질수준이 날로 까다로워지고 있으며, 또한 남보다 우수한 품질의 제품을 생산하는 자만이 살아남을 수 있는 풍토가 차츰 조성됨에 따라서, 기업의 품질관리 인식이 어느 때보다 높아지고 있기 때문이다.

본 장에서는 먼저 품질, 관리 그리고 품질관리에 대하여 차례로 논하고, 다음으로 품질관리의 핵심이 되는 통계적 품질관리의 의의, 그의 발달과정과 활동체계 등을 차례로 설명하고자 한다.

1.1 품질

품질(quality)이란 말은 일반적으로 제품의 유용성을 정하여 주는 특성이라고 정의할 수 있으나, 그 구체적인 의미는 시대와 더불어 변해가고 있고, 또한 사용하는 상황에 따라서 서로 다른 의미로 해석되는 경우가 많다. 과거에는 제품을 만드는 사람의 입장에서 보는 제품의 유용성이 강조되었으나, 최근에는 그 제품을 사용하는 사람의 입장에서 생각하는 제품의 유용성이 강조되고 있다. 따라서 품질이라는 의미는 제품 자체의 물리·화학적인 제품 품질(product quality)의 의미를 벗어나, 그 제품에 대한 서비스(service)의 질, 사용 적합성(fitness for use), 신뢰성(reliability) 등도 포함시키는 넓은 의미의 품질 개념이 사용되었다.

대표적인 품질에 관한 정의를 살펴보면 다음과 같다.

- A. V. Feigenbaum(1·7) : 사용되는 제품이 고객의 기대를 어느 정도 충족시켜 주는가를 나타내는 생산된 제품의 복합적인 특성
- J. M. Juran(1·8) : 사용상의 적합성
- P. Crosby(1·1) : 요구한 조건과의 일치성
- E. Deming(1·2) : 현재와 미래의 고객 요구조건의 충족도
- G. Taguchi(1·14) : 제품이 출하된 시점으로부터 성능특성치의 변동과 부작용 등으로 인하여 사회에 끼친 총손실
- KS A 9000 : 2001, KS Q ISO 9000 : 2007 : 고유 특성의 집합이 요구사항을 충족시키는 정도

  (KS는 한국산업규격을 뜻하고, 2001과 2007은 2001년도와 2007년도에 개정된 것을 말하며, 9000은 ISO 9000 시리즈에 있는 개념을 우리 것으로 도입한 것을 의미한다. 여기서 '특징'은 '특징을 구별하는 것'을 말하고, '요구사항'이란 '묵시적이거나 의무적인 요구 또는 기대'를 말한다.)

위에서 여러 가지 품질의 정의를 보았는데, 오늘날은 고객이 주인인 시대이므로 품질을 다음과 같이 정의하면 좋을 것이다.

- 품질은 고객만족(customer satisfaction)의 정도를 나타내는 제품이나 서비스의 총체적 특성이다.

또한 제품/서비스가 만들어지는 단계에 따라 품질을 다음과 같이 세 가지로 구분하여 생각할 수도 있다.

(1) **설계품질**(quality of design)

설계품질이란 제품을 생산하기 위한 제품의 규격(specification), 성능, 외관 등을 규정지어 주는 **품질규격**(quality standard)을 표시한 것을 말한다. 설계품질을 결정할 때에는 소비자가 요구하는 품질(이것을 시장품질이라고도 한다), 자사의 공정능력, 기술수준, 제품의 경제성 등을 고려하여 품질을 기획·설계하여야 한다. 생산자의 입장에서 볼 때, "이 정도면 고객이 만족할 것이다"라고 생각하는 품질목표이므로 목표품질이라고도 말한다.

(2) **제조품질**(quality of conformance)

제조품질을 적합품질이라고도 말하며, 이것은 생산과정에서 제조된 제품이 설계품질에 어느 정도 적합 되었는가를 나타내는 품질이다. 똑같이 만들고 싶은 제품이라도 제조단계에서 품질이 균일하지 않은 제품이 생산되면 품질의 산포가 발생하게 된다. 공장에서 말하는 품질향상이란 이 품질을 말하는 것으로 기술적·경제적으로 가능한 범위 내에서 설계품질에 일치하도록 노력하는 것이 제조분야에서의 품질관리 활동이라고 하겠다.

(3) **서비스의 품질**(quality of service)

제품 자체가 아무리 바람직한 품질을 구비하고 있다고 해도, 소비자가 이것을 올바르게 사용할 수 있도록 하여 주고, 또한 제품이 고장 나거나 사용상 애로사항이 발생하였을 때, 적절한 애프터서비스(after-service)를 받을 수 있도록 하여야만 소비자가 그 제품에 대해서 만족을 느낄 수 있을 것이다. 서비스의 품질이란 소비자가 제품을 올바르게 사용할 수 있도록 사용방법을 전달하여 주는 질, 그리고 제품 사용상 문제가 생겼을 때 애프터서비스의 질 등을 의미한다. 최근에는 품질의 의미를 소비자 위주로 생각하는 경향이 짙어짐에 따라 이 서비스의 품질이 더욱 중요한 의미를 갖게 되었다.

위에서 분류한 바와 같이 품질의 의미를 세 가지로 나누어 생각해 볼 수 있으나, 품질이란 용어를 사용할 때에 위의 세 가지 중에 반드시 하나만을 의미하는 것은 아니다. 일반적으로 위의 세 가지 중 두 개 이상을 혼합시켜 복합적인 의미로 사용하는 경우가 많다. 품질관리 분야의 세계적인 석학인 Juran(1·8)은 품질이란 "사용 적합성(fitness for use)"을 의미한다고 말하고 있다. 즉, 소비자가 제품을 사용할 때에 그 제품에서 원하는 바가 얼마나 만족되느냐를 말하는 것이다. 소비자의 만족을 얻으려면 설계도 잘 되어야 하지만 제조도 잘 되어야 하고, 또한 그 제품의 서비스도 훌륭해야 하므로 사용 적합성이란 위에서 정의한 세 가지 품질의 내용을 모두 포함하는 것이 된다.

제품의 성질을 규정하는 요소 또는 그 품질을 평가할 때 지표가 되는 요소를 **품질특성**(quality characteristics)이라고 한다. 즉, 품질특성은 제품의 유용성의 측정기준으로, 화학약품의 순도, 금속재료의 강도, 부품의 치수, 조립품의 성능, 수명 등이다. 품질특성을 측정한 값을 품질특성치라 하여 간단히 특성치라고 부르기도 한다. 품질관리에서 사용되는 데이터(또는 자료)란 용어는 일반적으로 이 품질특성치를 의미하는 말이다.

1.2 관리

품질관리의 **관리**(control)라는 말은 영어의 매니지먼트(management)와 컨트롤(control)의 뜻을 같이 포함하고 있다. 매니지먼트는 경영이나 품질의 어떤 정해진 목표를 달성하기 위하여 조직을 만들어 그 활동을 계획하고, 지시하고 통제하는 것을 말하고, 컨트롤은 어떤 표준을 설정한 후 그것에 대비시키면서 어떤 행동을 제어하여 나가는 것을 의미한다. 매니지먼트는 컨트롤보다 넓은 의미로 해석되는 관리로서 기업에서는 상부 관리층으로 올라갈수록 매니지먼트의 업무가 많아지고 하부 관리층으로 내려갈수록 컨트롤의 업무가 많아진다.

품질관리의 관리의 의미는 시대의 변천과 더불어 강조하는 내용이 달라지고 있다. 과거에는 품질의 통제라고 하는 컨트롤의 의미가 강하였으나, 근래에는 품질의 계획, 조직활동의 통제면에 중점을 두는 매니지먼트의 의미가 강조되고 있다. Juran은 그의 저서(1·9)에서 "관리란 표준을 설정하고 이것을 달성하기 위한 온갖 활동을 말한다(The process through which we establish and meet standards is called control)."라고 정의하고 있다. 이것은 매니지먼트와 컨트롤을 모두 포함시키는 의미로 해석된다고 하겠다.

Deming(1·3)은 관리의 기능을 [그림1.1]과 같은 도표를 써서 설명하고 있으며, 이를 **데밍 사이클(Deming cycle)**이라고 부른다. 데밍 사이클에서는 품질을 중요시하는 관념과 품질에 대한 책임감을 바탕으로 하여, 설계라는 계획단계를 시작으로, 설계내용의 제조라는 실시단계를 거쳐, 제품의 검사·판매라는 검토단계를 거친 후, 최종적으로 소비자에 대한 서비스와 그들의 의견을 알아보는 조사단계로 가게 된다. 조사·서비스의 결과로 재설계가 행해지고 제조방법이 변경되고 검사·판매의 방법을 개선하게 되는데 이와 같은 개선활동을 조치라고 볼 수 있다. 이 사이클이 계속 돌아가면서 끊임없는 관리 활동이 이루어지게 된다.

데밍 사이클의 개념을 간략히 줄여서 **계획(plan) → 실시(do) → 검토(check) → 조치(act)**를 반복하는 것이 관리라는 관점에서, [그림1.2]와 같이 그려서 이것을 데밍의 관리 사이클(control cycle)이라고 부르고 있다. 영문의 첫 글자를 따서 PDCA 사이클이라고 부르기도 한다. 이 PDCA 사이클은 품질의 계속적인 개선활동을 중요시하는 개념에 기초하고 있다.

관리의 사이클의 구성요소는

(1) 목표달성에 필요한 계획(혹은 표준)을 설정(plan)한다.

(2) 계획대로 실시한다(do).

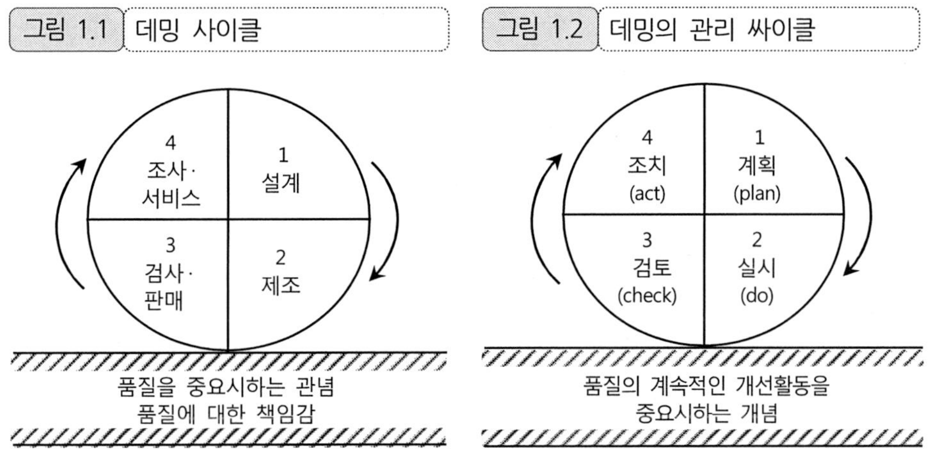

(3) 실시한 결과를 측정하고 해석한다. 즉, 평가한다(check).

(4) 평가한 결과가 계획에 비해 차이가 있으면 필요한 수정조치를 취한다(act).

의 네 가지로 되어 있고, 이 중에서 특히 검토단계에서는 품질특성치에 대한 분석·평가가 행해지는 통계적 품질관리활동이 중요한 몫을 차지하게 된다.

1.3 품질관리와 통계적 품질관리

앞에서 품질과 관리에 대하여 상세히 설명하였으므로 품질관리에 대한 정의를 내리는 것은 어렵지 않을 것이다. **품질관리(quality control ; QC)**란 간단히 얘기하면 품질에 대한 관리를 말하는 것으로 다음과 같이 정의할 수 있다.

> 품질관리란 수요자가 요구하는 모든 품질을 확보·유지하기 위하여 기업이 품질목표를 세우고, 이것을 합리적이고도 경제적으로 달성할 수 있도록 수행하는 모든 활동의 체계를 말한다.

통계적 품질관리(statistical quality control ; SQC)는 품질관리의 일부분으로 통계학의 모든 통계적 수법을 사용하여 실시하는 품질관리를 말하며, 품질관리의 핵심적인 부분이라고 하겠다. 따라서 다음과 같은 정의를 내릴 수 있다.

> 통계적 품질관리는 수요자가 요구하는 모든 품질을 확보·유지하기 위하여기업이 품질목표를 세우고, 이것을 합리적이고도 경제적으로 달성할 수 있도록 수행하는 모든 통계적 수법을 응용하는 활동체계를 말한다.

다음은 품질관리 분야의 권위자들의 정의와 한국산업규격의 정의를 살펴보자.

> • J.M. Juran(1·9) 품질관리란 품질특성을 측정하여 표준과 비교하며 그 차이에 대하여 조치를 취하는 통계적인 체계를 말한다.
> (Quality control is the regulatory process through which we measure actual quality performance, compare it with standards, and act on the difference.)

> • W.E. Deming(1·3) 통계적 품질관리란 최대한으로 유용하며 시장성 있는 제품을 가장 경제적으로 생산하기 위하여 생산의 모든 단계에서 통계적 수법을 응용하는 것을 말한다.
> (Statistical quality control is the application of statistical techniques in all stages of manufacture toward the most economic manufacture of a product that is maximally useful and has a market.)

위에 소개된 QC와 SQC의 정의는 다분히 제조 중심의 품질관리와 깊이 연관 지어 내려진 정의라고 생각할 수 있다.

Feigenbaum은 참으로 효과적인 품질관리는 설계에서 시작하여 제품이 수요자의 손에 들어가 수요자의 만족을 얻었을 때 끝나야 한다는 넓은 의미의 품질관리를 강조하고, 총합적 품질관리(Total Quality Control ; TQC)란 용어를 제안하였다. 그의 TQC의 정의는 다음과 같다.

• A.V. Feigenbaum(1·7) 총합적 품질관리란 수요자에게 충분히 만족되는 제품을 가장 경제적인 수준으로 생산할 수 있도록 회사 내의 각 부문이 품질개발, 품질유지 및 품질향상의 노력을 조정 통합하는 효과적인 체계이다.

(Total quality control is the effective system for integrating the quality-development, quality-maintenance, and quality-improvement efforts of the various groups in organization so as to enable production and service at the most economic levels which allow for full customer satisfaction.)

• **한국산업규격** A 9000:2001, Q ISO 9000: 2007 품질관리란 품질 요구사항을 충족하는 데 중점을 둔 품질경영의 일부이다. 품질경영이란 품질에 관하여 조직을 지휘하고 관리하기 위해 조정되는 모든 활동이다.

위의 여러 가지 정의를 살펴보면 이들 내용 가운데는 다소의 뉘앙스의 차이가 있음을 발견할 수 있다. Deming의 SQC가 가장 좁은 의미의 품질관리활동으로 통계적 수법의 적용을 통해서 본 생산과정의 품질관리이며, Juran의 QC는 좀 더 넓은 의미에서 품질표준을 설정하고 여기에 맞추어 나가려는 모든 통제활동을 품질관리라고 보았고, 마지막으로 Feignbaum의 TQC는 가장 넓은 의미에서 경영 전반에 걸친 조직의 체계를 통해서 본 품질관리라고 할 수 있다. 그러나 최근에는 전 세계가 ISO 9000 시리즈에 기준하여 품질이나 품질관리의 정의를 하고 있으며, 차츰 한국산업규격처럼 통일되어 가고 있는 과정에 있다.

품질관리의 정의에는 이와 같이 상이한 점이 있으나, 최근의 품질관리의 개념은 TQM(Total Quality Management : 전사적 품질경영)적인 이념에 바탕을 두어 경영의 수단으로 전사적으로 수행하되, 구체적인 실행 방안에서는 SQC적인 사고와 방법을 활용하여 나가는 활동으로 이해되어 가고 있다.

1.4 품질관리의 역사

(1) 품질관리의 시작

품질관리의 기초를 형성하는 것은 통계학이라고 말할 수 있다. 초기에 영국의 통계학자 K. Pearson 학파는 모집단의 전량 관찰에 의하지 않고, 다량의 표본(이를 시료라 부르기도 한다)에서 그 모집단의 분포상태를 파악하는 통계적 방법을 제시하였고, 1920년대에 영국의 통계학자 R.A. Fisher 학파는 소량의 표본에서 모집단에 관한 추정과 검정방법을 제시하여 추측통계학의 기초를 확립하였다. 이 추측통계학의 이론은 SQC의 바탕이 되고 있다.

SQC의 시작은 1924년에 벨연구소(Bell Telephone Laboratory)에 근무하던 W.A. Shewhart가, 똑같은 조건에서 제조된 제품이라도 품질특성치에는 산포가 존재하며, 이것을 관리하여야 한다고 주장한 데서 시작되었다고 볼 수 있다. 그는 품질특성치의 산포관리를 위하여 관리도법(control chart method)을 창안하여 생산 공정에서 일어나는 문제해결에 통계적 방법의 적용을 시도하였다. 그의 이론은 1931년에 발행된 그의 저서(1·8)에서 상세히 설명되어 있다. Quality Control이란 용어는 최초로 이 저서에서 사용되었다고 한다.

1928년에는 같은 Bell 연구소의 H.F. Dodge(1·4)와 1929년의 H.F. Dodge와

H.G. Romig(1·5)이 샘플링 검사(sampling inspection)의 이론을 발표하여 SQC에 또 하나의 획기적인 공헌을 하였다. 1941년에 출판된 Dodge-Romig의 샘플링 검사표(1·6)는 오늘날에도 샘플링 검사에 많이 인용되는 검사표가 되었다. 오늘날에 와서 Shewhart, Dodge와 Romig 세 사람의 업적은 통계적 품질관리의 기초가 된 것으로 평가되고 있다. 그러나 통계적 방법을 사용한 품질관리 활동이 본 궤도에 오른 것은 1939년 제2차 세계대전이 일어나 막대한 군수물자가 필요하게 되고, 이에 수반하여 발생되는 품질상의 문제를 관리하고자 하는 미국정부의 노력이 직접적인 계기가 되었다. 1941년 미육군성은 ASA(American Standards Association)에 의뢰하여 Shewhart의 관리도법을 공포하게 한 후 이를 군수산업에 적용토록 하였고, 또한 미국전시규격(1·12, 1·13)을 작성하여 사용토록 하였다.

(2) 품질관리의 확장

미국에서는 1946년에 미국품질관리학회(American Society for Quality Control)가 발족되어 기업의 품질관리 활동에 많은 기여를 하고 있다. 1950년에 미국방성은 샘플링 검사법의 하나인 MIL-STD-105A를 제정, 현재의 MIL-STD-105D로 발전시켰고, 1957년에는 MIL-STD-414를 제정하여 현재 세계적으로 널리 사용되고 있다.

영국에서는 독자적으로 1930년대부터 통계적 품질관리에 대한 연구가 추진되었다. 1933년에 발표된 E.S. Pearson(1·10)의 "품질관리 및 표준화에 있어서 통계적 수법의 사용"에 관한 논문을 시작으로 영국통계학회(Royal Statistical Association)를 중심으로 SQC에 관한 많은 논문이 발표되었고, 제2차 세계대전 중에는 미국과 마찬가지로 품질관리의 규격이 만들어져 군수산업에 대한 시도가 행해졌다.

품질관리기법은 미국과 영국으로부터 유럽의 여러 나라, 캐나다, 호주 등지로 전파되었고, 특히 유럽에서는 유럽품질관리기구(European Organization for

Quality Control)를 창립시켜 이 지역의 QC 보급에 선도적 역할을 하였다.

일본의 품질관리의 발전은 Deming과 Juran과 같은 미국학자들의 도움이 컸다고 한다. 1950년 Deming의 동경 강의를 시작으로 하여 1950~53년 사이에 이 두 학자는 수차례 일본을 방문하여 SQC의 강습회를 통해 일본 산업계의 QC를 보급시켰다. 일본에서는 1951년부터 Deming의 업적을 기념하기 위하여 "Deming상"을 설정하고 QC의 보급과 실시에 뛰어난 개인과 회사에 시상을 하여 왔다. 일본에서는 1950년대에 통계적 방법에 역점을 둔 SQC를 주로 하였으며, 1960년에 들어서면서 QC는 기업의 전 종업원이 참여하여야 소기의 목적을 달성할 수 있다는 사고에 근거를 두고 전사적 품질관리(TQC)를 발전시켜왔다. 일본규격 협회와 일본과학기술연맹 등이 품질관리의 보급·확산에 주된 역할을 담당하고 있다.

미국 경제가 지난 1980년대 부진을 딛고 일어나 1990년대부터 새로운 성장을 구가하는 데 결정적 기여를 한 것은 미국의 말콤 볼드리지 국가품질상(Malcolm Baldridge National Quality Award : 일명 MB상)이라 할 수 있다. 근본적으로 이 상이 지향하는 것은 '시스템적 경영방식'과 '탁월한 경영성과'이다. 오늘날 세계적으로 MB상 심사기준 체계가 갖는 의의는 경영품질의 공인된 세계기준이자 최고의 경영시스템 평가모델이라고 할 수 있다. 기존의 제품 위주의 품질 개념을 소위 'small q'라 한다면 전사적 품질경영을 위미하는 'Big Q'라 할 수 있다. 이와 함께 1987년에 세계표준화기구(ISO)에서 공표한 ISO 9000 시리즈에서 품질보증을 위하여 기업에서 전사적으로 실시하는 품질에 대한 경영을 강조하면서, 일본식 TQC를 대신하여 오늘날의 **전사적 품질경영(Total Quality Management)**이 전 세계적으로 널리 사용되고 있다.

ISO 9000시리즈의 도입과 TQM의 발전은 품질에 대한 경영자의 관심을 불러일으키고 업무 표준화에 크게 기여하였다. 그러나 기업에서 실질적으로 사용하기에는 적절한 품질혁신 전략이 되지 못 하였다. 이 때 과학적인 품질혁신 전략으로 대두된 것이 Motorola에서 시작된 6시그마이다. 6시그마는 품질혁신을 통계적으로 접근하면서도 경영전략적인 차원에서 인재양성, 품질개선활동 등을 조직적으로 다루고 있으므로, 최근 세계적인 글로벌 기업을 포함해서 많은 국내외 기업들이 TQM을 실현하기 위해 6시그마를 품질혁신활동으로 사용하고 있다.

(3) 한국의 품질관리

우리나라의 품질관리는 6·25 동란 등으로 인하여 그 출발이 매우 늦다. 한국에서 QC의 보급활동이 시작된 것은 1959년에 한국산업표준 규격협회(후에 한국규격협회, 그리고 한국공업표준협회로 개칭)가 창립된 후부터이고, 1961년에 공업표준화법(Industrial Standardization Law)이 공포되면서 활발한 보급이 전개되었다. 1966년에는 주한미국경제협조처(USOM)의 후원 하에 한국품질관리학회(현재의 한국품질경영학회)가 창립되어 QC의 연구발표회, 강습회 등으로 품질관리의 보급에 기여하였다.

우리나라에서 QC의 보급이 본 궤도에 오른 것은 1970년대 초반에 수출실적이 크게 신장되기 시작하고, 1973년에 공업진흥청이 발족되면서부터이다. 공업진흥청은 1960년대부터 정부에서 꾸준히 추진해 온 KS 표시제도를 정착시키고, 수출상품의 품질보증제도를 적극화하고, 표준화와 품질관리운동을 범산업적으로 전개시키는 데 주도적 역할을 하였다. 그러나 무엇보다도 기업인들이 자기들의 상품을 해외시장에 수출하면서 경쟁력을 확보하기 위하여 품질관리의 중요성을 인식하게 된 것이 QC보급의 계기가 되었다고 생각된다.

1961년에 공포된 공업표준화법에 의하여 한국산업규격이 탄생하고, 그 후에 수차례 개정되어 오다가 최근의 한국산업규격은 2001년에 ISO 9000 시리즈의 내용과 유사하게 개정되었고, 2007년에 KS Q ISO 9000: 2007로 개정되어 현재 사용되고 있다.

(4) 품질관리 운동의 변천

지금까지 품질관리의 역사를 간단히 살펴보았다. 품질관리의 개념은 역사와 더불어 변천하는 과정에서 그때의 시대적인 요청에 의해 새로운 품질관리 운동이 전개되어 제품의 품질향상에 큰 공헌을 하였다. 그 중에서 대표적인 운동 몇 가지를 소개하면 다음과 같다.

- **통계적 품질관리(Statistical Quality Control)** : 미국의 Bell 전화연구소의 W.A. Shewhart가 1924년에 제출한 관리도법에 관한 보고서와 Dodge와 Romig(1·5)의 샘플링 검사로부터 시작된 통계적 방법을 매개체로 한 품질관리 운동
- 전사적 품질관리(Total Quality Control) : 1950년대부터 기업의 품질관리는 전 부문의 참여 없이는 이루어질 수 없음을 간파한 Feigenbaum(1·7)에 의해 이 운동이 시작되었다. 이 운동에서는 제품의 품질은 기업 전반에 걸쳐 일어나는 모든 활동의 영향을 받으므로, 품질관리에는 설계의 관리(design control), 수입자재의 관리(incoming materials control), 애프터서비스의 관리(after-service control) 등이 포함되어야 한다고 강조하였다.
- **신뢰성(Reliability)** : 신뢰성 운동은 제2차 세계대전 중 미국이 군사적인 목적으로 사용하던 전자장비의 수명을 길게 하고자 하는 노력에서 시작되었다고 한다. 이 운동의 특징은 복잡한 전자제품의 설계단계에서 일어나는 품질문제의 해결을 가장 중요시 하는 데 있다. 1950년 미국 국방성에서는 전자장비신뢰성자문위원회(Advisory on the Reliability of Electronic Equipment ; AGREE)를 설립·운영하였고, 1957년에 발간된 AGREE 보고서는 신뢰성 운동에 획기적인 공헌을 하였다.
- **제품보증(Product Assurance)** : 이 운동은 1960년대 초반부터 소비자 제일주의 의식이 싹트면서, 제품의 결점으로 인하여 소비자가 피해를

입었을 때에 생산자에게 책임을 추궁하는 제품책임(Product Liability ; PL)의 개념과 더불어 발생된 운동이다. 여기에서는 제품의 보수 용이성(maintainability), 신뢰성(reliability), 각종의 품질보증활동 등이 강조된다.

- **무결점**(Zero Defect) : 이 운동은 제품을 만들 때 결점을 전혀 없게 하자는 정신적 동기부여 운동으로 1962년 미국의 Martin-Marietta사에서 시작되었다고 한다. 이 운동은 생산단계에서 종업원 한 사람 한 사람이 주의를 기울여 작업하면서 무결점에 도달할 수 있고, 무결점에 도달하기 위하여 부단히 노력하여야 한다는 정신적 자세를 강조한 운동이었다.
- **사회적 품질관리**(Social Quality Control) : 1970년대에 제품의 대량사용으로 지금까지 거론되지 않았던 공해문제나 사회 안전성의 문제가 야기되었다. 이 무렵부터 제품이 사회에 미치는 영향을 중요시하고 회사자체의 사회적 책임이 다루어지게 되었다. 이 운동은 제품의 사회적 영향을 충분히 고려하고 제품책임(PL)의 대책을 세운 품질관리의 추진방법을 강구하는 운동이라고 하겠다.
- **전사적 품질경영**(Total Quality Management) : 1987년에 세계표준화기구(ISO)에서 공표한 ISO 9000 시리즈에서 품질보증을 위하여 기업에서 전사적으로 실시하는 품질경영을 강조하면서 대두되었다. 오늘날에는 TQM이 앞의 TQC를 대신하여 널리 사용되고 있다.
- **6시그마**(Six Sigma) : 1987년에 미국의 Motorola에서 시작한 과학적 품질경영의 전략으로 오늘날 가장 인기가 있는 경영전략으로 대두되고 있다. 6시그마에서는 통계적 수단을 광범위하게 활용하고 있으며, 프로젝트 활동, 프로세스의 평가, 벨트제도에 의한 교육 등을 강조하고 있다.

1.5 통계적 품질관리의 범위

통계적 품질관리(SQC)란 앞에서 정의된 바와 같이 품질관리의 목적을 달성하기 위하여 사용되는 모든 통계적 방법의 활용체계를 말한다. 품질관리의 개념이 시대적 변화와 더불어 더욱 광범위해짐에 따라서 SQC에서 사용되는 통계적 수법도 매우 다양해졌다.

SQC의 발달 초기 단계에는 제조 단계에서 많이 사용되는 관리도법과 샘플링 검사법이 품질관리에서만 전용되는 통계적 기법으로 SQC의 골격을 이루었으나, 품질관리의 영역이 확대됨에 따라서 실험실이나 연구부서에서 활용되는 통계적 방법으로 검정과 추정, 상관·회귀분석, 분산분석과 실험계획법 등이 추가되었고, 또한 제품의 설계, 품질보증 등이 품질관리에서 강조됨에 따라 신뢰성 등도 넓은 의미에서 SQC에 포함시킬 수 있게 되었다.

이 책에서는 품질관리와 관련된 모든 통계적 방법을 SQC의 범위에 속한다고 간주하고, 이들을 간략하게 모두 소개하고자 한다. 그러나 단행본으로 만들기 위한 지면관계상 SQC라고 생각할 수 있는 반응표면분석, EVOP법(Evolutionary Operation), 혼합물 실험데이터 분석 등을 다루지 못하니 관심 있는 독자는 참고문헌(1·15)을 통하여 공부하여 주기 바란다.

1.6 품질관리활동의 체계와 통계적 수법의 활용

품질관리는 전술한 바와 같이 수요자가 요구하는 상품을 경제적으로 생산·공급하기 위한 모든 활동의 체계라고 말할 수 있으며, [그림1.3]과 같이 품질관리활동의 체계를 도시할 수 있다. [그림1.3]에서 보는 바와 같이 품질관리활동은

그림 1.3 품질관리 활동의 체계

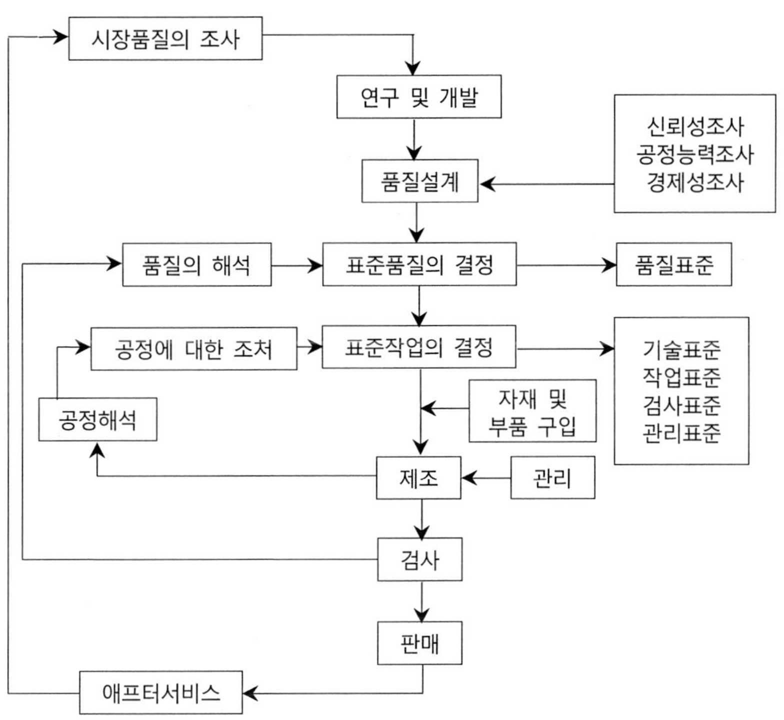

기업안의 모든 조직과 연관되어 있음이 명백하다. 이들의 활동에서 어떤 통계적 수법이 쓰여 지고 있고 그 필요성이 무엇인가를 밝혀 보자.

시장품질의 조사에서는 올바른 **표본추출법**(sampling method)과 거기서 얻어지는 데이터의 적절한 해석방법(검정과 추정 또는 적절한 분석법)을 활용하지 않으면 소기의 목적을 이룰 수 없다. 표본추출법과 데이터 해석법은 SQC의 중요한 영역이다.

연구 및 개발에서는 실험실 연구, 신제품 개발연구 등을 수행할 때에 **실험계획법**(experimental design), **분산분석**(analysis of variance), **회귀분석**(regression analysis) 등이 많이 사용된다. 특히 실험계획법은 품질특성치에 영향을 미치고 있다고 여겨지는 수많은 요인 중에서 영향이 큰 것을 골라내고, 또한 이들의 최적조건을 찾아낼 수 있는 방법으로, 연구·개발 부문에서 긴요하게 사용되는 방법이다.

품질설계에서 자주 사용되는 통계적 방법은 **신뢰도**(reliability), **공정능력지수**(C_p), **공차**(tolerance) 등으로 이들의 계량적인 계획 없이 품질설계가 이루어진다는 것은 구체적인 품질설계가 이루어지지 않았음을 의미하는 것이다.

표준품질이란 상품의 품질목표를 구체적으로 나타낸 것으로 이것을 기록한 것이 품질표준이다. 표준품질이 정해지면 어떻게 해야 그것이 만들어질 수 있는가가 결정된다. 이것이 표준작업의 결정인데, 이것을 구체적으로 기록하게 되며 분야에 따라서 기술표준, 작업표준, 검사표준, 관리표준 등이 정해진다.

표준에 의한 제조에서는 각종의 관리활동에 의하여 표준이 지켜지고 있는가를 부단히 검토하여야 하며, 관리도법 및 각종의 통계적 수법(QC의 7가지 도구 등)을 활용하여 공정해석을 하고, 그 결과로부터 각종 표준의 개정 등이 이루어진다.

검사의 단계에서는 샘플링검사를 통하여 품질의 평가가 이루어지고 필요에 따라서 표준품질의 개정이 이루어지기도 한다. 샘플링검사는 시료(표본)로부터 모집단인 공정의 정보를 얻으려는 활동이므로 통계적 검정과 추정법이 자주 사용된다.

이상에서 기술한 바와 같이 거의 모든 품질관리활동에서 통계적 수법이 사용되며, 이들의 적절한 사용 없이는 성과를 거둘 수 없다. 또한 품질관리활동에서는 사실에 근거를 두는 것이 바람직하다. 사실에 근거를 둔다는 것은 데이터(data)에 의한다는 뜻이며, 데이터의 취득, 분석, 해석은 통계적 활동이므로 SQC 수법은 품질관리활동에 가장 핵심적인 요소라고 하겠다.

참고문헌

1·1 Crosby, P.B. : Quality Is Free, New York, McGraw-Hill, 1979.

1·2 Deming, W.E. : Out of the Crisis, MIT, Cambridge, MA, 1986.

1·3 Deming, W.E. : Elementary Principles of Statistical Control of Quality, 1950.

1·4 Dodge, H.F. : "Using inspection data to control quality," Manufacturing Industries, 1928.

1·5 Dodge, H.F. and Romig, H.G. : "A method of sampling inspection," Bell System Technical Journal, October Issue,1929.

1·6 Dodge, H.F. and Romig, H.G. : Sampling Inspection Tables : Single and Double Sampling, 1st ed., John Wiley, New York, 1941.

1·7 Feigenbaum, A.V. : Total Quality Control, 3rd edition, McGraw-Hill, New York, 1983.

1·8 Juran, J.M. : Managerial Breakthrough, New York, McGraw-Hill, 1964.

1·9 Juran, J.M. : Quality Control Handbook, 3rd ed., McGraw-Hill, New York, 1974.

1·10 Pearson, E.S. : "A survey of the uses of statistical method in the control and standardization of the quality of manufactured product," Journal of the Royal Statistical Society, Series A, Vol. XCVI, pp.21~60, 1933.

1·11 Shewhart, W.A. : The Economic Control of Quality of Manufactured Product, D. Van Nostrand Co., New York, 1931.

1·12 Z1·1 and Z1·2 : Guide for Quality Control, Control Charts Methods of Analyzing Data, 1941.

1·13 Z1·3 : Control Charts Methods of Controlling Quality During Production, 1942.

1·14 Taguch, G. : Introduction to Quality Engineering, Asian Productivity Organization, Tokyo, 1986.

1·15 박성현 : 현대실험계획법(개정판), 민영사, 2003.

1·16 박성현, 박영현, 이명주 : 통계적 공정관리(개정판), 민영사, 2005.

1·17 KS Q ISO 9000: 2007: 품질경영시스템 - 기본사항 및 용어, 산업자원부 기술표준원, 2007년 11월 30일 개정.

제2장

미니탭

2.1 미니탭 소개

미니탭은 1972년 미국 펜실베니아 주립 대학교에서 통계분석을 위한 교육용 프로그램으로 개발되었지만 현재는 공학, 사회학, 심리학, 경영학 등 모든 산업 분야에서 통계분석을 위해 널리 사용되고 있는 소프트웨어이다. 또한 통계자료 분석 소프트웨어로 널리 알려진 통계패키지인 SPSS나 SAS같은 다른 언어에 비해서 절차 및 문법이 단순하기 때문에 쉽게 사용할 수 있다는 장점을 가지고 있다. 최근에는 산업현장에서 6시그마 경영이 도입되면서 미니탭의 활용이 점점 높아지고 있으며, 다음과 같은 품질관리에서 이루어지는 주요기능을 가진다.

2.2 미니탭의 기능

- **기초통계** : 통계량 구하기, 검·추정, 상관분석, 공분산분석, 카이제곱 검정 등
- **그래프분석** : 히스토그램, 파레토도, 산점도, 상자그림 등
- **다변량분석** : 주성분분석, 요인분석, 군집분석 등
- **신뢰도 및 생존분석** : 분포분석, 생존 데이터의 회귀분석, 수익분석 등
- **시계열분석** : 추세분석, ARMIA 등
- **실험계획법** : 분산분석, 회귀분석, 요인실험, 혼합물실험, 반응표면, 다구찌법 등
- **품질도구** : 공정능력분석, 각종 관리도, 특성요인도, Gage R&R, 정규검정, 검출력과 샘플크기

2.3
미니탭 시작하기

Minitab을 시작하면 다음과 같이 워크시트창, 세션창, Project Manager의 세 개의 창으로 구성된다.

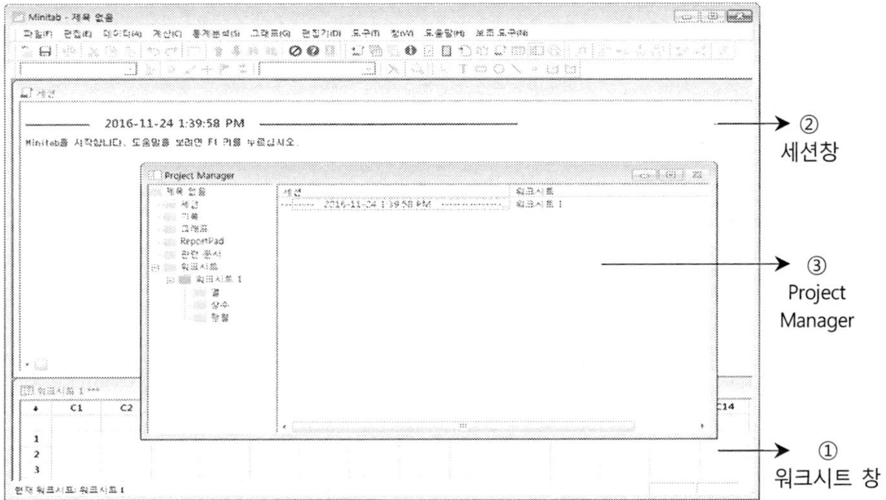

그 각각의 기능은 다음과 같다.

1) **워크시트 창** : 데이터를 포함. 한 프로젝트에 여러 개의 워크시트가 있고, 저장된 자료는 물론 자료의 입력이나 수정이 이루어진다.
2) **세션 창** : 명령에서 일어나는 실행결과를 표시한다.
3) **Project Manager** : Project Manager는 미니탭의 각종 창을 관리하여 다음의 각종 폴더로 구성된다.
   (1) 세션 폴더 : 세션 창 출력을 관리
   (2) 기록 폴더 : 세션에 사용된 명령이 나열. 기록 폴더에서 명령을 복사한 다음 명령줄 편집기에 붙여넣어 명령을 다시 실행

(3) 그래프 폴더 : 그래프를 관리 및 배열하고 그래프의 이름을 지정

(4) ReportPad 폴더 : 작업 보고서를 만들고 정렬하며 편집

(5) 관련 문서 폴더 : Minitab 파일이 아닌 프로젝트관련 파일에 빠르게 액세스할 수 있음

(6) 워크시트 폴더 : 열려 있는 워크시트에 대한 개별 폴더가 포함. 각 워크시트 폴더에는 워크시트에서 사용된 열, 저장된 상수, 행렬 및 설계에 대한 요약이 표시

2.4 미니탭 메뉴

미니탭은 다음과 같은 여러 가지의 메뉴로 구성되어 있다.

2.4.1 파일

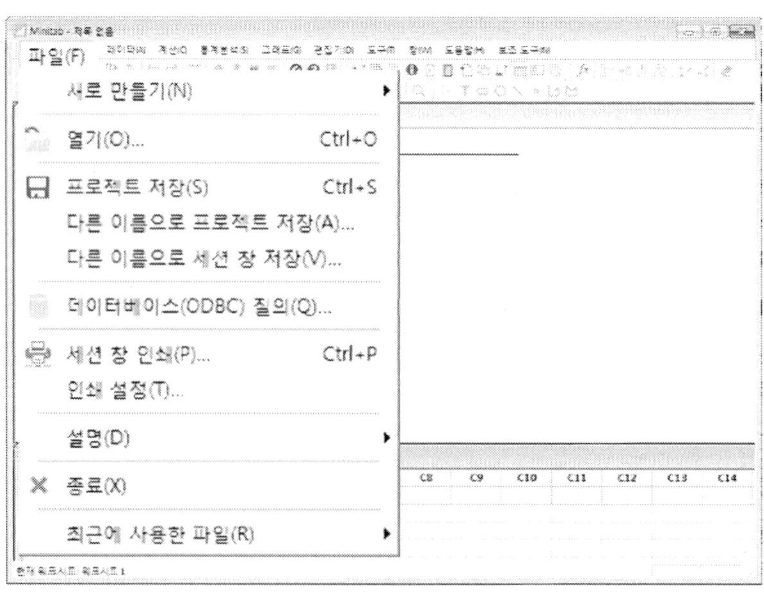

메 뉴	설 명
새로 만들기	새 워크시트나 프로젝트를 열기
프로젝트 워크시트 열기	프로젝트 워크시트 파일을 열기
프로젝트 워크시트 저장	현재 프로젝트 워크시트를 저장
다른 이름으로 프로젝트 워크시트 저장	현재 프로젝트 워크시트를 다른 이름으로 저장
프로젝트 설명	현재 프로젝트에 대한 설명
데이터베이스(ODBC) 질의	Microsoft Access, Oracle, Sybase 또는 SAS에서 저장된 데이터베이스 데이터를 Minitab 워크시트로 가져오기
그래프 열기	Minitab 그래프(MGF) 파일을 열기
그 밖의 파일들	특수 텍스트 파일 가져오기/내보내기 실행을 위한 명령을 표시
다른 이름으로 세션/기록/그래프 창 저장	세션/기록/그래프 창의 내용을 파일에 저장
세션/기록/그래프/워크시트 창 인쇄	세션/기록/그래프/워크시트 창 인쇄
인쇄 설정	프린터 설정을 정의
종료	Minitab을 종료

2.4.2 편집

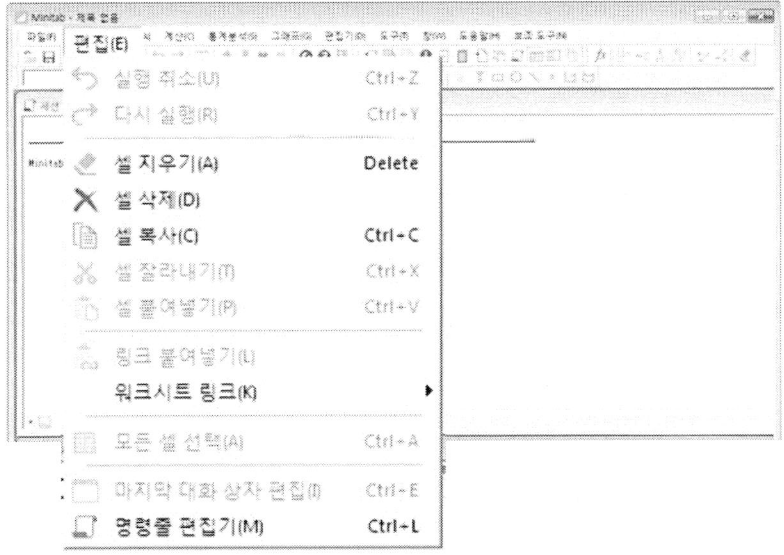

메 뉴	설 명
실행 취소	가장 최근에 편집한 작업을 취소
다시 실행	이전 실행 취소를 취소
지우기/셀 지우기	행을 위로 이동하거나 열을 이동하지 않고 강조 표시한 셀의 내용만 지우기
삭제/셀 삭제	강조 표시한 텍스트나 데이터를 삭제
복사/셀 복사	강조 표시한 텍스트나 데이터를 복사
잘라내기/셀 잘라내기	강조 표시한 텍스트나 데이터를 잘라낸 다음 클립보드로 복사
붙여넣기/셀 붙여넣기	활성화된 창의 현재 위치로 클립보드의 내용을 복사
링크 붙여넣기	기존의 링크를 데이터 창에 붙여넣어 새로운 동적 데이터 교환(DDE, Dynamic Data Exchange) 링크를 만들기
모두 선택/모든 셀 선택	활성화된 창에 있는 모든 내용을 강조 표시
마지막 대화 상자에서 편집	가장 최근에 사용한 대화 상자를 열기 이 대화 상자에는 마지막으로 선택한 항목이 저장

2.4.3 데이터

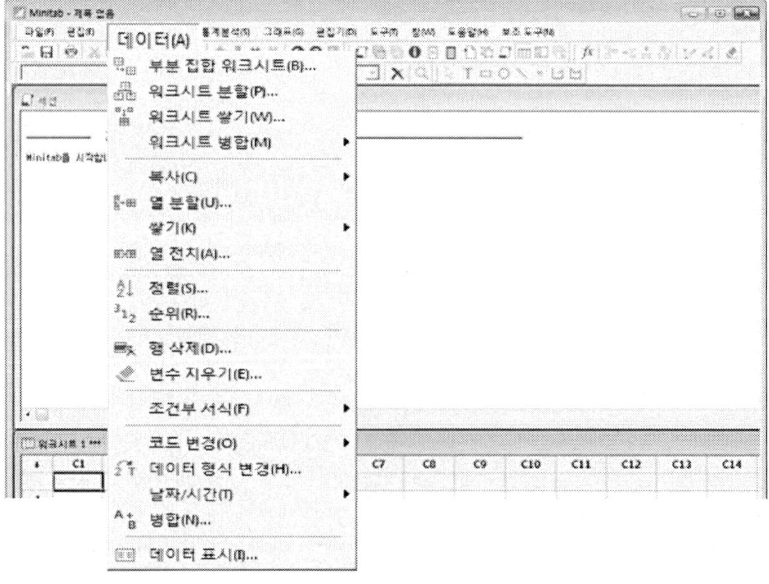

메 뉴	설 명
워크시트의 부분 집합 취하기	활성 워크시트에서 지정한 행을 새 워크시트에 복사
워크시트 분할	하나 이상의 "기준" 변수를 기준으로 활성 워크시트를 둘 이상의 새로운 워크시트로 분할
워크시트 병합	두 워크시트를 하나의 새 워크시트로 결합
복사	워크시트의 한 위치에서 다른 위치로 선택한 항목을 복사. 전체 항목 또는 부분 집합을 복사
쌓기	여러 열을 쌓아 보다 긴 열을 만듦
분할	열을 보다 짧은 여러 열로 분할
열 전치	열을 행으로 전환
정렬	하나 이상의 데이터 열을 정렬
순위	열의 값에 순위 점수를 지정
행 삭제	워크시트의 열에서 지정한 행을 삭제
변수 지우기	열, 저장된 상수 및 행렬의 조합을 지움
병합	둘 이상의 텍스트 열을 나란히 결합하여 하나의 새 열로 만듦
코드	값을 열로 다시 코드화
데이터 유형 변경	세션 창에 현재 워크시트의 데이터를 표시
날짜/시간에서 추출	날짜/시각 열에서 하나 이상의 성분(예: 연도, 분기 또는 시)을 추출하여 숫자 또는 텍스트 열에 데이터를 저장
데이터 표시	열의 데이터 유형(숫자, 텍스트 또는 날짜/시각)을 다른 데이터 유형으로 변경

2.4.4 계산

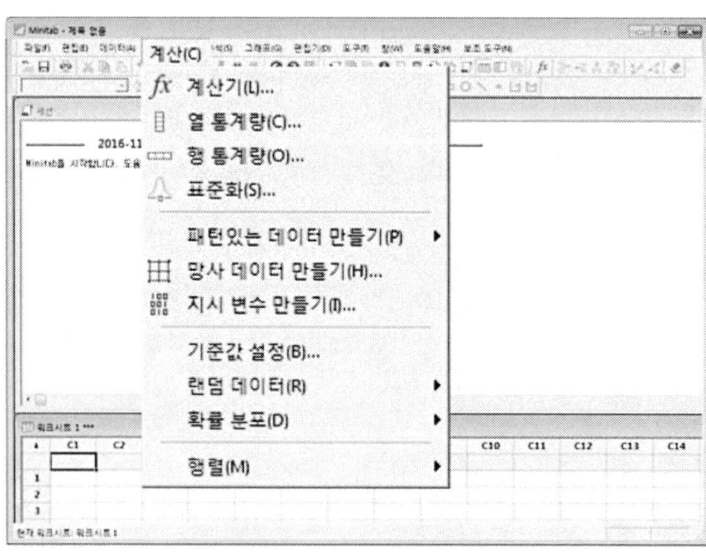

메 뉴	설 명
계산기	대수식을 사용하여 계산, 대수식에는 산술 연산, 비교 연산, 논리 연산 및 함수가 포함
열 통계량	선택한 열에 대한 다양한 통계량 계산
행 통계량	선택한 열의 각 행에 대한 다양한 통계량 계산
표준화	데이터 열을 중심화하고 척도화
패턴이 있는 데이터 만들기	패턴을 따르는 숫자 또는 날짜/시각 값으로 열을 쉽게 채울 수 있다. 관련 정보는 패턴이 있는 데이터 생성하기 참조
망사 데이터 만들기	등고선 플롯, 3D 표면 플롯 및 와이어프레임 플롯을 그리는 데 사용할 정규 (x,y) 망사를 만듦. z-변수를 만들 수 있음.
지시 변수 만들기	회귀 분석에 사용할 수 있는 지시(더미) 변수를 만듦. 관련 정보는 패턴이 있는 데이터 생성하기 참조
기저값 설정	Minitab 난수 생성기의 시작 점을 지정
랜덤 데이터	워크시트의 열이나 다양한 분포에서 표본을 추출하여 숫자에 대한 랜덤 표본을 생성하기 위한 명령을 표시
확률 분포	연속형 분포 및 이산형 분포에 대한 확률, 확률 밀도, 누적 확률 및 역 누적 확률을 계산할 수 있는 명령을 표시
행렬	행렬 연산을 수행하기 위한 명령을 표시

2.4.5 통계분석

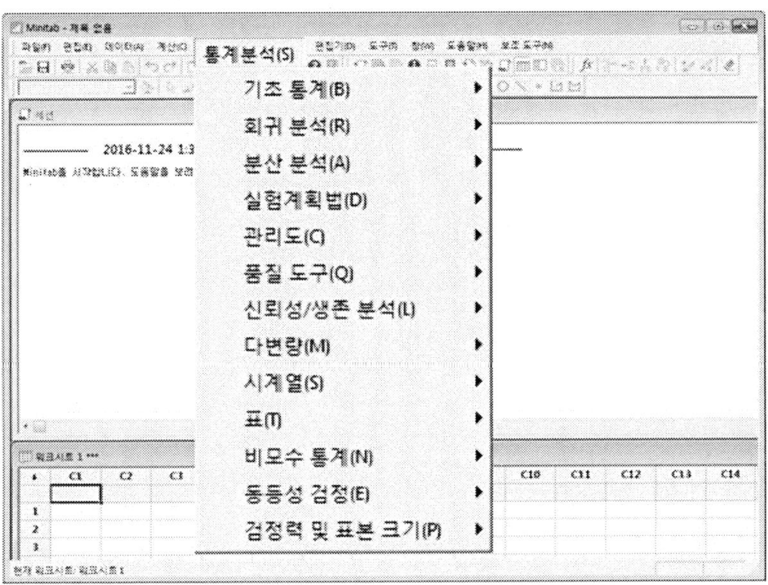

메 뉴	설 명
기초 통계	기초통계량의 계산
회귀 분석	회귀분석
분산 분석	분산분석
실험설계법	실험설계분석
관리도	관리도 수행
품질 도구	품질 도구
신뢰성/생존 분석	신뢰성/생존 분석
다변량 분석	다변량 분석
시계열 분석	시계열 분석
표	표의 실행
비모수 통계	비모수 통계량의 계산
탐색적 데이터 분석	데이터 탐색
검정력 및 표본 크기	검정력 및 표본 크기 계산

2.4.6 그래프

메 뉴	설 명
산점도	한 변수를 기준으로 다른 변수를 플롯하여 두 변수 간의 관계를 보여 줌
산점도행렬	산점도의 배열을 만들어 두 변수 간의 관계를 한 번에 평가
주변 분포도	두 변수 간의 관계를 평가하고 분포를 조사
히스토그램	표본 데이터의 형태 및 분포를 검사
점도표	값을 숫자 점에 따라 플롯하여 분포를 평가하고 비교
줄기-잎 그림	줄기-잎 그림
확률도	데이터가 특정 분포에 적합되는지를 쉽게 확인, 다른 표본 분포를 비교
경험적 누적분포함수	경험적 누적분포함수
상자 그림	상자그림
구간 그림	구간 플롯은 데이터의 중심 위치와 변동성을 모두 보여 줌
개별 값 그림	변수나 그룹에 대한 개별 값을 수직 열로 플롯하여 표본의 분포를 평가 및 비교
막대 차트	막대는 범주의 카운트, 범주의 함수(예: 평균, 합 또는 표준편차) 또는 표의 요약 값을 나타냄

파이 차트	데이터 범주를 전체 데이터 세트에 상대적인 비율로 표시
시계열도	시각별로 데이터의 패턴을 평가
영역 그래프	여러 시계열의 추세와 합계에 대한 각 시계열의 기여도를 평가
등고선도	두 변수에 대한 값은 X 축과 Y 축에 표시되는 반면 세 번째 변수에 대한 값은 등고선이라는 여러 색조의 영역에 표시
3D 산점도	세 변수 간의 관계를 한 번에 평가
3D 표면도	세 개의 축에 데이터를 플롯하여 세 변수 간의 관계를 동시에 평가

2.5 미니탭의 기초

2.5.1 파일 불러오기 / 저장

(1) 불러오기

Excel 워크시트, Lotus 1-2-3 워크시트 및 텍스트 파일 등, Minitab에서는 다른 응용프로그램의 불러오기를 할 수 있다.

(C:/program files/minitab/minitab17/한국어/표본데이터)

미니탭파일 열기

1. **파일 > 워크시트 열기** 선택

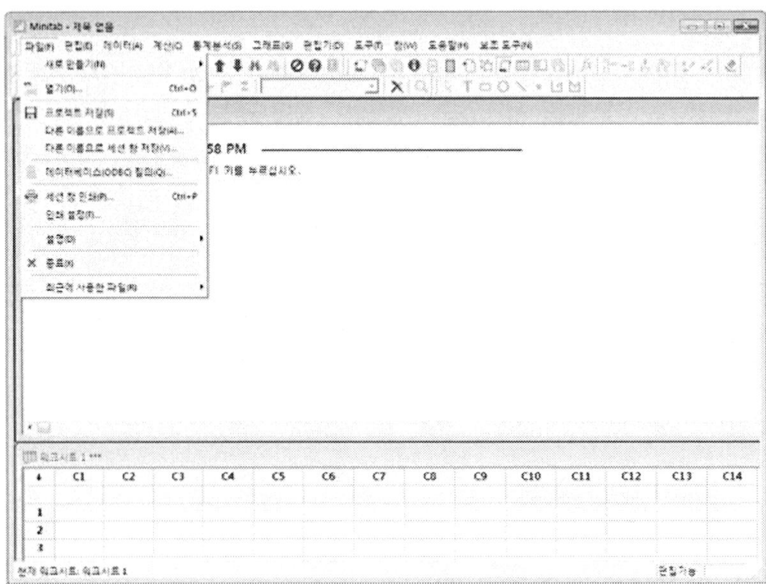

2. **파일 형식**을 **Minitab(*mtw; *.mpj)**을 선택하여 필요한 미니탭 파일을 불러올 수 있다.

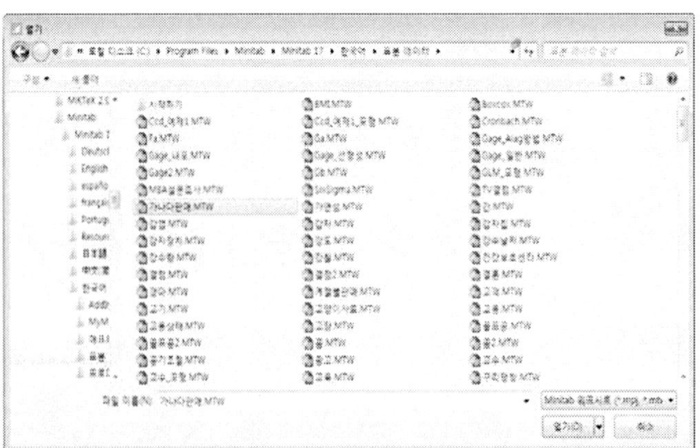

엑셀파일 열기

1. **파일 > 워크시트 열기** 선택

2. **파일 형식**을 **Excel (*.xls)**을 선택하여 필요한 엑셀 파일을 불러올 수 있다. 미니탭 사용 후 워크시트를 저장할 수 있다.

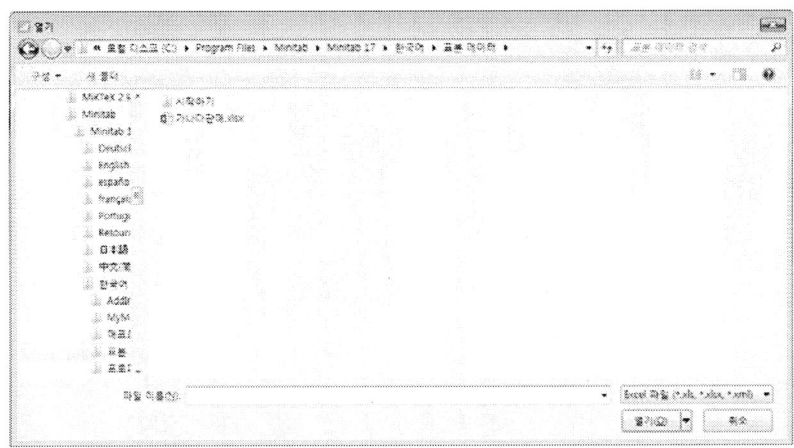

(2) 저장

창 제목에 표시된 파일 이름과 같은 파일 이름 및 형식으로 현재 워크시트를 저장한다.

현재 워크시트의 제목이 없는 경우에는 **파일 > 현재 워크시트 저장**을 선택하여 파일 형식, 파일 이름 및 데이터 저장 위치를 지정하는 대화 상자를 표시한다.

워크시트의 이름을 바꾸거나 새 위치에 저장하려면 **파일 > 다른 이름으로 현재 워크시트 저장**을 선택한다.

다른 이름으로 저장하기

1. **가나다판매.mtw**을 **파일저장.mtw**로 저장하기

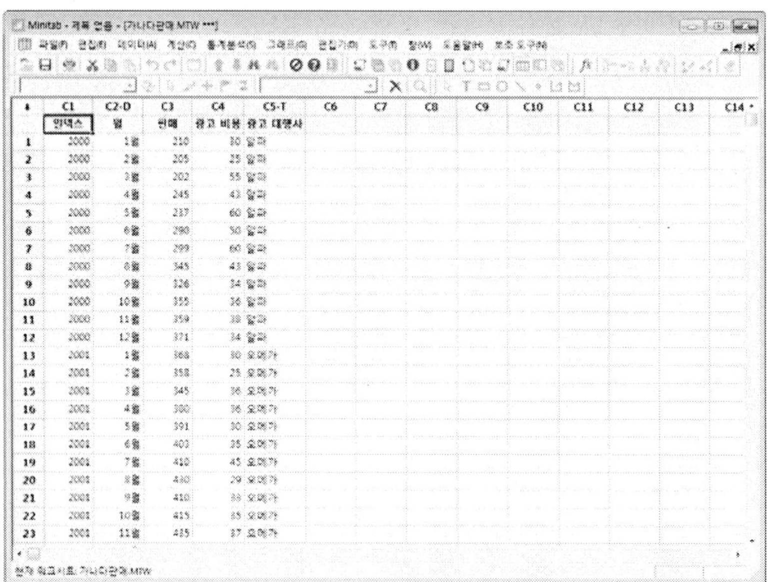

	C1 인덱스	C2-D 월	C3 판매	C4 광고 비용	C5-T 광고 대행사
1	2000	1월	210	30	알파
2	2000	2월	205	25	알파
3	2000	3월	202	55	알파
4	2000	4월	245	43	알파
5	2000	5월	237	60	알파
6	2000	6월	290	50	알파
7	2000	7월	299	60	알파
8	2000	8월	345	43	알파
9	2000	9월	326	34	알파
10	2000	10월	355	36	알파
11	2000	11월	359	38	알파
12	2000	12월	371	34	알파
13	2001	1월	368	30	오메가
14	2001	2월	358	25	오메가
15	2001	3월	345	36	오메가
16	2001	4월	380	36	오메가
17	2001	5월	391	30	오메가
18	2001	6월	403	35	오메가
19	2001	7월	410	45	오메가
20	2001	8월	430	29	오메가
21	2001	9월	410	33	오메가
22	2001	10월	415	35	오메가
23	2001	11월	435	37	오메가

2. **파일 〉 다른 이름으로 현재 워크시트 저장** 선택

3. **파일 이름**에 파일저장 입력

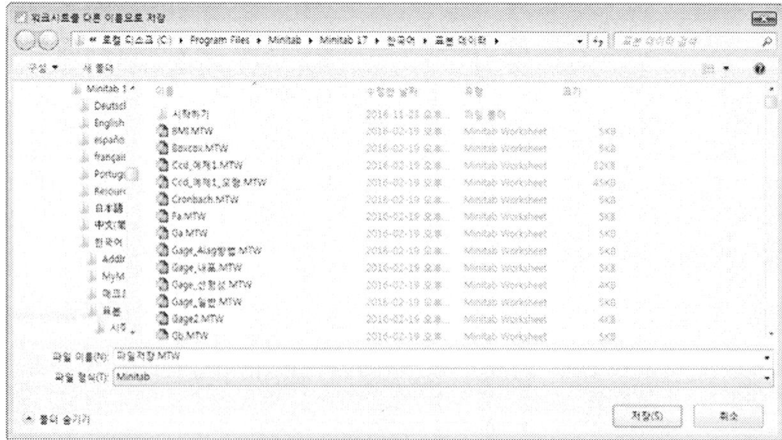

2.5.2 데이터

(1) 부분 집합 취하기

활성 워크시트에서 지정한 행을 새 워크시트에 복사하는 데 사용한다. 행 번호, 그래프의 브러시된 점 또는 50세 미만의 미혼 남성과 같은 조건으로 부분 집합을 지정할 수 있다.

예제 2-1

다음 표에서 Pulse1, Pulse2의 데이터를 다음 조건에 맞게 워크시트의 부분 집합 취하기를 하여라.(조건 : Pulse2 - Pulse1의 차가 15보다 큰 관측값 구하기)

Pulse1	64	58	62	66	64	74
Pulse2	88	70	76	78	80	84

▶▶▷미니탭 이용

1. **데이터 > 워크시트의 부분집합** 취하기

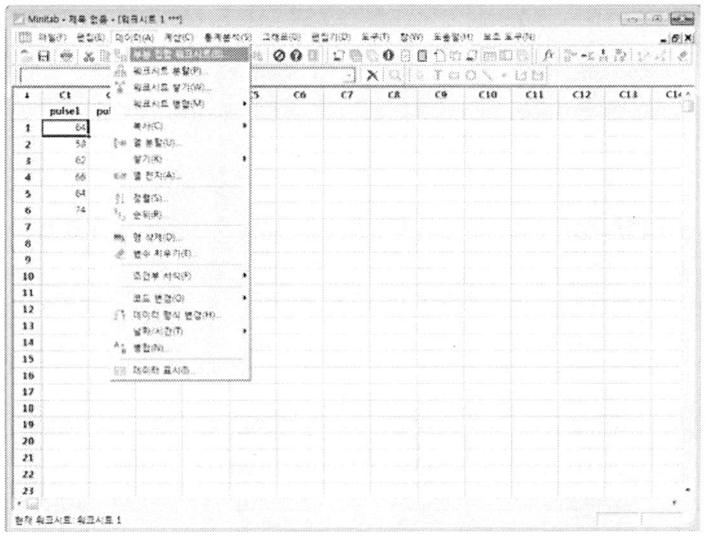

2. 대화상자에서 **새 워크시트 이름**을 지정
3. **포함** 또는 **제외**에서 포함할 **행** 지정 선택

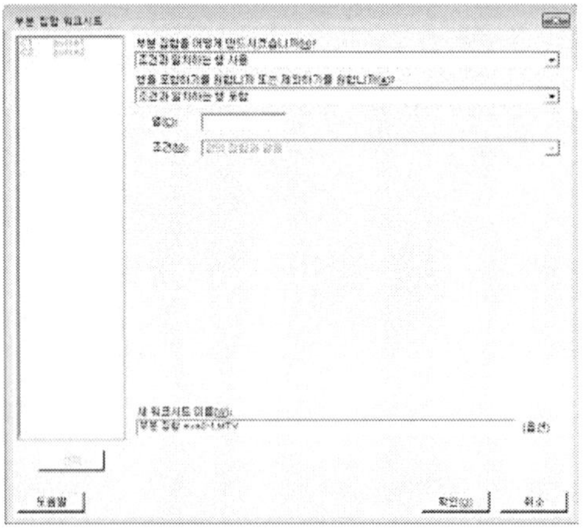

4. **포함할 행 지정**에서 일치하는 행 선택 후 조건 선택
5. 공식 **대화상자**에서 **조건(Pulse2−Pulse1) > 15**를 입력한 후 확인

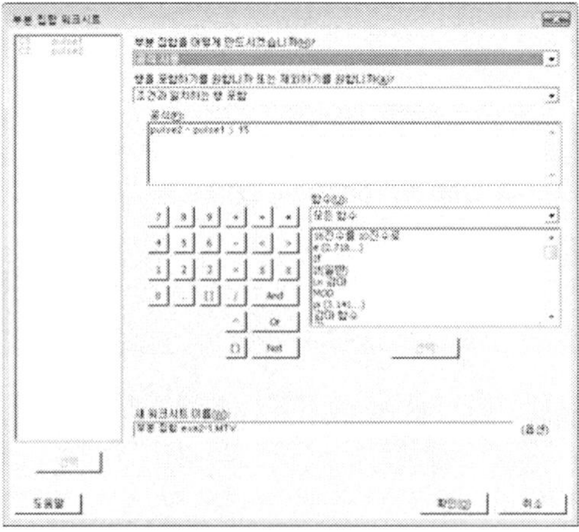

6. 결과창

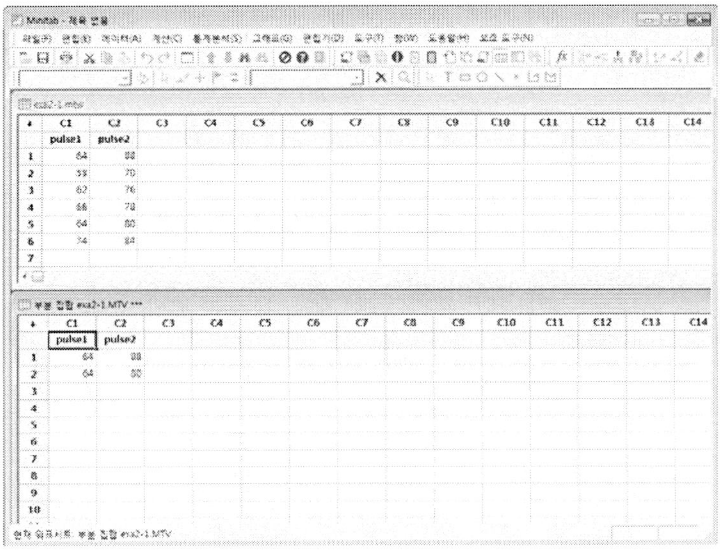

(2) 워크시트 분할

하나 이상의 “기준” 변수에 따라 활성 워크시트를 둘 이상의 새 워크시트로 분할하는 데 사용한다. 예를 들어, 워크시트를 “Yes” 및 “No” 값이 들어 있는 기준 변수(가령, sex)에 따라 분리할 경우에는 Yes에 대한 워크시트와 No에 대한 워크시트가 각각 생성된다.

일반적으로 워크시트 분할은 적은 개수의 워크시트를 새로 만들 때 매우 유용하다. 워크시트 분할을 사용하여 만들 수 있는 워크시트의 개수에는 제한이 없지만 워크시트를 너무 많이 만들면 관리하기가 복잡해진다.

워크시트의 부분 집합 취하기와 워크시트 분할은 항상 데이터를 새 워크시트에 복사한다. 복사를 사용하면 현재 워크시트의 데이터를 부분 집합으로 바꿀 수 있다.

예제 2-2

미니탭 샘플파일(C:/MINITAB17 한국어/표본데이터)에서 워크시트 **맥박.MTW**를 불러 성별(Sex)로 분할하여라.

▶▶▷미니탭 이용

1. 워크시트 **맥박.MTW**를 불러온다.
2. **데이터 > 워크시트의 분할 취하기** 선택

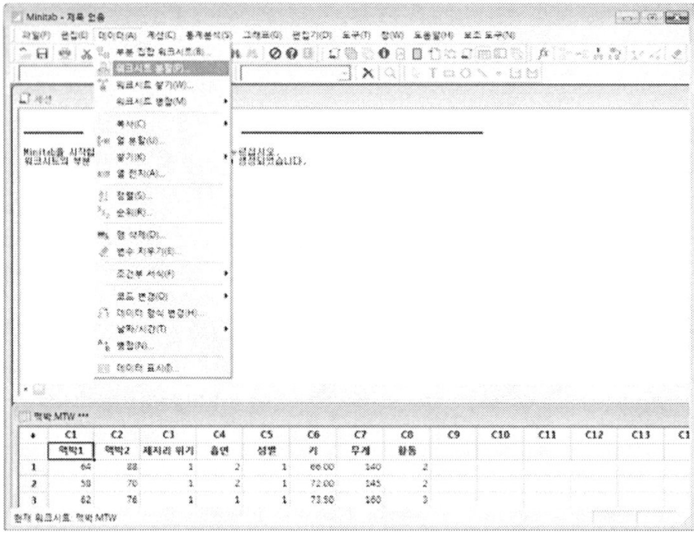

3. **기준 변수**에 성별 선택한 후 확인
4. 결과창

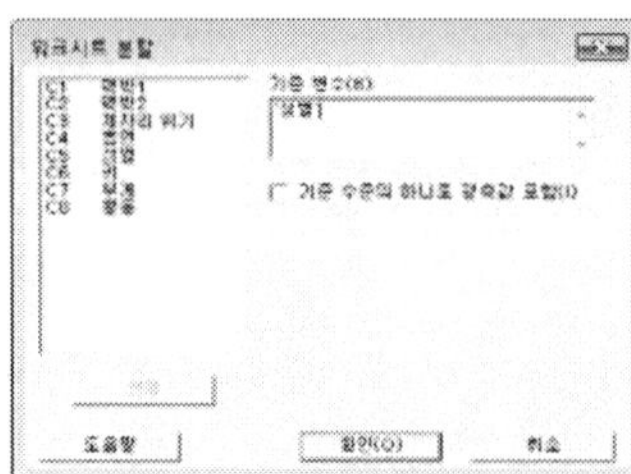

(3) 워크시트 병합

열려 있는 두 워크시트를 결합하는 데 사용한다. 추가 워크시트를 열 때 사용할 수 있는 병합 옵션과 달리 워크시트 병합은 원래의 두 워크시트에 있는 정보를 복제한 다음 결합하여 새 워크시트에 저장한다. 기본 세팅을 사용하면 기본적으로 워크시트 병합이라는 새 워크시트에 워크시트가 나란히 결합되며 기존 속성은 그대로 유지된다.

또한 주 대화 상자 옵션을 사용하여 병합된 워크시트를 사용자 정의할 수 있다. 기준 열을 사용하면 워크시트를 하나 이상의 열 순서 및 길이에 따라 결합할 수 있다. 또한 기준 열 하나 또는 두 개에서 일치하지 않는 값, 결측치 또는 다중값을 포함시킬지 여부를 지정할 수 있다. 또한 열 포함을 사용하여 원래의 각 워크시트에서 포함시킬 열을 지정할 수도 있다.

예제 2-3

미니탭 샘플파일(C:/MINITAB17 한국어/표본데이터)에서 워크시트 **조사1.MTW**, **조사2.MTW**를 불러 병합하라.

▶▶▷미니탭 이용

1. 워크시트 **조사1.MTW**를 연 다음 워크시트 **조사2.MTW**를 불러온다.

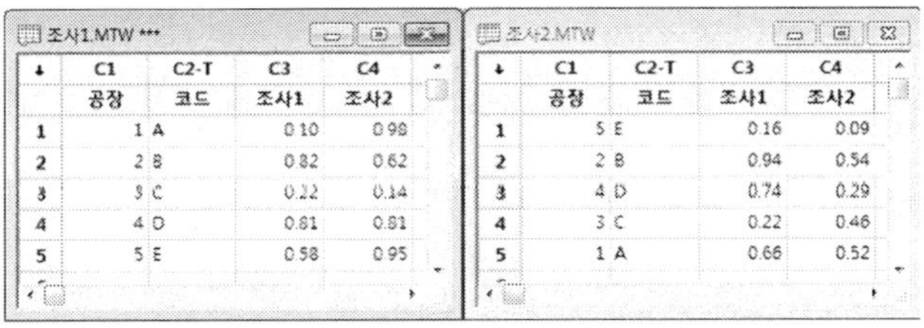

조사1.MTW ***

↓	C1	C2-T	C3	C4
	공장	코드	조사1	조사2
1	1	A	0.10	0.98
2	2	B	0.82	0.62
3	3	C	0.22	0.14
4	4	D	0.81	0.81
5	5	E	0.58	0.95

조사2.MTW

↓	C1	C2-T	C3	C4
	공장	코드	조사1	조사2
1	5	E	0.16	0.09
2	2	B	0.94	0.54
3	4	D	0.74	0.29
4	3	C	0.22	0.46
5	1	A	0.66	0.52

2. **데이터 > 워크시트 병합 > 단순병합**

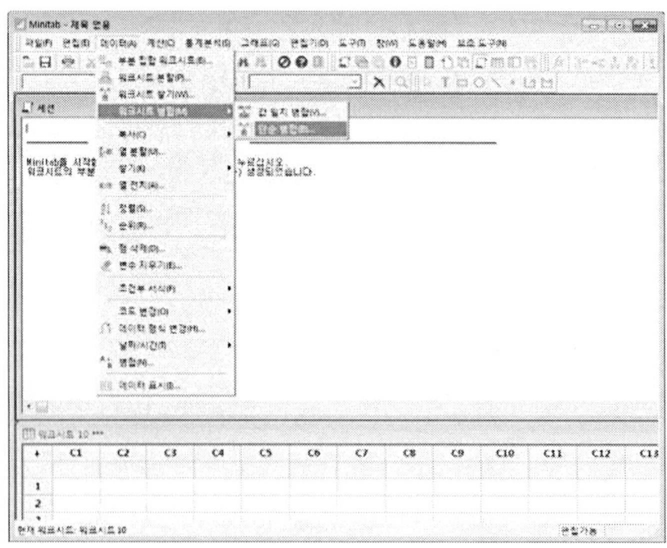

3. **병합될 워크시트**에서 **조사1.MTW 조사2.MTW**를 선택

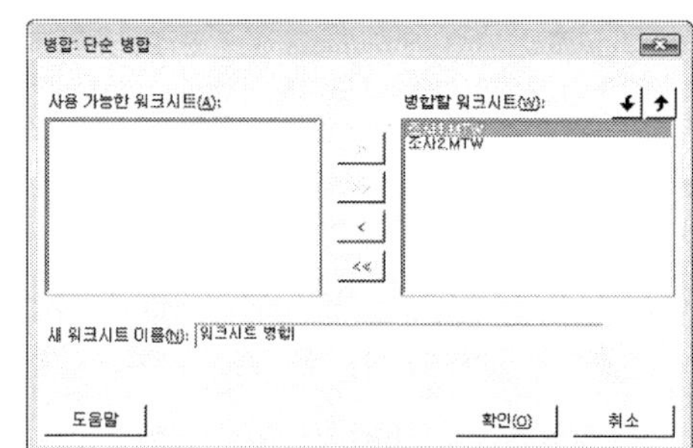

4. 확인을 클릭하여 기본 세팅을 사용

5. 결과창

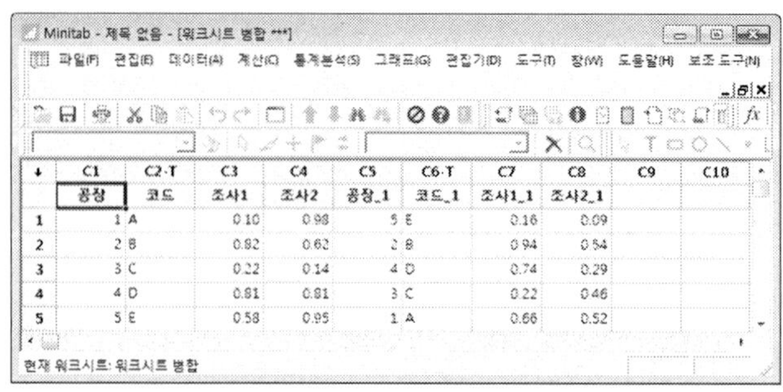

↓	C1	C2-T	C3	C4	C5	C6-T	C7	C8	C9	C10
	공장	코드	조사1	조사2	공장_1	코드_1	조사1_1	조사2_1		
1	1	A	0.10	0.98	5	E	0.16	0.09		
2	2	B	0.82	0.62	2	B	0.94	0.54		
3	3	C	0.22	0.14	4	D	0.74	0.29		
4	4	D	0.81	0.81	3	C	0.22	0.46		
5	5	E	0.58	0.95	1	A	0.66	0.52		

위 결과창에서 조사1과 조사2의 자료가 수평 병합되었다.

(4) 정렬

선택한 관련 열의 값에 따라 하나 이상의 데이터 열을 정렬할 수 있다. 기준 열을 정렬하면 알파벳순 또는 숫자순으로 데이터가 나열되며 정렬할 열도 이에 따라 표시된다. 오름차순 또는 내림차순으로 정렬할 수 있으며 정렬된 데이터를 원래 열에 저장하거나 지정된 다른 열 또는 새 워크시트에 저장할 수 있다.

예제 2-4

다음의 데이터를 정렬하여라.(데이터 : 2, 3, 1, 4, 5)

▶▶▷미니탭 이용

1. 열 정렬에 **C1**을 입력
2. **데이터 > 정렬**을 선택

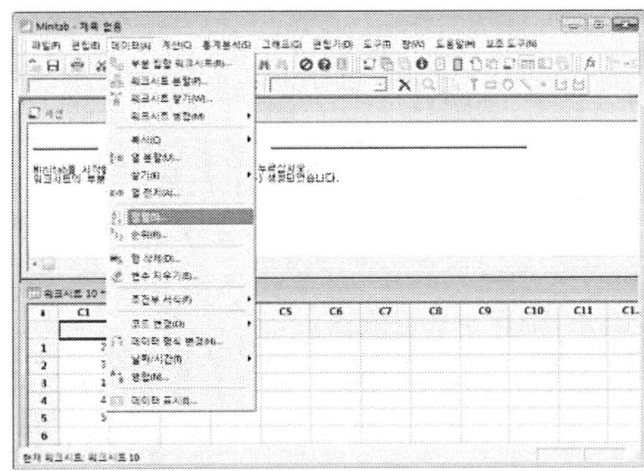

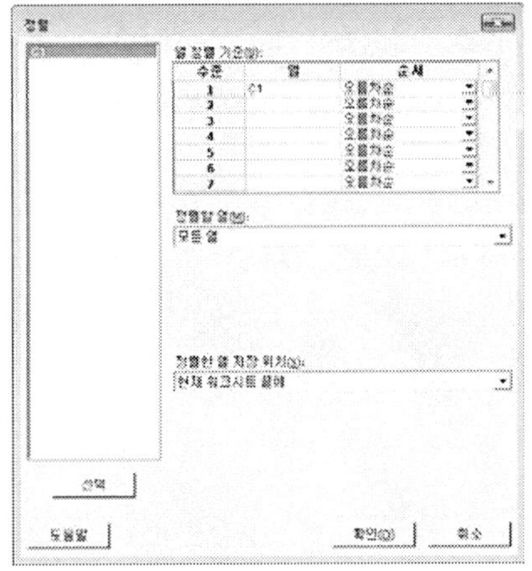

3. 첫 번째 열 정렬 기준에 **C1**을 입력
4. 정렬한 열 저장위치에서 **현재 워크시트 끝에를** 선택한 후 확인

5. 결과창

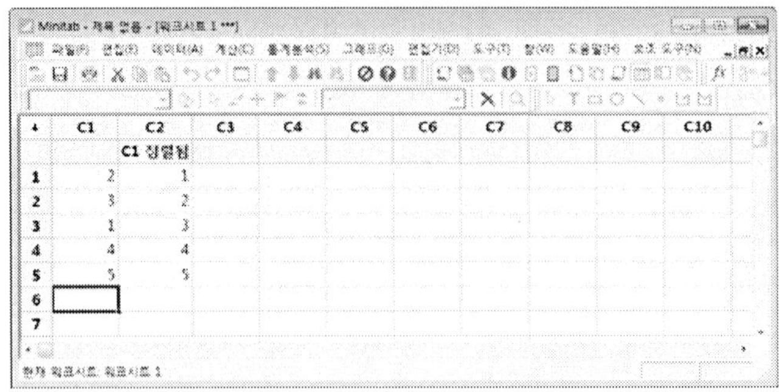

(5) 순위

열의 값에 순위 점수를 지정할 수 있다. 열에서 가장 작은 값에 1을 지정하고 그 다음으로 작은 값에 2를 지정하는 식으로 순위 점수를 지정할 수 있다. 같은 값에는 해당 값에 대한 평균 순위가 지정되고 결측치는 결측으로 남는다.

예제 2-5

미니탭 샘플파일(C:/MINITAB17 한국어/표분데이터)에서 워크시트 **시장. MTW**를 불러 판매변수의 순위를 정하여라.

▶▶▷미니탭 이용

1. 워크시트 **시장.MTW**를 불러온다.

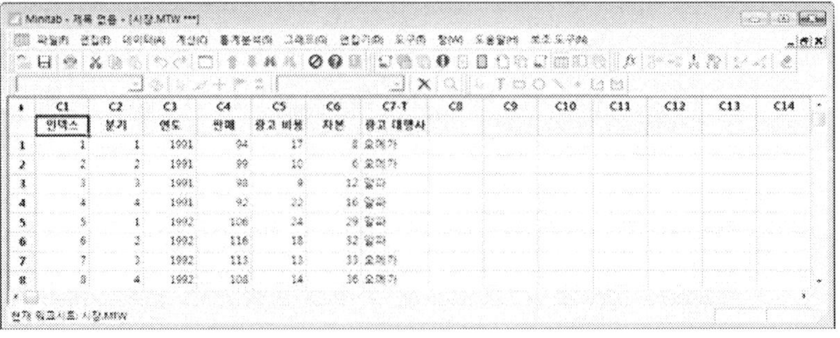

2. **데이터 > 순위** 선택

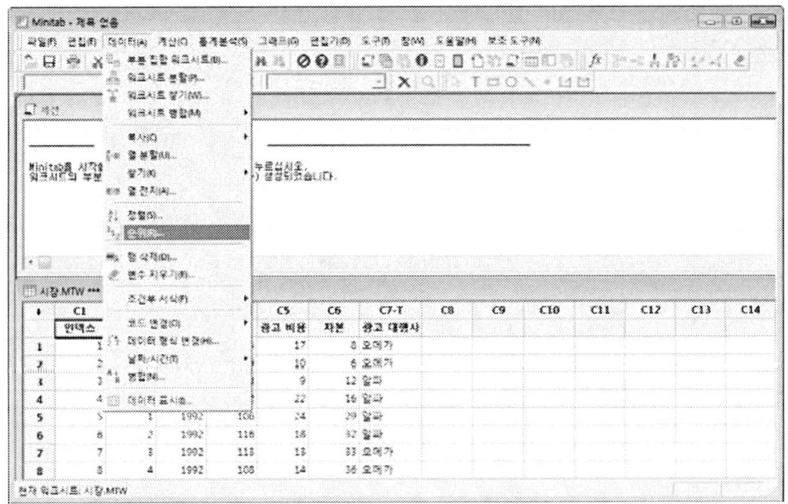

3. **순위 매길 데이터**에 판매를 입력
4. **순위 저장 위치**에 **순위**를 입력하고 확인

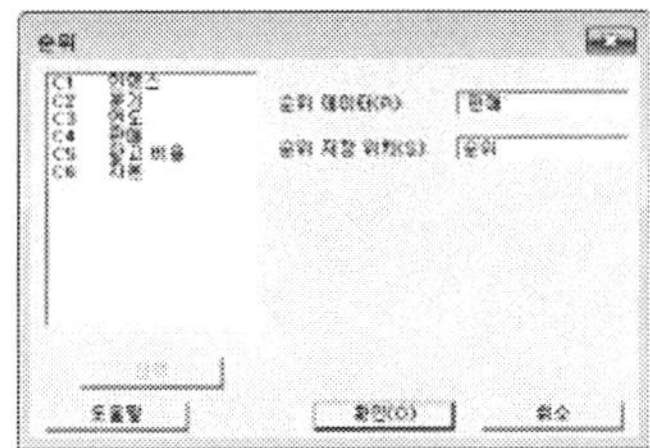

5. 결과창

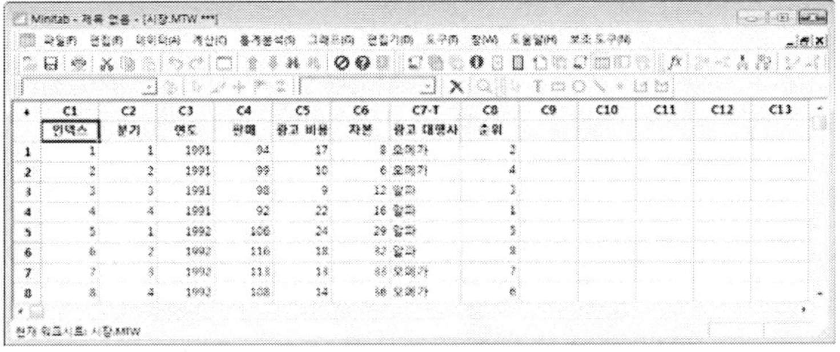

(6) 코드

코드를 사용하면 값 또는 값 세트를 새 값으로 변경할 수 있다.

예제 2-6

다음의 시험점수를 90~100점은 4로, 80~89점은 3, 70~79는 2, 60~69는 1, 60점 미만은 0으로 코드화하라.(점수 데이터 : 88, 65, 94, 72, 66, 51)

▶▶▷미니탭 이용

1. 코드화할 데이터열에 **점수**라는 변수, 대상열에 **평점**이라는 변수를 입력

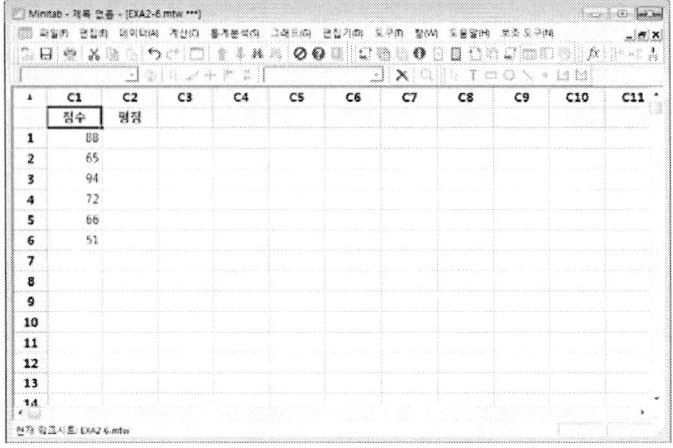

2. **데이터 > 코드 > 숫자를 숫자** 선택

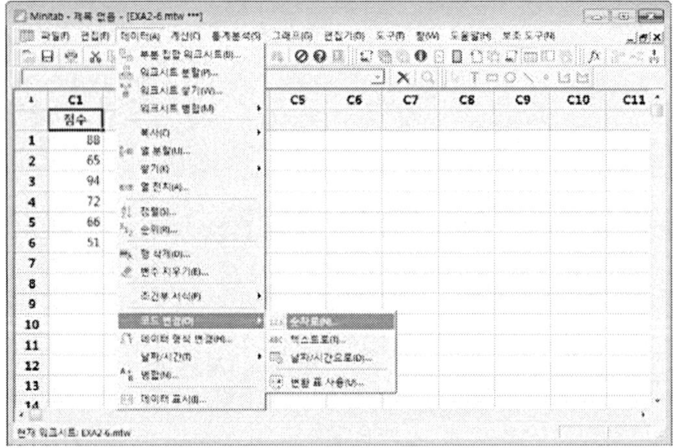

3. 대화상자의 **코드화할 데이터 열**에 **점수**, 값 범위코드 변경 선택을 선택

4. 첫 번째 하한값과 상한값 상자에 **90**과 **100**을 입력하고 첫 번째 코드 변경된 값 상자에 **4**를 입력. 두 번째 하한값과 상한값 상자에 **80**과 **90**을 입력하고 두 번째 코드 변경된 값 상자에 **3**을 입력. 세 번째 하한값과 상한값 상자에 **70**과 **80**을 입력하고 코드 변경된 값 상자에 **2**를 입력. 네 번째 하한값과 상한값 상자에 **60**과 **70**을 입력하고 코드 변경된 값 상자에 **1**을 입력. 마지막 하한값과 상한값 상자에 **0**과 **60**을 입력하고 코드 변경된 값 상자에 **0**을 입력. 포함할 끝점을 하한값만 선택 그리고 확인.

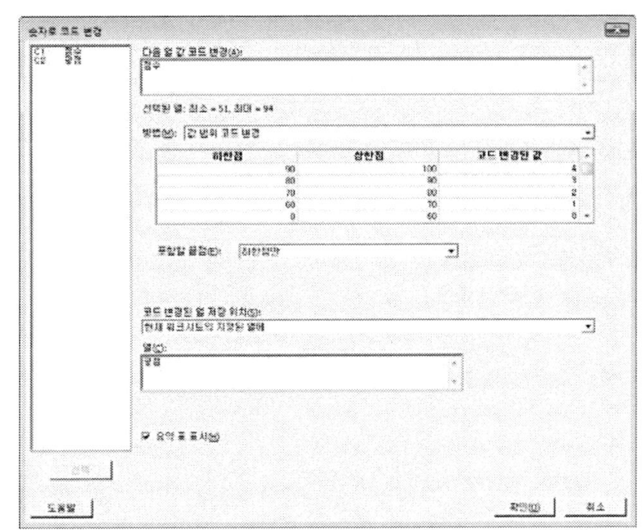

5. 결과창

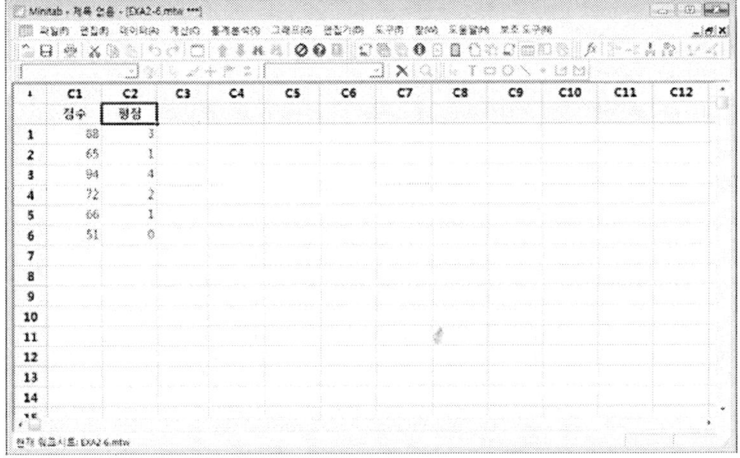

예제 2-7

앞의 예제의 데이터(시험점수)를 90~100점은 A로, 80~89점은 B, 70~79는 C, 60~69는 D, 60점 미만은 F로 코드화하라.

▶▶▷미니탭 이용

1. 코드화할 데이터열에 **점수**라는 변수, 대상열에 **학점**이라는 변수를 입력

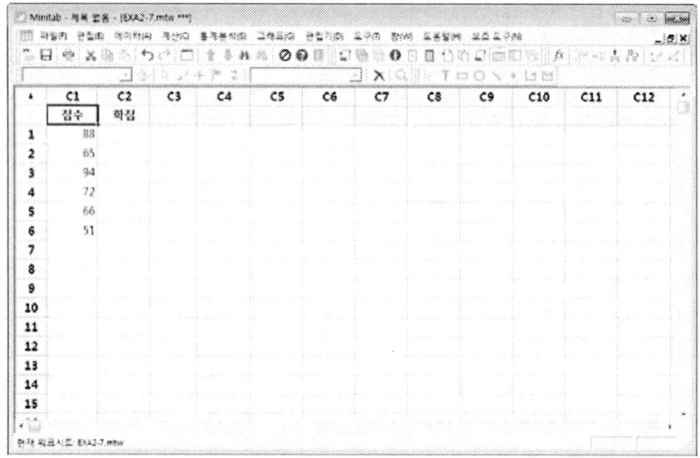

2. **데이터 > 코드 > 숫자**를 텍스트 선택
3. 대화상자의 **코드화할 데이터 열**에 **점수**, 값 범위 **코드 변경**을 선택

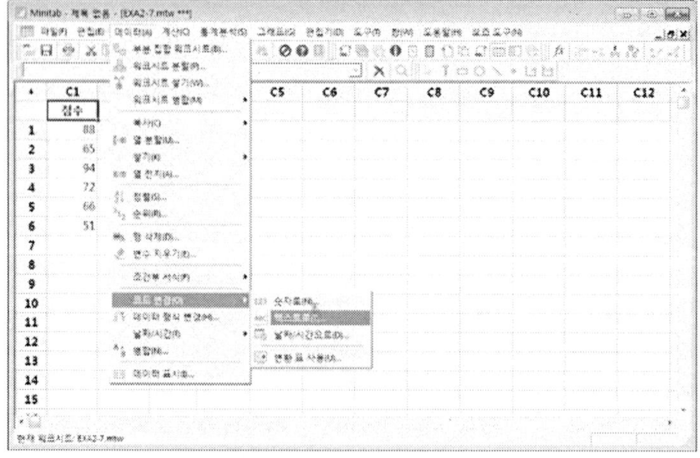

4. 첫 번째 원래값 상자에 **90:100**을 입력하고 첫 번째 새 값 상자에 **A**를 입력. 두 번째 원래값 상자에 **80:90**를 입력하고 두 번째 새 값 상자에 **B**를 입력. 세 번째 원래값 상자에 **70:80**를 입력하고 새 값 상자에 **C**를 입력. 네 번째 원래값 상자에 **60:70**를 입력하고 새 값 상자에 **D**를 입력. 마지막 원래값 상자에 **0:60**을 입력하고 새 값 상자에 **F**를 입력. 포함할 끝점을 하한점만 선택 그리고 확인.

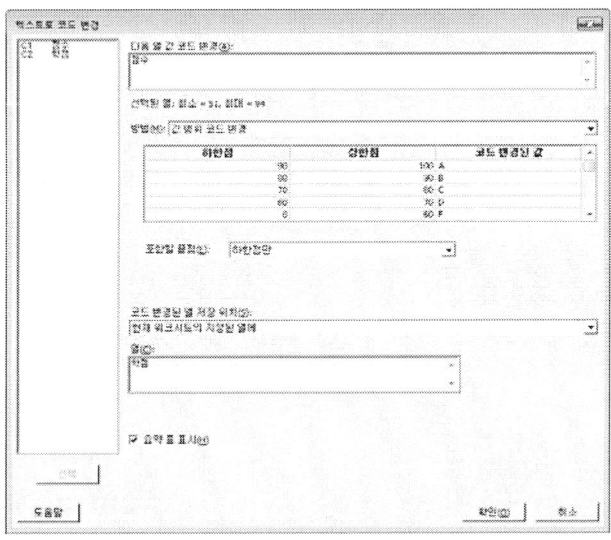

5. 결과창

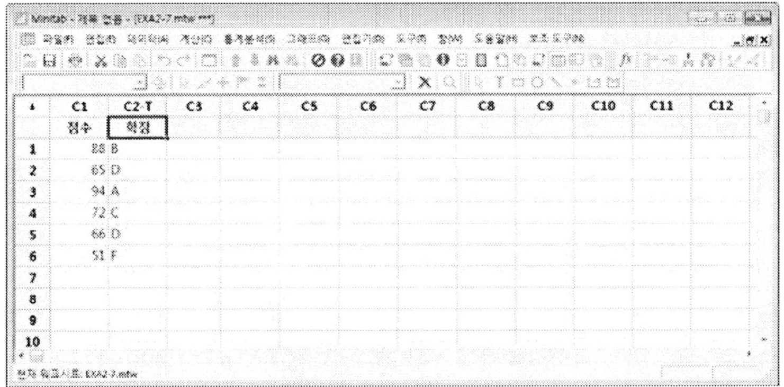
	C1	C2-T
	점수	학점
1	88	B
2	65	D
3	94	A
4	72	C
5	66	D
6	51	F

2.5.3 계산

(1) 계산기

계산기를 사용하여 산술 연산, 비교 연산, 논리 연산, 함수 계산 및 열 연산을 수행할 수 있다. 식에 열, 저장된 상수, 숫자 및 텍스트를 사용할 수 있지만 행렬은 사용할 수 없다.

계산기 식에서는 하이픈을 사용하여 값의 범위를 지정할 수 없다. 예를 들어, Minitab에서는 C1-C4를 C1에서 C4를 뺀 값으로 해석한다.

예제 2-8

미니탭 샘플파일(C:/MINITAB17 한국어/표본데이터)에서 **맥박.MTW**를 불러 변수 맥박1과 맥박2의 차를 구하여라.

▶▶▷미니탭 이용

1. 워크시트 **맥박.MTW**를 불러온다.

↓	C1	C2	C3	C4	C5	C6	C7	C8
	맥박1	맥박2	제자리 뛰기	흡연	성별	키	무게	활동
1	64	88	1	2	1	66.00	140	2
2	58	70	1	2	1	72.00	145	2
3	62	76	1	1	1	73.50	160	3
4	66	78	1	1	1	73.00	190	1
5	64	80	1	2	1	69.00	155	2
6	74	84	1	2	1	73.00	165	1
7	84	84	1	2	1	72.00	150	3
8	68	72	1	2	1	74.00	190	2
9	62	75	1	2	1	72.00	195	2
10	76	118	1	2	1	71.00	138	2
11	90	94	1	1	1	74.00	160	1
12	80	96	1	2	1	72.00	155	2
13	92	84	1	1	1	70.00	153	3
14	68	76	1	2	1	67.00	145	2
15	60	76	1	2	1	71.00	170	3
16	62	58	1	2	1	72.00	175	3
17	66	82	1	1	1	69.00	175	2
18	70	72	1	1	1	73.00	170	3

2. **계산 > 계산기** 선택

3. **변수에 결과 저장**에 맥박차를 입력
4. **식** 상자에 **맥박1-맥박2**를 입력(실수를 최소화하려면 변수 이름, 연산자 및 함수를 직접 타이핑하는 대신 마우스로 선택)한 후 확인. 워크시트에 **맥박1-맥박2**의 결과를 포함하는 맥박차라는 이름의 새로운 열이 생성

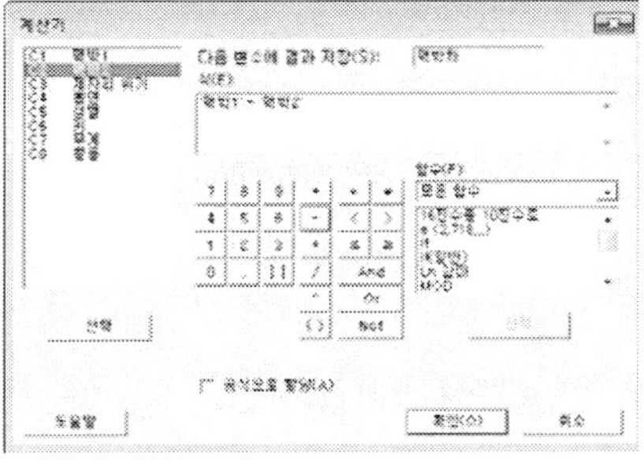

5. 결과창

※ 계산기를 사용한 일반적인 식

작 업	사용할 식	저장할 결과
수식계산	MEAN(C10) / STDEV(C1)	C10의 평균을 C1의 표준편차로 나눔
텍스트 값을 열에 저장	"green"	텍스트 값 GREEN을 저장. 특정 텍스트 값은 큰 따옴표로 묶어야 함.
텍스트 열에 있는 값에 따라 참자(참/거짓) 열 저장	C1 ="green"	거짓은 0, 참은 1로 저장. 이 경우 C1이 "GREEN"인 행은 참이다. (Minitab은 텍스트 값을 비교하는 경우 대/소문자를 구분. 따라서 C1이 "Green" 또는 "GREEN"인 행은 거짓으로 간주.
논리식(비교연산자)에 따라 참자(참/거짓) 열 저장	C1 > C2	거짓은 0, 참은 1로 저장. 이 경우 C1이 C2보다 큰 행은 참이다. " > (큼)"은 "보다 큼"(C1과 C2가 숫자 열일 경우), "알파벳순으로 보다 뒤에 있음"(C1과 C2가 텍스트 열일 경우) 또는 "보다 나중에 있음"(C1과 C2가 날짜/시각 열일 경우)을 나타냄.
논리식(논리연산자)에 따라 참자(참/거짓) 열 저장	(C1 < 10) Or (C1 > =15)	거짓은 0, 참은 1로 저장. 이 경우 C1이 10보다 작거나 15보다 크거나 같은 행은 참이다.

(2) 패턴이 있는 데이터 만들기

등간격 숫자 집합

패턴이 있는 데이터 만들기를 사용하여 다양한 데이터 패턴을 만들 수 있다. 패턴이 있는 데이터 만들기 명령은 자동 채우기처럼 빠르고 쉽지는 않지만 반복되는 값을 갖는 큰 데이터 세트를 보다 쉽게 만들 수 있다.

예제 2-9

1, 2, 3, ..., 100의 숫자가 포함된 ID라는 열을 만들라.

▶▶▷미니탭 이용

1. **계산 > 패턴이 있는 데이터 만들기 > 등간격 숫자 집합**을 선택
2. **패턴 있는 데이터 저장 위치**에 **ID**를 입력
3. **시작 값**에 **1**을 입력하고 **끝 값**에 **100**을 입력

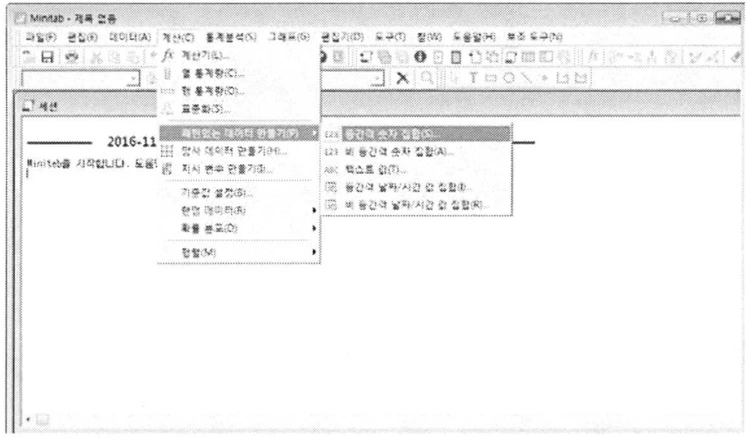

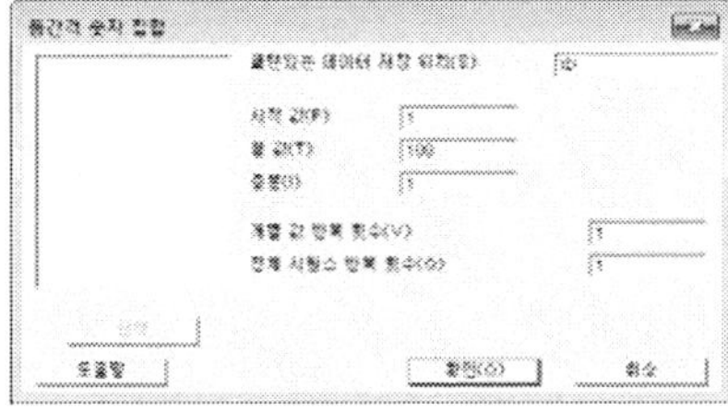

4. 결과창

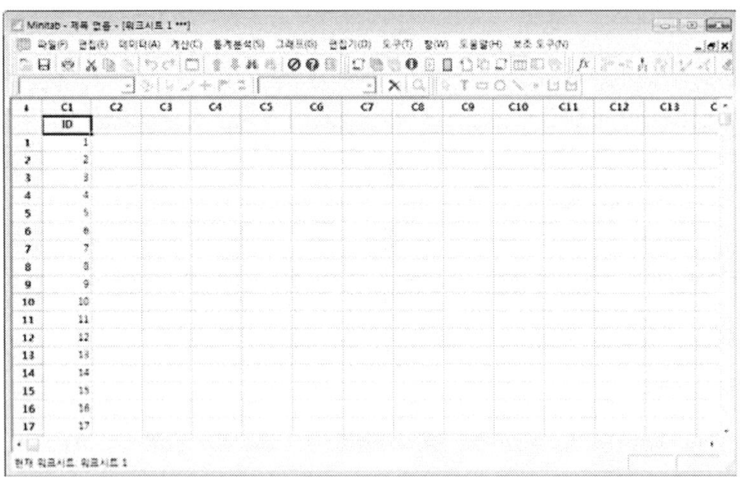

비 등간격 숫자 집합

예제 2-10

PSI라는 열에 10, 10, 20, 20, 50, 50으로 구성된 숫자 세트 세 개를 채워라.

▶▶▷미니탭 이용

1. **계산 > 패턴이 있는 데이터 만들기 > 비 등간격 숫자 집합**을 선택
2. **패턴 있는 데이터 저장 위치**에 **PSI**를 입력
3. **비 등간격 숫자 집합**에 **10 20 50**을 입력
4. **개별 값 반복 횟수**에 **2**를 입력
5. **전체 시퀀스 반복 횟수**에 **3**을 입력

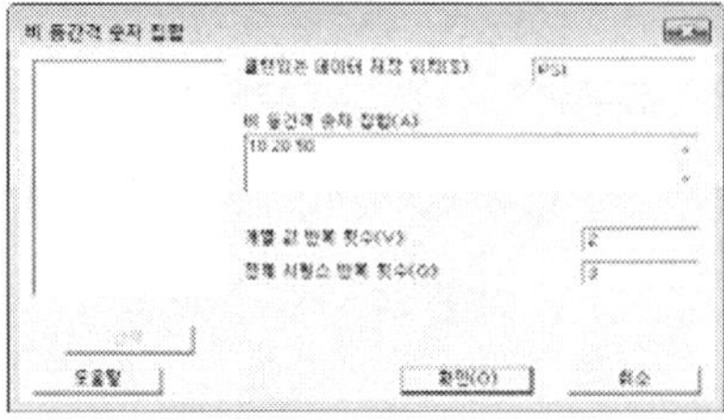

6. 결과창

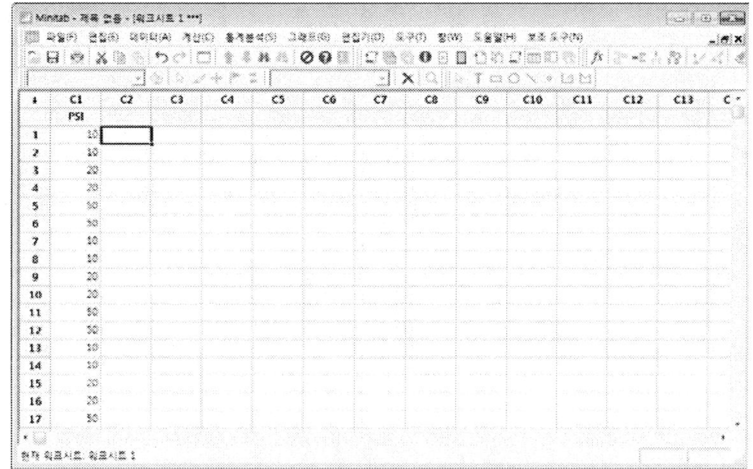

텍스트 값

패턴을 따르는 텍스트로 열을 채울 수 있다.

계산 > 패턴이 있는 데이터 만들기 > 텍스트 값

등간격 날짜/시각 값 집합

일련의 날짜 및 시각으로 열을 쉽게 채울 수 있다.

계산 > 패턴이 있는 데이터 만들기 > 등간격 날짜/시각 값 집합

비 등간격 날짜/시각 값 집합

비 등간격 패턴이 있는 날짜/시각으로 열을 채울 수 있다.

계산 > 패턴이 있는 데이터 만들기 > 비 등간격 날짜/시각 값 집합

(3) 랜덤 데이터 만들기

열에서 표본추출

하나 이상의 열에서 동일한 행들을 랜덤하게 표본으로 추출한다. 복원(같은 행을 여러 번 선택) 또는 비복원(각 행을 한 번만 선택)으로 표본을 추출할 수 있다. 동일한 랜덤 표본을 여러 번 생성하려면 **계산 > 기저값 설정**을 참조

예제 2-11

다음과 같은 데이터 행 9개로부터 관측치가 5개인 랜덤 표본을 선택하여라.

ID	1	2	3	4	5	6	7	8	9
Weight	45	65	54	67	65	88	58	41	50

▶▶▷미니탭 이용

1. 워크시트에 처음 두 개의 데이터 열을 입력하고 열 이름을 ID와 Weight로 지정
2. **계산 > 랜덤 데이터 > 열**에서 표본 추출을 선택

3. **표본 추출할 행**에 **5**를 입력하고 행을 다음 열에서 **ID**, **Weight**를 입력
4. **표본 저장 위치**에 **IDSample**, **WeightSample**을 입력한 다음 확인을 클릭

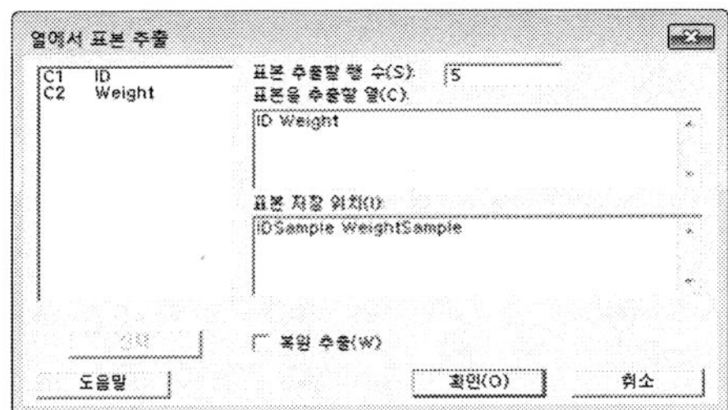

5. 결과창

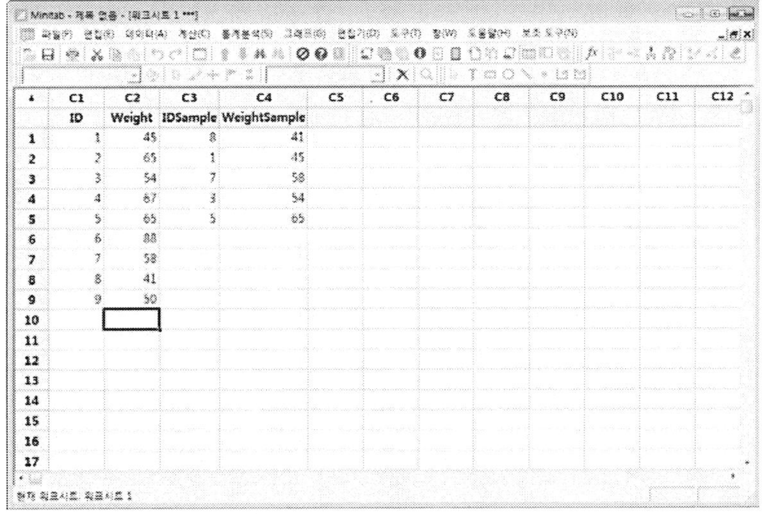

	C1	C2	C3	C4
	ID	Weight	IDSample	WeightSample
1	1	45	8	41
2	2	65	1	45
3	3	54	7	58
4	4	67	3	54
5	5	65	5	65
6	6	88		
7	7	58		
8	8	41		
9	9	50		

정규분포에서 랜덤데이터 만들기

정규 분포로부터 랜덤 데이터를 생성한다. 데이터가 종 모양의 곡선을 따를 때 사용한다.

예제 2-12

표준정규분포(평균 : 0, 표준편차 : 1)를 따르는 랜덤데이터를 20개 생성하여라.

▶▶▷미니탭 이용

1. **계산 > 랜덤데이터 > 정규분포**를 선택
2. **생성** 20(데이터행)입력
3. **평균 0, 표준편차 1** 입력

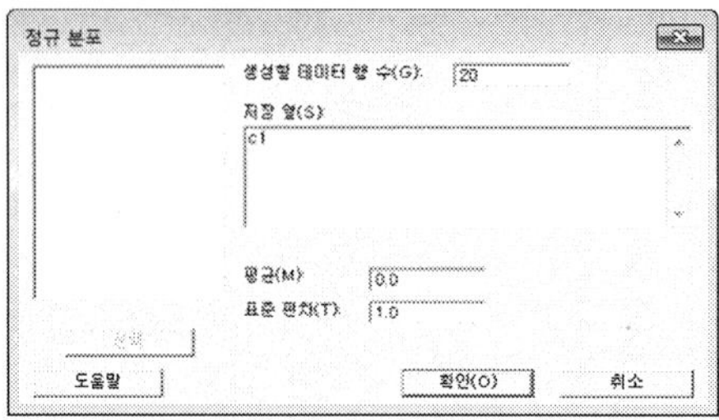

4. 결과창

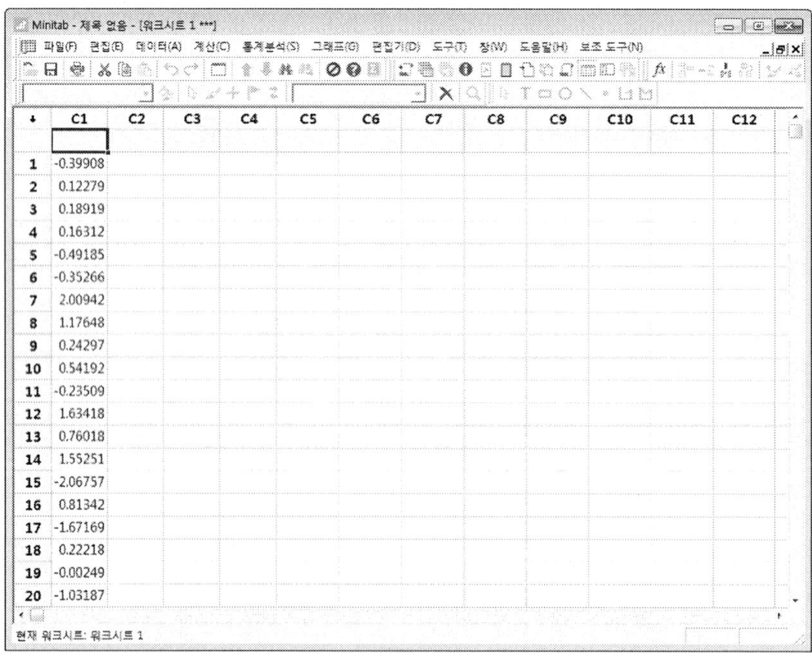

↓	C1	C2	C3	C4	C5	C6	C7	C8	C9	C10	C11	C12
1	-0.39908											
2	0.12279											
3	0.18919											
4	0.16312											
5	-0.49185											
6	-0.35266											
7	2.00942											
8	1.17648											
9	0.24297											
10	0.54192											
11	-0.23509											
12	1.63418											
13	0.76018											
14	1.55251											
15	-2.06757											
16	0.81342											
17	-1.67169											
18	0.22218											
19	-0.00249											
20	-1.03187											

참고 기저값 설정

Minitab 난수 생성기의 시작점을 설정할 수 있다. 이것은 같은 랜덤 표본을 여러 번 선택하거나 같은 랜덤 데이터 세트를 여러 번 생성할 때 유용하다.
Minitab에는 사용 가능한 일련의 "랜덤" 숫자가 있다. 항상 목록의 처음에서 시작되면 언제나 같은 데이터를 얻게 된다. Minitab에서는 이렇게 되지 않도록 시각(초 또는 분수 초 단위)을 사용하여 "랜덤" 시작점을 선택한다.
기저값 설정은 난수 생성기의 시작점을 지정하는 것이다. 생성기는 새로운 기저값이 지정되지 않는 한 생성기가 중단된 점부터 읽기를 계속한다. 매번 동일한 난수 세트를 생성하려면 랜덤 표본을 선택하거나 랜덤 데이터를 생성할 때마다 같은 기저값을 설정한다.

참고문헌

2·1 신민웅 : 미니탭 품질관리, 교우사, 2004.

2·2 이레테크 미니탭사업부, 새한미디어주식회사 : MiniTAB 실무 완성, 이래테크, 2001.

2·3 김평구, 김희철, 이동준 : MiniTAB을 이용한 통계적품질관리, 교우사, 2008.

2·4 미니탭 도움말.

2·5 미니탭을 이용한 통계학의 이해와 응용, 민영사, 2008.

연습문제

2.1 미니탭자료의 확장자 이름은 무엇인가?

2.2 표준정규분포를 따르는 랜덤 데이터 200개를 생성하고, 그 확률값으로 히스토그램 그래프를 그려 **예제 2-12**의 확률값에서 얻은 히스토그램 그래프의 모양과 비교해보자.

2.3 0에서 1까지의 균일분포(Uniform)에서 난수 20개와, 200개, 2000개를 생성해서 히스토그램을 그려 비교해보자.(조별발표)
(힌트 : 미니탭 계산〉랜덤데이터〉균등분포에서 C1, C2, C3에 각각 자료 20, 200, 2000를 생성한 후, 그래프〉히스토그램〉단순〉다중그래프〉동일한 그래프의 별도 패널을 선택해서 그 그래프의 특징을 비교)

제3장

데이터의 기초적 정리

3.1 통계적 사고

3.1.1 통계적 사고란?

품질관리활동에서는 가급적이면 육감에 의하여 판단하지 말고, 사실(fact)을 객관적으로 나타내는 데이터(data)를 합리적인 방법에 의하여 구하고, 이를 통계적 수법(statistical method) 등에 의해 적절하게 정리하여 정보를 얻어 이 정보에 의하여 판단하는 것이 바람직하다. 한마디로 품질관리는 사실을 나타내는 데이터에 의한 관리라고 할 수 있다. 따라서 통계적으로 사고를 하고 통계를 사용하는 것이다. 통계적 사고란 무엇인가 ? 통계적 사고(statistical thinking)란 다음의 네 가지 근본원칙에 근거하여 생각하고 분석하고 이에 근거하여 실천하는 철학이라고 할 수도 있다.

(1) 모든 프로세스에는 산포가 존재한다.

제조공장에서 동일한 사람, 동일한 생산설비, 동일한 재료, 동일한 방법으로 제품을 생산한다고 해도 그 제품의 품질특성이 일정하지 않고 산포가 항상 존재한다. 서비스업에서도 동일한 현상이 발생한다. 우리는 품질산포를 제로로 만들 수는 없으나 이를 최소한으로 줄여 고객의 기대치에 부합하도록 하고 나아가 고객이 만족함을 느끼게 하는 것이 오늘날 기업들의 과제이다. 이처럼 모든 프로세스에는 산포가 존재한다는 개념이 통계적 사고의 첫 번째 중요한 원칙이며, 이 산포를 줄여나가는 것이 통계적 활동의 중요한 요소이다.

(2) 모든 작업은 상호 연관된 프로세스의 시스템이다.

모든 작업은 상호 연결된 여러 개의 프로세스들이 합쳐져 하나의 시스템 속에서 이루어지며, 이들 프로세스 간에는 상호 연관성이 존재한다. 예를 들어,

햄버거를 만드는 과정을 생각하여 보자. 작업은 먼저 빵을 반으로 자르고, 빵 위에 마요네즈를 바른 후, 야채를 얹고, 요리된 고기와 치즈 등을 넣은 후, 포장하면 하나의 햄버거가 완성된다. 따라서 햄버거를 만드는 작업은 다섯 번의 상호 연관된 공정들이 모여서 만들어 낸 하나의 시스템이다. 이 경우에 각 공정별로 최적화하는 것보다 시스템 전체를 최적화하는 것이 바람직하다. 부분적인 공정별 최적화는 종종 제품의 생산성을 떨어뜨리거나, 생산원가를 상승시킬 수 있다. 시스템 내에서의 공정들은 상호의존적이기 때문에 전체로서 최적화하는 것이 필수적이다.

(3) 산포파악과 산포감소활동이다.

어떤 결정을 내려야 할 문제에 대해, 데이터의 평균만을 활용하여 결정을 내리는 것은 매우 위험하다. 산포를 정량화하고 산포의 원인이 어디에 있는가를 규명하는 산포파악활동이 필요하다. 그리고 기업은 산포파악 후 한 걸음 더 나아가서 산포감소활동을 해야 한다. 프로세스의 산포를 줄이는 것은 결국 제품의 산포를 줄이는 것이고, 제품의 산포를 줄이는 것은 고객만족을 증대하고 비용을 절감시키는 것이며 결국 기업의 경쟁력을 강화시키는 것이다. 산포감소활동은 제 11장에 다루게 될 '6시그마 품질경영'의 중요한 성공요소이다.

(4) 표본 데이터로부터 잘못 판단하는 과오를 고려해야 한다.

표본 데이터로부터 표본이 얻어진 모집단의 특징에 대해 어떤 판단을 할 때, 잘못 판단하는 과오를 고려해 신중하게 결정해야 한다. 예를 들어 어떤 생산공정의 불량률이 5%였다고 하자. 이 공정에서 6시그마 활동을 실시한 결과, 공정의 조건을 변경시켜 공정불량률을 감소시켰다고 주장한다고 하자. 이것을 검정하기 위하여 새로운 공정 하에서 생산된 100개의 제품을 검사한 결과 불량개수가 4개였다고 하자. 그러면 불량률이 5% 이하가 됐다고 할 수 있는가? 통계적으로 불량개수가 4개인 경우에 공정불량률이 5% 미만으로 줄었다고 말한다면 제1종의 과오(공정불량률이 5% 인데도 그 미만으로 줄었다고 판단하는 과오)를 범할 확률이 17.81%로 상당히 크다. 제 1종의 과오를 5% 이내로 하고 싶으면 불량개수가 1개 이하인 경우에만 공정 불량률이 5% 미만으로 줄었다고 말할 수 있을 것이다. 이처럼 잘못 판단하는 과오를 고려해 의사결정을 하는 것이 통계적 사고의 하나의 측면이다. 이에 대한 자세한 설명은 제5장 '추정과 검정'에서 다루기로 하자.

3.1.2 모집단과 표본

어떤 종류의 데이터든지 그 데이터가 뽑혀져 나오는 집단이 있으며, 품질관리를 실시할 때 이 데이터로부터 정보를 얻어 이 집단에 대하여 어떤 조처나 행동을 취하게 된다. 이때 이 집단 전체를 **모집단(population)**이라고 부른다. 일반적으로 모집단의 크기는 방대하며, 모집단 전체를 하나도 빠짐없이 관측한다는 것은 불가능에 가까운 경우가 많다. 그래서 우리는 모집단 전체를 관측하는 대신에 모집단으로부터 일부분을 고르게 추출하여 이 모집단을 대표하는 **표본(시료 또는 샘플(sample))**을 취하게 된다.

어떤 품질문제(품질개선사항, 품질관리사항 등)가 있다 하자. 이 문제를 해결하기 위한 통계적 품질관리의 활동내용은 그 대상이 되는 모집단을 구성하고, 여기에서 표본을 취한 후, 이 표본에 대한 관측을 통하여 데이터를 얻는다. 이 데이터를 정리·분석하여 모집단에 대한 정보를 얻고, 이것을 검토하여 의사를 결정한 후 제기된 품질문제에 대한 적절한 조처 행동을 취하게 된다. 이 내용을 도시하면 [그림 3.1]과 같다.

여기서 우리가 항상 염두에 두어야 할 사항은 표본을 관측하는 것은 표본에 대한 정보를 얻기 위함이 아니라, 표본을 관측하여 얻어진 데이터를 통하여 제기된 품질문제의 대상이 되는 모집단에 대한 정보를 얻기 위함이다. 모집단에

그림 3.1 품질문제의 해결싸이클

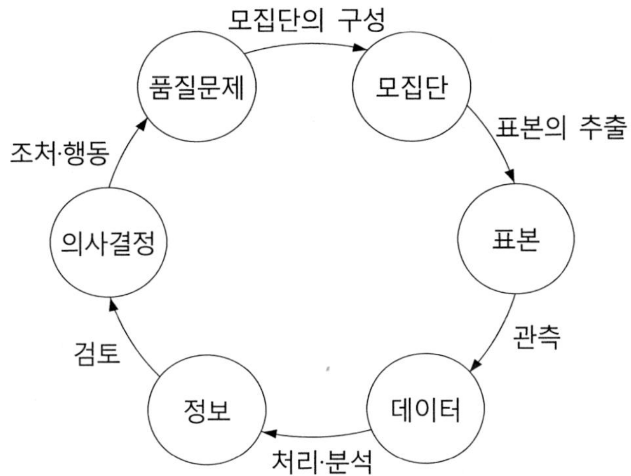

관한 정보로부터 제기된 품질문제에 대한 의사결정이 가능하게 되는 것이다.

모집단을 모집단에 포함되어 있는 기본단위의 수(모집단의 크기)에 따라 무한모집단과 유한모집단으로 분류할 수 있다.

(1) 무한모집단(infinite population) : 모집단의 크기가 무한대라고 생각되는 모집단

➡ ex. 공정

(2) 유한모집단(finite population) : 모집단의 크기가 한정되어 있다고 생각되는 모집단

➡ ex. 로트(lot : 어떤 목적을 가지고 모아놓은 제품, 반제품 또는 원자재의 하나의 큰 덩어리)

표본을 추출하는 방법을 샘플링방법이라 하는데 이것은 6장에서 다루기로 한다.

3.2 데이터의 분류

3.2.1 사용목적에 의한 분류

데이터를 취할 때에는 그 데이터의 사용 목적을 명백히 해둘 필요가 있으며, 그렇지 못한 경우에는 데이터가 쓸모없는 것이 되는 경우가 많다. 통계적 품질관리에서 사용되는 데이터를 사용목적에 따라 분류하면 다음과 같이 나눌 수 있다.

(1) 현상파악을 목적으로 하는 데이터

품질관리활동에서는 우선 문제인식을 가지고 현상을 파악하여 문제점이 어디에 있는가를 명백히 하는 것이 중요하다. 이처럼 현상파악을 위하여 정리된 과거의 데이터 혹은 새로 취한 데이터이다.

(2) 통계해석을 목적으로 하는 데이터

어떤 품질특성을 개선 또는 유지하기 위하여 이 품질특성과 관련 있는 인자들과의 인과관계를 통계적으로 파악하는 것이 필요하다. 이것을 통계해석활동이라고 볼 수 있는데, 이와 같은 해석을 목적으로 하는 데이터이다.

(3) 검사를 목적으로 하는 데이터

개개 제품의 양·불량 또는 로트의 합격·불합격의 판정을 내리기 위한 검사를 목적으로 하는 데이터이다.

(4) 관리를 목적으로 하는 데이터

공정의 중요한 품질특성을 측정하여 공정의 이상 유무를 판단하고, 공정이 정상적으로 유지되도록 조처·행동을 취하는 관리를 목적으로 하는 데이터이다.

(5) **기록을 목적으로 하는 데이터**

장래의 필요성에 대비하여 중요하다고 판단되는 기본적인 데이터를 수집·정리하여 둘 경우가 있다. 이처럼 장래에 사용할 것을 목적으로 하는 데이터이다.

3.2.2 척도에 의한 분류

위에서 데이터를 사용목적에 따라서 분류하였는데, 품질특성의 상태를 객관적으로 파악하기 위해서는 어떤 기준이 되는 척도를 정하여 가급적 그 상태를 수량적으로 표현하도록 하여야 한다. 품질특성을 나타내는 데이터를 척도구성방법에 따라 다음과 같이 나눌 수 있다.

(1) **계량치**(continuous data)

길이, 중량, 인장강도처럼 연속량으로 측정될 수 있는 품질특성 값이다. 연속량으로 측정되지 않더라도 점수의 데이터(시험성적, 자동차 성능의 점수 등)는 계량치로 간주한다.

(2) **계수치**(discrete data)

불량품의 수, 결점수와 같이 개수로 셀 수 있는 품질특성 값이다. 0, 1, 2,…와 같이 양의 정수치로 잡는 것이 보통이다. 이외에 우열의 데이터, 순위의 데이터 등도 계수치로 간주한다.

3.3 도수분포

3.3.1 모집단의 분포

대량생산의 제조과정에서 아무리 똑같은 조건하에서 만들어진 제품이라도 그 품질특성을 조사해 보면 반드시 산포가 존재한다. 사용하는 원재료의 품질을 일정하게 하고, 작업방법을 통일하고, 기계를 같은 조건으로 고정시키고, 측정기를 엄밀하게 관리하는 등 공정전반에 걸쳐 표준화에 의한 공정관리를 까다롭게 하면 산포를 작게 할 수는 있으나 산포를 완전히 없앨 수는 없다.

산포가 발생하는 원인은 대략 다음과 같이 두 가지로 분류할 수 있다.

(1) **우연원인**(chance cause) : 생산조건이 엄격하게 관리된 상태 하에서도 발생되는 변동으로, 산포를 줄이기 위해서는 시스템적이고 관리적인 프로세스의 근본적인 접근이 필요하다. 산포를 발생시키는 원인은 다음과 같은 것들이 있다.

① 원재료나 설비 등 표준을 정해도 그 허용범위 내에서의 변동

② 작업표준을 정해도 그 허용범위 내에서의 변동

③ 작업자들의 숙련도 차이에 의하여 발생되는 변동

④ 측정기의 정밀도, 측정 시 발생되는 측정오차

(2) **이상원인**(assignable cause) : 작업자의 부주의, 불량자재의 사용 등과 같은 원인에 의해 발생된 변동으로 반드시 원인을 찾아내어 제거해야 하는 것이다. 품질의 변동에 크게 영향을 끼치는 요주의 원인으로 우선적으로 제거해야 한다.

① 표준이 미비되어 있어서 작업내용이 통일되지 않아 발생되는 변동

② 작업자가 표준대로 작업하지 않아서 발생되는 변동

③ 설비의 불량이나 고장으로 인하여 발생되는 변동

④ 불량자재를 사용하여 발생되는 변동

위에서 검토한 바와 같이 어떤 품질특성을 측정한 데이터는 반드시 산포가 있는 어떤 분포를 따르며, 이 데이터가 얻어진 원래의 모집단도 어떤 분포를 따르고 있다고 생각할 수 있다. 일반적으로 우리의 관심대상인 모집단의 정보를 얻고자 할 때 가장 먼저 알고자 하는 내용은 다음과 같은 것들이 있다.

(1) 모집단분포의 형태

(2) 모집단분포의 중심위치

(3) 모집단분포의 산포

먼저 모집단분포의 형태를 알아 볼 수 있는 도수분포(frequency distribution) 작성 방법에 대하여 알아보자. 그 다음 중심위치를 알 수 있는 중심적 경향측도와 산포를 측정하는 산포도의 측도에 대하여 알아보자.

3.3.2 도수분포표

도수분포표란 어떤 일정한 기준에 의하여 전체 데이터가 포함되는 구간을 여러 개의 급구간으로 분할하고, 데이터를 분할된 급구간에 따라 분류하여 만들어 놓은 [표 3.2]와 같은 표를 말한다.

실제 예를 들어 보기로 하자. [표 3.1]은 어떤 전구공장에서 만들어지는 40와트 110볼트의 특수 전구들 중에서 그 수명을 알아보기 위하여 64개의 전구를 적절한 방법으로 랜덤하게 추출하여 표본으로 뽑아낸 것이다.

표 1.1 어떤 특수전구의 수명 데이터

단위 : 시간 (hours)

데이터	1,310 944 1,248 1.093 1,690** 1,229 609* 1,028	1,262 1,343 1,324 1,358** 1,302 1,079 985* 1,122	1,234** 932 1,000 1,024 1,233 1,176 1,233 872*	1,104 1,055 984 1,240 1,331** 1,173 985 826*	1,105 1,303 1,381** 1,220 1,157 1,109 769* 985	1,243 1,185 816* 972 1,415** 827 905 1,075	1,204 759* 1,067 1,022 1,385 1,209 1,490** 1,240	1,103 1,404** 1,252 956 824* 1,202 918 985	
각열의 최대값	1,690	1,358	1,234	1,331	1,381	1,415	1,490	1,404	x_{max} = 1,690
각열의 최소값	609	985	872	826	769	816	759	824	x_{min} = 609

** : 최대값　　　* : 최소값

[표3.1]과 같은 데이터는 원 데이터이며, 이처럼 정리되지 않은 데이터는 무질서한 수의 나열에 불과하며 유용한 정보를 주지 못한다. 우선 이 데이터에서 우리가 알기를 원하는 것은 다음과 같은 것들이다.

(1) 전구를 만들어 내는 공정(이것은 하나의 무한 모집단임)에서 생산되어 나오는 전구의 수명 특성치는 어떤 분포를 하고 있는가?
(2) 이 공정에서 생산되는 전구수명의 평균치는 얼마이고 어느 정도의 산포를 가지고 있는가?
(3) 전구의 수명은 회사가 원하는 표준규격에 맞는가? 불합격품의 비율은 어느 정도인가?

위의 3가지 질문에 대하여 차례대로 [표3.1]의 표본데이터로부터 대략적으로

(1) 도수분포표를 작성하여 파악이 되고
(2) 표본 데이터의 평균치와 산포를 구하여 파악이 되며

(3) 표본 데이터가 표준규격에 들어가는가를 검토하고, 불량품의 개수를 세어 불량률의 추정치를 구하여 얻을 수 있다.

먼저 도수분포표를 작성하여 보자. [표 3.1]의 원 데이터에서 전체의 최대값이 1,690이고 최소값이 609이며 측정 개수가 64이므로, 급의 수를 임의로 8개로 정하고 급의 폭을 136으로 하여 등간격으로 나눈 후, 각 구간에 몇 개의 측정값이 들어가는가를 [표 3.2]에서와 같이 세어 보았다. 이 도수분포표를 막대그래프를 사용하여 도시하면 [그림 3.2]가 되는데 이런 그래프를 도수분포도 또는 히스토그램이라 한다.

만약 사내규격이 800시간 ~ 1,400시간이라면 [그림 3.2]에서와 같이 나타나며, 이 구간 속에 들어있는 데이터의 수를 세어 보면 12+13+18=43개는 완전히 포함되어 있고, 7+11=18개는 약 $\frac{2}{3}$ 정도 포함되어 있다고 보면 대략적으로 $43+\left(\frac{2}{3}\right)(18)=55$개 정도가 된다. 이것은 전체 데이터의 $\frac{55}{64}\times 100=86\%$에 해당한다. 즉, 표본의 데이터로부터 규격 밖으로 벗어나는 비율이 약 14%에 이르고 있다고 판단할 수 있다.

표 1.2 전구수명 데이터의 도수분포표

급의 번호	급 의 구 간	중앙값($\tilde{x}_i$)	도수 체크	도수(f_i)	도수분포율(%)
1	605.5 ~ 741.5	673.5	/	1	1.6
2	741.5 ~ 877.5	809.5	~~////~~ //	7	10.9
3	877.5 ~ 1,013.5	945.5	~~////~~ ~~////~~ //	12	18.7
4	1,013.5 ~ 1,149.5	1,081.5	~~////~~ ~~////~~ ///	13	20.3
5	1,149.5 ~ 1,285.5	1,217.5	~~////~~ ~~////~~ ~~////~~ ///	18	28.1
6	1,285.5 ~ 1,421.5	1,353.5	~~////~~ ~~////~~ /	11	17.2
7	1,421.5 ~ 1,557.5	1,489.5	/	1	1.6
8	1,557.5 ~ 1,693.5	1,625.5	/	1	1.6
합 계				64	100%

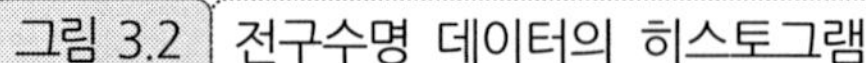
그림 3.2 전구수명 데이터의 히스토그램

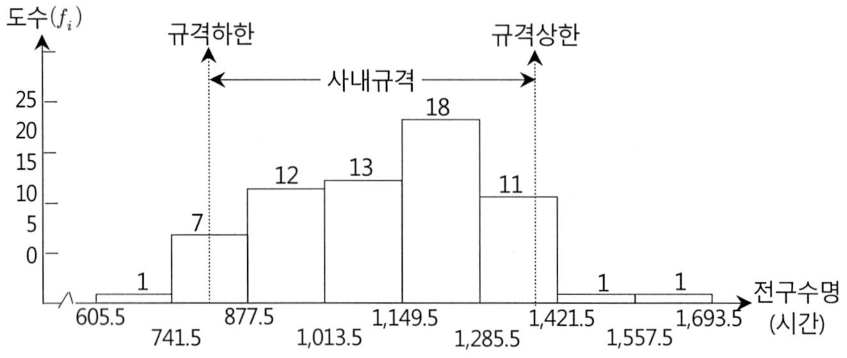

3.3.3 도수분포표의 작성 요령

원 데이터로부터 도수분포표를 작성하고 히스토그램을 그려 데이터의 분포상태를 조사할 때 급구간의 선정을 합리적으로 하지 못하면 유용성이 적은 도수분포표나 히스토그램이 작성되기 쉽다. 급구간을 선정하는 문제는 어떤 통일된 기준이 있는 것은 아니나 일반적으로 다음의 순서에 따라 작성하면 좋을 것이다.

(1) 데이터의 수를 센다. 이 수를 n 이라 한다.(n=64)

(2) 데이터의 최대값 x_{max}과 최소값 x_{min}을 구하고 범위 R을 구한다.
(x_{max}=1,690, x_{min}=609, R=$x_{max}-x_{min}$=1,081)

(3) 데이터의 최소단위를 구한다.(최소단위=1)

(4) 급의 수를 정한다. 급의 수는 일반적으로 데이터의 수에 따라서 다음과 같이 잡아 주는 것이 적절하다.

데이터의 수	적절한 급의 수
40~100	5~9
100~200	8~12
200 이상	10~16

앞에서는 n=64였으므로 급의 수는 8로 잡았다.

(5) 급의 구간폭을 구한다.

(6) 도수분포용지를 준비한다. 이 용지는 [표 3.2]와 같은 것으로 급의 순서, 급의 구간, 중앙값, 도수체크, 도수, 도수분포율을 기입한 용지이다.

(7) 급의 구간을 결정하여 이 용지에 기입한다.

(8) 급의 중앙값은 다음과 같이 구하여 준비된 용지에 기입한다.

(9) 도수를 체크하여 준비된 용지에 기입한다.

(10) 도수체크를 세어서 도수란에 기입한다.

(11) 도수분포율을 구하여 기입한다.

위의 작성요령에 따라서 도수분포표를 작성하면 최소값($x_{\min}$)은 첫 번째 급에 그리고 최대값($x_{\max}$)은 마지막 급에 반드시 위치하게 되며, 양끝의 급에서 최대값 최소값이 대체로 한쪽에 치우치지 않게 위치하게 된다.

참고 히스토그램을 보는 방법

히스토그램을 살펴보면 표본 데이터의 분포를 알 수 있을 뿐만 아니라, 더 나아가서 그 모집단의 분포를 짐작할 수 있다.

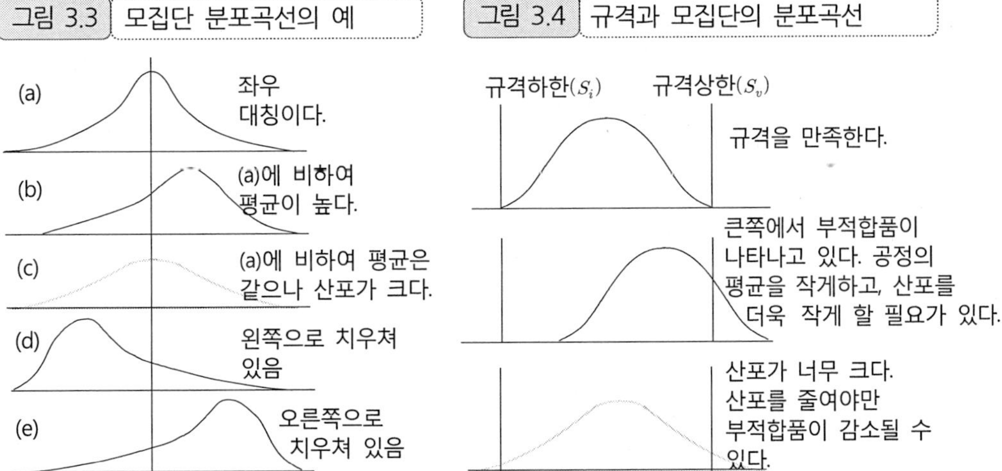

그림 3.3 모집단 분포곡선의 예

그림 3.4 규격과 모집단의 분포곡선

3.3.4 누적도수

주어진 데이터를 정리하고 분석할 때, 앞에서 설명한 도수분포표나 히스토그램을 사용하여 데이터의 분포상태를 파악할 수 있으나, 만약 어떤 품질특성치 이하에 속해 있는 데이터의 수가 어느 정도인가를 알려면 **누적도수**(cumulative frequency)를 구하면 된다. 누적도수는 어떤 값 이하의 도수가 몇 개인가를 나타내는 값이다.

각 급의 도수 f_i 를 표본의 크기로 나눈 값을 앞에서 도수분포율이라고 불렀는데, 이를 **상대도수**(relative frequency)라고도 한다. 이 상대도수도 백분율(%)로 나타내는 경우가 있다. 누적도수를 n으로 나누어서 얻은 값을 **누적상대도수**(cumulative relative frequency)라고 부르고 이 값도 백분율로 나타낼 수 있다.

[표 3.2]의 도수분포표에 대하여 상대도수, 누적도수, 누적상대도수를 구하면 [표 3.3]과 같다.

표 3.3 누적도수분포표

급의 번호	급 의 구 간	중앙값 ($\widetilde{x}_i$)	도 수 (f_i)	상대도수 (f_i/n)	누적도수 ($\sum_i f_i$)	누적상대도수 ($\sum_i f_i/n$)
1	605.5 ~ 741.5	673.5	1	0.016	1	0.016
2	741.5 ~ 877.5	809.5	7	0.109	8	0.125
3	877.5 ~ 1,013.5	945.5	12	0.187	20	0.312
4	1,013.5 ~ 1,149.5	1,081.5	13	0.203	33	0.515
5	1,149.5 ~ 1,285.5	1,217.5	18	0.281	51	0.796
6	1,285.5 ~ 1,421.5	1,353.5	11	0.172	62	0.968
7	1,421.5 ~ 1,557.5	1,489.5	1	0.016	63	0.984
8	1,557.5~ 1,693.5	1,625.5	1	0.016	64	1.000
합 계			64	1.000	64	1.000

[표 3.3]과 같은 표를 누적도수분포표라 부르고, 이것을 만들어 놓으면 어떤 특성치 이하나 이상의 데이터가 얼마나 있는가를 쉽게 알 수 있다. 예를 들면,

전구수명이 1,013.5시간 이하인 것은 64개 중에서 20개이며 이것은 전체의 0.312(31.2%)를 차지하고, 1,285.5시간 이상인 것은 64−51=13개로서 전체의 1 − 0.796 = 0.204(20.4%)가 된다.

[그림 3.2]에서 각 급의 도수 f_i 를 막대그래프로 나타낸 히스토그램을 보았는데, 도수의 크기를 보여주는 다른 그래프로 도수다각형을 그릴 수 있다. 작성요령은 각 급의 중앙값들을 타점하여 이를 연결시킨 것으로 [그림 3.5]와 같다. 작성시 유의사항은 첫번째 급의 왼쪽에 도수 $f_i = 0$을 가진 급을 만들고, 마지막 급의 오른쪽에도 마찬가지로 하여 그림에서와 같이 가로축에 다각형이 밀착되도록 하여야 한다.

[그림 3.5]는 각 급의 중앙값에서 도수의 좌표를 연결하여 다각형을 만들었는데 만약 각 급의 경계치에서 누적도수의 좌표를 연결하여 다각형을 만들면 [그림 3.6]과 같은 **누적도수다각형**(cumulative frequency polygon)이 되고, 이를 **누적도수곡선**(cumulative curve)이라고도 부른다.

그림 3.5 전구수명 데이터의 도수다각형

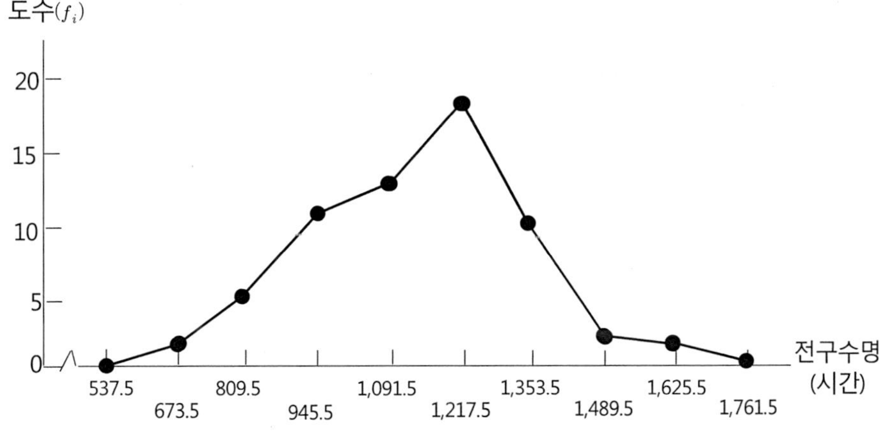

그림 3.6 전구수명 데이터의 누적도수다각형

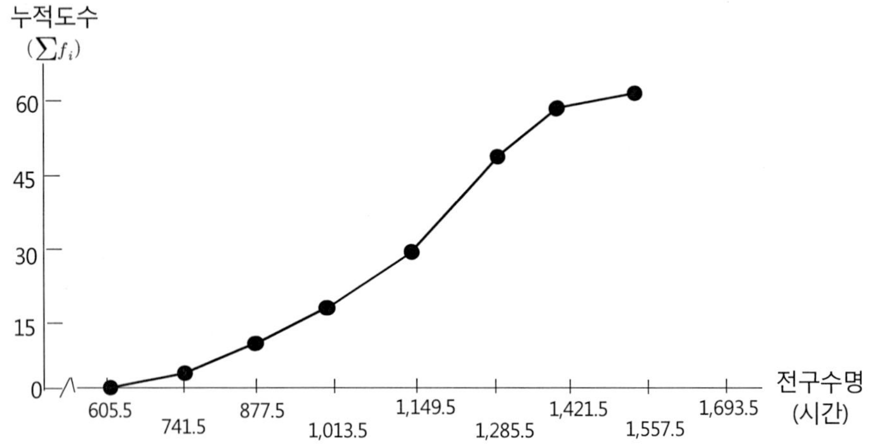

[그림 3.5]와 [그림 3.6]의 도수다각형과 누적도수다각형에서 세로축에 도수 대신에 상대도수를 그릴 수도 있고, 누적도수 대신에 누적상대도수를 그릴 수도 있다. 이는 데이터를 정리하는 데 있어서 어떤 특성을 나타내는 것이 의미가 있는가에 따라서 임의로 선택할 수 있다. 도수분포표나 히스토그램 그리고 도수다각형 등 이외에도 자료하나 하나의 관측값들로 나타나는 정리방법인 줄기-잎 그림(Stem-and-leaf plot)이 있다.

3.4 중심적 경향과 산포

표본의 데이터를 정리하여 모집단에 관하여 얻을 수 있는 정보로는 모집단의 분포곡선 이외에도 그 분포의 중심위치와 산포이다. 모집단의 중심위치는 분포의 중심적 경향을 나타내는 측도에 의하여 추정되고, 모집단의 산포는 산포의 측도들에 의하여 추정된다.

3.4.1 중심적 경향의 측도

모집단 분포의 평균치 μ를 표본의 데이터로부터 구하는 추정치로는 다음과 같은 것들이 많이 쓰인다.

(1) 산술평균(arithmetic mean) $\overline{x}$

가장 많이 사용되는 것이 이 산술평균이며, 흔히 평균(mean) 또는 평균치라 하면 이 산술평균을 의미한다. 데이터로부터 계산된 산술평균은 모집단의 평균치 μ(모평균)와 구별하기 위하여 표본평균이라 부르고 $\overline{x}$ 로 표시한다.

n 개의 표본 데이터의 표본평균은 다음과 같다.

$$\overline{x} = \frac{x_1 + x_2 + \dots + x_n}{n} = \frac{\sum_{i=1}^{n} x_i}{n}$$

(2) 최빈값(mode)

전체 데이터에서 가장 자주 나오는 값을 말하며, 대표치로 양적자료, 질적자료에 쓰인다.

(3) 중앙값(median)

중앙값은 n 개의 데이터를 크기순으로 나열하였을 때 데이터의 수가 홀수이면 중앙에 위치하는 데이터이고, 짝수이면 중앙에 위치하는 두 개의 데이터의 평균치이다. 이와 같이 중앙값은 순위를 나열하는 셋반으로 구할 수 있이 계산이 간단하나, 중앙의 값만 사용하므로 산술평균에 비하여 전체의 데이터를 활용하는 효율성이 약간 떨어진다. 그러나 **극단값**(outlier)이 있는 경우에 그 영향을 받지 않는다는 장점이 있다. 데이터의 수가 너무 많으면 중앙의 값을 찾는 것이 용이하지 않고 효율도 떨어지므로 n의 크기가 10미만인 경우에 많이 사용한다.

(4) 사분위수

만약 관측값의 개수가 상당히 클 때는 중앙값의 개념을 확장하여 크기순으로 나열한 데이터를 4분의 1씩 나누기도 한다. 4분의 1로 나누는 점을 사분위수라고 한다.

표본 사분위수

제1사분위수	Q_1 = 25%
제2사분위수(중앙값)	Q_2 = 50%
제3사분위수	Q_3 = 75%

예제 3-1

다음과 같은 8개의 데이터가 있다. 앞에서 소개한 중심적 경향의 측도들(산술평균, 중앙값, 사뷴위수)을 계산하여 보아라.(데이터 : 3, 9, 6, 15, 5, 3, 5, 5)

▶▶▷미니탭 이용

1. C1에 데이터를 입력
2. **통계분석 > 기초통계학 > 기술통계량** 표시 선택

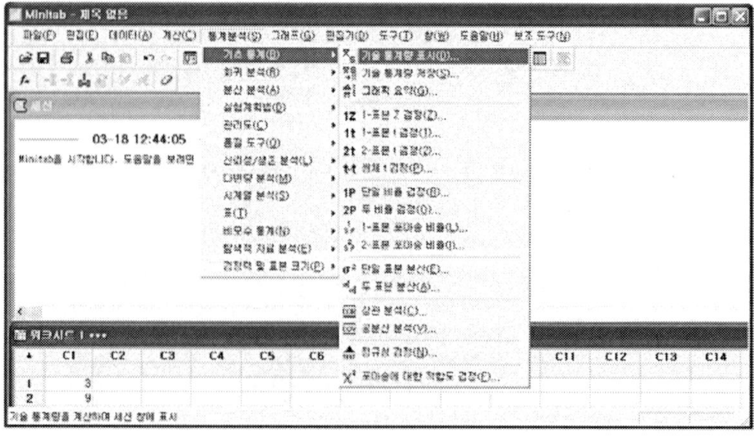

3. 기술통계량 대화상자에서 **변수**에 **C1** 선택
4. 대화상자에서 **통계량**을 선택하여 **평균, 제1사분위수, 중위수, 제3사분위수**를 선택, 확인

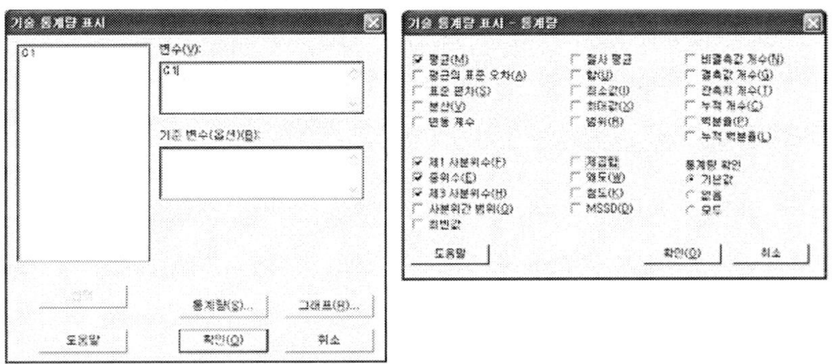

5. 결과창

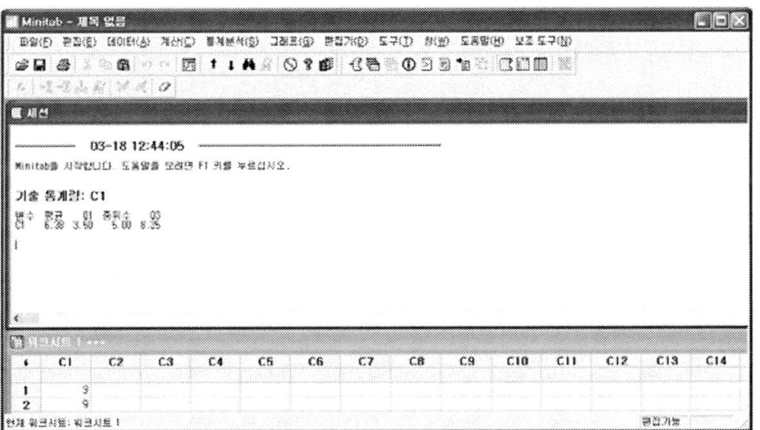

- 산술평균 : $\bar{x} = \dfrac{\sum_{i=1}^{8} x_i}{8} = \dfrac{3+9+6+15+5+3+5+5}{8} = 6.375$
- 중앙값 $\tilde{x}$를 구하기 위하여 위의 데이터를 크기순으로 나열하면 3, 3, 5, 5, 5, 6, 9, 15 이므로 $\tilde{x}$는 4번째와 5번째 숫자의 평균치 $\tilde{x} = \dfrac{5+5}{2} = 5$이다.
- 제1사분위수(Q1)는 3.50, 제3사분위수(Q3)는 8.25이다.

3.4.2 산포도의 측도

데이터가 어느 정도 퍼져 있는가를 나타내는 측도로서 다음의 것들이 많이 쓰인다.

(1) **제곱합**(sum of squares) SS

제곱합이란 개개 측정치 x_i 와 표본평균 $\bar{x}$ 간의 편차의 제곱을 모든 데이터에 대하여 합한 것이다. 즉, $SS=\sum_{i=0}^{n}(x_i-\bar{x})^2$.

(2) **불편분산**(unbiased variance) S^2

제곱합 SS 를 $n-1$로 나눈 것을 불편분산이라고 한다. 여기서 $n-1$을 S 의 **자유도**(degree of freedom)라 부른다. 즉, $S^2=\dfrac{SS}{(n-1)}$.

이것은 모집단의 분산(모분산) σ^2의 **불편추정량**(unbiased estimator)이므로 검정과 추정에서 자주 사용된다. 불편분산(unbiased variance) S^2 를 간단히 분산(variance)이라고 부른다.

(3) **표준편차**(standard deviation) S

분산 V의 제곱근을 표준편차라 한다. 즉, $S=\sqrt{S^2}=\sqrt{\dfrac{SS}{(n-1)}}$.

(4) **범위**(range) R

데이터 중에서 최대값과 최소값의 차이를 범위라 한다. 즉, $R=x_{\max}-x_{\min}$.

(5) **변동계수**(coefficient of variation) V_c

변동계수는 표준편차를 산술평균으로 나눈 값으로 보통 백분율로 나타낸다.

즉,

$$V_c = \frac{S}{\bar{x}} \times 100(\%).$$

위에서 본 4개의 산포측도들은 측정단위(cm, m, mm 등)가 달라지면 똑같은 데이터라 하더라도 산포에 차이가 있는 것처럼 나타난다. 따라서 측정단위가 다른 두 종류의 데이터를 직접 비교하는 것은 곤란하다. 이런 경우에는 변동계수를 쓰면 좋다. 변동계수에서는 측정단위가 다르더라도 똑같은 데이터는 같은 산포 측도의 값을 준다.

예제 3-2

앞의 예제에서 사용된 8개의 데이터에 대하여 위에서 설명한 5개의 산포의 측도들의 값을 구하라. 데이터 : 3, 9, 6, 15, 5, 3, 5, 5 (단위 : cm)

▶▶▷미니탭 이용

1. **C1**에 데이터를 입력
2. 통계분석 **>** **기초통계학** **>** **기술통계량** 표시 선택

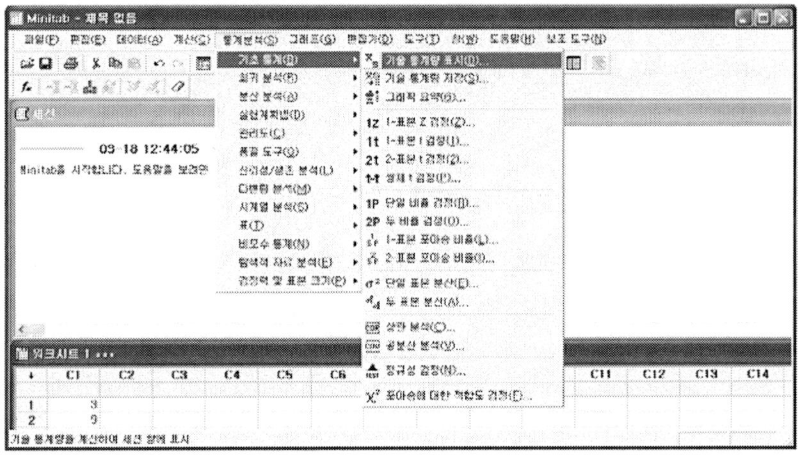

3. 기술통계량 대화상자에서 **변수**에 **C1** 선택
4. 대화상자에서 **통계량**을 선택하여 **표준편차, 분산, 변동계수, 범위, 제곱합**을 선택 후 확인

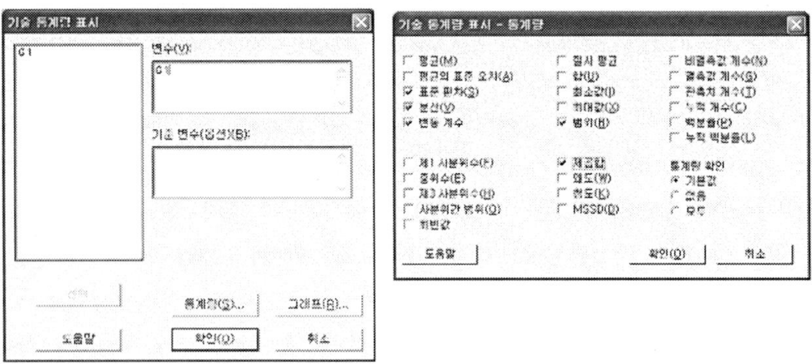

5. 결과창

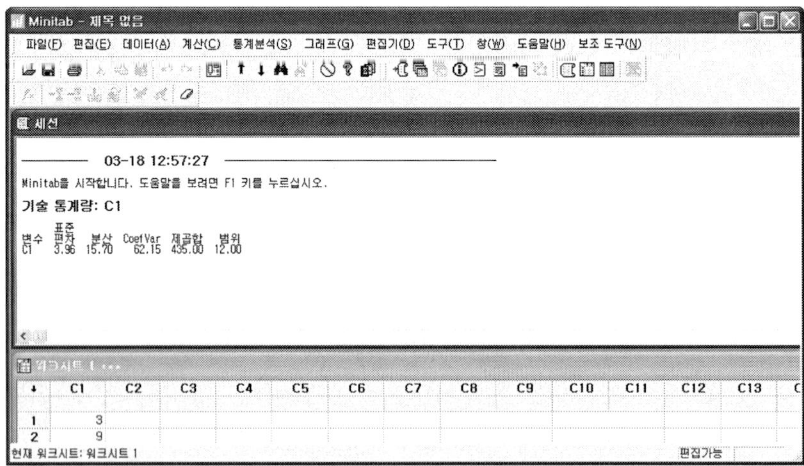

• 제곱합 : $SS = \sum x_i^2 - \dfrac{(\sum x_i)^2}{n}$

$$= 3^2 + 9^2 + \cdots + 5^2 - \frac{(3+9+\cdots+5)^2}{8}$$

$$= 435 - \frac{(51)^2}{8} = 109.875$$

- 불편분산 : $S^2=\frac{S}{n-1}=\frac{109.875}{7}=15.696$
- 표준편차 : $S=\sqrt{S^2}=\sqrt{15.696}=3.962$
- 범위 : $R=x_{\max}-x_{\min}=15-3=12$
- 변동계수 : $V_c=\frac{s}{\bar{x}}\times 100=\frac{3.962}{6.375}\times 100=62.149\%$

만약 데이터의 측정단위가 mm라면 데이터가 30, 90, 60, ⋯, 50mm로서 $SS=10{,}987.5$, $S^2=1{,}569.6$, $S=39.62$, $R=120$이 되어 크게 증가하나 변동계수는 변함없이 62.149%로 남아 있다.

참고 상자그림

상자그림을 이용하면 사분위수에 포함된 정보를 분명하게 나타낼 수 있다. 제1사분위수와 제3사분위수 중앙값을 세로줄로 표시한 직사각형(상자)으로 나타낸다. Q_3에서부터 최대값까지, Q_1에서부터 최소값까지는 선분으로 연결한다.

예제 3-3

카펫(Carpet) 제품의 전반적인 내구성(Durability)을 조사하려고 한다. 네 가정에 카펫 제품의 표본을 놓고 60일 후에 내구성을 측정한 다음 상자그림을 그려라.

Durability	Carpet	Composition	Durability	Carpet	Composition
18.95	1	A	10.92	3	A
12.62	1	B	13.28	3	B
11.94	1	A	14.52	3	A
14.42	1	B	12.51	3	B
10.06	2	A	10.46	4	A
7.19	2	B	21.40	4	B
7.03	2	A	18.10	4	A
14.66	2	B	22.50	4	B

▶▶▷미니탭 이용

1. 워크시트 **카펫.MTW**를 연다.
2. **그래프 > 상자 그림 또는 통계분석 > 탐색적 데이터 분석 > 상자 그림**을 선택

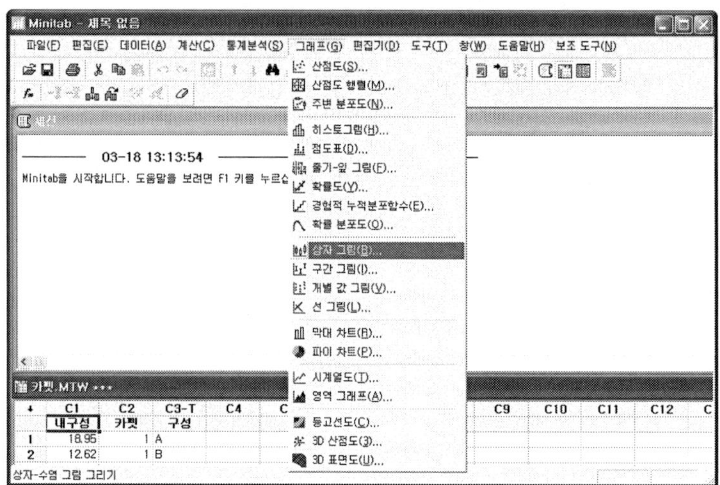

3. 단일 Y에서 **단순**을 선택 후 확인

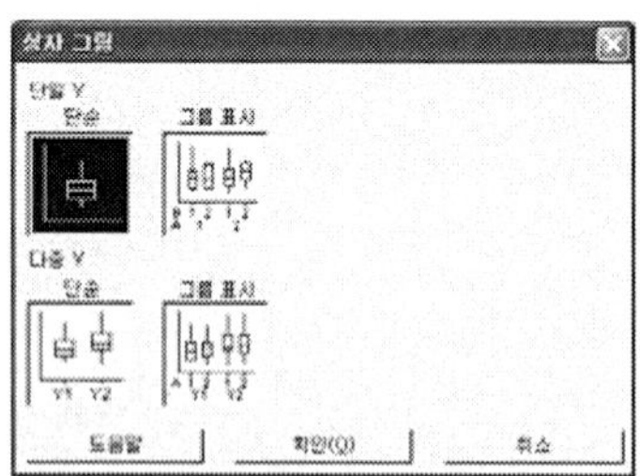

4. 변수에 내구성 입력 후 확인

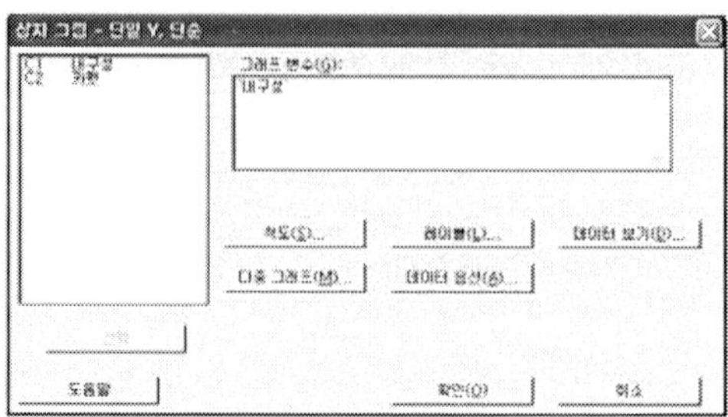

5. 결과창

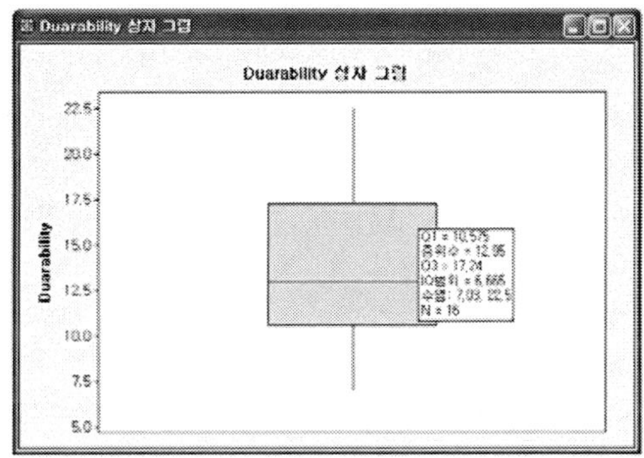

- 중위수=12.95
- Q_1=10.575, Q_3=17.24
- 사분위간 범위(IQR)=Q_3-Q_1=6.665

즉, 위쪽 수염이 길고 중위수 위의 상자 영역이 클수록 데이터는 약간 치우치고, 분포의 오른쪽 꼬리가 왼쪽 꼬리보다 길어진다.

3.5 7가지의 QC 기초수법

이 절에서는 품질관리(QC)활동을 전개하는 데 있어서 기본적인 QC수법으로 알려진 **7가지 도구**(seven tools of QC)에 대하여 설명해 보자. 이 수법들은 데이터의 기초적 정리방법으로 널리 쓰이는 것들로서 품질관리 활동을 수행하는데 있어서 가장 필수적인 통계적 방법들이다. 이들을 먼저 열거하면 다음과 같다.

(1) 히스토그램(histogram)

(2) 특성요인도(causes-and-effects diagram)

(3) 파레토그림(Pareto diagram)

(4) 체크시트(check sheet)

(5) 각종의 그래프(graph)

(6) 산점도(scatter diagram)

(7) 층별(stratification)

위의 방법들을 간략히 설명하기로 한다.

3.5.1 히스토그램

히스토그램(histogram)이란 길이, 무게, 강도 등과 같이 계량치의 데이터가 어떠한 분포를 하고 있는지 알아보기 위하여 작성하는 그림으로 [표 3.2]와 같이 도수분포표를 만든 후에 이를 막대그래프 형태로 만든 것이다.

히스토그램을 작성하면 데이터만으로 알아보기 어려웠던 대체적인 평균이나 산포의 크기도 알 수 있으며, 데이터가 얻어진 공정이 어느 정도 안정되어 있는가를 대체로 판별할 수가 있다. 안정된 공정은 거기에서 얻어진 데이터의 히스토그램이 대체적으로 종을 엎어 놓은 것과 같은 좌우대칭 형태를 나타내고 있다. 다음 [그림 3.7]은 공정에 이상이 있는 히스토그램을 나타낸다.

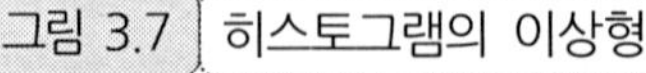
그림 3.7 히스토그램의 이상형

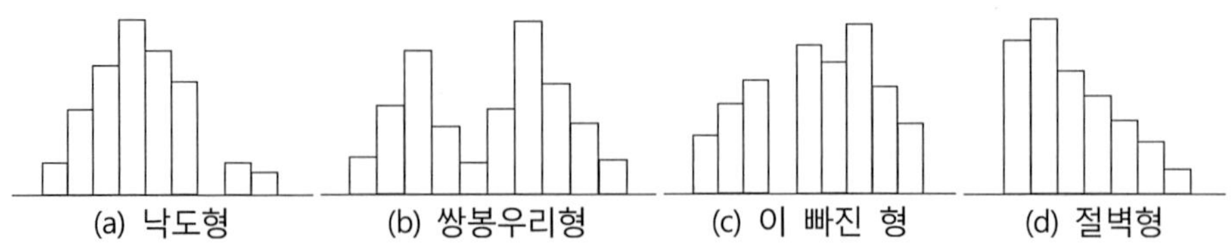

(a)의 낙도형은 떨어져 있는 섬 모양을 가지는 경우로, 떨어져 있는 부분이 이상이 있다고 생각되므로 그 원인을 규명하여 조처를 취할 필요가 있다. (b)의 쌍봉우리 형은 두 개의 산 모양을 가지므로, 이질의 집단이 섞여 있거나 2대의 서로 성능이 상이한 기계로 만들어진 제품이 섞여 있다든지 할 때에 흔히 생긴다. (c)의 이가 빠진 모양은 작업자의 측정법에 잘못된 버릇이 있거나 측정자가 의식적으로 또는 무의식적으로 특정한 구간의 값을 피한 경우에 일어난다. 이러한 상태는 시정될 수 있도록 조처를 취해야 한다. (d)의 절벽모양의 히스토그램은 한 쪽으로 끊어진 형태로, 산포가 커서 불량품이 많은 경우에 규격에 맞추기 위하여 전수검사한 후 어떤 경계치 이하 또는 이상의 제품은 버리고 나머지 제품만을 가지고 이중에서 데이터를 수집했을 때 이런 현상이 자주 발생한다. 이것은 산포가 커서 공정능력이 나쁜 공정을 의미하므로 공정능력을 좋게 하도록 원인을 규명하여 조처를 취하는 것이 필요하다.

예제 3-4

앞의 [표 3.1]의 데이터에 대해서 히스토그램을 그려라.

▶▶▷미니탭 이용

1. **통계분석 > 기초통계학 > 그래픽** 요약

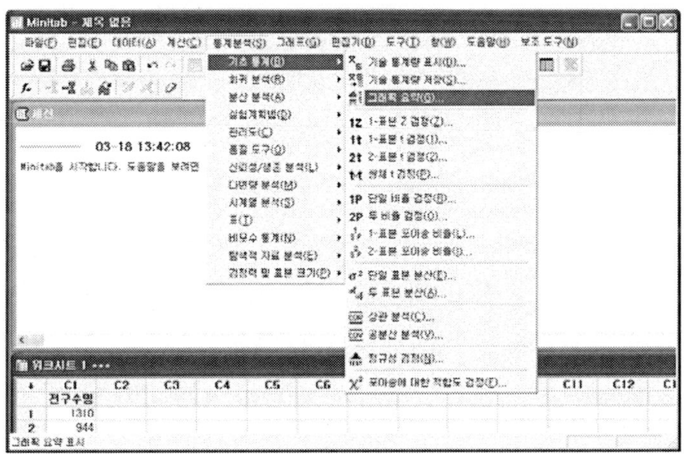

2. **변수(전구수명)**를 선택

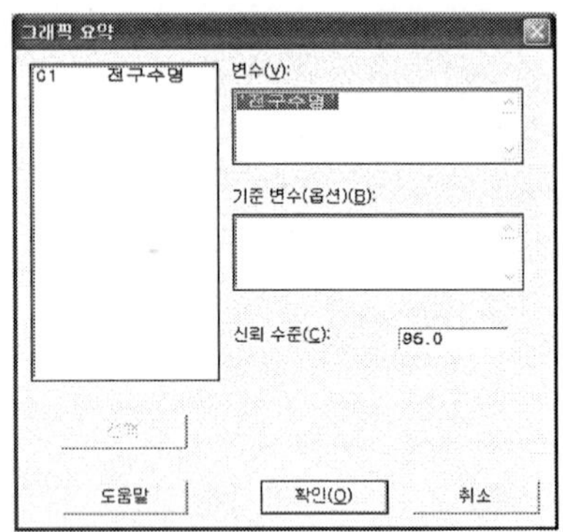

3. 확인

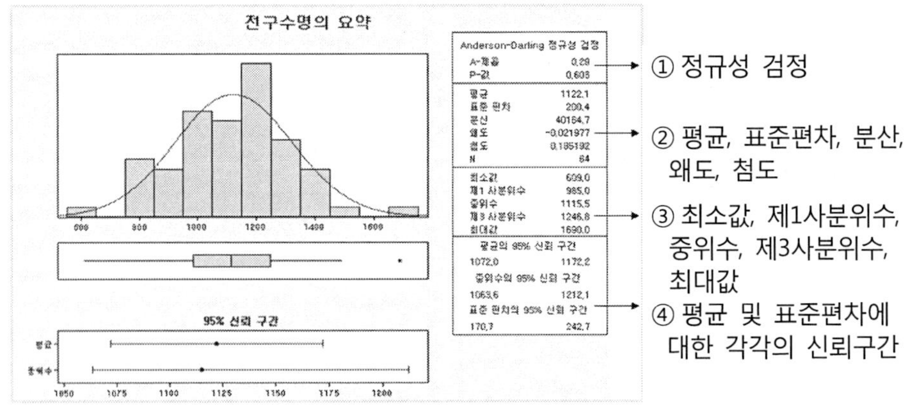

3.5.2 특성 요인도

특성요인도(causes-and-effects diagram 또는 characteristic diagram)란 결과(보통 품질특성을 말함)에 원인(보통 품질특성에 영향을 주는 요인)이 어떻게 관계하고 있는가를 한 눈으로 알 수 있도록 작성한 그림이다. 그 모양이 [그림 3.8]과 같이 생선뼈의 모양을 닮았다는 점에서 생선뼈그림(fish-bone diagram)이라고도 부른다. 이것은 일본의 Ishikawa Kaoru가 1953년 일본의 Kawasaki제철에서 품질관리를 지도할 때 처음으로 사용되었다고 알려지고 있다.

그림 3.8 과자의 중량미달 특성요인도

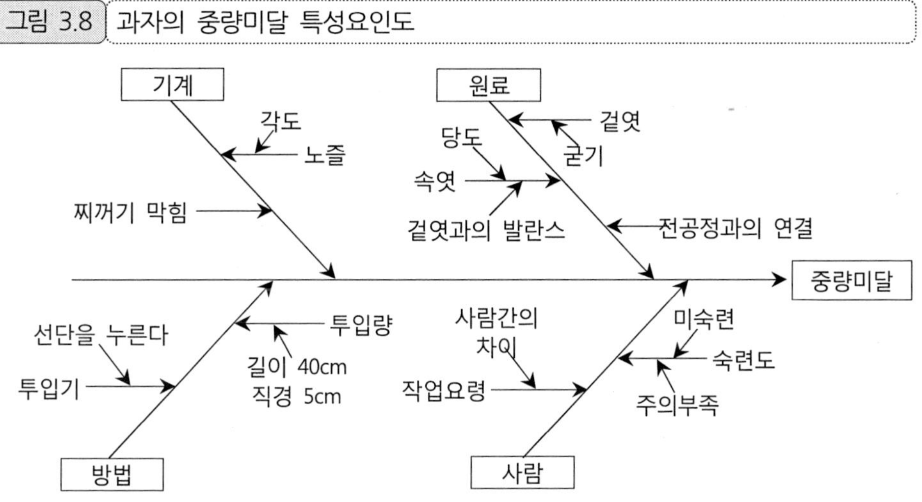

특성요인도는 많은 의견을 한 장의 그림에 정리하는 데 유용한 방법이다. 따라서 그룹(group)활동이나 QC분임조 활동 중에서 분임원으로부터 제시된 의견을 특성요인도로 묶고, 이 가운데서 중요한 항목을 찾아 대책을 세우고 개선의 실마리를 발견하는 경우 등에 쓰인다. 특성요인도의 작성방법은 다음의 순서에 따르는 것이 보통이다.

(1) 관심이 있는 품질특성을 정한다. 품질특성의 보기를 들면, 제품의 치수, 불량률, 수율 등 품질 자체를 나타내는 것 외에도 작업공 수, 소요시간, 납기, 능률, 안전 등 작업의 결과를 나타내는 것이면 모두가 특성으로 취급할 수 있다.

(2) 큰 가지가 되는 화살표를 왼쪽에서 오른쪽으로 긋고 그 끝에 앞에서 정한 품질특성의 결과를 적는다.

그림 3.9 특성요인도의 작성방법

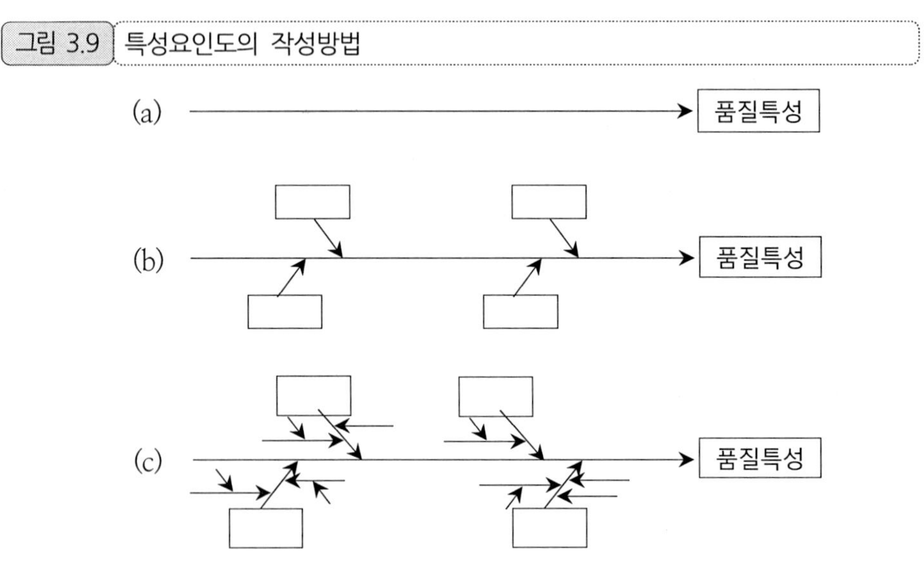

예제 3-5

다음 자료를 기초로 특성요인도를 작성하라.

작업자	기계	원자재	방법	측정	환경
Shifts Supervisors Training Operators	Sockets Bits Lathes Speed	Alloys Lubricants Suppliers	Angle Engager Brake	Micrometers Microscopes Inspectors	Moisture% Condensation

▶▶▷미니탭 이용

1. **통계분석 > 품질도구 > 특성요인도**

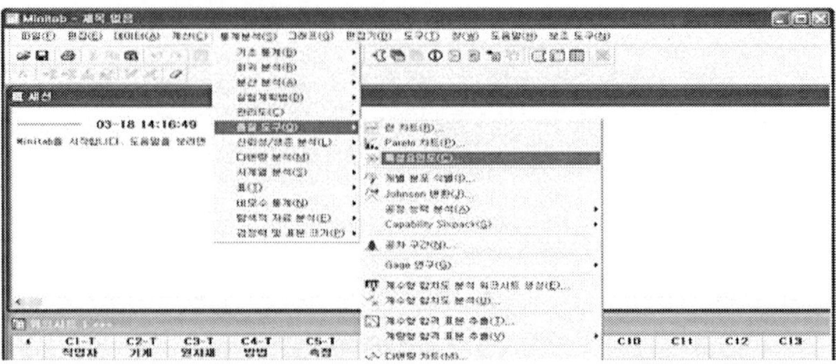

2. 원인에서 1-6행에 대해 열을 선택
3. 1-6행에 각각 작업자**, 기계, 원자재, 방법, 측정 및 환경을** 입력
4. 효과에서 **Surface Flaws**를 입력, 확인 선택

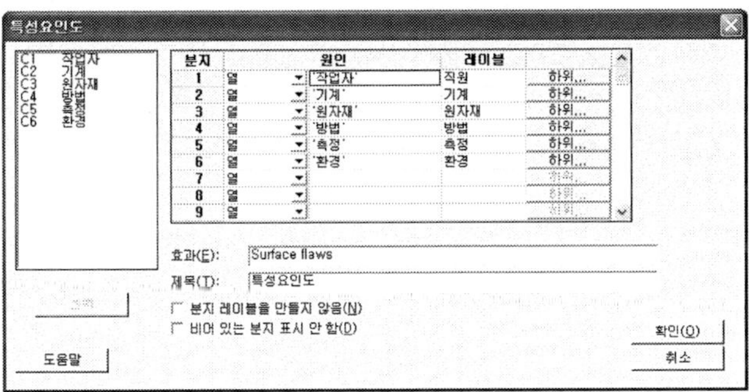

5. 결과창

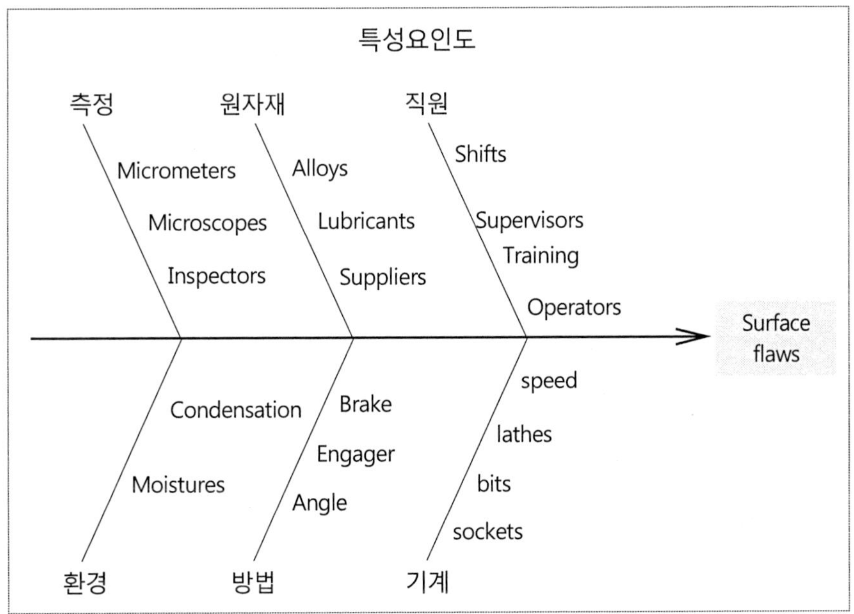

3.5.3 파레토 차트

이탈리아의 경제학자 Pareto가 1897년에 소득분포곡선으로 [그림 3.10]와 같은 형태를 갖는 곡선 $y=kx^{-a}$ 을 발표하였다. 여기서 x 는 소득의 크기이고 y 는 x 이상의 소득을 가진 사람의 점유비율(x 이상 소득자의 누계백분비)이며, k 와 a 는 상수이다. 이것은 소득 분포의 불균형을 나타내는 경험적 경제법칙인 20:80이론(전체 인구의 20%가 부의 80%를 차지한다)으로 알려져 있다.

그림 3.10 Pareto

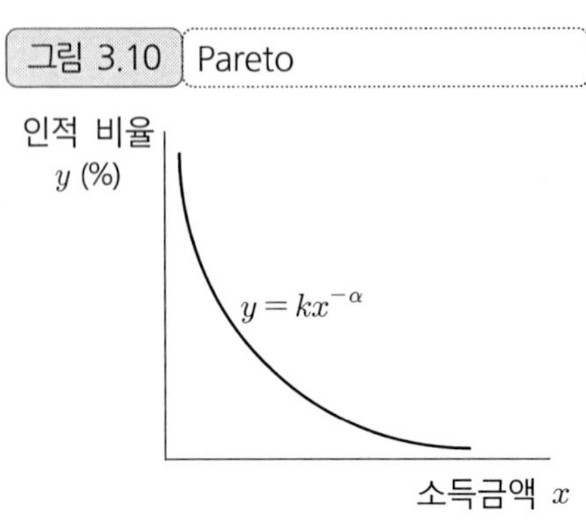

이와 같은 곡선을 **Pareto곡선(Pareto curve)**이라 하고, J.M. Juran이 이를 수정 보완하여 QC수법으로 제안하여 오늘날의 Pareto 그림이 되었다.

Pareto 그림(Pareto diagram)은 불량, 결점, 고장 등의 발생 건수(또는 손실금액)를 분류 항목별로 나누어 크기의 순서대로 나열해 놓은 그림으로, 이 그림에 의해서 불량, 결점, 고장 등에 대하여 “어떤 항목에 문제가 있는가”, “그 영향은 어느 정도인가”를 알아낼 수 있다.

그림 3.11 분류항목별 막대그래프

그림 3.12 누적도수 꺾은선 그래프

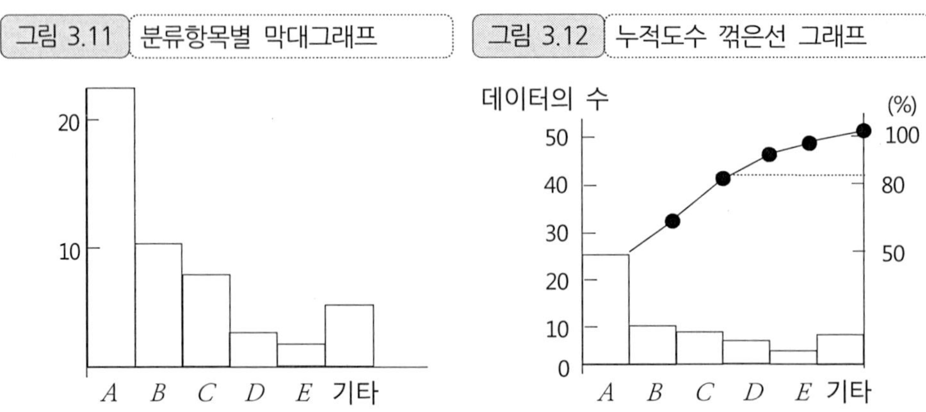

예제 3-6

구두공장의 제조공정에서 최근 불량품을 조사하여 아래와 같은 결과를 얻었다. 아래의 데이터를 이용하여 파레토그림을 작성하여라.

불량항목	불량개수	누적불량개수	%	누적 %
뒤 틀 림	98	98	60.1	60.1
벌 어 짐	33	131	20.2	80.3
접힘선이탈	20	151	12.3	92.6
굵 힘	5	156	3.1	95.7
기 타	7	163	4.3	100.0
계	163		100	

▶▶▷미니탭 이용

1. **통계분석 > 품질도구 > Pareto 차트**

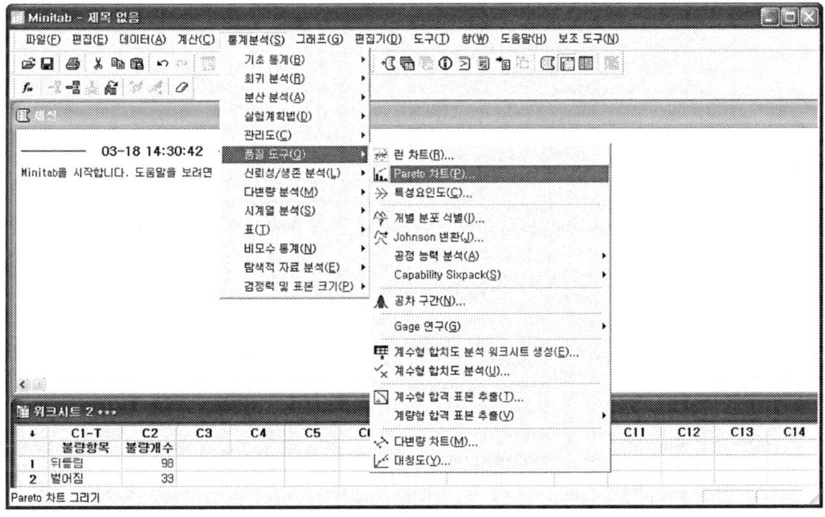

2. **차트 결점표**를 선택

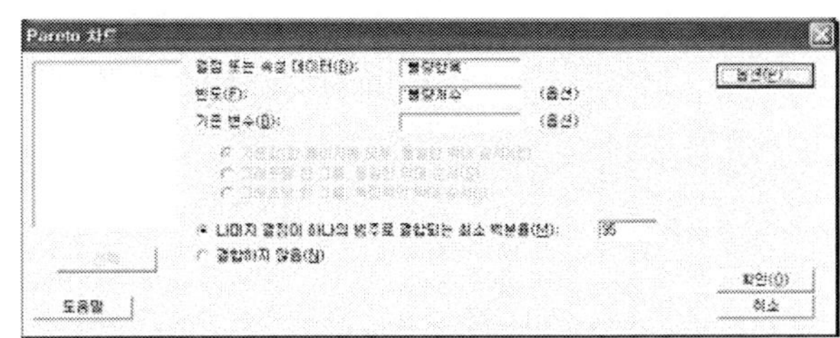

3. **레이블(불량항목), 빈도위치(불량개수)** 선택

- 차트 결점 데이터 : 데이터가 원시 형태로 입력되어 있으면 이 항목을 선택한 다음 데이터가 들어 있는 열을 입력한다. 결점은 텍스트나 숫자 데이터일 수 있다.
- 차트 결점 표 : 데이터가 결점 이름 또는 코드와 원시 데이터가 아닌 빈도 카운트로 입력되어 있으면 이 항목을 선택한다. 분산 성분과 같은 것에 대해 Pareto 차트를 그리려고 하는데 숫자가 정수가 아닐 경우에는 숫자에 적절한 값을 곱해서 정수로 변환해야 한다.
- X 축 레이블 : X 축 레이블을 입력. 레이블을 지정하지 않으면 기본 레이블은 “Defect”
- Y 축 레이블 : Y 축 레이블을 입력. 레이블을 지정하지 않으면 기본 레이블은 “Count”
- 누적 백분율을 차트로 만들지 않음 : 누적 백분율 기호, 연결선 및 백분율 척도를 표시하지 않으려면 이 항목을 선택
- 제목 : 기본 제목을 사용자 정의 제목으로 바꾸는 데 사용할 텍스트를 입력

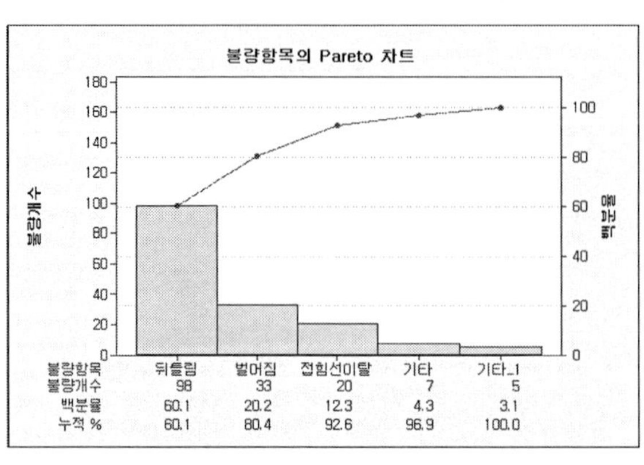

4. 확인 선택

위의 그림에서 불량항목의 특징을 쉽게 파악할 수 있다.

3.5.4 체크시트

체크시트(check sheet)란 주로 계수치의 데이터(불량수, 결점수와 같이 수를 세어서 취한 데이터)가 분류 항목별의 어디에 집중되어 있는가를 알아보기 쉽게 나타낸 그림이나 표이다. 이것은 일상의 데이터에 대한 기록용지 구실을 하여 주며, 기록이 끝난 다음에는 데이터가 어디에 집중되어 있는가를 비교·검토함으로써 문제점이 어디에 있는가를 판단할 수 있다. 그러므로 불량이나 결점의 발생원인을 기록하거나 그 원인조사를 위해서 쓰인다. 또한 Pareto 그림을 그리기 위하여 데이터를 수집하는 과정에서 이 체크시트가 많이 사용된다.

표 3.4 자동차 라디오 조립공정의 불량항목별 체크시트

항목 / 날짜	월요일	화요일	수요일	목요일	금요일	토요일	
납 땜 불 량	卌	/			卌	卌 /	17
결 품 발 생	//	//		/	///	//	10
조 임 불 량		/	//	//	/		6
소형램프교환	卌	卌 /	///	卌 ///	//	卌 //	31
기 타	/	//	///	/	//	///	12
계	13	12	8	12	13	18	76

위 체크시트에 의하면, 소형램프교환이 31개로 전체 불량의 약 40%를 차지하였으며, 요일별로는 수요일에 불량이 가장적게 토요일이 가장 많은 불량이 발생한 것을 알 수 있다.

3.5.5 각종 차트그래프(파이차트, 주변플롯)

그래프는 여러 가지가 있으나 이를 표현 내용에 따라서 분류하면 다음과 같다.

(1) 계통도표 (예 : 공장조직도)

(2) 예정도표 (예 : 분임조활동 실시계획표)

(3) 기록도표 (예 : 온도기록표)

(4) 통계도표 (예 : 막대그래프, 꺽은선 그래프, 원그래프)

이 중에서 통계도표의 예를 보이면 [그림 3.13]과 같다.

그림 3.13 각종의 통계도표

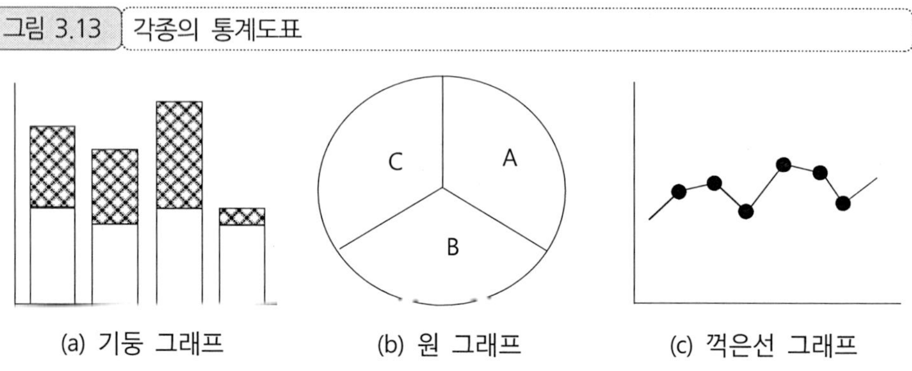

(a) 기둥 그래프 (b) 원 그래프 (c) 꺽은선 그래프

그래프의 작성요령은 단번에 그 그래프가 뜻하는 것을 알 수 있도록 나타내야 한다. 따라서 그래프 작성의 목적을 명확히 해서 가장 간략하게 그 뜻을 독자에게 전할 수 있는 방법을 강구하도록 하여야 한다. 특히 꺽은선 그래프에서 데이터의 점이 이상이 있는가 없는가를 판단하기 위하여 중앙에 중심선(center line)을 긋고 위 아래로 한계선(관리상한선, 관리하한선)을 기입하여 관리하는 그래프를 관리도라 부른다. 이것은 뒤에서 상세히 공부하기로 한다. 여러 가지 차트 중 파이차트와 주변플롯에 대하여 소개하겠다.

(1) 파이차트

예제 3-7

어떤 원료의 품질특성(x)와 원료를 써서 만든 제품의 특성(y)에 관한 조사결과 다음과 같은 데이터를 얻었다. 파이차트와 주변플롯을 그려라.

품질 특성					제품 특성				
57.4	64.7	50.4	55.8	64.1	44.4	52.0	38.1	49.3	60.3
72.3	50.5	52.3	60.3	54.5	63.2	39.5	30.3	57.5	41.0

▶▶▷미니탭 이용

1. **그래프 > 파이차트**

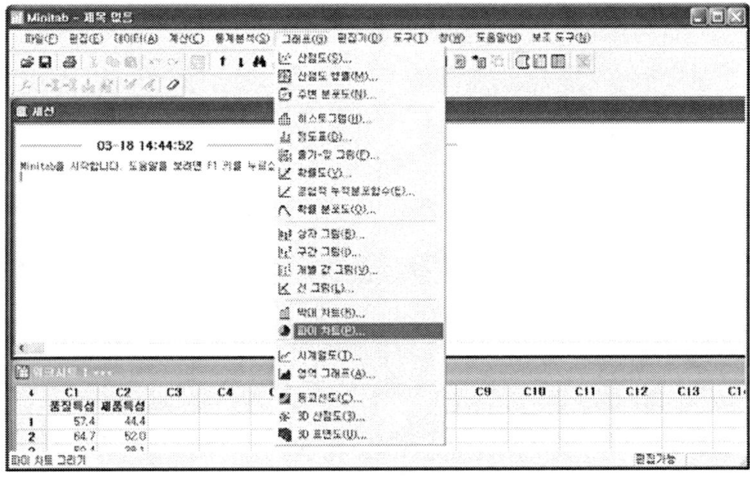

2. 원시 데이터 **차트화** 선택
3. **범주형 변수**에 품질특성 제품의 특성 선택
4. 확인 선택

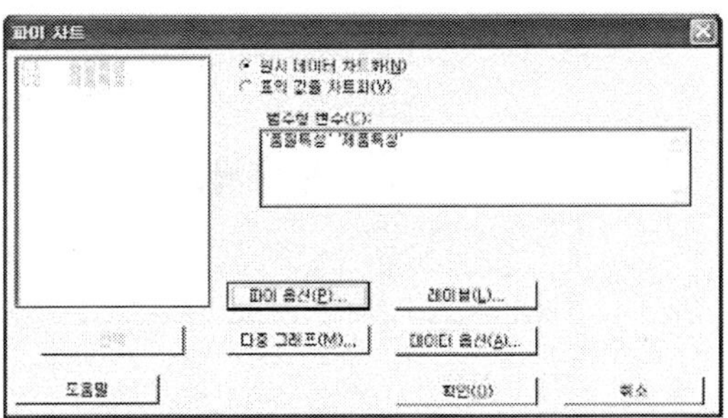

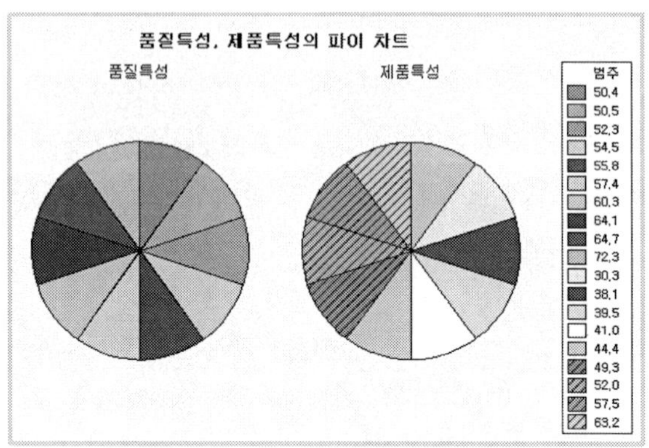

(2) 주변 분포도

예제 3-8

(예제 3.7에서 계속)

▶▶▷미니탭 이용

1. **그래프 > 주변분포도**

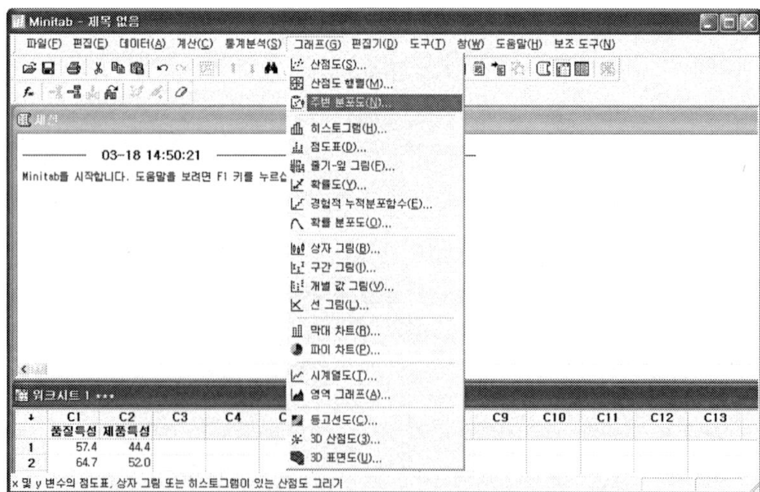

2. **주변분포도**에서 **히스토그램** 표시를 선택

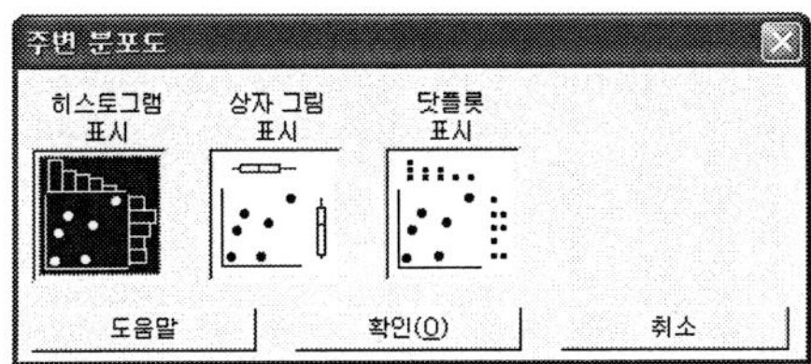

3. **Y변수(제품의 특성), X변수(품질특성)**를 선택
4. 확인 선택

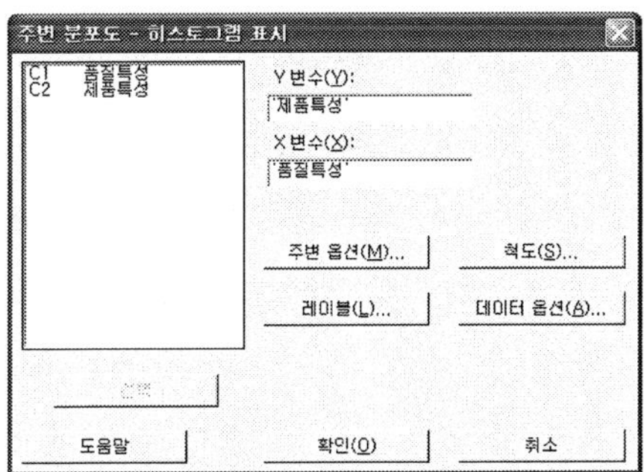

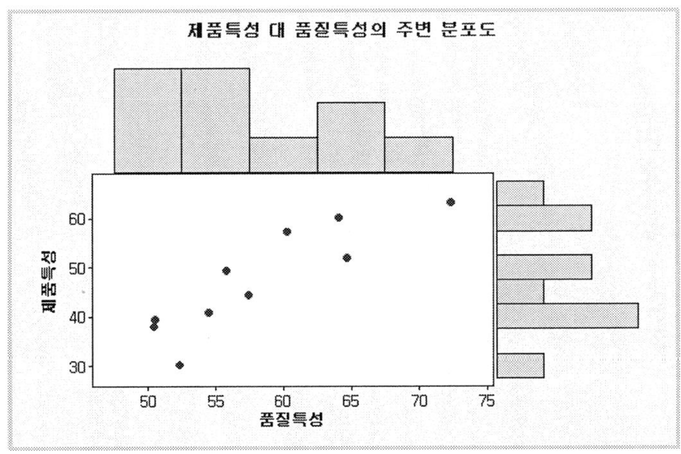

3.5.6 산점도

산점도란 서로 대응되는 두 개의 짝으로 된 데이터를 [그림 3.14]와 같이 그래프용지 위에 점으로 나타낸 그림이다.

x가 커지면 y도 커진다는 관계를 양의 상관이 있다고 하고, x가 커지면 y는 작아진다는 관계를 음의 상관이 있다고 한다.

그림 3.14 x와 y간의 상관관계

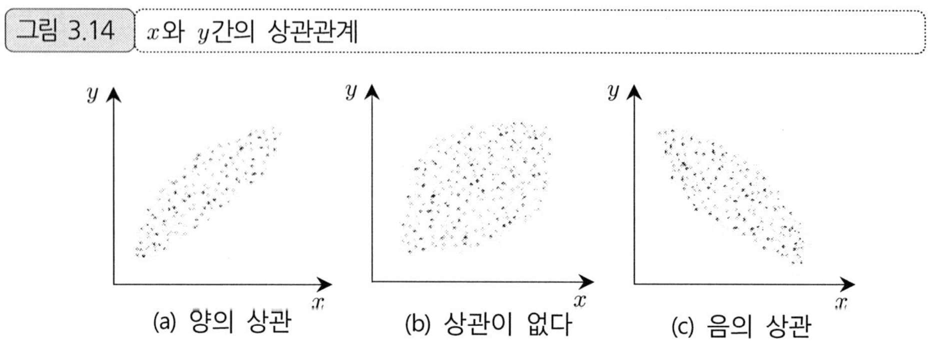

예제 3-9

위의 예제 3-7의 데이터에서 x에 대한 y의 산점도를 그려라.

▶▶▷미니탭 이용

1. **그래프 > 산점도**

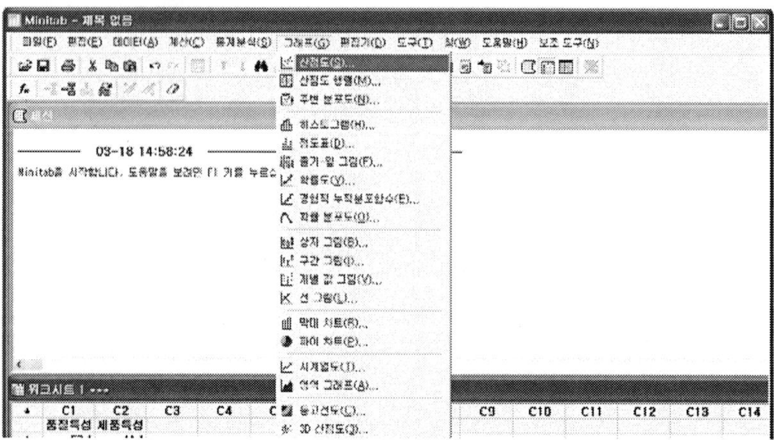

2. **단순** 선택

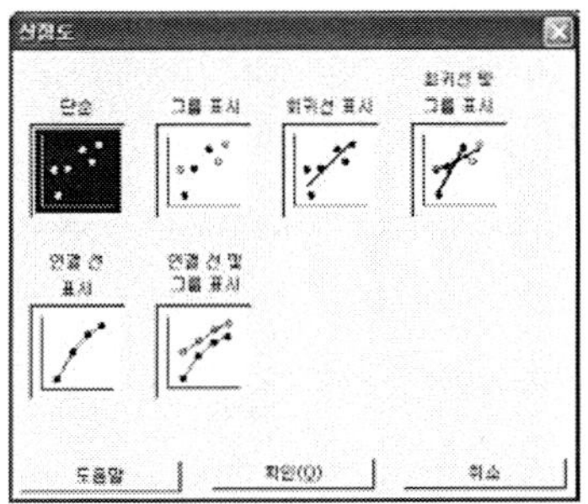

3. **Y변수(불량항목), X변수(불량개수)** 선택
4. 확인 선택

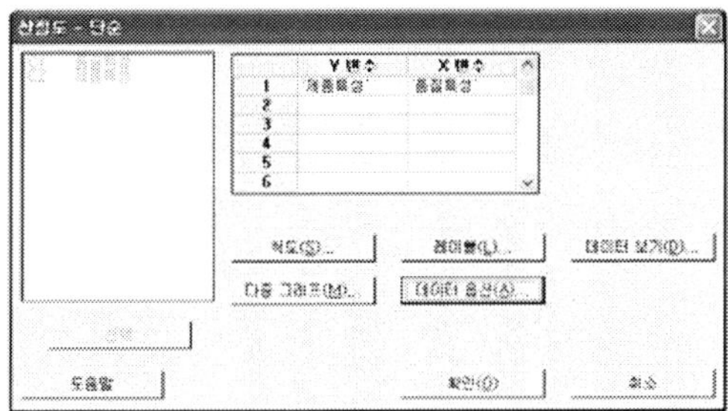

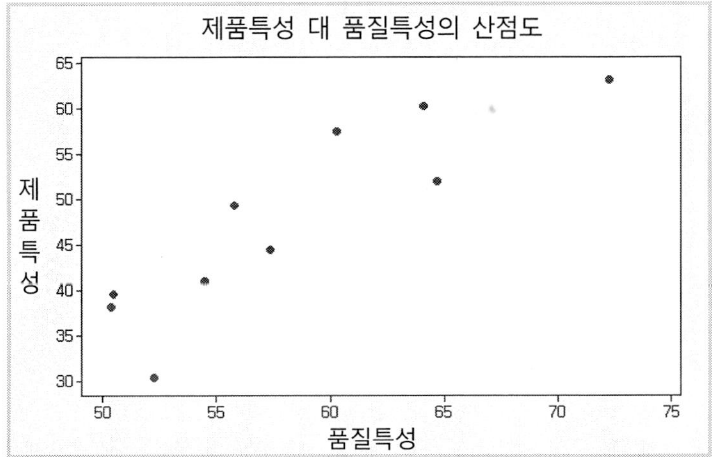

즉, 품질의 특성값이 증가하면 할수록 제품의 특성값도 증가함을 나타낸다.

3.5.7 층별

층별(stratification)이란 집단을 구성하고 있는 많은 데이터를 어떤 특징에 따라서 몇 개의 부분집단으로 나누는 것을 말한다. 측정치에는 반드시 산포가 있다. 따라서 산포의 원인이 되는 인자에 관하여 층별하면 산포의 발생 원인을 규명할 수 있게 되고, 산포를 줄이거나, 공정의 평균을 좋은 방법으로 개선하는 등 품질향상에 도움이 된다. 일반적으로 행해지는 층별 방법의 예를 들면 다음과 같다.

(1) 작업자 : 조별, 숙련도별, 남녀별, 연령별 등
(2) 기계 : 라인별, 위치별, 구조별 등
(3) 재료 : 구입처별, 구입시기별, 상표별 등
(4) 작업방법 : 작업조건별, 측정방법별 등
(5) 시간 : 오전 오후별, 주간 야간별, 계절별 등

즉, 작업자별 부적합품 수를 층별로 나타냈다고 했을 때, 가령 작업자 C와 F가 이번주 부적합품을 생산한 실적이 높다라는 결론을 가져올 수 있다.

참고문헌

3·1 박성현, 박영현 : 통계적 품질관리(제3판), 민영사, 2008.

3·2 이레테크 미니탭사업부, 새한미디어주식회사 : MiniTAB 실무 완성, 이래테크, 2001.

3·3 김평구, 김희철, 이동준 : MiniTAB을 이용한 통계적품질관리, 교우사, 2008.

3·4 박성현 : 통계의 매력, 자유아카데미, 2011.

연습문제

3.1 다음의 데이터는 공장에서 생산된 어느 기계부품 중에서 랜덤하게 80개를 취하여 길이를 측정한 것이다.

6.15	6.17	6.42	5.87	5.96	6.12	5.86	6.30
5.78	5.71	6.02	5.63	6.05	6.18	6.01	5.93
6.22	5.75	5.71	5.80	6.25	6.10	6.15	6.19
5.93	5.96	5.96	6.12	5.89	5.95	6.01	5.93
6.08	6.19	5.78	6.32	5.83	5.96	5.86	5.83
6.12	5.70	5.92	5.89	5.95	6.07	6.10	5.95
6.00	6.19	5.93	5.91	5.94	6.02	5.80	5.86
6.07	6.11	5.75	6.04	6.07	5.75	5.41	6.37
5.94	5.74	6.05	6.21	6.02	5.88	5.94	5.63
6.26	5.96	5.94	6.08	5.75	5.96	6.17	6.15

(1) 도수분포표와 히스토그램을 작성하라.(각자 적절한 계급의 수를 정하세요).

(2) 위의 (1)에서 만들어진 도수분포표를 사용하여 평균($\bar{x}$), 중앙값($\tilde{x}$), 분산(S^2), 표준편차(s), 변동계수(V_c)를 계산하라.

3.2 위의 **3.1**의 데이터 중에서 첫 번째 열에 있는 10개의 데이터에 대하여 중심적 경향을 측정하는 측도, 평균($\bar{x}$), 기하평균(G), 중앙값($\tilde{x}$), 분산(S^2), 범위의 중앙값(M)을 구하라.

3.3 다음 데이터의 파이차트와 주변분포도를 그려라.

점수	89	81	65	93	77	81	96	76	90	73	59	73	64	92	76	84	80	80	63	75
득점	96	85	77	96	60	65	83	79	74	60	80	87	72	82	76	79	87	90	75	85

3.4 자동차 공장의 도금 공정에서 최근 도금 불량을 조사하였더니 아래와 같은 결과를 얻었다. 손실금액은 다음 표와 같다. 아래의 데이터를 이용하여 손실금액에 대한 파레토그림을 작성하라.

불량항목	불량개수	한 개당 재가공비	손실금액
흠	412	60	24720
크롬불량	264	740	195360
얼 룩	148	490	72520
바닥불량	92	470	43240
벗 겨 짐	48	460	22080
수세불량	34	25	850
기 타	62	84	5208

3.5 S대학교 C과의 3학년 학생 82명에 대한 키를 조사하여 도수분포표를 작성하니 다음과 같다.

급번호	급 구 간	도수(f_i)	중앙값($\overline{x}_i$)
1	154.5~59.5cm	1	157
2	159.5~164.5	12	162
3	164.5~169.5	27	167
4	169.5~174.5	31	172
5	174.5~179.5	9	177
6	179.5~184.5	2	182

(1) 중앙값($\tilde{x}$)을 구하라.

(2) 히스토그램을 그리고 특징을 말하세요.

3.6 표준정규분포에서 생성한 난수 20개, 200개, 2000개의 값을 생성하고, 히스토그램을 그려서 그 특징을 비교하여라.(조별발표하기)

3.7 위 연습 **3.6**과 2장의 연습문제 **2.3**을 보고 그 분포 특징은 어느 분포에서 파악하기 쉬운지를 발표해보자.

제4장

확률변수와 확률분포

4.1 확률

4.2 확률변수

4.3 이산확률분포

4.4 연속확률분포

앞 장에서는 데이터가 주어졌을 때, 이 데이터를 어떻게 정리하는 것이 필요한 정보를 획득하기에 용이한가를 공부하였다. 이것은 주로 **기술통계학**(descriptive statistics)적인 측면이라고 말할 수 있다.

표본의 정보로부터 모집단에 관한 의결결정을 하기 위해서는 불확실성이 개입된 문제를 다루게 되며, 이것은 주로 **추측통계학**(inferential statistics)의 측면으로 확률의 개념이 바탕을 이루고 있다. 이 장에서는 먼저 확률에 대하여 그 개념을 명백히 하고, 통계적 품질관리에서 많이 사용되는 확률변수와 확률분포에 대하여 차례로 공부하기로 한다.

4.1 확률

4.1.1 표본공간과 사상

실험의 결과를 정확히 예측할 수는 없으나, 얻을 수 있는 모든 가능한 결과를 미리 알 수 있는 실험을 한다고 가정해 보자. 이러한 실험이 똑같은 조건하에서 수없이 반복될 수 있는 실험을 **시행**(trial) 또는 **확률실험**(random experiment)이라고 한다. 시행 때마다 나타날 수 있는 가장 기본적인 결과를 그 시행의 **근원 사상**(elementary event)이라고 하며, 모든 가능한 근원사상들의 집합을 **표본공간**(sample space)이라고 한다. 표본공간의 부분집합(subset)을 **사상**(event)이라고 부르고, 하나의 근원사상도 하나의 사상이 될 수 있다. 표본공간 S로, 근원사상을 e로, 그리고 사상을 알파벳의 대문자 $A, B, C, \cdots$ 등으로 나타낸다.

두 개의 사상 A와 B를 나타내는 부분집합들이 서로 동일한 근원사상을 포함하고 있지 않는 경우에 이 두 사상은 서로 배반사상이라고 한다. 두 사상 A, B에 대하여 $A \cup B$라 하면 "A 또는 B 중에서 적어도 한 쪽이 일어나는 사상"

을 말하고, $A \cap B$ 라 하면 "A 그리고 B 가 모두 일어나는 사상"을 뜻한다. 표본공간 S 에서 사상 A에 속하지 않는 모든 근원사상의 집합을 A의 여사상(complement)이라 하고 A' 으로 나타낸다.

예제 4-1

한 개의 동전을 두 번 던지는 시행에서 앞면이 나타나면 H, 뒷면이면 T로 그 결과를 적기로 하자. 이 시행에서,

(1) 표본공간 S를 나타내어라.

(2) 첫 번째 던진 동전의 결과가 앞면이 되는 사상 A를 나타내어라.

(3) 두 번째 던진 동전의 결과가 뒷면이 되는 사상 B를 나타내어라.

(4) 사상 A와 B는 서로 배반인가?

(5) A∪B, A∩B와 A′를 구하라.

▶▶▷ 풀이

(1) S = {(H, H), (H, T), (T, H), (T, T)}

(2) A = {(H, H), (H, T)}

(3) B = {(H, T), (T, T)}

(4) 사상 A와 B는 동일한 근원사상(H, T)를 가지고 있으므로 서로 배반이 아니다.

(5) A∪B={(H, H), (H, T), (T, T)}, A∩B={(H, T)}, A′={(T, H), (T, T)}

4.1.2 확률과 확률법칙

어떤 사상 A가 일어나리라고 기대되는 확실성을 계량적으로 나타낸 값을 사상 A의 확률(probability)이라 부르고 보통 $P(A)$로 나타낸다. 확률을 좀 더 수학적으로 정의하여 보자.

어떤 표본공간 S에 대하여 다음의 성질을 갖는 집합함수(set function) $P(\cdot)$를 고려할 때,

(1) 임의의 사상 A에 대하여 $P(A) \geq 0$

(2) 사상 A_i, $i=1, 2, 3, \cdots$가 서로 배반사상이라면

$$P(A_1 \cup A_2 \cup A_3 \cup \cdots) = P(A_1) + P(A_2) + P(A_3) + \cdots$$

(3) $P(S) = 1$

을 만족하는 P를 표본공간 S에서의 시행의 **확률집합함수**(probability set function)라고 말하고, $P(A)$의 값을 사상 A의 확률이라고 부른다.

확률에 관한 법칙

(1) $0 \leq P(A) \leq 1$

(2) $P(A \cup B) = P(A) + P(B) - P(A \cap B)$

(3) 사상 A, B가 서로 배반이면 $P(A \cup B) = P(A) + P(B)$이다. 만약 위의 (2)에서 A, B가 서로 배반이면 $P(A \cap B) = 0$이다.

(4) $P(S) = P(A \cup A') = P(A) + P(A') = 1$

(5) 표본공간 $S = \{e_1, e_2, \cdots, e_n\}$의 모든 근원사상에 같은 확률이 부여될 때, 만약 A가 S의 m개의 근원사상으로 구성된 사상이라면 $P(A) = \frac{m}{n}$이 성립한다.

그림 4.1 벤 그림

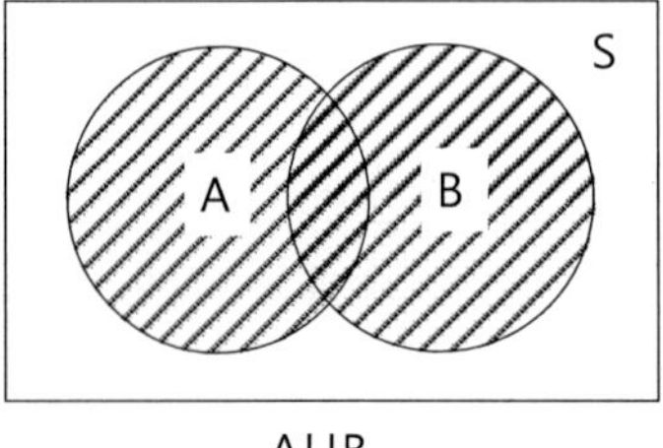

A∪B

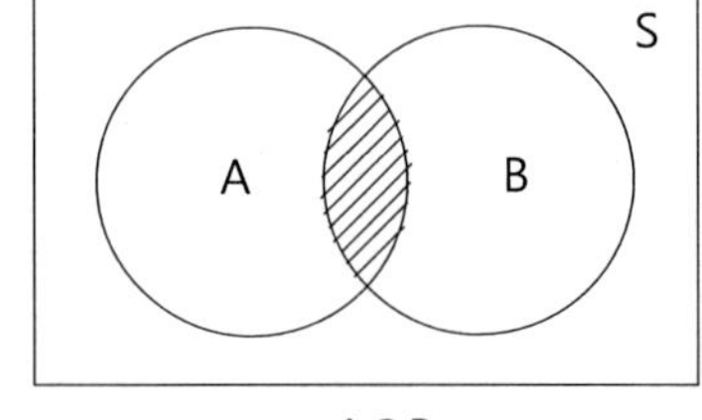

A∩B

4.2 확률변수

4.2.1 확률변수의 정의

어떤 시행의 표본공간을 S라 하고, 이 표본공간에서 각각의 근원사상 e에 대하여 어떤 일정한 규칙(rule)에 따라 하나의 실수(real number)값을 대응시키자. 이때 이 관계를 $X(e)$로 표시하면, 이는 표본공간 S에서 정의된 하나의 **수치함수**(numerical valued function)이다. 이러한 함수 X를 **확률변수**(random variable)라 한다.

일반적으로 확률변수는 X, Y, Z 등으로 대문자로 표시하고, 이 확률변수들이 취하는 값은 x, y, z 등의 소문자로 보통 나타낸다. 그러나 혼란이 생기지 않는 범위내에서 확률변수라는 소문자로 쓰는 것도 허용하기도 한다.

예제 4-2

동전을 2회 던지는 시행을 생각하자. 이 경우의 표본공간은

$$S = \{(H, H),\ (H, T),\ (T, H),\ (T, T)\}$$

이다. 편의상 $e_1 = (H, H)$, $e_2 = (H, T)$, $e_3 = (T, H)$, $e_4 = (T, T)$라 하자. 이 표본공간 S에서 확률변수 X를

$$X = \text{앞면(H)의 개수}$$

로 정의하면, X의 값은 $X(e_1) = 2$, $X(e_2) = X(e_3) = 1$, $X(e_4) = 0$이 된다. 이 관계는 S에서 정의된 수치함수이므로 이를 도시하면 [그림 4.2]와 같다. 그리고 X의 값 x에 대응하는 확률은 [표 4.1]과 같다.

그림 4.2 표본공간에서 정의된 확률변수

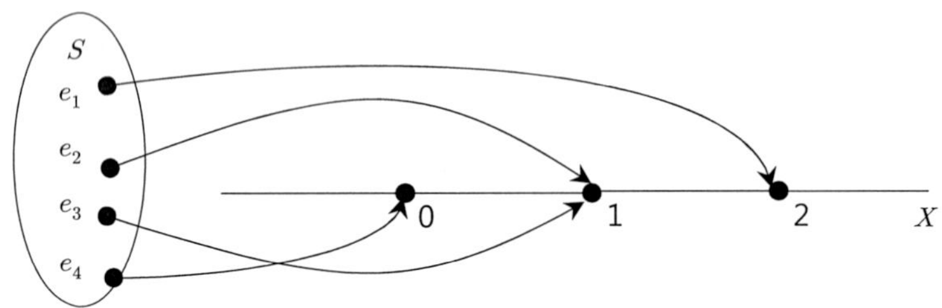

표 4.1 확률변수 X의 확률분포

x	0	1	2
$P(X=x)$	$\frac{1}{4}$	$\frac{2}{4}$	$\frac{1}{4}$

4.2.2 확률변수의 분류

확률변수는 **이산형**(discrete type)과 **연속형**(continuous type)으로 분류된다. 동전을 여러 번 던졌을 때 나오는 앞면의 수, 생산공정에서 한 시간에 나오는 불량품의 개수등과 같이 유한개의 값을 갖거나, 무한개일지라도 하나하나 셀 수 있는 값을 취하는 확률변수를 **이산확률 변수**(discrete random variable)라 한다.

확률변수 X가 취할 수 있는 각각의 값 x에 대하여 [표 4.1]과 같이 발생할 확률 $P(X=x)$를 구하여 정리한 표를 확률변수 X의 **확률분포**(probability distribution)라 부른다. 이 때 확률 $P(X=x)$를 식으로 표현하여 함수의 형태로 나타내면 이를 확률변수 X의 **확률밀도함수**(probability density function)라 하고, 간단히 p.d.f로 표기한다. 일반적으로 이산확률변수에 대해서는 $P(X=x)=p(x)$로 표시하고, 연속확률변수에 대해서는 확률밀도함수를 $f(x)$로 나타내 주며 이는 $P(X=x)$를 의미하지는 않는다.

이산확률변수의 p.d.f 성질

(1) $p(x) \geq 0$ 모든 x 의 값에 대하여

(2) $\sum_{x} p(x) = 1$,

연속확률변수의 p.d.f 성질

(1) $f(x) \geq 0$

(2) $\int_{-\infty}^{\infty} f(x)\,dx = 1$

확률변수 X가 어떤 구간 [a, b]에 속할 확률

$$P[a \leq X \leq b] = \sum_{a \leq x \leq b} p(x) \text{ : 이산형}$$

$$= \int_{a}^{b} f(x)\,dx \text{ : 연속형}$$

또한 확률변수 X와 관련하여 자주 쓰이는 것으로, X가 주어진 실수 x 보다 작거나 같은 확률을 나타내는 **누적분포함수**(cumulative distribution function)(이를 확률분포함수(probability distribution function) 또는 간단히 분포함수(distribution function)라고도 한다.)가 있다. 이 분포함수를 간략히 c.d.f로 표기하고 다음 식으로 정의한다.

$$F(x) = P(X \leq x)$$

분포함수의 성질

(1) 만일 $x_1 < x_2$ 이면 $F(x_1) \leq F(x_2)$ 이다. 즉, $F(x)$는 비감소함수(nondecreasing funtion)이다.

(2) $F(-\infty) = 0$, $F(\infty) = 1$

(3) $P(a \leq X \leq b) = F(b) - F(a)$

(4) $\dfrac{dF(x)}{dx} = f(x), F(x) = \displaystyle\int_{-\infty}^{x} f(t)\,dt$

(5) $F(x) = \displaystyle\sum_{x_i \leq x} p(x_i)$

(6) $F(x)$는 우측으로부터 연속

예제 4-3

같은 동전을 3번 던져서 앞면(H)과 뒷면(T)이 나타나는 사항을 관찰하는 문제를 생각하여 보자. 앞면과 뒷면이 나타날 확률이 $\frac{1}{2}$씩 똑같은 경우에 확률 변수 X를

$$X = \text{앞면의 개수}$$

로 정의 할 때, X의 p.d.f.와 c.d.f.를 구하고 이를 그래프로 그려보아라.

▶▶▷ 풀이

S = {(H, H, H), (H, H, T), (H, T, H), (T, H, H), (H, T, T), (T, H, T), (T, T, H), (T, T, T)}가 되고 $x=0$인 경우는 근원사상이 (T, T, T)뿐이므로 그 확률은 $\frac{1}{8}$이다. $x=1$인 경우는 근원사상이 (H, T, T), (T, H, T), (T, T, H)로 3개이므로 그 확률이 $\frac{3}{8}$이다. 이와 같이 계산 하여 p.d.f.와 c.d.f.를 구하면 [표 4.2]와 같다.

표 4.2 X의 p.d.f.와 c.d.f.

x 의 값	0	1	2	3
p.d.f. $P(X=x)=p(x)$	$\frac{1}{8}$	$\frac{3}{8}$	$\frac{3}{8}$	$\frac{1}{8}$
c.d.f. $F(x)=P(X \leq x)$	$\frac{1}{8}$	$\frac{4}{8}$	$\frac{7}{8}$	1

그림 4.3 X의 p.d.f.와 c.d.f.

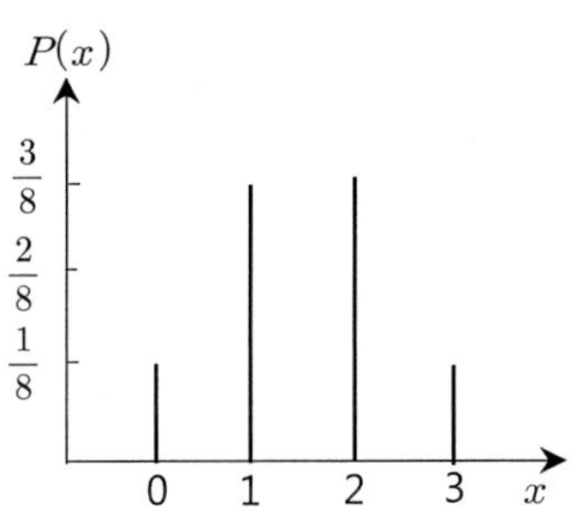

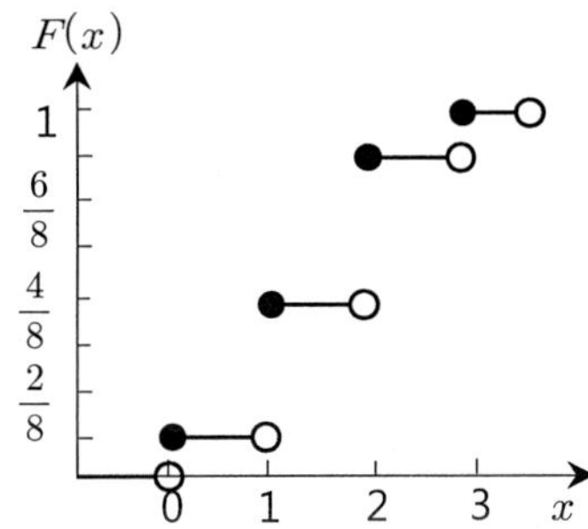

[그림 4.3]의 c.d.f.에서 $F(x)$는 우측으로부터 연속이나 좌측으로부터는 연속이 아님을 보여주고 있다. 예를 들면, $x=1$에서 $F(1)=\frac{4}{8}$이지 $\frac{1}{8}$은 아니다. 즉, $x=0$, 1, 2, 3에서 $F(x)$는 빈원(○)의 값을 갖는 것이 아니라 채워진 원(●)의 값을 갖는다.

4.2.3 기댓값과 분산

확률변수의 성질을 나타내는 대표적인 것으로 확률변수의 **기댓값**(expected value)과 **분산**(variance)을 들 수 있다. 확률변수 X의 기댓값은 $E(X)$라고 쓰고, 이산형과 연속형에 따라 다르게 정의된다.

$$E(X)=\sum_x xp(x) \ : \text{이산형} \qquad (4\cdot1)$$

$$=\int_{-\infty}^{\infty} xf(x)dx \ : \text{연속형} \qquad (4\cdot2)$$

에 의하여 구하여 진다.

확률변수 X의 기댓값을 $E(X)=\mu$ 라 놓고, 분산을 $V(X)$라 나타내기로 하면 다음과 같이 정의한다.

$$V(X)=\sum_x (x-\mu)^2 p(x) \quad : \text{이산형} \tag{4·3}$$

$$=\int_{-\infty}^{\infty}(x-\mu)^2 f(x)\,dx \quad : \text{연속형} \tag{4·4}$$

분산의 공식에서 이산형과 연속형을 구별하지 않고 동시에 표현할 수 있는 공식은,

$$V(X)=E[(X-\mu)^2] \tag{4·5}$$

으로 다음과 같은 관계식을 이용하여 계산을 간단히 한다.

$$\begin{aligned} V(X) &= E[(X-\mu)^2] \\ &= E[X^2-2\mu X+\mu^2] \\ &= E(X^2)-2\mu E(X)+\mu^2 = E(X^2)-\mu^2 \end{aligned} \tag{4·6}$$

여기서 X^2의 기댓값

$$E(X^2)=\sum_x x^2 p(x) \quad : \text{이산형} \tag{4·7}$$

$$=\int_{-\infty}^{\infty} x^2 f(x)dx \quad : \text{연속형} \tag{4·8}$$

이다.

기댓값의 몇 가지 중요한 성질은 다음과 같다.

(1) 만약 a가 상수라면 $E(a)=a$

(2) a가 상수이면, $E(aX)=aE(X)$

(3) a_1, a_2, $\cdots$, a_k 가 상수이고, X_1, X_2, $\cdots$, X_k 가 확률변수이면,

$$E(a_1X_1+a_2X_2+\ldots+a_kX_k)=a_1E(X_1)+a_2E(X_2)+\ldots+a_kE(X_k)$$

예제 4-4

앞의 예제 4.3에서 정의된 이산확률변수 X에 대하여 다음의 질문에 답하라.

(1) 기댓값과 분산을 구하라.

(2) X의 값이 0이거나 3이면 1,000원을 받고, 그 외의 경우에는 400원을 내어주는 내기라면 그 기댓값은 얼마인가? 유리한 내기인가?

▶▶▷ 풀이

(1) 기댓값은 식(4·1)에 의하여

$$E(X)=\sum xp(x)=(0)(\frac{1}{8})+(1)(\frac{3}{8})+(2)(\frac{3}{8})+(3)(\frac{1}{8})=1.5$$

이다. 분산식은 식(4·6)을 사용하여 계산하면

$$\begin{aligned}V(X)&=\sum_x x^2p(x)-\mu^2\\&=(0)^2(\frac{1}{8})+(1)^2(\frac{3}{8})+(2)^2(\frac{3}{8})+(3)^2(\frac{1}{8})-(1.5)^2\\&=0.75\end{aligned}$$

를 얻는다.

(2) 이 내기에서 X의 결과에 따라 받을 돈과 줄 돈을 함수로 만들면

$$\begin{aligned}g(X)&=1{,}000,\ \text{만약 } x=0 \text{ 또는 3이면}\\&=-400,\ \text{만약 } x=1 \text{ 또는 2이면}\end{aligned}$$

과 같다. 따라서 이 내기의 기댓값은 식(4·1)을 사용하여

$$\begin{aligned}E[g(x)]&=\sum g(x)p(x)\\&=1{,}000(\frac{1}{8})-400(\frac{3}{8})-400(\frac{3}{8})+1{,}000(\frac{1}{8})\\&=-50\text{원}\end{aligned}$$

을 얻는다. 즉, 기댓값이 음(minus)이므로 불리한 내기이다.

4.2.4 공분산과 상관계수

두 개의 확률변수 X, Y에 관해서 주어진 실수가 x, y일 때, 사상 $\{X \le x\}$, $\{Y \le y\}$들이 동시에 일어나는 확률을 정의하는 **결합확률분포함수**(joint probability distribution funtion) $F(x, y)$는 다음과 같다.

$$F(x,y) = P(X \le x, Y \le y)$$

결합확률밀도함수(joint p.d.f)는 이산형인 경우에는 $p(x,y)$로, 연속형인 경우엔 $f(x,y)$로 나타낸다. 만약, 모든 x, y에 대하여

$$F(x,y) = P(X \le x) \cdot P(Y \le y)$$

로 표현할 수 있으면, 두 확률변수 X, Y는 서로 독립이라고 말한다.

두 개의 확률변수 X, Y의 기댓값과 분산을 각각 μ_x, μ_y 및 σ_x^2, σ_y^2 이라 하고 다음과 같은 기댓값을 생각하여 보자.

$$\begin{aligned} E[(X-\mu_x)(Y-\mu_y)] &= E(XY - \mu_x X - \mu_y Y + \mu_x \mu_y) \\ &= E(XY) - \mu_x \mu_y \end{aligned}$$

이와 같은 기댓값을 X, Y의 **공분산**(covariance)이라 하며, 일반적으로 $Cov(X, Y)$ 또는 σ_{xy}로서 표시한다. 만약 X, Y가 서로 독립이면 $E(XY) = E(X) \cdot E(Y) = \mu_x \mu_y$ 이므로 공분산은 0이다.

두 확률변수 X, Y간의 **상관계수**(correlation coefficient)는 $Corr(X, Y)$ 또는 간단히 ρ로 나타내며 다음과 같이 정의 된다.

$$\rho = \frac{E[(X-\mu_x)(Y-\mu_y)]}{\sqrt{E(X-\mu_x)^2} \cdot \sqrt{E(Y-\mu_y)^2}} = \frac{Cov(X,Y)}{\sqrt{V(X) \cdot V(Y)}} \qquad (4\cdot9)$$

X, Y가 서로 독립이면 $Cov(X, Y) = 0$ 이므로 0이 된다.

분산, 공분산 관련 주요성질이다.

(1) 만일 a가 상수이면, $V(a)=0$

(2) 만일 a가 상수이면, $V(aZ)=a^2V(X)$

(3) a_1, a_2, $\cdots$, a_k가 상수이고, X_1, X_2, $\cdots$, X_k가 확률변수이면,

$$V(a_1X_1+a_2X_2+...+a_kX_k)=\sum_{i=1}^{k}a^2V(X_i)+2\sum_{i<j}^{k}a_ia_jCov(X_i,X_j)$$

예제 4-5

어떤 제품은 A, B 두 부품을 길게 붙여서 용접하여 만들어진다. A의 길이는 제조실적에 의하여 평균 20㎝, 분산 9㎠이고, B의 길이는 평균 45㎝, 분산 16㎠의 분포를 하고 있음을 알고 있다. A, B의 두 로트로부터 각각 랜덤하게 1개씩 취하여 용접을 하여 제품을 만들 때, 제조길이의 평균과 분산을 구하라.

▶▶▷ 풀이

$X=A$ 의 길이, $Y=B$ 의 길이

로 하면, 구하고 싶은 것은 $E(X+Y)$와 $V(X+Y)$이다. 먼저

$$E(X+Y)=E(X)+E(Y)=20+45=65cm$$

이고, A, B는 랜덤하게 취하여졌으므로 X, Y는 서로 독립이다. 따라서

$$COV(X,Y)=0$$

이므로

$$V(X+Y)=V(X)+V(Y)$$
$$=9+16=25cm^2$$

이 된다. 즉, 평균은 65㎝이고 분산은 25㎠이다.

4.3 이산확률분포

이산확률분포(discrete probability distribution)는 수를 세는 경우에 나타나는 계수치의 분포로서 다음과 같은 것들이 많이 쓰인다.

(1) 베르누이분포(Bernoulli distribution)
(2) 이항분포(binomial distribution)
(3) 초기하분포(hypergeometric distribution)
(4) 포아송분포(Poisson distribution)

4.3.1 베르누이분포

어느 실험 또는 관찰을 독립적으로 반복해서 시행하는 경우에 매 시행마다 오직 2개의 가능한 결과만이 일어나며, 각 시행이 서로 독립적인 것을 **베르누이 시행**(Bernoulli trials)이라고 한다. 각 시행의 결과를 "성공(S)과 실패(F)"로 나타내기로 하고 성공확률을 $p=P(S)$, 실패 확률을 $q=P(F)=1-p$로 하자.

임의의 확률변수 X를 다음과 같이 정의하자. X는 두 가지의 값 0, 1만 취할 수 있고 그 확률은 $P[X=1]=p$, $P[X=0]=1-p$ 이라 하자. "성공과 실패"와 관련지어서 변수 X가 베르누이 시행의 결과를 나타내는 것으로 한다면 $X=1$은 성공이고, $X=0$은 실패를 나타낸다. 이 때 확률변수 X의 확률밀도함수(p.d.f)는

$$p(x)=p^x(1-p)^{1-x}, \quad x=0, 1$$

이 된다. 이것을 **베르누이 분포**(Bernoulli distribution)의 p.d.f라고 한다.

정리 4.1

확률변수 X가 베르누이분포를 따를 때, $E(X)$와 $V(X)$

$$E(X) = p$$
$$V(X) = p(1-p)$$

4.3.2 이항분포

성공률이 p인 베르누이 시행이 n번 반복 시행되었을 때, 확률변수 X를 "n번 시행에서의 성공 횟수"라고 하자. 이 때 X의 확률분포를 시행횟수 n과 성공률 p를 갖는 **이항분포**(binomial distribution) $B(n, p)$라 한다. X가 취할 수 있는 값은 0, 1, 2, ⋯, n이다.

통계적 품질관리에서는 다음과 같은 경우에 이항분포가 많이 사용된다. 불량률이 p인 관리상태에 있는 공정(이것은 무한모집단임)으로부터 크기 n인 표본을 취하거나, 또는 불량률 p를 갖는 로트(이것은 유한모집단임)로부터 크기 n인 표본을 **복원추출**(sampling with replacement ; 한 개를 추출하여 측정한 다음 곧 그것을 모집단에 되돌려 넣고 다시 다음의 추출단위를 추출하여 가는 방법)할 때에, 표본 중에 발견되는 불량품 개수 X는 이항 확률변수가 된다.

이항분포의 p.d.f는 다음과 같다.

$$p(x) = \binom{n}{x} p^x (1-p)^{n-x}, \ x = 0, 1, 2, \ \cdots, n \tag{4·10}$$

일반적으로 속성 A(불량이라는 것도 하나의 속성임)를 갖는 비율이 p이고 속성 A를 갖지 않는 비율이 $q=1-p$인 무한모집단 또는 복원추출되는 유한모집단에서 크기 n의 표본을 추출할 때 n개 중에서 속성 A를 갖는 개수 X는 이항분포 $B(n, p)$에 따른다.

정리 4.2

확률변수 X가 식(4·10)의 이항분포를 따를 때, X의 기댓값과 분산은 다음과 같다.

$$E(X) = np$$

$$V(X) = np(1-p)$$

이항분포의 특징

(1) $p = 0.5$일 때는 기댓값 np에 대하여 대칭이 된다.

(2) $np \geq 5$이고 $n(1-p) \geq 5$일 때는 정규분포에 근사된다.

(3) $p \leq 0.1$이고 $n \geq 50$일 때는 포아송분포에 근사된다.

예제 4-6

하나의 로트가 제품 $N = 10$개로 구성되어 있고, 이 중에서 2개가 불량품이라 하자(즉, 불량률 $p = 0.2$). 복원추출에 의하여 제품을 랜덤하게 채취할 때, 그 중 하나만이 불량일 확률을 구하여라.

▶▶▷미니탭 이용

1. **계산 > 확률분포 > 이항분포** 선택
2. 대화상자에서 **확률** 선택, **시행횟수**에 **10**, **성공확률**에 **0.2**를 입력. 그리고 **입력상수**에 **1**을 입력한 후 확인

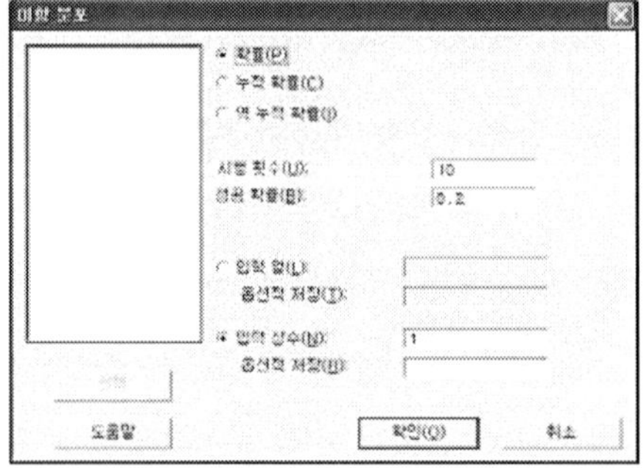

3. 결과창

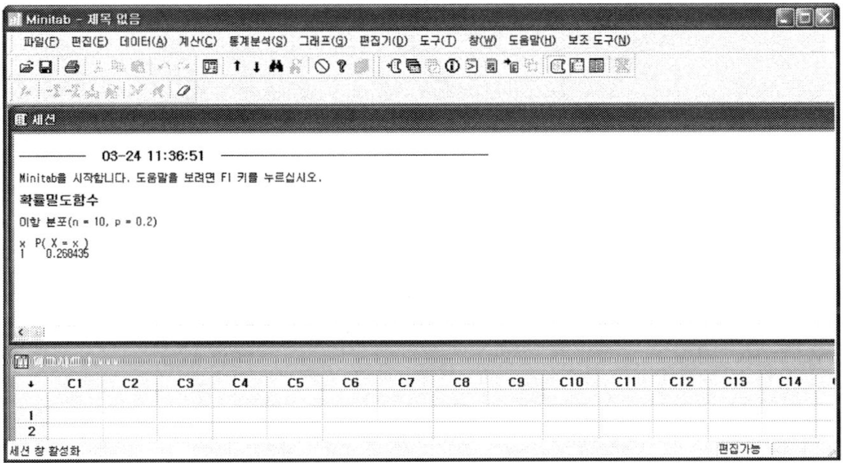

- $P(X) = \binom{10}{1} 0.2^1 (1-0.2)^9 = 0.2684$

4.3.3 초기하분포

불량률이 p이고 크기 N인 로트(유한모집단)에서 표본(크기 n)을 채취할 때, 불량개수 X의 확률분포는, 복원추출일 때에 앞에서 공부한 바와 같이 이항분포를 한다고 알려져 있다. 이 경우에는 복원추출이 아니고 비복원추출이면 불량개수 X는 **초기하분포**(hypergeometric distribution)를 하게 되며 다음과 같은 p.d.f.를 갖는다.

$$p(x) = \frac{\binom{Np}{x}\binom{N-Np}{n-x}}{\binom{N}{n}}, \quad x = 0, 1, 2, \cdots, \min(n, Np) \tag{4·11}$$

정리 4.3

확률변수 X가 식(4·11)의 초기하분포를 따를 때, X의 기댓값과 분산은 다음과 같다.

$$E(X) = np$$

$$V(X) = \frac{N-n}{N-1}npq$$

또한 표본의 불량률 $\hat{p} = \frac{X}{n}$는 다음과 같은 기댓값과 분산을 가진다.

$$E(\hat{p}) = p$$

$$V(\hat{p}) = \frac{N-n}{N-1} \cdot \frac{pq}{n}$$

예제 4-7

앞의 예제에서 비복원추출에 의하여 2개를 랜덤하게 채취할 때, 그 중 하나만이 불량일 확률을 구하여라.

▶▶▷미니탭 이용

1. **계산 > 확률분포 > 초기하분포** 선택
2. 대화상자에서 **확률** 선택, **모집단 크기**에 **10**, **모집단에서의 성공수**에 **2**, **표본크기**에 **2**를 입력. 그리고 **입력상수**에 **1**을 입력한 후 확인

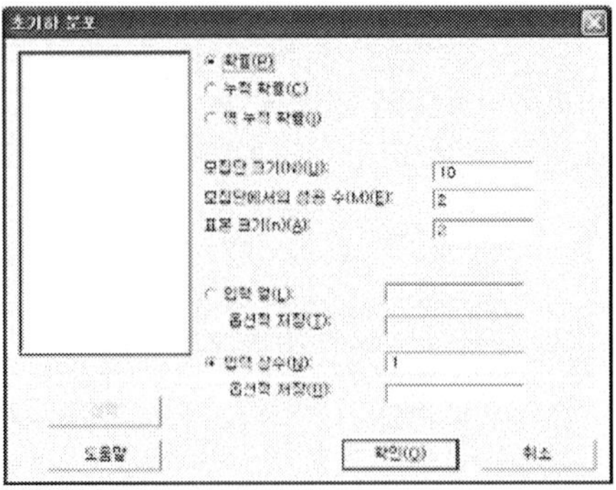

3. 결과창

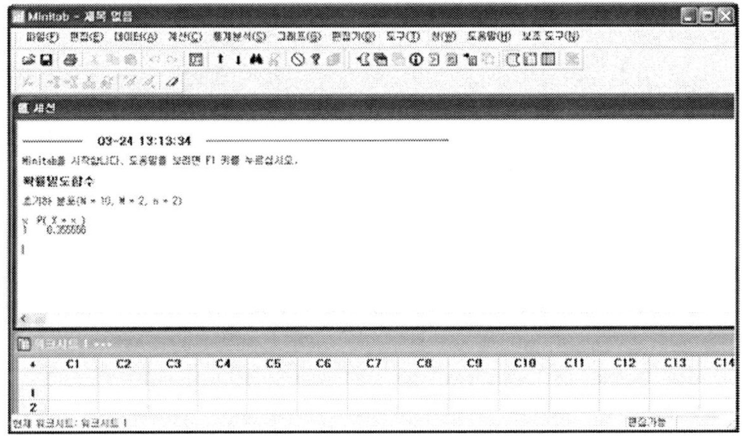

- $P(X) = \dfrac{\binom{2}{1}\binom{8}{1}}{\binom{10}{2}} = \dfrac{2 \times 8}{45} = 0.3556$

4.3.4 포아송분포

어떤 확률변수 X가 $x = 0, 1, 2, 3, \cdots$ 을 취할 수 있고 그 p.d.f가

$$p(x) = \frac{e^{-m} m^x}{x!}, \quad x = 0, 1, 2, 3, \cdots \tag{4·12}$$

이 되는 분포를 **포아송분포**(Poisson distribution)라고 부른다.

포아송분포에 따른다고 생각되는 현상은 여러 가지가 있다. 이를테면, 제품의 일정한 단위면적내에 있는 결점수, 단위 시간내에 걸려오는 전화수, 어느 고속도로에서 하루에 발생되는 교통사고의 수 등은 포아송분포로 잘 설명될 수 있다고 알려져 있다.

정리 4.4

확률변수 X가 포아송분포를 따를 때, X의 기댓값과 분산은 다음과 같다.

$$E(X) = m$$

$$V(X) = m$$

포아송분포의 특징

(1) 기댓값과 분산이 같다.

(2) $m \geq 5$일 때 정규분포에 근사된다.

(3) m이 작을 때는 오른쪽으로 꼬리가 긴 분포가 되나 m이 커짐에 따라 대칭이 가까워진다.

예제 4-8

어느 회사에서 오전 10시부터 12사이에 분당 평균 0.5건의 상담문의가 온다. 상담문의의 전화횟수가 포아송분포를 따른다고 할 때, 1분에 4회의 전화가 걸려올 확률을 구하여라.

▶▶▷미니탭 이용

1. **계산 > 확률분포 > Poisson분포** 선택
2. 대화상자에서 **확률** 선택, **평균**에 **0.5**, **입력상수**에 **4**를 입력한 후 확인

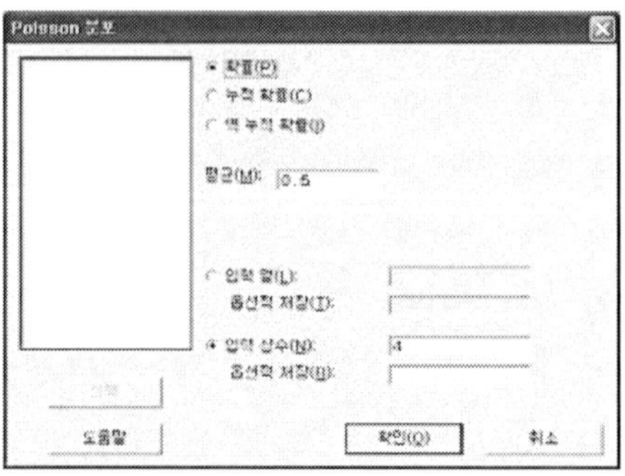

3. 결과창

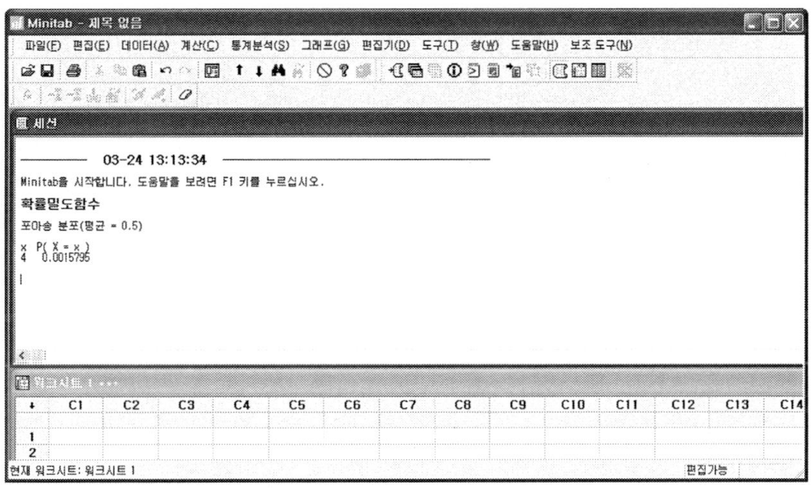

- $P(X) = \dfrac{e^{-0.5}0.5^4}{4!} = 0.0015795$

4.4 연속확률분포

연속형의 확률분포에 대하여 살펴보기로 하자. **연속확률분포(continuous probability distribution)**는 계량치의 분포라고도 말하는데, 그것은 무게, 시간, 길이 등과 같은 양을 측정하는 경우에 나타나기 때문이다. 연속확률분포로 다음과 같은 것들이 많이 사용된다.

(1) 정규분포(normal distribution)

(2) t 분포(t-distribution)

(3) F분포(F-distribution)

(4) 지수분포(exponential distribution)

4.4.1 정규분포

정규분포(normal distribution)는 확률변수 X의 기댓값이 μ 이고 표준편차가 σ 일 때 그 확률밀도함수(p.d.f.)가

$$f(x)=\frac{1}{\sqrt{2\pi}\cdot\sigma}e^{-\frac{(x-\mu)^2}{2\sigma^2}} \quad (-\infty<x<\infty : \sigma>0) \tag{4·13}$$

이 되는 확률변수 X는 정규분포 $N(\mu,\ \sigma^2)$에 따른다고 한다. 여기서 e는 자연대수의 밑(base)으로 2.7182…인 무리수이다. 이 분포의 p.d.f.를 그래프로 그려 보면 [그림 4.4]와 같이 평균(기대치) μ에 대해 좌우대칭이고 산포의 정도는 σ에 의하여 결정되며 대표적인 범위의 면적은 다음과 같다.

$$P[\mu-\sigma<X<\mu+\sigma]=0.683$$

$$P[\mu-2\sigma<X<\mu+2\sigma]=0.954$$

$$P[\mu-3\sigma<X<\mu+3\sigma]=0.997$$

확률변수 X가 $N(\mu,\sigma^2)$에 따를 때, 변수변환

$$Z=\frac{X-\mu}{\sigma}$$

그림 4.4 정규분포의 p.d.f.의 그래프

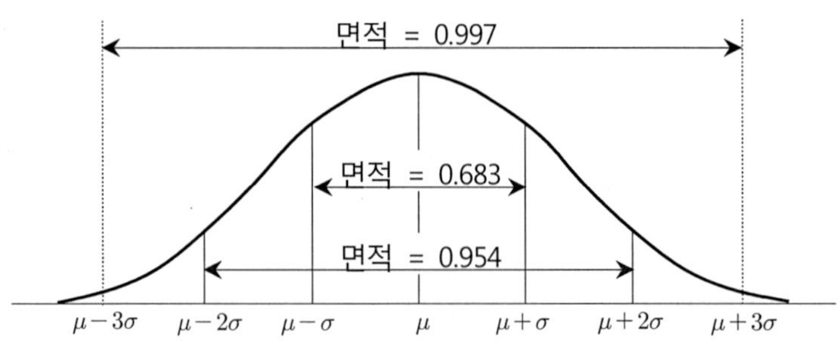

을 하면 확률변수 Z는 $\mu=0$, $\sigma^2=1$이 되는 표준정규분포(standard normal distribution)에 따르게 되며 $N(0,1)$로 나타낸다. 그 p.d.f.는

$$f(z)=\frac{1}{\sqrt{2\pi}}e^{-\frac{1}{2}z^2} \tag{4·14}$$

과 같이 된다.

부록 [표 A-1]에는 누적확률(cumulative probability)이 $1-\alpha$가 되는 다음과 같은 z_α의 값이 수록되어 있다.

$$1-\alpha=P\{Z\le z_\alpha\}=\int_{-\infty}^{z} f(z)dz$$

[그림 4.5]에 z_α의 위치가 표시되어 있다.

부록 [표 A-1]에는 표준정규분포표가 수록되어 있다.

그림 4.5 표준정규분포 $N(0, 1)$

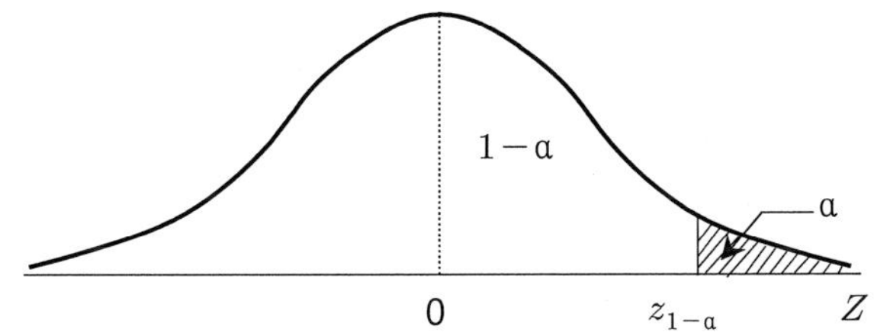

예제 4-9

미니탭에 의해 표준정규분포 $N(0, 1)$의 pdf 확률값을 계산하고, 그 그래프를 그려보자.

▶▶▷미니탭 이용

1. **계산 > 패턴이있는 데이터 만들기 > 등간격 숫자 집합**
2. −4에서 4까지 0.1씩 증가하면서 데이터를 C1열에 입력
3. **계산 > 확률분포 > 정규분포**

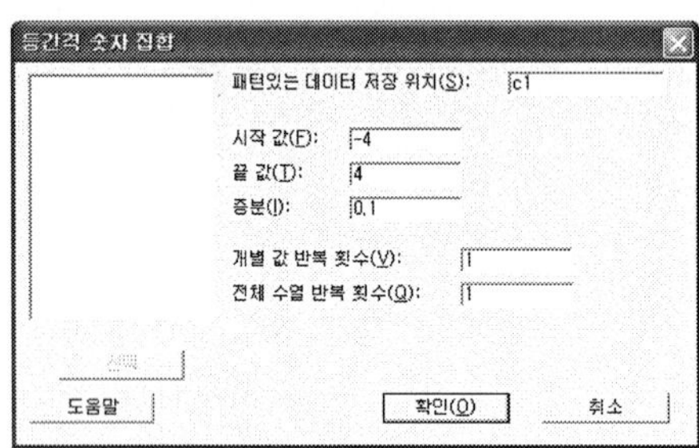

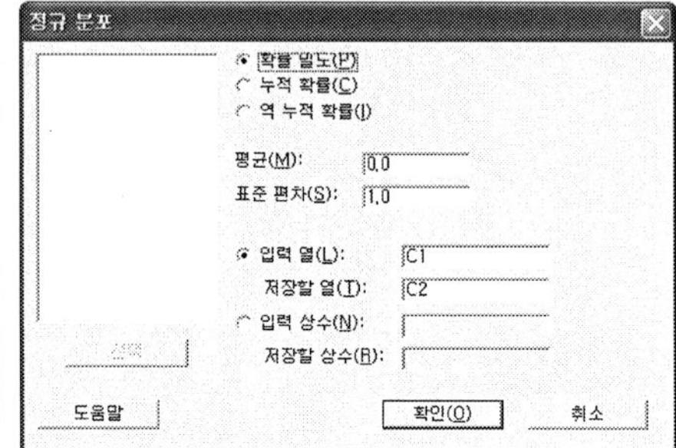

Minitab - 제목 없음 - [워크시트 1 ***]

	C1	C2
1	-4.0	0.000134
2	-3.9	0.000199
3	-3.8	0.000292
4	-3.7	0.000425
5	-3.6	0.000612
6	-3.5	0.000873
7	-3.4	0.001232
8	-3.3	0.001723
9	-3.2	0.002384
10	-3.1	0.003267
11	-3.0	0.004432
12	-2.9	0.005953
13	-2.8	0.007915
14	-2.7	0.010421
15	-2.6	0.013583
16	-2.5	0.017528

현재 워크시트: 워크시트 1

- 위 결과에서 C1값은 표준 정규분포의 x값이 되고, C2는 그에 대응하는 확률값이다.

4. **그래프 > 산점도 > 단순**

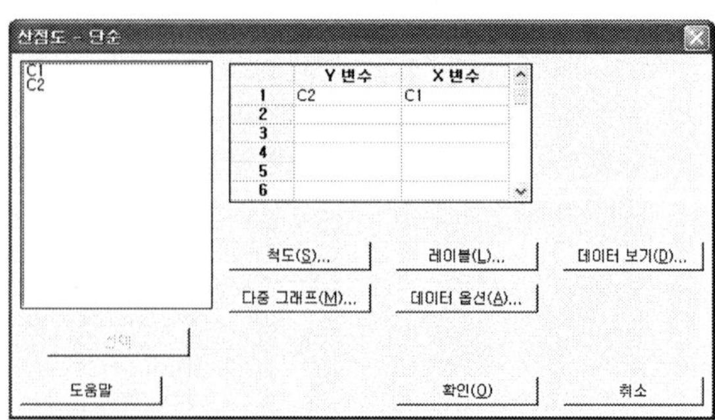

5. 결과창

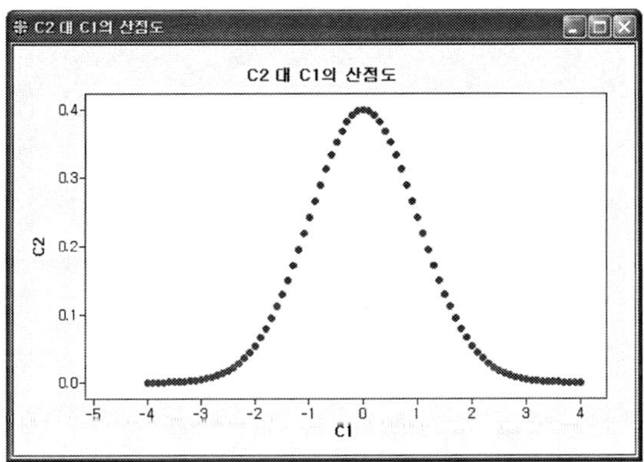

- 위 그림에서 0을 중심으로 ±4사이에 종모양의 좌우대칭 그래프를 볼 수 있다.

예제 4-10

정규분포 $N(30, 9)$의 그래프를 그려보자.

▶▶▷미니탭 이용

1. **계산 > 패턴이있는 데이터 만들기 > 등간격 숫자 집합**
2. 20에서 40까지 0.1씩 증가하면서 데이터를 C1열에 입력
3. **계산 > 확률분포 > 정규분포**

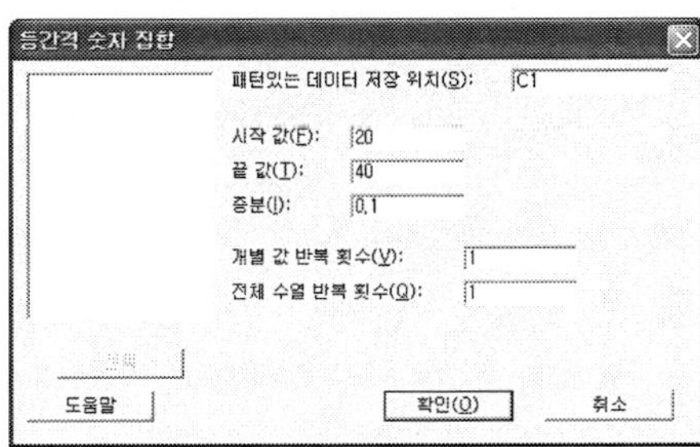

Minitab - 제목 없음 - [워크시트 1 ***]

↓	C1	C2	C3	C4	C5	C6	C7	C8	C9	C10	C11	C12
1	20.0	0.000514										
2	20.1	0.000574										
3	20.2	0.000641										
4	20.3	0.000714										
5	20.4	0.000795										
6	20.5	0.000884										
7	20.6	0.000981										
8	20.7	0.001089										
9	20.8	0.001207										
10	20.9	0.001336										
11	21.0	0.001477										
12	21.1	0.001632										
13	21.2	0.001800										
14	21.3	0.001984										
15	21.4	0.002184										
16	21.5	0.002402										

현재 워크시트: 워크시트 1

4. **그래프 > 산점도 > 단순**
5. 결과창

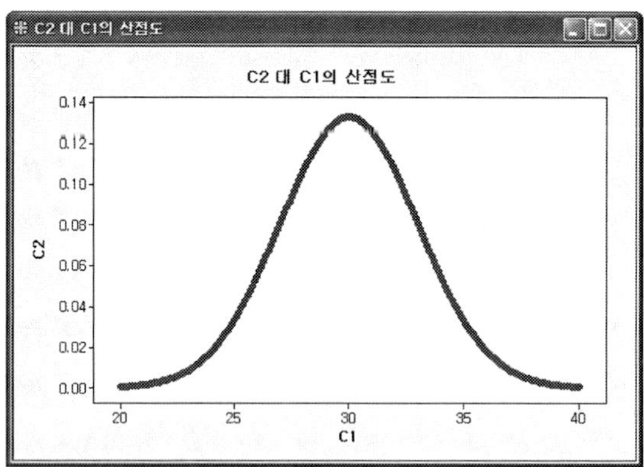

정리 4.5

(중심극한의 정리) : 평균이 μ 이고 분산이 σ^2인 임의의 확률분포를 가지는 모집단으로부터 크기 n인 확률표본 $X_1, X_2, \ldots, X_n$을 취했을 때, 표본평균

$$\overline{X} = \sum_{i=1}^{N} X_i / n$$

은 표본의 크기 n이 충분히 클 때 대략 정규분포 $N(\mu, \frac{\sigma^2}{n})$을 따른다.

이항분포의 정규근사

이항분포를 공부할 때 $p \le 0.1$이고 $np \ge 5$이면 이항분포는 정규분포에 근사된다고 하였다. 이제 그 방법을 살펴보자. 이항분포 $B(n, p)$을 하는 확률변수 X의 평균은 $\mu = np$ 이고 표준편차는 $\sigma = \sqrt{np(1-p)}$ 이므로 X를 베르누이 확률변수 $X_1, X_2, \cdots, X_n$의 합으로 볼 때, 중심극한정리에 의하여 X는 대략적으로 $N(np, np(1-p))$의 분포에 따른다. 따라서 $B(n, p)$의 이항분포를 갖는 확률변수 X에 대해

$$P[a \le X \le b] = \sum_{x=a}^{b} p^x (1-p)^{n-x}$$

을 구할 때 n이 크면 계산이 어려워지므로 그 근사계산으로

$$P[a \le X \le b] = P\left[\frac{a-np}{\sqrt{np(1-p)}} \le Z \le \frac{b-np}{\sqrt{np(1-p)}}\right]$$

예제 4-11

불량률이 p=0.08인 공정에서 표본으로 n=100개를 랜덤하게 취한다. 다음의 확률을 구하여라.

① 5개에서 10개 사이에 있을 확률을 구하라.

※ 평균 : $np = (100)(0.08) = 8$

분산 : $np(1-p) = (100)(0.08)(0.92) = 7.36$

표준편차 : $\sqrt{7.36} = 2.712931$

▶▶▷미니탭 이용

1. **계산 > 확률분포 > 정규분포** 선택

2. 대화상자에서 **누적확률** 선택, 위에서 계산한 **평균**과 **표준편차**를 입력. 그리고 **입력상수**에 **10**을 입력한 후 확인

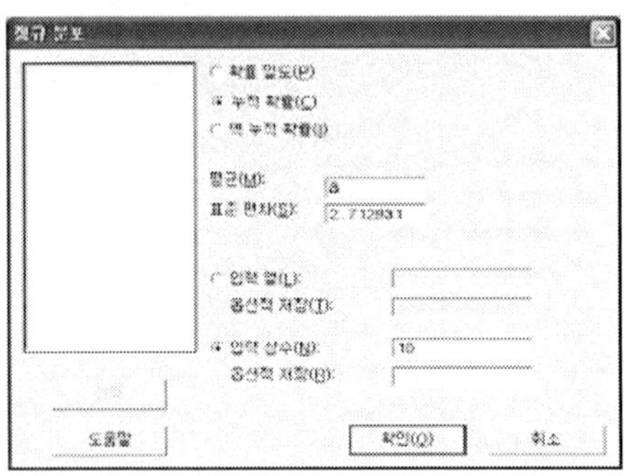

3. 다시 대화상자에서 누적확률 선택, 평균과 표준편차를 입력하고 **입력상수**에 **5**를 입력한 후 확인

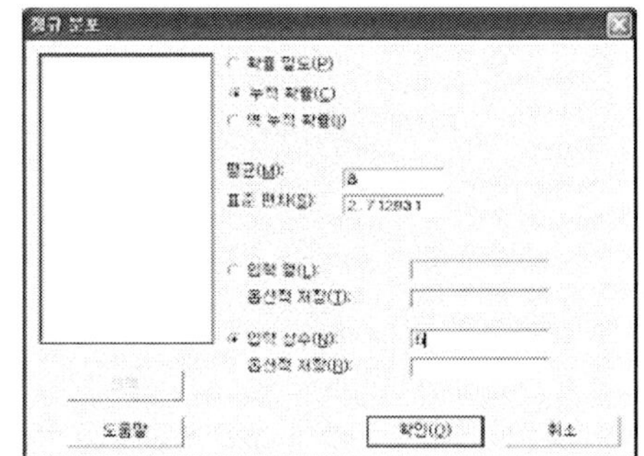

4. 결과창

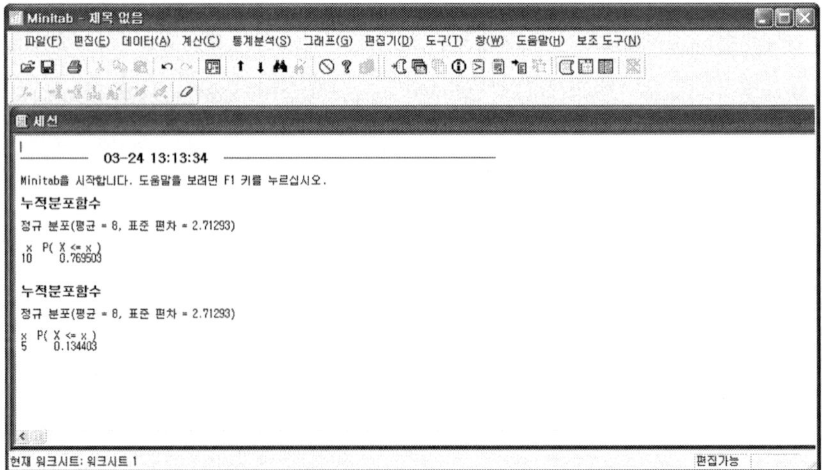

- $P(5 \leq X \leq 10) = 0.77 - 0.13 = 0.64$

② 불량개수가 12개 이상이면 공정의 불량률이 높다고 판단한다면, 공정의 불량률이 높다고 판정된 확률을 구하라.

▶▶▷미니탭 이용

1. **계산 > 확률분포 > 정규분포** 선택
2. 대화상자에서 **누적확률** 선택, 위에서 계산한 **평균**과 **표준편차**를 입력. 그리고 **입력상수**에 **12**를 입력한 후 확인

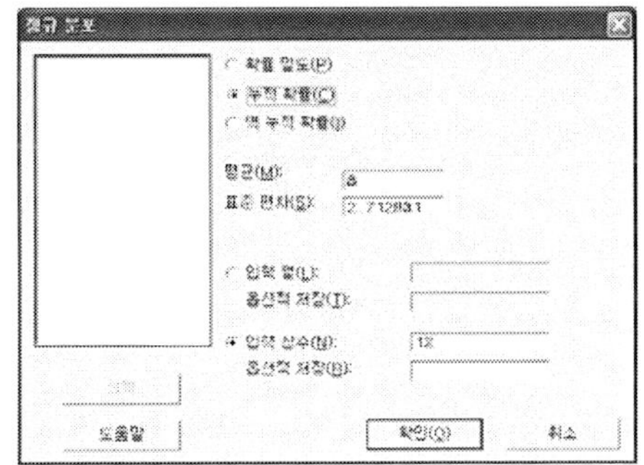

3. 결과창

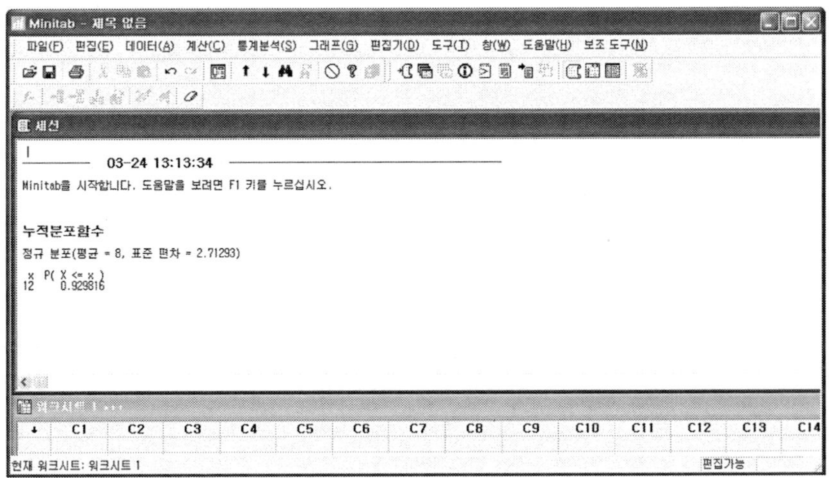

• $P(X \geq 12) = 1 - P(X \leq 12) = 1 - 0.929816 = 0.070184$

4.4.2 t 분포

Z와 χ^2이 서로 독립인 확률변수이며, Z은 $N(0, 1)$에 따르고 χ^2은 자유도 ψ인 χ^2분포에 따를 때 확률변수

$$T = \frac{Z}{\sqrt{\frac{\chi^2}{\psi}}} \qquad (4\cdot15)$$

은 자유도 ψ 인 t 분포를 한다고 말한다.

t 분포는 [그림 4.6]과 같이 평균이 0을 중심으로 좌우대칭이며 정규분포에 비해 꼬리가 두텁다. 자유도가 증가함에 따라 표준정규분포에 가까워진다.

부록 [표 A-2]에는 t 분포표가 수록되어 있다.

그림 4.6 t 분포

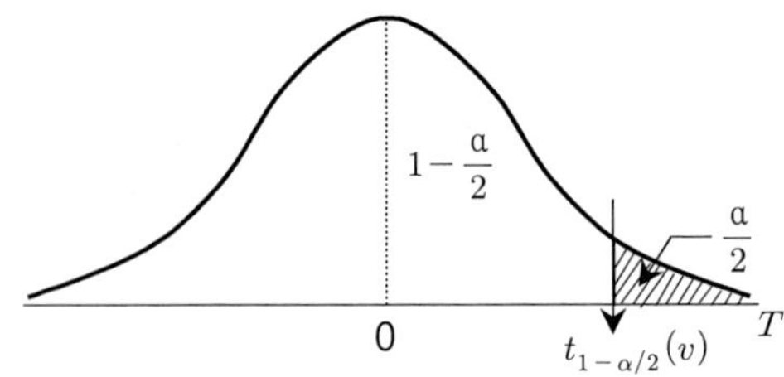

예제 4-12

n=17일때 $P(T \le t\,(16;0.025)) = 0.975$을 만족하는 $t\,(16:0.025)$의 값을 구하라.

▶▶▷미니탭 이용

1. **계산 > 확률분포 > t** 선택
2. 대화상자에서 **역 누적확률**의 비중심 모수를 선택하고 자유도 16을 입력. 그리고 **입력상수**에 0.975를 입력한 후 확인

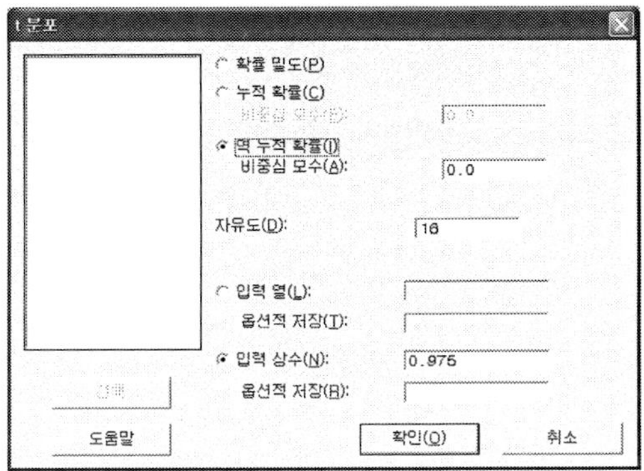

3. 결과창

예제 4-13

자유도의 증가에 따라 t(3), t(15), t(25) 그래프가 표준정규분포에 근사함을 보여라.

▶▶▷미니탭 이용

1. **계산 > 패턴이있는 데이터 만들기 > 등간격 숫자 집합**
2. −4에서 4까지 0.1씩 증가하면서 데이터를 C1열에 입력
3. **계산 > 확률분포 >** t **분포**

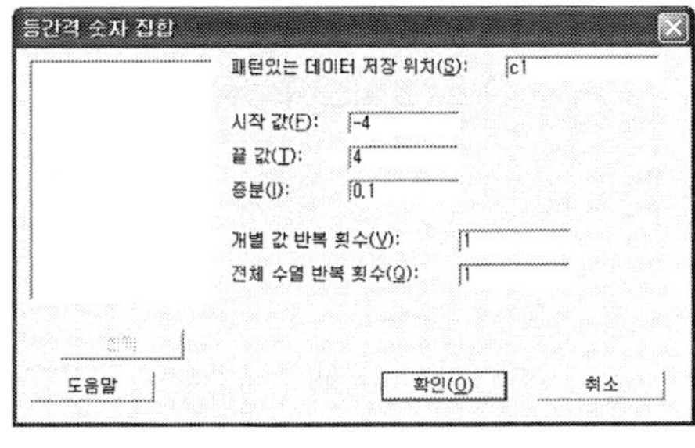

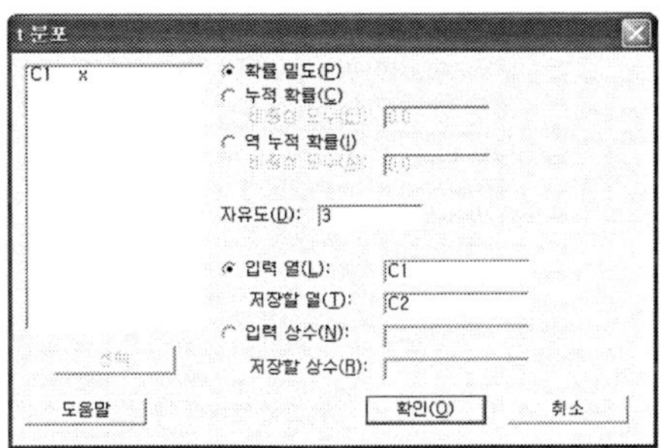

4. 자유도에 각각 3, 15, 25을 입력

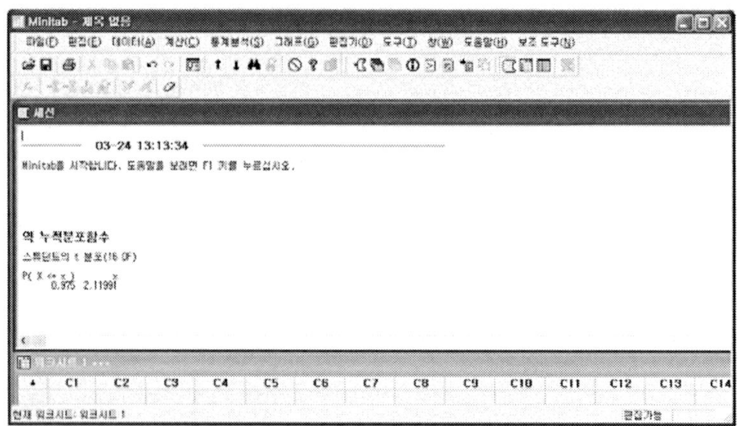

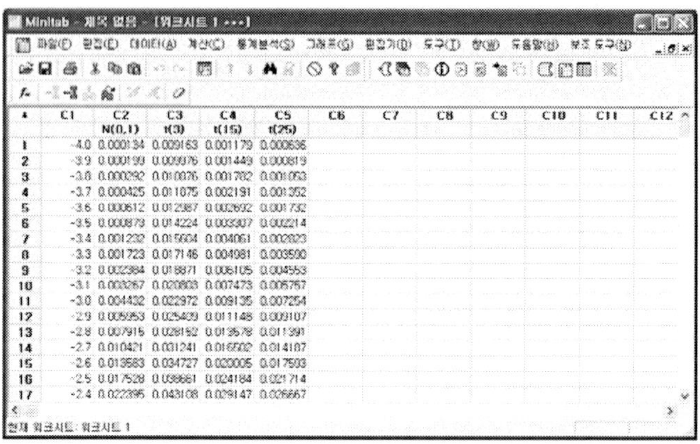

↓	C1	C2 N(0,1)	C3 t(3)	C4 t(15)	C5 t(25)
1	-4.0	0.000134	0.009163	0.001179	0.000636
2	-3.9	0.000199	0.009976	0.001449	0.000819
3	-3.8	0.000292	0.010876	0.001782	0.001053
4	-3.7	0.000425	0.011875	0.002191	0.001352
5	-3.6	0.000612	0.012987	0.002692	0.001732
6	-3.5	0.000873	0.014224	0.003307	0.002214
7	-3.4	0.001232	0.015604	0.004061	0.002823
8	-3.3	0.001723	0.017146	0.004981	0.003590
9	-3.2	0.002384	0.018871	0.006105	0.004553
10	-3.1	0.003267	0.020803	0.007473	0.005757
11	-3.0	0.004432	0.022972	0.009135	0.007254
12	-2.9	0.005953	0.025409	0.011148	0.009107
13	-2.8	0.007915	0.028152	0.013578	0.011391
14	-2.7	0.010421	0.031241	0.016502	0.014187
15	-2.6	0.013583	0.034727	0.020005	0.017593
16	-2.5	0.017528	0.038661	0.024184	0.021714
17	-2.4	0.022395	0.043108	0.029147	0.026667

5. **그래프 > 산점도 > 단순**
6. 결과창

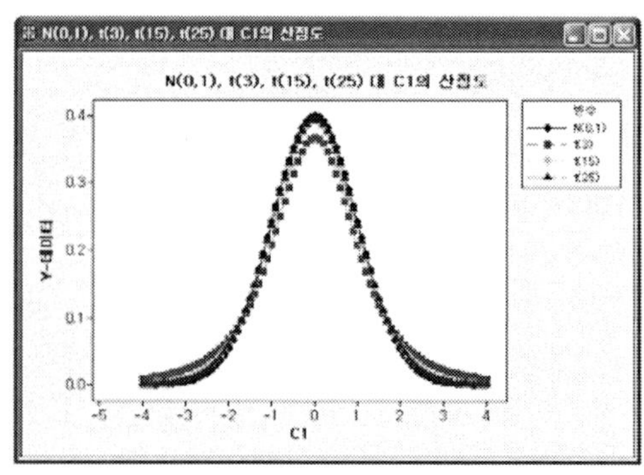

위 그림에서 자유도가 커짐에 따라 t분포는 표준정규분포 $N(0, 1)$에 점점 가까워짐을 알 수 있다.

4.4.3 F 분포

두 확률변수 χ_1^2과 χ_2^2가 서로 독립이며, 각각의 자유도가 ψ_1, ψ_2인 χ^2 분포를 따를 때, 확률변수

$$F = \frac{{\chi_1}^2/\psi_1}{{\chi_2}^2/\psi_2} \tag{4·16}$$

는 자유도 (ψ_1, ψ_2)의 F **분포**(F-distribution)에 따른다.

부록 [A-4]에는 F 분포표가 수록되어 있다.

예제 4-14

$F(6,10;0.05)$와 $F(10,6;0.95)$를 구하고 비교하라.

▶▶▷미니탭 이용

▶ $F(6,10\,;0.05)$의 계산

1. **계산 > 확률분포 > F** 선택
2. 대화상자에서 **역 누적확률**의 비중심 모수를 선택하고 **분자 자유도**에 **6**, **분모 자유도**에 **10**을 입력. 그리고 **입력상수**에 **0.95**를 입력한 후 확인

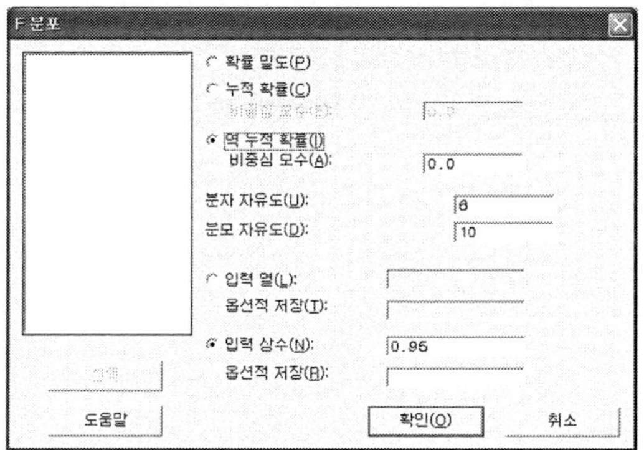

3. 결과창

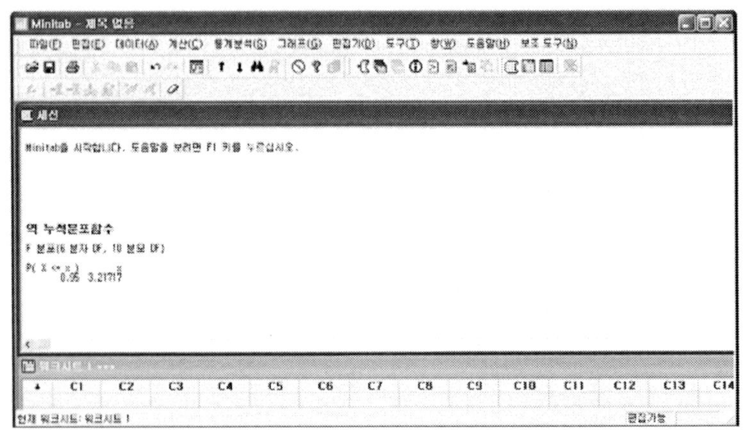

▶ $F(10, 6; 0.95)$의 계산

1. **계산 > 확률분포 > F** 선택
2. 대화상자에서 **역 누적확률**의 비중심 모수를 선택하고 **분자 자유도**에 10, **분모 자유도**에 6을 입력. 그리고 **입력상수**에 0.05를 입력한 후 확인

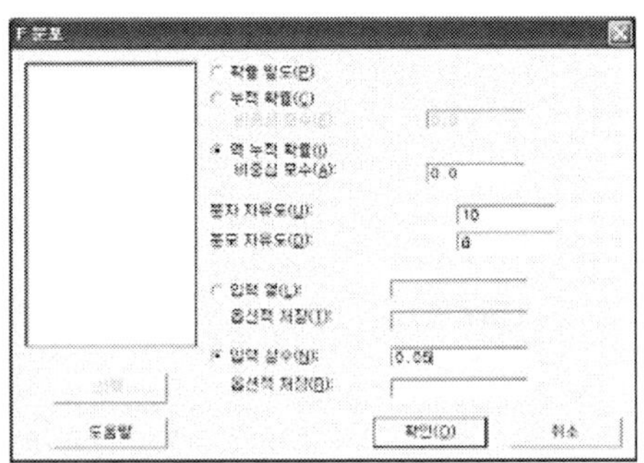

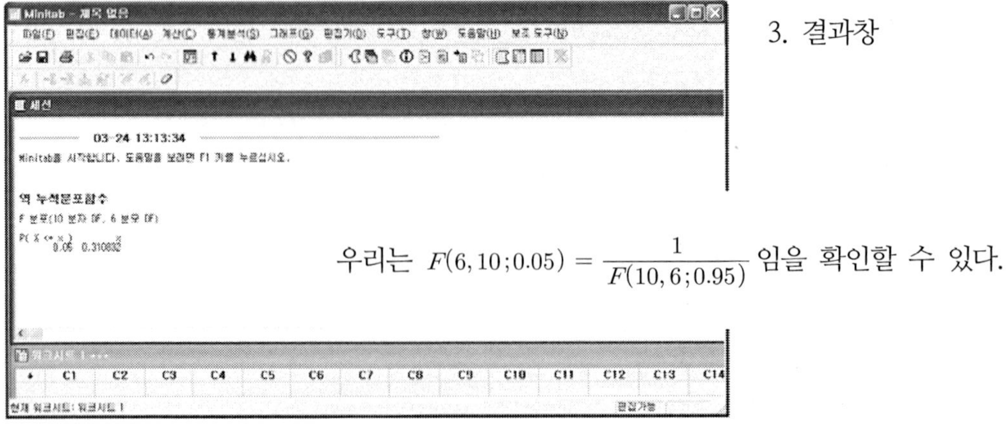

3. 결과창

우리는 $F(6, 10; 0.05) = \dfrac{1}{F(10, 6; 0.95)}$ 임을 확인할 수 있다.

4.4.4 지수분포

지수분포(exponential distribution)는 신뢰도에서 많이 취급되는 특색있는 분포이다. $\lambda(t)$를 고장률이라고 하자. 고장률이란 시간 t를 지정하여 그 시점에서 무고장의 것이 다음 단위시간 동안에 얼마나 고장나는가 하는 시간당의 불량률을 말한다. 이제 $\lambda(t)$를 t에 관계없이 일정한 $\lambda(t)=\lambda$로 취할 때, 고장 발생시간의 밀도함수 $f(t)$는

$$f(t) = \lambda e^{-\lambda t},\ t \geq 0 \tag{4·17}$$

으로 주어진다. 이 $f(t)$를 지수분포의 p.d.f라고 하며 단위시간당 전체의 몇 %가 고장났는가 하는 상대빈도를 나타낸다.

전자기기의 부품에는 우연의 원인에 의해서만 고장을 발생시키는 것이 많다고 하는데, 이와 같은 성질의 것은 고장의 발생 건수가 아직 고장나지 않고 남아 있는 부품의 수에 비례하므로, 그 수명은 지수분포에 따른다.

정리 4.6

지수분포를 하는 확률변수 T의 기댓값과 분산은

$$E(T) = \frac{1}{\lambda}$$

$$V(T) = \frac{1}{\lambda^2}$$

이다.

따라서 고장나면 그것으로 수명이 없어지는 제품에서는 $E(T) = \frac{1}{\lambda}$이 고장까지의 **평균시간**(mean time to failue, MTTF)이며, 이를 평균수명이라고 부른다. 고장이 나도 수리해서 쓸 수 있는 제품에서는 $\frac{1}{\lambda}$은 **평균고장간격**(mean time between failures, MTBF)이 된다. 어떤 부품의 고장발생시간이 이와 같은 분포에

따를 때, 어떤 시간 t 후에 고장이 나 있을 확률은

$$F(t) = \int_0^t f(x)dx$$
$$= \int_0^t \lambda e^{-\lambda x} dx = 1 - e^{-\lambda t} \qquad (4\cdot18)$$

이 되며 [그림 4.7]의 (b)와 같다. 이것을 **누적고장곡선**(cumulative failure curve)이라고 부른다.

임의의 t 에 대하여

$$R(t) = 1 - F(t) = e^{-\lambda t} \qquad (4\cdot19)$$

은 아직 고장이 나지 않고 남아 있는 확률을 나타내며, [그림 4.7]의 (c)와 같은 곡선이 된다. 이것을 신뢰도 곡선(reliability curve)이라고 부른다.

그림 4.7 $f(t)$, $F(t)$와 $R(t)$ 곡선

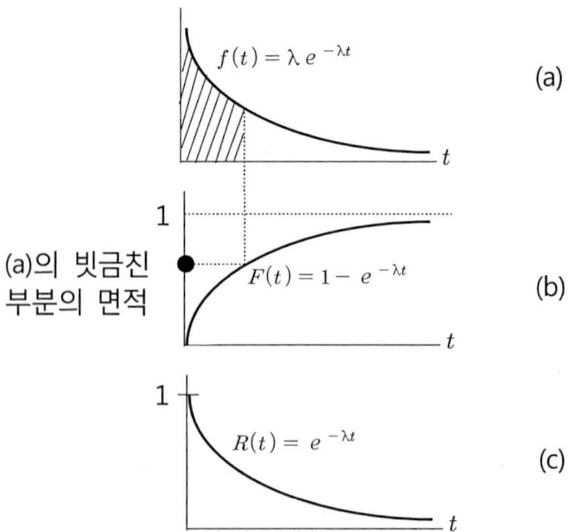

참고문헌

4·1 Cochran, W.G: Sampling Techniques, Second Edition, John Wiley & Sons, New York, 1967.

4·2 Neter, J., Wasserman, and W.Whitmore, G.: Fundamental Statistics for Business and Economics, 4th edition, Allyn and Bacom, Boston, 1973.

4·3 Shooman, M.L. : probabilistic Reliability : an Engineering Approach, McGrawHill, New York, 1968.

4·4 박성현, 박영현 : 통계적 품질관리(제3판), 민영사, 2008.

4·5 이레테크 미니탭사업부, 새한미디어주식회사 : MiniTAB 실무 완성, 이레테크, 2001.

4·6 김평구, 김희철, 이동준 : MiniTAB을 이용한 통계적품질관리, 교우사, 2008.

연습문제

4.1 다음의 예들이 이산형인지 연속형인지 설명하라.

(1) 어느 공정에서 불량품의 개수
(2) 10명의 조원이 있는 분임조에서 어느 안건에 대한 찬성자의 수
(3) 어느 회사에서 만든 프로펠러의 수명시간
(4) 어떤 수리공이 고장 난 부품을 교체하는 데 걸리는 시간
(5) 어떤 가전제품 1대당 결점수

4.2 한 개의 동전을 세 번 던지는 시행에서 앞면이 나타나면 H, 뒷면이면 T로 그 결과를 나타내기로 하자. 이 시행에서

(1) 표본공간 S를 구하라.
(2) 적어도 한 개의 뒷면을 얻는 사상 A를 나타내어라.
(3) 뒷면의 수가 앞면의 수보다 많게 나타나는 사상 B를 구하라.
(4) A와 B는 서로 독립사상인가?
(5) A와 B는 서로 배반사상인가?

4.3 10개의 제품 속에 불량품이 2개 있다. 이 불량품을 전부 발견할 때까지 차례로 검사할 때, 6번째의 검사에서 마지막 불량품이 발견될 확률은 얼마인가?

4.4 어느 공장에서 생산되는 제품의 20%가 불량품이라고 한다. 이 공정의 제품 7개를 임의로 추출하였을 때 다음 확률을 구하라.

(1) 3개가 불량품일 확률

(2) 적어도 하나 이상이 불량품일 확률

(3) 3개 이하가 불량품일 확률

4.5 항아리에 5개의 흰 공, 2개의 푸른 공, 3개의 검은 공이 들어 있다. 항아리에서 비복원추출로 한 번에 한 개씩 3개를 추출할 때, 3개가 모두 흰 공일 확률은 얼마인가?

4.6 어느 교환대에 들어오는 전화통화 신청횟수 X는 1분당 평균 2.1회 꼴이다. 어느 특정한 1분 동안에

(1) 1개의 신청이 들어올 확률을 구하라.

(2) 4개 이상의 신청이 들어올 확률을 구하라.

(3) 신청이 전혀 없을 확률을 구하라.

4.7 포아송 분포를 따르는 확률변수 X에 대하여 다음 경우의 확률을 구하라.

(1) $m=3$ 일 때, $P(X \leq 3)$, $P(X=5)$

(2) $m=4$ 일 때, $P(3 \leq X \leq 7)$

(3) $m=0.5$ 일 때, $P(X=0)$

4.8 어떤 강력 접착제의 접착력은 평균 100kg, 표준편차 6kg의 정규분포를 따른다.

(1) 이 접착제로써 97kg에 상당하는 물체를 접착 유지시키려 한다. 이러한 접착이 실패할 확률은 얼마인가?

(2) 위의 (1)에서 접착을 5번을 할 경우에 3회 이상 실패할 확률은 얼마인가?

(3) 접착력의 실험을 106kg의 물체에 대해 3회 반복할 때, 실패횟수가 1번 이하일 확률은 얼마인가?

4.9 한강에서 모래를 채취하여 이를 운반하는 데 한 트럭당 실려 있는 모래의 중량이 평균 3톤이고, 표준편차가 0.5톤인 정규분포를 따른다고 한다.

(1) 모래를 운반하는 트럭 9대를 임의추출할 때 표본의 평균 $\overline{X}$가 갖는 분포를 구하라.

(2) 위의 (1)의 경우에 $\overline{X}$가 2.5톤 미만이 될 확률을 구하라.

4.10 T가 다음의 자유도를 갖는 t 분포를 따를 때, 다음을 답하라.

(1) $P(T < 2.179)$ 자유도 12

(2) $P(-1.345 < T < 2.624)$ 자유도 14

4.11 두 개의 정규모집단에서 각각 크기 $n_1 = 10$, $n_2 = 15$의 독립적인 표본이 추출되었다고 한다. 두 모집단의 분산이 같다면 분산비 V_1/V_2 이 4를 넘을 확률을 구하라.

4.12 어떤 전기제품의 고장밀도함수가 $f(t) = 0.3e^{-0.3t}$이다.

(1) 평균고장간격 MTBF를 구하라.

(2) MTBF에서 $F(t)$와 $R(t)$는 얼마인가?

4.13 미니탭에 의해 $N(20, 36)$를 따르는 확률변수 X에 대해 $P[X \leq 32]$의 값과 $P[X \leq z] = 0.98$을 만족하는 z의 값을 구하라.

4.14 자유도 (5, 10)인 F-분포를 그려보자

4.15 $X^2(3)$, $X^2(9)$, $X^2(15)$인 카이제곱 분포를 표본을 생성하여 그려 그 그래프의 특징을 말하라.

제5장

추정과 검정

제4장에서는 확률변수와 확률분포에 대하여 상세히 알아보았다. 6시그마활동 등 개선활동을 할 때에는 일반적으로 어떤 모집단으로부터 추출된 표본의 자료를 정리 및 분석한 후 정보화 하여 이에 대한 어떤 행동을 취하게 된다. 따라서 표본이 갖는 다양한 통계적 특성을 이해하여야만 올바른 판단을 할 수 있을 것이다. 이 장에서는 표본의 정보에 근거하여 모수의 값을 추측하는 통계적 추정(statistical estimation)에 대하여 논하고, 다음으로 모집단의 모수의 값에 대하여 어떤 가설을 설정하고, 이 가설의 성립여부를 표본의 데이터로 판단하여 결정을 내리는 통계적 가설검정(statistical hypothesis testing)을 다루기로 한다.

5.1 추정과 검정의 개념

5.1.1 표본의 분포

(1) 모수와 통계량

모집단의 특성을 수량적으로 표시하는 데에는 기대치(평균), 분산, 표준편차 등이 사용된다. 이들은 그 모집단에 대해서 일정한 상수로서 각각 모평균, 모분산, 모표준편차 등으로 불리며 이들은 총칭하여 **모수**(population parament)라고 한다. 이에 대하여 모집단으로부터 얻어진 **표본(시료)**에 관한 측정치의 평균, 분산, 표준편차 등은 동일한 모집단으로부터 샘플링된 표본이라도 표본마다 다른 값을 가질 수 있는 확률변수로서 이들을 총칭하여 **통계량**(statistic)이라고 부른다.

어떤 모수를 추정하기 위하여 사용되는 통계량을 **추정량**(estimator)이라고 부르고, 데이터로부터 얻어지는 추정량의 값을 **추정값**(estimate)이라고 한다. 어떤 추정량의 기대치가 모수와 같으면, 즉

E(추정량)=모수

이면 그 추정량을 모수의 **불편추정량**(unbiased estimator)이라고 부른다.

동일 모집단으로부터 많은 조의 표본 측정치에 관해서는 분포를 생각할 수 있으며, 이것을 통계량의 분포라 한다. 일반적으로 자주 쓰이는 통계량에는 표본평균, 표본분산, 표본범위, 표본비율 등이 있다.

모수와 통계량과는 확실히 구분하여야 하며, 이것을 나타내는 기호는 다음과 같이 구별하여 사용한다.

표 5.1 모수와 통계량

	모수	통계량	모수의 추정값
평 균	μ	$\overline{X}$	$\bar{x}=\sum x_i/n$
분 산	σ^2	V	$V=\dfrac{\sum(x_i-\bar{x})^2}{n-1}$
표준편차	σ	s	$s=\sqrt{V}$
비 율	p	$\hat{p}$	$\hat{p}=\dfrac{x}{n}$
범 위	-	R	$R=x_{\max}-x_{\min}$
중 앙 치	-	$\widetilde{X}$	$\tilde{x}$

($\hat{p}$ 이 부적합률의 추정값이라면 $\hat{p}=\dfrac{x}{n}$ 에서 x 는 n 개 제품 중 부적합 개수를 의미한다.)

위의 표에서 통계량과 추정값의 표현기호는 거의 같으나 평균과 중앙값의 통계량은 $\overline{X}$, $\widetilde{X}$로 대문자로 표현하고, 추정값은 소문자 $\bar{x}$, $\tilde{x}$로 나타내었다. 그러나 구태여 통계량인지 추정값인지를 구별할 필요가 없을 때에는 소문자 $\bar{x}$, $\tilde{x}$ 등으로 쓰기로 한다.

표본으로부터 모수를 추정하려면 통계량의 분포를 알 필요가 있다. 모집단이 $N(\mu,\ \sigma^2)$의 분포를 한다고 가정하고, 모집단으로부터 각각 크기 n의 분포를

k조 추출하였다 하자. i 번째 표본의 평균, 분산, 표준편차, 비율, 범위, 중앙값을 각각 $\bar{x}_i$, V_i, s_i, $\hat{p}_i$, R_i, $\tilde{x}_i$ 로 표현한다면 이것들은 어떤 정해진 분포를 하게 된다. 이들 통계량의 분포를 살펴보기로 하자.

통계량의 분포는 모집단의 분포가 다르면 물론 다를 것이다. 이 절에서는 모집단이 정규분포 $N(\mu, \sigma^2)$에 따를 경우에만 국한하여 생각하기로 한다. 또한 모집단은 무한모집단, 추출은 **랜덤샘플링**(random sampling)인 경우를 생각한다.

표 5.2 표본의 분포

표본번호	크기	평균	분산	표준편차	비율	범위	중앙값
1	n	$\bar{x}_1$	V_1	s_1	$\hat{p}_1$	R_1	$\tilde{x}_1$
2	n	$\bar{x}_2$	V_2	s_2	$\hat{p}_2$	R_2	$\tilde{x}_2$
3	n	$\bar{x}_3$	V_3	s_3	$\hat{p}_3$	R_3	$\tilde{x}_3$
⋮	⋮	⋮	⋮	⋮	⋮	⋮	⋮
k	n	$\bar{x}_k$	V_k	s_k	$\hat{p}_k$	R_k	$\tilde{x}_k$

5.1.2 모수추정의 개념

(1) 추정의 의미

어떤 모집단의 확률밀도함수(p.d.f.)가 $f(x;\theta)$라고 가정하자. 여기서 θ는 미지의 모수로, 이 값을 모집단으로부터 얻어진 데이터에 의하여 추측하고 싶을 경우가 있다. 예를 들면, 어떤 공정에서 생산되는 제품의 강도가 정규분포 $N(\theta, (5)^2)$에 따른다면, 그 p.d.f.는

$$f(x;\theta) = \frac{1}{5\sqrt{2\pi}} e^{-\frac{1}{2}(\frac{x-\theta}{5})^2}$$

로 표현된다. 여기서 θ 는 제품의 평균강도를 나타내는 모수로 보통 μ 를 사용한다.

모집단으로부터 제한된 규모의 표본을 추출하고, 표본의 정보로부터 모수 θ 의 값을 추측하는 통계적 절차를 **통계적 추정**(statistical estimation), 또는 **모수의 추정**(estimation of population parameter)이라고 한다. 우리가 흔히 추정하고자 하는 모수는 모집단의 평균(μ), 분산(σ^2), 표준편차(σ), 비율(p) 등이다.

모집단으로부터 크기 n인 표본 $X_1, X_2, \cdots, X_n$을 뽑아 이들의 어떤 함수 $\phi(X_1, X_2, \cdots, X_n)$의 값을 사용하여 모수를 추측하는 것이 모수의 추정이라고 할 수 있다. 예를 들어, 모평균 μ 의 추정은 표본평균 $\overline{X}$를 사용하는데, 이때는

$$\phi(X_1, X_2, \cdots, X_n) = \frac{X_1 + X_2 + \cdots + X_n}{n} = \overline{X} \tag{5·1}$$

이고, 모분산 σ^2 의 추정은 불편분산 V를 사용하는데, 이때는

$$\phi(X_1, X_2, \cdots, X_n) = \sum_{i=1}^{n}(X_i - \overline{X})^2/(n-1) = V \tag{5·2}$$

가 된다.

표본의 데이터로부터 모수 θ 를 추정할 때 단일의 값이 되도록 추정하는 추정량(또는 통계량)을 **점추정량**(point estimator)이라 부르고 $\hat{\theta}$로 표시한다. 위의 표본평균 $\overline{X}$와 모분산 σ^2은 각 μ 와 σ^2의 점추정량으로

$$\begin{aligned} \hat{\mu} &= \overline{X} \\ \hat{\sigma}^2 &= V \end{aligned} \tag{5·3}$$

와 같이 나타낼 수 있다. 점추정량의 값은 점추정값이라고 부른다.

모수의 참값과 점추정값과는 일치하는 경우가 거의 없다. 따라서 모수가 포함되리라고 예상되는 구간을 구하여 점추정에 대신할 수도 있다. 이와 같이 어

떤 구간이 모수를 포함하고 있을 것이라고 추정하는 것을 **구간추정**(interval estimation)을 한다고 말한다. 이 구간이 모수를 포함시킬 확률을 **신뢰수준**(confidence level), **신뢰계수**(confidence interval)라고 부른다. 이 구간의 상한과 하한을 **신뢰한계**(confidence limit)라고 부르며 신뢰한계도 점추정량과 마찬가지로 표본 데이터에서 산출되므로 통계량이다.

신뢰한계는 통계량이므로 표본에 따라서 신뢰구간이 달라지며, 그 폭은 신뢰계수에 따라 달라진다. 신뢰계수가 95%라고 하면 신뢰구간이 모수를 그 구간 안에 포함시킬 확률이 0.95라는 뜻이다.

(2) 점추정량의 성질

어떤 모수 θ에 대한 점추정량은 여러 가지가 있을 수 있다. 예를 들어, 모평균 μ의 점추정량은 표본평균 $\overline{X}$, 중앙치 $\tilde{X}$, 기하평균 G 등이다. 점추정량이 갖추어야 할 바람직한 조건 중에서 가장 중요한 것은 다음의 두 가지이다.

(1) 불편성(unbiasedness)
(2) 최소분산(minimum variance)

모수 θ의 추정량 $\hat{\theta}$에 대하여 $E(\hat{\theta}) = \theta$가 성립하면, $\hat{\theta}$을 θ의 불편추정량이라고 위에서 언급하였다. $E(\overline{X}) = \mu$, $E(V) = \sigma^2$이므로, $\overline{X}$와 V는 각각 μ와 σ^2의 불편추정량이다.

추정량 $\hat{\theta}$의 분산 $V(\hat{\theta}) = E[\hat{\theta} - E(\hat{\theta})]^2$이 모든 다른 추정량 θ^*의 분산

$$V(\theta^*) = E[\theta^* - E(\theta^*)]^2$$

$$V(\hat{\theta}) \le V(\theta^*)$$

이 성립하면 $\hat{\theta}$을 θ의 **최소분산추정량**(minimum variance estimator)이라고 부른다.

추정량은 불편이면서 분산이 작은 것이 좋다. 불편추정량 중에서 분산이 가장 작은 것을 **최소분산불편추정량**(minimum variance unbiased estimator) 또는 **최**

량불편추정량(best unbiased estimator)이라고 부른다.

그러나 점추정량을 선택할 때 반드시 불편이면서 최소분산만을 선택할 필요는 없다. 경우에 따라서"계산이 간단하다"라는 것도 중요한 성질이므로 분산이 조금 크더라도 계산이 간단한 것을 택한 경우도 많다. 예를 들면, μ의 점추정량으로 평균 $\overline{X}$ 대신에 중앙치 $\widetilde{X}$를 쓴다거나, σ 의 추정량으로 $\hat{\sigma}=\overline{R}/d_2$을 쓰는 경우 등이다.

5.1.3 모평균의 추정

모평균 μ의 점추정량으로는 표본의 평균 $\overline{X}$가 가장 바람직한 성질들을 가지고 있음을 보았다. 다음으로 μ의 구간추정을 알아보기 위하여 $\overline{X}$가 갖는 표본분포를 정리하여 보자.

모평균이 μ, 분산이 σ^2 인 모집단에서 확률분포 $X_1, X_2, \cdots, X_n$을 추출하여 표본평균 $\overline{X}$를 구하면, 이는 다음과 같은 표본분포의 성질을 갖는다.

(1) $E(\overline{X})=\mu$ 이므로 $\overline{X}$는 μ 를 중심으로 분포되어 있다.

(2) $\overline{X}$의 표준편차($D(\overline{X})$ 또는 $\sigma_{\bar{x}}$ 로 표현)는 다음과 같다.

$$\sigma_{\bar{x}} = \frac{\sigma}{\sqrt{n}} \tag{5·4}$$

(3) 만약 모집단이 정규분포를 하면 $\overline{X} \sim N(\mu, \sigma_{\bar{x}}{}^2)$ 이며,

$$Z = \frac{\overline{X} - \mu}{\sigma_{\bar{x}}} \sim N(0, 1) \tag{5·5}$$

이 된다.

(4) 만약 모집단이 정규분포가 아니더라도 $\overline{X}$는 n이 증가함에 따라 $N(\mu, \sigma_{\bar{x}}{}^2)$의 분포에 접근한다. 또한 $(\overline{X}-\mu)/\sigma_{\bar{x}}$)도 $N(0, 1)$에 접근한다. 이는 중심극

한의 정리에 기초를 두고 있다.

(1) 표준편차 σ 를 알고 있는 경우

위에 요약된 내용을 근거로 하여 표준편차 σ를 알고 있는 경우에 모평균 μ의 구간추정을 하여 보자. 모집단이 정규분포를 하면 $Z=(\overline{X}-\mu)/\sigma_{\bar{x}}$는 정확히 표준정규분포를 하므로 표준정규분포표에 의하여 Z가 −1.96에서 1.96사이에 있을 확률은 0.95이다. 따라서,

$$\begin{aligned} 0.95 &= P[-1.96 \le \frac{\overline{X}-\mu}{\sigma_{\bar{x}}} \le 1.96] \\ &= P[-1.96\sigma_{\bar{x}} \le \overline{X}-\mu \le 1.96\sigma_{\bar{x}}] \\ &= P[\overline{X}-1.96\sigma_{\bar{x}} \le \mu \le \overline{X}+1.96\sigma_{\bar{x}}] \end{aligned} \tag{5·6}$$

가 된다. 이 의미는 구간 [신뢰하한, 신뢰상한]$=\left[\overline{X}-1.96\frac{\sigma}{\sqrt{n}}, \overline{X}+1.96\frac{\sigma}{\sqrt{n}}\right]$이 모평균 μ를 이 구간안에 포함시킬 확률이 0.95라는 뜻이다. 이를 그림으로 나타내면 [그림 5.1]과 같다.

그림 5.1 μ에 대한 신뢰구간의 의미

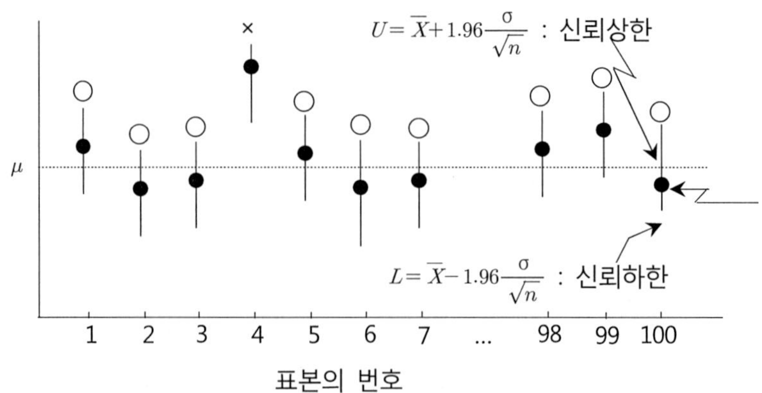

신뢰구간 $\left[\overline{X}-1.96\frac{\sigma}{\sqrt{n}}, \overline{X}+1.96\frac{\sigma}{\sqrt{n}}\right]=[L, U]$의 의미는 미지의 모수 μ를 추정하기 위하여 표본을 100회(각 표본의 크기 n) 추출한다면, 이로 인하여 얻어진 100개의 구간 $[L, U]$ 중에서 μ를 포함시키는 구간이 95개 정도라는 뜻이다. [그림 5.1]에서는 ○표를 한 구간은 μ를 포함하고 있고, ×표를 한 구간은 μ를 포함하지 못하고 있다.

모집단이 정규분포에 따르고 표준편차 σ를 알고 있는 경우, $1-\alpha$의 신뢰계수를 갖는 모평균 μ의 신뢰구간은

$$\overline{X} \pm z_{\alpha/2}\frac{\sigma}{\sqrt{n}} \tag{5·7}$$

가 된다. 일반적으로 모수 θ의 신뢰구간은, 이 모수의 불편추정량이 $\hat{\theta}$이라 하고 n이 충분히 큰 표본으로부터 얻어져서 $\hat{\theta}$의 분포가 $N(\theta, V(\hat{\theta}))$에 가깝다면 다음과 같은 신뢰구간이 얻어진다.

$$\hat{\theta} \pm z_{\alpha/2}\sqrt{V(\hat{\theta})} \tag{5·8}$$

(2) 표준편차 σ 를 모르는 경우

실제로는 모집단의 표준편차 σ 를 모르고 있는 경우가 대부분이며, 이런 경우에는 $\overline{X} \pm z_{\alpha/2}\frac{\sigma}{\sqrt{n}}$, $\hat{\theta} \pm z_{\alpha/2}\sqrt{V(\hat{\theta})}$ 등을 사용할 수 없다. 모집단의 정규분포를 하고 있으나 σ를 모르는 경우에는 μ의 신뢰구간을 구하는 방법을 알아보자.

$$V=s^2 \text{ 이므로 } \quad T=\frac{\overline{X}-\mu}{\sqrt{\frac{V}{n}}}=\frac{\overline{X}-\mu}{\frac{s}{\sqrt{n}}}$$

은 자유도 $(n-1)$인 t 분포에 따른다. 따라서 신뢰계수가 $1-\alpha$인 모평균 μ의 신뢰구간은 다음과 같이

$$\widehat{X} \pm t(n-1\ ;\ \alpha/2)\frac{s}{\sqrt{n}} \tag{5·9}$$

를 얻게 된다. 그러나 n 이 매우 크면 t 분포는 표준정규분포에 수렴하므로 $t(n-1;\alpha/2)$ 대신에 $z_{\alpha/2}$ 를 사용하여도 무방하다.

예제 5-1

어느 설탕공장에서 생산되는 설탕 한 봉지의 무게가 정규분포를 따른다고 한다. 평균무게 μ의 구간추정을 위해 크기 $n=9$인 표본을 얻었다.

데이터(단위 : g) : 7.0 7.1 6.8 7.0 7.1 7.4. 7.2 6.8 6.6]

---

① μ의 95%신뢰구간을 $\sigma=0.3$으로 가정하고 구하라.

▶▶▷미니탭 이용

1. 데이터를 워크시트에 입력
2. **통계분석 > 기초통계학 > 1-표본 Z** 선택

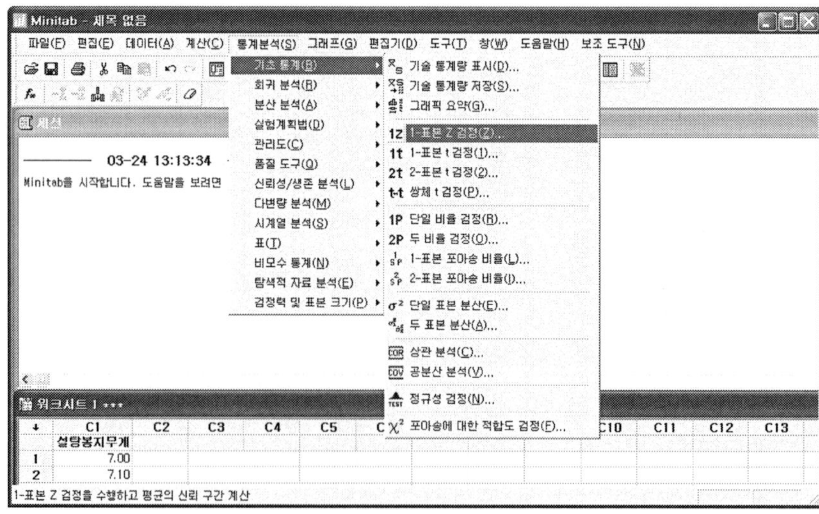

3. 대화상자에서 **표본이 있는 열**에 **설탕봉지무게**를 선택하고, **표준편차**에 **0.3**을 입력
4. 대화상자의 **옵션**에서 **신뢰수준**에 **95**를 입력 후 확인

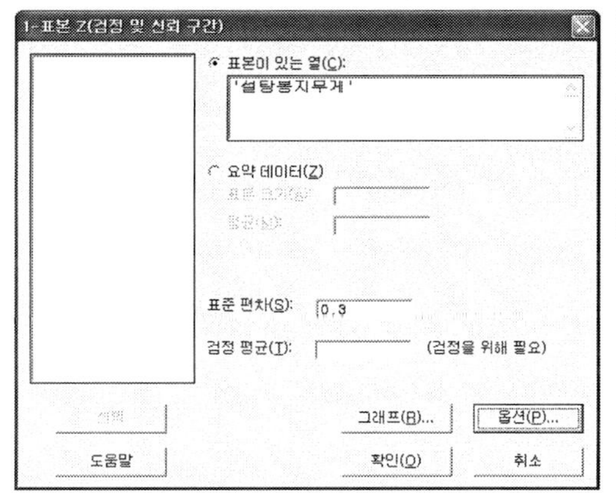

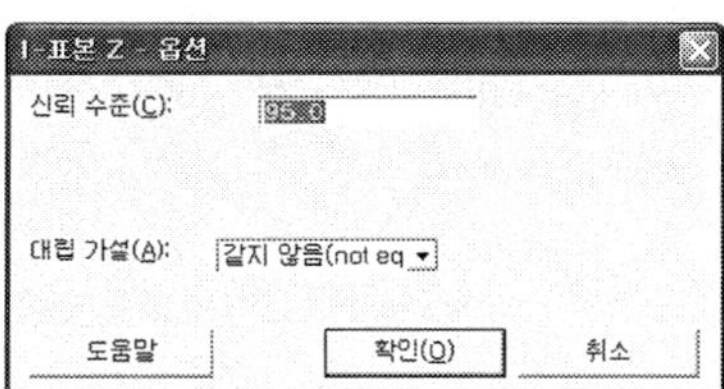

5. 결과창

- $\overline{x} = 7.0, \quad z_{\alpha/2} = z_{0.025} = 1.96$

$$\overline{x} \pm z_{0.025}\frac{\sigma}{\sqrt{n}} = 7.0 \pm 1.96\frac{0.3}{\sqrt{9}}$$

$$= 7.0 \pm 0.196 \Rightarrow (6.80, \ 7.20)$$

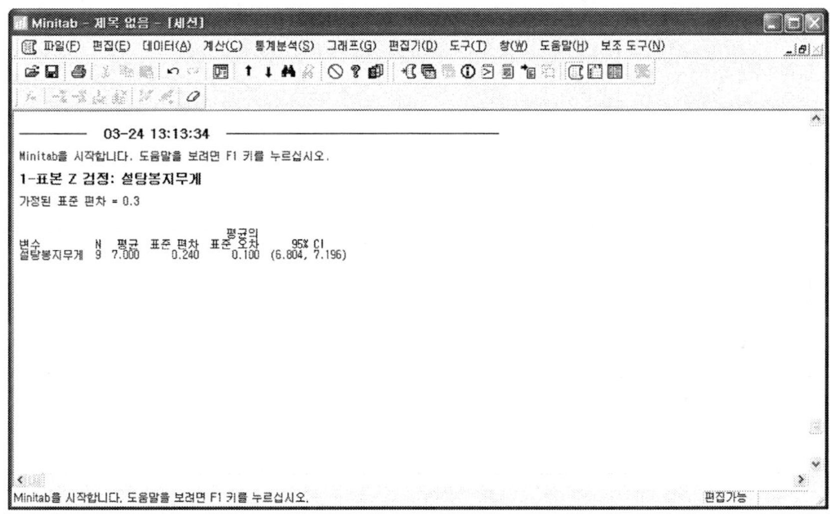

② μ의 95% 신뢰구간을 σ를 모르는 경우에 구하라.

▶▶▷미니탭 이용

1. 데이터를 워크시트에 입력
2. **통계분석 〉 기초통계학 〉 1-표본 t** 선택

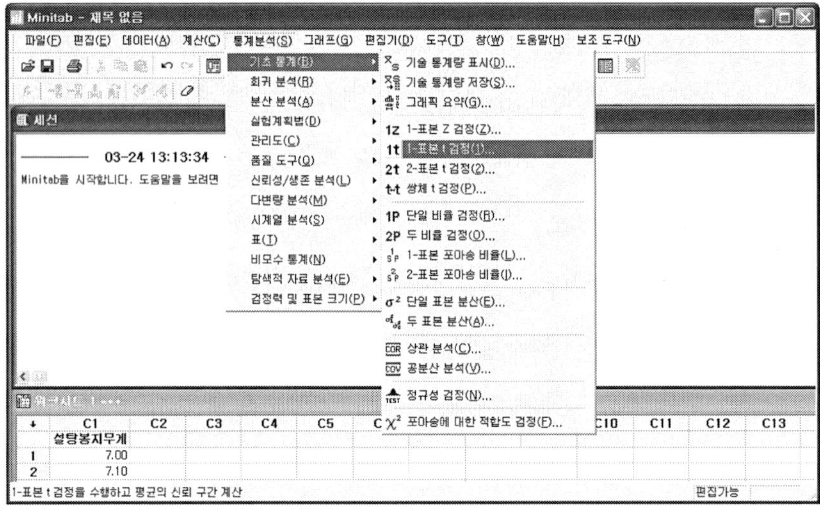

3. 대화상자에서 **표본이 있는 열**에 **C1**을 선택한 후 확인
4. 대화상자의 **옵션**에서 **신뢰수준**에 **95**를 입력 후 확인

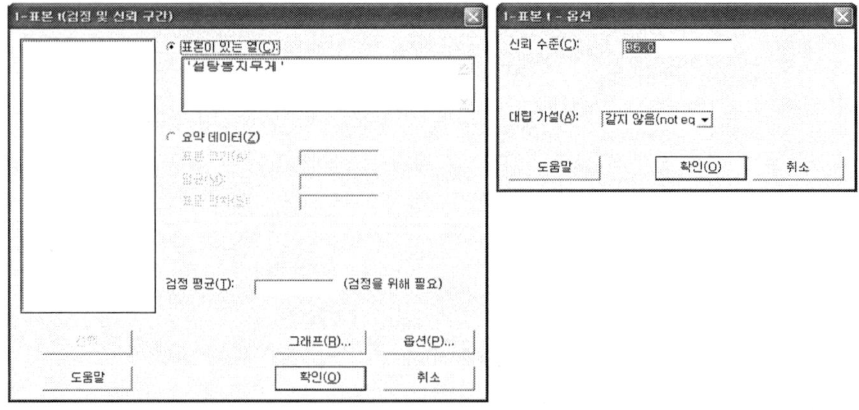

5. 결과창

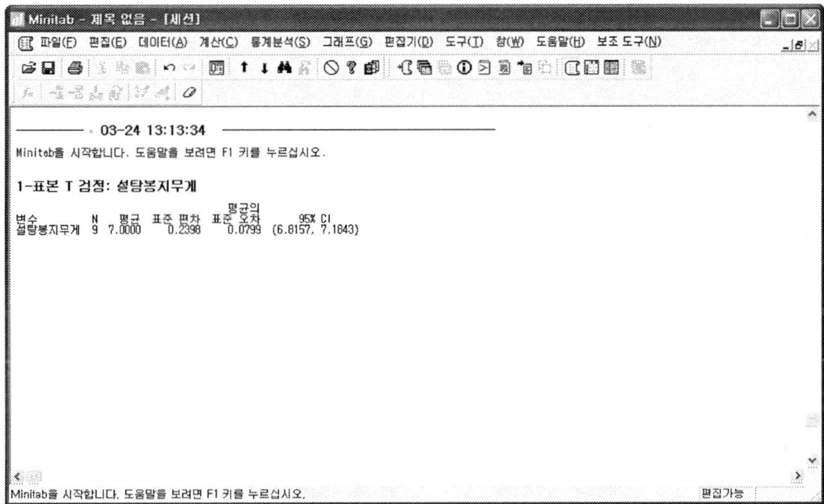

- $s = \sqrt{\sum_{i=1}^{9}(x_i - \bar{x})^2/8}$

$$= \sqrt{[(7.0-7.0)^2+(7.1-7.0)^2+\cdots+(6.6-7.0)^2]/8}$$

$$= \sqrt{\frac{0.46}{8}} = 0.24$$

$$t(n-1;0.025) = t(8;0.025) = 2.306$$

$$\bar{x} \pm t(8;0.025)\frac{s}{\sqrt{n}} = 7.0 \pm 2.306\frac{0.24}{\sqrt{9}}$$

$$= 7.0 \pm 0.18 \Rightarrow (6.82,\ 7.18)$$

(3) 표본의 크기

모평균을 구간추정 할 때에 신뢰구간이 폭이 좁은 것이 좋으며, 표본의 크기가 n 이 증가함에 따라 신뢰구간의 길이는 줄어든다. 따라서 n 을 증가시키는 것이 좋으나, n이 커지면 표본추출 경비와 자료처리 시간이 길어져서 어려운 점이 발생하기 때문에 주어진 정밀도를 만족시키기 위한 표본크기를 사전에 결정하는 것이 필요하다. 모평균 μ 의 추정에서 $100(1-\alpha)\%$ 오차한계는 다음과 같다.

$$z_{\alpha/2}\frac{\sigma}{\sqrt{n}}$$

오차가 지정된 값 d를 초과하지 않는다고 $100(1-\alpha)\%$ 확신하기 위해서는 표본크기 n은

$$z_{\alpha/2}\frac{\sigma}{\sqrt{n}}=d$$

를 만족한다.

위의 식을 n에 관해 풀면 다음과 같다.

$$n=[\frac{z_{\alpha/2}\sigma}{d}]^2 \tag{5·10}$$

예제 5-2

어떤 공정에서 생산되는 제품의 신도를 추정하고자 한다. 과거의 기록에 의해 표준편차는 $\sigma=4$로 알려져 있다. 90% 확신을 갖고 추정오차가 1이내(오차한계 $d=1$)이도록 하려면 표본의 크기 n은 얼마인가?

① 제품의 신도가 정규분포라고 가정하는 경우

▶▶▷ 풀이

$n=\left(\frac{z_{0.05}\ \bullet\ \sigma}{d}\right)=\left(\frac{1.645\times 4}{1}\right)^2=43.3$ 이므로 $n=44$로 한다.

② 제품의 신도가 어떤 분포인지 모르는 경우

▶▶▷ 풀이

$$n = \frac{\sigma^2}{\alpha d^2} = \frac{(4)^2}{(0.10)(1)} = 160$$

이처럼 분포를 모르는 경우에는 n 이 상당히 커진다. 이 공식은 이 책의 수준을 넘는다.

5.1.4 가설검정의 개념

(1) 검정의 개념

모집단의 모수의 값이나 확률분포에 대하여 어떤 **가설**(hypothesis)을 설정하고, 이 가설의 성립여부를 표본의 데이터로 판단하여 통계적으로 결정을 내리는 것을 **통계적 가설검정**(statistical hypothesis testing), 또는 간단히 가설검정이라고 부른다. 검정은 추정과는 대조적으로 모집단에 관한 가설이 먼저 설정되며, 이 가설이 옳은가의 여부를 판단하기 위하여 표본 데이터에서 얻은 통계량의 값을 이용한 것이다. 검정의 대상으로 삼는 가설을 **귀무가설**(null hypothesis)이라고 하고, 이에 대립하거나 이를 부정하는 가설을 **대립가설**(alternative hypothesis)이라고 한다. 귀무가설은 보통 H_0로 나타내고, 대립가설은 H_1으로 나타낸다.

표본을 측정하여 얻어진 결과에 의해 가설을 부정할 때는 그 가설을 기각(reject)한다고 하고, 가설을 부정하지 못할 때에는 그 가설을 채택(accept)한다고 말한다. 여기서 유의하여야 할 것은 귀무가설이 기각되지 않았다고 해서 반드시 이 가설이 옳다는 뜻은 아니다. 단지 표본측정의 결과로 볼 때 귀무가설을 기각할 만한 충분한 이유가 없기 때문이며, 이 경우에는 기각판정을 보류한데 불과하다고 해석하여도 좋은 경우가 많다.

가설검정의 결과를 나누어보면 [표 5.3]과 같이 귀무가설(H_0)이 사실인 경우에 이를 채택하거나 기각하는 두 가지 결정이 있고, 또 귀무가설이 거짓인 경우에 이를 채택하거나 기각하는 두 가지 결정이 있다. 따라서 모두 4가지의 가능한 경우가 있는데, 잘못된 결정을 내리는 경우는 두 가지로서 사실인 H_0를 기각하는 때와 거짓인 H_0를 채택하는 때이다. 전자의 경우는 **제1종의 과오**(Type I error)를 범했다고 하고, 후자의 경우에는 **제2종의 과오**(Type II error)를 범했다고 한다.

표 5.3 가설검정의 결과

미지의 실제현상 / 검정결과	H_0가 사실인 경우	H_1가 거짓인 경우
H_0를 채택	옳은 결정	제2종의 과오(β)
H_0를 기각	제1종의 과오(α)	옳은 결정

제1종의 과오를 범할 확률을 α로 표시하며, 이를 유의수준(level of signification) 또는 위험률이라 하고, 제2종의 과오를 범할 확률을 β로 표시하여 $(1-\beta)$의 값을 검정력(power of test)이라고 한다. 검정력(또는 검출력)이란 검정하려는 귀무가설이 옳지 않은 경우에 이를 기각하는 확률이므로 귀무가설의 잘못을 검출해 내는 확률이 된다. 통계적 가설검정은 사실인 귀무가설을 기각하는 제1종의 과오를 가능한한 줄이고 귀무가설의 거짓을 찾아내는 검정력을 크게 하는 것이 바람직하다.

귀무가설이 세워지면 표본을 추출하고 측정하여 그 가설을 기각할 것인가 채택할 것인가를 결정하기 위한 통계량을 정하여야 한다. 이러한 통계량을 **검정통계량**(test statistic)이라고 한다. 검정통계량도 하나의 확률변수이며 어떤 확률분포를 갖는다. 검정통계량의 분포를 알면 그 통계량이 취할 수 있는 구간을 **기각역**(rejection region)과 **채택역**(acceptance region)으로 나누어, 검정통계량의 계산된 값이 기각역에 위치하면 귀무가설을 기각하고, 채택역에 위치하면 채택하게 된다. 기각역과 채택역을 나누는 경계치를 **기각치**(critical value)라고 부른다.

귀무가설이 사실일 때 검정통계량의 값이 기각역에 위치할 가능성이 있는데,

이러한 확률은 검정의 유의수준이 되며 제1종의 과오에 해당한다. 또한 귀무가설이 틀리는 경우에도 검정통계량의 값이 채택역에 위치할 가능성이 있는데, 이 경우는 제2종의 과오에 해당한다.

대립가설이 부등식(< 또는 >)의 관계를 가지고 있어서 검정의 기각역이 채택역의 어느 한쪽에만 있게 되는 경우를 **한쪽검정**(one-tailed test)이라고 하고, 대립가설이 $\neq$의 관계를 가지고 있어서 검정의 기각역이 채택역의 양쪽에 위치하게 되는 경우를 양쪽검정(two-tailed test)이라고 한다.

(2) 검정의 판정방법

앞에서 설명된 검정의 개념을 예를 들어 설명하여 보자. 새로이 설치된 어떤 공정의 불량률 p가 0.3이하일 것이라고 믿고 있으나, 이를 데이터로부터 확인하기 위해 다음의 가설을 세웠다.

$$H_0 : p \leq 0.3$$

$$H_1 : p > 0.3$$

표본으로 이 공정에서 생산되는 제품 중에서 랜덤하게 20개를 추출하기로 정하고, 20개 중에서 발견된 불량품의 수를 X로 하였다. 실제로 표본을 관찰하기 전에는 H_0 또는 H_1의 사실여부에 관계없이 확률변수 X는 0, 1, 2, $\cdots$, 20 중의 어느 한 값을 가질 것이라고 생각할 수 있다. 따라서 다음과 같은 검정의 판정방법들을 예로서 고려할 수 있다.

$$\text{검정방법 I} : \begin{cases} X \geq 8\text{이면 } H_0\text{를 기각한다.} \\ X < 8\text{이면 } H_0\text{를 채택한다.} \end{cases}$$

$$\text{검정방법 II} : \begin{cases} X \geq 10\text{이면 } H_0\text{를 기각한다.} \\ X < 10\text{이면 } H_0\text{를 채택한다.} \end{cases}$$

물론 이외에도 여러 가지 방법을 생각할 수 있다. 여기서 X는 검정통계량이고, 검정방법 I 에서는 "$X \geq 8$"이 이 검정방법의 기각역이다. 일반적으로 검정의 판정방법은 검정통계량으로 쓰일 확률변수와 H_0를 기각하게 될 기각역을 정하여 줌으로써 결정된다. 어떤 정하여진 검정방법에 대한 제1종의 오류와 제2종의 오류의 확률은 미지수인 공정불량률 p의 함수로 나타난다. H_0가 옳을 때($p \leq 0.3$) 제1종의 오류가 발생하고 H_1이 옳을 때($p > 0.3$) 제2종의 오류가 발생하므로 다음과 같이 나타내자.

$$\alpha(p) = r(p),\ p \leq 0.3$$

$$\beta(p) = 1 - r(p),\ p > 0.3$$

이처럼 모수의 참값 p이 변함에 따라, H_0기각할 확률을 나타내는 $r(p)$를 검정력 함수라고 부른다. 특히 H_1에 속하는 특수한 경우에 대한 검정력함수의 값을 그 경우에 대한 검정력이라고 부른다.

검정방법 I 을 생각해 보자.

$$r(p) = P[X \geq 8 | p]$$

이항분포를 이용하면 $r(p)$의 값은 [표 5.4]와 같이 되며, 이를 그래프로 그리면 [그림 5.2]와 같이 된다.

$p \leq 0.3$인 부분은 H_0가 참일 때에, 오른쪽 부분은 H_1이 참일 때에 해당한다. 따라서 왼쪽 부분에서의 $r(p)$는 제1종의 오류를 범할 확률 $\alpha(p)$를, 오른쪽 부분에서는 $1 - r(p) = \beta(p)$가 제2종의 오류를 범할 확률을 나타낸다. 검정력 함수 $r(p)$의 그래프는 검정방법의 판단력을 명백히 나타낸다.

검정방법 II 에 대해서도 $r(p)$값을 계산하여 보면 [표 5.4]와 비슷해진다.

그림 5.2 검정방법 "$X \geq 8$"의 검정력 곡선

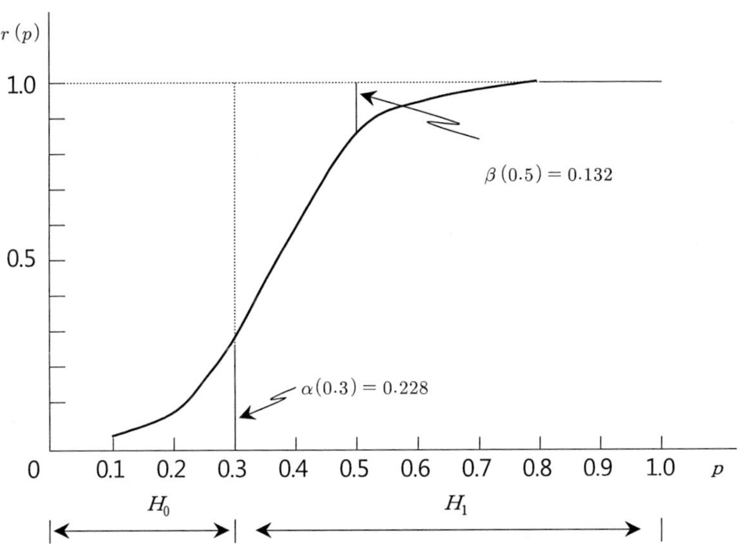

표 5.4 H_0의 검정방법 "$X \geq 8$"에 의한 기각확률

p	0.10	0.20	0.30	0.40	0.50	0.60	0.70	0.80	0.90
$r(p)$	0.000	0.032	0.228	0.584	0.868	0.979	0.999	1.000	1.000

검정력 곡선을 비교·검토하여 다음과 같은 사실을 알 수 있다.

(1) 어느 경우에나 제1종의 오류를 범할 확률 $\alpha(p)$는 H_0와 H_1의 경계인 $p=0.3$에서 최대가 된다.

(2) 어느 경우에나 $\alpha(p)$가 작게 되면 $\beta(p)$가 크게 된다. 즉, 한 종류의 오류를 범할 확률을 줄이려면 다른 종류의 오류를 범할 확률이 커지게 된다.

이상의 두 사실로부터 α, β를 모두 최소로 하는 이상적인 검정방법은 표본의 크기가 일정한 이상 존재하지 않는다. 단, α, β를 동시에 줄일 수 있는 방

법은 표본의 크기를 증가시킴으로써만이 가능하다. 일반적으로 제1종의 오류가 제2종의 오류보다 더 심각하다고 여기는 것이 통례이므로 α 값에 대한 최대 허용한계를 정하여 놓고 β 값을 최소로 하는 검정방법을 선택하는 것이 전통적인 통계적 가설검정방법이다. 검정방법 Ⅰ, Ⅱ의 $\alpha(p)$의 최대값은 각각 0.228, 0.048이다. 따라서 만약 $\alpha = 0.05$를 최대허용한계로 잡는다면 검정방법 Ⅱ만이 만족한다. 여기서 검토되지 않았지만 검정방법 "$X \geq 11$, $X \geq 12$, $X \geq 13, \cdots$" 등도 모두 $\alpha(p)$의 최대값이 0.05가 안되므로 최대허용한계를 만족하게 된다. 그러나 이들 중 $\beta(p)$를 최소로 하는 검정방법은 "$X \geq 10$" 으로 검정방법 Ⅱ이다. 제1종의 오류의 확률 α 를 0,05 이하로 하면서 β를 최소로 하는 검정방법은 검정방법 Ⅱ이다.

검정방법 Ⅱ에서 $\alpha(p)$의 최대값은

$$\alpha(0.3) = P[X \geq 10 \mid p = 0.3] = 0.048$$

이 된다. 이 $\alpha = 0.048$을 검정방법 Ⅱ의 유의수준이라고 부른다. 유의수준의 결정은 검정을 실시하는 사람이 H_0를 기각하는 데 따르는 위험부담의 정도에 따라 정해줘야 한다. 일반적으로 $\alpha = 0.01, 0.05, 0.10$ 등이 많이 사용된다. $\alpha = 0{,}05$ 라고 정하는 것은 동일한 검정방법을 독립적으로 100번 사용하는 경우에 H_0를 잘못 기각하는 과오를 최대한 5번 정도 허용한다는 뜻이다.

5.1.5 모평균의 검정

(1) 검정의 절차

모집단의 평균 μ의 값이 어떤 특정의 값 μ_0인지 아닌지를 검정하고 싶은 경우에는 귀무가설 H_0는

$$H_0 : \mu = \mu_0$$

라 쓰고, 대립가설 H_1은 양쪽 검정인 경우에는

$$H_1 : \mu \neq \mu_0$$

라 표시하며, 한쪽 검정인 경우는

$$H_1 : \mu < \mu_0 \text{ 이거나 } H_1 : \mu > \mu_0$$

가 된다.

앞에서 본 바와 같이 모집단이 정규분포이면 표본평균 $\overline{X}$는 항상 정규분포를 하고, 모집단이 정규분포가 아니라 하더라도 표본의 크기 n이 충분히 크면 중심극한의 정리에 의하여 표본평균은 근사적으로 정규분포를 한다. 따라서 모평균 μ를 검정할 때에 표본의 크기 n이 충분히 크고 모분산 σ^2을 알고 있으면, 모집단의 분포에 구애됨이 없이 정규분포를 사용하여 검정할 수 있다. 모집단이 정규분포를 하나 σ^2를 모르고 μ를 검정하고자 할 때, 표본의 크기가 작으면 t분포를 사용하고, 크면 표준정규분포를 사용하여도 좋다.

모집단이 정규분포를 하고 표준편차 σ를 알고 있는 경우(또는 모집단의 분포는 모르나 표준편차 σ를 알고 있으며, 표본의 크기 n이 큰 경우) 모평균 μ에 관한 검정은 다음 순서에 따라서 한다.

(1) $H_0 : \mu = \mu_0$

$H_1 : \mu \neq \mu_0$(양쪽검정인 경우)

$H_1 : \mu < \mu_0$ 또는 $H_1 : \mu > \mu_0$

(2) 검정통계량

$$Z_0 = \frac{\overline{X} - \mu_0}{\frac{\sigma}{\sqrt{n}}}$$

(3) 표본의 크기 n과 유의수준 α를 확정하고, 기각역을 정하여 주기 위한 기각치를 표준정규분포표에서 구한다.

(4) 검정통계량 값을 구하고, 이 값과 기각치 $z_{\alpha/2}$ (또는 z_{α})과 비교하여 판정을 내린다.

양쪽검정 : $|z_0| \geq z_{\alpha/2}$ 이면 H_o를 기각하고, 아니면 채택한다.

한쪽검정 : $\begin{cases} (H_1 : \mu < \mu_0) : z_0 \leq -z_{\alpha} \text{이면 } H_0\text{를 기각하고, 아니면 채택한다.} \\ (H_1 : \mu > \mu_0) : z_0 \geq z_{\alpha} \text{이면 } H_0\text{를 기각하고, 아니면 채택한다.} \end{cases}$

이제까지 모집단의 표준편차 σ가 이미 알려져 있는 상태에서 모평균 μ에 관한 검정을 알아보았다. 그러나 실무에서는 σ를 모르는 경우가 허다하다. σ를 모르는 경우에 어떻게 모평균 μ를 검정하는가에 대한 순서를 알아보자.

(1) $H_0 : \mu = \mu_0$

$H_1 : \mu \neq \mu_0$(양쪽검정인 경우)

$H_1 : \mu < \mu_0$ 또는 $H_1 : \mu > \mu_0$

(2) 검정통계량 : $t_0 = \dfrac{\overline{X} - \mu_0}{\dfrac{s}{\sqrt{n}}}$

(3) 표본의 크기 n과 유의수준 α를 확정하고, 기각치를 t 분포표에서 구한다.

(4) 검정통계량 값을 구하고, 이 값과 기각치 $t(n-1\,;\alpha/2)$ 또는 $t(n-1\,;\alpha)$와 비교하여 판정을 내린다.

양쪽검정 : $(H_1 : \mu \neq \mu_0) : |t_0| \geq t(n-1;\alpha/2)$이면 H_0를 기각하고, 아니면 채택한다.

한쪽검정 : $\begin{cases} (H_1 : \mu < \mu_0) : t_0 \leq -t(n-1;\alpha) \text{이면 } H_0\text{를 기각하고, 아니면 채택한다.} \\ (H_1 : \mu > \mu_0) : t_0 \geq t(n-1;\alpha) \text{이면 } H_0\text{를 기각하고, 아니면 채택한다.} \end{cases}$

예제 5-3

어떤 공장에서 제조되는 특수제품은 공정온도 200℃에서 만들어지며 제품의 강도는 대략 $N(73.7\text{kg},\ 1\text{kg}^2)$와 같은 분포를 한다고 한다. 공정온도를 조금 바꾸어서 제품을 생산하였더니 표준편차는 변함이 없었으나 평균강도에는 차이가 있어 보였다. 바뀐 공정온도에서 생산된 제품 중 16개를 추출하여 강도를 재어 보았더니 표본평균이 75.1kg이었다. 공정온도가 달라짐으로써 생산되는 제품의 평균강도가 달라진다고 말할 수 있는가를 유의수준 $\alpha = 0.05$를 사용하여 검정하라.

▶▶▷미니탭 이용

1. **통계분석 > 기초통계학 > 1-표본 Z** 선택

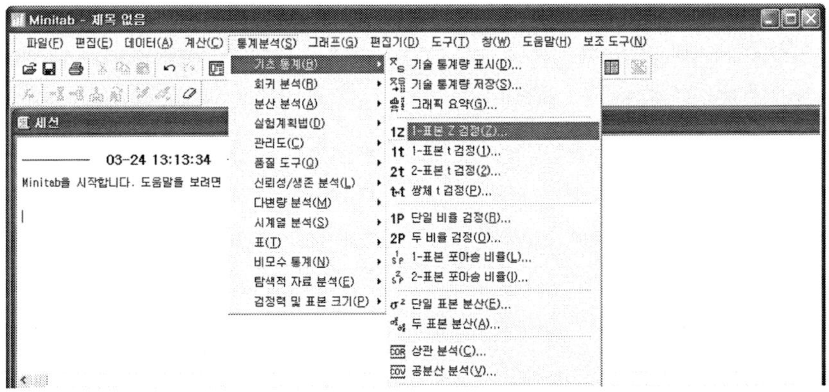

2. 대화상자에서 **요약데이터**의 표본 크기에 **16**, 평균 **75.1**, 표준편차에 **1**, 검정평균 **73.7**을 입력

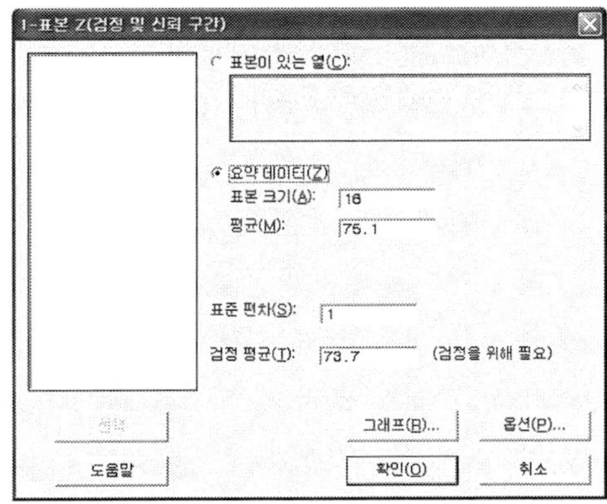

3. 대화상자의 옵션에서 신뢰수준에 **95**를 입력 후 확인

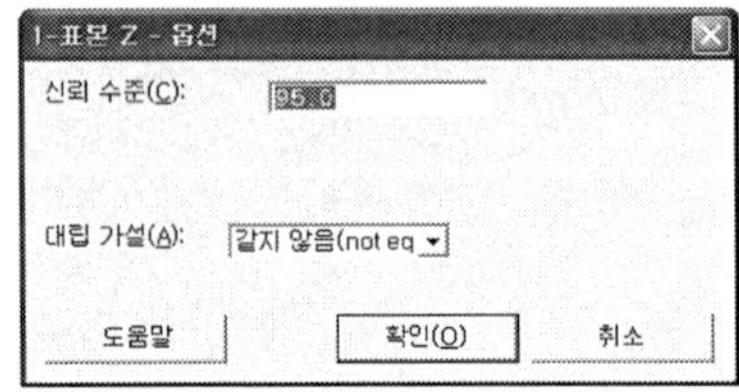

4. 결과창

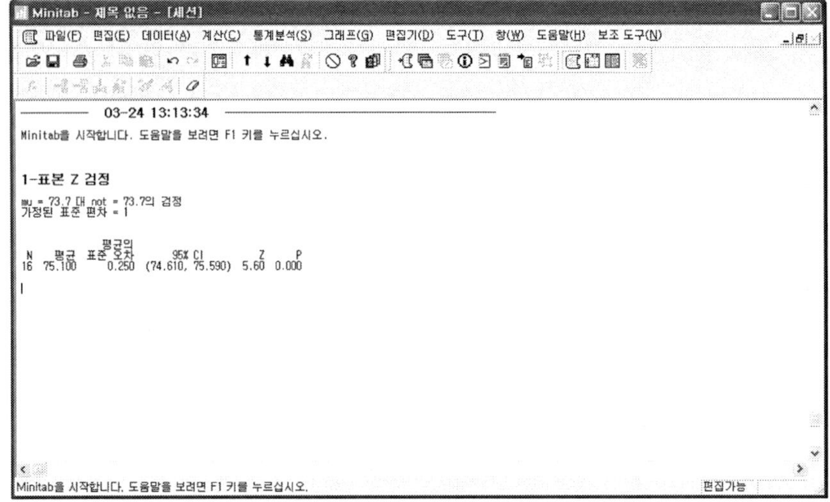

- $\bar{x} = 75.1,\ \sigma = 1,\ n = 16,\ \alpha = 0.05$

(1) 가설설정 : $\begin{cases} H_0 : \mu = 73.7 \\ H_1 : \mu \neq 73.7 \end{cases}$

(2) 검정통계량 : $z_0 = \dfrac{\bar{x} - \mu_0}{\dfrac{\sigma}{\sqrt{n}}} = \dfrac{75.1 - 73.7}{\dfrac{1}{\sqrt{16}}} = 5.6$

(3) 기각역 : 유의수준 $\alpha = 0.05$에서 기각치는 $z_{\alpha/2} = z_{0.025} = 1.96$이므로 $|z_0| = 5.6 < 1.96$이 성립하므로 H_0를 기각한다.

즉, 제품의 강도는 공정온도의 변화에 따라 평균 강도가 달라졌다고 할 수 있다.

(2) 신뢰구간과 가설검정과의 관계

신뢰구간에 의한 구간추정과 가설검정간에는 어떠한 관계가 있는지를 살펴보자. 예를 들어, 모평균 μ 에 대한 $100(1-\alpha)\%$ 신뢰구간은 σ 가 미지인 경우에

$$\overline{X} \pm t(n-1;\alpha/2)\frac{s}{\sqrt{n}} \tag{5·11}$$

로서 주어진다. 그런데 $H_0 : \mu=\mu_0, H_1 : \mu \neq \mu_0$에 대한 유의수준 α가 가설검정에서는 기각역이

$$t_0 = \left| \frac{\overline{X}-\mu_0}{\frac{s}{\sqrt{n}}} \right| \geq t(n-1;\alpha/2)$$

이고, 채택역은

$$t_0 = \left| \frac{\overline{X}-\mu_0}{\frac{s}{\sqrt{n}}} \right| < t(n-1;\alpha/2)$$

으로, 이를 바꾸어 쓰면

$$\text{채택역} : \overline{X}-t(n-1;\alpha/2)\frac{s}{\sqrt{n}} < \mu_0 < \overline{X}+t(n-1;\alpha/2)\frac{s}{\sqrt{n}} \tag{5·12}$$

이 된다. 따라서 이 채택역을 σ가 미지인 경우의 신뢰구간과 비교하여 보면 다음과 같은 결론을 내릴 수 있다. "만약 μ_0가 $100(1-\alpha)\%$ 신뢰구간 내에 있으면 유의수준 α 에서 귀무가설 $H_0 : \mu=\mu_0$을 기각할 수 없다."

따라서 모평균 μ 에 대한 $100(1-\alpha)\%$ 신뢰구간을 구함으로써, 이 신뢰구간 내에 있는 값 μ_0로 된 귀무가설은 유의수준 α에서 기각되지 않을 것이고, 이 신뢰구간 밖에 있는 경우에는 기각될 것이다.

이 사실은 모평균에 대해서만 성립되는 것은 아니며, 일반적으로 모수 θ의

신뢰구간과 가설검정에 적용될 수 있다. 즉, 모수 θ에 대한 $100(1-\alpha)\%$ 신뢰구간이 $L<\theta<U$로 주어지면, 대립가설 $H_1:\theta\neq\theta_0$에 대하여 귀무가설 $H_0:\theta=\theta_0$는 만약 θ_0가 신뢰구간(L, U)의 안에 있으면 귀무가설이 채택되고, (L, U)의 밖에 있으면 귀무가설이 기각된다.

예제 5-4

어떤 기계에 의해 생산된 제품의 평균무게가 2g이내 인지를 검정하려고 한다. 표본을 취하여 표본 평균무게를 구하니 1.96g이고, 표본 표준편차는 0.05g이였다. 표본의 크기가 25이고 유의수준을 5%로 잡아주면 제품의 평균무게가 2g이라는 가설이 맞는가, 아니면 2g보다 작다는 것이 옳은가?

▶▶▷미니탭 이용

1. **통계분석 > 기초통계학 > 1-표본 t** 선택

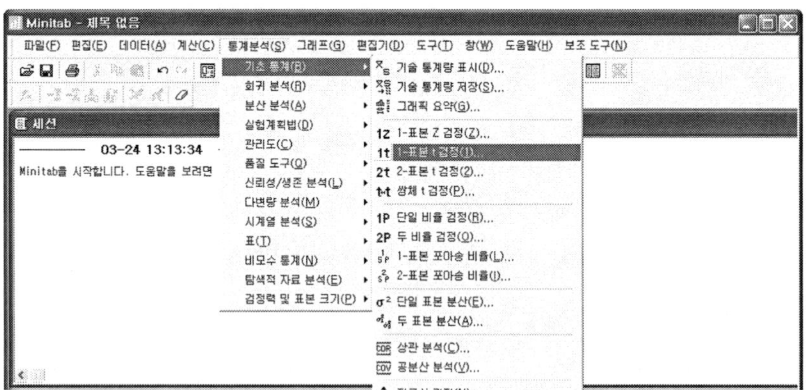

2. 대화상자에서 **요약데이터**의 표본크기에 **25**, 평균 **1.96**, 표준편차 **0.05**, **검정평균**에 **2.0**을 입력

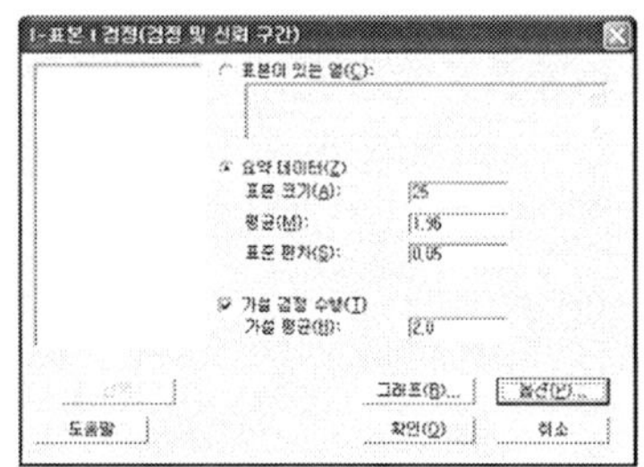

3. 대화상자의 **옵션**에서 **신뢰수준**에 **95**를 입력 후 확인

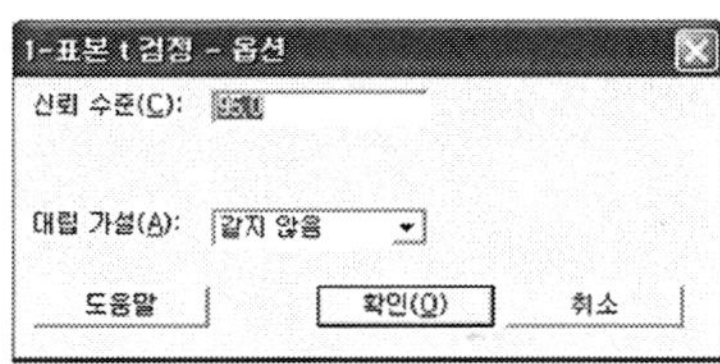

4. 결과창

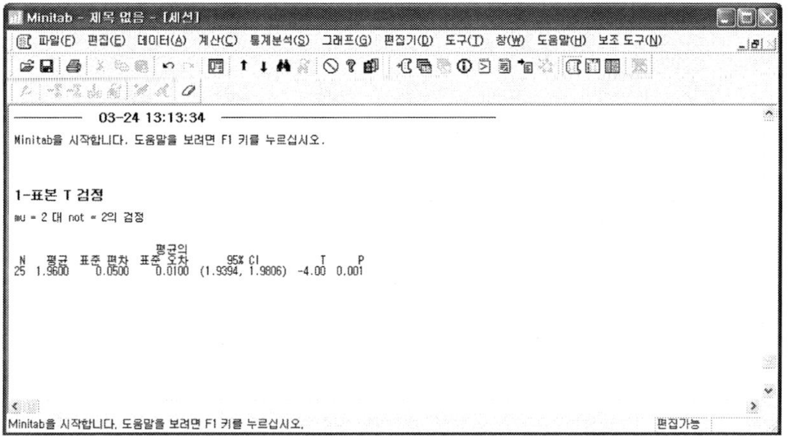

- $\bar{x}=1.96,\ s=0.05,\ n=25,\ \alpha=0.05$

(1) 가설설정 : $\begin{cases} H_0 : \mu = 2.0 \\ H_1 : \mu < 2.0 \end{cases}$

(2) 검정통계량 : $t_0 = \dfrac{\bar{x}-\mu_0}{\dfrac{s}{\sqrt{n}}} = \dfrac{1.96-2.0}{\dfrac{0.05}{\sqrt{25}}} = -4.00$

(3) 기각역 : 한쪽검정이므로 기각치 $-t(n-1;\alpha) = -t(24;0.10) = -1.711$ 이다.

따라서, $t_0 = -4.00 < -1.711$이 성립하므로 귀무가설은 기각된다.

즉, 제품의 평균무게가 2g보다 작다고 할 수 있다.

5.2 계량치의 추정과 검정

5.2.1 모평균 차의 추정과 검정

앞 장에서는 하나의 모평균 μ에 관한 추정과 검정방법을 살펴보았다. 이 장에서는 먼저 두 개의 모집단의 평균 μ_1, μ_2에 관한 추정과 검정문제를 몇 가지 경우로 나누어서 검토하여 보자.

(1) 표본의 크기가 작은 경우

표본의 크기가 작은 경우에는 다음 두 가지 가정이 필요하다. 이 가정들을 요약하면 다음과 같다.

(1) $X_1, X_2, \cdots, X_{n1} : N(\mu_1, \sigma^2)$의 분포를 갖는 모집단 1에서 추출된 확률표본
(2) $X_1, X_2, \cdots, X_{n2} : N(\mu_2, \sigma^2)$의 분포를 갖는 모집단 2에서 추출된 확률표본
(3) $X_1, X_2, \cdots, X_{n1}$ 과 $Y_1, Y_2, \cdots, Y_{n2}$는 서로 독립이다.

두 모집단은 각각 정규분포를 따르며, 두 모분산이 같다는 가정하에서 합동분산 σ^2의 합동추정량은

$$s_p^2 = \frac{(n_1-1)V_1 + (n_2-1)V_2}{n_1+n_2-2} \left(V_1 = \frac{\sum(X_i-\overline{X})^2}{n_1-1},\ V_2 = \frac{\sum(Y_i-\overline{Y})^2}{n_2-1} \right) \quad (5\cdot13)$$

이 된다. 이를 이용하여 추정량 $\overline{X}-\overline{Y}$를 표준화시킨 확률변수 t 는

$$t = \frac{(\overline{X}-\overline{Y})-(\mu_1-\mu_2)}{s_p\sqrt{\dfrac{1}{n_1}+\dfrac{1}{n_2}}} \sim t(n_1+n_2-2)$$

를 따른다. 따라서 귀무가설 $H_0 : \mu_1 = \mu_2$하에서 위의 확률변수 t는

$$t = \frac{(\overline{X} - \overline{Y})}{s_p \sqrt{\frac{1}{n_1} + \frac{1}{n_2}}} \tag{5·14}$$

이며, 자유도 $n_1 + n_2 - 2$인 t 분포를 따르게 된다. 따라서 유의수준 α의 검정절차를 요약하면 다음과 같다.

1. 귀무가설 : $H_0 : \mu_1 = \mu_2$
2. 검정통계량 : $t = \frac{(\overline{X} - \overline{Y})}{s_p \sqrt{\frac{1}{n_1} + \frac{1}{n_2}}}$
3. 판정 : $H_1 : \mu_1 < \mu_2$일 때 $t_0 \leq -t(n_1 + n_2 - 2 ; \alpha)$이면 H_0를 기각한다.
   $H_1 : \mu_1 > \mu_2$일 때 $t_0 \geq t(n_1 + n_2 - 2 ; \alpha)$이면 H_0를 기각한다.
   $H_1 : \mu_1 \neq \mu_2$일 때 $|t_0| \geq t(n_1 + n_2 - 2 ; \alpha/2)$이면 H_0를 기각한다.

또한, $\mu_1 - \mu_2$에 대한 $100(1-\alpha)\%$ 신뢰구간은 다음과 같다.

$$(\overline{X} - \overline{Y}) \pm t(n_1 + n_2 - 2 \,;\, \alpha/2) \cdot s_p \sqrt{\frac{1}{n_1} + \frac{1}{n_2}} \quad (\sigma\text{가 미지인 경우})$$

예제 5-5

어떤 화학약품의 제조에 상표가 다른 2종류의 원료를 사용하고 있다. 각 원료에서 그 주성분 A의 함량은 다음과 같다.(단, 함량들은 정규분포에 따르고 모분산이 같다고 가정)

(단위 : %)

상표 1	80.4	78.2	80.1	77.1	79.6	80.4	81.6	79.9	84.4	80.9	83.1
상표 2	80.0	81.2	79.5	78.0	76.1	77.0	80.1	79.9	78.8	80.8	

상표 1과 상표 2의 주성분 A의 평균함량을 μ_1, μ_2라고 할 때,

① $\mu_1 - \mu_2$의 95%의 신뢰구간을 구하라.

▶▶▷미니탭 이용

1. 상표 1과 2의 데이터를 워크시트에 입력
2. **통계분석 > 기초통계학 > 2-표본 t 검정** 선택

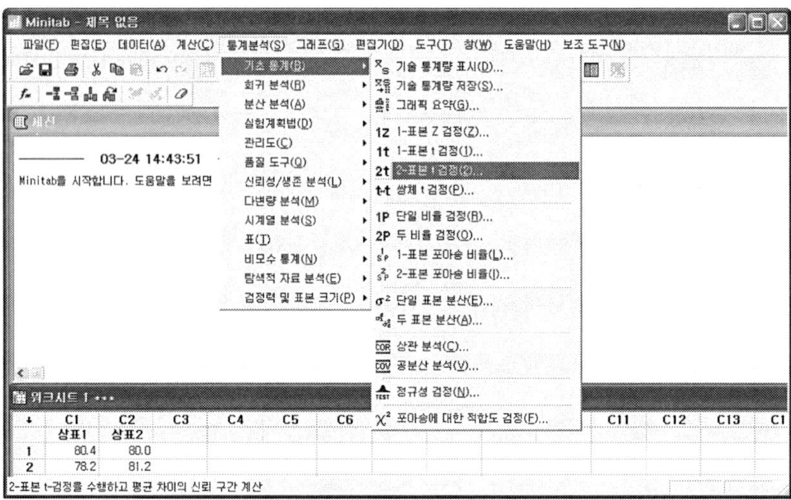

3. 대화상자에서 서로 다른 열에 표본이 있는 경우를 선택하고 첫 번째 표본에 **상표1**, 두 번째 표본에 **상표2**를 입력 후 확인

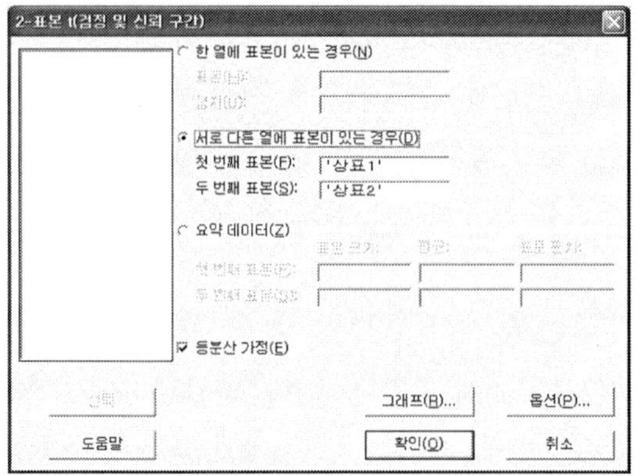

4. 대화상자의 **옵션**에서 **신뢰수준**에 **95**를 입력 후 확인

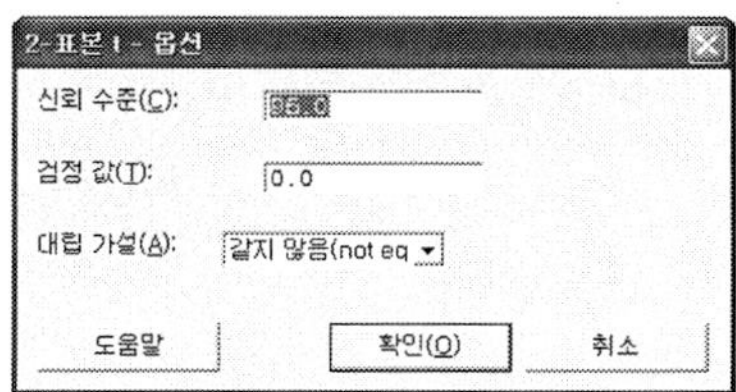

5. 결과창

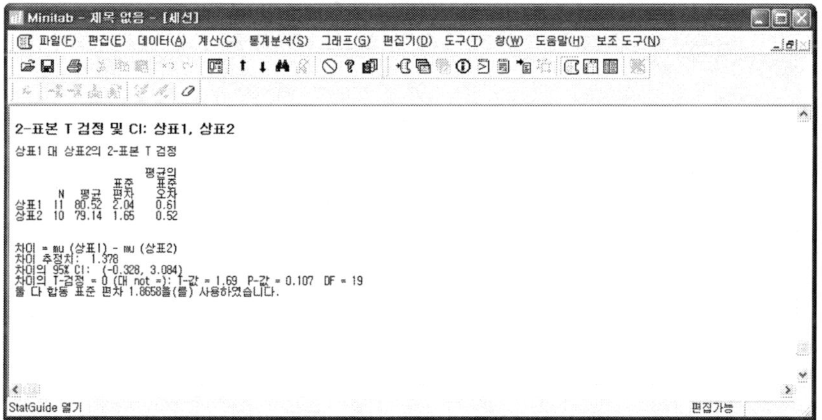

- $\mu_1 - \mu_2$의 95%의 신뢰구간

$\overline{x} = 80.52,\ \overline{y} = 79.14$

$$s_p = \sqrt{\frac{\sum(x_i - \overline{x})^2 + \sum(y_i - \overline{y})^2}{n_1 + n_2 - 2}} = \sqrt{\frac{41.536 + 24.604}{11 + 10 - 2}} = \sqrt{\frac{66.14}{19}} = 1.866$$

$$(\overline{x} - \overline{y}) \pm t\,(n_1 + n_2 - 2 ; \alpha) \bullet s_p \sqrt{\frac{1}{n_1} + \frac{1}{n_2}}$$

$$\Rightarrow (80.52 - 79.14) \pm t(19 ; 0.05) \bullet s_p \sqrt{\frac{1}{n_1} + \frac{1}{n_2}}$$

$$\Rightarrow 1.38 \pm (2.093)(1.866) \sqrt{\frac{1}{11} + \frac{1}{10}}$$

$$\Rightarrow 1.38 \pm 1.71 = (-0.33,\ 3.09)$$

② μ_1과 μ_2간에 차이가 있는지 없는지를 유의수준 5%로 가설검정 하여라.

▶▶▷ 풀이

(1) 가설설정 : $\begin{cases} H_0 : \mu_1 - \mu_2 = 0 \ (\text{또는}\ \mu_1 = \mu_2) \\ H_1 : \mu_1 - \mu_2 \neq 0 \ (\text{또는}\ \mu_1 \neq \mu_2) \end{cases}$

(2) 검정통계량 : σ가 미지이므로

$$t_0 = \frac{(\bar{x} - \bar{y}) - 0}{s_p \sqrt{\dfrac{1}{n_1} + \dfrac{1}{n_2}}} = \frac{(80.52 - 79.14)}{1.866 \sqrt{\dfrac{1}{11} + \dfrac{1}{10}}} = \frac{1.38}{0.815} = 1.69$$

이다.

(3) 기각역 : 유의수준 $\alpha = 0.05$에서 기각치는 $t(n_1 + n_2 - 2 ; \alpha/2) = t(19 ; 0.025)$ $= 2.093$이고, $|t_0|(= 1.69) \leq 2.093$이므로 귀무가설을 기각할 수 없다.
즉, 상표 1과 2의 주성분 A의 평균함량간에는 차이가 있다고 할 수 없다.

(2) 표본의 크기가 큰 경우

두 표본의 크기가 모두 큰 경우(보통 30보다 클 때)에는 표본의 크기가 작은 경우에 필요했던 가정들 중 필요 없게 되는 것이 있다. 첫째로, 중심극한의 정리에 의하여 $\overline{X}$와 $\overline{Y}$는 각각 근사적으로 $N(\mu_1, \sigma_1^2/n_1)$, $N(\mu_2, \sigma_2^2/n_2)$에 따르게 되므로 정규분포의 가정은 필요 없게 된다. 또한

$$Z = \frac{(\overline{X} - \overline{Y}) - (\mu_1 - \mu_2)}{\sqrt{\dfrac{V_1}{n_1} + \dfrac{V_2}{n_2}}} \quad \left(V_1 = \frac{\sum_{i=1}^{n_1} (X_i - \overline{X})^2}{n_1 - 1}, \ V_2 = \frac{\sum_{i=1}^{n_2} (X_i - \overline{X})^2}{n_2 - 1} \right) \qquad (5 \cdot 15)$$

도 근사적으로 $N(0, 1)$의 분포에 따른다. 따라서 귀무가설 $H_0 : \mu_1 = \mu_2$이 참인 경우 위의 검정통계량은

$$Z = \frac{(\overline{X} - \overline{Y})}{\sqrt{\frac{V_1}{n_1} + \frac{V_2}{n_2}}} \tag{5·16}$$

으로 된다. 이상의 검정통계량으로부터 두 모평균 차에 대한 검정은 다음과 같이 요약된다.

1. 귀무가설 : $H_0 : \mu_1 = \mu_2$
2. 검정통계량 : $Z_0 = \frac{(\overline{X} - \overline{Y})}{\sqrt{\frac{V_1}{n_1} + \frac{V_2}{n_2}}}$
3. 판정 : $H_1 : \mu_1 < \mu_2$일 때 $Z_0 \le -z_\alpha$이면 H_0를 기각한다.

   $H_1 : \mu_1 > \mu_2$일 때 $Z_0 \ge z_\alpha$이면 H_0를 기각한다.

   $H_1 : \mu_1 \ne \mu_2$일 때 $|Z_0| \ge z_{\alpha/2}$이면 H_0를 기각한다.

또한, $\mu_1 - \mu_2$에 대한 $100(1-\alpha)\%$ 신뢰구간은 다음과 같다.

$$(\overline{X} - \overline{Y}) \pm z_{\alpha/2}\sqrt{\frac{V_1}{n_1} + \frac{V_2}{n_2}}$$

(3) 두 개의 대응되는 데이터가 있는 경우

2조의 데이터에 어떤 대응성이 있어서 짝지어질 수 있는 경우에 관한 추정과 검정을 알아보자. $(X_1, Y_1), (X_2, Y_2), \cdots, (X_m, Y_n)$에 X_i와 Y_i는 각각 정규분포에 따르고 또한 (X_i, Y_i)들은 서로 독립이라고 가정하고, 작업자 1의 모평균 μ_1과 작업자 2의 μ_2간의 차에 관한 추정과 검증을 다루어 보자. $D_i = X_i - Y_i (i = 1, 2, \cdots, n)$의 표본평균과 표본분산은 다음과 같다.

$$\overline{D} = \frac{1}{n}\sum_{i=1}^{n} D_i$$

$$s_D^2 = \frac{\sum_{i=1}^{n}(D_i - \overline{D})^2}{n-1} \quad : \text{자유도 } n-1 \tag{5·17}$$

이 때 이들의 차이 $D_i = X_i - Y_i (i = 1, 2, \cdots, n)$ 은 평균과 분산이

$$E(D_i) = E(X_i - Y_i) = \mu_1 - \mu_2 = \delta$$
$$V(D_i) = V(X_i - Y_i) = \delta_D^2, \quad i = 1, 2, \cdots, n$$

인 정규모집단에서 추출된 확률표본으로 간주할 수 있다.

표본의 크기가 30보다 큰 대표본인 경우 가설 $H_0 : \mu_1 - \mu_2 = 0$하에 검정통계량은 다음과 같다.

$$Z_0 = \frac{\overline{D}}{s_D / \sqrt{n}} \tag{5·18}$$

이 통계량은 근사적으로 $N(0, 1)$을 따르고 이로부터 Z검정을 하게 된다.

한편 소표본이고 정규분포를 따르는 경우, 검정통계량은

$$t_0 = \frac{\overline{D}}{s_D / \sqrt{n}} \sim t(n-1) \tag{5·19}$$

이 되며, 이 통계량을 이용하여 t 검정을 하게 된다. 검정절차를 요약하면 다음과 같다.

1. 귀무가설 : $H_0 : \mu_1 = \mu_2$
2. 검정통계량 : 대표본에서 $Z_0 = \frac{\overline{D}}{s_D / \sqrt{n}}$

   소표본에서 $t_0 = \frac{\overline{D}}{s_D / \sqrt{n}}$
3. 판정 : 대표본에서 Z검정을 시행하며 소표본에서는 t 검정을 한다.

예제 5-6

화학조미료의 제조에 대한 개발연구를 행한 결과 방법 1과 방법 2 중에서 한 가지를 채택하기로 하였다. 방법 1은 2에 비하여 1뱃치(batch)당의 제조비용은 비싸지만 제품의 수확량이 많으며 1뱃치당 5kg이상 높다고 판단된다면 방법 1을 채택하고 싶다. 원료 10로트(lot)에 대해서 파일롯트 플랜트(pilot plant)를 이용하여 방법 1과 2를 실험한 결과 다음과 같은 대응이 있는 데이터를 얻었다.

(단위 : %)

로트번호	방법 1(x_1)	방법 2(y_1)	차이($d_i = x_i - y_i$)
1	80.0	73.0	7.0
2	79.3	74.6	4.7
3	79.1	73.0	6.1
4	77.4	72.8	4.6
5	81.6	76.0	5.6
6	80.1	74.1	6.0
7	80.0	75.0	5.0
8	81.6	73.3	8.3
9	76.3	70.7	5.6
10	81.9	74.8	7.1
			$\bar{d} = 6.0$

〔가설 검정〕 $H_0 : \mu_1 - \mu_2 = 5$

$H_1 : \mu_1 - \mu_2 > 5$

을 $\alpha = 0.05$에서 실시하고, 그 결과를 이용하여 방법 1 또는 2를 선택하라.

▶▶▷미니탭 이용

1. 방법 1과 2의 데이터를 워크시트에 입력
2. **통계분석 > 기초통계학 > 쌍체 t** 선택

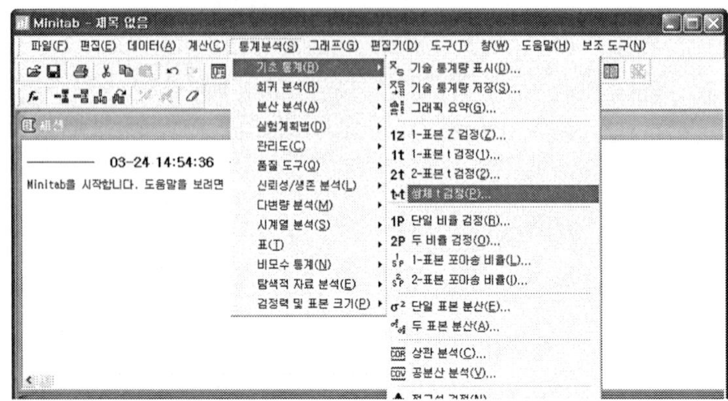

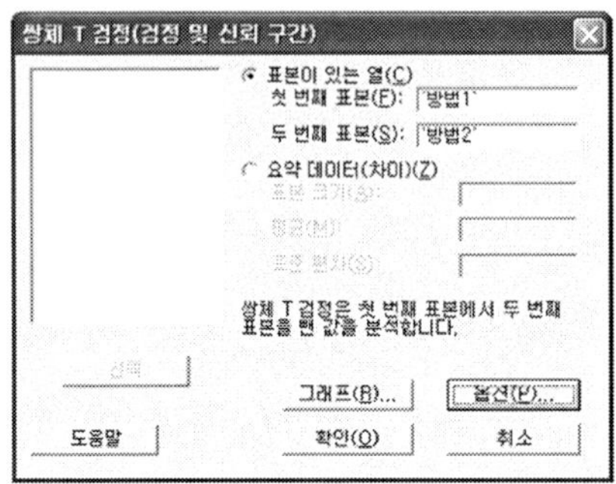

3. 대화상자에서 **표본이 있는 열**에 첫 번째 표본에 **방법 1**을 선택하고, 두 번째 표본에 **방법 2**를 선택

4. 대화상자의 **옵션**에서 **대립가설**에 **큼**을 선택 후 확인

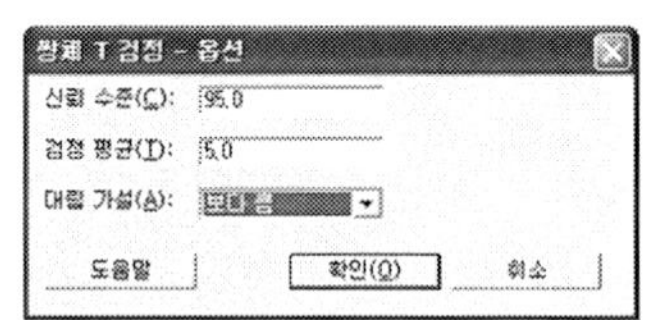

5. 결과창

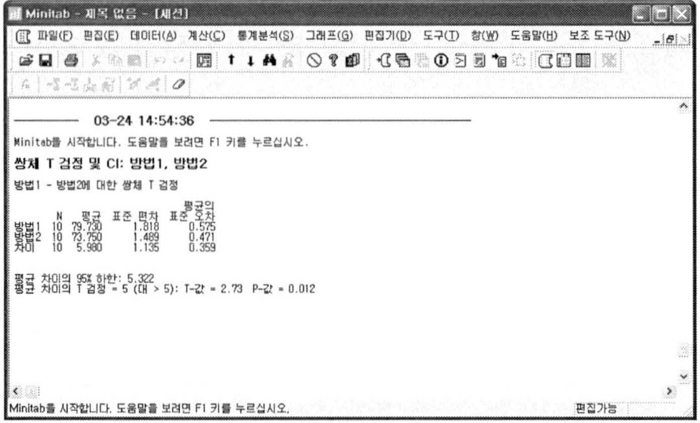

- $\overline{D}$의 값 $\overline{d}$와 s_D를 구하면

$$\overline{d}=\frac{\sum d_i}{10}=6.0$$

$$s_D{}^2=\frac{\sum(d_i-\overline{d})^2}{9}=\frac{1}{9}\left[\sum d_i{}^2-\frac{(\sum d_i{}^2)}{10}\right]=\frac{1}{9}\left[372.48-\frac{(60)^2}{10}\right]=1.387$$

$s_D=\sqrt{s_D{}^2}=\sqrt{1.387}=1.178$ 이 된다.

(1) 가설설정 : $\begin{cases} H_0 : \mu_1-\mu_2=5 \\ H_1 : \mu_1-\mu_2>5 \end{cases}$

(2) 검정통계량 : $t_0=\dfrac{\overline{d}-\delta_0}{\dfrac{s_D}{\sqrt{n}}}=\dfrac{6.0-5.0}{\dfrac{1.178}{\sqrt{10}}}=2.684$

(3) 기각역 : 유의수준 $\alpha=0.05$에서 기각치는 $t(n-1;\alpha)=t(9;0.05)=1.833$이므로, 따라서 $t_0(=2.684)>1.833$이 성립하므로 귀무가설은 기각된다.

즉, 방법 1은 방법 2에 비하여 1뱃치당 수확량이 5㎏이상 높다고 할 수 있다.

5.2.2 모분산의 추정과 검정

모집단의 산포를 나타내는 모분산 σ^2의 구간추정과 가설검정을 알아보자. 정규 모집단 $N(\mu,\sigma^2)$으로부터의 확률 표본 $X_1,X_2,\cdots,X_n$에 대해 제곱합

$$S=\sum_{i=1}^{n}(X_i-\overline{X})^2$$

을 만들면, S/σ^2은 자유도 $(n-1)$인 χ^2분포를 따른다.

정규분포나 t분포와는 달리 χ^2분포는 비대칭이고 오른쪽으로 긴 꼬리를 갖고 있으며 항상 양의 값만 택하게 된다. 분포곡선의 형태는 자유도에 따라 달라지

며 전형적인 χ^2분포곡선은 [그림 5.3]과 같다.

그림 5.3 χ^2 분포

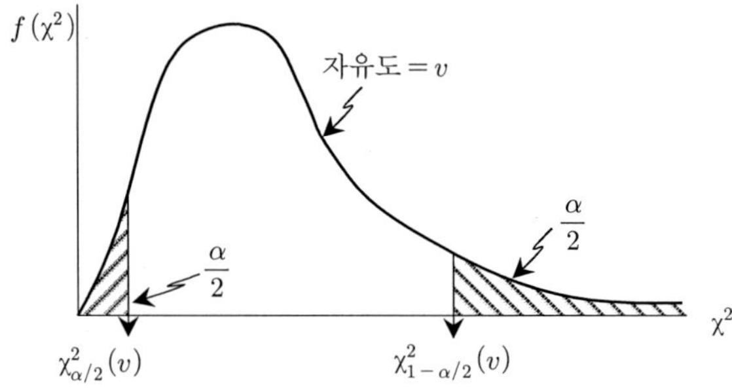

$\dfrac{S}{\sigma^2}$가 자유도 $(n-1)$인 χ^2분포에 따르므로

$$P[\chi^2(n-1;1-\alpha/2) \le \frac{S}{\sigma^2} \le \chi^2(n-1;\alpha/2)] = 1-\alpha$$

가 성립된다. 이를 다른 형태로 바꾸어 쓰면

$$P[\frac{S}{\chi^2(n-1;1-\alpha/2)} \le \sigma^2 \le \frac{S}{\chi^2(n-1;\alpha/2)}] = 1-\alpha$$

가 되고, 따라서 σ^2의 $100(1-\alpha)\%$의 신뢰구간은

$$\left[\frac{S}{\chi^2(n-1;1-\alpha/2)}, \frac{S}{\chi^2(n-1;\alpha/2)}\right] \tag{5·20}$$

σ^2에 대한 가설검정 어떤 가정된 값 σ_0^2에 대하여 $H_0 : \sigma^2 = \sigma_0^2$ 가설하에 검정 통계량 $\chi_0^2 = \dfrac{S}{\sigma_0^2} = \dfrac{(n-1)V}{\sigma_0^2}$은 자유도 $(n-1)$인 χ^2분포를 따른다.

1. 귀무가설 : $H_0 : \sigma^2 = {\sigma_0}^2$

2. 검정통계량 : ${\chi_0}^2 = \frac{(n-1)V}{\sigma_0^2}$

3. 판정 : $H_1 : \sigma^2 < \sigma_0^2$ 일 때 $\chi_0^2 \le \chi^2(n-1;1-\alpha)$이면 H_0를 기각한다.

$H_1 : \sigma^2 > \sigma_0^2$ 일 때 $\chi_0^2 \ge \chi^2(n-1;\alpha)$이면 H_0를 기각한다.

$H_1 : \sigma^2 \ne \sigma_0^2$ 일 때 $\chi_0^2 \ge \chi^2(n-1;\alpha/2)$

또는 $\chi_0^2 \le \chi^2(n-1;1-\alpha/2)$이면 H_0를 기각한다.

예제 5-7

어느 설탕공장에서 생산되는 설탕 한 봉지의 무게가 정규분포를 따른다고 한다.

〔데이터(단위 : g) : 7.0 7.1 6.8 7.0 7.1 7.4 7.2 6.8 6.6〕

위의 표본데이터에 대하여

① 모집단의 분산 σ^2의 90% 신뢰구간을 구하라.

▶▶▷ 풀이

$n = 9,\ \bar{x} = 7.0$

$$S = \sum_{i=1}^{9}(x_i - \bar{x})^2 = (7.0-7.0)^2 + (7.1-7.0)^2 + \cdots + (6.6-7.0)^2 = 0.46$$

$\chi^2(8;0.05) = 15.51,\ \ \chi^2(8;0.95) = 2.73$

이므로 신뢰하한과 신뢰상한은

$$\frac{S}{\chi^2(8;0.05)} = \frac{0.46}{15.51} = 0.030$$

$$\frac{S}{\chi^2(8;0.95)} = \frac{0.46}{2.73} = 0.168$$

이다. 따라서 σ^2의 90% 신뢰구간은 (0.030, 1.168)이다.

② 가설설정 $H_0 : \sigma^2 = 0.1$, $H_1 : \sigma^2 \neq 0.1$을 $\alpha = 0.10$ 에서 실시하라.

▶▶▷ 풀이

(1) 가설설정 : $\begin{cases} H_0 : \sigma^2 = 0.1 \\ H_1 : \sigma^2 \neq 0.1 \end{cases}$

(2) 검정통계량 : $\chi_0^2 = \dfrac{S}{\sigma_0^2} = \dfrac{0.46}{0.1} = 4.6$ 이다.

(3) 기각역 : $\chi_0^2(=4.6) \geq \chi^2(8;0.05) = 15.51$도 아니고,

$\chi_0^2(=4.6) \leq \chi^2(8;0.95) = 2.73$도 아니므로 귀무가설을 기각할 수 없다.

즉, 모분산 σ^2이 0.1이 아니라고 할 수 없다.

5.2.3 모분산 비의 추정과 검정

품질관리를 수행시에 때때로 두 모집단의 산포에 대한 비교를 하고 싶은 경우가 있다. 예를 들면, 일정한 규격의 보울 베아링을 생산하는 경우에 제조방법의 차이에 따라, 또는 제조 작업자의 차이에 따라 베아링 지름의 산포에 차이가 있다면, 이는 품질관리상 심각한 문제를 야기하게 된다. 이러한 경우에 두 모집단의 분산 비교를 하고 싶으며, 그 비교를 위한 통계적 방법은 다음의 가정하에 가능하다.

(1) $X_1, X_2, \cdots, X_{n1}$은 정규모집단 $N(\mu_1, \sigma_1^2)$으로부터의 확률표본이다.

(2) $Y_1, Y_2, \cdots, Y_{n2}$는 정규모집단 $N(\mu_1, \sigma_2^2)$으로부터의 확률표본이다.

(3) 두 확률표본은 서로 독립이다.

두 모집단의 분산을 비교하여야 할 경우 분산비에 대한 구간을 추정하여 두 모집단의 분산을 비교할 수 있다. 분산비에 대한 추정은 두 χ^2분포의 비로 구성되는 F분포를 이용할 수 있다.

두 χ^2통계량 $\dfrac{(n_1-1)V_1}{{\sigma_1}^2}, \dfrac{(n_2-1)V_2}{{\sigma_2}^2}$은 각각 $\chi^2(n_1-1)$, $\chi^2(n_2-1)$을 한다. 따라서 분산비를 추정하고자 할 경우 사용되는 다음의 통계량은 F분포를 따른다. 즉,

$$\frac{V_1/{\sigma_1}^2}{V_2/{\sigma_2}^2} \sim F(n_1-1,\ n_2-1)$$

이 통계량을 이용한 분산비 $\sigma_2^2/{\sigma_1}^2$에 대한 $100(1-\alpha)\%$ 신뢰구간은 다음과 같다.

$$\left[\frac{V_2}{V_1}F(n_1-1, n_2-1; 1-\alpha/2),\ \frac{V_2}{V_1}F(n_1-1, n_2-1; \alpha/2)\right] \tag{5·21}$$

두 모집단에서 가설 $H_0: {\sigma_1}^2 = {\sigma_2}^2$에 대해 검정하고자 할 때, 두 모집단으로부터 각각 크기 n_1, n_2인 확률표본을 뽑아서 구한 표본분산을 V_1, V_2라고 하면 H_0 하에서 검정통계량은

$$F_0 = \frac{V_1}{V_2}$$

으로 자유도 n_1-1, n_2-1인 F분포를 따른다. 따라서 각 대립가설에 대한 유의수준 α인 검정절차를 요약하면 다음과 같다.

1. 귀무가설 : $H_0: \sigma_1 = \sigma_2$

2-1. 대립가설 : $H_1 : \sigma_1^2 \neq \sigma_2^2$인 경우

검정통계량 : $F_0 = \dfrac{V_1}{V_2}$ ($V_1 > V_2$인 경우)

판정 : $F_0 > F(n_1 - 1, n_2 - 1\,;\,\dfrac{\alpha}{2})$이면 H_0 기각

검정통계량 : $F_0 = \dfrac{V_2}{V_1}$ ($V_1 < V_2$인 경우)

판정 : $F_0 > F(n_2 - 1, n_1 - 1\,;\,\dfrac{\alpha}{2})$이면 H_0 기각

2-2. 대립가설 : $H_1 : \sigma_1^2 > \sigma_2^2$인 경우

검정통계량 : $F_0 = \dfrac{V_1}{V_2}$

판정 : $F_0 > F(n_1 - 1, n_2 - 1\,;\,\alpha)$이면 H_0 기각

2-3. 대립가설 : $H_1 : \sigma_1^2 < \sigma_2^2$인 경우

검정통계량 : $F_0 = \dfrac{V_2}{V_1}$

판정 : $F_0 > F(n_2 - 1, n_1 - 1\,;\,\alpha)$이면 H_0 기각

예제 5-8

예제 6.1에서 상표 1과 상표 2의 분산이 같다고 가정하고 모평균 차에 관한 검정과 추정을 알아보았다.

① 이 예제의 데이터로부터 실제로 상표 1과 상표 2에 포함되어 있는 주성분 A의 함량의 분산 σ_1^2, σ_2^2 간에는 차이가 없는지 $\alpha = 0.05$에서 가설검정하라.

▶▶▷ 풀이

(1) 가설설정 : $\begin{cases} H_0 : \sigma_1^2 = \sigma_2^2 \\ H_1 : \sigma_1^2 \neq \sigma_2^2 \end{cases}$

(2) 검정통계량 : $V_1 = \frac{\sum_{i=1}^{n_1}(x_i - \bar{x})^2}{n_1 - 1} = \frac{41.536}{11-1} = 4.1536$

$$V_2 = \frac{\sum_{i=1}^{n_2}(y_i - \bar{y})^2}{n_2 - 1} = \frac{24.604}{10-1} = 2.7338$$

$V_1 > V_2$이므로 분산비 F_0를 구하면

$$F_0 = \frac{V_1}{V_2} = \frac{4.1536}{2.7338} = 1.519$$

이다.

(3) 기각역 : 유의수준 $\alpha = 0.05$에서 $F(n_1 - 1, n_2 - 1; \frac{\alpha}{2}) = F(10, 9; 0.025) =$ 3.96이 되며, $F_0(=1.519) > 3.96$이 성립되지 않으므로 귀무가설을 기각할 수 없다. 즉, 상표 1과 2간의 분산에는 차이가 있다고 할 수 없다.

---

② σ_2^2/σ_1^2이 비율에 관한 95% 신뢰구간은 구하여 보아라.

▶▶▷ 풀이

신뢰하한은

$$\frac{V_2}{V_1} \cdot \frac{1}{F(n_2 - 1, n_1 - 1; \frac{\alpha}{2})} = \frac{2.7338}{4.1536} \cdot \left[\frac{1}{F(9, 10; 0.025)}\right]$$

$$= (0.658) \cdot \frac{1}{3.78} = 0.174$$

이고, 신뢰상한은

$$\frac{V_2}{V_1} \cdot F(n_1 - 1, n_2 - 1; \frac{\alpha}{2}) = \frac{2.7338}{4.1536} \cdot F(10, 9; 0.025)$$

$$= (0.658) \cdot (3.96) = 2.606$$

이다. 따라서 σ_2^2/σ_1^2의 95% 신뢰구간은 (0.174, 2.606)이다.

5.3 모비율의 추정

5.3.1 모비율의 추정과 검정

(1) 모비율의 추정

모비율의 대표적인 것이 모불량률이므로 모불량률에 대하여 그 추정방법을 알아보자. 어떤 공정이 관리상태에 있고 그 불량률이 p라면, 이 공정(무한모집단으로 간주)으로부터 랜덤하게 채취한 크기 n의 표본(시료라고도 흔히 부름) 가운데 발견되는 불량품의 개수 X는, n과 p에 의하여 결정되는 이항분포 $B(n,p)$에 따른다. 이항분포 $B(n,p)$는 $np \ge 5$이고 $n(1-p) \ge 5$일 때는 정규분포에 근사해진다.

확률변수 X의 기댓값과 분산은

$$E(X) = np,\ V(X) = np(1-p) \tag{5·22}$$

가 된다.

표본의 불량률 $\hat{p} = \dfrac{X}{n}$을 생각하여 보자. X가 확률변수이므로 $\hat{p}$도 하나의 확률변수이다. 확률변수 $\hat{p}$ 의 기댓값, 분산, 표준편차는

$$E(\hat{p}) = p$$

$$V(\hat{p}) = \frac{p(1-p)}{n}$$

$$D(\hat{p}) = \sqrt{\frac{p(1-p)}{n}} \tag{5·23}$$

와 같다.

(2) 모비율의 검정

이항분포의 모수인 모불량률에 대한 가설검정에서 이항분포를 이용하여 기각역을 결정하는 방법을 앞 장에서 설명하였다. 실제로 이처럼 표본의 크기 n이 작을 때에는 이항분포를 사용한다. 그러나 n이 클 경우에는 계산이 복잡하고 유의수준을 정할 때에도 어려움이 생기므로, 이항분포를 사용하지 않고 이항분포가 정규분포에 근사한다는 이론을 이용하여, 정규분포를 사용하는 검정방법을 택하고 있다.

n이 클 경우의 검정방법을 알아보자. X가 n개 중의 불량개수라 한다면 표본의 불량률 $\hat{p} = \frac{X}{n}$는 근사적으로 평균 p이고 표준편차 $\sqrt{p(1-p)/n}$ 인 정규분포를 따르므로 귀무가설이 사실이라면 $\hat{p}$의 분포는 근사적으로 $N(p_0,\ p_0(1-p_0)/n)$에 따른다.

표준화된 통계량

$$Z_0 = \frac{\hat{p} - p_0}{\sqrt{\frac{p_0(1-p_0)}{n}}} \tag{5·24}$$

은 근사적으로 $N(0,\ 1)$에 따르고, 기각역은 양쪽 검정이므로 $|Z_0| \geq z_{\alpha/2}$가 될 것이다.

1. 귀무가설 : $H : p = p_0$
2. 검정통계량 : $Z_0 = \frac{\hat{p} - p_0}{\sqrt{\frac{p_0(1-p_0)}{n}}}$
3. 판정 : $H_1 : p < p_0$ 일 때 $Z_0 \leq -z_\alpha$ 이면 H_0을 기각한다.
   $H_1 : p > p_0$ 일 때 $Z_0 \geq z_\alpha$ 이면 H_0을 기각한다.
   $H_1 : p \neq p_0$ 일 때 $|Z_0| \geq z_{\alpha/2}$ 이면 H_0을 기각한다.

예제 5-9

어떤 TV공장에서는 컬러TV용 튜너의 불량에 의하여 화면의 흐림이 발생되므로 튜너의 불량문제가 중요한 품질문제로 생각하고 있다. 과거의 데이터에 의하면 튜너의 불량률이 5.5%로 집계되었다. 이 불량률을 줄이기 위하여 그 불량원인을 조사한 결과, 납땜을 할 때에 열적 쇼크에 의하여 콘덴서가 갈라지는 불량이 주요원인으로 지적되었다. 납땜의 가열방법을 개량하여 콘덴서의 예비가열 공정을 새로이 추가하기로 하였다. 이 개량된 새 공정에서는 튜너의 불량률이 감소되었는가를 확인하기 위하여 새 공정에서 만들어진 200개의 튜너를 랜덤하게 채취하여 검사하였더니 4개가 불량이었다. 만약 공정의 개량으로 불량률이 감소했다면 콘덴서의 예비가열공정을 작업표준으로 개정하려고 한다. 튜너의 불량률이 5.5%미만으로 감소되었는가를 가설 검정하여라.(유의수준 $\alpha = 0.05$)

▶▶▷미니탭 이용

1. **통계분석 > 기초통계학 > 단일 비율** 선택

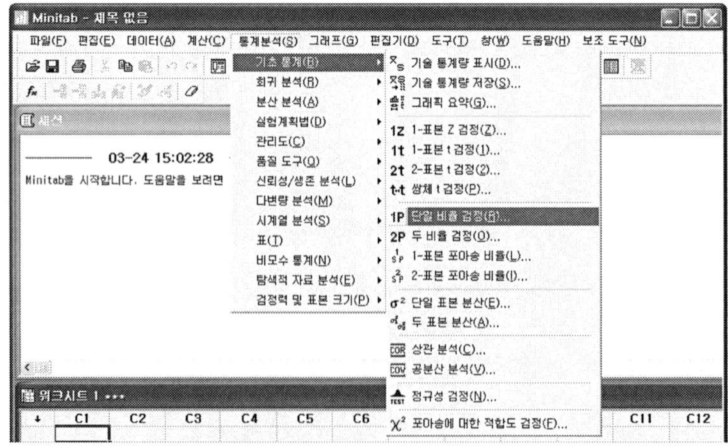

2. 대화상자에서 **요약데이터**의 시행횟수에 **200**, 사건발생횟수에 **4**를 입력
3. 대화상자의 **옵션**에서 **대립가설**을 **작음**으로 선택한 후 확인

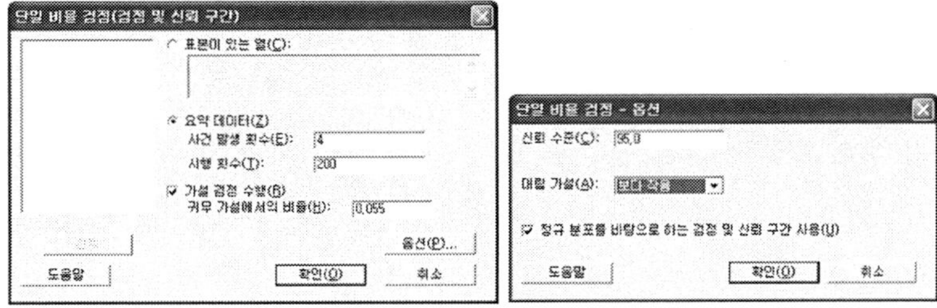

4. 결과창

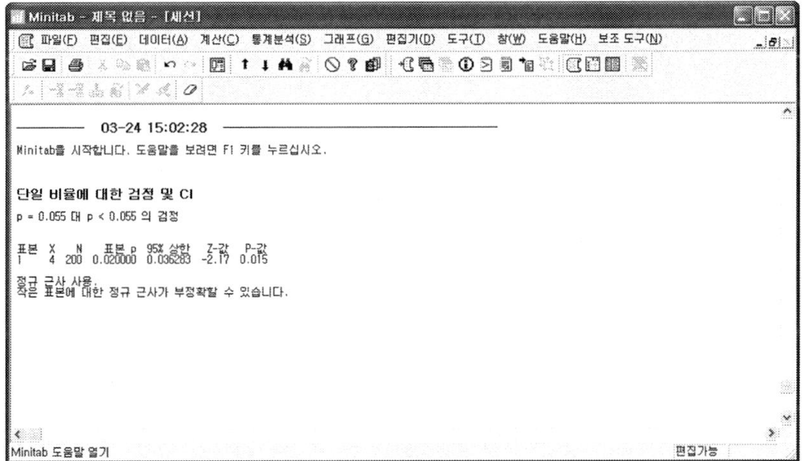

(1) 가설설정 : $\begin{cases} H_0 : p = 0.055 \\ H_1 : p < 0.055 \end{cases}$

(2) 검정통계량 : $\hat{p} = \dfrac{X}{n} = \dfrac{4}{200} = 0.02$

$$z_0 = \frac{\hat{p} - p_0}{\sqrt{\dfrac{p_0(1-p_0)}{n}}} = \frac{0.02 - 0.055}{\sqrt{\dfrac{(0.055)(1-0.055)}{200}}} = -2.17$$

(3) 기각역 : 유의수준 $\alpha = 0.05$에서 기각치는 $-z_{0.05} = -1.64$이므로

$$z_0\,(=-2.17) < -1.64$$

이 성립되어 귀무가설이 기각된다. 즉, 개량된 공에서의 튜너의 불량률은 5.5% 미만으로 감소되었다고 할 수 있다.

5.3.2 모비율 차의 검정

(1) 모비율 차의 추정

두 제조공정의 불량률을 각각 p_1, p_2라고 할 때, 그 차이 p_1-p_2에 대한 추정 문제를 알아보자. 즉, 첫 번째 공정(모집단 1)으로부터 크기 n_1인 표본을 취하여 여기에서 발견되는 불량품의 수를 X라 하고, 이와는 독립적으로 두 번째 공정(모집단 2)으로부터 크기 n_2인 표본을 취하여 그 불량품의 수를 Y라 할 때에 모불량률의 차 p_1-p_2의 점추정량

$$\hat{p_1}-\hat{p_2}=\frac{X}{n_1}-\frac{Y}{n_2}$$

으로 생각할 수 있다.

표본 불량률의 평균과 분산

$$E(\hat{p_1}-\hat{p_2})=p_1-p_2$$

$$V(\hat{p_1}-\hat{p_2})=\frac{p_1(1-p_1)}{n_1}+\frac{p_2(1-p_2)}{n_2} \qquad (5\cdot25)$$

가 된다. 이로부터 $\hat{p_1}-\hat{p_2}$는 p_1-p_2의 불편추정량임을 알 수 있다.

(2) 모비율 차의 검정

귀무가설 $H_0: p_1=p_2$는 두 모집단이 공통인 모비율 p을 갖고 있다고 가정하고 있으므로, 귀무가설 하에서는 $\hat{p_1}-\hat{p_2}$은 표본의 크기가 n_1, n_2가 클 때

$$\hat{p_1}-\hat{p_2} \sim N\left(0,\ p(1-p)\left(\frac{1}{n_1}+\frac{1}{n_2}\right)\right)$$

이 된다.

두 표본을 함께 이용하는 경우 p의 합동 추정량은

$$\hat{p} = \frac{X+Y}{n_1+n_2}$$

이를 이용하여 검정통계량은

$$Z_0 = \frac{\hat{p_1} - \hat{p_2}}{\sqrt{\hat{p}(1-\hat{p})(\frac{1}{n_1}+\frac{1}{n_2})}} \tag{5·26}$$

은 귀무가설 하에서 근사적으로 $N(0,\ 1)$에 따른다.

1. 귀무가설 : $H_0 : p_1 = p_2$
2. 검정통계량 : $Z_0 = \frac{\hat{p_1} - \hat{p_2}}{\sqrt{\hat{p}(1-\hat{p})(\frac{1}{n_1}+\frac{1}{n_2})}}$
3. 판정 : $H_1 : p_1 < p_2$ 일 때 $Z_0 \le -z_\alpha$ 이면 H_0을 기각한다.
   $H_1 : p_1 > p_2$ 일 때 $Z_0 \ge z_\alpha$ 이면 H_0을 기각한다.
   $H_1 : p_1 \ne p_2$ 일 때 $|Z_0| \ge z_{\alpha/2}$ 이면 H_0을 기각한다.

예제 5-10

어떤 공정에서 원료의 산포가 제품의 품질특성치에 큰 영향을 미치고 있는데, 그 원료는 A, B 두 회사로부터 납품되고 있다. 이 두 회사의 원료에 대해서 제품에 미치는 불량률(회사 A, B의 불량률은 각각 p_1, p_2라 하자)에 차가 있으면 좋은 쪽 회사의 원료를 더 많이 구입하거나 나쁜 쪽 회사에 대해서는 감가를 요구하고 싶다. 불량률 차를 조사하기 위하여 회사 A, 회사 B의 원료로 만들어진 제품 중에서 랜덤하게 각각 120개, 150개의 제품을 추출하여 불량개수를 찾아보니 각각 12개, 9개였다.

① $p_1 - p_2$ 의 95% 신뢰구간을 구하라.

▶▶▷미니탭 이용

1. **통계분석 > 기초통계학 > 두 비율** 선택

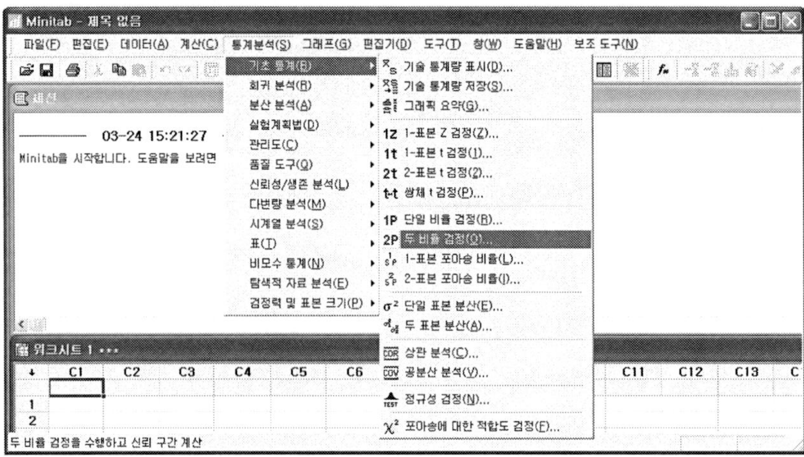

2. 대화상자에서 **요약데이터**의 첫 번째 표본 시행에 **120**, 사건에 **12**를 입력하고 두 번째 표본 시행에 **150**, 사건에 **9**를 입력

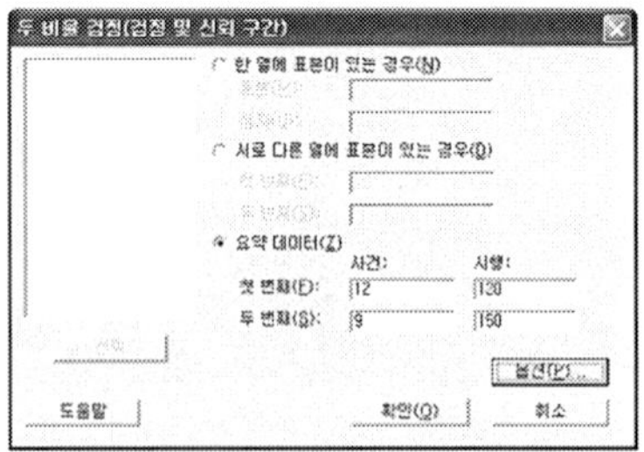

3. 대화상자의 **옵션**에서 **대립가설**을 **같지 않음**으로 선택한 후 확인

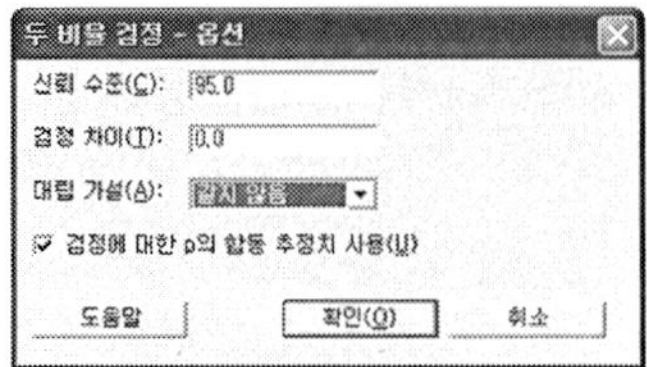

4. 결과창

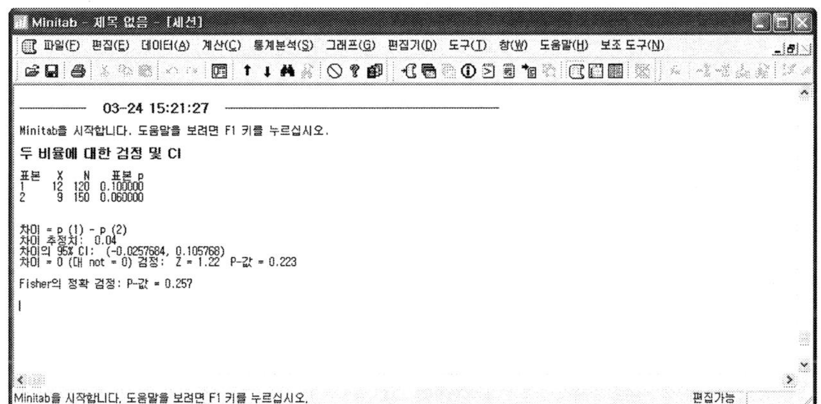

- $\hat{p_1} = \dfrac{x}{n_1} = \dfrac{12}{120} = 0.10$

  $\hat{p_2} = \dfrac{y}{n_2} = \dfrac{9}{150} = 0.06$

  $\hat{p} = \dfrac{x+y}{n_1+n_2} = \dfrac{12+9}{120+150} = 0.078$

- $p_1 - p_2$ 의 95%신뢰구간

$$(\hat{p_1} - \hat{p_2}) \pm z_{0.025}\sqrt{\frac{\hat{p_1}(1-\hat{p_1})}{n_1} + \frac{\hat{p_2}(1-\hat{p_2})}{n_2}}$$

$$\Rightarrow (0.10 - 0.06) \pm 1.96\sqrt{\frac{(0.10)(0.90)}{120} + \frac{(0.06)(0.94)}{150}}$$

$$\Rightarrow 0.04 \pm 0.066$$

$$\Rightarrow (-0.026,\ 0.106)$$

---

②$H_0 : p_1 = p_2$, $H_1 : p_1 \neq p_2$를 $\alpha = 0.05$에서 검정하라.

▶▶▷ 풀이

(1) 가설설정 : $\begin{cases} H_0 : p_1 = p_2 \\ H_1 : p_1 \neq p_2 \end{cases}$

(2) 검정통계량 : $z_0 = \dfrac{\widehat{p_1} - \widehat{p_2}}{\sqrt{\hat{p}(1-\hat{p})\left(\dfrac{1}{n_1} + \dfrac{1}{n_2}\right)}} = \dfrac{0.10 - 0.06}{\sqrt{(0.078)(0.922)\left(\dfrac{1}{120} + \dfrac{1}{150}\right)}}$

$= 1.22$

(3) 기각역 : 유의수준 $\alpha = 0.05$에서 기각치는 $z_{0.05} = 1.96$이므로 $z_0(= 1.22) > 1.96$이 성립되지 않으므로 귀무가설을 기각할 수 없다. 즉, 두 원료로 만들어지는 제품의 불량률 p_1, p_2간에는 차이가 있다고 할 수 없다.

5.3.3 모결점수의 검정과 추정

앞에서는 계수치 중에서 불량품의 개수와 같이 데이터가 이항분포에 따르는 경우에 모비율의 분석방법에 대하여 설명하였다. 계수치에는 이 밖에도 일정시간 내에 관측되는 사절수, 텔레비전 한 대당 납땜불량의 수, 철강제품 일정 면적당 흠의 수 등과 같이 포아송분포에 따른다고 생각되는 것도 많다. 그 대표적인 것으로는 일정 면적당 발견되는 결점수라고 볼 수 있는데, 이 절에서는 이와 같은 경우의 해석방법에 대하여 알아보자.

(1) 모결점수의 추정

표본 중에 나타나는 결점수를 X라 하고, 그 모평균(모결점수)을 m이라고 하면, X는 보통 모평균 m의 포아송분포에 따르고, 그 기대값과 분산

$$E(X) = m\ ,\ V(X) = m$$

이다. $E(X)$의 점추정량은 $\hat{m} = X$, $V(X)$의 점추정량은 $\hat{m} = X$가 된다.

(2) 모결점수의 검정

모결점수 m의 가설검정은 $m \geq 5$인 경우에는 정규분포에 근사한다.

H_0 : $m = m_0$ ($m_0 \geq 5$인 경우) 의 조건하의 검정통계량

$$Z_0 = \frac{X - m_0}{\sqrt{m_0}} \tag{5·27}$$

은 근사적으로 표준정규분포 $N(0, 1)$에 따른다.

예제 5-11

어떤 섬유공장에서는 생산공정에서 사절수가 10,000m당 평균 13.5회였다. 사절의 원인을 조사하였더니 보빈 쪽의 실의 장력이 너무 크다는 것을 알고, 기계의 일부를 개량하여 운전하였더니 10,000m당 7회의 사절이 있었다. 만약 사절수가 감소되었다면 다른 기계도 개량하고 싶다. 개량한 기계에 의한 사절수는 감소되었다고 볼 수 있는지 유의수준 $\alpha = 0.05$에서 검정하여라.

▶▶▷ 풀이

(1) 가설설정 : $\begin{cases} H_0 : m = 13.5 \\ H_1 : m < 13.5 \end{cases}$

(2) 검정통계량 : $z_0 = \dfrac{x - m_0}{\sqrt{m_0}} = \dfrac{7 - 13.5}{\sqrt{13.5}} = -1.77$

(3) 기각역 : 유의수준 $\alpha = 0.05$에서 기각치는 $-z_{0.05} = -1.64$이므로

$$z_0 (= -1.77) \leq -1.64$$

가 성립되므로 귀무가설을 기각할 수 없다.

즉, 10,000m당 사절수가 감소되었다고 할 수 있다.

5.3.4 적합도의 검정

측정 자료가 특정한 분포를 따르는지 검정하는 방법을 적합도 검정이라고 한다. 즉, 관측된 결과가 이론적인 기대값과 일치하는지를 검정하는 것이다.

크기가 n 인 표본을 k개의 범주로 분류할 때 범주의 관측도수를 $n_1, n_2, \cdots, n_k$ 라 하자. 각 범주의 대응되는 모집단의 비율을 $p_1, p_2, \cdots, p_k$라 할 때 귀무가설은

$$H_0 : p_1 = p_{10}, p_2 = p_{20}, \cdots, p_k = p_{k0}$$

이고, 귀무가설에서 p_{i0}의 값들이 정해지면 각 급의 도수의 기대값은

$$E(n_i) = np_{i0}, \quad i = 1,2,\cdots,k$$

이 된다. 귀무가설 H_0 하에서는 검정통계량

$$\chi_0^2 = \sum_{i=1}^{k} \frac{(n_i - np_{i0})^2}{np_{i0}} = \sum \frac{(O-E)^2}{E} \tag{5·28}$$

은 근사적으로 자유도 $k-1$인 χ^2분포를 따른다. 여기서 O는 관측도수이고, E는 기대도수이다.

1. 귀무가설 : $H_0 : p_1 = p_{10}, p_2 = p_{20}, \cdots, p_k = p_{k0}$
2. 검정통계량 : $\chi_0{}^2 = \sum_{i=1}^{k} \frac{(n_i - np_{i0})^2}{np_{i0}} = \sum \frac{(O-E)^2}{E}$
3. 판정 : $\chi_0{}^2 \geq \chi^2(k-1 : \alpha)$이면 H_0을 기각한다.

예제 5-12

1급품, 2급품, 3급품의 생산비율 p_1, p_2, p_3가 종전에 각각 0.6, 0.2, 0.2였다. 공정개량 후 이 생산비율이 달라졌는가를 알아보기 위하여 공정개량 후에 만들어진 제품 중에서 200개를 랜덤하게 취하여 분류하여 보니 1, 2, 3 급품이 각각 150개, 40개, 10개였다. 공정개량 후의 생산비율이 종전과 같은가를 $\alpha = 0.05$에서 검정하여라.

▶▶▷미니탭 이용

1. 워크시트에 데이터(측정도수와 가정확률)를 입력
2. **계산 메뉴**를 이용, 공식을 대입하여 **기대도수**와 **검정통계량** 값을 구한다.
3. 계산 메뉴의 **확률분포(카이-제곱)**를 이용하여 누적확률 값을 구한다.
4. 계산 메뉴의 계산기를 이용하여 **P-value**값을 구한다.

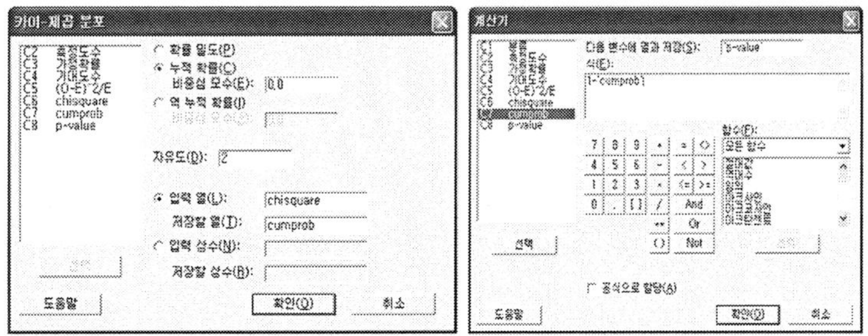

5. 결과창

Minitab - 제목 없음 - [워크시트 1 ***]

	C1-T	C2	C3	C4	C5	C6	C7	C8
	분류	측정도수	가정확률	기대도수	(O-E)^2/E	chisquare	cumprob	p-value
1	1급품	150	0.6	120	7.5	30	1.00000	0.0000003
2	2급품	40	0.2	40	0.0			
3	3급품	10	0.2	40	22.5			

현재 워크시트: 워크시트 1

(1) 가설설정 : $\begin{cases} H_0 : p_1 = 0.6,\ p_2 = p_3 = 0.2 \\ H_1 : \text{not } H_0 \end{cases}$

(2) 검정통계량 : $n = 200$이므로 다음과 같이 기대도수를 계산

제품의 분류	1급품	2급품	3급품	합 계
측정도수(n_i)	150	40	10	200
가정된 확률(p_{i0})	0.6	0.2	0.2	1
기대도수(np_{i0})	120	40	40	200
$\dfrac{(n_i - np_{io})^2}{np_{io}}$	7.5	0	22.5	30.0

따라서 검정통계량 값은

$$\chi_0^2 = \sum \frac{(n_i - np_{i0})^2}{np_{i0}} = 30.0$$

이다.

(3) 기각역 : 유의수준 $\alpha = 0.05$에서 기각치는 $\chi^2(2;0.05) = 5.99$이므로 $\chi_0^2(=30.0) \geq 5.99$가 성립되어 귀무가설을 기각한다.

즉, 공정개량 후의 생산비율이 종전과는 달라졌다고 할 수 있다.

5.3.5 독립성의 검정

2개의 요인으로 분할하여 얻어진 표를 분할표라고 한다.

두 속성을 A, B라 하고, 속성 A가 r개로 나누어져 있고 속성 B가 c개로 나뉘어 있을 때, 크기 n인 표본을 취하여 이를 속성에 따라 분류한 후 $r \times c$ 분할표 [표 5.5]와 같이 나누어서 기록하자.

표 5.5 3×3 분할표

등급 \ 기계	기계 1	기계 2	기계 3	합계
1급품	78	65	68	211
2급품	22	8	30	60
3급품	20	2	7	29
합계	120	75	105	300

모집단을 두 가지 속성으로 분류하여 미지의 모집단확률

$p_{ij} = p(A_i B_j)$: A_i와 B_j에 동시에 속하는 확률

$p_{i0} = p(A_i)$: A_i에 속하는 확률

$p_{0j} = p(B_j)$: B_j에 속하는 확률

두 가지 속성이 서로 독립이라면 모든 i, j 에 대하여

$$p(A_i,\ B_j) = p(A_i)p(B_j) \Rightarrow p_{ij} = p_{i0}p_{0j}$$

가 성립된다.

일반적으로 독립성 검정의 귀무가설은 H_0 : $p_{ij} = p_{i0}p_{0j}$ 이고 귀무가설하에 A_i, B_j의 추정된 기대도수는

$$E_{ij} = n\hat{p}_{ij} = \frac{n_{i0}n_{0j}}{n}$$

으로 계산된다. 검정통계량

$$\chi_0^2 = \sum_i^r \sum_j^c \frac{(O_{ij} - E_{ij})^2}{E_{ij}} \quad (5\cdot29)$$

은 n 이 충분히 클 때, 자유도가 $(r-1)(c-1)$인 χ^2분포를 따른다.

1. 귀무가설 : $H_0 : p_{ij} = p_{i0}p_{0j} \qquad i=1,1,\cdots,r \;\; j=1,2,\cdots,c$
2. 검정통계량 : $\chi_0^{\,2} = \sum_i^r \sum_j^c \frac{(O_{ij}-E_{ij})^2}{E_{ij}}$
3. 판정 : $\chi_0^{\,2} \geq \chi^2((r-1)(c-1);\alpha)$이면 H_0을 기각한다.

예제 5-13

다음 표의 표본 데이터로부터 기계에 따라서 등급품의 비율에 차이가 없는지 있는지를 $\alpha=0.05$에서 검정하여라.

기계 / 등급	기계1	기계2	기계3	합계
1급품	78	65	68	211
2급품	22	8	30	60
3급품	20	2	7	29
합 계	120	75	105	300

▶▶▷미니탭 이용

1. 워크시트의 C1, C2, C3열에 데이터를 입력

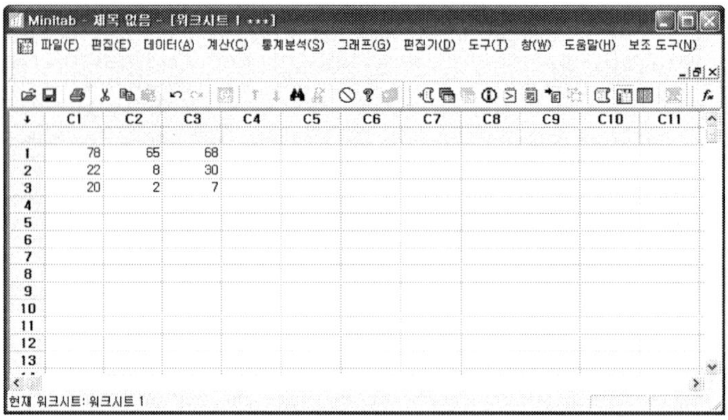

↓	C1	C2	C3
1	78	65	68
2	22	8	30
3	20	2	7

2. **통계분석 > 표 > 카이-제곱검정(워크시트의 이원 표)** 선택

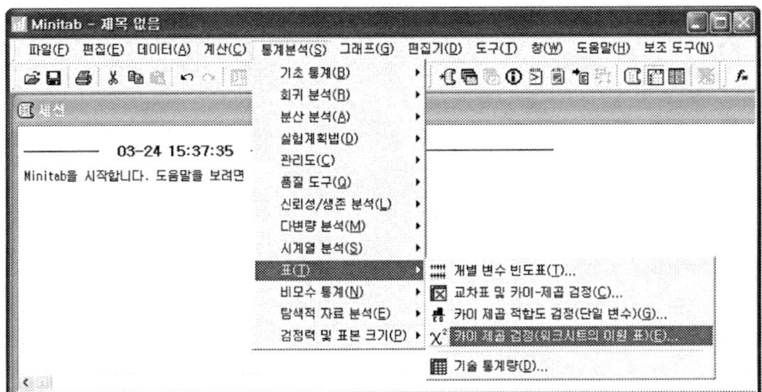

3. 내화상자에서 **표를 포함하는 열**에 C1, C2, C3를 선택 후 확인

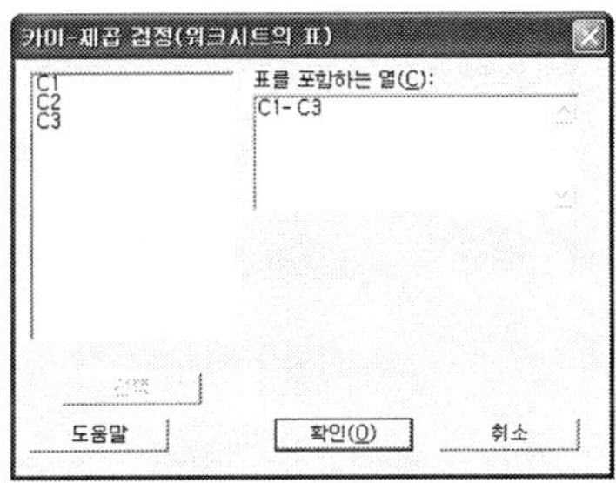

4. 결과창

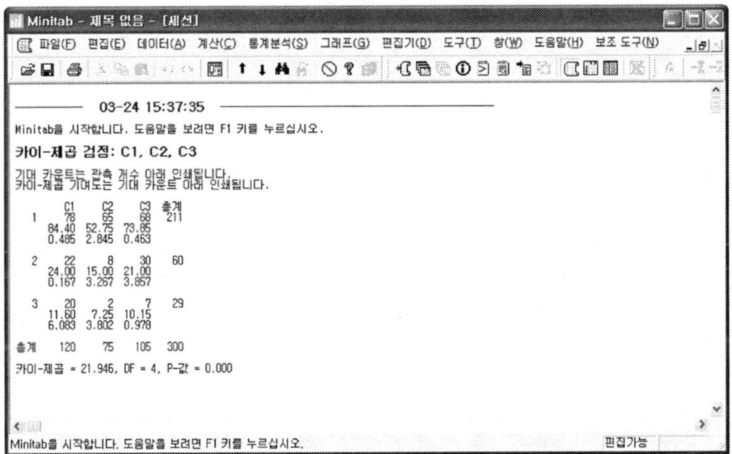

(1) 가설설정 : $\begin{cases} H_0 : p_{ij} = p_{i0}p_{0j}\ (i=1,2,3\ \ j=1,2,3) \\ H_1 : p_{ij} \neq p_{i0}p_{0j} \end{cases}$

(p_{ij}는 제품이 i 번째 등급과 j 번째 기계에 속하는 모집단의 비율, p_{i0}, p_{0j}는 각각 i 번째 등급, j 번째 기계에 속하는 비율.)

(2) 검정통계량

등급 \ 기계	기계1	기계2	기계3	합 계
1급품	78 (84.4)	65 (52.75)	68 (73.85)	211
2급품	22 (24)	8 (15)	30 (21)	60
3급품	20 (11.6)	2 (7.25)	7 (10.15)	29
합 계	120	75	105	300

▶ 기대도수의 계산방법의 예

$$E_{11} = \frac{n_{10}n_{01}}{n} = \frac{(211)(120)}{300} = 84.4$$

$$E_{12} = \frac{n_{10}n_{02}}{n} = \frac{(211)(75)}{300} = 52.75$$

검정통계량 χ_0^2의 값은

$$\chi_0^2 = \sum_{i=1}^{3}\sum_{j=1}^{3}\frac{(n_{ij}-E_{ij})^2}{E_{ij}}$$

$$= \frac{(78-84.4)^2}{84.4} + \frac{(65-52.75)^2}{52.75} + \cdots + \frac{(7-10.15)^2}{10.15} = 21.95$$

이고 자유도는 $(r-1)(c-1) = (3-1)(3-1) = 4$ 이다.

(3) 기각역 : 유의수준 $\alpha = 0.05$에서 기각치는 $\chi_0^2(4;0.05) = 9.49$이므로

$\chi_0^2\ (=21.95)\ > 9.49$

이 성립되어 귀무가설이 기각된다.

즉, 기계에 따라서 등급품의 비율에 차이가 있다고 볼 수 있다.

5.3.6 동일성의 검정

앞 장에서는 두 속성 A, B 간의 독립성 여부를 검정하였다. 여기서는 $A_1, A_2, \cdots, A_r$ 을 각각 부분모집단으로 보고 각각으로부터 미리 정하여진 표본의 크기만큼의 데이터를 추출한다고 하자. 다음 [표 5.6]은 부분 모집단의 비율을 나타낸 것이다.

표 5.6 p_{ij} 표

속성 / 부분모집단	B_1	B_2	…	B_c	합계
A_1	p_{11}	p_{12}	…	p_{1c}	1
A_2	p_{21}	p_{22}	…	p_{2c}	1
⋮	⋮	⋮		⋮	⋮
A_r	p_{r1}	p_{r2}	⋮	p_{rc}	1

[표 5.6]에서

$$P(A_i) = 1,\ i = 1,2,\cdots,r$$

이다.

여기서 검정하고자 하는 것은, 각 속성 B_j에 속하는 비율이 모든 부분모집단에 대하여 동일하다고 보아도 좋은가 하는 것이다. 이 동일성에 관한 검정의 귀무가설은

$$H_0 : p_{ij} = p_{2j} = \cdots = p_{rj} = p_j \qquad j = 1,2,\cdots,c$$

귀무가설 하에서 기대도수

$$E_{ij} = n\hat{p}_{ij} = \frac{n_{i0}n_{0j}}{n}$$

이고 검정통계량은

$$\chi_0^2 = \sum_{i}^{r}\sum_{j}^{c}\frac{(O_{ij}-E_{ij})^2}{E_{ij}}$$

은 자유도가 $(r-1)(c-1)$인 χ^2분포를 따른다.

1. 귀무가설 : $H_0 : p_{ij} = p_{2j} = \cdots = p_{rj} = p_j \quad j=1, 2, \cdots, c$
2. 검정통계량 : $\chi_0^2 = \sum_{i}^{r}\sum_{j}^{c}\frac{(O_{ij}-E_{ij})^2}{E_{ij}}$
3. 판정 : $\chi_0^2 \geq \chi^2((r-1)(c-1);\alpha)$이면 H_0을 기각한다.

예제 5-14

Auburn 유리공장에서 A_1, A_2, A_3, A_4의 4종의 방법으로 각각 100개씩의 꽃병을 만들어, 이것을 외관검사에 의하여 양품, 불량품으로 나누었더니 다음 표와 같이 데이터를 얻었다. 제조방법에 따라 모불량률이 다르다고 할 수 있는가를 $\alpha=0.05$에서 검정하여라.

기계 / 부차모집단	양 품	불량품	합 계
A_1 법	90	10	100
A_2 법	86	14	100
A_3 법	96	4	100
A_4 법	88	12	100
합 계	360	40	400

▶▶▷미니탭 이용

1. 워크시트의 C1, C2열에 데이터를 입력

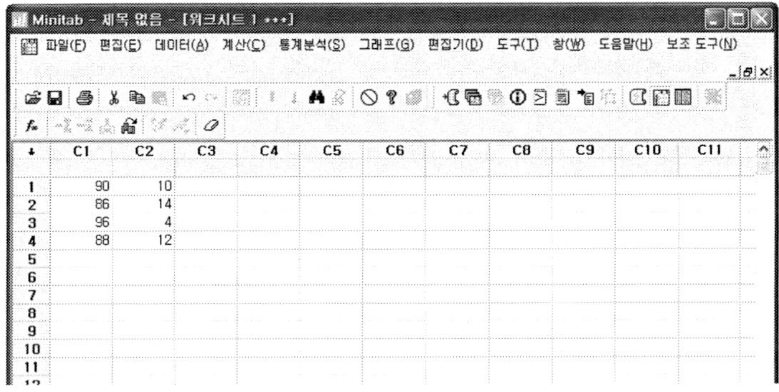

2. **통계분석 > 표 > 카이-제곱검정(워크시트의 표)** 선택

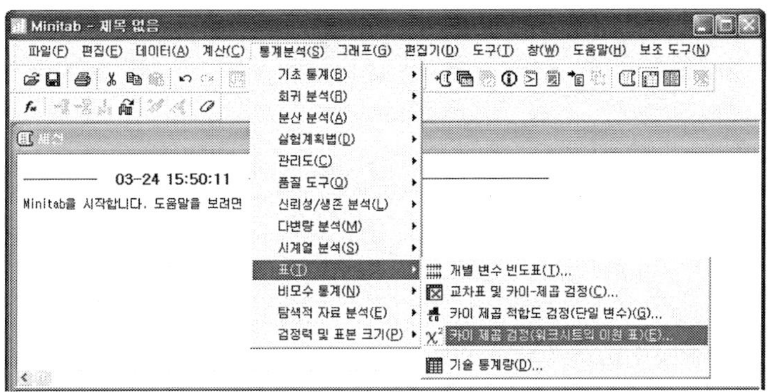

3. 대화상자에서 **표를 포함하는 열**에 **C1, C2**를 선택 후 확인

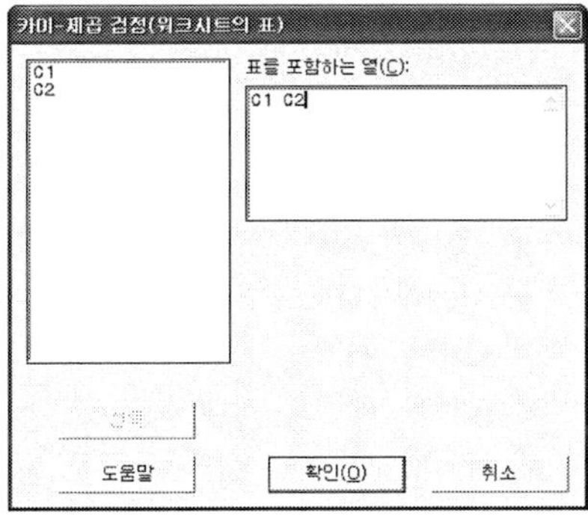

4. 결과창

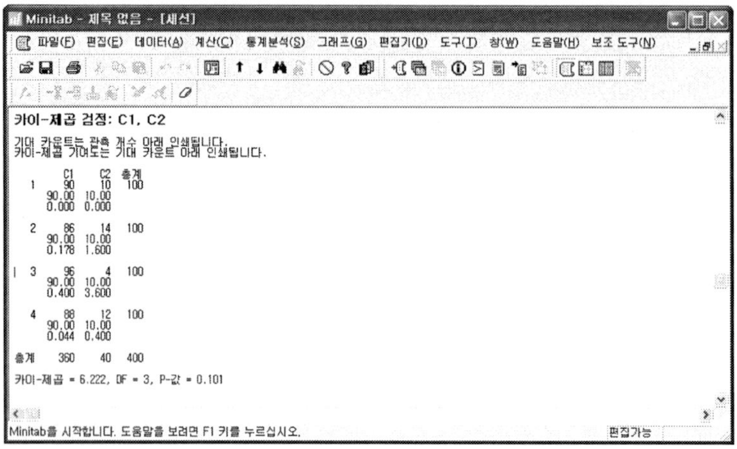

```
Minitab - 제목 없음 - [세션]
파일(F) 편집(E) 데이터(A) 계산(C) 통계분석(S) 그래프(G) 편집기(D) 도구(T) 창(W) 도움말(H) 보조 도구(N)

카이-제곱 검정: C1, C2

기대 카운트는 관측 개수 아래 인쇄됩니다.
카이-제곱 기여도는 기대 카운트 아래 인쇄됩니다.

        C1     C2  총계
  1     90     10   100
     90.00  10.00
     0.000  0.000

  2     86     14   100
     90.00  10.00
     0.178  1.600

  3     96      4   100
     90.00  10.00
     0.400  3.600

  4     88     12   100
     90.00  10.00
     0.044  0.400

총계   360     40   400

카이-제곱 = 6.222, DF = 3, P-값 = 0.101

Minitab을 시작합니다. 도움말을 보려면 F1 키를 누르십시오.   편집가능
```

(1) 가설설정 : A_i 법을 사용하였을 때 j번째 등급($j=1$은 양품, $j=2$는 불량품)이 될 확률을 p_{ij} 로 나타내기로 하면

$$H_0 : p_{1j} = p_{2j} = p_{3j} = p_{4j} = p_j \ (j=1,2)$$

$$H_1 : \text{not } H_0$$

가 된다.(단, $p_1 + p_2 = 1$이고, p_i 는 H_0하에서 양품이 될 확률, p_2는 불량률)

귀무가설하에서 동일확률의 추정값은

$$\widehat{p_{11}} = \widehat{p_{21}} = \widehat{p_{31}} = \widehat{p_{41}} = \frac{n_{01}}{n} = \frac{360}{400} = 0.9$$
$$\widehat{p_{12}} = \widehat{p_{22}} = \widehat{p_{32}} = \widehat{p_{42}} = \frac{n_{02}}{n} = \frac{40}{400} = 0.1$$

이다. 따라서 귀무가설 하에 얻어진 기대도수의 추정값은

$$n_{10} = n_{20} = n_{30} = n_{40} = 100$$

이므로

$$E_{11} = E_{21} = E_{31} = E_{41} = (100)(0.9) = 90$$

$$E_{12} = E_{22} = E_{32} = E_{42} = (100)(0.1) = 10$$

이 된다.

(2) 검정통계량 :

$$\chi_0^2 = \sum_{i=1}^{4}\sum_{j=1}^{2}\frac{(n_{ij}-E_{ij})^2}{E_{ij}}$$

$$= \frac{1}{90}((90-90)^2+(86-90)^2+(96-90)^2+(88-90)^2)$$

$$+\frac{1}{10}((10-10)^2+(14-10)^2+(4-10)^2+(12-10)^2)$$

$$= 0.622+5.600$$

$$= 6.222$$

이고 자유도는 $(r-1)(c-1)=(4-1)(2-1)=3$ 이다.

(3) 기각역 : 유의수준 $\alpha=0.05$에서 기각치는 $\chi_0^2(3;0.05)=7.81$이므로

$$\chi_0^2\ (=6.22)\ >\ 7.81$$

이 성립되지 않으므로 귀무가설을 기각할 수 없다.

즉, 제조방법에 따라 불량률이 다르다고 할 수 없다.

참고문헌

5·1 박성현, 박영현 : 통계적 품질관리(제3판), 민영사, 2008.
5·2 이레테크 미니탭사업부, 새한미디어주식회사 : MiniTAB 실무 완성, 이래테크, 2001.
5·3 김평구, 김희철, 이동준 : MiniTAB을 이용한 통계적품질관리, 교우사, 1997.

연습문제

5.1 어떤 약품공정에서 불순물 함량은 정규분포에 따른다고 생각되고 그 표준편차는 $\sigma = 0.55\%$로 알려져 있다. 지금 그 공정으로부터 시료를 16개를 샘플링하여 불순물 함량을 분석하였더니 그 평균치가 1.78%였다. 이 공정의 불순물 함량의 모평균 95%의 신뢰율로 구간추정하라.

5.2 고속도로의 부분적 보수에 쓰이는 새로운 시멘트 혼합물이 굳을 때까지의 평균시간을 표본으로부터 추정하고자 한다. 과거의 유사한 시멘트 혼합물의 사용경험으로 미루어 볼 때, 측정 시간의 표준편차는 약 5분이라고 예상된다. 95%의 확신을 가지고 이 평균시간의 추정오차가 1분 이내가 되도록 표본의 크기를 구하라. 단, 이 시멘트 혼합물이 굳는 시간은 정규분포에 근사한다고 가정하라.

5.3 모집단의 크기가 $N = 5{,}000$인 로트에서 제품을 표본 추출하여 이 로트 제품의 평균 강도(단위 : kg/cm^2)를 신뢰구간으로 추정하고자 한다. 과거의 데이터에 의하면 동종 제품들의 강도의 표준편차는 $\sigma = 100$ 정도였고, 이 강도들은 정규분포에 가깝다고 한다. 90%의 확신을 가지고 추정오차가 20 이내라고 말하려면 표본의 크기가 얼마이어야 하는가?

5.4 어떤 원료에서 만들어지는 제품의 순도(단위: %)를 구간추정하고 싶다. 표본(크기 $n = 8$)을 조사하니 다음과 같다.

순도데이터 : 74.9, 75.5, 72.5, 73.4, 78.2, 77.8, 75.4, 76.8

순도의 모평균에 대한 95% 신뢰구간을 구하라. 제품의 순도들은 정규분포에 따른다고 가정한다.

5.5 하천의 오염도 조사를 위해 하천 밑바닥에서 각각 1,000cm^3의 침전물을 25번 표본으로 채취하여 포함된 납의 밀도를 조사하였다. 평균값과 표준편차는 각각 0.38, 0.06으로 나타났다. 이로부터 1,000cm^3의 침전물당 납의 평균밀도 μ에 대하여

(1) 99% 신뢰구간을 구하라.

(2) 가설검정 $H_0 : \mu = 0.35$, $H_1 : \mu \neq 0.35$를 1% 유의수준으로 가설검정하라.

(3) 위의 (1)의 결과와 (2)의 결과가 어떻게 관련지어지는가를 조사하여라.

5.6 25마리의 젖소를 키우는 목장에서 두 종류의 사료가 우유의 생산량에 미치는 영향의 차이를 조사하고자 하여 임의로 선택된 12마리에게는 한 종류의 사료를 주고, 나머지에게는 다른 종류의 사료를 주어 3주일간 조사한 결과 다음과 같은 결과를 얻었다. 우유 생산량은 정규분포에 따른다고 가정한다.

사료1	44	44	56	46	47	38	58	53	49	35	46	30	41
사료2	35	47	55	29	40	39	32	41	42	57	51	39	

(1) 모분산 σ_1^2과 σ_2^2이 같은가를 가설검정하라($\alpha = 0.05$)

(2) 위의 (1)의 결과에 따라 사료에 따른 우유 생산량 $\mu_1 - \mu_2$의 95% 신뢰구간을 구하라.

(3) 이 자료로부터 사료2를 사용하는 경우, 사료1보다 우유 생산량이 적다고 말할 수 있는가? 이를 유의수준 5%로 검정하라.

5.7 어떤 화학제품 안에 들어 X성분의 양을 두 가지 측정방법에 의해서 측정한 데이터는 다음과 같다.

방법1	7.55	7.74	7.69	7.71	7.73	7.81	7.53	7.94
방법2	7.92	7.77	7.75	7.78	8.13	7.99	7.83	8.00

어느 것이나 정규분포에 따르고 모 표준편차는 $\sigma = 0.2\%$이다.

(1) 두 모집단의 평균의 차 $\mu_1 - \mu_2$의 95% 신뢰구간을 구하라.

(2) $H_0 \; : \mu_1 = \mu_2$, $H_1 \; : \mu_1 \neq \mu_2$ 의 가설검정을 실시하라(α=0.05)

5.8 어떤 유기합성반응에서 반응온도를 70℃와 80℃로 하여 1일 각 1회씩 전체적으로 10일간에 걸쳐 합성을 시킨 후, 비중을 측정하였다. 비중은 정규분포에 따른다고 가정한다.

실험일 번호	1	2	3	4	5	6	7	8	9	10
70℃	0.83	0.88	0.87	0.83	0.79	0.83	0.83	0.78	0.90	0.85
80℃	0.80	0.85	0.83	0.80	0.76	0.81	0.78	0.76	0.85	0.82

(1) 두 조건의 비중의 차의 99% 신뢰구간을 구하라.

(2) 70℃의 비중의 모 평균을 μ_1, 80℃의 비중의 모평균을 μ_2라고 할 때,

$H_0 \; : \mu_1 = \mu_2$, $H_1 \; : \mu_1 > \mu_2$ 의 가설검정을 $\alpha = 0.01$에서 실시하라.

5.9 화장품의 제조회사에서 화장품의 특수한 향로 두 종류 A, B에 대한 소비자의 기호가 다른지 조사하고자 한다. 500명의 소비자를 대상으로 설문조사한 결과 310명은 A를, 190명은 B를 좋아하였다.

(1) 향료 A를 좋아하는 소비자의 모비율에 대한 95% 신뢰구간을 구하라.

(2) 이 자료에 의하면 두 향료 A, B에 대한소비자의 기호의 차이가 있다고 할 수 있는가? 유의수준 $\alpha = 0.05$로 검정하여라.

5.10 어떤 감광지 제조공장에서 농도가 다른 용액 A, B 속에서의 변색정도를 보기 위해서 감광지의 시험지를 연속 투입하여 실험한 결과 다음의 데이터를 얻었다. 용액의 농도 A, B에 따라 불량매수의 출현비율 p_A, p_B에 차가 있다고 할 수 있는지 알고 싶다.

농도	양호품매수	불량품매수	합계
A	928	72	1000
B	772	28	800
합계	1,700	100	1,800

(1) $p_A - p_B$에 90%신뢰구간을 구하라.

(2) $H_0 \ : p_A = p_B$, $H_1 \ : p_A \neq p_B$ 을 유의수준 $\alpha = 0.10$에서 검정하라.

5.11 종래의 한 로트의 평균 결점수가 $m = 13$이었다. 작업방법을 개선한 후에 하나의 로트를 뽑아서 결점수를 세어보니 8이었다. 모결점수가 줄어들었다고 볼 수 있느냐?

5.12 어떤 공장의 1년간 사고건수를 요일별로 정리했더니 다음과 같았다. 요일에 따라 사고 발생건수에 차가 있다고 말할 수 있는가를 $\alpha = 0.05$에서 검정하라.

일	월	화	수	목	금	토	합계
10	15	7	7	12	6	16	73

5.13 어떤 공장에서 기계가 고장나는 수를 매일 기록하고 있다. 과거 180일간의 기계 고장수리를 표로 나타내 보니 다음과 같다.

기계고장수	0	1	2	3	4	5	6	합계
일수	82	42	31	12	8	3	2	180

(1) 기계 고장수의 같은 확률변수는 어떤 확률분포를 따르는 경우가 많은가?

(2) 위의 (1)에서 가정된 확률분포를 위의 데이터가 따르고 있는가에 대한 가설검정을 $\alpha = 0.10$으로 실시하라.

5.14 어떤 식료품 회사가 새로운 통조림 두 종류를 개발하여 어느 통조림을 더 좋아하는가의 기호가 지역적으로 차이가 없는지를 보기 위하여 다음의 질문서 결과를 얻었다.

지역	통조림A	통조림B	질문서 응답자
전라도	65	58	123
경상도	52	86	138
서울	43	41	84
충청도	48	58	106

지역에 따라서 통조림 A와 B를 좋아하는 비율이 다르다고 볼 수 있는가?

5.15 기계가 5대 있을 때, 각 기계로부터 제품 250개씩을 랜덤하게 뽑아 각각 양호품과 불량품으로 선별했더니 다음의 데이터를 얻었다. 기계에 따라 모불량률이 다르다고 할 수 있는가? $\alpha = 0.05$를 사용하시오

	기계1	기계2	기계3	기계4	기계5	합계
양품	241	230	227	244	232	1,174
불량품	9	20	23	6	18	76
합계	250	250	250	250	250	1,250

제6장

샘플링 검사

6.1 샘플링과 오차

6.2 샘플링 방법

6.3 검사특성곡선

6.4 계수규준형 샘플링 검사

6.5 계량형 샘플링 검사

6.1 샘플링과 오차

통계적 품질관리는 근본적으로 데이터를 매개체로 한 관리활동이다. 이 데이터는 관심의 대상이 되는 알지 못하는 모집단을 규명하기 위하여 모집단으로부터 얻어진 시료의 측정으로부터 얻어진다. 모집단으로부터 시료를 채취하는 것을 샘플링(sampling)이라고 하고, 샘플링의 여러 가지 방법들을 **샘플링법(sampling method)**이라고 한다. 샘플링의 목적은 분야에 따라 다양하나, 여기서는 제조공장에서 자재나 제품을 대상으로 하는 샘플링을 위주로 기술한다. 샘플링을 할 때에는 먼저 그 용도나 목적을 명백히 하여야만 합리적으로 로트의 구성, 샘플링법의 선택 및 측정방법의 선택 등이 이루어 질 수 있다.

6.1.1 샘플링검사의 개요

한국산업규격의 샘플링 검사 통칙(KS A ISO 2859-0)에 의하면 검사(inspection)란「일정 품질 또는 서비스에 대한 하나 이상의 특성에 대해서 측정, 검정, 게이지 사용 등의 시험을 하여 각 특성이 규정 요구사항에 적합한가를 판정하는 활동으로 정의되어 있다. 검사는 로트의 합격여부를 결정지어 주는 것 이외에 향후에 품질관리를 철저히 하도록 경고를 주는 의미를 갖고 있다. 따라서 검사는 품질관리활동에서 매우 중요한 역할을 담당하고 있다. 검사는 유형에 따라 수입검사, 공정검사, 최종검사, 출하검사 등으로 구분된다.

수입검사(구입검사)에서는 외부로부터 입고되는 재료, 원료, 부분품 또는 반제품을 받아들이는 경우에 행하는 검사로 다음 공정에 지장이 없는가를 판단하여 주는 검사다. 공정검사에서는 만들어진 제품이 잇따른 뒷공정에 적합한지의 여부를 판정하며, 최종검사에서는 완성된 제품에 대하여 행하는 검사로 완제품검사라고도 하고, 출하검사에서는 재고 중에 어떤 변화가 없었는가, 포장상태는 양호한지 여부 등의 판단하기 위한 것이다.

검사는 **전수검사**(100% inspection)와 **샘플링 검사**(sampling inspection)로 나누어서 생각할 수 있다. 전수검사는 제품을 하나하나 모두 검사하는 것으로, 만일 검사가 완벽하게 이루어진다면, 검사한 제품의 품질은 완전히 보증될 수 있다. 검사는 이러한 의미에서는 전수 검사를 하는 것이 바람직하겠다. 그러나 제품의 특성이나 검사의 성질에 따라서 제품의 일부만을 샘플링하여 검사하는 샘플링 검사가 더 중요한 경우도 많다.

일반적으로 전수검사는 다음과 같은 경우에 하는 것이 바람직하다.

① 검사가 비파괴검사인 경우
② 검사항목이 적은 경우로 검사량이 많지 않아서 꼼꼼히 검사할 수 있는 경우
③ 검사비용이 적게 드는 경우

전수검사를 한다고 해서 부적합품을 완전히 제거할 수 있다고 생각하는 것은 잘못된 생각이다. 검사 항목이 늘고 검사의 수가 많은 경우에는 시간과 비용이 많이 들고 또한 착오를 일으킬 확률이 더 많아진다. 따라서 샘플링검사로써 목적을 달성할 수 있으면 구태여 전수검사를 할 필요는 없다.

샘플링 검사는 전수검사가 바람직하지 못할 때 사용된다. 즉, 파괴검사이거나, 검사량이 너무 많거나, 검사비용이 많이 들 때 사용된다. 샘플링 검사가 갖는 몇 가지 특성은 다음과 같다. 특성을 정확히 이해한 후 샘플링 검사를 수행하는 것이 바람직하다.

① 전수검사보다 검사개수가 적어도 되므로 검사비용이 적게 들고 검사를 꼼꼼히 행할 수 있다.
② 로트 중에 검사되지 않는 제품이 있으므로 부적합품이 그대로 포함되

어 있는 것을 인정하여야 한다.

③ 나쁜 로트를 좋은 로트로, 좋은 로트를 나쁜 로트로 잘못 판정되는 경우를 피할 수 없다.

④ 수입 검사에서는 불합격 로트를 공급자에게 그대로 전환시킴으로써, 공급자에게 품질관리를 철저히 하지 않으면 안 되겠다는 자극을 준다.

샘플링검사는 시료를 채취하여 모집단의 특성을 판단하는 것이므로, 먼저 시료를 채취하는 방법을 정하기 전에, 시료로서 취해지는 최소단위인 **샘플링 단위**(sampling unit)를 명확히 하여야 한다. 모집단이 **단위체**(discrete materials)들로 구성되는 경우는 각 단위체(타이어 1개 등)가 샘플링 단위가 된다. 그런데 전선, 철판 등의 **연속체**(continuous materials)인 경우에는 어느 정도의 길이를 1단위로 하는가가 문제이며, 액체나 가스인 경우에는 어느 정도 크기의 용기로 시료를 채취할 것인가 등이 문제가 된다.

6.1.2 오차 (Error)

통계적 품질관리에서 사용되는 모든 종류의 데이터에는 거의 모든 경우에 여러 가지 오차가 따르게 된다. 계측기가 잘못되었거나 측정 작업의 관리가 철저하지 못하여 믿을 수 없는 데이터를 얻었다면 통계적 품질관리 활동 자체의 가치가 떨어질 것이다. 따라서 데이터를 사용할 때에 거기에 수반되는 오차의 성질이나 크기 등에 관한 정보 없이 그대로 사용한다는 것은 바람직하지 않으며, 특히 통계적 품질관리에서는 산포를 줄이고 오차를 작게 하는 것이 중요한 일이므로 오차에 대하여 샘플링을 하기 전에 심도 있게 고려해야 한다.

통계적 품질관리에서 관심이 있는 오차는 **측정오차**(observation error)와 **샘플링 오차**(sampling error)이다. 측정오차는 측정계기의 부정확, 측정자의 측정기술 부족 등에서 야기되는 오차이고, 샘플링오차는 시료를 랜덤하게 샘플링하지 못함으로써 발생되는 오차이다. 본 절에서는 이들 오차에 대하여 검토하여 보기로 한다.

먼저 오차의 개념을 다루어보자. 오차는 모집단의 참값과 그것을 추정하기 위하여 얻어지는 측정 데이터와의 차로 정의할 수 있다. 통계적 품질관리의 사고를 도입하여 오차의 성질을 분석할 때에는 신뢰성, 정밀도, 정확성이라는 3개의 개념으로 나누어 생각할 수 있다.

① **신뢰성**(reliability) : 데이터를 신뢰할 수 있는가의 문제로, 분석방법에 잘못이 있지 않았는지, 계기에 잘못이 있지 않았는가 하는 등의 문제이다. 이것은 주로 계기 및 측정작업의 관리를 철저하게 함으로써 데이터의 신뢰성을 얻을 수 있다.

② **정밀도**(precision) : 어떤 일정한 측정법으로 동일 시료를 무한히 측정한다면 그 데이터는 반드시 어떤 산포를 하게 된다. 이 산포의 크기를 정밀도라 한다. 산포가 작으면 정밀도가 좋다고 말한다. 그러므로 산포의 측도로서 사용되는 분산, 표준편차, 범위 등은 모두 정밀도를 나타내는 방법들이다.

③ **정확성**(accuracy) : 어떤 일정한 측정법으로 동일 시료를 무한히 측정할 때에 얻어지는 데이터 분포의 평균치와 모집단의 참값과의 차를 정확성 또는 치우침(bias)이라고 말한다. 그 차가 작으면 정확성이 좋고, 치우침이 작은 것이다.

위에서 설명된 신뢰성, 정밀도, 정확성 등을 얻으려면 계측기의 관리, 측정 및 샘플링 기술 등을 향상시킴으로써 달성할 수 있을 것이다. 만일 오차가 존재한다고 생각되는 경우에, 어떠한 순서로 오차를 검토하여 나가면서 오차를 줄여가야 할 것인가를 다루어 보자.

① 첫 번째로 신뢰성을 검토하여야 한다.

신뢰성을 얻기 위해서는 샘플링을 작업표준에서 제시한 대로 하도록 관리하여야 한다. 실험방법, 샘플링방법, 측정방법 등이 확립되어야만 오차분포가 안정되게 된다. 만약 측정치 분포의 평균값, 표준편차 등이 날에 따라 변하고, 측정자에 따라 달라진다면 분포의 안정성이 전혀 없게 되며, 정밀도나 정확성을 논하는 것은 의미가 없는 일이다.

② 두 번째로 정밀도를 검토하여야 한다.

데이터가 신뢰성이 있다고 믿어지면 다음으로 분포의 모양, 즉 정밀도(산포)를 구해보아야 한다. 실제로는 데이터를 무한히 많이 취할 수는 없으므로 모집단의 평균값과 표준편차를 알 수는 없으나 이를 시료의 데이터로부터 $\bar{x}$, $\sqrt{V}$ 등으로 추정하게 된다. 먼저 산포의 크기를 알아야만 정확도를 검정할 수 있으므로, 정확도에 앞서서 먼저 정밀도를 검토하여야 한다.

③ 세 번째로 정확도를 검토하여야 한다.

산포의 크기를 파악 한 후에는 $\bar{x}$ 와 μ 간에 유의한 차가 있는가를 통계적으로 검정하여 정확도(치우침)를 검토할 수 있게 된다. 치우침은 시료를 랜덤하게 샘플링하지 못함으로써 생기는 경우가 가장 흔하며 이를 샘플링오차라고 부른다.

6.1.3 샘플링오차와 측정오차의 관계

공정에서 시료를 취하여 모평균 μ 를 추정하는 경우에 현실적으로 하나의 데이터 x 는 다음과 같은 구조를 갖고 있다.

$$x = \mu + s + m \qquad (6\cdot1)$$

여기서 s 는 공정의 샘플링단위간의 산포로서 샘플링 오차이고, m 은 측정할 때 발생되는 측정오차이다.

시료가 랜덤하게 취하여지고 측정조작 및 공정이 관리상태 하에 있으면 μ 는 일정하고, s 와 m 은 서로 독립적인 확률변수라고 볼 수 있으므로, 데이터 x 의 기대값과 분산은 $E(s)=0$, $V(s)=\sigma_s^2$, $E(m)=0$, $V(m)=\sigma_m^2$ 이라고 가정할 때에

$$E(x)=\mu$$
$$V(x)=\sigma_s^2+\sigma_m^2 \qquad (6\cdot2)$$

이 된다. 즉, 데이터의 산포는 샘플링단위 자체의 산포와 측정오차가 서로 교락되어 있는 것이다. 만약 공정이 관리상태 하에 있지 않으면 μ 도 일정하지 않고 변하므로 데이터의 산포는

$$V(x)=\sigma_p^2+\sigma_s^2+\sigma_m^2 \qquad (6\cdot3)$$

이 된다. 여기서 σ_p^2 는 공정의 산포이다.

식 (6·2)와 (6·3)에서 보는 바와 같이 데이터 x 의 산포는 2개 또는 3개의 다른 산포의 결합으로 되어 있으므로, 데이터의 산포를 줄이고 싶을 때에는 각각의 산포를 분리시켜 그 크기를 평가한 후, 산포가 가장 큰 것부터 대책을 세워 나가는 것이 필요하다.

6.2 샘플링 방법

모집단에서 시료를 취할 때에는 시료가 모집단을 잘 대표할 수 있도록 가능한 한 랜덤하게 하여야 한다. 랜덤하게 샘플링하는 랜덤 샘플링방법으로 많이

사용되는 것으로는 다음과 같은 것들이 있다.

① 단순 랜덤 샘플링(simple random sampling)
② 2단계 샘플링(two-stage sampling)
③ 층별 샘플링(stratified sampling)
④ 집락 샘플링(cluster sampling)
⑤ 계통 샘플링(systematic sampling)

6.2.1 단순 랜덤 샘플링(Simple Random Sampling)

단순 랜덤 샘플링이란 모집단의 모든 샘플링 단위가 동일한 확률로써 시료에 뽑힐 가능성이 있는 샘플링 방법이다. 따라서 N개의 샘플링 단위가 있는 유한 모집단에서 크기 n의 시료를 뽑을 때 $\binom{N}{n}$개의 모든 가능한 경우가 같은 확률로써 나타날 수 있는 확률추출을 단순 랜덤 샘플링이라고 한다.

크기 N의 유한모집단의 특성치를 $x_1,\ x_2,\ \cdots,\ x_n$이라고 하면 모집단의 평균 μ와 분산 σ^2은

$$\mu = \frac{\sum_{i=1}^{N} x_i}{N}$$

$$\sigma^2 = \frac{\sum_{i=1}^{N} (x_i - \mu)^2}{N}$$

으로 정의된다. 만약 크기 n의 시료 $x_1,\ x_2,\ \cdots,\ x_n$을 단순 랜덤 샘플링하면 시료의 평균과 분산은

$$\bar{x} = \sum_{i=1}^{n} x_i / n$$

$$V = \sum_{i=1}^{n} (x_i - \bar{x})^2 / (n-1) \tag{6·4}$$

이 되며, 이것은 각각 μ와 σ^2의 불편추정량이다.

크기가 N인 유한모집단에서 n개의 시료를 랜덤하게 취할 때 시료의 기대치와 분산은 다음과 같다.

$$E(\bar{x}) = \mu$$

$$V(\bar{x}) = \frac{N-n}{N-1} \cdot \frac{\sigma^2}{n} \tag{6·5}$$

여기서 $\frac{N-n}{N-1}$을 유한모집단의 **유한수정계수**(finite population correction factor)라고 흔히 부른다. 만약 N이 충분히 크면 $N \fallingdotseq N-1$이므로 식 (6·5)는

$$V(\bar{x}) \fallingdotseq \frac{\sigma^2}{n}\left(1 - \frac{n}{N}\right) \tag{6·6}$$

으로 쓸 수 있고, 또한 n/N이 충분히 작거나 모집단이 대단히 크다면

$$V(\bar{x}) \fallingdotseq \frac{\sigma^2}{n} \tag{6·7}$$

으로 된다.

6.2.2 2단계 샘플링 (Two-Stage Sampling)

실제 현장에서의 샘플링 문제에 있어서는 제품의 수송, 저장, 판매 등의 편리를 위하여 몇 개의 양으로 나누어 포장하든가 화차에 적재하는 경우가 많다.

따라서 모집단 전체에서 단순 랜덤 샘플링 한다는 것은 번잡하거나 비경제적인 경우가 매우 흔하다. 이러한 상황에 대처하기 위하여 보다 실용적이고 경제적인 샘플링방법이 고안되어 있다. 여러 단계로 나누어서 샘플링하는 다단계(multi-stage sampling)이 있다. 다단계 샘플링 중에서 일반적으로 가장 많이 사용되는 2단계 샘플링을 여기서 다루어 보자.

예를 들어 상자 당 부품이 50개씩 들어 있는 20상자가 한 로트로 구성되어 있다고 하자. 여기에서 100개의 부품을 랜덤하게 뽑는 다음과 같은 다양한 샘플링 방법을 생각하여 보자.

① 전체 1,000개로부터 랜덤하게 100개의 부품을 샘플링한다.
② 우선 상자를 5개 랜덤하게 취하고, 그 취하여진 각 상자로부터 랜덤하게 20개씩 샘플링한다.
③ 20개 상자에 대하여 각 상자로부터 5개씩 샘플링한다.
④ 전체의 상자 중에서 2상자를 랜덤하게 샘플링하여 각 상자의 부품을 전부 조사한다.

위에서 ①은 단순 랜덤 샘플링이라 하고, ②의 방법은 2단계 샘플링이라고 부른다. 그리고 ③과 ④의 방법은 뒤에서 각각 다루게 될 층별샘플링과 집락샘플링이라고 한다.

전체 크기 N의 로트가 각각 N_i 개씩의 제품이 포함되는 M상자(이를 부-로트(sub lot)라고 부른다)로 나누어져 있을 때, M상자 중에서 랜덤하게 m (단, $m<M$) 상자를 취하고 각 상자로부터 n_i (단, $n_i<N_i$)개의 제품을 랜덤하게 샘플링하는 경우에 이를 **2단계 샘플링**(two-stage sampling)이라고 부른다. 여기에서 상자를 전부 취하게 되면(즉, $m=M$) 이것은 층별 샘플링이라고 하고, 일부의 상자를 취하여 그 상자를 전부 조사하는 경우(즉, $n_i=N_i$)에는 이는 집락 샘플링이라고 한다.

그림 6.1 2단계 샘플링

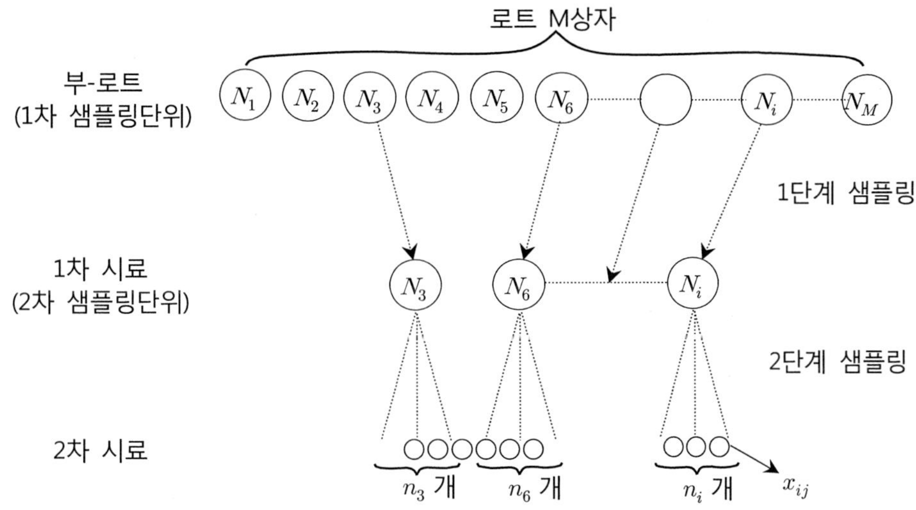

[그림 6.1]에서 각 부-로트(sub-lot)를 **1차 샘플링단위**(primary sampling unit), 각 부-로트 내의 제품의 샘플링단위를 **2차 샘플링단위**(secondary sampling unit)라고 한다. 1단계에서 시료로 얻어진 제품을 1차 시료(또는 1차 샘플), 2단계에서 얻어진 제품을 2차 시료(또는 2차 샘플)라 한다. 이 때 로트의 크기와 시료의 크기는 각각

$$N = \sum_{i=1}^{M} N_i \,, \quad n = \sum_{i=1}^{m} n_i$$

이다. 일반적으로 공산품 생산에서는 N_i, n_i 들이 각각 일정한 경우를 많이 다루게 되므로 여기에서는 모든 i 에 대하여

$$N_i = \overline{N}$$

$$n_i = \overline{n}$$

로 일정하게 놓고 설명해 나가기로 한다.

크기 N의 로트가 각 $\overline{N}$ 개씩의 M 부-로트(sub lot)로 나누어 놓여져 있을 때

μ : 로트의 모평균

μ_i : i 번째 부-로트의 모평균

σ^2 : 로트의 모분산

σ_i^2 : i 번째 부-로트내의 분산

x_{ij} : i 번째 부분로트내의 j 번째 제품의 특성치

라고 하면

$$
\begin{aligned}
\mu &= \frac{1}{N}\sum_{i=1}^{M}\sum_{j=1}^{\overline{N}} x_{ij} \\
\mu_i &= \frac{1}{\overline{N}}\sum_{j=1}^{\overline{N}} x_{ij} \\
\sigma^2 &= \frac{1}{N}\sum_i\sum_j (x_{ij}-\mu)^2 \\
&= \frac{1}{N}\sum_i\sum_j [(x_{ij}-\mu_i)+(\mu_i-\mu)]^2 \\
&= \frac{1}{N}\sum_i\sum_j (x_{ij}-\mu_i)^2 + \frac{1}{M}\sum_i(\mu_i-\mu)^2 \\
&= \sigma_w^2+\sigma_b^2 \qquad (6\cdot8)
\end{aligned}
$$

이 된다. 여기서 σ_w^2 은 **부-로트 내**(within sub lot)의 분산이고, σ_b^2 은 **부-로트 간**(between sub lot)의 분산이다. 여기서 σ_w^2 은 층내분산, 그리고 σ_b^2 를 층간분산이라고 부르기로 한다.

로트로부터 m 개의 1차 샘플링 단위를 뽑고, 그것으로부터 각 $\overline{n}$ 개씩의 2차 샘플링 단위를 뽑아, i 번째의 1차 샘플링 단위에서 얻은 j 번째 2차 샘플링 단위의 데이터를 x_{ij} 라 하면 모평균 μ 의 불편추정치는

$$\bar{\bar{x}} = \frac{1}{m\bar{n}} \sum_{i=1}^{m} \sum_{j=1}^{\bar{n}} x_{ij} \tag{6·9}$$

가 된다. $\bar{\bar{x}}$ 의 분산을 생각하여 보자. 데이터의 구조식은 다음과 같이 표현할 수 있다.

$$\begin{aligned} x_{ij} &= \mu_i + e_{ij} \\ &= \mu + a_i + e_{ij} \qquad i = 1, 2, ..., m \qquad j = 1, 2, ..., \bar{n} \end{aligned} \tag{6·10}$$

여기서 a_i 는 $\mu_i - \mu$ 로서 부-로트의 모평균과 로트의 모평균의 차이고, e_{ij} 는 로트 내의 단위간의 산포를 나타내는 변량으로 $N(0, \sigma_w^2)$ 이 성립된다고 가정하고 있다.

무한모집단으로 취급할 수 있는 경우$\left(\frac{\bar{n}}{\bar{N}} \le 0.1\text{이고 } \frac{m}{M} \le 0.1\text{인 경우}\right)$에는 $\bar{\bar{x}}$ 의 분산은 다음과 같다.

$$V(\bar{\bar{x}}) = \sigma_b^2/m + \sigma_w^2/m\bar{n} \tag{6·11}$$

즉, $\bar{\bar{x}}$ 는 μ 를 중심으로 산포하며 그 분산은 $\sigma_b^2/m + \sigma_w^2/m\bar{n}$ 임을 알 수 있다. 그러나 시료의 크기에 비하여 모집단이 충분히 크지 않을 때($\frac{\bar{n}}{\bar{N}} \le 0.1$, $\frac{m}{M} \le 0.1$ 이 성립되지 않는 경우)는 유한수정계수를 붙여주어야 하며 다음과 같다.

$$\begin{aligned} V(\bar{\bar{x}}) &= \frac{M-m}{M-1} \cdot \frac{\sigma_b^2}{m} + \frac{\bar{N}-\bar{n}}{\bar{N}-1} \cdot \frac{\sigma_w^2}{m\bar{n}} \\ &\fallingdotseq \left(1 - \frac{m}{M}\right) \cdot \frac{\sigma_b^2}{m} + \left(1 - \frac{\bar{n}}{\bar{N}}\right) \cdot \frac{\sigma_w^2}{m\bar{n}} \end{aligned} \tag{6·12}$$

(단, $M \gg 1$, $N \gg 1$ 일 때)

윗 식이 2단계 샘플링의 정밀도라고 말할 수 있다. 참고로 2단계 샘플링이 아니고 층별 샘플링인 경우에는 $M = m$ 이며, 집락샘플링인 경우에는 $\bar{N} = \bar{n}$ 가 됨을 유의하여야 한다.

예제 6-1

같은 부품이 50개씩 들어 있는 100개의 상자가 있다. 부품들의 평균무게 μ 를 알고 싶다. 상자간의 무게의 산포를 $\sigma_b = 0.8\text{kg}$ 이라 하고, 상자 내의 부품간의 산포를 $\sigma_w = 0.5\text{kg}$ 이라고 하자. 이 때 5상자를 랜덤하게 뽑고, 그 가운데서 4개의 부품을 랜덤하게 샘플링하여 모두 20개의 부품이 샘플링되었다. 각각의 부품의 무게를 측정할 때 측정오차를 무시할 수 있다면(즉, $\sigma_M = 0$), $\bar{\bar{x}}$ 의 분산은 얼마인가?

▶▶▷ 풀이

$m/M = 5/100 < 0.1$, $\bar{n}/\bar{N} = 4/50 < 0.1$ 이므로 유한수정계수를 무시하고 무한모집단으로 취급할 수 있다. 따라서 식 (6·11)을 사용하면

$$V(\bar{\bar{x}}) = \sigma_b^2/m + \sigma_w^2/m\bar{n}$$
$$= (0.8)^2/5 + (0.5)^2/(5)(4) = 0.1405(\text{kg})^2$$

을 얻는다.

6.2.3 층별 샘플링(Stratified Sampling)

로트를 몇 개의 층으로 나누어 각 층으로부터 시료를 취하는 것을 **층별샘플링** 이라고 한다. 이 방법은 2단계 샘플링에서 $m = M$ 으로 하는 경우, 즉 1차 단위의 부-로트 M 개를 모두 택하여 그 중에서 2차 단위를 랜덤 샘플링하는 방법이다. 층별 샘플링의 예를 들면 로트가 10상자로 이루어져 있고 각 상자에 동일한 양의 제품들이 들어 있을 때, 이 10상자 전부의 각 상자로부터 일부를 랜덤 샘플링하는 것이 층별 샘플링이다.

이 방법의 장점은 규모가 작은 각 층(부-로트)에서 시료를 취하면 되므로 랜덤 샘플링을 용이하게 할 수 있고, 또한 단순 랜덤 샘플링보다 일반적으로 시

료의 크기가 작아도 같은 정밀도를 얻을 수 있으므로 경제적이다.

크기 N의 로트를 $m=M$층으로 나누었을 때 각 층의 크기가 모두 같은 경우에 대하여 알아보자. 각 층의 크기가 같으므로 $N_i=\overline{N}$이고, 각 층에서의 2차 샘플링 개수가 $n_i=\overline{n}$로서 같은 경우이면 로트의 모평균 μ의 불편추정량은,

$$\overline{\overline{x}}=\sum_{i=1}^{m}\sum_{j=1}^{\overline{n}} x_{ij}/m\overline{n}$$

가 된다. $\overline{\overline{x}}$의 분산은 식 (6·12)에서 $M=m$으로 놓고 얻어진다. 즉,

$$V(\overline{\overline{x}})=\frac{\overline{N}-\overline{n}}{\overline{N}-1}\cdot\frac{\sigma_w^2}{m\overline{n}}$$

$$\fallingdotseq\left(1-\frac{\overline{n}}{\overline{N}}\right)\cdot\frac{\sigma_w^2}{m\overline{n}}(\text{단, } \overline{N}\gg 1 \text{ 일 때}) \qquad (6\cdot13)$$

이 되고, $\overline{n}/\overline{N}\leq 0.1$인 경우에는

$$V(\overline{\overline{x}})\fallingdotseq\sigma_w^2/m\overline{n} \qquad (6\cdot14)$$

으로 쓸 수 있다.

위 식에서 알 수 있듯이, 층별 샘플링에서는 층간분산 σ_b^2이 포함되지 않으므로 층간에 어떤 큰 차가 있는 원료가 들어와도 모평균의 추정 정밀도는 층내의 산포 σ_w^2만으로 결정된다. 그러므로 $V(\overline{\overline{x}})$를 작게 하기 위해서는, 층내가 가능하면 균질하게 층별하고 층간이 불균질하게 되도록 층별하면 추정 정밀도를 좋게 할 수 있다.

6.2.4 집락 샘플링(Cluster Sampling)

모집단을 여러 개의 층(부-로트)으로 나누고, 그 중에서 일부를 랜덤 샘플링한 후, 샘플링된 층에 속해 있는 모든 제품을 측정·조사하는 방법을 **집락 샘플**

링이라고 한다. 이 샘플링법의 이름은 사회조사에서 시작된 것으로, 사회조사에서는 층을 집락(cluster)이라고 부른 데서 기인한 것이다.

예를 들면, 각각 100개씩의 부품이 들어 있는 30상자의 로트가 입고되었을 때, 이 중에서 랜덤하게 3상자 뽑고, 그 상자의 부품의 전부를 조사하는 샘플링방법이다. 집락 샘플링은 2단계 샘플링에 있어서 $n_i = N_i$ 로 되는 경우로, 층별 샘플링 방법과는 정반대의 샘플링 방법이라고 생각할 수 있다.

제조현장에서는 실질적으로 각 집락의 크기 N_i 가 같은 경우가 많으므로 $N_i = \overline{N}$ 인 경우만을 생각하여 보자. 각각 $\overline{N}$ 개 씩 들어있는 M 상자의 로트로부터 m 상자를 랜덤하게 샘플링하고, 뽑은 m 상자의 제품을 모두 측정·조사하기로 하면, 모평균 μ 의 불편추정량은

$$\overline{\overline{x}} = \frac{1}{m\overline{N}} \sum_{i=1}^{m} \sum_{j=1}^{\overline{N}} x_{ij}$$

가 된다. 이 $\overline{\overline{x}}$ 의 분산은 2단계 샘플링의 식 (6·12)에서 $\overline{n} = \overline{N}$ 로 놓으면 얻어진다. 즉,

$$V(\overline{\overline{x}}) = \frac{M-m}{M-1} \cdot \frac{\sigma_b^2}{m}$$

$$\fallingdotseq \left(1 - \frac{m}{M}\right) \frac{\sigma_b^2}{m} \quad (M \gg 1\text{인 경우}) \qquad (6\cdot15)$$

$$\fallingdotseq \frac{\sigma_b^2}{m} \quad (\frac{m}{M} \le 0.1 \text{ 인 경우}) \qquad (6\cdot16)$$

이 된다. 여기서 σ_b^2 은 식 (6·8)에 정의되어 있는 층간분산이다. 이 분산에는 층내분산 σ_w^2 이 포함되어 있지 않다. 따라서 층별 샘플링과는 정 반대로 층내가 되도록 불균일하게 집락을 만들면 그 반대로 σ_b 가 작아져서 μ 의 추정 정밀도가 좋아진다. 이 의미는 표본조사의 경우 집락 내에 모든 요소가 포함되어 있으면(즉, σ_w 가 크고, σ_b 가 작으면) 하나의 집락을 조사하더라도 전체를 알 수

있다는 뜻이 된다.

6.2.5 계통 샘플링(Systematic Sampling)

시료를 시간적으로나 공간적으로 일정한 간격을 두고 취하는 샘플링 방법으로 **계통 샘플링**이라는 것이 있다. 모집단과 시료의 크기를 N과 n이라고 할 때 $k=N/n$이라 하면, 계통 샘플링은 모집단에서 첫번째 샘플링 단위에서 랜덤하게 하나를 뽑고, 다음부터는 그 뽑힌 것으로부터 매 k번째마다 하나씩 뽑아서 시료로 하는 것이다.

예를 들면, 1부터 10,000까지 샘플링 단위가 있는 모집단에서 500개를 계통 샘플링하고 싶으면, $k=10{,}000/500=20$이므로 처음 1부터 20번 사이에서 임의로 하나를 뽑고 그 다음부터는 20씩 더해서 뽑으면 된다. 만일 17번이 처음 택해졌다면 다음엔 37번, 57번, 77번, … 등을 샘플링하면 된다.

일반적으로 모집단이 순서대로 정리되어 있을 때는 계통 샘플링 사용이 매우 편리하다. 또 모집단의 순서에 어떤 경향이나 주기성이 없고 랜덤하게 배열되어 있다면, 단순 랜덤 샘플링에서 얻은 것보다 더 좋은 정밀도를 얻을 수 있다. 그러나 모집단의 순서 가운데 예측 못했던 주기성이 내포되어 있다면 계통 샘플링에 의한 결과는 상당히 편기된(biased) 결과가 될 수도 있음에 유의해야 한다.

6.3 검사특성곡선(Operating Characteristic Curve)

6.3.1 검사특성곡선의 정의

샘플링검사를 설계할 때에는 로트로부터 시료로서 제품을 몇 개 채취할 것인가, 또 로트의 합격, 불합격의 판정기준을 어떻게 정할 것인가 하는 것은 통계적인 이론에 근거하여 결정할 필요가 있으며, 이와 같이 시료의 크기나 판정기준을 정하는 것이 샘플링 검사를 설계하는 것이다.

로트의 크기가 N, 로트의 부적합품률이 p 인 로트로부터 크기 n 의 시료를 채취할 때에 시료 중에 나타나는 부적합품의 수를 x 라고 하면, 이 x 개의 부적합품이 나타날 확률은, **초기하분포**(hypergeometric distribution)의 이론에 의하여 다음과 같이 표시한다.

$$P(x,\ n \mid p,\ N) = \binom{pN}{x}\binom{N-pN}{n-x} \Big/ \binom{N}{n},\ \ x = 0, 1, 2, \cdots, \min(n, pN) \quad (6\cdot17)$$

예를 들어, N=1,000이고 n =30으로 고정시켰을 때, p 와 x 의 여러 가지 경우에 대한 확률은 [표 6.1]와 같다. [표 6.1]의 결과를 이용하여 다음과 같은 샘

표 6.1 부적합품이 나타날 확률(N=1,000, n=30)

x \ p %	5	10	15	20
0	0.210	0.040	0.007	0.001
1	0.342	0.139	0.039	0.009
2	0.263	0.229	0.102	0.032
3	0.123	0.240	0.171	0.077
4	0.044	0.180	0.210	0.132
5	0.011	0.102	0.187	0.174

플링검사 방식을 생각하여 보자. 모집단 크기 N=1,000의 로트로부터 크기 n=30의 시료를 랜덤하게 채취해서 조사하고, 시료 중에 포함되어 있는 부적합품의 수가 3개 이하이면 로트를 합격으로 하고, 4개 이상이면 불합격으로 하는 샘플링 검사 방식을

"N = 1,000인 경우의 (n = 30, c = 3) 샘플링검사 방식"

이라고 부른다. 여기서 c를 **합격판정개수**(acceptance number)라고 하며, 시료 중의 부적합품의 수 x가 $x \le c$이면 합격으로 판정된다.

이 샘플링 검사 방식에서는 $x = 0, 1, 2, 3$ 어느 경우에도 로트는 합격이므로, 로트가 합격하는 확률 $L(p)$는 $x = 0, 1, 2, 3$이 나오는 확률의 합으로 계산되므로 [표 6.2]와 같이 구해진다.

예를 들면, p = 5%인 경우에는

$$L(p) = \sum_{x=0}^{3} P(x, n \mid p, N)$$
$$= 0.210+0.342+0.263+0.123 = 0.938$$

과 같이 계산된다. [표 6.2]로부터 가로축에 로트의 부적합품률 p를 잡고, 세로축에 로트가 합격하는 확률 $L(p)$를 잡아서 [그림 6.2]와 같은 곡선을 얻을 수 있다.

표 6.2 로트가 합격하는 확률(N=1,000, n=30, c=3)

p %	5	10	15	20
$L(p) = \sum_{x=0}^{3} P(x, n \mid p, N)$	0.938	0.648	0.319	0.119

그림 6.2 N=1,000, n=30, c=3인 경우의 OC 곡선

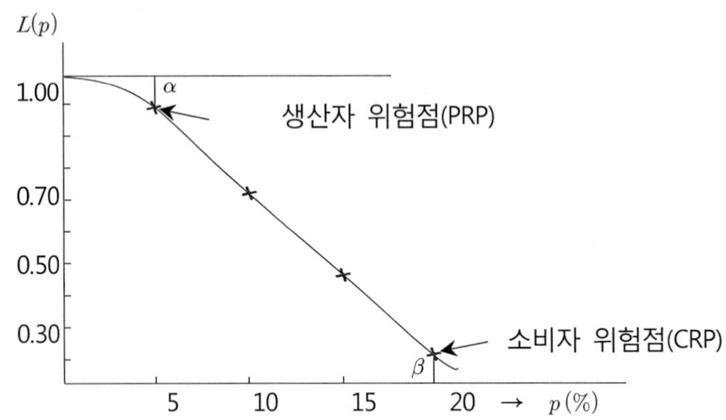

[표 6.2]와 [그림 6.2]을 보면 부적합품률 5%의 로트는 0.062의 확률로 불합격이 되고, 또 부적합품률 20%의 로트라도 0.119의 확률로 합격함을 알 수 있다. 이와 같이 부적합품률이 낮은 로트라도 불합격이 되는 비율이 있고, 부적합품률이 높은 로트라도 합격하는 비율이 있음을 알 수 있다. 전자의 경우에는 생산자가 좋은 로트를 생산하고도 불합격 판정되는 위험을 안고 있으므로 **생산자 위험**(PR : producer's risk, α)이라고 부르고, 생산자 위험에 대응하는 OC 곡선 위의 점을 **생산자 위험점**(PRP: producer's risk point)이라 한다. 그리고 후자의 경우에는 나쁜 로트가 합격되어 소비자가 부적합품을 쓰게 될 위험을 가지고 있으므로 **소비자 위험**(CR : consumer's risk, β)이라고 하고, OC 곡선에서 미리 정해진(보통 낮다) 합격의 확률에 대응하는 점을 **소비자 위험점**(CRP : consumer's risk point)이라고 한다.

[그림 6.2]는 한 눈에 p 의 변화에 따라 로트가 합격되는 확률을 나타낸 곡선으로 이를 **검사특성곡선**(operating characteristic curve)이라고 부르고, 샘플링검사의 α, β 의 값을 비롯한 여러 가지 검사특성을 평가하는데 사용된다. 이 곡선을 간단히 OC 곡선이라고도 부른다.

6.3.2 OC 곡선의 계산

크기 N의 로트로부터 크기 n의 시료를 채취하여, 시료 중의 부적합의 수가 c개 이하이면 로트를 합격으로 하고, $c+1$개 이상이면 불합격으로 하는 샘플링 검사방식에서 로트가 합격되는 확률은 앞 절에서 설명한 것과 같이

$$L(p) = \sum_{x=0}^{c} P(x, n \mid p, N) = \sum_{x=0}^{c} \frac{\binom{pN}{x}\binom{N-pN}{n-x}}{\binom{N}{n}} \tag{6·18}$$

에 의하여 계산되었다. 그러나 이 계산은 N 및 n이 커지면 매우 계산이 복잡하여지므로 다음과 같은 조건이 만족하는 경우 이항분포나 혹은 포아송분포를 사용하여 구하는 것이 바람직하다.

① 이항분포를 사용하여 계산하는 경우

N이 무한대로 커지면 이론적으로 초기하분포는 이항분포가 된다. 실제의 경우에 로트가 합격되는 확률 $L(p)$는 N이 충분히 크고 $\frac{n}{N} \le 0.1$인 경우에는 이항분포를 사용하여 계산하여도 좋다. 이 경우에는

$$L(p) = \sum_{x=0}^{c} \binom{n}{x} p^{x} (1-p)^{n-x} \tag{6·19}$$

와 같이 표현되며, $L(p)$는 n, p, c만의 함수로써 나타난다. $L(p)$의 값은 부록 [표 A-5]의 누적 이항분포표에서 구할 수 있다.

② 포아송분포를 사용하여 계산하는 경우

로트의 크기 N이 시료의 크기 n에 비하여 충분히 크고 $\left(\frac{n}{N} \le 0.1\right)$, 부적

합품률 p가 작은 경우($p \le 0.1$)에는 포아송분포로 근사계산을 해서 $L(p)$의 값을 구해도 좋다. 이항분포에서 $np=m$으로 고정시키고 $p \to 0$으로 수렴시키면 이항분포는 포아송분포가 됨을 밝힌데 근거하는 것이다.

포아송분포에 의한 $L(p)$의 계산식은

$$L(p) = \sum_{x=0}^{c} e^{-np}(np)^x / x! = \sum_{x=0}^{c} e^{-m} m^x / x! \qquad (6\cdot20)$$

이 되며, 부록 [표 A-6]의 누적 포아송 분포표로부터 얻을 수 있다.

6.4 계수규준형 샘플링 검사

6.4.1 계수규준형 1회 샘플링검사

(1) 검사의 개요

계수규준형 1회 샘플링검사(acceptance sampling by attributes : single sampling plans)는 샘플링 검사 중에서 가장 간단한 검사로서 생산자와 소비자의 요구를 동시에 만족시킬 수 있도록 설계된 샘플링 검사이다. 로트의 크기 N 중에서 크기 n의 시료를 검사하여 이 중에서 불합격품 수가 c개 이하이면 그 로트를 합격으로 판정하고 $c+1$개 이상이면 불합격으로 판정하는 검사 방식이다.

이 경우 샘플링 검사를 설계시에 [그림 6.3]에서 보는 바와 같이 로트의 부적합품률이 p_0밖에 안되는 좋은 품질의 로트가 불합격으로 될 확률 α(생산자 위험)와, 부적합품률이 p_1이 되는 나쁜 품질의 로트가 합격으로 될 확률 β(소비자 위험)를 미리 정하여 줌으로써, 생산자측과 소비자측에 요구하는 품질보호를 동시에 만족시키도록 샘플링 검사 방식을 정하여 준다.

그림 6.3 곡선 α, β를 나타내는 OC 곡선

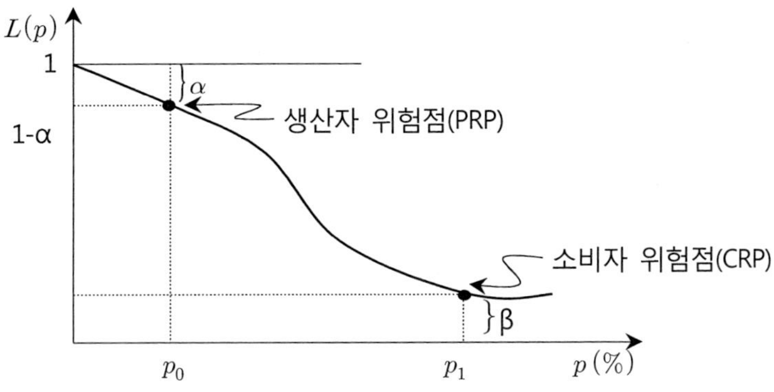

일반적으로 p_0는 **합격품질수준**(AQL : acceptable quality level)과 일치하고, p_1은 **한계품질수준**(LQL : limiting quality level)과 일치하게 정한다. 여기서 **한계품질수준**(LQL)은 종래의 **로트허용 불량률**(lot tolerance percent defective (LTPD))과 동일한 개념이다. 그리고 AQL은 소비자가 만족스럽게 생각하는 부적합률의 범위 중에서 가장 높은 부적합품률을 뜻한다. 자세한 사항은 계수치 검사에 대한 샘플링검사 규격인 KS A ISO 3102:2006을 참조하기 바란다.

AQL은 생산자나 소비자의 입장에서도 만족스러운 품질수준이므로 로트가 합격될 확률이 높다. LQL은 소비자의 입장에서는 허용 안되는 로트의 부적합품률이다. 이 경우 로트의 합격이 될 확률은 낮다.

(2) 검사방법의 설계

이 샘플링 섬사 방법의 설계는 사전에 결정된 생산자 위험과 소비자 위험을 동시에 만족시키는 일이다. 따라서 설계되는 검사방식의 OC 곡선은 생산자와 소비가가 사전에 합의한 생산자 위험점(p_0 , $1-\alpha$)과 소비자 위험점(p_1 , β)을 통과하여야 한다. 수학적으로 OC 곡선 상에 두 개의 점을 지정한다는 것은 하나의 특정한 샘플링검사방식을 결정하는 데 필요한 조건을 제시하는 결과가 된다.

만약 이항분포에 의한 근사계산이 가능하다면 주어진 α, β를 동시에 만족시키는 샘플링검사 방식 (n, c)는 다음 관계식을 만족시켜야 한다.

$$\left.\begin{aligned} \sum_{x=0}^{c}\binom{n}{x}p_0^x(1-p_0)^{n-x} &= 1-\alpha \\ \sum_{x=0}^{c}\binom{n}{x}p_1^x(1-p_1)^{n-x} &= \beta \end{aligned}\right\} \qquad (6\cdot21)$$

식 (6·21)에서 p_0, p_1, α, β는 사전에 결정된 수치이므로, 이 식을 풀어서 (n, c)의 답(solution)을 구할 수 있다.

일반적으로 많이 사용되는 α, β의 값은 α = 0.05, β = 0.10이며, p_0, p_1의 값은 제품의 특성에 따라 큰 차이가 있다. 이와 같이 상호간에 정한 p_0, p_1, α, β에 대하여 (n, c)를 결정하는 것을 계수규준형 1회 샘플링검사를 설계한다고 말한다. 그러나 식 (6·21)을 푸는 것이 어려우므로 [표 6.3]을 이용하여 근사적으로 (n, c)를 정할 수 있다.

예를 들어,

$$\begin{pmatrix} p_0 = 1\% & \alpha = 0.05 \\ p_1 = 10\% & \beta = 0.10 \end{pmatrix}$$

을 만족시키는 샘플링 검사 방식은 다음과 같이 구한다. 먼저 p_0란에서 0.901~1.12(%)의 행과 p_1란에서 9.01~11.2의 열이 만나는 곳에서 (n =40, c =1)을 쉽게 결정할 수 있다. 즉 크기 40개의 시료를 검사하여 이중에서 부적합품의 수가 1개 이하이면 그 로트를 합격으로 판정하고 2개 이상이면 불합격으로 판정하는 검사 방식이다.

(3) 검사의 절차

계수규준형 검사는 다음 순서에 따라 한다.

① 품질기준을 설정한다.

검사단위에 대하여 양호품과 부적합품을 구분하기 위한 기준을 정한다.

② p_0, p_1 의 값을 결정한다.

생산자측과 소비자측이 합의하여 p_0, p_1 의 값을 정한다. 이 때 일반적으로 α =0.05, β =0.10을 기준으로 한다. 이 값들은 생산능력, 경제적 사정, 품질에 대한 요구조건, 검사비용 등을 고려하여 정하여 준다.

③ 로트를 형성한다.

④ 시료의 크기와 합격판정개수 (n, c)를 결정하고, 로트에서 랜덤하게 크기 n 의 시료를 취한다.

⑤ 시료를 조사하여 시료 중에 포함된 부적합품의 수를 c 와 비교하여 로트에 대하여 합격 혹은 불합격 판정을 내린다.

⑥ 로트를 처리한다.

표 6.3 계수규준형 1회 샘플링검사표

작은 글자는 n , 굵은 글자는 c

$\alpha \fallingdotseq 0.05,\ \beta \fallingdotseq 0.10$

p_1 (%) / p_0 (%)	0.71~0.90	0.91~1.12	1.13~1.40	1.41~1.80	1.81~2.24	2.25~2.80	2.81~3.55	3.56~4.50	4.51~5.60	5.61~7.10	7.11~9.00	9.01~11.2	11.3~14.0	14.1~18.0	18.1~22.4	22.5~28.0	28.1~35.5	p_1 (%) / p_0 (%)
0.090~0.112	*	400 1	↓	←	↓	→	60 0	50 0	←	↓	↓	←	↓	↓	↓	↓	↓	0.090~0.112
0.113~0.140	*	↓	300 1	↓	←	↓	→	↑	40 0	←	↓	↓	←	↓	↓	↓	↓	0.113~0.140
0.141~0.180	*	500 2	↓	250 1	↓	←	↓	→	↑	30 0	←	↓	↓	←	↓	↓	↓	0.141~0.180
0.181~0.224	*	*	400 2	↓	200 1	↓	←	↓	→	↑	25 0	←	↓	↓	←	↓	↓	0.181~0.224
0.225~0.280	*	*	500 3	300 2	↓	150 1	↓	←	↓	→	↑	20 0	←	↓	↓	←	↓	0.225~0.280
0.281~0.355	*	*	*	400 3	250 2	↓	120 1	↓	←	↓	→	↑	15 0	←	↓	↓	←	0.281~0.355
0.356~0.450	*	*	*	500 4	300 3	200 2	↓	100 1	↓	←	↓	→	↑	15 0	←	↓	↓	0.356~0.450
0.451~0.560	*	*	*	*	400 4	250 3	150 2	↓	80 1	↓	←	↓	→	↑	10 0	←	↓	0.451~0.560
0.561~0.710	*	*	*	*	500 6	300 4	200 3	120 2	↓	60 1	↓	←	↓	→	↑	7 0	←	0.561~0.710
0.711~0.900	*	*	*	*	*	400 6	250 4	150 3	100 2	↓	50 1	↓	←	↓	→	↑	5 0	0.711~0.900
0.901~1.12		*	*	*	*	*	360 6	200 4	120 3	80 2	↓	40 1	↓	←	↓	→	↑	0.901~1.12
1.13~1.40			*	*	*	*	560 10	250 6	150 4	100 3	60 2	↓	30 1	↓	←	↓	→	1.13~1.40
1.41~1.80				*	*	*	*	400 10	200 6	120 4	80 3	50 2	↓	25 1	↓	←	↓	1.41~1.80
1.81~2.24					*	*	*	*	250 10	150 6	100 4	60 3	40 2	↓	20 1	↓	←	1.81~2.24
2.25~2.80						*	*	*	*	250 10	120 6	70 4	50 3	30 2	↓	15 1	↓	2.25~2.80
2.81~3.55							*	*	*	*	200 10	100 6	60 4	40 3	25 2	↓	10 1	2.81~3.55
3.56~4.50								*	*	*	*	150 10	80 6	50 4	30 3	20 2	↓	3.56~4.50
4.51~5.60									*	*	*	*	120 10	60 6	40 4	25 3	15 2	4.51~5.60
5.61~7.10										*	*	*	*	100 10	50 6	30 4	20 3	5.61~7.10
7.11~9.00											*	*	*	*	70 10	40 6	25 4	7.11~9.00
9.01~11.2												*	*	*	*	60 10	30 6	9.01~11.2
p_0 (%) / p_1 (%)	0.71~0.90	0.91~1.12	1.13~1.40	1.41~1.80	1.81~2.24	2.25~2.80	2.81~3.55	3.56~4.50	4.51~5.60	5.61~7.10	7.11~9.00	9.01~11.2	11.3~14.0	14.1~18.0	18.1~22.4	22.5~28.0	28.1~35.5	p_0 (%) / p_1 (%)

비고 : 화살표는 그 방향의 칸의 n , c 를 사용한다.

*표는 다음의 보조표에 따른다. 빈 칸에 대해서는 샘플링검사방법이 없다.

6.4.2 로트별 합격품질한계(AQL) 지표형 샘플링검사

(1) 검사의 개념

한국산업규격에 의하면, 계수형 샘플링검사에서는 기존의 계수 샘플링검사 대신에 엄격도 조정의 절차 등을 수정한 KS A ISO 2859-1:2010인 "계수치 검사절차 - 로트별 합격품질한계(AQL) **지표형 샘플링검사방식**(sampling procedures for inspection by attributes-sampling plans indexed by acceptable quality level(AQL) for lot-by-lot inspection)"을 사용하기로 하였다. 이 규격은 계수값에 대한 합격 및 불합격 판정 샘플링 검사에 대하여 규정하였다. 이 때 규격에서는 품질 지표로써 합격품질한계(AQL : Acceptable Quality Level)를 사용한다.

이 규격의 목적은 공급자에 대해서는 로트 불합격이라는 경제적이고 심적인 압력을 통하여 프로세스 평균을 적어도 AQL의 규정값과 같은 정도로 유지하도록 유도하고, 동시에 소비자에 대해서는 때때로 발생할 수 있는 품질이 나쁜 로트를 합격시키는 위험의 상한선을 제공하여 소비자를 보호하고자 한다. 지속적인 거래가 유지되는 로트검사에 사용하여 장기적으로 품질을 보증하는 것이 특징이다.

앞에서 다룬 규준형 샘플링검사에서는 시료의 결과로부터 즉시 합격판정이 나므로 검사가 간편하여 좋으나, 불합격된 로트를 생산자에게 반납함으로써 생산자에게로 심적 부담감을 주고 있다. 그러나 이 샘플링검사 방식은 우수한 제품의 생산자에게는 심적 부담감을 적게 주고, 불량제품을 많이 생산하는 생산자에게는 심적인 압박을 가하여 품질개선을 꾀하도록 하는 동시에, 검사량을 조절해 주는 검사방식이다.

이 방식은 생산자들을 용이하게 관리하여 가며 좋은 품질의 제품을 납품받기 위하여, 합격품질한계(AQL)를 미리 정하여 놓고, 생산자 누구에게나 최초에는 **보통검사**(normal inspection)로 시작하지만 계속되는 로트의 검사성적이 AQL보다 나쁜 생산자에게는 **까다로운 검사**(tightened inspection)로 바꾸어 나쁜 품질의 제품이 합격을 막고, 반대로 검사성적이 AQL보다 좋은 생산자에게는 **수월한 검사**(reduced inspection)로 바꾸어서 검사량의 감소를 꾀한다. 이와 같이 생산자의 품질 수준에 따라 검사의 엄격도를 조정하기 때문에 "조정형 샘플링검사"라고도 한다.

(2) 검사절차

보통 검사는 다음의 절차에 따른다.

① 검사 로트의 구성 및 크기를 정한다.

될 수 있는 한 실질적으로 같은 조건하에서 제조된 제품을 모아서 검사 로트를 구성하고 그 크기를 정한다.

② AQL을 설정한다.

합격품질한계(AQL)는 "공정평균치로서 만족스럽다고 생각되는 부적합품률의 상한"으로 구입검사에서 되돌고 합격시키고 싶은 품질수준을 의미한다. 샘플링 검사표를 사용하기 위해서는 부적합품률 검사의 경우에는 0.010부터 10까지의 16단계를 지정한다.

0.010, 0.015, 0.025, 0.040, 0.065, 0.10, 0.15, 0.25,
0.40, 0.65, 1.00, 1.50, 2.50, 4.00, 6.50, 10.00

③ 검사수준을 결정한다.

검사수준은 상대적인 검사량을 결정하는 것으로 일반적 용도에 대해서는 I, II, III 중에서 어느 수준을 택하는가를 결정한다. 특별한 지정이 없는 경우 일반적으로 II를 사용한다. 이외에 S-1, S-2, S-3 및 S-4라는 4개의 특별 검사 수준으로 비교적 작은 샘플 크기를 필요로 하는 경우에 사용된다.

④ 검사의 엄격도를 정한다.

보통검사, 까다로운 검사, 수월한 검사 중에서 적용하는가를 정한다.

⑤ 샘플링 형식을 정한다.

1회, 2회, 다회 샘플링 중에서 어느 것을 사용하는가를 정한다. 어느 것을 사용하는가는 통상 관리상의 곤란함과 사용 가능한 샘플링 방식의 평균 검사 개수와의 비교에 기초하여 결정한다.

⑥ 로트의 크기와 검사수준으로부터 [표 6.4]에서 시료문자를 결정한다.

표 6.4 시료문자표

로트의 크기	특별검사수준				통상검사수준		
	S-1	S-2	S-3	S-4	I	II	III
2~8	A	A	A	A	A	A	B
9~15	A	A	A	A	A	B	C
16~25	A	A	B	B	B	C	D
26~50	A	B	B	C	C	D	E
51~90	B	B	C	C	C	E	F
91~150	B	B	C	D	D	F	G
151~280	B	C	D	E	E	G	H
281~500	B	C	D	E	F	H	J
501~1,200	C	C	E	F	G	J	K
1,201~3,200	C	D	E	G	H	K	L
3,201~10,000	C	D	F	G	J	L	M
10,001~35,000	C	D	F	H	K	M	N
35,001~150,000	D	E	G	J	L	N	P
150,001~500,000	D	E	G	J	M	P	Q
500,001 이상	D	E	H	K	N	Q	R

⑦ 정하여진 시료문자, AQL, 샘플링 형식, 검사의 엄격도로부터 [표 6.5]~[표 6.10] 중의 해당 샘플링 검사표에서 샘플링검사 방식을 읽어 낸다. 검사표는 다회의 것은 생략하고 1회와 2회의 것만을 소개한다. 다회의 검사표가 필요한 독자는 한국산업규격을 참조하시오. 이들 검사표에서 ↓, ↑, A_c, R_e 등은 다음을 뜻한다.

↓ = 화살표 아래쪽의 최초의 샘플링 방식을 사용한다.
시료의 크기가 로트의 크기보다 크면 전수검사한다.

↑ = 화살표 위쪽의 최초의 샘플링 방식을 사용한다.

A_c = 합격 판정개수

R_e = 불합격 판정개수

⑧ 검사로트로부터 ⑦에서 정하여진 시료를 채취한다. 검사로트를 대표할 수 있도록 원칙적으로 층별 비례 샘플링 방법에 의하여 시료를 채취한다.

⑨ 시료를 조사 및 판정한다.
시료를 시험하여 부적합품수 또는 부적합수를 조사한다. 이에 따라 검사로트의 합격, 불합격의 판정을 내리고 로트를 처리한다.

예제 6-2

어떤 제품의 수입검사를 하기 위하여 KS A ISO 2859 계수형 샘플링 검사를 사용하기로 하였다. AQL 1.5%, 로트의 크기 1,500, 검사수준 II에 대한 1회 및 2회 샘플링, 보통 검사, 까다로운 검사, 수월한 검사의 샘플링 방식을 구하라.

▶▶▷ 풀이

먼저 [표 6.4]에서 로트의 크기 N=1,500을 포함하는 행(1,201~3,200)과 일반 검사수준 II의 열이 있는 칸에서 시료문자 K를 읽어낸다. 다음으로 시료문자 K와 AQL = 1.5%를 사용하여 [표 6.5]~[표 6.7]에서 다음과 같이 1회 샘플링 방식을 얻을 수 있다.

검사의 엄격도	시료의 크기(n)	합격 판정개수(A_c)	불합격 판정개수(R_e)
보통 검사	125	5	6
까다로운 검사	125	3	4
수월한 검사	50	2	5

다음 2회 샘플링 검사의 경우는 [표 6.8]~[표 6.10]에서 다음의 결과를 얻는다.

검사의 엄격도	시료구분	시료의 크기(n_1, n_2)	합격 판정개수(A_c)	불합격 판정개수(R_e)
보통 검사	제1시료	80	2	5
	제2시료	80 (누계 160)	6	7
까다로운 검사	제1시료	80	1	4
	제2시료	80 (누계 160)	4	5
수월한 검사	제1시료	32	0	4
	제2시료	32 (누계 64)	3	6

참고로 2회 샘플링 보통검사의 절차를 흐름도(flow chart)로 작성하면 다음과 같다.

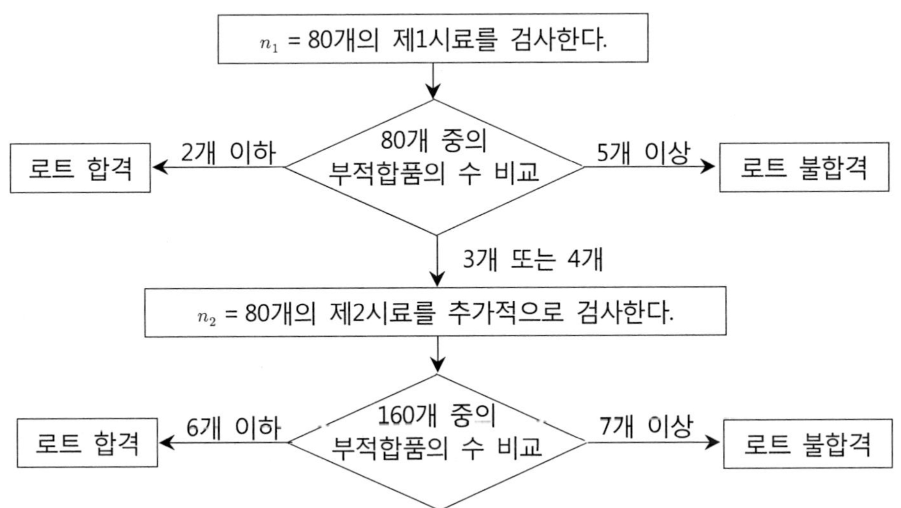

표 6.5 1회 샘플링 검사방식(보통검사)

시료 문자	샘플의 크기	합격품질수준 (AQL) 보통검사																									
		0,010	0,015	0,025	0,040	0,065	0,10	0,15	0,25	0,40	0,65	1,0	1,5	2,5	4,0	6,5	10	15	25	40	65	100	150	250	400	650	1000
		AC Re	AC Re	AC Re	AC Re	AC Re	AC Re	AC Re	AC Re	AC Re	AC Re	AC Re	AC Re	AC Re	AC Re	AC Re	AC Re	AC Re	AC Re	AC Re	AC Re	AC Re	AC Re	AC Re	AC Re	AC Re	AC Re
A	2														↓	0 1		↓	1 2	2 3	3 4	5 6	7 8	10 11	14 15	21 22	30 31
B	3													↓	0 1	↓	↓	1 2	2 3	3 4	5 6	7 8	10 11	14 15	21 22	30 31	44 45
C	5												↓	0 1	↓	↓	1 2	2 3	3 4	5 6	7 8	10 11	14 15	21 22	30 31	44 45	
D	8											↓	0 1	↓	↓	1 2	2 3	3 4	5 6	7 8	10 11	14 15	21 22	30 31	44 45		
E	13										↓	0 1	↓	↓	1 2	2 3	3 4	5 6	7 8	10 11	14 15	21 22	30 31	44 45			
F	20									↓	0 1	↓	↓	1 2	2 3	3 4	5 6	7 8	10 11	14 15	21 22						
G	32								↓	0 1	↓	↓	1 2	2 3	3 4	5 6	7 8	10 11	14 15	21 22							
H	50							↓	0 1	↓	↓	1 2	2 3	3 4	5 6	7 8	10 11	14 15	21 22								
J	80						↓	0 1	↓	↓	1 2	2 3	3 4	5 6	7 8	10 11	14 15	21 22									
K	125					↓	0 1	↓	↓	1 2	2 3	3 4	5 6	7 8	10 11	14 15	21 22										
L	200				↓	0 1	↓	↓	1 2	2 3	3 4	5 6	7 8	10 11	14 15	21 22											
M	315			↓	0 1	↓	↓	1 2	2 3	3 4	5 6	7 8	10 11	14 15	21 22												
N	500		↓	0 1	↓	↓	1 2	2 3	3 4	5 6	7 8	10 11	14 15	21 22													
P	800	↓	0 1	↓	↓	1 2	2 3	3 4	5 6	7 8	10 11	14 15	21 22														
Q	1250	0 1		↓	1 2	2 3	3 4	5 6	7 8	10 11	14 15	21 22															
R	2000	↓	↓	1 2	2 3	3 4	5 6	7 8	10 11	14 15	21 22	↓	↓	↓	↓	↓	↓	↓	↓	↓	↓	↓	↓	↓	↓	↓	↓

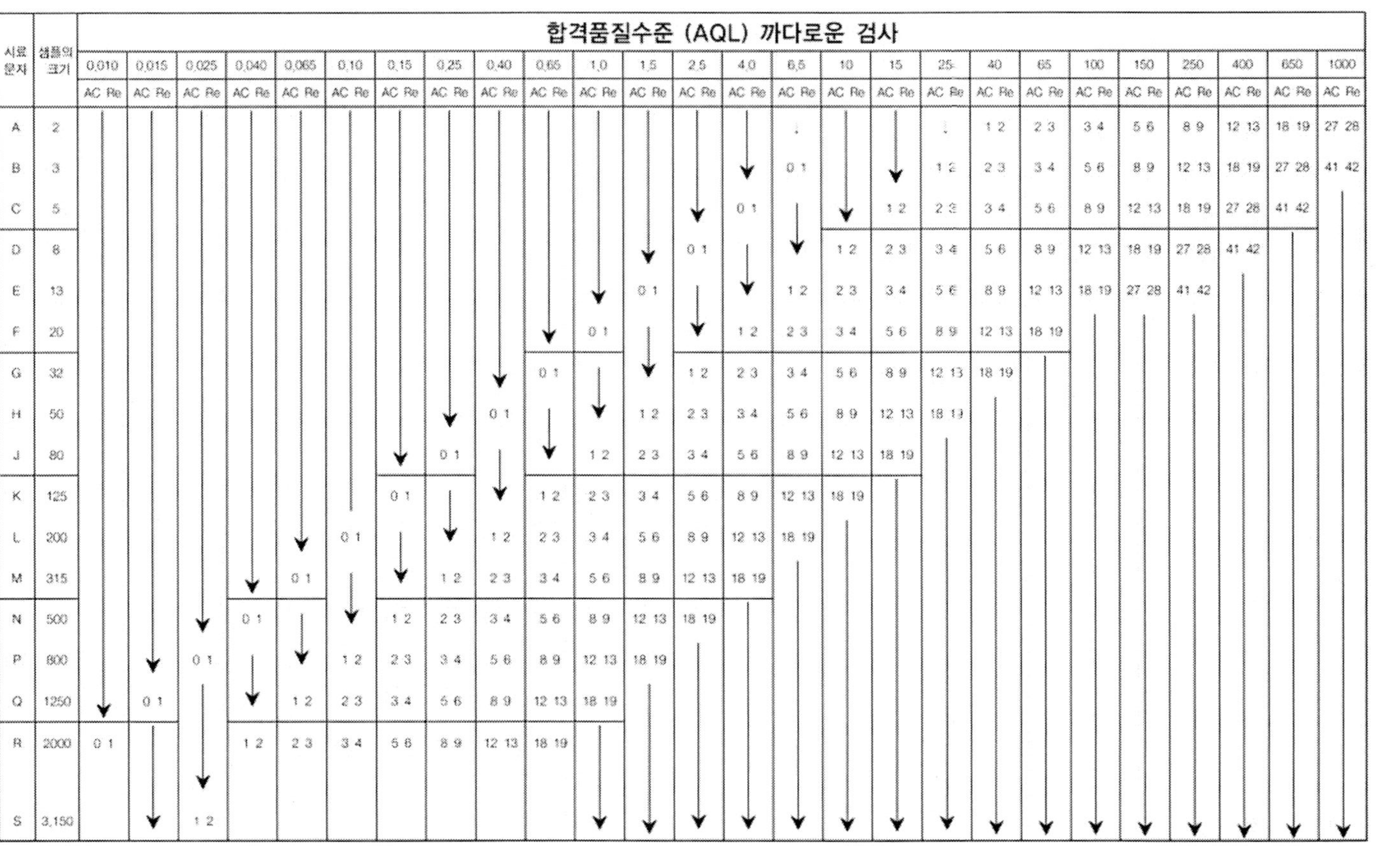

표 6.6 1회 샘플링 검사방식(까다로운 검사)

시료 문자	샘플의 크기	합격품질수준 (AQL) 까다로운 검사																									
		0,010	0,015	0,025	0,040	0,065	0,10	0,15	0,25	0,40	0,65	1,0	1,5	2,5	4,0	6,5	10	15	25	40	65	100	150	250	400	650	1000
		AC Re	AC Re	AC Re	AC Re	AC Re	AC Re	AC Re	AC Re	AC Re	AC Re	AC Re	AC Re	AC Re	AC Re	AC Re	AC Re	AC Re	AC Re	AC Re	AC Re	AC Re	AC Re	AC Re	AC Re	AC Re	AC Re
A	2	↓	↓	↓	↓	↓	↓	↓	↓	↓	↓	↓	↓	↓	↓	↓	↓	↓	↓	1 2	2 3	3 4	5 6	8 9	12 13	18 19	27 28
B	3	↓	↓	↓	↓	↓	↓	↓	↓	↓	↓	↓	↓	↓	↓	0 1	↓	↓	1 2	2 3	3 4	5 6	8 9	12 13	18 19	27 28	41 42
C	5	↓	↓	↓	↓	↓	↓	↓	↓	↓	↓	↓	↓	↓	0 1	↓	↓	1 2	2 3	3 4	5 6	8 9	12 13	18 19	27 28	41 42	↓
D	8	↓	↓	↓	↓	↓	↓	↓	↓	↓	↓	↓	↓	0 1	↓	↓	1 2	2 3	3 4	5 6	8 9	12 13	18 19	27 28	41 42	↓	↓
E	13	↓	↓	↓	↓	↓	↓	↓	↓	↓	↓	↓	0 1	↓	↓	1 2	2 3	3 4	5 6	8 9	12 13	18 19	27 28	41 42	↓	↓	↓
F	20	↓	↓	↓	↓	↓	↓	↓	↓	↓	↓	0 1	↓	↓	1 2	2 3	3 4	5 6	8 9	12 13	18 19	↓	↓	↓	↓	↓	↓
G	32	↓	↓	↓	↓	↓	↓	↓	↓	↓	0 1	↓	↓	1 2	2 3	3 4	5 6	8 9	12 13	18 19	↓	↓	↓	↓	↓	↓	↓
H	50	↓	↓	↓	↓	↓	↓	↓	↓	0 1	↓	↓	1 2	2 3	3 4	5 6	8 9	12 13	18 19	↓	↓	↓	↓	↓	↓	↓	↓
J	80	↓	↓	↓	↓	↓	↓	↓	0 1	↓	↓	1 2	2 3	3 4	5 6	8 9	12 13	18 19	↓	↓	↓	↓	↓	↓	↓	↓	↓
K	125	↓	↓	↓	↓	↓	↓	0 1	↓	↓	1 2	2 3	3 4	5 6	8 9	12 13	18 19	↓	↓	↓	↓	↓	↓	↓	↓	↓	↓
L	200	↓	↓	↓	↓	↓	0 1	↓	↓	1 2	2 3	3 4	5 6	8 9	12 13	18 19	↓	↓	↓	↓	↓	↓	↓	↓	↓	↓	↓
M	315	↓	↓	↓	↓	0 1	↓	↓	1 2	2 3	3 4	5 6	8 9	12 13	18 19	↓	↓	↓	↓	↓	↓	↓	↓	↓	↓	↓	↓
N	500	↓	↓	↓	0 1	↓	↓	1 2	2 3	3 4	5 6	8 9	12 13	18 19	↓	↓	↓	↓	↓	↓	↓	↓	↓	↓	↓	↓	↓
P	800	↓	↓	0 1	↓	↓	1 2	2 3	3 4	5 6	8 9	12 13	18 19	↓	↓	↓	↓	↓	↓	↓	↓	↓	↓	↓	↓	↓	↓
Q	1250	↓	0 1	↓	↓	1 2	2 3	3 4	5 6	8 9	12 13	18 19	↓	↓	↓	↓	↓	↓	↓	↓	↓	↓	↓	↓	↓	↓	↓
R	2000	0 1	↓	↓	1 2	2 3	3 4	5 6	8 9	12 13	18 19	↓	↓	↓	↓	↓	↓	↓	↓	↓	↓	↓	↓	↓	↓	↓	↓
S	3,150		↓	1 2								↓	↓	↓	↓	↓	↓	↓	↓	↓	↓	↓	↓	↓	↓	↓	↓

표 6.7 1회 샘플링 검사방식(수월한 검사)

시료 문자	샘플의 크기	합격품질수준 (AQL) 수월한 검사																									
		0,010	0,015	0,025	0,040	0,065	0,10	0,15	0,25	0,40	0,65	1,0	1,5	2,5	4,0	6,5	10	15	25	40	65	100	150	250	400	650	1000
		AC Re	AC Re	AC Re	AC Re	AC Re	AC Re	AC Re	AC Re	AC Re	AC Re	AC Re	AC Re	AC Re	AC Re	AC Re	AC Re	AC Re	AC Re	AC Re	AC Re	AC Re	AC Re	AC Re	AC Re	AC Re	AC Re
A	2														↓	0 1		↓	1 2	2 3	3 4	5 6	7 8	10 11	14 15	21 22	30 31
B	2													↓	0 1	↓	↓	0 2	1 3	2 4	3 5	5 6	7 8	10 11	14 15	21 22	30 31
C	2												↓	0 1	↓	↓	0 2	1 3	1 4	2 5	3 6	5 8	7 10	10 13	14 17	21 24	
D	3											↓	0 1	↓	↓	0 2	1 3	1 4	2 5	3 6	5 8	7 10	10 13	14 17	21 24		
E	5										↓	0 1	↓	↓	0 2	1 3	1 4	2 5	3 6	5 8	7 10	10 13	14 17	21 24			
F	8									↓	0 1	↓	↓	0 2	1 3	1 4	2 5	3 6	5 8	7 10	10 13						
G	13								↓	0 1	↓	↓	0 2	1 3	1 4	2 5	3 6	5 8	7 10	10 13							
H	20							↓	0 1	↓	↓	0 2	1 3	1 4	2 5	3 6	5 8	7 10	10 13								
J	32						↓	0 1	↓	↓	0 2	1 3	1 4	2 5	3 6	5 8	7 10	10 13									
K	50					↓	0 1	↓	↓	0 2	1 3	1 4	2 5	3 6	5 8	7 10	10 13										
L	80				↓	0 1	↓	↓	0 2	1 3	1 4	2 5	3 6	5 8	7 10	10 13											
M	125			↓	0 1	↓	↓	0 2	1 3	1 4	2 5	3 6	5 8	7 10	10 13												
N	200		↓	0 1	↓	↓	0 2	1 3	1 4	2 5	3 6	5 8	7 10	10 13													
P	315	↓	0 1	↓	↓	0 2	1 3	1 4	2 5	3 6	5 8	7 10	10 13														
Q	500	0 1		↓	0 2	1 3	1 4	2 5	3 6	5 8	7 10	10 13															
R	800	↓	↓	0 2	1 3	1 4	2 5	3 6	5 8	7 10	10 13	↓	↓	↓	↓	↓	↓	↓	↓	↓	↓	↓	↓	↓	↓	↓	↓

(주) 만일 불량개수가 합격판정수보다 많지만 불합격판정수보다 적을 때에는 로트는 합격시키되 보통검사로 되돌아간다.

표 6.8 2회 샘플링 검사방식(보통 검사)

시료문자	샘플	샘플의 크기	샘플의 크기의 누계	합격품질수준 (AQL) 보통 검사																									
				0,010	0,015	0,025	0,040	0,065	0,10	0,15	0,25	0,40	0,65	1,0	1,5	2,5	4,0	6,5	10	15	25	40	65	100	150	250	400	650	1,000
				Ac Re	Ac Re	Ac Re	Ac Re	Ac Re	Ac Re	Ac Re	Ac Re	Ac Re	Ac Re	Ac Re	Ac Re	Ac Re	Ac Re	Ac Re	Ac Re	Ac Re	Ac Re	Ac Re	Ac Re	Ac Re	Ac Re	Ac Re	Ac Re	Ac Re	Ac Re
A				↓	↓	↓	↓	↓	↓	↓	↓	↓	↓	↓	↓	↓	↓	*	↓	↓	*	*	*	*	*	*	*	*	*
B	1번째	2	2	↓	↓	↓	↓	↓	↓	↓	↓	↓	↓	↓	↓	↓	*	↓	↓	0 2	0 3	1 4	2 5	3 7	5 9	7 11	11 16	17 22	25 31
	2번째	2	4																	1 2	3 4	4 5	6 7	8 9	12 13	18 19	26 27	37 38	56 57
C	1번째	3	3	↓	↓	↓	↓	↓	↓	↓	↓	↓	↓	↓	↓	*	↓	↓	0 2	0 3	1 4	2 5	3 7	5 9	7 11	11 16	17 22	25 31	↓
	2번째	3	6																1 2	3 4	4 5	6 7	8 9	12 13	18 19	26 27	37 38	56 57	
D	1번째	5	5	↓	↓	↓	↓	↓	↓	↓	↓	↓	↓	↓	*	↓	↓	0 2	0 3	1 4	2 5	3 7	5 9	7 11	11 16	17 22	25 31	↓	↓
	2번째	5	10															1 2	3 4	4 5	6 7	8 9	12 13	18 19	26 27	37 38	56 57		
E	1번째	8	8	↓	↓	↓	↓	↓	↓	↓	↓	↓	↓	*	↓	↓	0 2	0 3	1 4	2 5	3 7	5 9	7 11	11 16	17 22	25 31	↓	↓	↓
	2번째	8	16														1 2	3 4	4 5	6 7	8 9	12 13	18 19	26 27	37 38	56 57			
F	1번째	13	13	↓	↓	↓	↓	↓	↓	↓	↓	↓	*	↓	↓	0 2	0 3	1 4	2 5	3 7	5 9	7 11	11 16	↓	↓	↓	↓	↓	↓
	2번째	13	26													1 2	3 4	4 5	6 7	8 9	12 13	18 19	26 27						
G	1번째	20	20	↓	↓	↓	↓	↓	↓	↓	↓	*	↓	↓	0 2	0 3	1 4	2 5	3 7	5 9	7 11	11 16	↓	↓	↓	↓	↓	↓	↓
	2번째	20	40												1 2	3 4	4 5	6 7	8 9	12 13	18 19	26 27							
H	1번째	32	32	↓	↓	↓	↓	↓	↓	↓	*	↓	↓	0 2	0 3	1 4	2 5	3 7	5 9	7 11	11 16	↓	↓	↓	↓	↓	↓	↓	↓
	2번째	32	64											1 2	3 4	4 5	6 7	8 9	12 13	18 19	26 27								
J	1번째	50	50	↓	↓	↓	↓	↓	↓	*	↓	↓	0 2	0 3	1 4	2 5	3 7	5 9	7 11	11 16	↓	↓	↓	↓	↓	↓	↓	↓	↓
	2번째	50	100										1 2	3 4	4 5	6 7	8 9	12 13	18 19	26 27									
K	1번째	80	80	↓	↓	↓	↓	↓	*	↓	↓	0 2	0 3	1 4	2 5	3 7	5 9	7 11	11 16	↓	↓	↓	↓	↓	↓	↓	↓	↓	↓
	2번째	80	160									1 2	3 4	4 5	6 7	8 9	12 13	18 19	26 27										
L	1번째	125	125	↓	↓	↓	↓	*	↓	↓	0 2	0 3	1 4	2 5	3 7	5 9	7 11	11 16	↓	↓	↓	↓	↓	↓	↓	↓	↓	↓	↓
	2번째	125	250								1 2	3 4	4 5	6 7	8 9	12 13	18 19	26 27											
M	1번째	200	200	↓	↓	↓	*	↓	↓	0 2	0 3	1 4	2 5	3 7	5 9	7 11	11 16	↓	↓	↓	↓	↓	↓	↓	↓	↓	↓	↓	↓
	2번째	200	400							1 2	3 4	4 5	6 7	8 9	12 13	18 19	26 27												
N	1번째	315	315	↓	↓	*	↓	↓	0 2	0 3	1 4	2 5	3 7	5 9	7 11	11 16	↓	↓	↓	↓	↓	↓	↓	↓	↓	↓	↓	↓	↓
	2번째	315	630						1 2	3 4	4 5	6 7	8 9	12 13	18 19	26 27													
P	1번째	500	500	↓	*	↓	↓	0 2	0 3	1 4	2 5	3 7	5 9	7 11	11 16	↓	↓	↓	↓	↓	↓	↓	↓	↓	↓	↓	↓	↓	↓
	2번째	500	1,000					1 2	3 4	4 5	6 7	8 9	12 13	18 19	26 27														
Q	1번째	800	800	*	↑	↓	0 2	0 3	1 4	2 5	3 7	5 9	7 11	11 16	↑	↓	↓	↓	↓	↓	↓	↓	↓	↓	↓	↓	↓	↓	↓
	2번째	800	1,600				1 2	3 4	4 5	6 7	8 9	12 13	18 19	26 27															
R	1번째	1,250	1,250	↓	↑	0 2	0 3	1 4	2 5	3 7	5 9	7 11	11 16	↓	↑	↓	↓	↓	↓	↓	↓	↓	↓	↓	↓	↓	↓	↓	↓
	2번째	1,250	2,500			1 2	3 4	4 5	6 7	8 9	12 13	18 19	26 27																

(주) 대응하는 1회 샘플링 방식을 적용한다(또는 만일 가능하면 그 대신 아래쪽의 2회 샘플링 방식을 적용한다).

표 6.9 2회 샘플링 검사방식(까다로운 검사)

시료문자	샘플	샘플의 크기	샘플의 크기의 누계	합격품질수준 (AQL) 까다로운 검사																									
				0.010	0.015	0.025	0.040	0.065	0.10	0.15	0.2	0.40	0.65	1.0	1.5	2.5	4.0	6.5	10	15	25	40	65	100	150	250	400	650	1,000
				Ac Re	Ac Re	Ac Re	Ac Re	Ac Re	Ac Re	Ac Re	Ac Re	Ac Re	Ac Re	Ac Re	Ac Re	Ac Re	Ac Re	Ac Re	Ac Re	Ac Re	Ac Re	Ac Re	Ac Re	Ac Re	Ac Re	Ac Re	Ac Re	Ac Re	Ac Re
A																		↓			↓	*	*	*	*	*	*	*	*
B	1번째 2번째	2 2	2 4														↓	*		↓	0 2 1 2	0 3 3 4	1 4 4 5	2 5 6 7	3 7 11 12	6 10 15 16	9 14 23 24	15 20 34 35	23 29 52 53
C	1번째 2번째	3 3	3 6													↓	*		↓	0 2 1 2	0 3 3 4	1 4 4 5	2 5 6 7	3 7 11 12	6 10 15 16	9 14 23 24	15 20 34 35	23 29 52 53	
D	1번째 2번째	5 5	5 10												↓	*		↓	0 2 1 2	0 3 3 4	1 4 4 5	2 5 6 7	3 7 11 12	6 10 15 16	9 14 23 24	15 20 34 35	23 29 52 53		
E	1번째 2번째	8 8	8 16											↓	*		↓	0 2 1 2	0 3 3 4	1 4 4 5	2 5 6 7	3 7 11 12	6 10 15 16	9 14 23 24	15 20 34 35	23 29 52 53			
F	1번째 2번째	13 13	13 26										↓	*		↓	0 2 1 2	0 3 3 4	1 4 4 5	2 5 6 7	3 7 11 12	6 10 15 16	9 14 23 24						
G	1번째 2번째	20 20	20 40									↓	*		↓	0 2 1 2	0 3 3 4	1 4 4 5	2 5 6 7	3 7 11 12	6 10 15 16	9 14 23 24							
H	1번째 2번째	32 32	32 64								↓	*		↓	0 2 1 2	0 3 3 4	1 4 4 5	2 5 6 7	3 7 11 12	6 10 15 16	9 14 23 24								
J	1번째 2번째	50 50	50 100							↓	*		↓	0 2 1 2	0 3 3 4	1 4 4 5	2 5 6 7	3 7 11 12	6 10 15 16	9 14 23 24									
K	1번째 2번째	80 80	80 160						↓	*		↓	0 2 1 2	0 3 3 4	1 4 4 5	2 5 6 7	3 7 11 12	6 10 15 16	9 14 23 24										
L	1번째 2번째	125 125	125 250					↓	*		↓	0 2 1 2	0 3 3 4	1 4 4 5	2 5 6 7	3 7 11 12	6 10 15 16	9 14 23 24											
M	1번째 2번째	200 200	200 400				↓	*		↓	0 2 1 2	0 3 3 4	1 4 4 5	2 5 6 7	3 7 11 12	6 10 15 16	9 14 23 24												
N	1번째 2번째	315 315	315 630			↓	*		↓	0 2 1 2	0 3 3 4	1 4 4 5	2 5 6 7	3 7 11 12	6 10 15 16	9 14 23 24													
P	1번째 2번째	500 500	500 1,000		↓	*		↓	0 2 1 2	0 3 3 4	1 4 4 5	2 5 6 7	3 7 11 12	6 10 15 16	9 14 23 24														
Q	1번째 2번째	800 800	800 1,600	↓	*		↓	0 2 1 2	0 3 3 4	1 4 4 5	2 5 6 7	3 7 11 12	6 10 15 16	9 14 23 24															
R	1번째 2번째	1,250 1,250	1,250 2,500	*	↓	↓	0 2 1 2	0 3 3 4	1 4 4 5	2 5 6 7	3 7 11 12	6 10 15 16	9 14 23 24	↓	↓	↓	↓	↓	↓	↓	↓	↓	↓	↓	↓	↓	↓	↓	↓
S	1번째 2번째	2,000 2,000	2,000 4,000			0 2 1 2																							

(주) * 대응하는 1회 샘플링 방식을 적용한다 (또는 만일 가능하면 그 대신 아래쪽의 2회 샘플링 방식을 적용한다).

표 6.10 2회 샘플링 검사방식(수월한 검사)

시료 문자	샘플	샘플의 크기	샘플의 크기의 누계	0,010	0,015	0,025	0,040	0,065	0,10	0,15	0,25	0,40	0,65	1,0	1,5	2,5	4,0	6,5	10	15	25	40	65	100	150	250	400	650	1,000
				Ac Re	Ac Re	Ac Re	Ac Re	Ac Re	Ac Re	Ac Re	Ac Re	Ac Re	Ac Re	Ac Re	Ac Re	Ac Re	Ac Re	Ac Re	Ac Re	Ac Re	Ac Re	Ac Re	Ac Re	Ac Re	Ac Re	Ac Re	Ac Re	Ac Re	Ac Re
A																	↓	‡		↓	‡	‡	‡	‡	‡	‡	‡	‡	‡
B																↓	‡		↓	‡	‡	‡	‡	‡	‡	‡	‡	‡	‡
C															↓	‡	↓	↓	‡	‡	‡	‡	‡	‡	‡	‡	‡	‡	
D	1번째	2	2											↓	‡	↓	↓	0 2	0 3	0 4	0 4	1 5	2 7	3 8	5 10	7 12	11 17		
	2번째	2	4															0 2	0 4	1 5	3 6	4 7	6 9	8 12	12 16	18 21	26 30		
E	1번째	3	3										↓	‡	↓	↓	0 2	0 3	0 4	0 4	1 5	2 7	3 8	5 10	7 12	11 17			
	2번째	3	6														0 2	0 4	1 5	3 6	4 7	6 9	8 12	12 16	18 21	26 30			
F	1번째	5	5									↓	‡	↓	↓	0 2	0 3	0 4	0 4	1 5	2 7	3 8	5 10						
	2번째	5	10													0 2	0 4	1 5	3 6	4 7	6 9	8 12	12 16						
G	1번째	8	8								↓	‡	↓	↓	0 2	0 3	0 4	0 4	1 5	2 7	3 8	5 10							
	2번째	8	16												0 2	0 4	1 5	3 6	4 7	6 9	8 12	12 16							
H	1번째	13	13							↓	‡	↓	↓	0 2	0 3	0 4	0 4	1 5	2 7	3 8	5 10								
	2번째	13	26											0 2	0 4	1 5	3 6	4 7	6 9	8 12	12 16								
J	1번째	20	20						↓	‡	↓	↓	0 2	0 3	0 4	0 4	1 5	2 7	3 8	5 10									
	2번째	20	40										0 2	0 4	1 5	3 6	4 7	6 9	8 12	12 16									
K	1번째	32	32					↓	‡	↓	↓	0 2	0 3	0 4	0 4	1 5	2 7	3 8	5 10										
	2번째	32	64									0 2	0 4	1 5	3 6	4 7	6 9	8 12	12 16										
L	1번째	50	50				↓	‡	↓	↓	0 2	0 3	0 4	0 4	1 5	2 7	3 8	5 10											
	2번째	50	100								0 2	0 4	1 5	3 6	4 7	6 9	8 12	12 16											
M	1번째	80	80			↓	‡	↓	↓	0 2	0 3	0 4	0 4	1 5	2 7	3 8	5 10												
	2번째	80	160							0 2	0 4	1 5	3 6	4 7	6 9	8 12	12 16												
N	1번째	125	125		↓	‡	↓	↓	0 2	0 3	0 4	0 4	1 5	2 7	3 8	5 10													
	2번째	125	250						0 2	0 4	1 5	3 6	4 7	6 9	8 12	12 16													
P	1번째	200	200	↓	‡	↓	↓	0 2	0 3	0 4	0 4	1 5	2 7	3 8	5 10														
	2번째	200	400					0 2	0 4	1 5	3 6	4 7	6 9	8 12	12 16														
Q	1번째	315	315	‡	↑	↓	0 2	0 3	0 4	0 4	1 5	2 7	3 8	5 10															
	2번째	315	630				0 2	0 4	1 5	3 6	4 7	6 9	8 12	12 16															
R	1번째	500	500	↓		0 2	0 3	0 4	0 4	1 5	2 7	3 8	5 10	↓	↓	↓	↓	↓	↓	↓	↓	↓	↓	↓	↓	↓	↓	↓	↓
	2번째	1,000	1,500			0 2	0 4	1 5	3 6	4 7	6 9	8 12	12 16																

(주) +2번째 시료를 검사한 다음 불량개수가 합격판정개수 보다는 많지만 불합격판정개수 보다는 적을 경우에는 보통 검사로 되돌아간다.

‡ 대응하는 1회 샘플링방식을 적용한다(또는 만일 가능하면 그 대신 아래쪽의 2회 샘플링 방식을 적용한다).

(3) 엄격도 조정의 절차

이 규격에는 "최초의 검사는 원칙적으로 보통 검사를 적용한다. 그러나 특별히 다른 검사가 필요하다고 판단될 경우, 구입자는 계약 최초의 검사에 까다로운 검사 또는 수월한 검사를 지정할 수도 있다."라고 명시되어 있다. 그러나 최초에 검사를 시작할 때에는 보통검사를 적용하는 것이 일반적인 상례이다.

① 보통 검사에서 까다로운 검사로

연속 5로트 이내에 2로트가 불합격이 되었을 경우 보통 검사에서 까다로운 검사로 변경한다.

② 까다로운 검사에서 보통 검사로

까다로운 검사를 행하는 도중 연속해서 5개의 로트가 합격되었을 때에는 보통 검사로 변경한다.

③ 보통 검사에서 수월한 검사로

기존의 KS규격에서는 연속 10로트의 합격과 불합격 총수가 한계개수 이하인 경우로 판단하였다. 새로운 규격은 전환 스코어(switching score)를 적용하도록 변경되었다. 보통 검사를 행하는 도중 다음에 열거하는 조건에 만족하면 수월한 검사로 변경한다.

1 전환 스코어 30점 이상

이것은 1회마다 검사의 합격에 대하여 점수가 주어져 이것을 누적하고, 기준을 만족했을 때 수월한 검사로 전환한다는 방법이다. 소위 마일리지 서비스를 저축하는 방법과 유사하다. 점수는 다음과 같다.

- 1회 샘플링검사(보통검사)

  : c≥2인 경우에도 합격 : 3점 가산(10로트 연속 합격 시 보통검사에서 수월한검사로 전환 함)

  : 합격판정개수 A_c 가 1개 이하 일 때 로트가 합격 : 2점을 가산(15로트 이상 연속해서 합격하였을 경우 보통검사에서 수월한 검사로 전환)

■ 2회 샘플링검사(보통검사)

: 1회 샘플 검사만으로 합격 : 3점을 가산

이와 같이 하여 점수를 누적한다. 그러나 도중에 로트가 불합격되면 전환 스코어는 "0"이 된다. 이와 같이 하여 누적 점수가 30점이 되었을 때 수월한 검사로 전환한다.

2 생산이 안정되어 있다.

3 구입자가 수월한 검사로 넘어가도 좋다고 인정하였다.

④ 수월한 검사에서 보통 검사로

수월한 검사를 하고 있을 때, 다음의 조건 가운데서 어느 하나라도 발생하면 보통 검사로 돌아간다.

1 1로트라도 불합격되었다.

2 생산이 불규칙하게 되었거나 정체되었다.

3 기타 보통 검사로 되돌아가는 것이 필요하다고 구입자가 인정될 때

그림 6.4 엄격도 조정의 흐름도

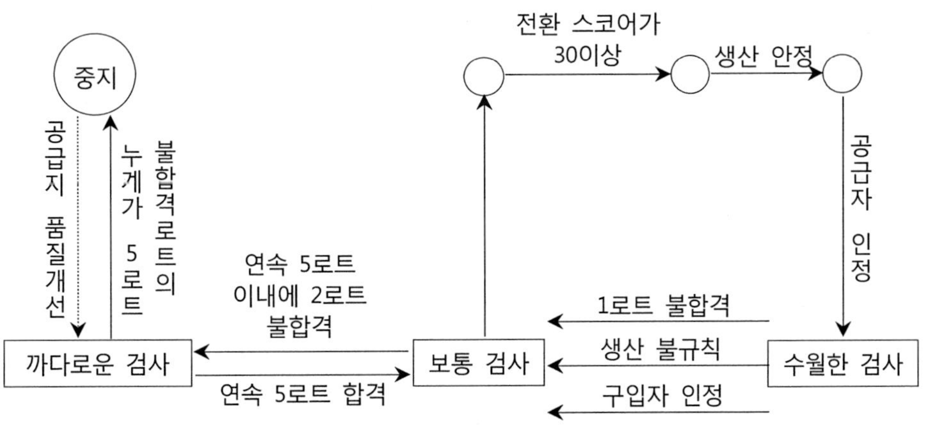

⑤ 검사의 중지

까다로운 검사 개시 후 불합격 로트의 누계가 5로트에 달한다면 원칙적으로 이 규칙에 따른 검사를 중지한다. 검사 중지 후 품질개선 처리가 취해진 경우에는 원칙적으로 까다로운 검사로 되돌린다.

⑥ 엄격도 조정의 흐름

위에서 검토된 엄격도 조정의 절차를 묶어서 흐름도로 작성하여 보면 [그림 6.4]와 같다.

6.5 계량형 샘플링검사

앞 절에서 고찰한 샘플링검사방식은 품질검사의 결과가 계수값으로 나타날 때에 적용될 수 있는 검사방식이었다. 그러나 품질특성의 종류에 따라서 무게나 길이 등과 같이 계량값으로 나타나는 데이터도 매우 많으며, 이 경우에는 **계량형 샘플링검사**(sampling inspection by variables)방식을 사용하여야 한다. 이 검사방식은 로트로부터 1회만 시료를 채취하여 시료 중의 검사단위의 품질특성을 추정하고, 그 평균값을 산출, 이것을 합격판정치와 비교하여, 정해진 조건에 합치하면 그 로트를 합격으로 하고, 조건에 합치하지 않으면 그 로트를 불합격으로 판정하는 하는 것이다. 이 검사를 한국산업규격에서는 **계량규준형 1회 샘플링검사**(acceptance sampling inspection by variables : single sampling plans)라고 부른다.

본 절에서는 품질특성치가 정규분포를 할 때, 로트의 표준편차 σ를 알고 있는 경우에 로트의 부적합률을 보증하는 방식과 평균값을 보증하는 방식과, 그리고 표준편차 σ를 모르는 경우에 부적합률을 보증하는 방식을 나누어 설명한다.

6.5.1 계량규준형 1회 샘플링검사(KS Q 1001:2011) : 표준편차를 알고 있는 경우

(1) 로트의 부적합률을 보증하는 검사방식

1) 상한규격값 S_U 가 주어진 경우 (망소특성)

로트의 품질특성치 x 는 [그림 6.5]와 같이 $N(m, \sigma^2)$ 의 정규분포를 하고, 상한규격값 S_U 를 초과하는 특성치를 갖는 검사단위는 부적합품이고, 로트 중에 이 부적합품이 포함되는 비율이 부적합품률 p 라고 하자.

그림 6.5 상한규격값(S_U)가 주어진 경우

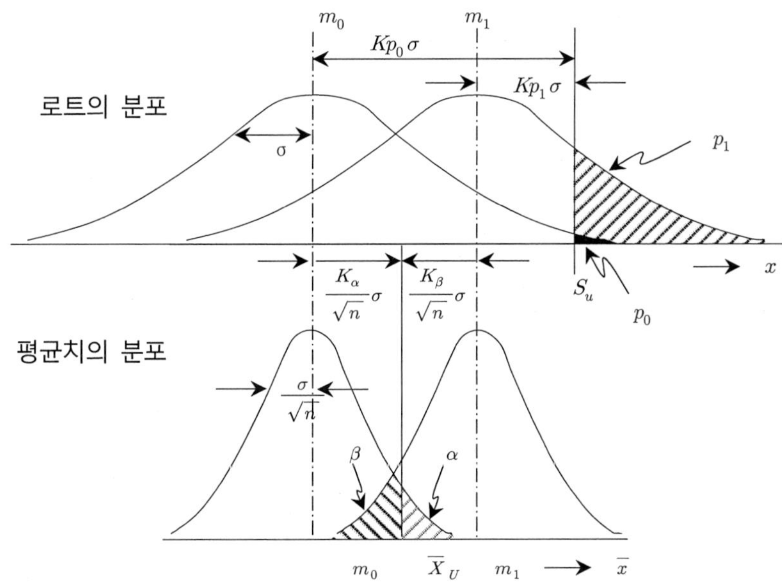

여기서 p_0 보다 좋은 부적합품률을 갖는 로트(모평균 m 이 $m \le m_0$ 인 로트)는 "좋은 로트"로 받아들이고, p_1 보다 나쁜 부적합품률을 갖는 로트(모평균 m 이

$m > m_1$ 인 로트)는 "나쁜 로트"로 받아들이고 싶지 않다 하자. 로트에서 랜덤하게 n 개의 시료를 샘플링해서 측정한 후, 그 값을 각각 $x_1, x_2, ..., x_n$ 이라 하자. 그 평균값 $\bar{x}=\frac{1}{n}\sum_{i=1}^{n}x_i$ 을 산출하여, 이 $\bar{x}$ 에 대하여

$$\bar{x} \le \overline{X_U} = S_U - k\sigma \text{ 이면 로트 합격}$$

$$\bar{x} > \overline{X_U} = S_U - k\sigma \text{ 이면 로트 불합격} \quad (6\cdot22)$$

으로 판정한다. 여기서 $\overline{X_U}$ 는 $\bar{x}$에 대한 상한합격판정값이라고 하고, k를 흔히 합격판정계수라고 부른다. 그러나 샘플링검사인 이상 좋은 로트를 불합격으로, 나쁜 로트를 합격으로 판정하는 위험은 어느 정도 피할 수 없다. 전자의 위험이 생산자 위험(α)이고, 후자의 위험이 소비자 위험(β)으로, [그림 6.5]에 빗금친 부분에 나타나 있다.

샘플링방식에 필요한 샘플링 수 n과 합격판정계수 k는 다음과 같다.

$$n = \left(\frac{K_\alpha + K_\beta}{K_{p_0} - K_{p_1}}\right)^2 \quad (6\cdot23)$$

$$k = \frac{K_{p_0}K_\beta + K_{p_1}K_\alpha}{K_\alpha + K_\beta} \quad (6\cdot24)$$

이 공식을 이용하여 $\overline{X_U} = S_U - k\sigma$를 결정지을 수도 있다. 따라서 샘플링검사방식은

$$(n,\ \overline{X_U}) \text{ 또는 } (n,\ k)$$

로 결정지어 진다. 여기서 K_{p_0}, K_{p_1}, K_α, K_β 는 표준 정규분포에서 쉽게 구할 수 있다. 많이 쓰이는 것을 표로 만들어 보면 [표 6.11]과 같다.

표 6.11 p와 K_p와의 관계

p (%)	K_p	p (%)	K_p
0.5	2.58	6.0	1.56
1.0	2.33	7.0	1.48
2.0	2.05	8.0	1.40
3.0	1.88	9.0	1.34
4.0	1.75	10.0	1.28
5.0	1.64	20.0	0.84

예제 6-3

p_0 =1%, p_1 =10%, α =0.05, β =0.10을 만족시키는 로트의 부적합품률을 보증하는 계량형 샘플링검사 방식을 구하라. 상한규격값 S_U가 주어지고 표준편차 σ를 알고 있고, 품질특성치는 정규분포에 따른다고 가정한다.

▶▶▷ 풀이

$$\begin{array}{rl} & K_\alpha = 1.64 \\ +) & K_\beta = 1.28 \\ \hline & K_\alpha + K_\beta = 2.92 \end{array} \qquad \begin{array}{rl} & K_{p_0} = 2.33 \\ -) & K_{p_1} = 1.28 \\ \hline & K_{p_0} - K_{p_1} = 1.05 \end{array}$$

이므로, n과 k는 다음과 같다.

$$n = \left(\frac{2.92}{1.05}\right)^2 = 7.47 \fallingdotseq 8$$

$$k = \frac{(2.33)(1.28) + (1.28)(1.64)}{2.92} = 1.74$$

따라서 검사방식은($n = 8, k = 1.74$)가 된다. 즉, 로트에서 랜덤하게 시료를 8개를 취하여 측정한 후에 그 평균값 $\bar{x}$를 구하여 다음과 같이 판정한다.

$\bar{x} \leq \overline{X_U} = S_U - 1.74\sigma$ 이면 로트 합격

$\bar{x} > \overline{X_U} = S_U - 1.74\sigma$ 이면 로트 불합격

2) 하한규격값 S_L 이 주어진 경우(망대 특성)

하한규격값 S_L 이 주어지는 경우에는 [그림 6.6]과 같이 좋은 로트, 나쁜 로트, 하한합격값 $\overline{X_L}$, 그리고 α, β 등을 생각하여 볼 수 있으며, 상한규격값 S_U 가 주어지는 경우와 같은 방법으로 n, k 와 $\overline{X_L}$ 을 유도할 수 있다. n 와 k 의 공식은 식 (6·23)과 식 (6·24)과 동일하나, 판정기준은 다음과 같다. 산출된 $\bar{x}$ 에 대하여

$\bar{x} \geq \overline{X_L} = S_L + k\sigma$ 이면 로트 합격

$\bar{x} < \overline{X_L} = S_L + k\sigma$ 이면 로트 불합격 (6·25)

그림 6.6 하한규격치(S_L)가 주어지는 경우

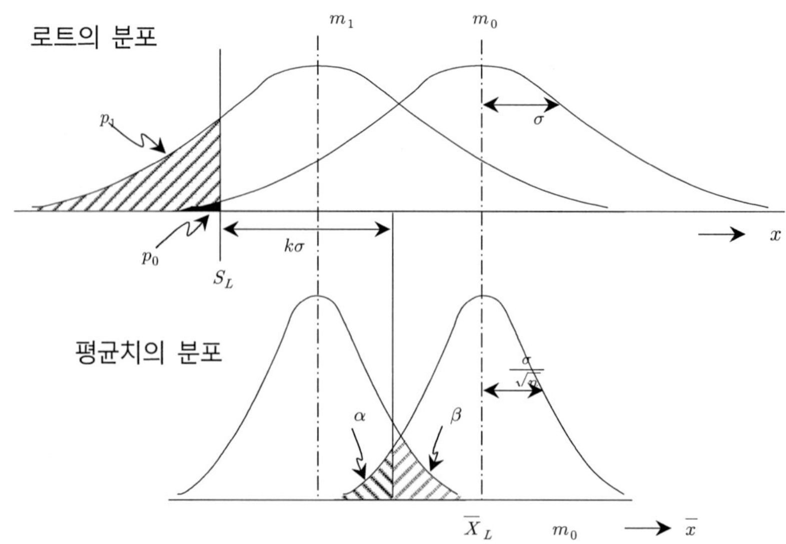

3) 양쪽 규격값 S_U, S_L 이 주어진 경우

양쪽 규격값이 동시에 주어지는 경우의 샘플링 검사는 상한규격값 S_U와 하한규격값 S_L 사이의 폭 $S_U - S_L$과 표준편차 σ와의 관계에 따라 달라진다. 지정된 p_0와 p_1에 대하여 검사방식을 상한규격값(S_U)와 하한규격값(S_L)의 개념과 동일하게 적용하면 다음과 같다. 즉, $\overline{X_U} = S_U - k\sigma$ 과 $\overline{X_L} = S_L + k\sigma$ 을 구하여, $\overline{X_L} \leq \bar{x} \leq \overline{X_U}$이면 합격으로 하고, 아니면 불합격으로 처리하면 된다. 단, $\frac{S_u - S_L}{\sigma}$ 의 값이 4 이하인 경우에는 사용하기 어렵다. 로트의 부적합률을 보증하는 검사절차는 다음과 같다.

■ 로트의 부적합품률을 보증하는 경우의 검사 절차

① 측정방법을 정한다.

② 상한규격값(S_U), 하한규격값(S_L) 한쪽 또는 양쪽을 정한다.

③ p_0, p_1을 지정한다.

④ 로트의 표준편차를 지정한다.

⑤ 시료의 크기 n과 합격판정값을 구한다.

⑥ 시료를 뽑고, 특성값 x를 측정한 후, 평균값 $\bar{x}$를 산출한다.

⑦ 합격, 불합격 판정을 내리고, 로트를 처리한다.

위의 검사 절차 중에서 ⑤와 ⑦만을 좀 더 상세히 설명하면 다음과 같다.

가. S_U가 주어진 경우 : 상한규격값 S_U가 주어진 경우에는 지정된 p_0, p_1의 값을 사용하여 [표 6.12]로부터 n, k를 찾아낸다. 이 때 상한합격판정값은 다음과 같다.

$$\overline{X_U} = S_U - k\sigma$$

나. S_L이 주어진 경우 : 하한규격값 S_L이 주어지는 경우에도 ㉮의 경우와 마찬가지로 주어진 p_0, p_1의 값을 사용하여 [표 6.12]에서 n, k를 찾는

다. 이때 하한합격판정값은 다음과 같다.

$$\overline{X_L} = S_L + k\sigma$$

다. S_U와 S_L이 동시에 주어진 경우 : 지정된 p_0, p_1을 사용하여 [표 6.12]로부터 n과 k를 구하고, 상한 및 하한합격판정값을 다음과 같이 구하여 사용한다.

$$\overline{X_U} \fallingdotseq S_U - k\sigma$$

$$\overline{X_L} \fallingdotseq S_L + k\sigma$$

다만, 이 경우는 $\dfrac{S_U - S_L}{\sigma}$ 의 값이 4 이하인 경우에는 사용하기 곤란하다.

예제 6-4

울산에 있는 AB제강에서는 특수금속판을 생산하고 있다. 금속판 두께의 하한규격값이 $S_L = 10.25$mm이다. 두께가 10.25mm미만인 것이 1% 이하인 로트는 통과시키고, 그것이 5% 이상 되는 로트는 통과시키지 않게 하는 계량 규준형 1회 샘플링검사 방식을 설계하려고 한다. 현재까지의 자료에 의하면 로트의 표준편차는 $\sigma = 0.1$mm이다. 정규분포를 따른다고 가정 하에 $\alpha = 0.05$, $\beta = 0.10$을 사용하여 검사방식을 설계하시오.

▶▶▷ 풀이

p_0=1%, p_1 = 5%이므로 [표 6.12]에서 n = 18, k = 1.94를 찾을 수 있다. 따라서 하한 합격판정값은

$$\overline{X_L} = S_L + k\sigma = 10.25 + (1.94)(0.1) \fallingdotseq 10.44\text{mm}$$

이다. 따라서 검사방식은 시료 n=18개는 채취하여 $\bar{x}$를 구하고 $\bar{x} \geq 10.44$이면 로트를 합격시키고, $\bar{x} < 10.44$이면 로트를 불합격시킨다.

표 6.12 p_0, p_1을 기초로 하여 n과 k를 구하는 표

(좌하는 n, 우상은 k, $\alpha=0.05$, $\beta=0.10$)

p_1 (%) p_0 (%)	대표치	0.80	1.00	1.25	1.60	2.00	2.50	3.15	4.00	5.00	6.30	8.00	10.0	12.5	16.0	20.0	25.0	31.5
p_0 (%) 대표치	범위 ＼ 범위	0.71 ~0.90	0.91 ~1.12	1.13 ~1.40	1.41 ~1.80	1.81 ~2.24	2.25 ~2.80	2.81 ~3.55	3.56 ~4.50	4.51 ~5.60	5.61 ~7.10	7.11 ~9.00	9.01 ~11.2	11.3 ~14.0	14.1 ~18.0	18.1 ~22.4	22.5 ~28.0	28.1 ~35.5
0.100	0.090~0.112	2.71 18	2.66 15	2.61 12	2.56 10	2.51 8	2.46 7	2.40 6	2.34 5	2.28 4	2.30 4	2.14 3	2.08 3	1.99 2	1.91 2	1.84 2	1.75 2	1.66 2
0.125	0.113~0.140	2.68 23	2.63 18	2.58 14	2.53 10	2.48 9	2.43 8	2.37 6	2.31 5	2.25 5	2.19 4	2.11 3	2.05 3	1.96 2	1.88 2	1.80 2	1.72 2	1.62 2
0.160	0.141~0.180	2.64 29	2.60 22	2.55 17	2.50 13	2.45 11	2.39 9	2.35 7	2.28 6	2.22 5	2.15 4	2.09 4	2.01 3	1.94 3	1.84 2	1.77 2	1.68 2	1.59 2
0.200	0.181~0.224	2.61 39	2.57 28	2.52 21	2.47 16	2.42 13	2.36 10	2.30 8	2.25 7	2.19 6	2.12 5	2.05 4	1.98 3	1.91 3	1.81 2	1.73 2	1.65 2	1.55 2
0.250	0.225~0.280	*	2.54 37	2.49 27	2.44 20	2.38 15	2.33 12	2.28 10	2.21 8	2.15 6	2.09 5	2.02 4	1.95 4	1.87 3	1.80 3	1.70 2	1.61 2	1.52 2
0.315	0.281~0.355	*	*	2.46 36	2.40 25	2.35 19	2.30 14	2.24 11	2.18 9	2.12 7	2.06 6	1.99 5	1.92 4	1.84 3	1.76 3	1.66 2	1.57 2	1.48 2
0.400	0.356~0.450	*	*	*	2.37 33	2.32 24	2.26 18	2.21 14	2.15 11	2.08 8	2.02 7	1.95 6	1.89 5	1.81 4	1.72 3	1.64 3	1.53 2	1.44 2
0.500	0.451~0.560	*	*	*	2.33 46	2.28 31	2.23 23	2.17 17	2.11 13	2.05 10	1.99 8	1.92 6	1.85 5	1.77 4	1.68 3	1.60 3	1.50 2	1.40 2
0.630	0.561~0.710	*	*	*	*	2.25 44	2.19 30	2.09 21	2.08 15	2.02 12	1.95 9	1.89 7	1.81 6	1.74 5	1.65 4	1.56 3	1.46 2	1.36 2
0.800	0.711~0.900	*	*	*	*	*	2.16 42	2.10 28	2.04 20	2.98 15	1.91 11	1.84 8	1.78 7	1.70 5	1.61 4	1.52 3	1.44 3	1.32 2
1.00	0.901~1.12		*	*	*	*	*	2.06 38	2.00 26	1.94 18	1.88 14	1.81 10	1.74 8	1.66 6	1.58 5	1.50 4	1.42 3	1.30 2
1.25	1.13~1.40			*	*	*	*	*	1.97 36	1.91 24	1.84 17	1.77 12	1.70 9	1.63 7	1.54 6	1.45 4	1.37 3	1.26 3
1.60	1.41~1.80				*	*	*	*	*	1.86 34	1.80 23	1.73 16	1.66 12	1.59 9	1.50 8	1.41 5	1.32 4	1.21 3
2.00	1.81~2.24					*	*	*	*	*	1.76 31	1.69 20	1.62 14	1.54 10	1.46 9	1.37 6	1.28 5	1.16 3
2.50	2.25~2.80						*	*	*	*	1.72 46	1.65 28	1.58 19	1.50 13	1.42 1	1.33 7	1.24 5	1.13 4
3.15	2.81~3.55							*	*	*	*	1.60 42	1.53 26	1.46 17	1.37 11	1.29 8	1.19 6	1.09 5
4.00	3.56~4.50								*	*	*	*	1.49 39	1.41 24	1.33 25	1.24 10	1.14 7	1.04 5
5.00	4.51~5.60									*	*	*	*	1.37 36	1.28 30	1.19 13	1.10 9	0.99 6
6.30	5.61~7.10										*	*	*	*	1.23 0	1.14 18	1.05 12	0.94 8
8.00	7.11~9.00											*	*	*	*	1.09 27	1.00 16	0.89 10
10.0	9.01~1.21												*	*	*	1.03 44	0.94 23	0.83 14

비고 *의 칸은 각각 p_0, p_1 의 대표치에 대한 K_{p0}, K_{p1} 을 사용하여 $n=\left(\dfrac{2.9264}{K_{p0}-K_{p1}}\right)^2$, $k=0.562073K_{p1}+0.437927K_{p0}$ 를 계산하고 n 은 정수로, k 는 소수점이하 3자리까지 계산하여, 2자리로 끝맺음한 것을 사용한다. 빈 칸에 대해서는 샘플링 검사 방식은 없다.

(2) 로트의 평균값을 보증하는 방식

1) 특성값이 낮을수록 좋은 경우(망소특성)

[그림 6.7]의 m_0 보다 낮은 평균값을 갖는 로트는 좋은 로트로 해서 받아들이고, m_1 보다 높은 평균값을 갖는 로트는 나쁜 로트로 하여 되돌고 받아들이고 싶지 않은 샘플링검사를 생각하여 보자. 샘플링 검사의 우연성에 의하여 좋은 로트가 불합격되는 비율을 α, 나쁜 로트가 합격되는 비율을 β로 억제하고 싶다. 로트로부터 크기 n인 시료를 취하여 그 평균값 $\bar{x}=\sum x_i/n$을 산출한 후, 상한합격판정값 $\overline{X_U}$와 비교하여

$\bar{x} \le \overline{X_U}$ 이면 로트 합격

$\bar{x} > \overline{X_U}$ 이면 로트 불합격

으로 하는 샘플링 검사 방식(n, $\overline{X_U}$)를 구하면 된다. 이때 시료의 크기 n과 상한 합격판정값 $\overline{X_U}$는 다음과 같다.

그림 6.7 특성치가 낮을수록 좋은 경우

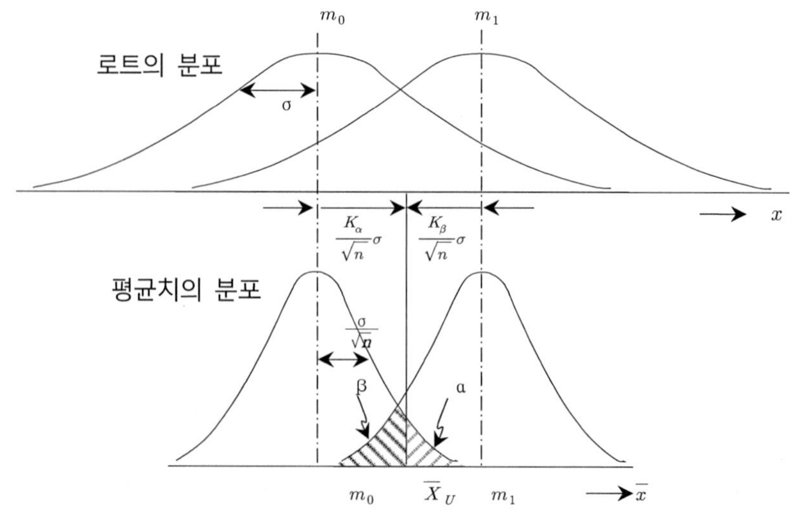

$$n = \left(\frac{K_\alpha + K_\beta}{m_1 - m_0} \right)^2 \sigma^2 \tag{6·26}$$

$$\overline{X_U} = \frac{m_0 K_\beta + m_1 k_\alpha}{K_\alpha + k_\beta} \tag{6·27}$$

2) 특성치가 높을수록 좋은 경우(망대특성)

로트로부터 크기 n인 시료를 취하여 그 평균값 $\bar{x} = \sum x_i / n$를 산출한 후, 하한합격판정값 $\overline{X_L}$와 비교하여

$\bar{x} \geq \overline{X_L}$ 이면 로트 합격
$\bar{x} < \overline{X_L}$ 이면 로트 불합격

으로 하는 샘플링 검사 방식 $(n, \overline{X_L})$를 구하면 된다. 여기서 평균치 m_0를 갖는 좋은 로트에 대해서는 하한 합격판정값 $\overline{X_L}$이

$$\overline{X_L} = m_0 - K_\alpha \frac{\sigma}{\sqrt{n}}$$

의 관계에 있고, 평균치 m_1을 갖는 나쁜 로트에 대해서는

$$\overline{X_L} = m_1 + K_\beta \frac{\sigma}{\sqrt{n}}$$

가 성립한다. 위의 두 식에서 $\overline{X_L}$을 소거하고 시료의 크기 n과 하한합격판정값 $\overline{X_L}$는 구하면 다음과 같다.

$$n = \left(\frac{K_\alpha + K_\beta}{m_0 - m_1} \right)^2 \sigma^2 \tag{6·28}$$

그림 6.8 특성치가 높을수록 좋은 경우

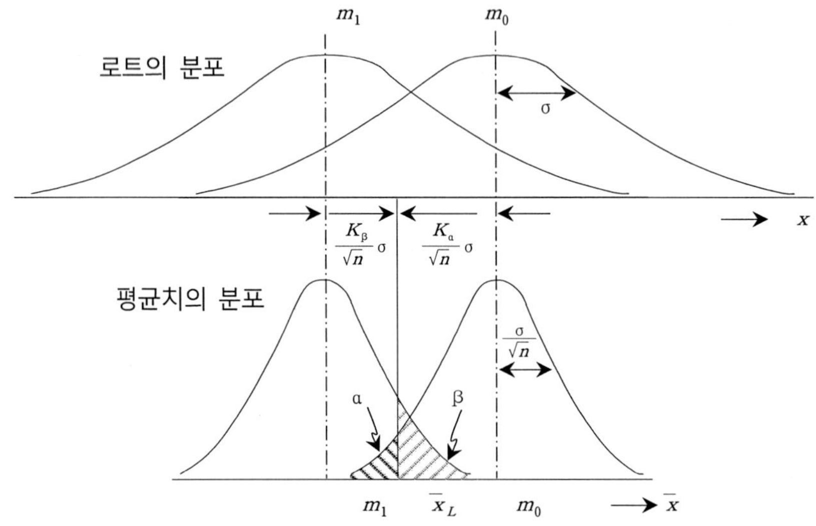

예제 6-5

평균값 500g 이하인 로트는 될 수 있는 한 합격시키고 싶으나, 평균값 540g 이상인 로트는 될 수 있는 한 불합격시키고 싶다. 과거의 데이터로부터 볼 때 품질특성값은 정규분포에 따르고 표준편차는 20g이라고 알려져 있다. 이 때 α = 0.05, β = 0.10을 만족시키는 샘플링검사 방식을 구하여라.

▶▶▷ 풀이

이 경우는 특성값이 낮을수록 좋은 경우이므로 식 (6·26)과 (6·27)에 의하여 n과 $\overline{X}_U$를 구할 수 있다. $K_\alpha = 1.64$, $K_\beta = 1.28$, $m_0 = 500$, $m_1 = 540$, $\sigma = 20$이므로

$$n = \left(\frac{K_\alpha + K_\beta}{m_1 - m_0}\right)^2 \sigma^2 = \left(\frac{1.64 + 1.28}{540 - 500}\right)^2 (20)^2 = 2.13 \fallingdotseq 3$$

$$\overline{X_U} = \frac{m_0 K_\beta + m_1 k_\alpha}{K_\alpha + k_\beta} = \frac{(500)(1.28) + (540)(1.64)}{1.64 + 1.28} = 522.4$$

이다. 따라서 로트로부터 랜덤하게 3개의 시료를 뽑아서 측정한 후

$\bar{x} = (x_1 + x_2 + x_3)/3$ 의 값이

$\bar{x} \leq 522.4$ 이면 합격

$\bar{x} > 522.4$ 이면 불합격

으로 판정한다.

■ 로트의 평균값을 보증하는 경우의 검사절차

① 측정방법을 정한다.

② 상한규격값(S_U), 하한규격값(S_L) 한쪽 또는 양쪽을 정한다.

③ m_0, m_1 을 지정한다.

④ 로트의 표준편차를 지정한다.

⑤ 시료의 크기 n 과 합격판정값을 구한다.

⑥ 시료를 뽑고, 특성값 x 를 각각 측정한 후, 평균값 $\bar{x}$ 를 산출한다.

⑦ 합격, 불합격 판정을 내리고, 로트를 처리한다.

위의 검사 절차 중에서 ⑤와 ⑦만을 좀 더 상세히 설명하면 다음과 같다.

가. 특성값이 낮을수록 좋은 경우에, 시료의 크기 n 과 상한합격판정값 $\overline{X_U}$ 을 구하는 방법($m_0 < m_1$ 인 경우) : 먼저 $(m_1 - m_0)/\sigma$ 을 계산하고, [표 6.13]를 사용하여 n 및 계수 G_0 을 읽고 $\overline{X_U} = m_0 + G_0\sigma$ 을 계산한다. 판정으로 $\bar{x} \leq \overline{X_U}$ 이면 로트를 합격, 아니면 불합격으로 한다.

나. 특성값이 높을수록 좋은 경우에, 시료의 크기 n 과 하한합격판정값 $\overline{X_L}$ 을 구하는 방법($m_0 > m_1$ 인 경우) : n 및 계수 G_0 을 읽고, $\overline{X_L} = m_0 - G_0\sigma$ 로 계산한다. 판정으로 $\bar{x} \geq \overline{X_L}$ 이면 로트를 합격, 아니면 불합격으로 한다.

다. 상한 및 하한 합격판정값을 동시에 주는 경우 : m_0' , m_1' (상한에 대한 값)과 m_0'' , m_1'' (하한에 대한 값)을 지정해서, 시료의 크기 n 과 계수 G_0 을 [표 6.13]에서 구하고, 다음과 같이 하여 상한 및 하한합격판정값을 구한다.

$$\overline{X_U} = m_0' + G_0\sigma$$
$$\overline{X_L} = m_0'' - G_0\sigma$$

단, 이 경우에는 $\dfrac{m_0' - m_0''}{\sigma / \sqrt{n}} > 1.7$ 이 만족되어야 한다.

예제 6-6

어떤 고무제품의 인장강도는 큰 편이 좋다. 만약 평균값이 460kg/㎠ 이상인 로트는 통과시키고, 430kg/㎠ 이하인 로트는 통과시키지 않도록 n 과 $\overline{X_L}$ 을 구하고 싶다. 로트의 표준편차는 $\sigma = 40$kg/㎠ 라고 한다. $\alpha = 0.05$, $\beta = 0.10$ 로 하는 계량규준형 1회 샘플링검사를 설계하라.

▶▶▷ 풀이

$$\frac{m_0 - m_1}{\sigma} = \frac{460 - 430}{40} = 0.75$$

이므로 [표 6.13]에서 $n = 16$, $G_0 = 0.411$을 얻는다. 따라서 검사방식은 다음과 같이 한다. 시료 $n = 16$개를 채취하여 인장강도를 잰 후, 평균값 $\bar{x}$ 을 구한다. 여기서 하한합격판정값 $\overline{x_L}$ 은 $\overline{x_L} = m_0 - G_0\sigma = 460 - (0.411)(40) = 443.6$ 이 된다. 따라서 판정기준은 다음과 같다.

$\bar{x} \geq 443.6$kg/㎠ 이면 로트를 합격

$\bar{x} < 443.6$kg/㎠ 이면 로트를 불합격

표 6.13 m_0, m_1을 근거로 하여 n과 $G_0 = \frac{k_\alpha}{\sqrt{n}}$를 구하는 표

($\alpha \fallingdotseq 0.05$, $\beta \fallingdotseq 0.10$)

$\left\lvert \frac{m_1 - m_0}{\sigma} \right\rvert$	n	G_0	$\left\lvert \frac{m_1 - m_0}{\sigma} \right\rvert$	n	G_0
2.069이상	2	1.163	0.732~0.755	16	0.411
1.690~2.068	3	0.950	0.701~0.731	17	0.399
1.463~1.689	4	0.822	0.690~0.709	18	0.383
1.309~1.462	5	0.736	0.671~0.689	19	0.377
			0.654~0.670	20	0.368
1.195~1.308	6	0.672	0.585~0.653	25	0.329
1.106~1.194	7	0.622	0.534~0.584	30	0.300
1.035~1.105	8	0.582	0.495~0.533	35	0.278
0.975~1.034	9	0.548	0.463~0.494	40	0.260
0.925~0.974	10	0.520	0.436~0.462	45	0.245
			0.414~0.435	50	0.233
0.882~0.924	11	0.496			
0.845~0.881	12	0.475			
0.812~0.844	13	0.456			
0.772~0.811	14	0.440			
0.756~0.771	15	0.425			

6.5.2 계량규준형 1회 샘플링 검사(KS Q 0001:2010) : 표준편차를 모르는 경우

이 샘플링검사는 로트의 표준편차 σ을 모르고, 규격치가 상한 또는 하한의 어느 한쪽으로만 주어진 경우에 적용하는 샘플링검사이다. 표준편차를 모른다는 것은 합리적으로 로트의 표준편차를 추정하기 어렵거나, 로트마다의 산포가 관리상태로 되어 있지 않아서 표준편차를 추정하기 어려운 경우이다.

(1) 상한규격값 S_U가 주어진 경우

σ가 미지이고 상한규격값 S_U가 주어진 경우, 크기 n의 시료를 채취하여

특성값을 구하고 σ 대신에 불편분산의 제곱근 $s=\sqrt{\sum(x_i-\bar{x})^2/n-1}$ 을 사용하여 시료의 평균 $\bar{x}$ 가

$$\left.\begin{array}{l}\bar{x}\le \overline{X_U}=S_U-ks \text{ 이면 로트 합격} \\ \bar{x}>\overline{X_U}=S_U-ks \text{ 이면 로트 불합격}\end{array}\right\}$$

으로 판정한다. 이것은, 즉

$$\left.\begin{array}{l}S_U\ge \bar{x}+ks \text{ 이면 로트 합격} \\ S_U<\bar{x}+ks \text{ 이면 로트 불합격}\end{array}\right\} \qquad (6\cdot 29)$$

으로 판정할 수 있다.

그런데 x가 정규분포를 따르는 경우, $\bar{x}$ 와 s가 서로 독립적으로 분포하므로 $\bar{x}+ks$ 의 분포는 근사적으로 다음과 같은 정규분포를 따른다.

$$\bar{x}+ks\sim N\left\{m+k\sigma,\ \frac{\sigma^2}{n}+\frac{k^2\sigma^2}{2n}\right\}$$

부적합품률 p_0 를 갖는 평균값 m_0 의 로트는 좋은 로트로 해서 되도록 받아들이고, 부적합품률 p_1 을 갖는 평균값 m_1 인 로트는 나쁜 로트로 해서 받아들이고 싶지 않다. 이 경우에 샘플링검사의 우연성에 의하여 좋은 로트가 불합격되는 확률을 α 로, 나쁜 로트가 합격되는 확률을 β 로 하는 샘플링검사 방식(시료의 크기 n 과 합격판정계수 k)을 구하면 다음의 관계식을 얻는다.

$$S_U=(m_0+k\sigma)+K_\alpha\sigma\sqrt{\frac{1}{n}+\frac{k^2}{2n}} \qquad (6\cdot 30)$$

$$S_U=(m_1+k\sigma)-K_\beta\sigma\sqrt{\frac{1}{n}+\frac{k^2}{2n}} \qquad (6\cdot 31)$$

그리고 $(S_U-m_0)/\sigma=K_{p_0}$ 이고 $(S_U-m_1)/\sigma=K_{p_1}$ 이므로

$$K_{p_0} = k + K_\alpha \sqrt{\frac{1}{n} + \frac{k^2}{2n}}$$

$$K_{p_1} = k - K_\beta \sqrt{\frac{1}{n} + \frac{k^2}{2n}}$$

이 얻어진다. 위 식들로부터

$$\frac{K_{p_0} - k}{K_\alpha} = \sqrt{\frac{1}{n} + \frac{k^2}{2n}}$$

$$-\frac{K_{p_1} - k}{K_\beta} = \sqrt{\frac{1}{n} + \frac{k^2}{2n}}$$

이 되므로,

$$\frac{K_{p_0} - k}{K_\alpha} = -\frac{K_{p_1} - k}{K_\beta}$$

의 등식을 얻을 수 있다. 이것을 k와 n에 대하여 풀면

$$k = \frac{K_{p_0} K_\beta + K_{p_1} K_\alpha}{K_\alpha + K_\beta} \tag{6·32}$$

$$n = \left(1 + \frac{k^2}{2}\right)\left(\frac{K_\alpha + K_\beta}{K_{p_0} - K_{p_1}}\right)^2 \tag{6·33}$$

을 얻을 수 있다. 즉, 표준편차 σ를 모르는 경우의 샘플링검사 방식의 합격판정계수 k는 표준편차 σ를 알고 있는 경우와 유사한 식으로 주어지지만, 검사개수 n은 표준편차를 알고 있는 경우보다 $\left(1 + \frac{k^2}{2}\right)$배 증가한다. (식 (6·23) 참조).

(2) 하한규격값 S_L이 주어진 경우

하한규격값이 주어지는 경우에도 식 (6·30), (6·31)과 유사하게 다음의 관계식

$$S_L = (m_0 - k\sigma) - K_\alpha \sigma \sqrt{\frac{1}{n} + \frac{k^2}{2n}} \tag{6·34}$$

$$S_L = (m_1 - k\sigma) + K_\beta \sigma \sqrt{\frac{1}{n} + \frac{k^2}{2n}} \tag{6·35}$$

을 얻을 수 있다. 상한규격값 S_U가 주어지는 경우와 동일한 방법으로 전개함으로써, 하한규격값이 정해진 경우에도 k와 n의 값을 식 (6·32)과 식 (6·33)를 얻을 수 있다.

따라서 이 경우의 검사방식은 로트로부터 크기 n의 시료를 채취하여 다음과 같이 판정을 내린다.

$S_L \le \bar{x} - ks$ 이면 로트 합격

$S_L > \bar{x} - ks$ 이면 로트 불합격

[표 6.14]의 샘플링 검사표는 되도록 합격시키고 싶은 좋은 품질의 로트가 불합격으로 되는 확률 α=0.05와, 되도록 불합격으로 하고 싶은 나쁜 품질의 로트가 합격할 확률 β=0.10을 만족시킬 수 있도록 짜여져 있으며, 불량률에 관하여 파는 측과 사는 측이 요구하는 품질보증이 동시에 이루어 질 수 있는 검사방식이라고 볼 수 있다.

예제 6-7

로트의 품질특성이 정규분포를 하며, 그 표준편차를 모르는 경우에 $p_0 = 0.01$, $\alpha = 0.05$, $p_1 = 0.10$, $\beta = 0.10$을 만족시키는 계량형 샘플링검사 방식을 구하라. 단, 하한규격값 S_L이 주어져 있다고 가정한다.

▶▶▷ 풀이

K_{p_0} =2.33, K_{p_1} =1.28, K_α =1.64, K_β =1.28이므로 식 (6·32)과 식 (6·33) 에서

$$k = \frac{(2.33)(1.28)+(1.28)(1.64)}{1.64+1.28} = 1.74$$

$$n = \left[1+\frac{(1.74)^2}{2}\right]\left[\frac{1.64+1.28}{2.33-1.28}\right]^2 \fallingdotseq 20$$

을 얻는다. 따라서 크기 $n=20$ 의 시료를 채취하여 측정한 후 $\bar{x}$ 와 s 를 구하고,

$S_L \le \bar{x}-1.74s$ 이면 로트 합격

$S_L > \bar{x}-1.74s$ 이면 로트 불합격

으로 판정하면 된다.

■ 로트의 부적합품률을 보증하는 경우의 검사절차(표준편차를 모르는 경우)

① 측정방법을 정한다.

② 상한규격값(S_U) 혹은 하한규격값(S_L)을 정한다.

③ 파는 측과 사는 측이 협의하여 p_0, p_1 을 결정한다.
이때 α=0.05, β=0.10을 기준으로 한다.

④ 검사방식을 정한다. 즉, 주어진 p_0, p_1 에 대한 (n, k)를 [표 6.14]에서 찾는다. 이 때 주어진 p_0 에서 p_1 의 값이 없으면 p_1 보다 작은 값 중에서 p_1 에 가장 가까운 값을 찾는다.

⑤ 크기 n 의 시료를 채취하여 $\bar{x}$ 와 s 을 계산한 후, 다음과 같이 로트의 합격여부를 판정한다.

㉮ 상한규격치의 경우 : $\bar{x}+ks \le S_U$ 이면 로트 합격
$\bar{x}+ks > S_U$ 이면 로트 불합격

㉯ 하한규격치의 경우 : $\bar{x}-ks \ge S_L$ 이면 로트 합격
$\bar{x}-ks < S_L$ 이면 로트 불합격

표 6.14 α=0.05, β=0.10인 경우 p_0(%), p_1(%)을 기초로하여 (n, k)를 구하는 표

n \ p_0	0.1		0.15		0.2		0.3		0.5		0.7		1.0		1.5		2.0		3.0		5.0		7.0		10		15		p_0 / n
	p_1	k	p_1	k	p_1	k	p_1	k	p_1	k	p_1	k	p_1	k	p_1	k	p_1	k	p_1	k	p_1	k	p_1	k	p_1	k	p_1	k	
5	21.0	1.81	22.0	1.73	24.0	1.66	25.0	1.57	28.0	1.45	30.0	1.37	32.0	1.28	35.0	1.18	38.0	1.08											5
6	17.0	1.90	18.0	1.82	19.0	1.75	21.0	1.65	24.0	1.53	25.0	1.44	28.0	1.35	30.0	1.25	33.0	1.15	36.0	1.02									6
7	14.0	1.97	15.0	1.89	16.0	1.82	18.0	1.72	20.0	1.59	22.0	1.51	24.0	1.41	26.0	1.31	29.0	1.20	33.0	1.08	38.0	0.89							7
8	12.0	2.02	13.0	1.95	14.0	1.87	16.0	1.77	17.0	1.64	20.0	1.56	22.0	1.46	24.0	1.36	27.0	1.25	30.0	1.12	35.0	0.93	39.0	0.80					8
9	10.0	2.17	11.0	2.00	12.01	1.92	14.0	1.82	15.0	1.69	18.0	1.60	20.0	1.50	22.0	1.40	25.0	1.29	28.0	1.16	33.0	0.97	37.0	0.83					9
10	9.0	2.12	9.7	2.04	1.0	1.96	12.0	1.86	14.0	1.73	16.0	1.64	18.0	1.54	20.0	1.43	23.0	1.32	26.0	1.19	31.0	1.00	35.0	0.86					10
11	7.7	2.16	8.6	2.08	9.6	1.99	11.0	1.89	13.0	1.76	15.0	1.68	16.0	1.57	19.0	1.46	21.0	1.35	24.0	1.22	29.0	1.02	33.0	0.88	39.0	0.72			11
12	6.9	2.29	7.7	2.11	8.7	2.02	10.0	1.92	12.0	1.79	13.5	1.71	15.0	1.60	18.0	1.49	20.0	1.38	23.0	1.24	28.0	1.05	32.0	0.90	37.0	0.74			12
13	6.2	2.22	7.0	2.14	8.0	2.05	9.2	1.95	11.2	1.81	12.6	1.73	14.0	1.62	16.4	1.51	19.0	1.40	22.0	1.26	27.0	1.07	31.0	0.92	36.0	0.76			13
14	5.7	2.24	6.4	2.16	7.4	2.08	8.5	1.97	10.4	1.83	11.7	1.75	13.4	1.64	15.5	1.53	18.3	1.42	21.0	1.28	26.0	1.08	30.0	0.94	35.0	0.78			14
15	5.2	2.27	5.9	2.18	6.8	2.10	7.9	1.99	9.7	1.85	11.1	1.77	12.7	1.66	14.7	1.55	17.5	1.44	20.0	1.30	25.0	1.10	29.0	0.96	34.2	0.79			15
16	4.8	2.29	5.5	2.20	6.3	2.12	7.4	2.01	9.1	1.87	10.5	1.78	12.1	1.68	14.0	1.57	16.8	1.45	19.3	1.32	24.2	1.11	28.1	0.97	33.3	0.81			16
17	4.5	2.31	5.1	2.22	5.9	2.14	7.0	2.03	8.6	1.89	9.9	1.80	11.5	1.70	13.4	1.58	16.1	1.47	18.6	1.33	23.4	1.13	27.3	0.99	32.5	0.82			17
18	4.2	2.33	4.8	2.24	5.6	2.16	6.6	2.05	8.2	1.91	9.4	1.82	11.0	1.71	13.9	1.60	15.5	1.48	18.0	1.34	22.7	1.14	26.7	1.00	31.7	0.83	39.5	0.61	18
19	3.9	2.35	4.5	2.26	5.3	2.18	6.2	2.07	7.8	1.93	9.0	1.83	10.6	1.73	12.4	1.61	14.9	1.50	17.4	1.35	22.1	1.15	26.1	1.01	31.0	0.84	38.6	0.62	19
20	3.7	2.33	4.2	2.28	5.0	2.19	5.9	2.09	7.5	1.94	8.6	1.85	10.2	1.74	11.9	1.62	14.4	1.51	16.9	1.36	21.5	1.16	25.5	1.02	30.4	0.85	38.0	0.63	20
21	3.5	2.38	4.0	2.30	4.7	2.21	5.6	2.10	7.2	1.95	8.3	1.86	9.8	1.75	11.5	1.63	14.0	1.52	16.4	1.37	21.0	1.17	24.9	1.03	29.8	0.86	37.4	0.64	21
22	3.3	2.39	3.8	2.31	4.5	2.22	5.3	2.11	6.9	1.97	8.0	1.87	9.4	1.76	11.1	1.64	13.6	1.53	15.9	1.38	20.5	1.18	24.3	1.04	29.2	0.87	36.8	0.65	22
23	3.1	2.40	3.6	2.32	4.3	2.23	5.1	2.12	6.6	1.98	7.7	1.88	9.1	1.77	10.8	1.65	13.2	1.54	15.5	1.39	20.1	1.19	23.8	1.05	28.7	0.88	36.3	0.66	23
24	3.0	2.41	3.4	2.33	4.1	2.24	4.9	2.13	6.3	1.99	7.4	1.89	8.8	1.78	10.5	1.66	12.9	1.55	15.1	1.40	19.7	1.20	23.4	1.06	28.3	0.88	35.8	0.66	24
25	2.8	2.42	3.3	2.34	3.9	2.25	4.7	2.14	6.1	2.00	7.1	1.90	8.5	1.79	10.2	1.67	12.6	1.56	14.8	1.41	19.3	1.21	23.0	1.06	27.9	0.89	35.3	0.67	25
26	2.7	2.43	3.2	2.35	3.7	2.26	4.5	2.15	5.9	2.01	6.9	1.91	8.3	1.80	9.9	1.68	12.3	1.57	14.5	1.42	18.9	1.22	22.6	1.07	27.5	0.90	34.0	0.68	26
27	2.6	2.44	3.1	2.36	3.6	2.27	4.3	2.16	5.7	2.02	6.7	1.92	8.1	1.81	9.6	1.69	12.0	1.58	14.2	1.43	18.5	1.22	22.3	1.08	27.1	0.90	34.5	0.68	27
28	2.5	2.45	3.0	2.37	3.5	2.28	4.2	2.17	5.5	2.02	6.5	1.93	7.9	1.82	9.4	1.70	11.7	1.58	13.9	1.43	18.2	1.23	22.0	1.08	26.7	0.91	34.1	0.69	28
29	2.4	2.46	2.9	2.38	3.4	2.29	4.1	2.18	5.3	2.03	6.3	1.93	7.7	1.82	9.2	1.71	11.4	1.59	13.6	1.44	17.9	1.23	21.7	1.09	26.4	0.91	33.8	0.69	29
30	2.3	2.47	2.8	2.39	3.3	2.30	4.0	2.19	5.1	2.04	6.1	1.94	7.5	1.83	9.0	1.71	11.2	1.60	13.4	1.45	17.7	1.24	21.4	1.09	26.1	0.92	33.5	0.70	30
35	1.9	2.52	2.3	2.43	2.7	2.34	3.4	2.22	4.6	2.07	5.6	1.97	6.7	1.86	8.1	1.74	9.9	1.63	12.3	1.48	16.5	1.27	20.1	1.11	24.7	0.95	31.7	0.72	35
40	1.7	2.55	2.0	2.46	2.4	2.37	3.1	2.25	4.1	2.10	5.0	2.00	6.1	1.89	7.5	1.77	9.1	1.65	11.5	1.50	15.4	1.29	19.0	1.14	23.6	0.97	30.5	0.74	40
45	1.5	2.58	1.8	2.49	2.2	2.39	2.8	2.28	3.8	2.13	4.6	2.02	5.7	1.91	6.9	1.79	8.5	1.67	10.8	1.52	14.7	1.31	18.2	1.16	22.8	0.98	29.5	0.76	45
50	1.3	2.60	1.6	2.51	2.0	2.41	2.5	2.30	3.5	2.15	4.2	2.04	5.3	1.93	6.5	1.81	8.1	1.69	10.3	1.54	14.1	1.33	17.5	1.17	22.0	1.00	28.6	0.77	50
55	1.2	2.62	1.5	2.53	1.8	2.43	2.3	2.32	3.3	2.17	3.9	2.06	4.9	1.95	6.2	1.83	7.7	1.70	9.8	1.55	13.6	1.34	16.9	1.19	21.4	1.01	27.9	0.78	55
60	1.1	2.64	1.4	2.55	1.7	2.45	2.2	2.34	3.1	2.19	3.7	2.08	4.7	1.96	5.9	1.84	7.3	1.72	9.4	1.56	13.1	1.35	16.4	1.20	20.8	1.02	27.3	0.79	60
65	1.0	2.66	1.3	2.57	1.6	2.47	2.1	2.35	2.9	2.20	3.5	2.09	4.5	1.97	5.6	1.85	7.0	1.73	9.1	1.57	12.7	1.36	16.0	1.21	20.3	1.03	26.8	0.80	65
70	1.0	2.67	1.2	2.58	1.5	2.48	2.0	2.36	2.7	2.21	3.3	2.10	4.3	1.98	5.4	1.86	6.7	1.74	8.8	1.58	12.3	1.37	15.6	1.22	19.9	1.04	26.4	0.81	70
75	0.9	2.68	1.1	2.59	1.4	2.49	1.9	2.37	2.6	2.22	3.2	2.11	4.1	1.99	5.2	1.87	6.5	1.75	8.5	1.59	12.0	1.38	15.2	1.23	19.5	1.05	26.0	0.81	75
80	0.9	2.69	1.1	2.60	1.4	2.50	1.8	2.38	2.5	2.23	3.1	2.12	3.9	2.00	5.0	1.88	6.3	1.76	8.3	1.60	11.7	1.39	14.9	1.23	19.1	1.06	25.6	0.82	80
85	0.8	2.70	1.0	2.61	1.3	2.51	1.7	2.39	2.4	2.24	3.0	2.13	3.8	2.01	4.8	1.89	6.1	1.77	8.1	1.61	11.4	1.39	14.6	1.24	18.8	1.06	25.3	0.83	85
90	0.8	2.71	1.0	2.62	1.2	2.52	1.6	2.40	2.3	2.25	2.9	2.14	3.7	2.02	4.7	1.90	5.9	1.77	7.9	1.62	11.2	1.40	14.3	1.24	18.5	1.06	25.0	0.84	90
95	0.7	2.72	0.9	2.63	1.1	2.53	1.6	2.41	2.3	2.26	2.8	2.15	3.6	2.03	4.6	1.91	5.7	1.78	7.7	1.63	11.0	1.41	14.0	1.25	18.2	1.07	24.7	0.84	95
100	0.7	2.73	0.9	2.64	1.1	2.54	1.5	2.42	2.2	2.26	2.7	2.16	3.5	2.01	4.5	1.92	5.6	1.79	7.5	1.63	10.8	1.42	13.8	1.26	18.0	1.08	21.4	0.65	100

예제 6-8

금속판의 표면정도의 상한규격치가 S_U=68로 주어졌을 때, 경도 68을 초과하는 것이 0.5%이하인 로트는 합격으로 하고, 그것이 4% 이상인 로트는 불합격으로 하고 싶다. 경도의 값은 정규분포를 한다고 가정하고, α=0.05이고 β=0.10으로 하는 계량규준형 1회 샘플링검사 방식을 구하라.

▶▶▷ 풀이

p_0=0.5%, p_1=4%이므로 [표 6.14]에서 p_0=0.5%, p_1=3.8%(4%가 없으므로 4%보다 작은 값 중에서 가장 큰 것을 찾았음)의 칸에서 n=45, k=2.13을 얻는다. 따라서 로트로부터 크기 n=45의 시료를 채취하고, $\bar{x}$와 s을 계산하여, 다음 식에 의하여 판정한다.

$\bar{x}+2.13s \leq 68$ 이면 로트 합격

$\bar{x}+2.13s > 68$ 이면 로트 불합격

참고문헌

6·1 박성현, 박영현 : 통계적품질관리, 민영사, 2012.

6·2 김영휘 : 품질관리, 청문각, 1979.

6·3 한국공업표준협회편 : 샘플링검사와 샘플링검사부록, 한국공업표준협회, 1982.

6·4 한국산업규격 : KS Q 0001:2010 1001:2011 등 각종의 샘플링검사법.

6·5 한국산업규격 : KS A ISO 2859 - 0, 1, 2, 3 각종의 샘플링검사법

6·6 Cochran, W.G. : Sampling Techniques, John Wiley & Sons, Inc., 1963.

6·7 Dodge, H.F. : "A sampling inspection plan for continuous production," Annals of Mathematical Statistics, Vol, XIV, pp. 264~279, 1943.

6·8 Dodge, H.F.와 Romig, H.G. : Sampling Inspection Tables~Single and Double Sampling, 2nd ed., John Wiley & Sons, Inc., New York, N.Y., 1959.

6·9 Dodge, H.F.와Torrey, M.N. : "Additional Continuous Sampling Inspection Plans, " Industrial Quality Control, pp. 5~9.

6·10 Duncan, A.J. : Quality Control and Industrial Statistics, 4th ed., Richard Irwin, Inc., Homewood, Ill., 1974.

6·11 Grant, E.L.과 Leavenworht, R.S. : Statistical Quality Control, 4th ed., McGraw-Hill, Inc., New York, N.Y., 1972.

6·12 Hamaker. H.C.와 Van Strik, R. : "The efficiency of double sampling for attributes," Journal of the American Statistical Association, Vol. L., pp.830~849, 1955.

6·13 Juran, J.M., Gryna, F. M.과 Bingham, R.S. : Quality Control Handbook, 3rd ed., McGraw-Hill, New York, 1974.

6·14 Duncan, A.J. : Quality Control and Industrial Statistics, 4th ed., Homewood, I11., Richard Irwin, Inc., 1974.

6·15 Grant, E.L. and Leavenworth, R.S. : Statistical Quality Control, 4th ed., New York, N.Y., McGraw-Hill, 1979.

연습문제

6.1 같은 부품이 30개씩 들어 있는 80개의 상자가 있다. 이 로트에서 각 부품들의 평균 무게 μ를 알고 싶다. 상자간의 무게의 산포를 $\sigma_b =$ 1.0kg, 상자 내의 부품간의 산포를 $\sigma_w = 0.6$kg, 각 부품의 무게를 측정할 때 생기는 측정 오차를 $\sigma_M = 0.2$kg이라 가정하자. 이때 4상자를 랜덤하게 뽑고, 그 가운데서 2개의 부품을 랜덤하게 샘플링하여 모두 8개의 부품을 측정하였다. 8개 시료의 평균무게 $\bar{\bar{x}}$ 의 분산을 구하라.

6.2 크기 $N = 1,000$인 로트에 대하여 n =80, $c = 2$인 계수규준형 1회 샘플링 검사를 적용한다. 로트의 부적합품률이 p =0.01, 0.02, 0.04, 0.06, 0.08, 0.10일 때의 로트 합격확률을 구하고 OC 곡선을 그려라. 확률계산에서 사용된 확률분포는 무엇인가? 왜 그것을 사용하였는가 설명하라.

6.3 로트의 크기가 $N = 1,500$인 로트에서 $n_1 = 50$, $n_2 = 100$, $c_1 = 1$, $c_2 = 4$인 계수규준형 2회 샘플링검사를 실시하여 로트의 합격여부를 판정하기로 하였다. 이 검사방식의 OC 곡선을 그려라. 만일 검사에 제출된 로트의 부적합품률이 $p = 0.05$였다면 첫 번째 시료를 검사하고 로트가 합격될 확률과 불합격될 확률은 각각 얼마나 될까? 또 최종적으로 로트가 불합격될 확률은?

6.4 어떤 제품의 수입검사를 하기 위하여 AQL 지표형 샘플링검사를 사용하기로 하였다. AOQ = 1.0%, 로트의 크기 N= 1,000, 검사수준 II에 대한 1회 및 2회 샘플링, 보통검사, 까다로운 검사 및 수월한 검사의 샘플링 방식을 구하여라.

6.5 중결함에 대한 AQL은 0.25%, 경결함에 대한 AQL은 1.0%로 하는 어떤 제품의 검사에 AQL지표형 샘플링검사를 처음으로 적용한다. 다음은 처음 10로트를 검사한 결과이다.

로트번호	로트의 크기	시료의 크기	시료에서 발견된 결함의 수	
			중결함	경결함
1	1,300	125	1	2
2	1,300	125	1	2
3	1,250	125	1	3
4	1,350	125	0	2
5	1,300	125	1	2
6	800	80	1	3
7	900	80	0	0
8	1,000	80	0	2
9	1,000	80	0	1
10	1,100	80	0	0

다음 로트부터는 수월한 검사를 적용할 수 있는가? 단, 생산은 안정되어 있다고 한다.

6.6 품질특성이 정규분포를 하며 하한규격값 $S_L = 1.00$을 가지는 어떤 제품의 로트에 대하여 계량형 샘플링검사를 적용하려고 한다. $p_0 = 0.005$일 때 생산자 위험을 $\alpha = 0.05$, $p_1 = 0.02$일 때 소비자 위험 $\beta = 0.10$으로 하고 싶다. 표준편차 σ는 과거의 데이터로부터 $\sigma = 0.10$으로 알려져 있다.

(1) 어떤 샘플링검사 방식을 적용하면 되나?

(2) 다음의 데이터가 로트에서 추출한 시료의 측정치라는 가정아래 로트의 합격여부를 판정하라. 단 시료의 크기에 해당하는 데이터만을 순서대로 뽑아서 사용하라. 만약 시료의 크기가 모자라면 데이터를 반복해서 사용하라.

1.15	1.13	1.15	1.20	1.18	1.14	1.14	1.10	1.06	1.08
0.95	1.07	1.03	1.17	1.16	1.18	1.02	1.09	1.21	1.07
1.09	0.98	1.22	1.17	1.03	0.97	1.05	1.17	1.03	0.96
1.07	1.04	1.23	1.07	1.11	1.09	1.20	1.10	1.08	0.98
1.05	1.03	1.16	0.98	1.14	1.08	1.19	1.09	1.25	1.07

(3) 위의 (1)의 검사방식에 OC 곡선을 그려라.

6.7 어떤 제품의 검사대상이 되는 품질특성이 상한규격값 $S_U = 15.0$, 하한 규격값 $S_L = 13.0$이다. 또 이 품질특성은 $\sigma = 0.4$인 정규분포를 한다고 한다. $p_0 = 0.02$일 때 $\alpha = 0.05$이고, $p_1 = 0.08$일 때 $\beta = 0.10$으로 하고자 한다면, 어떤 계량형 샘플링검사 방식을 사용해야 되나?

6.8 평균값이 20g 이상인 로트는 될 수 있는 한 합격시키고 싶고, 평균값이 18g 이하인 로트는 될 수 있는 한 불합격시키고 싶다. 과거의 데이터로 판단하여 볼 때 특성값은 정규분포에 따르고 표준편차는 $\sigma = 1.2$g으로 믿어진다. 이 때 $\alpha = 0.05$, $\beta = 0.10$을 만족시키는 평균값을 보증하는 샘플링검사 방식을 구하여라. 그리고 이 검사방식에 대한 OC 곡선을 그려라.

6.9 연습문제 **6.6**에서 표준편차를 모른다는 가정하에

(1) 시료의 표준편차를 기초로 한 검사방식을 구하라.

(2) 위의 (1)의 검사방식에 OC 곡선을 그려라.

6.10 로트의 품질특성이 정규분포를 하며, 그 표준편차를 모르는 경우에, $p_0 = 0.01$, $\alpha = 0.05$, $p_1 = 0.08$, $\beta = 0.10$을 만족시키는 계량형 샘플링검사 방식을 구하라. 단 상한규격값 S_U가 주어졌다고 가정하여라.

6.11 연습문제 **6.8**에 대하여 계량규준형 1회 샘플링 검사방법을 구하라.

6.12 연습문제 **6.6**에 대하여 계량규준형 1회 샘플링 검사 방식을 구하라.

6.13 연습문제 **6.6**에서 모집단의 표준편차를 모른다는 가정 하에

(1) KS Q 0001 계량규준형 1회 샘플링 검사 방식을 구하라.

(2) 데이터가 연습문제 **6.6**의 (2)에 주어진 것과 같다면 로트의 합격 여부는 어떻게 되는가?

제7장

관리도

7.1 관리도의 기본개념

7.1.1 품질의 산포

생산 공정에서는 생산의 목적이 되는 설계품질에 합치되는 제품을 만들어 내는 일이 주요 목표 중의 하나이다. 그러나 일정한 공정에서 생산되고 있는 제품이라 하더라도 품질 특성치는 시간이 흐름에 따라 기계나 공구의 마모에 의하여 또는 자재, 작업환경, 작업자 등의 복합적인 요인에 의하여 산포(품질변동)가 발생하게 된다. 이러한 품질의 산포를 발생시키는 원인을 살펴보면 여러 가지가 있으나 크게 다음과 같이 두 가지로 분류할 수 있다.

(1) **우연원인**(chance cause) : 생산조건이 엄격하게 관리된 상태 하에서도 발생되는 어느 정도의 불가피한 변동을 주는 원인으로, 작업자 숙련도의 차이, 작업환경의 차이, 식별되지 않을 정도의 원자재 및 생산설비 등의 제반 특성의 차이 등에 의하여 발생되는 것을 말한다. 이 변동을 줄여 품질개선을 달성하기 위해서는 시스템적이고 관리적인 접근이 필요하다. 일반적으로 우연원인에 의해서만 변동하고 있는 상태를 통계적으로 관리상태(statistically in control)에 있다고 한다.

(2) **이상원인**(assignable cause) : 작업자의 부주의, 불량자재의 사용, 생산설비상의 이상 등에 의하여 발생되는 변동을 말하며, 이 원인들은 만성적으로 존재하는 것이 아니고 산발적으로 발생하여 품질변동을 일으키는 원인이다. 이상원인은 공정에서 만성적으로 존재하는 것은 아니고 산발적으로 발생하며 품질의 변동에 크게 영향을 끼치는 요주의 원인으로써 우선적으로 제거해야 한다.

제조공정이 우연원인에 의해서만 관리된다면 이러한 공정으로부터 생산된 제품의 품질은 거의 대부분 허용된 범위 내에서 있을 것이며, 동시에 앞으로 제조될 제품의 품질도 예측 가능할 것이다. 이러한 우연원인으로만 이루어진 상태의 공정을 관리된 공정 또는 안정된 공정이라고 한다. 그러나 이상원인이 한 가지만 존재해도 공정은 관리되지 않은 상태로 변화하여, 불량품이 유의할 정도로 가공 또는 생산되게 되어 앞으로 제조될 제품의 품질 또한 예측하기 어려워진다.

따라서 품질변동의 원인을 조사하여 우연원인과 이상원인으로 구별하여 이상원인은 현장에서 즉시 조처를 취하여 더 이상 재발하지 않도록 하고, 우연원인에 대하여는 유지내지 더 줄일 수 있도록 생산 설비의 개선, 작업 방법의 개선, 작업자의 교육과 훈련 및 작업환경의 개선 등을 통하여 점차적으로 품질향상을 꾀하도록 하여야 한다.

7.1.2 관리도

통계적 품질관리는 관리도법과 더불어 시작되었다고 할 만큼, 관리도법은 통계적 품질관리의 중추적인 역할을 담당하고 있다고 하겠다. 관리도(control chart)란 말은 1924년에 Bell 전화연구소에 근무하던 W.A. Shewhart에 의하여 처음으로 소개되었고, 1931년에 발행된 그의 저서는 오늘날의 관리도법의 기초적 이론을 제시하여 주고 있다.

우리나라에 관리도법이 쓰이기 시작한 것은 1963년에 한국공업규격으로 KS A 3201(관리도법)이 제정되어, KS표시 허가공장을 중심으로 일반 생산공장에 파급되면서부터라고 말할 수 있다. 한국공업규격이 한국산업규격으로 변경되었고, 이에 따라 본 저서는 KS A 3201:2001 규격에 따라 수정 보완되었다.

공정의 상태를 나타내는 품질특성치를 이용하여 품질변동에 영향을 끼치는 원인을 신속히 판별하여, 이상원인에 대하여는 조처를 취하여 공정을 관리상태로 유지시킬 수 있는 통계적 수법이 있다면 매우 유용할 것이다. 이러한 필요성에 부합되는 수법이 관리도이다. 관리도란 우연원인으로 인한 산포와 이상원인으로 인한 산포를 구분할 수 있도록 중심선의 상·하에 관리한계선(관리상한선, 관리하한선)을 결정한 다음, 여기에 공정의 상태를 나타내는 품질 특성치(측정치, 데이터)를 타점하여 관리한계선 밖으로 나가거나 어떤 특별한 습성(pattern)이 있으면 공정에 이상원인이 존재하고, 그렇지 않으면 우연원인에 의한 산포만이 존재한다는 것을 시간에 따라 한 눈에 알아 볼 수 있도록 그린 일종의 그래프이다.

공정이 **관리된 상태**(under control)라면 거의 모든 점들이 관리한계선 안에 랜덤하게 타점이 된다. 이것은 공정의 상태가 우연원인에 의해서만 영향을 받기 때문에 품질의 변동도 예측이 가능함을 의미한다. 이런 상태라면 공정에 대한 조치는 거의 필요가 없게 된다. 반면에 관리한계선 밖으로 점들이 자주 타점되면 공정의 상태가 안정되어 있지 못하다(out of control)는 증거로 해석된다. 즉, 공정이 이상원인에 의한 상태로 가동되고 있어서 계속적으로 품질상의 문제를 일으키고 있다고 보는 것이다. 이런 경우에는 이상원인에 대한 탐색을 하고 그에 알맞은 관리 및 기술적 조처를 취하여야 한다.

따라서 관리도를 사용하는 주요 목적은 공정의 상태에 대하여 이상 유무를 신속히 찾아내어 이상원인으로 인한 부적합품이 대량 생산되기 전에 미리 필요한 조처를 취하여 관리된 상태로 유지하도록 함으로써 우수한 품질의 제품을 생산하는 데 있다.

7.1.3 관리한계선

우연원인에 의해서만 품질변동이 일어나고 있을 때는 생산공정이 정상상태에 있다고 볼 수 있으며, 이때는 품질의 확률분포의 모수(parameters)가 일정한 값을 가지고 있다. 그러나 이상원인에 의하여 품질변동이 크게 생기게 되면 모수의 값에 변화가 생긴다. 예를 들면, 정규분포를 하는 품질특성은 평균치 μ와 표준편차 σ와 같은 모수를 가지고 있는데, 만약 이상원인에 의하여 품질변동이 생겼다면, 이 μ나 σ의 값이 달라졌다는 뜻이 된다. 다른 예로는 이항분포에 따르는 부적합품수가 어떤 이상원인에 의하여 갑자기 증가하였다면 이항분포의 모수 p (부적합률)가 커졌다는 의미가 된다.

생산공정이 정상상태에 있을 때 품질특성의 확률분포의 모수 θ_0라 하고, 공정의 이상 유무를 판정하기 위하여 시료를 추출하는 시점에서의 품질특성의 확률분포의 모수를 θ 라 하면, 공정의 이상 유무를 판단하는 문제는 통계적 가설

$$H_0 \ : \ \theta = \theta_0$$
$$H_1 \ : \ \theta \neq \theta_0$$

을 검정하는 문제로 귀착된다. 이 가설을 검정하는 방법은 여러 가지가 있으나 관리도에서는 시료에서 얻어진 데이터가 평균치를 중심으로 $\pm 3\sigma$ 안에 포함될 때, 귀무가설을 채택하고 공정에는 이상원인이 작용하고 있지 않다고 결론을 내린다.

관리도에서는 공정이 정상상태에 있을 때, 품질특성의 평균치에 해당하는 선을 중심선(center line, CL)이라 하고, 중심선에서 3σ 위에 있는 관리한계선을 관리상한(upper control limit, UCL), 중심선에서 3σ 아래에 있는 관리한계선을 관리하한(lower control limit, LCL)이라고 한다. [그림 7.1]은 관리한계선과 귀무가설의 채택여부를 보여주고 있다.

3σ법을 채택할 경우에는 옳은 귀무가설 H_0가 기각되는 확률(제1종의 과오 α)은, 정규분포인 경우에는 0.0023(0.23%)에 불과하므로 매우 좋다고 볼 수 있다. 그러나 $\pm 3\sigma$ 의 폭이 비교적 넓기 때문에 모수 θ 에 약간이 변화가 생겨서 대립가설 $\theta \neq \theta_0$가 옳은 경우에, 옳은 대립가설을 부정할 확률(제2종의 과오 β)이 높게 된다. 즉, 검정력(test power) $1-\beta$가 충분히 크지 못하다는 결점이 있다.

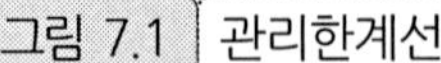

관리한계선

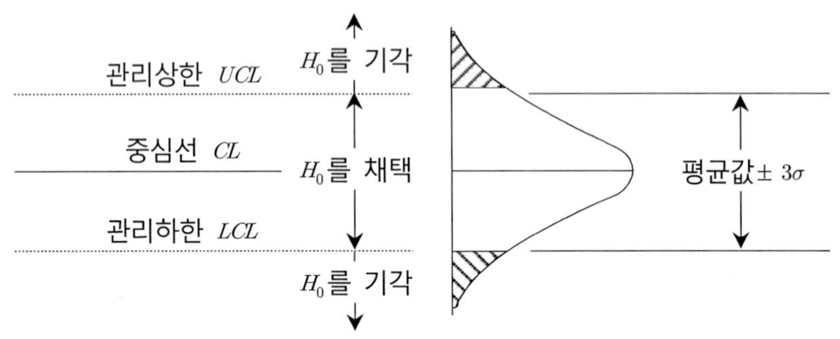

7.1.4 부분군(시료군)의 형성

부분군(subgroup)이란 같은 조건하에서 랜덤하게 추출된 일단의 측정치들을 말하며, 크기 n의 시료가 k조 있을 때 우리는 k조의 부분군(시료군)이 있다고 말한다. 부분군을 간단히 군이라고 부르기도 한다. 관리도는 이 부분군의 통계적인 성질에 민감하므로, 부분군의 형성에 세심한 주의를 하여야 한다. 일반적으로 **부분군 내부의 변동**(variation within subgroup)은 우연원인에 의한 변동만이 있도록 하고, 이상원인에 의한 변동이 존재할 경우에는, 이것은 **부분군 간의 변동**(variation between subgroups)에 들어가도록 부분군을 형성하는 것이 가장 이상적이다. 이러한 성질을 만족시키는 부분군을 합리적인 부분군(rational subgroup)이라 한다.

부분군의 크기 n을 결정할 때는 공정이 얼마나 이동했을 때 이를 탐지할 수 있도록 할 것인지를 고려해야 한다. 일반적으로 부분군의 크기가 클수록 공정의 작은 변화를 더 민감하게 탐지할 수 있다. 따라서 공정의 이동 폭이 적을수록 더 큰 시료를 채취하는 것이 바람직하다. 부분군의 채취빈도는 빈도가 높을수록 공정변화를 신속히 탐지할 수 있다. 결국 부분군 크기는 클수록, 채취빈도는 높을수록 공정변화를 민감하게 탐지할 수 있으나 비용과 시간이 증가하는 단점이 있다. 경제적인 부분군 크기 및 채취빈도를 결정하기 위해서는 채취비용, 공정이 관리상태를 이탈한 채로 계속 가동될 때의 손실 등을 고려해야 한다. 따라서 관리도를 활용하여 얻고자 하는 정보를 최대한 확보하고 경제적으로 생산하기 위해서는 부분군을 합리적인 방식으로 채취해야 하는 것이 매우 중요하다.

7.1.5 관리상태의 판정

공정이 관리상태에 있다고 판정하기 위해서는 관리한계선을 벗어난 점이 없거나 혹은 점의 배열에 아무런 습성이 없어야 한다. 만일 관리한계선을 벗어난 점이 있거나, 점의 배열에 어떤 습성(pattern)이 있을 경우에는 공정에 어떤 문제가 발생하였을 가능성이 있으므로, 그 원인을 탐구하여 반드시 조치를 취해 주어야 한다. 여기서 점의 배열의 습성이라는 것은 다음의 경우를 말한다.

- 중심선의 한쪽에 런의 길이(length of run)가 긴 것이 나타난다.
- 경향(trend)이 나타난다.
- 주기성(cycle)이 나타난다.
- 점이 관리한계선에 접근하여 연속해서 여러 개 나타난다.
- 층화(stratification)현상이 나타난다.

위의 5가지 경우를 하나씩 검토하여 보자.

(1) 런(run)

중심선의 한쪽에 연속해서 나타난 점의 군을 **런(run)**이라고 부른다. **런의 길이(length of run)**란 한쪽에 연속되는 점의 수를 말하고, **런의 수(number of run)**란

하나의 관리도상에 나타난 점의 수를 말한다. 런의 길이가 7이상인 경우 공정에 이상이 있다고 판단하고 조치를 취해야 한다. 참고로 [그림 7.2]에서 런의 수는 모두 9개이고, 가장 긴 런의 길이는 5이므로 런 현상이 발생하였다고 할 수 없다. 물론, 런의 길이가 7이상이 아니더라도 중심선에 대하여 같은 쪽에 연속 11점 중 적어도 10점 이상이 같은 쪽에 있으면, 이상이 있다고 판단한다.

그림 7.2 런의 길이와 런의 수

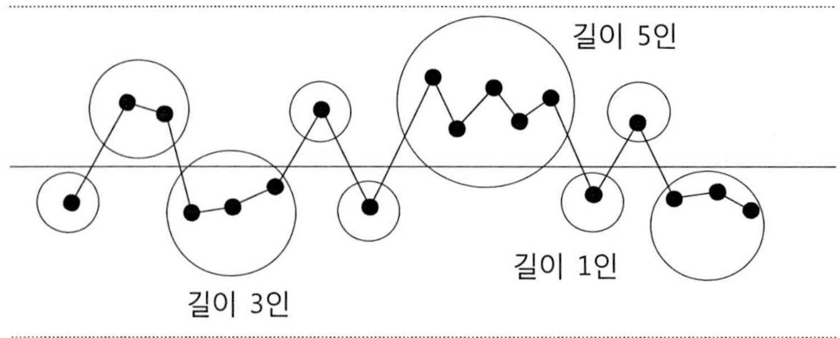

(2) 경향(trend)

경향이란 점이 점점 올라가거나(runs up), 내려가는(runs down) 상태를 말한다. 이는 생산공정이 어떤 원인에 의하여 지속적으로 영향을 받는다는 의미이다. 예를 들면, 공구의 점진적 마모, 용액 중의 유효성분의 점진적인 감소, 냉

그림 7.3 경향(trend)

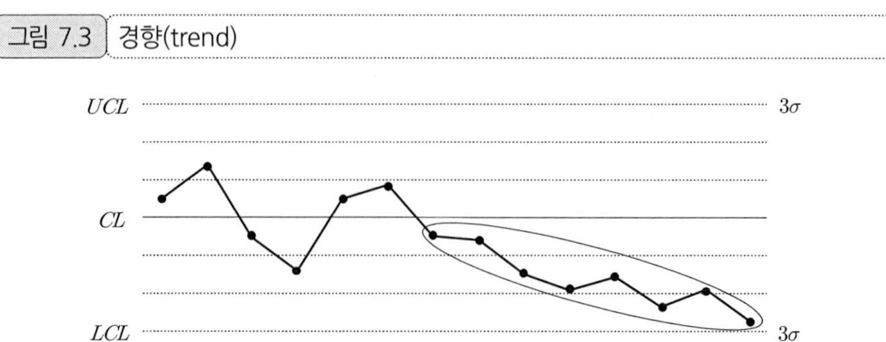

각수의 온도변화 등에 의하여 발생할 수 있다. 경향이 나타날 때에는 결국에는 관리한계선을 벗어나는 점이 발생할 가능성이 매우 높으므로 미리 조치를 취해 주는 것이 바람직하다.

(3) 주기성(cycle)

주기성은 어떤 요인이 주기적으로 공정에 영향을 미쳐서 품질특성치가 일정한 패턴으로 상, 하로 변동하는 경우에 주기성이 있다고 한다. 주기성이 나타나면 주기적인 변동의 원인이 무엇인가를 추구함과 동시에, 관리목적에 따라 부분군의 구분방법, 시료채취방법, 데이터를 얻는 방법 등을 재검토하여 보아야 한다. 예를 들면, 전압의 변화, 온도의 변화, 혹은 작업자 능률의 변화 등이 품질특성치에 주기적으로 영향을 미칠 수 있다.

그림 7.4 주기성(cycle)

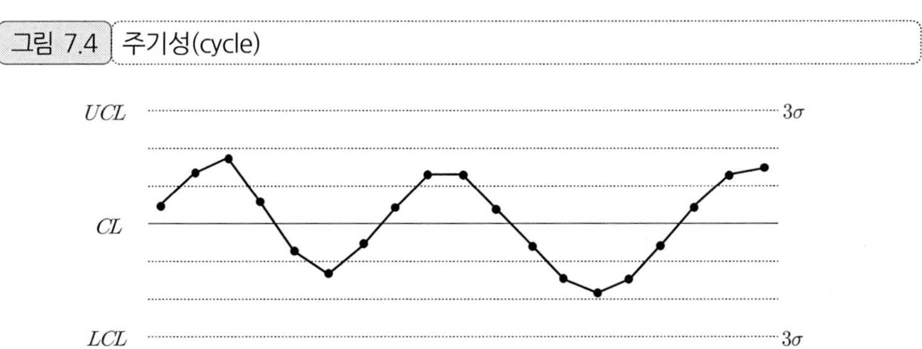

주기성은 단기 주기와 장기 주기로 구분될 수 있다. 단기 주기성은 일반적으로 관리도상에 명확히 나타날 수 있다. 그러나 장기 주기성은 관리도 한 장으로 판명되기는 힘들다. 계절적인 효과와 같은 장기적 주기성을 판명하기 위해서는 측정간격을 일평균, 주평균, 혹은 월평균으로 몇 장의 관리도 대신에 한 장에 함축한 후 데이터를 분석하는 것이 효율적이다.

(4) 점이 관리한계선에 접근해서 나타날 경우

관리상태의 분포에서 생각해 보면, 점이 관리한계선 가까이 나타날 확률은 아주 작다. 따라서 점이 한계선 근처에 잇따라 나타날 확률은 더욱 적으므로 다음과 같은 경우에는 무언가 이상원인이 생겼다고 판단 할 수 있다.

연속된 3점 중 2점 이상이 2σ 와 3σ 사이 발생한 경우
연속된 5점 중 4점 이상이 1σ 와 3σ 사이 발생한 경우(같은 쪽)
연속된 8점이 1σ 이상에서 발생한 경우

예를 들어, 연속된 3점 중 2점이라는 것은 [그림 7.5]와 같은 경우를 말한다.

그림 7.5 점이 관리한계에 접근된 경우

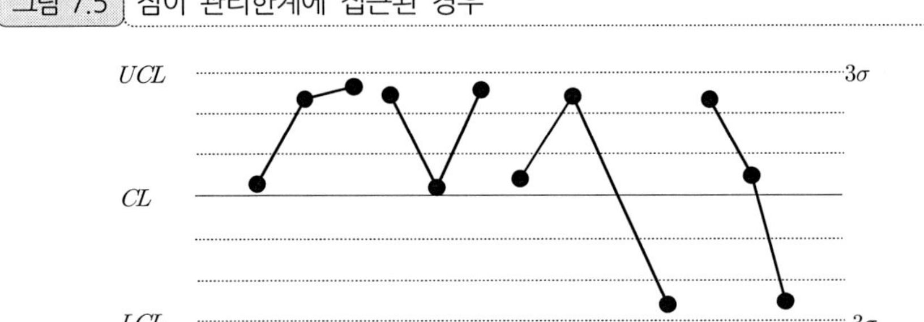

(5) 층화현상

점들이 중심선 근처에서 계속해서 나타나는 현상을 **층화**(stratification)라 한다. 연속해서 15개의 점이 1σ 범위 내에 나타날 경우를 말한다. 이 경우 공정이 관리상태에 있고 매우 안정되어 있다고 잘못 판단하는 일이 없도록 주의하여야 한다. 만일 공정이 관리상태에 있고 공정개선에 의한 품질향상의 결과라면 관리한계선을 다시 수정하여야 한다. 그러나 관리한계선의 계산이 틀렸거나, 인위적으로 측정치를 조작하였거나, 혹은 측정시스템의 구별력이 없는 경우에도 이런 현상이 발생할 수 있다는 것을 알아야 한다.

그림 7.6 점들이 중심선에 몰려있는 경우

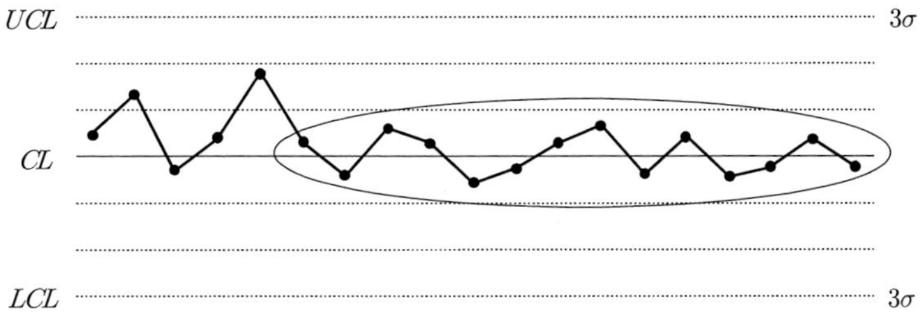

7.1.6 주요 관리도와 미니탭 메뉴

본 장에서 다루는 주요 관리도와 미니탭에서 관리도를 다루는 데 필요한 메뉴 절차는 다음 표와 같다.

표 7.1 주요 관리도와 미니탭 메뉴

	관 리 도	내 용	메 뉴 절 차
계수형	p 관리도	부적합률 관리도	통계분석► 관리도 ► P
	np 관리도	부적합품수 관리도	통계분석► 관리도 ► NP
	c 관리도	부적합수 관리도	통계분석► 관리도 ► C
	u 관리도	단위당 부적합수 관리도	통계분석► 관리도 ► U
계량형	$\bar{x}$ 관리도	평균값 관리도	통계분석► 관리도 ► Xbar
	R 관리도	범위 관리도	통계분석► 관리도 ► R
	x 관리도	개개의 측정값 관리도	통계분석► 관리도 ► 개체
	R_s 관리도	인접한 두 측정값 차 관리도	통계분석► 관리도 ► MR
	$\bar{x}$ -R 관리도	$\bar{x}$ -R 관리도	통계분석► 관리도 ► Xbar-R
	$x-R_s$ 관리도	$x-R_s$ 관리도	통계분석► 관리도 ► I-MR
	CUSUM 관리도	누적합 관리도	통계분석► 관리도 ► CUSUM
	MA 관리도	이동평균 관리도	통계분석► 관리도 ► 이동평균
	EWMA 관리도	지수가중이동평균관리도	통계분석► 관리도 ► EWMA

계량치의 관리도의 경우에 두 개의 관리도를 합쳐 평균치와 범위 ($\bar{x}-R$)의 관리도, 개개의 측정값과 인접한 두 측정값의 차 ($x-R_s$)의 관리도 등이 많이 사용된다.

7.1.7 미니탭 테스트

미니탭에서는 관리도의 이상 상태를 감지할 수 있는 테스트 조건을 지정할 수 있도록 되어 있다. 지정 메뉴는 다음과 같으며 p, np, c, u 관리도는 테스트1에서 4까지만 검정이 가능하며, 계량형관리도에서는 8까지도 가능하다.

이상 상태를 감지하는 8가지 테스트

미니탭 메뉴 ; **통계분석 > 관리도 > 관리도 옵션 > 검정**

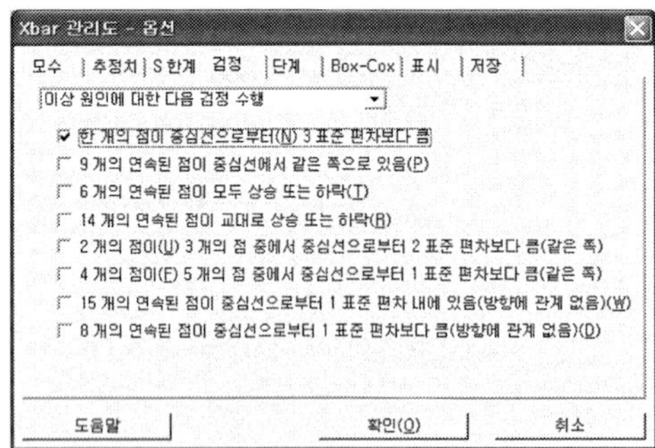

- Test1 : 1개의 점이 중심선에서 3 표준 편차보다 큼
- Test2 : 9개의 연속된 점이 중심선에서 같은 쪽에 있음
- Test3 : 6개의 연속된 점이 모두 상승 또는 하락
- Test4 : 14개의 연속된 점이 교대로 상승과 하락
- Test5 : 3개의 점 중에서 2개의 점이 중심선으로부터 2 표준 편차보다 큼(같은 쪽)

- Test6 : 5개의 점 중에서 4개의 점이 중심선으로부터 1 표준 편차보다 큼(같은 쪽)
- Test7 : 15개의 연속된 점이 중심선으로부터 1 표준 편차 내에 있음(같은 쪽)
- Test8 : 8개의 연속된 점이 중심선으로부터 1 표준 편차보다 큼(방향에 관계 없음)

7.2 계수형 관리도

7.2.1 부적합품률(p) 관리도

부적합품률 관리도(control chart for fraction defectives)는 계수형 관리도 중에서 가장 널리 이용되는 관리도이다. 이것을 간단히 p 관리도라고 부르기도 한다. p 관리도는 측정이 불가능하여 계수치로 밖에 나타낼 수 없는 품질특성이나, 또는 측정이 가능하더라도 합격여부 판정만이 목적인 경우에 사용된다. 특히 p 관리도는 부적합품률의 변화를 탐지하거나 평균 부적합품률을 추정하고 싶을 때 많이 활용된다.

(1) 관리한계선 산출

부적합품률이 p 인 생산공정으로부터 크기 n 의 시료를 추출하여 시료의 부적합품률을 관리한다. 이 통계량의 평균과 분산은 각각 p 와 $p(1-p)/n$ 이므로 부적합품률 p를 알고 있는 경우의 관리한계선은 다음과 같다.

$$\left.\begin{aligned} &\mathrm{CL}=p \\ &\mathrm{UCL}=p+3\sqrt{\frac{p(1-p)}{n}} \\ &\mathrm{LCL}=p-3\sqrt{\frac{p(1-p)}{n}} \end{aligned}\right\} \tag{7·1}$$

그러나 실제로 공정 부적합품률 p를 모르고 있는 경우가 대부분이므로, 다음과 같이 p의 추정값 $\bar{p}$를 사용하게 된다.

$$\bar{p}=\frac{\text{검사에서 발견된 부적합품의 총수}}{\text{총 검사개수}} \tag{7·2}$$

이 $\bar{p}$를 식 (7·1)에 대입시키면, p 관리도에서 사용되는 다음과 같은 중심선과 관리한계선을 얻는다.

$$\left.\begin{aligned} &\mathrm{CL}=\bar{p} \\ &\mathrm{UCL}=\bar{p}+3\sqrt{\frac{\bar{p}(1-\bar{p})}{n}} \\ &\mathrm{LCL}=\bar{p}-3\sqrt{\frac{\bar{p}(1-\bar{p})}{n}} \end{aligned}\right\} \tag{7·3}$$

(2) p 관리도의 작성방법

① 데이터의 수집

공정의 부적합품률을 예측하여, 시료 중에 부적합품수가 대략 1~5개 포함될 수 있는 크기 n의 시료를 약 20~25군 채취하여 조사·측정한다. 이 때 각군의 시료는 같은 수로 하면 편리하나 반드시 그럴 필요는 없다. 시료의 크기 n을 정하는 데는 부적합품수를 np으로 나타내면 np = 1~5개 ⇒ $n=\frac{1}{p}\sim\frac{5}{p}$ 쯤으로 한다.

가령, p = 5%정도라면 $n=\frac{1}{0.05}\sim\frac{5}{0.05}=20\sim100$ 이 된다. 그러나 로트자체를 시료로 간주하여 조사할 때에는 n과 np이 큰 값을 가져도 좋다.

② 각 군의 부적합품률 p 의 계산

각 군마다 부적합품률 p 를 다음과 같이 계산한다.

$$p = \frac{\text{부적합개수}}{\text{군의 크기(시료의 크기)}} = \frac{x}{n} = \frac{np}{n}$$

③ 평균 부적합품률 $\bar{p}$ 의 계산

평균 부적합품률을 다음과 같이 계산한다.

$$\bar{p} = \frac{\Sigma x}{\Sigma n} = \frac{\Sigma np}{\Sigma n}$$

④ 관리한계선의 계산

p 관리도에 기입할 관리한계선을 계산한다. 만약 시료의 크기 n 이 각 군마다 다르면, 각각의 시료의 크기 n 에 대하여 UCL과 LCL을 계산해야 한다. LCL은 음이 되는 경우도 있는데, 이 경우에는 관리하한은 생각하지 않는다.

⑤ 관리한계선의 기입 및 관리상태 판정

관리한계선을 기입하고 각 군마다 부적합품률 p를 기입하여 이들을 연결시킨 후 관리상태를 판정한다.

예제 7-1

컴퓨터 모니터를 생산하는 (주)ABC에서는 생산되는 모니터의 표면을 전수 육안검사한다. 모니터의 표면에 조그만 스크래치가 있어도 부적합품으로 처리한다. 이 회사에서는 p 관리도를 활용하여 생산공정이 어느 정도 안정되어 있는지, 생산공정에 어떤 문제가 있는지를 판단하려고 한다. 생산되는 제품의 수는 매일 변동하므로 시료의 크기(이 경우는 로트의 크기) n 은 일정하지 않다. [표 7.2]와 같은 데이터가 수집되었을 때 p 관리도를 미니탭을 활용하여 작성하고, 해석하시오.

표 7.2 p 관리도의 자료표(data sheet)

<table>
<tr><td colspan="2">제 품 명 칭</td><td colspan="2">모니터 21인치</td><td rowspan="2">기 간</td><td></td></tr>
<tr><td colspan="2">품 질 특 성</td><td colspan="2">스크래치 유무</td><td></td></tr>
<tr><td colspan="2">측 정 방 법</td><td colspan="2">육 안 검 사</td><td>기 계 번 호</td><td></td></tr>
<tr><td rowspan="2">규격 한계</td><td>최대</td><td colspan="2"></td><td>작 업 원</td><td></td></tr>
<tr><td>최소</td><td colspan="2"></td><td rowspan="2">검 사 원
성 명 인</td><td rowspan="2"></td></tr>
<tr><td colspan="2">규 격 번 호</td><td colspan="2"></td></tr>
<tr><td>일시</td><td>시료군의 번호</td><td>시료군의 크기 n</td><td>부적합수 np</td><td colspan="2">부적합품률 p (%)</td></tr>
<tr><td></td><td>1</td><td>550</td><td>4</td><td colspan="2">0.7272</td></tr>
<tr><td></td><td>2</td><td>550</td><td>5</td><td colspan="2">0.9091</td></tr>
<tr><td></td><td>3</td><td>550</td><td>2</td><td colspan="2">0.3636</td></tr>
<tr><td></td><td>4</td><td>550</td><td>7</td><td colspan="2">1.2727</td></tr>
<tr><td></td><td>5</td><td>550</td><td>1</td><td colspan="2">0.1818</td></tr>
<tr><td></td><td>6</td><td>500</td><td>4</td><td colspan="2">0.8000</td></tr>
<tr><td></td><td>7</td><td>500</td><td>5</td><td colspan="2">1.0000</td></tr>
<tr><td></td><td>8</td><td>500</td><td>6</td><td colspan="2">1.2000</td></tr>
<tr><td></td><td>9</td><td>500</td><td>4</td><td colspan="2">0.8000</td></tr>
<tr><td></td><td>10</td><td>500</td><td>3</td><td colspan="2">0.6000</td></tr>
<tr><td></td><td>11</td><td>580</td><td>5</td><td colspan="2">0.8621</td></tr>
<tr><td></td><td>12</td><td>580</td><td>3</td><td colspan="2">0.5172</td></tr>
<tr><td></td><td>13</td><td>580</td><td>5</td><td colspan="2">0.8621</td></tr>
<tr><td></td><td>14</td><td>580</td><td>2</td><td colspan="2">0.3448</td></tr>
<tr><td></td><td>15</td><td>580</td><td>5</td><td colspan="2">0.8621</td></tr>
<tr><td></td><td>16</td><td>530</td><td>4</td><td colspan="2">0.7547</td></tr>
<tr><td></td><td>17</td><td>530</td><td>10</td><td colspan="2">1.8868</td></tr>
<tr><td></td><td>18</td><td>530</td><td>8</td><td colspan="2">1.5094</td></tr>
<tr><td></td><td>19</td><td>530</td><td>13</td><td colspan="2">2.4528</td></tr>
<tr><td></td><td>20</td><td>530</td><td>12</td><td colspan="2">2.2642</td></tr>
<tr><td colspan="2">계</td><td>10,800</td><td>108</td><td colspan="2">$\bar{p}=\sum np/\sum n = 108/10,800 = 0.01 = 1\%$
$\sqrt{\bar{p}(1-\bar{p})} = \sqrt{(0.01)(1-0.01)} = 0.0995 = 9.95\%$</td></tr>
<tr><td colspan="6">비 고 :</td></tr>
</table>

▶▶▷미니탭 이용

1. **C1(시료군의 크기)**과 **C2(부적합수)**에 데이터 입력
2. **통계분석 > 관리도 > 계수형 관리도 > P** 표시 선택

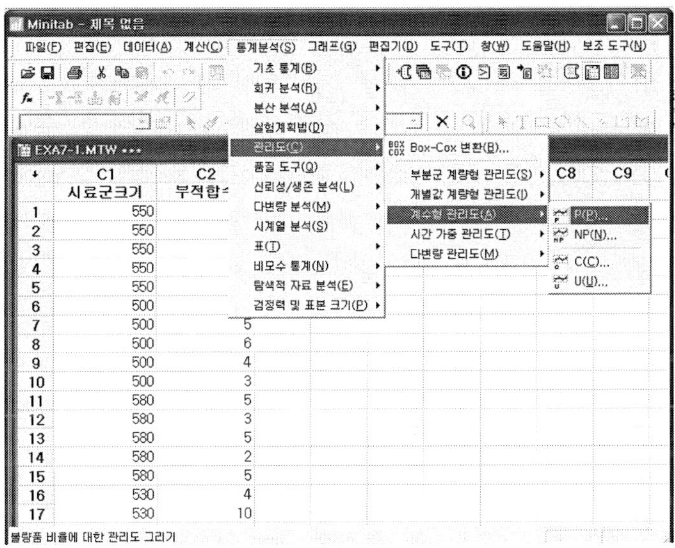

3. P 관리도 대화상자에서 **변수**에 **C2(부적합수 np)**를 선택하고 **부분군의 크기**에 **C1(시료군의 크기 n)**을 선택 후 확인

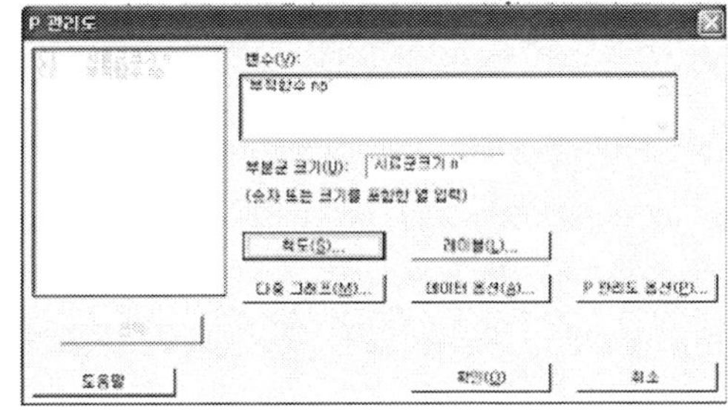

4. 결과창

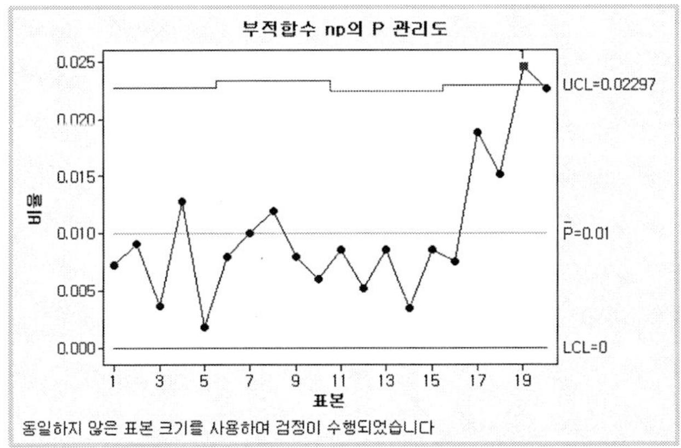

위 그림에서 19번째 표본이 관리상한선을 벗어나 있으므로 원인을 조사하여 그 원인이 만약 이상원인이라고 판단되면 이 점을 이상치로 간주하고 제거한 후 다시 관리상한과 하한을 계산하여 관리한계선을 벗어나는 점이 없도록 관리도를 수정한다. 다음 생산에는 이 수정된 관리한계선을 이용한다.

한편, 시료군 8~16에서 길이 8인 런이 발생해 이 생산공정은 대단히 불안정한 공정상태로 이상원인이 있다고 판단하고 조치를 취해야 한다.

(3) p 관리도의 OC곡선

p 관리도의 OC곡선은 미지의 값 p 의 함수로써 나타나며, 시료의 부적합품률이 관리 한계선 안에 포함되는 확률 L(p)를 그래프로 나타낸 것이다. 즉,

$$L(p) = P(LCL \le \frac{X}{n} \le UCL) \tag{7·4}$$

을 p 의 값의 변화에 따라 그래프에 그려 놓는 것이다. 예를 들어 설명하는 것이 이해를 돕는데 가장 빠른 방법이므로 다음의 예제를 통하여 설명하기로 한다.

예제 7-2

공정 부적합품률이 $\bar{p}= 0.10$, 각 군의 크기가 n=100, 그리고 3σ관리한계선을 사용하는 p 관리도의 OC곡선을 그려라.

▶▶▷ 풀이

먼저 $\bar{p}=0.10$인 경우에 대하여 관리한계선을 식 (7·4)에 의하여 구하면

$$UCL = 0.10 + 3\sqrt{\frac{(0.10)(0.90)}{100}} = 0.19$$

$$LCL = 0.10 - 3\sqrt{\frac{(0.10)(0.90)}{100}} = 0.01$$

이므로, 시료 부적합품률 $X/n = X/100$가 관리한계선 안에 포함될 확률은

$$L(p) = P(0.01 \le \frac{X}{100} \le 0.19) = P(1 \le X \le 19)$$

에 의하여 계산된다. 그런데

$$\frac{X - E(X)}{D(X)} = \frac{X - np}{\sqrt{np(1-p)}} = \frac{X - 10}{3}$$

은 대략적으로 정규분포에 따르므로

$$L(p) = P(\frac{1-10}{3} \le \frac{X-10}{3} \le \frac{19-10}{3}) = P(-3 \le Z \le 3) = 0.9974$$

를 얻게 된다.

이와 같은 계산절차를 여러 가지 p의 값에 대하여 반복적으로 계산하여 확률계산표와 OC곡선을 만들어 보면 다음과 같다. 이 OC곡선은 당연히 $\bar{p} = 0.10$에서 가장 큰 L(p)의 값을 갖게 된다.

p	$P(\frac{1-np}{\sqrt{np(1-p)}} \le U \le \frac{19-np}{\sqrt{np(1-p)}}) = L(p)$
0.01	$P(0 \le U \le 18.09) = 0.5000$
0.05	$P(-1.84 \le U \le 6.42) = 0.9671$
0.10	$P(-3 \le U \le 3) = 0.9974$
0.15	$P(-3.92 \le U \le 1.12) = 0.8686$
0.20	$P(-4.75 \le U \le -0.25) = 0.4013$
0.25	$P(-5.54 \le U \le -1.39) = 0.0823$

■ p 관리도의 OC곡선

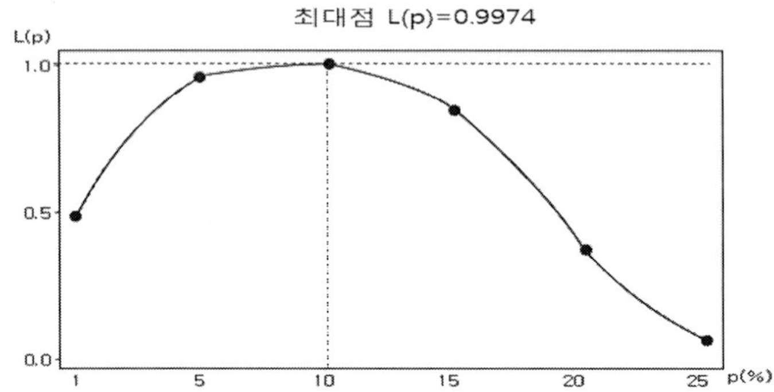

그림에서 OC 곡선은 $\bar{p}=0.10$을 중심으로 정규분포의 모양 비슷한 모양을 나타낸다.

7.2.2 부적합품수(np) 관리도

부적합품수 관리도(control chart for number of defectives)는 공정을 부적합품수 np에 의거하여 관리할 경우에 사용한다. 이 경우에 각 군의 시료의 크기는 반드시 일정하지 않으면 안된다. 또한 이 관리도는 양호품의 개수, 2등급의 개수 등과 같이 개수를 세어 관리하고 싶은 경우에는 언제든지 사용할 수 있다.

(1) 관리한계선

공정부적합률 p를 알고 있는 경우에는

$$\left.\begin{aligned} &\mathrm{CL}=np \\ &\mathrm{UCL}=np+3\sqrt{np(1-p)} \\ &\mathrm{LCL}=np-3\sqrt{np(1-p)} \end{aligned}\right\} \tag{7·5}$$

을 구할 수 있으나 np을 일반적으로 모르고 있으므로 이를

$$n\bar{p} = \frac{\sum np}{k} \qquad (7 \cdot 6)$$

에 의하여 추정한다. 이때 np 은 각 군의 부적합품수이고, $\sum np$ 는 총부적합품수의 합이고, k 는 시료군의 수이다. 따라서 중심선과 관리한계선을 다음과 같이 구한다.

$$\left.\begin{aligned} \mathrm{CL} &= n\hat{\bar{p}} \\ \mathrm{UCL} &= n\bar{p} + 3\sqrt{n\bar{p}(1-\bar{p})} \\ \mathrm{LCL} &= n\bar{p} - 3\sqrt{n\bar{p}(1-\bar{p})} \end{aligned}\right\} \qquad (7 \cdot 7)$$

(2) np 관리도의 작성방법

np 관리도의 작성요령은 p 관리도와 매우 유사하므로 간단히 설명하기로 한다.

① 데이터의 수집

p 관리도 때의 요령과 동일하다. 그러나 np 관리도에서는 각 군마다 시료의 크기 n 이 반드시 일정하여야 한다.

② 관리한계선 산출 및 기입

중심선과 관리한계선을 계산하여 이를 관리도 용지에 그려 넣는다.

③ 각 군마다의 부적합품수를 그려 넣은 후 관리상태를 조사한다.

예제 7-3

LCD 모니터를 생산하는 구미에 있는 (주)구미에서는 생산되는 모니터를 샘플링하여 표면을 육안검사 한다. 모니터의 표면에 미세한 기포라도 있어도 부적합품으로 처리한다. 이 회사에서는 np 관리도를 활용하여 부적합품수가 어느 정도인지를 관리하고자 한다. 생산되는 제품 중 매일 100개의 시료를 샘플링하여 검사하였고, 그 결과는 아래 표와 같다. np 관리도를 미니탭을 활용하여 작성하고, 해석하시오.

표 7.3 np 관리도 자료

제 품 명 칭		19인치 LCD	제조명령번호			기 간	
품 질 특 성		표면	직 장				
측 정 방 법		육안검사	규준일생산고			기계번호	
규격 한계	최대		시료	크기		작 업 원	
	최소			간격		검 사 원 성 명 인	
규 격 번 호			측정기번호				

일시	군 번호	검사 수 n	부적합품수 np	적 요
	1	100	4	
	2	100	2	
	3	100	0	
	4	100	5	
	5	100	3	
	6	100	2	
	7	100	4	
	8	100	3	
	9	100	2	
	10	100	6	
	11	100	1	
	12	100	4	
	13	100	1	
	14	100	0	
	15	100	2	
	16	100	3	
	17	100	1	
	18	100	6	
	19	100	1	
	20	100	3	
	21	100	3	
	22	100	2	
	23	100	0	
	24	100	7	
	25	100	3	
			$\sum np = 68,\ n\bar{p} = 2.72$	
			$\bar{p} = 0.0272$	

비 고 : $\mathrm{UCL} = \bar{p}n + 3\sqrt{\bar{p}n(1-\bar{p})} = 2.72 + 3\sqrt{(2.72)(0.9728)} = 7.6$

$\mathrm{LCL} = \bar{p}n - 3\sqrt{\bar{p}n(1-\bar{p})} = 2.72 - 3\sqrt{(2.72)(0.9728)} = 0$

▶▶▷미니탭 이용

1. C1(검사의 수 n)과 C2(부적합품수 np)에 데이터 입력
2. **통계분석 > 관리도 > 계수형 관리도 > NP** 표시 선택

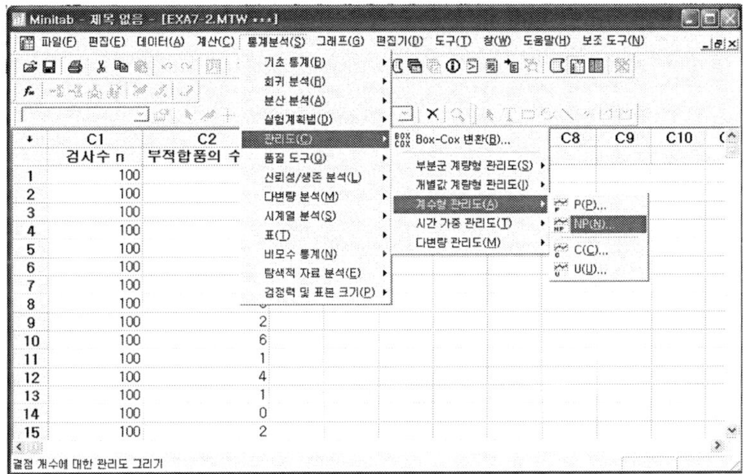

3. NP 관리도 대화상자에서 **변수**에 **C2(부적합품수 np)**를 선택하고 **부분군의 크기**에 **C1(검사의 수 n)**을 선택 후 확인

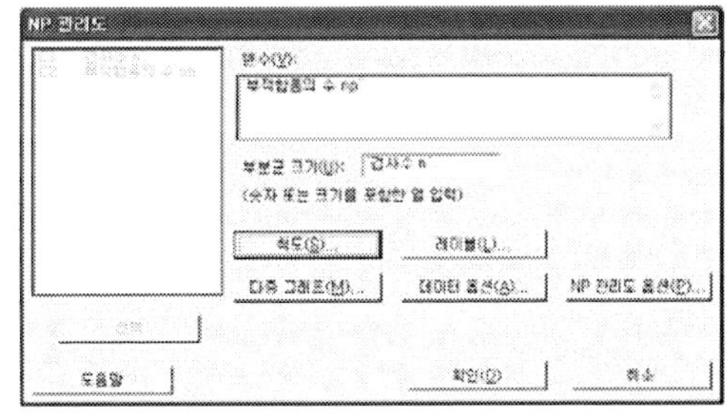

4. 결과창

이 관리도에서는 관리한계선을 벗어나는 점이 없으므로 공정은 관리상태에 있다고 볼 수 있다.

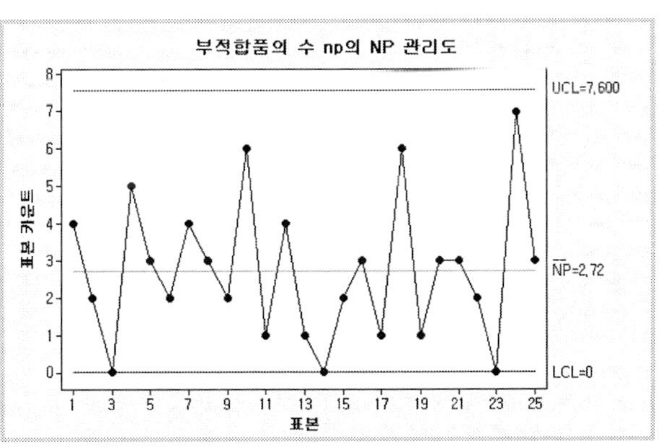

6.2.3 부적합수(c) 관리도

부적합수 관리도(control chart for number of defects)는 c 관리도라고 흔히 부르며, 이 관리도의 용도는 관리하는 항목으로서 어느 일정 단위 중에 나타나는 흠의 수, 라디오 한 대 중에 납땜 부적합수 등과 같이 미리 정해진 일정 단위 중에 포함된 부적합수를 취급할 때 사용한다. 물품 한 개 중에 부적합수가 적은 경우에는 일정 개수 중의 부적합수를 사용해도 좋다. 일정단위의 부적합수의 관리에는 c 관리도가 사용되지만, 단위가 일정하지 않은 제품에 나타나는 부적합수의 관리에는 다음 절에서 설명되는 u 관리도가 사용된다.

(1) 관리한계선

일정단위당 부적합수는 포아송분포를 한다. 따라서 부적합수를 나타내는 확률변수 X가 평균치 c인 포아송분포를 한다면, 그 확률 밀도함수는

$$p(x) = \frac{e^{-c}c^{x}}{x!}, \quad x = 0, 1, 2, 3, \cdots\cdots$$

으로 주어지고, X의 평균값과 분산은 각각 $E(X) = c$, $V(X) = c$가 된다. 따라서 c 관리도의 관리한계선은 c가 알려져 있는 경우에는 다음과 같다.

$$\begin{aligned} \text{UCL} &= c + 3\sqrt{c} \\ \text{LCL} &= c - 3\sqrt{c} \end{aligned} \tag{7·8}$$

그러나 실제로는 평균값 c를 모르는 경우가 많으므로 과거의 데이터를 사용하여 다음과 같이 c를 추정하여 사용한다.

$$\bar{c} = \frac{\text{검사에서 발견된 총부적합수}}{\text{검사한 총 단위제품의 수}} \tag{7·9}$$

따라서 $\bar{c}$를 c의 자리에 사용하여 구한 중심선과 관리한계선은 다음과 같다.

$$\left.\begin{aligned} \mathrm{CL} &= \bar{c} \\ \mathrm{UCL} &= \bar{c} + 3\sqrt{\bar{c}} \\ \mathrm{LCL} &= \bar{c} - 3\sqrt{\bar{c}} \end{aligned}\right\} \quad (7\cdot10)$$

(2) c 관리도의 작성방법

① **데이터의 수집** : 일정한 크기의 시료군(하나의 단위제품, 또는 일정한 개수의 제품들의 한 묶음)을 약 20~25군 채취하여, 각 시료군 중의 부적합수 c를 조사한다. 하나의 시료군에서 부적합수가 평균적으로 대략 1~5개쯤 포함될 수 있도록 한다.

② **중심선과 관리한계선을 계산** : 중심선과 관리한계선을 계산하여 이를 관리도 용지에 그려 넣는다. 만약 LCL이 음(-)으로 되는 경우에는 관리하한은 생각하지 않는다.

③ **c 값의 기입 및 관리상태의 판정** : 각 시료군마다 c의 값을 표시하는 점을 찍고, 기준에 의하여 관리상태를 판정한다.

예제 7-4

어떤 전자제품의 최종검사에서 20대를 랜덤하게 추출하여 부적합수를 조사하였다. 한 대 당 발견되는 부적합수를 기록하여 보니 다음과 같았다. 미니탭을 활용하여 c 관리도를 그리고, 관리상태를 판정하여라. 또한 이 관리도의 OC 곡선을 그려보아라.

시료군의 번호	1	2	3	4	5	6	7	8	9	10	11	12	13	14	15	16	17	18	19	20
부적합수(c)	2	3	1	2	4	1	3	3	4	2	2	3	2	1	3	4	2	7	4	8

▶▶▷미니탭 이용

1. C1(군의 번호)과 C2(결점수)에 데이터 입력
2. **통계분석 > 관리도 > 계수형 관리도 > C 표시** 선택

3. C 관리도 대화상자에서 변수에 **C2(결점수)**를 선택하고 부분군의 크기에 **C1(검사의 수 n)**을 선택 후 확인

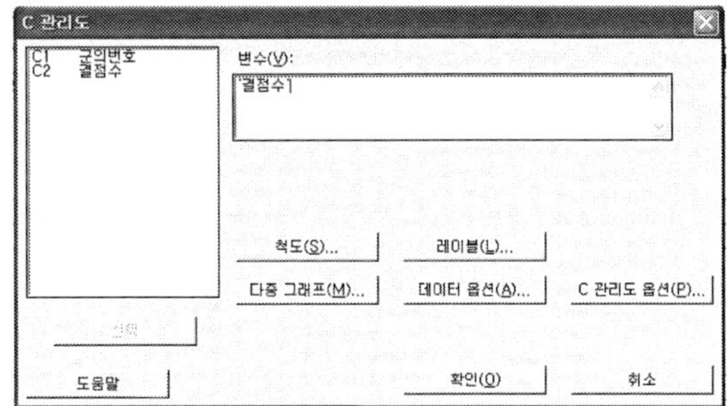

4. 결과창

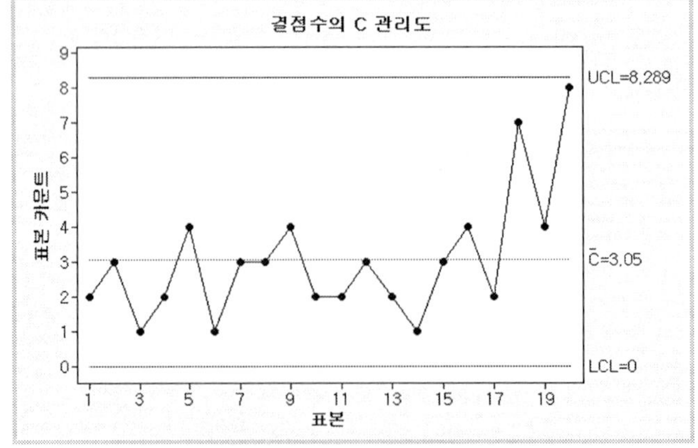

이 관리도에서는 관리한계선을 벗어나는 점은 없으므로 관리상태에 있다고 볼 수 있으나, 18번째 표본부터 점차적으로 증가하는 추세를 보이고 있다.

5. 다음으로 OC곡선을 그려보자. LCL = 0이고 UCL = 8.289이므로 결점수 X가 관리한계선 안에 포함될 확률은

$$L(c) = P[X \le 8.289] = P[X \le 8] = \sum_{x=0}^{8} \frac{e^{-c}c^x}{x!}$$

으로 계산된다. 이 c의 값을 변화시키며, 이 확률(미니탭에서)을 구해보면 다음표와 같다.

c	P[X≤8]
2	0.9998
3	0.9962
5	0.9319
7	0.7291
9	0.4557
11	0.2320
13	0.0998
15	0.0374
17	0.0126

6. 위의 결과를 그래프로 그려보면 다음의 OC곡선을 얻는다.

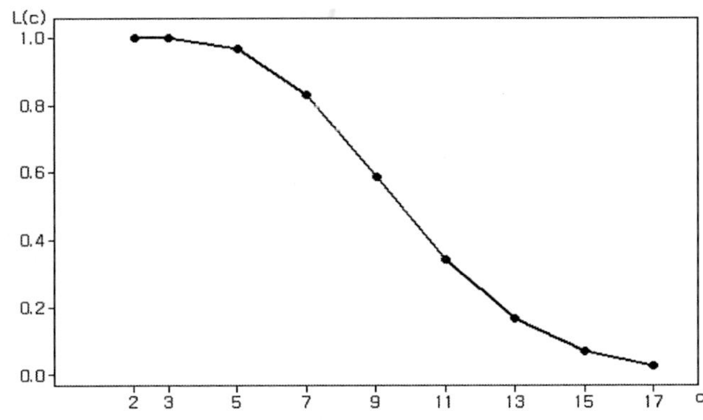

이 OC곡선에서 평균결점수가 5.0이하인 경우에 L(c)가 1에 가까운 수치를 나타내는 것을 c관리도의 하한이 존재하지 않기 때문이다. 만약 하한이 존재한다면 정규분포 모양의 OC곡선을 갖게 된다.

7.2.4 단위당 부적합수(u) 관리도

단위당 부적합수 관리도(control chart for number of defect per unit)는 관리하는 항목으로서 직물의 얼룩, 에나멜선의 바둑구멍과 같은 결점수를 취급할 때, 검사하는 시료의 면적이나 길이 등이 일정하지 않은 경우에 사용되며, 보통 u 관리도라고 부른다. 시료의 면적이나 길이 등이 일정한 경우에는 c 관리도를 사용한다.

(1) 관리한계선 산출

시료의 크기가 n 단위인 시료에서 시료 중의 결점수를 X 라 하면, 단위당 결점수는 $U=X/n$ 이 되고, U 의 기대치를 $E(U)=u_0$ 라고 할 때, U 의 분산은 포아송분포로부터 $V(X)=E(X)=\nu_0$ 이므로, $V(U)=V(X)/n^2=\nu_0/n^2=u_0/n$ 가 된다. 따라서 관리한계선은 u_0 가 알려져 있는 경우에 다음과 같다.

$$\text{UCL} = u_0+3\sqrt{u_0/n} \qquad (7\cdot11)$$
$$\text{LCL} = u_0-3\sqrt{u_0/n}$$

그러나 실제로는 u_0 가 알려져 있지 않으므로 그 추정치는 다음과 같다.

$$\bar{u}=\frac{\text{검사에서 발견된 총부적합수}}{\text{검사에서 측정한 총검사 단위의 수}} \qquad (7\cdot12)$$

따라서 $\bar{u}$ 를 u 의 자리에 사용하여 구한 중심선과 관리한계선은 다음과 같다.

$$\left.\begin{aligned} &CL=\bar{u} \\ &UCL=\bar{u}+3\sqrt{\bar{u}/n} \\ &LCL=\bar{u}-3\sqrt{\bar{u}/n} \end{aligned}\right\} \qquad (7\cdot13)$$

만약 LCL이 음(-)의 값이 되면 LCL은 없는 것으로 0으로 둔다.

(2) u 관리도의 작성방법

① **데이터의 수집** : 약 20~25군의 시료를 채취하여 시료의 단위와 시료중의 부적합수를 조사한다. 시료의 크기 n은 공정의 부적합수를 예측하여, 시료 중에 부적합수가 적어도 1~5개 정도 포함될 수 있도록 하는 것이 좋다.

② **단위당 부적합수(u)의 계산** : 부적합수 c를 시료의 크기 n으로 나누어 단위당의 부적합수를 구한다. 이것을 일반식으로 나타내면

$$u=\frac{c}{n}$$

로, n은 시료의 크기이고 c는 시료중의 결점수이다. 예를 들어, 1,500m의 에나멜동선을 검사하였더니 핀홀이 5개 있었다. 이 경우 1,000m 당의 부적합수 u는 다음과 같다.

$$u=\frac{5}{1.5}=3.33$$

③ **관리선의 계산과 기입** : 중앙선과 관리한계선을 계산한다. 단, u_0이 추정값은

$$\bar{u}=\frac{\sum c}{\sum n}$$

로서, $\sum c$는 부적합수의 총합이고, $\sum n$은 시료의 검사단위의 총수이다. 관리한계선을 기입하고, 순서 2에서 구한 u의 값을 관리도에 그린다.

④ **관리상태의 조사** : 결점수의 관리상태를 조사·판정한다.

예제 7-5

아산에 있는 어떤 특수강판 공장에서 고급 선박용 특수강판을 생산하고 있다. 특수강판에서 미세한 스크래치나 기포를 검사하였더니 아래와 같은 데이터를 얻었다. 여기서 시료의 크기 n =10이라고 하는 것은 1,000m를 말하는 것이고, 단위는 100m이다. 미니탭을 사용하여 u 관리도를 그리고, 관리상태 여부를 판정하라.

제 품 명 칭		특수강판		제조명령번호		기 간	
품 질 특 성		기포		직 장			
측 정 방 법		육안검사		규준일생산고		기 계 번 호	
규격 한계	최대			시료채취간격		작 업 원	홍길동
	최소			측정기번호		검 사 원 성 명 인	
규 격 번 호							
일시	시료의 번호	시료의 크기 n	부적합수 c	단위당 부적합수 u	$\frac{1}{\sqrt{n}}$	UCL $\bar{u}+3\sqrt{\bar{u}}\times\frac{1}{\sqrt{n}}$	LCL $\bar{u}-3\sqrt{\bar{u}}\times\frac{1}{\sqrt{n}}$
	1	10	21	2.10	0.316	3.63	0.81
	2	10	35	3.50	0.316	3.63	0.81
	3	10	33	3.30	0.316	3.63	0.81
	4	15	30	2.00	0.258	3.37	1.07
	5	15	42	2.80	0.258	3.37	1.07
	6	15	28	1.87	0.258	3.37	1.07
	7	15	29	1.93	0.258	3.37	1.07
	8	20	40	2.00	0.224	3.22	1.22
	9	20	37	1.85	0.224	3.22	1.22
	10	20	36	1.80	0.224	3.22	1.22
	11	10	45	4.50	0.316	3.63	0.81
	12	10	21	2.10	0.316	3.63	0.81
	13	10	16	1.60	0.316	3.63	0.81
	14	15	25	1.67	0.258	3.37	1.07
	15	15	28	1.87	0.258	3.37	1.07
계		210	466	$\bar{u}=\sum c/\sum n=466/210=2.22$		$3\sqrt{\bar{u}}=3\sqrt{2.22}=4.47$	
비 고 :							

▶▶▷미니탭 이용

1. C1(시료의 크기 n)과 C2(부적합수 n)에 데이터 입력
2. **통계분석 > 관리도 > 계수형 관리도 > U** 표시 선택

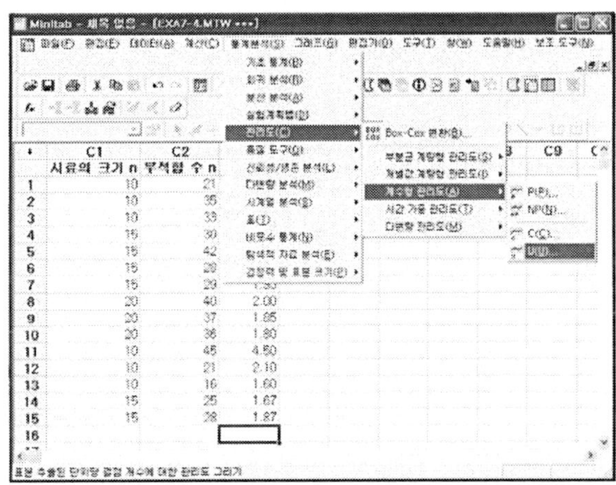

3. U 관리도 대화상자에서 **변수**에 **C2(부적합수 np)**를 선택하고 **부분군의 크기**에 **C1(시료의 크기 n)**을 선택 후 확인

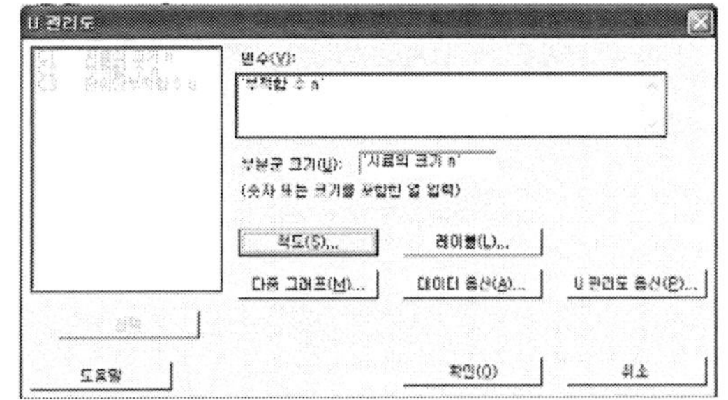

4. 결과창

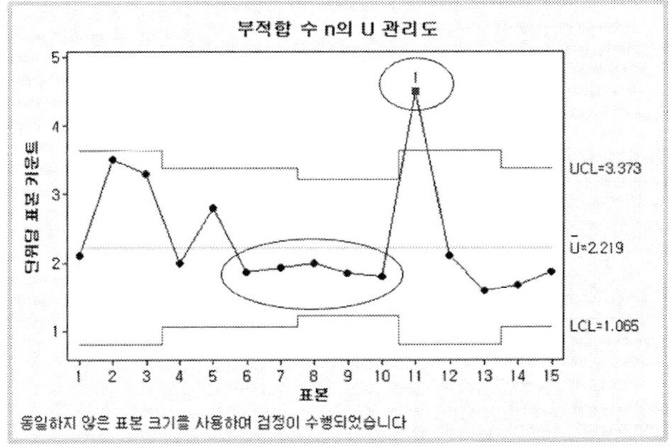

이 관리도에서는 11번째 표본의 결점수는 관리한계선 밖으로 나가므로 이상이 발생하고 있다. 따라서 원인을 찾아보아야 한다. 또한 시료군 6~10에서 길이 5인 런이 발생하고 있으므로 공정에 주의할 필요가 있다.

7.3 계량형 관리도

계량형 관리도(control chart for variables)란 계량치의 품질특성에 관한 관리도로 온도, 압력, 인장 강도, 무게 등이 대표적인 계량치라고 하겠다. 계수치와 비교할 때, 계량치는 측정대상이 되는 품질특성에 대하여 양적 표현을 하게 되므로 보다 많은 정보를 얻을 수 있는 장점이 있다. 그러나 측정기기나 장비의 구입비나 유지비가 많이 들고, 측정에 필요한 인력과 시간이 많이 요구되는 것이 단점이라고 하겠다. 따라서 일반적으로 계량형 관리도에서 취급되는 시료의 크기는 계수형 관리도에서 요구하는 시료의 크기보다 매우 작다.

7.3.1 평균값과 범위($\bar{x}$ -R)의 관리도

계량형 관리도에서 가장 많이 사용되는 관리도가 $\bar{x}-R$ 관리도이다. 이것은 $\bar{x}$ 관리도와 R 관리도를 합쳐서 만든 관리도이다. 계량형 관리도에서는 대개 계량치의 분포로 정규분포를 이용하고 있다. 품질특성이 정규분포를 하게 되면, 이 분포는 평균값과 표준편차에 의하여 완전히 결정되므로, 평균값과 표준편차를 동시에 관리하게 되면 결국은 품질특성의 분포를 관리하는 결과가 된다. $\bar{x}-R$ 관리도에서는 평균값을 관리하는 $\bar{x}$ 관리도와 표준편차를 관리하는 R 관리도를 함께 작성하도록 고안되어 있다.

(1) 관리한계선의 이론적 근거

$\bar{x}-R$ 관리도를 작성하기 위해서는 크기 n=3~5 정도의 시료를 약 k=20~25 군 채취하여 측정한다. 개개의 측정값 x 가 $N(\mu, \sigma^2)$ 의 정규분포에 따르는 공정이라면 $\bar{x}$ 는 평균값 μ, 표준편차 $\sigma/\sqrt{n}$ 의 정규분포에 따르며, 따라서 $\bar{x}$ 관리도의 관리한계선은 다음 식으로 주어진다.

$$\left.\begin{aligned} \mathrm{UCL} &= \mu+3\frac{\sigma}{\sqrt{n}}=\mu+A\sigma \\ \mathrm{LCL} &= \mu-3\frac{\sigma}{\sqrt{n}}=\mu-A\sigma \end{aligned}\right\} \qquad (7\cdot14)$$

단, 여기서 A 는 상수로서 $A=3/\sqrt{n}$ 이다.

그러나 실제로 μ 와 σ 는 일반적으로 모르고 있으므로, μ 와 σ 는 다음과 같이 추정한다.

$$\bar{\bar{x}}=\frac{\sum\bar{x}}{k} \quad , \qquad \hat{\sigma}=\frac{\bar{R}}{d_2}$$

이 때 $\bar{R}$ 는 각 군의 범위 R 의 평균으로 다음과 같다.

$$\bar{R}=\frac{\sum R}{k}$$

따라서 $\bar{x}$ 관리도의 중심선과 관리한계선은 다음과 같다.

$$\left.\begin{aligned} CL &= \bar{\bar{x}} \\ \mathrm{UCL} &= \bar{\bar{x}}+3\frac{\hat{\sigma}}{\sqrt{n}}=\bar{\bar{x}}+3\frac{\bar{R}}{\sqrt{n}\,d_2}=\bar{\bar{x}}+A_2\bar{R} \\ \mathrm{LCL} &= \bar{\bar{x}}-3\frac{\hat{\sigma}}{\sqrt{n}}=\bar{\bar{x}}-3\frac{\bar{R}}{\sqrt{n}\,d_2}=\bar{\bar{x}}-A_2\bar{R} \end{aligned}\right\} \qquad (7\cdot15)$$

단, $A_2=3/d_2\sqrt{n}$ 으로 부록 [표 A-7]에 수록되어 있는 상수이다.

개개의 측정값 x 가 $N(\mu, \sigma^2)$ 의 분포에 따르는 공정에서 크기 n 의 시료를 취했을 때 범위 R 의 기대값과 표준편차는 $E(R)=d_2\sigma$, $D(R)=d_3\sigma$ 로 주어진다. 따라서 이론적인 R 관리도의 관리한계선은

$$\left.\begin{aligned} \text{UCL} &= d_2\sigma+3d_3\sigma=(d_2+3d_3)\sigma \\ \text{LCL} &= d_2\sigma-3d_3\sigma=(d_2-3d_3)\sigma \end{aligned}\right\} \tag{7·16}$$

가 된다. 그러나 실제로 σ 를 모르고 있으므로 이를 $\hat{\sigma}=\overline{R}/d_2$ 로 추정하면 다음과 같이 R 관리도의 중심선과 관리한계선을 작성할 수 있다.

$$\left.\begin{aligned} \text{CL} &= d_2\hat{\sigma}=d_2\left(\frac{\overline{R}}{d_2}\right)=\overline{R} \\ \text{UCL} &= (d_2+3d_3)\hat{\sigma}=(d_2+3d_3)\frac{\overline{R}}{d_2}=\left(1+3\frac{d_3}{d_2}\right)\overline{R}=D_4\overline{R} \\ \text{LCL} &= (d_2-3d_3)\hat{\sigma}=(d_2-3d_3)\frac{\overline{R}}{d_2}=\left(1-3\frac{d_3}{d_2}\right)\overline{R}=D_3\overline{R} \end{aligned}\right\} \tag{7·17}$$

단, $D_4=1+\dfrac{3d_3}{d_2}$ 이고 $D_3=1-\dfrac{3d_3}{d_2}$ 로 부록 [표 A-7]에서 찾을 수 있다.

(2) $\overline{x}$ -R 관리도의 작성방법

① **데이터의 수집** : 크기(n) 3~5 정도의 시료를 약 20~25군(k) 채취하여 측정한다. 얻어진 데이터를 자료표에 기입한다. 자료표에는 품명, 시료의 채취방법, 측정방법 등 후에 원인을 규명할 때 필요하다고 생각되는 사항을 기록하여 두어야 한다.

② **평균값 및 범위의 계산** : 평균값 $\overline{x}$ 는 $\overline{x}=\sum x/n$ 에 의하여 구한다. 단, 측정값 x 의 단위보다 한자리 더 취하는 것이 좋다. 총평균 $\overline{\overline{x}}=\sum \overline{x}/k$ 도 측정값 x 의 단위보다 한자리 아래까지 취하는 것이 좋다. 범위 $R=x_{\max}-x_{\min}$ 을 구하고, 그의 평균값 $\overline{R}=\sum R/k$ 를 구한다.

③ **관리한계선의 계산** : 중앙선, 관리상한, 관리하한을 구한다.

④ **관리한계선 및 점의 기입**

$\bar{x}-R$ 관리도의 CL, UCL, LCL을 그리고, 또한 각 시료군의 $\bar{x}$ 와 R 을 기입한다. 관리한계선을 벗어나는 점은 잘 구별될 수 있도록 표를 한다.

⑤ **관리상태의 판정** : 관리상태의 판정은 $\bar{x}$ 관리도와 R 관리도를 별도로 판정을 내린다.

예제 7-6

어떤 전기조립품을 만들어내는 전자회사에서 완성품의 잡음을 측정하여 그 평균값과 산포를 관리하고자 한다. 각 로트에서 $n=5$ 의 시료를 뽑아 잡음레벨을 측정한 데이터는 [표 7.4]와 같다. 미니탭을 사용하여 $\bar{x}$ -R 관리도를 그리고 관리상태를 판정하라.

표 7.4 $\bar{x}-R$ 관리도의 자료표 (data sheet)

제 품 명 칭		조립품	제조명령번호			기 간	
품 질 특 성		잡음레벨	직 장				
측 정 단 위		dB	규준일생산고			기 계 번 호	
규격한계	최대		시료	크기		작 업 원	홍 길 동
	최소			간격		검 사 원 성 명 인	
규 격 번 호			측정기번호				

일시	시료군의 번호	측정치 x_1	x_2	x_3	x_4	x_5	계 $\sum x$	평균치 $\bar{x}$	범위 R	적요
	1	10.1	8.4	10.2	9.4	9.1	47.2	9.44	1.8	
	2	12.4	11.1	10.8	11.0	11.9	57.2	11.44	1.6	
	3	10.8	12.1	11.8	9.4	11.6	55.7	11.14	2.7	
	4	9.7	10.8	9.2	9.2	9.3	48.2	9.64	1.6	
	5	10.1	10.1	9.7	9.8	10.5	50.2	10.04	0.8	
	6	10.4	10.2	10.4	9.1	10.6	50.7	10.14	1.5	
	7	10.3	10.4	9.4	9.6	10.1	49.8	9.96	1.0	
	8	10.7	10.7	10.8	8.4	11.6	52.2	10.44	3.2	
	9	10.8	10.2	10.5	8.4	9.9	49.8	9.96	2.4	
	10	10.6	9.9	10.7	10.4	11.4	53.0	10.60	1.5	

11	7.3	9.2	8.8	8.5	8.8	42.6	8.52	1.9
12	10.6	10.4	10.5	10.5	10.9	52.9	10.58	0.5
13	11.2	10.0	10.9	11.2	11.0	54.3	10.86	1.2
14	11.0	11.5	11.8	11.0	11.3	56.6	11.32	0.8
15	10.1	10.2	10.2	11.2	10.1	51.8	10.36	1.1
16	12.4	10.0	10.7	10.1	11.3	54.5	10.90	2.4
$\bar{x}$ 관리도 $UCL=\bar{\bar{x}}+A_2\bar{R}=11.27$ $LCL=\bar{\bar{x}}-A_2\bar{R}=9.40$			R 관리도 $UCL=D_4\bar{R}=3.44$ $LCL=D_3\bar{R}=0.0$			계	165.34	26.0
						$\bar{\bar{x}}$ =10.33 $\bar{R}$ =1.63		
비 고 :								

▶▶▷미니탭 이용

1. **C1(x1), C2(x2), C3(x3), C4(x4), C5(x5)**에 데이터를 입력
2. **통계분석 > 관리도 > 부분군 계량형 관리도 > Xbar-R** 선택

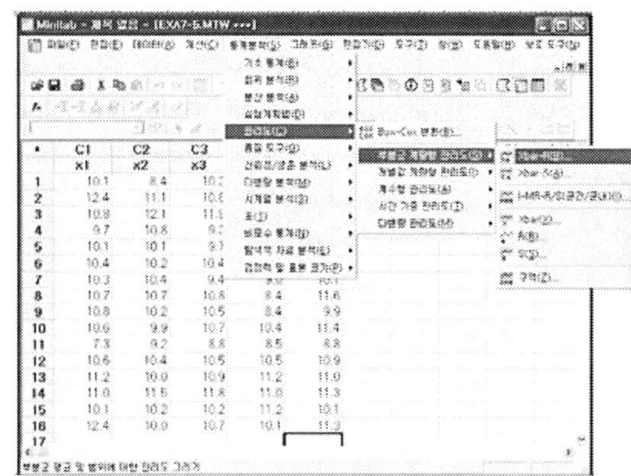

3. Xbar-R관리도 대화상자에서 관측치가 부분군 별로 여러 열에 있는 경우: 를 선택한 후 **C1(x1)-C5(x5)를 선택** 후 확인

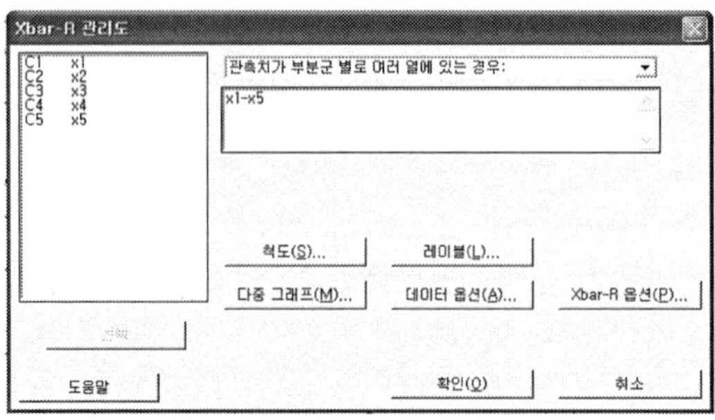

4. 결과창

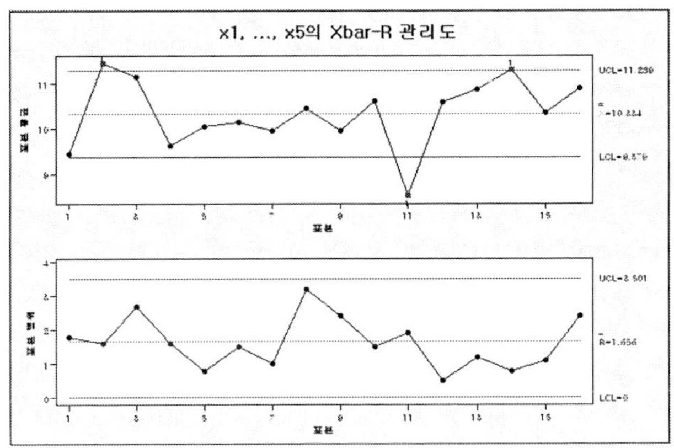

위의 R관리도에서 산포는 대체적으로 안정상태라고 할 수 있으나, $\bar{x}$ 관리도 에서는 2번째 표본과 11번째 표본, 14번째 표본은 관리한계선을 벗어나므로 불안정한 공정이라고 할 수 있으므로 그 원인을 규명하여 조치를 취해야 한다.

(3) $\bar{x}$ 관리도의 OC곡선

$\bar{x}$ 관리도의 OC곡선은 공정의 평균치 μ와 표준편차 σ에 따라 정해진다. 즉, μ와 σ의 변화에 따라 OC곡선을 생각하여야 한다. 그러나 이 책에서는 σ가 일정한 경우 μ의 변화에 따른 OC곡선만을 다루기로 한다. 공정의 평균값을 μ, 표준편차를 σ라 할 때, 시료군의 크기를 n으로 한다면 $\bar{x}$는 평균균값 μ, 표준편차가 $\sigma/\sqrt{n}$인 정규분포를 하게 되므로, $\bar{x}$가 관리한계선 안에 포함될 확률은 다음 식으로 주어진다.

$$
\begin{aligned}
L(\mu) &= P(LCL \le \bar{x} \le UCL) \\
&= P\left(\frac{LCL-\mu}{\sigma/\sqrt{n}} \le \frac{\bar{x}-\mu}{\sigma/\sqrt{n}} \le \frac{UCL-\mu}{\sigma/\sqrt{n}}\right) \qquad (7\cdot18) \\
&= P\left(\frac{LCL-\mu}{\sigma/\sqrt{n}} \le U \le \frac{UCL-\mu}{\sigma/\sqrt{n}}\right)
\end{aligned}
$$

단, U는 표준정규분포를 하는 확률변수이다.

식 (7·18)에서 μ를 변화시켜 가며 L(μ)를 구하고, 이를 그래프로 그리면 $\bar{x}$ 관리도의 OC곡선이 얻어진다.

예제 7-7

앞의 **예제 7-6**의 $\bar{x}$ 관리도에 대한 OC곡선을 그려라.

단, σ는 $\hat{\sigma}=\overline{R}/d_2=1.55/2.326=0.67$로 일정하게 유지되고 있다고 가정한다.

▶▶▷ 풀이

UCL=11.22, LCL=9.42이고, σ=0.67이므로, 만약 μ의 값이 μ=10.00인 경우에 $\bar{x}$의 값이 관리한계선 안에 포함될 확률은

$$L(\mu)=P\left(\frac{9.42-10.00}{0.67/\sqrt{5}}\le U\le\frac{11.22-10.00}{0.67/\sqrt{5}}\right)$$

$$=P(-1.94\le U\le 4.07)=0.9738$$

이 된다. 같은 방법으로 μ를 변화시켜 가며 L(μ)를 구하면 다음 표와 같다. L(μ)의 값은 μ=10.32를 중심으로 대칭을 이루고 있다.

μ	$\frac{LCL-\mu}{\sigma/\sqrt{n}}$	$\frac{UCL-\mu}{\sigma/\sqrt{n}}$	L(μ)
8.50	3.07	9.08	0.0011
9.00	1.40	7.41	0.0808
9.50	-0.27	5.74	0.6064
10.00	-1.94	4.07	0.9738
10.32	-3.00	3.00	0.9973
10.64	-4.07	1.94	0.9738
11.14	-5.06	0.27	0.6064
11.64	-5.55	-1.40	0.0808
12.14	-9.08	-3.07	0.0011

위에서 얻은 L(μ)의 값을 μ에 대하여 그리면 아래의 OC곡선을 얻을 수 있다.

■ $\bar{x}$ 관리도의 OC곡선

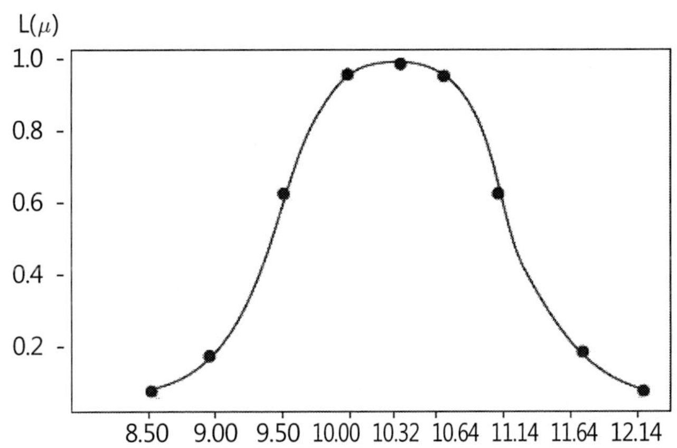

7.3.2 x-R_s 관리도

x 관리도는 제품의 품질을 관리할 목적으로 개개의 측정값을 하나하나의 점으로 기입하는 관리도를 말한다. x 관리도에서는 한 개의 측정값이 얻어지면 곧 관리도에 점으로 기록되므로, 각각의 측정으로부터 공정의 안정상태의 판정 및 조치까지 시간적인 지연이 없는 것이 특징이다.

일반적으로 공정의 평균의 변화를 탐지하는 데는 x 관리도보다도 $\bar{x}$ 관리도가 효율적이나 $\bar{x}$ 관리도를 쓰기 어려운 경우에는 x 관리도를 사용하여야 한다. 예를 들면, 화학공업에 있어서의 수율은 보통 1일 성적으로부터 나오는 것이 많으므로 1일 1회 밖에 측정값을 얻을 수 없는 경우에는 x 관리도를 사용하여야 한다.

x 관리도는 실제로 다음과 같이 두 경우로 나누어 다른 종류의 관리도와 병용하여 사용되고 있다.

① 합리적인 군으로 나눌 수 있는 경우

$\bar{x}-R$ 관리도가 사용될 수 있는 경우로, 보아 넘기기 어려운 원인을 재빨리 발견하여 제거하려고 할 경우에는 x 관리도를 사용한다. 이 경우에 $\bar{x}-R$ 관리도를 병용하여 흔히 사용한다. 이를 $x-\bar{x}-R$ 관리도라고 부른다.

② 합리적인 군으로 나눌 수 없는 경우

이 경우에는 $\bar{x}-R$ 관리도를 사용할 수 없는 경우로 x 관리도만이 사용될 수 있으며 다음과 같은 때이다.

· 1로트 또는 1뱃취(batch)로부터 1개의 측정값 밖에 얻을 수 없을 때
· 측정값을 얻는데 시간이나 경비가 많이 들어 정해진 공정으로부터 현실적으로 1개의 측정값 밖에 얻을 수 없을 때

이 경우에는 x 관리도와 병행하여 R_s 관리도를 흔히 같이 사용한다. 이것을 $x-R_s$ 관리도라고 부른다.

(1) x-R_s 관리도 작성

먼저 $x-R_s$ 관리도의 관리한계선을 구하는 방법을 알아보자. 만약 개개의 데이터 $x_1, x_2, \cdots, x_n$ 이 $N(\mu,\ \sigma^2)$ 의 공정에서 얻어졌다면

$$\left.\begin{aligned} \text{UCL} &= \mu + 3\sigma \\ \text{LCL} &= \mu - 3\sigma \end{aligned}\right\} \qquad (7\cdot19)$$

가 되며, μ와 σ의 추정값을 $\hat{\mu}=\bar{x}=\sum x_i/n$, $\hat{\sigma}=\dfrac{\bar{R}}{d_2}$ 의 식으로 흔히 구한다. 그러나 개개의 측정값의 관리도에서는 범위를 계산할 수 없으므로, 이 경우에는 인접한 두 측정치간의 차이인 **이동범위**(moving range) R_s 를 사용한다.

이동범위의 수는 $n-1$개 있으므로 이동범위의 평균 $\overline{R_s}$ 는

$$\overline{R_s} = \frac{\sum R_s}{n-1} \tag{7·20}$$

에 의하여 계산되고, 범위를 구하는데 사용된 네이터의 수는 2개이므로 부록 [표 A-7]에서 d_2 =1.128이다. 따라서 실제로 사용되는 x 관리도의 중심선과 관리한계선은 다음과 같다.

$$\left.\begin{aligned} &\mathrm{CL} = \bar{\mathrm{x}} \\ &\mathrm{UCL} = \bar{x} + 3\left(\frac{\overline{R_s}}{d_2}\right) = \bar{x} + \frac{3\overline{R_s}}{1.128} = \bar{x} + 2.66\overline{R_s} \\ &\mathrm{LCL} = \bar{x} - 3\left(\frac{\overline{R_s}}{d_2}\right) = \bar{x} - \frac{3\overline{R_s}}{1.128} = \bar{x} - 2.66\overline{R_s} \end{aligned}\right\} \tag{7·21}$$

R_s 관리도의 경우에는 이동범위를 구하는데 2개의 데이터만 사용되었으므로 부록 [표 A-7]에서 $D_4 = 3.27$ 이고, D_3는 값이 없으므로 생각할 필요가 없다.

$$\left.\begin{aligned} &\mathrm{CL} = \overline{\mathrm{R_s}} \\ &\mathrm{UCL} = D_4\overline{R_s} = 3.27\overline{R_s} \\ &\mathrm{LCL} = \text{생각하지 않음} \end{aligned}\right\} \tag{7·22}$$

(2) x -R_s 관리도의 작성방법

다음으로 x $-R_s$ 관리도의 작성방법을 살펴보자.

① 데이터의 수집

약 k =20~25군으로부터 각각 1개씩의 시료를 채취하여 측정한다.

② $\bar{x}$, R_s , $\overline{R_s}$ 의 계산

$\bar{x} = \sum x_i / k$

R_{si} = | i 번째의 측정치 $-(i+1)$ 번째의 측정치 |

$$\overline{R_s} = \frac{R_{s1} + R_{s2} + ... + R_{s,k-1}}{k-1}$$

③ 관리한계선의 계산

$x - R_s$ 관리도의 관리한계선을 계산한다.

④ 관리한계선과 점을 기입하고, 관리상태를 조사한다.

예제 7-8

울산에 있는 어떤 화학공장에서 제품을 뱃치단위로 생산하고 있다. 이 공정은 매일 하나의 뱃치만 작업할 수밖에 없으므로, 이상이 있는 경우 속히 조치를 취하지 않으면 막대한 경제적 피해를 본다. 이를 관리하기 위해서 개개의 측정값 (x)관리도를 사용하고, 또한 데이터를 합리적인 군으로 나눌 근거가 없으므로 측정치의 차(R_s)관리도를 사용하기로 하였다. 다음 표는 지난 20일 간의 측정 데이터이다. 미니탭을 사용하여 $x - R_s$관리도를 작성하고, 해석하시오.

표 7.5 $x - R_s$ 관리도의 자료표

<table>
<tr><td colspan="6">관 리 도 자 료 표</td><td colspan="2">No.______</td></tr>
<tr><td colspan="2">제 품 명</td><td>부틸아세테이트</td><td colspan="2">제조명령번호</td><td></td><td rowspan="2">기 간</td><td></td></tr>
<tr><td colspan="2">품 질 특 성</td><td>메타놀함유량</td><td colspan="2">직 장</td><td></td><td></td></tr>
<tr><td colspan="2">측 정 단 위</td><td></td><td colspan="2">규준일생산고</td><td></td><td>기 계 번 호</td><td></td></tr>
<tr><td rowspan="2">규격 한계</td><td>최대</td><td></td><td rowspan="2">시료</td><td>크기</td><td></td><td>작 업 원</td><td></td></tr>
<tr><td>최소</td><td></td><td>간격</td><td></td><td rowspan="2">검 사 원 이 름</td><td rowspan="2"></td></tr>
<tr><td colspan="2">규 격 번 호</td><td></td><td colspan="2">측정기번호</td><td></td></tr>
</table>

일 시	번 호	측정치 x	이동범위 R_s	적 요
	1	1.09		
	2	1.13	0.04	
	3	1.29	0.16	
	4	1.23	0.06	
	5	1.33	0.10	
	6	1.43	0.10	
	7	1.27	0.16	

	8	1.43	0.16
	9	1.34	0.09
	10	1.10	0.24
	11	0.98	0.12
	12	1.17	0.19
	13	1.18	0.01
	14	1.38	0.20
	15	1.31	0.07
	16	1.01	0.30
	17	1.35	0.34
	18	1.09	0.26
	19	1.40	0.31
	20	1.09	0.31
합 계		24.60	3.220
평 균		1.23	0.1695

x 관리도 $\overline{x}$ =1.23	R_s 관리도 $\overline{R_s}$ =0.1695
CL= $\overline{x}+2.66\overline{R_s}=1.23+2.66\times(0.1695)=1.681$	UCL $=3.27\overline{R_s}=3.27=0.554$
LCL= $\overline{x}-2.66\overline{R_s}=1.23-2.66\times(0.1695)=0.779$	LCL = 0 (생각하지 않음)

▶▶▷미니탭 이용

1. **C1(측정치)**에 데이터를 입력

2. **통계분석 > 관리도 > 개별값 계량형 관리도 > I-MR** 선택

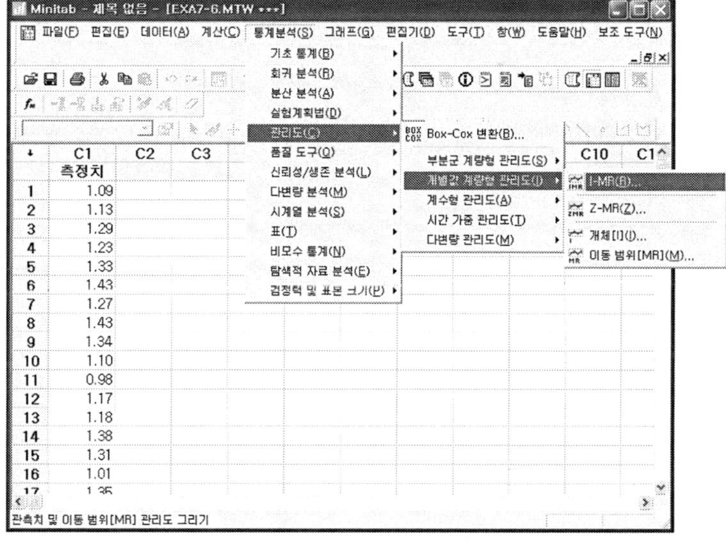

3. 개체-이동 범위 관리도 대화상자에서 변수에 **C1(측정치)**을 선택 후 확인

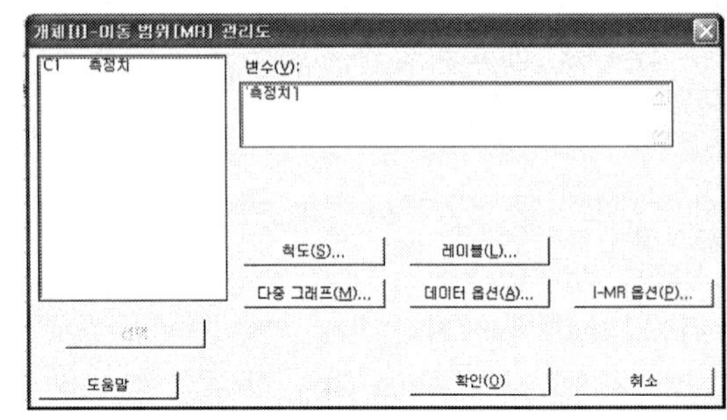

4. 결과창

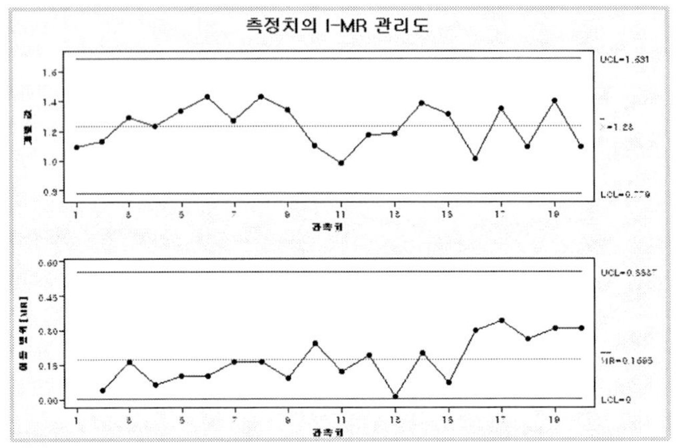

I관리도, MR관리도에서 이상상태를 발견할 수 없다. x 공정은 관리상태에 있다고 판단할 수 있다. 하지만 R_s관리도의 경우, 초기 8개의 점이 길이 8인 런을 형성하고 있으므로 주의를 기울여야 한다.

7.3.3 누적합(CUSUM) 관리도

앞 절에서 소개된 모든 관리도들은 3σ 관리한계선에 기초를 둔 Shewhart 관리도라고 말할 수 있다. Shewhart 관리도와는 별도로 데이터의 **누적합**(cumulative sum)에 근거한 관리도로 CUSUM **관리도**라고 한다. 이 관리도는 공정의 변화가 서서히 일어나고 있을 때, Shewhart 관리도로서는 그 공정변화가 탐지되

기 어려우나 CUSUM 관리도로서는 비교적 민감하게 탐지해낼 수 있는 장점이 있다. Shewhart 관리도보다 두 배 정도 빨리 이동 상태를 감지한다. CUSUM 관리도는 공정에서 시료군의 크기가 n인 시료를 주기적으로 추출하여 그 평균값 $\bar{x}$와 공정기대값(또는 목표치)와의 차이 누적합을 그래프로 그린 것이다. (자세한 이론적 설명은 박성현·박영현 저, 통계적품질관리를 참조한다)

두 가지 형태의 CUSUM관리도를 미니탭에서 다음과 같이 사용할 수 있다.

(1) one-sided CUSUM : 상위 CUSUM은 프로세스 수준에서 위쪽으로 향하는 변동을 감지하고, 하위 CUSUM은 아래쪽으로 향하는 변동을 감지한다. 이 관리도는 이상 상태를 판단하기 위해 UCL, LCL의 관리도를 사용한다.

(2) two-sided CUSUM : 이 관리도는 이상 상태를 판단하기 위해 V-mask를 사용한다. 미니탭에서 2개의 모수 h와 k를 정의해야 하며, 이것들은 누적합계획(CUSUM Plan)이라 한다. V-mask에서 h는 원래의 점에서 V-mask의 반정도의 폭을 가지며, k는 V-mask의 기울기를 나타낸다.

예제 7-9

어떤 농기계의 부품 내경을 가공하는 공정에서 매 시간 3개씩 총 25개의 시료군을 샘플링하여 측정한 데이터는 다음과 같다. 목표치는 $\mu_0 = 150.00$mm이다. 미니탭을 사용하여 CUSUM 관리도를 구하고 이에 대한 공정 상태를 해석하시오.

표 7.6 CUSUM 관리도의 자료표

시료군 번호	x_1(mm)	x_2 (mm)	x_3 (mm)	시료군 번호	x_1(mm)	x_2 (mm)	x_3 (mm)
1	148.50	149.25	150.20	14	147.25	149.45	150.30
2	151.50	150.30	148.86	15	151.00	150.40	150.50
3	152.50	151.20	149.55	16	150.25	149.55	150.35

4	146.00	148.00	150.50	17	150.75	150.35	148.69
5	147.75	147.30	152.34	18	149.00	150.50	149.30
6	149.75	150.70	150.78	19	150.75	151.43	149.30
7	151.75	152.25	149,85	20	151.00	150.65	150.20
8	149.50	151.28	151.20	21	152.10	152.43	152.00
9	151.75	148.60	150.45	22	152.50	152.60	152.30
10	148.00	150.25	151.30	23	153.30	152.67	153.30
11	150.00	148.45	150.40	24	154.40	153.30	153.21
12	148.00	150.60	149.70	25	155.50	156.60	154.40
13	150.00	148.85	149.30				

▶▶▷미니탭 이용

One-sided CUSUM

1. **C1(x1), C2(x2), C3(x3)**에 데이터를 입력
2. **통계분석 > 관리도 > 시각 가중 관리도 > 누적합** 선택

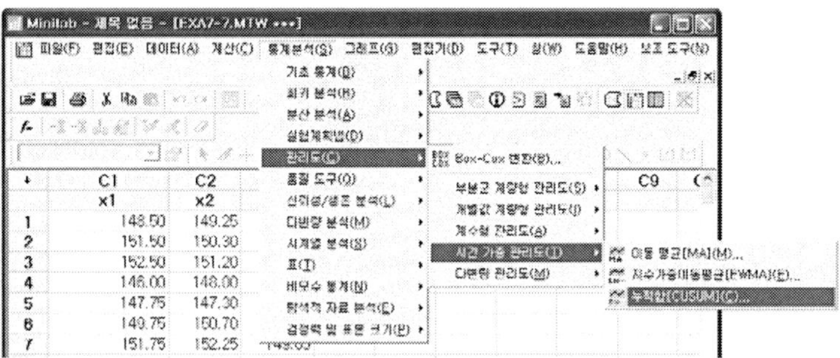

3. 누적합 관리도 대화상자에서 관측치가 부분군 별로 여러 열에 있는 경우: 를 선택한 후 **C1(x1)-C3(x3)**를 선택, **목표값 150**을 입력 후 확인

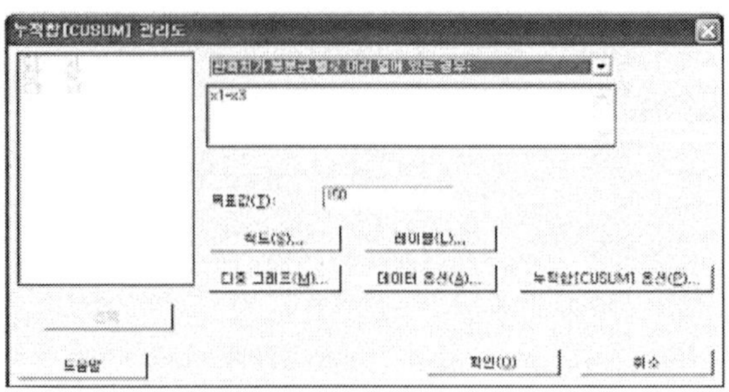

4. 누적합 관리도-옵션대화상자에서 **계획/유형**탭에서 누적합 **유형**에 단측(LCL, UCL)을 체크 후 확인

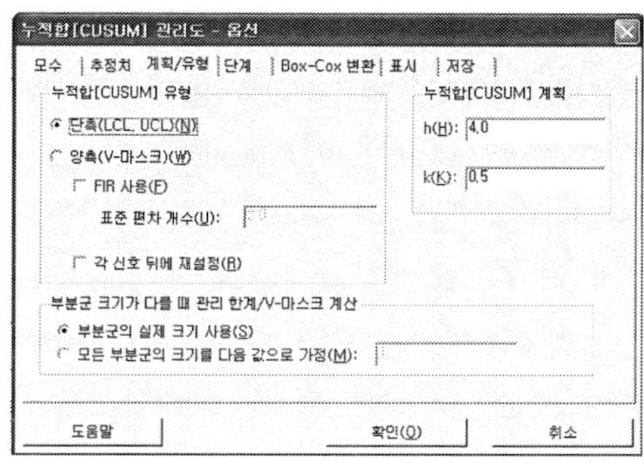

5. 결과창

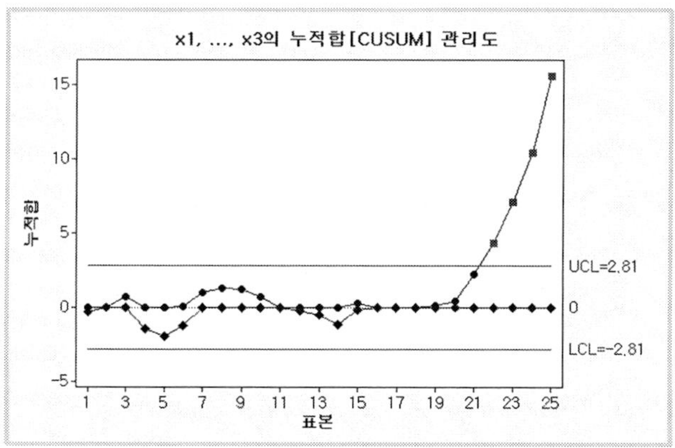

22번째 표본부터 25번째 표본까지 관리한계선을 이탈하였고, 급격히 증가한다.

이 문제에 대해 V 마스크를 만들어 이상상태를 판단해보자.

Two-sided CUSUM

1. **C1(x1), C2(x2), C3(x3)**에 데이터를 입력
2. **통계분석 > 관리도 > 시각 가중 관리도 > CUSUM** 선택
3. CUSUM관리도 대화상자에서 관측치가 부분군 별로 여러 열에 있는 경

우: 를 선택한 후 **C1(x1)-C3(x3)**를 선택, **목표값 150**을 입력 후 확인

4. CUSUM관리도-옵션대화상자에서 **계획/유형**탭에서 **CUSUM유형**에 **양측(V-마스크)**을 체크, **중심 부분군**을 공정평균이 증가한 **22**로 선택 후 확인

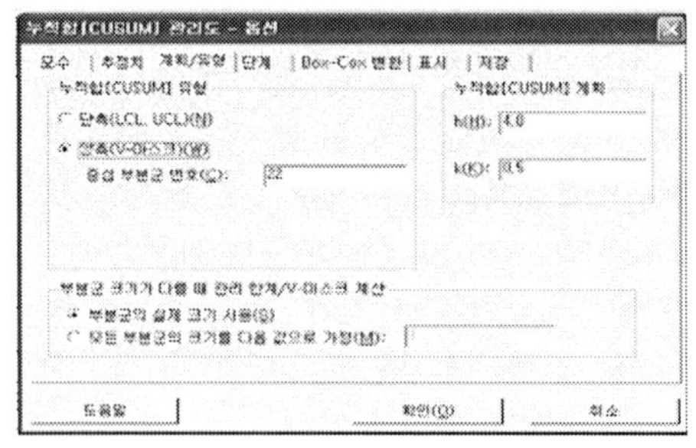

5. 결과창

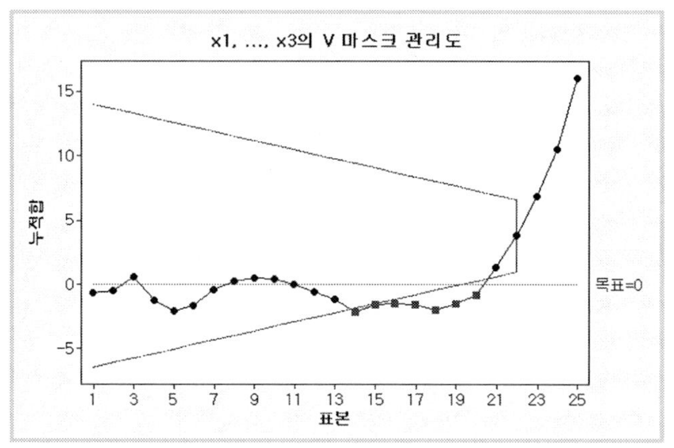

V-mask 아래쪽에 가리워지고 있으므로(부분군 14~20) 공정평균의 증가가 이루어지고 있음을 탐지할 수 있다.

7.3.4 **이동평균(MA: Moving Average) 관리도**

이동평균관리도도 CUSUM관리도와 같이 작은 변동을 비교적 쉽게 감지할 수 있는 관리도로 1985년 Montgomery에 의해 소개되었다. 만일 k 시점에서 시료크기 n 개의 표본이 추출되었다고 하자. 시료군들의 평균을 $\bar{x}_1, \bar{x}_2, \ldots, \bar{x}_k$ 라

고 할 때, k 시점에서 w 개 시료군의 이동평균은 다음과 같이 구해진다.

$$M_k = (\bar{x}_k + \bar{x}_{k-1} + \cdots + \bar{x}_{k-w-1}) / w \tag{7·23}$$

이동평균 M_k 의 분산은 다음과 같다.

$$\begin{aligned} V(M_k) &= \left(\frac{1}{w^2}\right) \sum_{i=k-w+1}^{k} V(\bar{x}_i) \\ &= \left(\frac{1}{w^2}\right) \sum_{i=k-w+1}^{k} \sigma^2 / n \\ &= \frac{\sigma^2}{nw} \end{aligned} \tag{7·24}$$

따라서 $\bar{\bar{x}}$ 를 관리도의 중앙값이라면, 관리한계선은 다음과 같이 주어진다.

$$\left.\begin{aligned} \mathrm{CL} &= \bar{\bar{\mathrm{x}}} \\ \mathrm{UCL} &= \bar{\bar{\mathrm{x}}} + \frac{3\sigma}{\sqrt{\mathrm{nw}}} \\ \mathrm{LCL} &= \bar{\bar{\mathrm{x}}} - \frac{3\sigma}{\sqrt{\mathrm{nw}}} \end{aligned}\right\} \tag{7·25}$$

관리도의 처음 몇 시료군에 대해서는 $(k < w)$, 이동평균은 다음과 같이 구해진다.

$$M_k = \frac{\sum_{i=1}^{k} \bar{x}_i}{k}, \qquad k = 1, 2, \ldots, w-1 \tag{7·26}$$

그리고 관리한계선은 다음과 같다.

$$\left.\begin{aligned} \mathrm{CL} &= \bar{\bar{\mathrm{x}}} \\ \mathrm{UCL} &= \bar{\bar{\mathrm{x}}} + \frac{3\sigma}{\sqrt{\mathrm{nk}}} \\ \mathrm{LCL} &= \bar{\bar{\mathrm{x}}} - \frac{3\sigma}{\sqrt{\mathrm{nk}}} \end{aligned}\right\} \tag{7·27}$$

이동평균 관리도에서 각 조를 추출할 때마다 M_k를 계산하여 관리도상에 타점하고 이 점이 관리한계선 밖에 나타나면 공정이 관리 상태를 벗어난 것으로 간주한다. $\bar{x}$ 관리도와 함께 사용하면 더 효율적이며, 두 개의 관리도를 함께 사용할 때는 어느 한쪽의 관리도에서라도 관리한계선 밖에 점이 나타나면 공정에 이상이 있는 것으로 간주한다. 이동평균 관리도에서 일반적으로 w 값이 클수록 민감도는 증가한다. 이 관리도는 특성치를 자동적으로 측정할 때나 단위 생산시간이 긴 재품의 경우 특히 제품간에 상관관계가 있는 경우에 개개의 측정값으로 관리도를 작성하여 공정의 변화를 탐지하기도 한다.

예제 7-10

[표 7.7]은 시료 크기 $n = 3$인 25개의 시료군에 대한 평균값이다. $w = 6$인 이동평균 관리도를 작성하라.

표 7.7 이동평균 관리도 자료표

시료군 번호	x_1	x_2	x_3	시료군 번호	x_1	x_2	x_3
1	20.0	20.2	19.5	14	21.0	20.7	21.5
2	22.0	21.0	20.4	15	20.0	20.6	20.5
3	20.0	20.6	19.8	16	19.6	20.8	20.5
4	21.0	21.2	20.8	17	20.0	20.3	19.5
5	21.0	21.4	20.7	18	20.0	19.5	21.5
6	20.0	20.8	21.5	19	21.0	19.8	19.5
7	21.0	20.8	21.5	20	19.5	19.3	19.5
8	20.0	19.5	20.5	21	19.9	20.0	20.5
9	20.0	19.5	19.5	22	21.0	21.6	21.5
10	20.0	19.6	20.5	23	20.0	20.5	21.1
11	21.0	21.2	21.5	24	21.0	22.6	21.5
12	20.0	20.5	21.5	25	21.0	20.7	20.5
13	20.0	22.5	20.5				

▶▶▷미니탭 이용

1. **C1(x1), C2(x2), C3(x3)**에 데이터를 입력
2. **통계분석 > 관리도 > 시각 가중 관리도 > 이동 평균** 선택

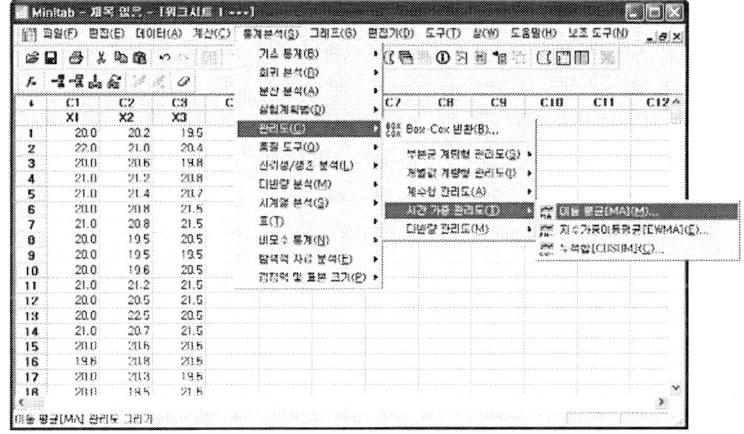

3. 이동 평균 관리도 대화상자에서 관측치가 부부군 별로 여러 열에 있는 경우: 를 선택한 후 **C1(x1) -C3(x3)**를 선택, MA의 길이에 **6**을 입력 후 확인

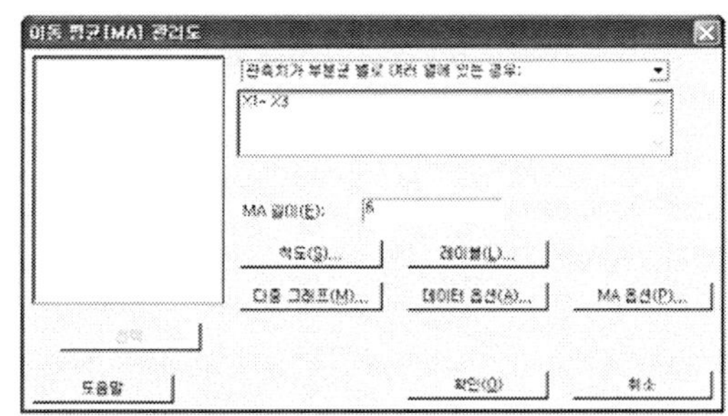

4. 결과창

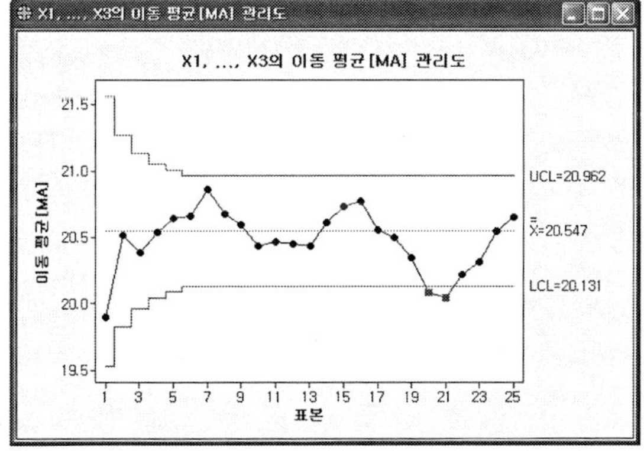

MA관리도는 관리한계선을 벗어나는 점이 20, 21번째에서 나타나고 있다. 공정상에 어떤 문제점이 있으므로 적절한 조치를 취해 주어야 한다. 관리상하한선의 앞쪽은 MA길이가 6이 되지 못하므로 계단형을 띠고 있다.

7.3.5 지수가중이동평균(EWMA) 관리도

앞에서 이동평균 관리도를 사용하여 공정의 변화를 탐지하는 방법을 알아보았다. 이동평균 관리도에서는 이동평균을 계산하기 위해 w 개의 표본평균에 1/w 의 가중치를 주고, 그 이전의 모든 표본평균은 0의 값으로 가중하였다. 그러나 **지수가중이동평균**(exponentially weighted moving average) 관리도에서는 최근의 측정치에다 더 큰 가중치를 주게 함으로써 공정의 변화에 민감하게 하여 공정의 변화를 빨리 감지할 수 있도록 했다. 이 관리도는 **기하이동평균**(GMA : geometric moving average) 관리도라고도 한다.

k 시점에서의 관측치 $\bar{x}_k, \bar{x}_{k-1}, \cdots, \bar{x}_1$ 의 지수가중이동평균은 다음과 같이 구해진다.

$$Z_k = \lambda \bar{x}_k + (1-\lambda) Z_{k-1} \qquad (7\cdot 28)$$

여기서 λ는 가중치이고 0과 1사이의 값을 갖는 상수이며 $z_0 = \bar{\bar{x}}$ 이다. 식 (7·28)을 전개하면 다음과 같이 된다.

$$\begin{aligned} Z_k &= \lambda \bar{x}_k + (1-\lambda)[\lambda \bar{x}_{k-1} + (1-\lambda) Z_{k-1}] \\ &\ \vdots \\ &= \lambda \sum_{j=0}^{k-1} (1-\lambda)^j \bar{x}_{k-j} + (1-\lambda)^k Z_0 \end{aligned} \qquad (7\cdot 29)$$

만일 $\bar{x}_k$이 독립적이고 분산이 σ^2/n 이면, Z_k의 분산은 다음과 같이 구해진다.

$$\sigma_{Z_k}^2 = \frac{\sigma^2}{n}\left(\frac{\lambda}{2-\lambda}\right)[1-(1-\lambda)^{2k}] \qquad (7\cdot 30)$$

k가 증가함에 따라 z_k의 분산은 다음 값으로 수렴한다.

$$\sigma_{z_k}^2 = \frac{\sigma^2}{n}\left(\frac{\lambda}{2-\lambda}\right) \tag{7·31}$$

따라서 시료군 k가 어느 수준 이상 커지면 EWMA 관리도의 관리한계선은 다음과 같이 구해진다.

$$\left.\begin{aligned} &\mathrm{CL} = \bar{\bar{x}} \\ &\mathrm{UCL} = \bar{\bar{x}} + 3\frac{\sigma}{\sqrt{n}}\sqrt{\frac{\lambda}{2-\lambda}} \\ &\mathrm{LCL} = \bar{\bar{x}} - 3\frac{\sigma}{\sqrt{n}}\sqrt{\frac{\lambda}{2-\lambda}} \end{aligned}\right\} \tag{7·32}$$

가중치가 $\lambda = 1$인 경우 EWMA 관리도는 $\bar{x}$ 관리도와 동일하며, λ 값이 작을수록 공정평균의 이동을 더 빨리 탐지할 수 있다. z_k 값을 계산하여 관리도상에 타점하고 이 점이 관리한계선 밖에 나타나면 공정이 관리상태를 벗어난 것으로 간주한다. MA 관리도와 마찬가지로, EWMA 관리도는 $\bar{x}$ 관리도와 함께 사용하면 더 효율적이다. 만일 두 개의 관리도를 함께 사용할 때에 어느 한쪽의 관리도에서라도 관리한계선 밖에 점이 나타나면 공정에 문제점이 발생한 것으로 간주한다.

예제 7-11

예제 7-8의 자료에 대하여 가중치(λ)가 0.3인 EWMA 관리도를 작성하라.

▶▶▷미니탭 이용

1. **C1(x1), C2(x2), C3(x3)**에 데이터를 입력
2. **통계분석 > 관리도 > 시각 가중 관리도 > 지수가중이동평균** 선택

3. 이동 평균 관리도 대화상자에서 관측치가 부분군 별로 여러 열에 있는 경우: 를 선택한 후 **C1(x1)-C3(x3)**를 선택, 지수가중이동평균 가중치에 **0.3**을 입력 후 확인

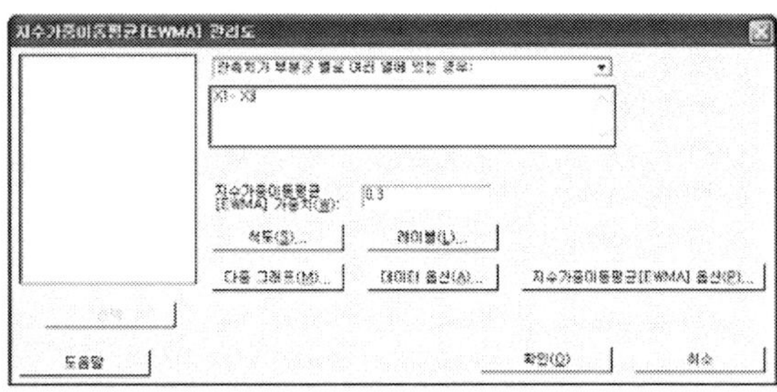

4. 결과창

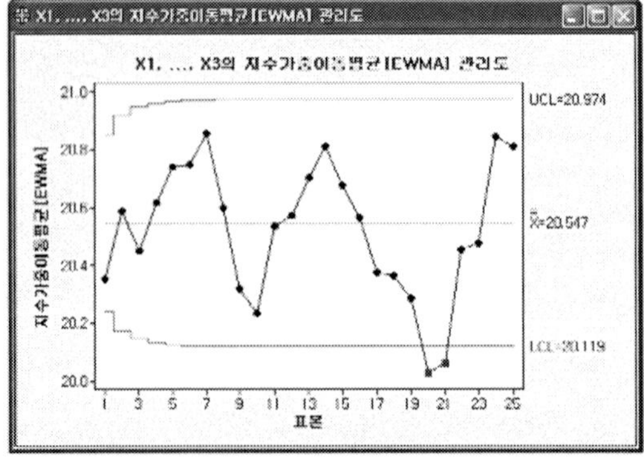

EWMA관리도에서 MA관리도와 마찬가지로 20, 21번째 점이 관리한계선을 벗어난다. 다른 부분에서는 그런대로 안정되어 있다.

참고문헌

7·1 Besterfield, D. K. : Quality Control, 7th., Prentice Hall, 2004.

7·2 Duncan, A.J. : Quality Control and Industrial Statistics, 4th., Homewood, Ill., Richard Irwin, Inc., 1974.

7·3 Grant. E.L. and Leaveworth, R.S. : Statistical Quality Control, 4th ed., New York, McGraw-Hill, 1972.

7·4 Rice, W.B. : Control in Factory Management, New York, John Wiley & Sons, 1974.

7·5 Shewhart, W. A. : Economic Control of Quality of Manufactured Product, Van Nostrand, 1931.

7·6 김영휘 : 품질관리, 청문각, 1979.

7·7 박성현·박영현 : 통계적 품질관리(제3판), 민영사, 2008.

7·8 박성현·박영현·이명주 : 통계적공정관리(개정판), 민영사, 2008.

7·9 한국산업규격 : KS A 3201:2001 관리도법.

연습문제

7.1 다음은 매일 실시되는 최종제품에 대한 샘플링검사의 결과를 정리하여 얻은 데이터이다. p 관리도를 이용하여 관리상태를 판정하여라. 또한 이 관리도의 OC곡선을 구하시오.

일 자	1	2	3	4	5	6	7	8	9	10	11	12	13	14	15
검사개수	48	46	50	28	49	32	47	40	47	60	90	30	35	45	75
부적합품 수	5	0	4	3	3	2	8	3	5	4	3	9	3	4	8

7.2 크기 $n = 300$인 시료군을 매시간 추출하여 그 안에 포함된 부적합의 수를 기록하였더니 다음의 결과를 얻는다. np 관리도를 활용하여 공정의 안정상태를 판정하여라.

일 자	1	2	3	4	5	6	7	8	9	10	11	12	13	14	15	16	17	18	19	20
불량품의 수	6	5	6	4	15	7	8	2	0	4	5	8	9	7	5	2	3	7	8	10

7.3 다음은 어떤 모직물 100m를 하나의 검사단위로 할 때, 이 모직물에 대한 최종검사에서 발견된 부적합품의 수를 기록한 것이다. c 관리도를 활용하여 공정의 안정 상태를 판단하고, 이 관리도의 OC곡선을 구하시오.

시료군의 번호	1	2	3	4	5	6	7	8	9	10	11	12	13	14	15	16	17
부적합품의 수	5	1	2	3	0	2	6	3	3	6	1	0	8	2	4	0	3

7.4 어떤 절연전선 1km를 단위로 하여 검사결과를 내고 싶은데, 실제로 검사되는 절연전선의 길이는 1km, 1.3km, 1.2km, 1.7km의 4가지가 있다. 다음과 같이 부적합품의 수가 검사결과로 나타났다. u 관리도를 활용하여 공정의 관리상태를 판정하여라.

시료의 크기(km)	1.0	1.0	1.0	1.0	1.0	1.3	1.3	1.3	1.3	1.3	1.2	1.2	1.2	1.7	1.7	1.7
부적합품수	4	5	3	3	5	2	6	4	3	10	1	0	3	4	5	8

7.5 다음 데이터는 어떤 제품에 대하여 1시간마다 1개씩 측정한 값이다. 1일을 1군으로하여 $\bar{x}-R$ 관리도를 활용하여 공정의 관리상태를 판정하시오.

일자		9/2	3	4	5	6	7	9	10	11	12	13	14	16	17	18	19	20	21
측정순	1	24	44	21	29	17	16	29	42	44	38	56	25	59	49	40	44	58	35
	2	41	63	4	48	19	20	31	36	30	38	48	30	55	55	40	51	61	35
	3	43	50	22	30	26	33	53	48	19	48	54	60	49	47	37	48	40	20
	4	34	41	11	41	33	35	42	36	23	34	41	42	60	54	47	37	37	28
	5	49	50	25	32	42	24	12	40	23	28	58	48	63	56	32	48	47	10

(데이터는 실측치에서 10.500mm를 빼고 100배한 값임)

7.6 어떤 화학약품의 제조공정에서 각 반응마다의 성분을 측정한 결과 다음과 같은 데이터를 얻었다. $x-R_s$ 관리도를 작성하시오.

(단위 : %)

뱃취 No.	1	2	3	4	5	6	7	8	9	10	11	12
성분	2.3	2.6	2.5	2.3	3.3	3.2	4.3	2.4	2.1	3.6	3.5	2.5
뱃취No.	13	14	15	16	17	18	19	20	21	22	23	24
성분	3.4	1.9	2.3	2.1	2.7	2.7	2.2	3.3	2.5	2.8	2.2	2.9

7.6 어떤 화학약품의 제조공정에서 각 반응마다의 성분을 측정한 결과 다음과 같은 데이터를 얻었다. $x-R_s$ 관리도를 작성하시오.

(단위 : %)

뱃취 No.	1	2	3	4	5	6	7	8	9	10	11	12
성분	2.3	2.6	2.5	2.3	3.3	3.2	4.3	2.4	2.1	3.6	3.5	2.5
뱃취No.	13	14	15	16	17	18	19	20	21	22	23	24
성분	3.4	1.9	2.3	2.1	2.7	2.7	2.2	3.3	2.5	2.8	2.2	2.9

7.7 다음의 자료는 어떤 공정에서 시간당 4개씩의 시료를 채취하여 평균한 값이다. 이 자료를 이용하여 $w=6$인 이동평균(MA) 관리도를 작성하라. 그리고 공정이 안정상태인지를 알아보아라. 단, 과거의 자료에 의하면 평균범위는 $\overline{R}=3.0$ 이다.

시료군 번호	$\overline{x}$	시료군 번호	$\overline{x}$
1	9.9	11	9.5
2	9.8	12	9.8
3	11.2	13	10.2
4	9.3	14	10.8
5	10.3	15	11.2
6	10.5	16	11.3
7	9.8	17	10.5
8	9.3	18	10.2
9	10.4	19	9.8
10	10.2	20	9.9

7.8 문제 **7.7**의 자료를 이용하여 가중치가 0.3인 EWMA 관리도를 작성하고 공정의 이상 유무를 판단하라.

7.9 문제 **7.5** 자료를 이용하여 OC곡선을 그려보아라. 이때 σ의 값은 $\overline{R}/d_2$로 간주하여라.

제8장

공정능력관리

8.1 공정능력분석

8.2 측정시스템

8.1 공정능력분석

8.1.1 공정능력의 개요

(1) 공정능력의 정의

통계적 품질관리의 주요 기능 중의 하나는 공정을 관리상태로 유지하는 것이다. 공정에서 생산되는 제품의 품질변동이 작으면 그 공정의 공정능력은 좋다고 말하고, 품질변동이 크면 공정능력이 나쁘다고 말할 수 있다. **공정능력**(process capability)이란 "현재 공정의 업무처리 능력을 말하는 것으로 공정이 관리상태에 있을 때 이 공정에서 생산되는 제품의 품질변동이 어느 정도인가를 나타내는 양"이라고 설명할 수 있다. 그리고 생산단계에서 생산 공정의 품질변동 정도를 측정하고 규격과 비교 및 분석하여 변동의 폭을 감소시키기 위해 제반 통계적 방법들을 이용하는 것을 공정능력분석(process capability analysis)이라 하고, 공정능력을 정량화시키는 방법으로 사용되는 것을 **공정능력지수**(process capability index) 라고 한다. 단, 이 때 이 공정은 외부의 특별한 원인에 방해됨이 없이 정상적으로 가동되고 있는 상태라야 한다. 특히 6시그마 활동에서는 측정단계에서 현 생산공정의 공정능력지수를 산출하여 품질상태를 평가하여, 6시그마 활동 후 달성하고자 하는 목표를 정하는데 사용되기도 한다.

(2) 공정에 영향을 주는 요인

어떤 공정에서나 품질특성이 완전히 일치하는 제품을 지속해서 생산해 낼 수는 없다. 품질에 영향을 미치는 요소는 여러 가지가 있으나, 기본적인 것은 **사람**(man), **기계**(machine), **재료**(materials), **제조방법**(method) 그리고 **환경**(environment)이다. 이를 공정에 영향을 미치는 4M+1E이라고 한다. 이처럼 공정은 그 공정을 구성하고 있는 여러 요소들에 의하여 직간접적으로 영향을 받는다.

8.1.2 공정능력지수

공정능력을 정보로서 활용하기 위해서는 공정능력을 양적으로 표현할 필요가 있다. 이처럼 공정의 능력을 평가하기 위한 것을 **공정능력지수**(process capability index)라고 한다. 일반적으로 공정에서 생산되는 제품의 품질 변동이 작을수록 공정의 능력이 좋다고 한다. 품질 변동이 어느 정도인가를 판단하는 기준이 제품의 규격이다. 즉, 공정능력이 좋다는 것은 목표치에 근접하면서 규격에 잘 맞는다는 것을 의미한다. 이때 규격은 품질특성에 따라 규격상한(S_U)과 규격하한(S_L)으로 나뉘게 된다. 다음은 공정능력을 정량화시키는 방법을 소개하기로 한다.

(1) 공정능력지수(치우침이 없는 경우)

양쪽 규격(규격상한 S_U, 규격하한 S_L)이 있고 제품의 품질 특성의 분포가 양쪽 규격의 중앙에 치우침이 없이 되어 있다고 가정되는 경우에, 공정능력의 평가방법인 공정능력지수(process capability index)는 다음과 같다.

$$C_p = \frac{\text{규격의폭}}{\text{산포의폭}} = \frac{S_U - S_L}{6\sigma} \tag{8·1}$$

즉, 공정능력지수는 규격의 폭과 산포의 폭을 비교한 것이다. 이때 모집단의 표준편차 σ를 모르는 경우에는 관리도에서 사용한 바와 같이 $\hat{\sigma} = \overline{R}/d_2$로 추정하여 산출한다.

상황 Ⅰ : $6\sigma < S_U - S_L$

[그림 8.1]의 (a)의 경우로 가장 바람직한 상황이다. 규격의 폭이 6σ 보다

큰 경우로 품질 평균이 어느 정도 변하여도 공정상에는 큰 문제가 발생하지 않는다. 공정능력지수 C_p의 값이 1보다 크므로 공정능력이 충분히 좋음을 나타내며 부적합률이 영에 가깝다. 만일 공정능력지수가 충분히 클 경우 규격을 강화하는 것을 고려할 수 있다.

그림 8.1 규격폭과 6σ 와의 관계

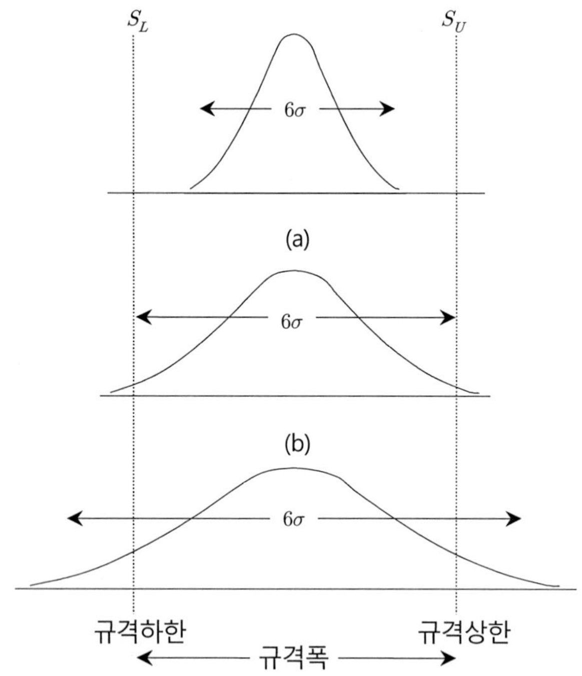

상황 II : $6\sigma = S_U - S_L$

(b)의 경우는 $C_p = 1$로 $T = S_U - S_L = 6\sigma$를 의미하며, 이 때 목표치와 품질평균이 동일할 경우 규격을 벗어나는 제품은 전체의 0.27% 정도이다. 그러나 공정평균이 규격의 중심으로부터 조금만 이동해도 불량이 발생하므로 부분군 채취빈도를 높이고 어떤 습성이나 이상치가 발생하였을 경우

즉각 대응함으로써 공정평균을 목표치로 유지하는 데 역점을 두어야 한다. 그리고 항시 규격을 벗어난 제품을 생산할 수 있으므로 산포의 산포가 큰 근본적인 원인을 규명하여 조치를 취해주도록 해야 한다.

상황 III : $6\sigma > S_U - S_L$

(c)의 경우는 C_p 의 값이 1보다 작으며 공정능력이 불충분한 경우이다. 항상 불량이 발생하므로 공정의 산포를 줄일 수 있는지 아니면 규격의 완화 가능성은 없는지를 검토하고, 가능하다면 전수검사를 통해 불량을 제거하며 동시에 산포가 많은 원인을 규명하여 해결해야 한다.

(2) 공정능력지수(한쪽 규격만 있는 경우)

한쪽 규격만 있는 경우에는 [그림 8.2]와 같은 경우가 되며 다음과 같이 정의하여 사용한다.

$$\text{규격상한만 있는 경우 : } C_p = \frac{S_U - \mu}{3\sigma} \quad (8\cdot2)$$

$$\text{규격하한만 있는 경우 : } C_p = \frac{\mu - S_L}{3\sigma} \quad (8\cdot3)$$

그림 8.2 한쪽 규격만 있는 경우

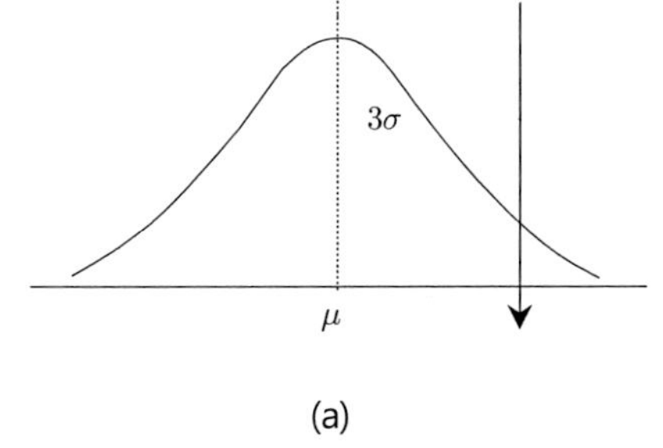

(a)

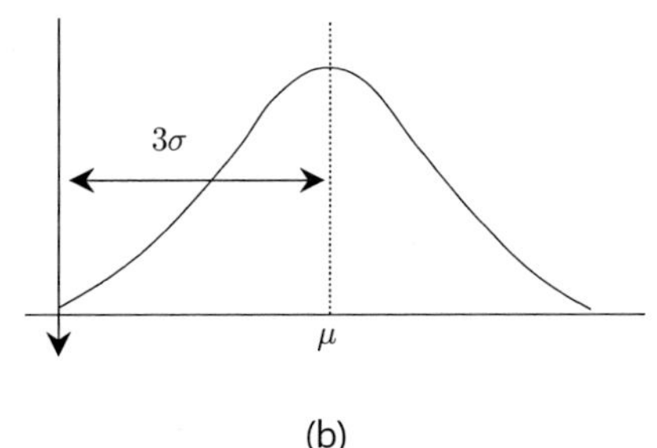

(b)

그림 8.3 치우침이 있는 경우

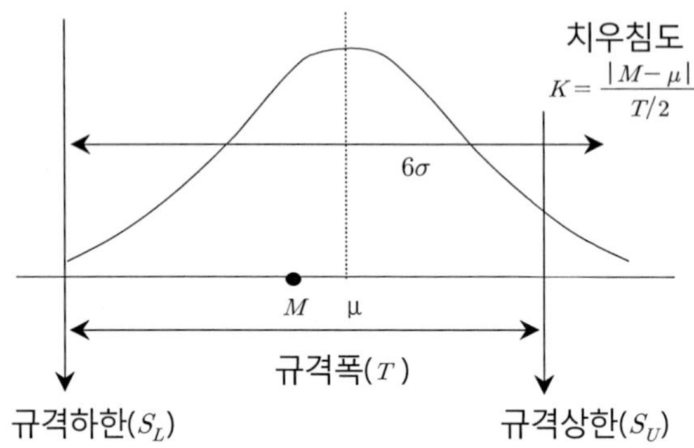

규격상한은 최대로 허용되는 한계이다. 예를 들면, 구청에서의 업무처리시간의 경우 처리시간이 빠르면 빠를수록 잘 관리된다고 할 수 있다. 규격하한은 최소한 이정도는 되어야 한다는 허용 한계이다. 예를 들면, 철선의 인장강도는 강하면 강할수록 잘 관리된다고 할 수 있다. 식 (8·2)와 (8·3)의 C_p 의 값은 $\mu > S_U$ 이거나 $\mu < S_L$ 이면 $C_p < 0$ 로 음의 값을 갖는다. 이 경우는 대단히 불만족스러운 경우로서 C_p 의 값이 양이 되도록 공정관리를 해주어야 한다. 공정능력의 판정기준은 양쪽 규격의 경우와 동일하다.

(3) 공정능력지수(치우침이 있는 경우)

품질특성치의 분포가 [그림 8.3]과 같이, 양쪽 규격의 중앙에 위치하지 않고 한쪽으로 치우쳐 있는 경우에는, 치우침의 도를 고려한 공정능력지수(이를 C_{pk} 로 표시)가 사용된다. 즉, 규격의 중심값을 M, 치우침도를 K 로 표시하면 공정능력지수 C_{pk} 는 다음과 같다.

$$C_{pk} = (1-K)\,C_p \tag{8·4}$$

여기서 만약 $K=0$으로 치우침이 없으면 $C_{pk} = C_p$ 가 된다. $K \geq 1$인 상태는 너무 치우침이 커서 보통은 발생하지 않는다.

[그림 8.3]과 같이 $M < \mu$ 인 경우에는 식 (8·4)의 공정능력지수는

$$C_{pk} = \frac{S_U - \mu}{3\sigma} \tag{8·5}$$

이 됨을 밝힐 수 있다. 또한 $M > \mu$ 인 경우에는 이와 반대로

$$C_{pk} = \frac{\mu - S_L}{3\sigma} \tag{8·6}$$

이 됨을 보일 수 있다. 따라서 $S_L < \mu < S_U$ 인 때에는, 치우침이 있는 경우의 공정능력지수 C_{pk} 는 한쪽 규격만 있는 경우의 공정능력지수 C_p(식 (8·2)와 식 (8·3))과 동일하게 된다.

(4) 공정능력지수의 평가

공정능력은 공정능력지수에 의해서 평가된다. 제품의 종류나 특성에 따라 다소 차이가 있으나, 일반적인 공정능력지수에 따른 공정능력의 평가는 다음 [표 8.1]과 같다.

표 8.1 공정능력지수와 공정능력의 평가

공정능력의 등급	공정능력의 범위	공정능력의 평가
특급	$C_P \geq 1.67$	공정상태가 매우 우수하고, 산포관리도 매우 만족스러움
A 등급	$1.33 \leq C_P < 1.67$	공정상태가 양호하고, 산포관리도 만족스러움
B 등급	$1.00 \leq C_P < 1.33$	공정상태는 그런대로 괜찮음
C 등급	$0.67 \leq C_P < 1.00$	공정상태가 양호하지 못함 공정능력이 불량함 부적합품이 발생하고 있음
D 등급	$C_P < 0.67$	공정상태가 아주 양호하지 못함 공정능력이 대단히 부족함 품질을 만족시킬 수 없는 상태임

각 등급에 대한 공정관리의 지침으로는 다음과 같이 생각하여 주면 좋다. 특급은 공정상태가 매우 우수하므로, 생산의 효율성 향상을 위해 관리의 간소화 등을 검토하는 것이 바람직하다. 등급 A는 공정상태가 양호하고 산포관리는 만족스럽다. 따라서 공정능력은 같은 수준으로 유지하면서 제품의 단위당 가공 시간을 단축시키는 생산성 향상을 시도하는 것이 바람직스럽다. 등급 B는 공정상태는 그런대로 괜찮으나 만족할 만한 수준이 아니므로 공정상태를 철저히 관리하는 것이 바람직하다. 등급 C는 공정능력이 불량하고 부적합품을 다수 포함하고 있으므로, 등급 B로 향상되도록 노력하여야 한다. 등급 D는 공정능력이 매우 불량함을 의미하므로 조속한 조치가 필요하다.

(5) 공정능력지수와 시그마수준의 관계

공정능력지수에 대한 시그마수준의 관계를 알아보자. 양쪽 규격이고 치우침이 없는 경우(M=μ)에 C_p 값은 1이 된다. 이와 같은 경우에 시그마 수준과 C_p 간에는 다음과 같은 식이 성립된다.

$$\text{시그마 수준} = 3 \times C_p \quad (8\cdot7)$$

그러나 장기적으로는 공정의 평균이 1.5σ 좌우로 흔들려서 치우침이 발생되는 것이 현실이다. 이러한 치우침이 발생되는 경우에 C_{pk} 값이 1이면 시그마 수준은 '$3\sigma + 1.5\sigma = 4.5\sigma$' 수준이 된다. 따라서 장기적으로 공정 평균이 목표치 M으로부터 1.5σ 이동할 때 C_{pk}와 시그마 수준과의 관계는 다음과 같다.

$$\begin{aligned}\text{시그마 수준} &= 3\times C_{pk} + 1.5 \\ &= 3(C_{pk} + 0.5) \quad (8\cdot8)\end{aligned}$$

이에 따라 C_p와 C_{pk} 사이에는 다음의 식이 항상 성립한다.

$$C_{pk} = C_p - 0.5 \quad (8\cdot9)$$

따라서 C_p 값이 2.0인 경우는 6시그마 수준이 되고, C_{pk} 값이 1.5인 경우에 6시그마 수준이 된다. 즉, C_p와 C_{pk} 값을 각각 2.0과 1.5를 달성하는 것과 같은 것이다. 다음 표는 공정능력지수와 시그마 수준의 관계를 요약한 것이다.

표 8.2 공정능력지수와 시그마 수준과의 관계

시그마 수준	1.5σ	2.0σ	2.5σ	3.0σ	3.5σ	4.0σ	4.5σ	5.0σ	5.5σ	6.0σ
C_p	0.50	0.67	0.83	1.00	1.17	1.33	1.50	1.67	1.83	2.00
C_{pk}	0.00	0.17	0.33	0.50	0.67	0.83	1.00	1.17	1.33	1.50

예제 8-1

건설 자재 공장에서 철선을 생산하고 있다. 건축물의 안전을 위해 철선의 인장강도가 1cm²당 1,000kg의 하중을 견뎌야 한다고 한다. 이를 검정하기 위해 생산되는 철선 중 랜덤으로 10개의 샘플을 취하여 측정한 결과 평균은 1,140이고, 표준편차는 30이라고 한다. 철선의 공정능력지수를 구하고 평가하시오.

▶▶▷ 풀이

제품의 규격하한은 1,000kg이다. 따라서 식(8·3)을 사용하여 공정능력지수를 구하면 다음과 같다.

$$C_p = \frac{\mu - S_L}{3\sigma} = \frac{\bar{x} - S_L}{3s} = \frac{1,140 - 1,000}{3 \cdot 30} = 1.56$$

공정능력지수는 A급으로 우량하다고 할 수 있다. 그러나 산포는 다수 크다고 할 수 있다. 산포가 큰 원인을 조사하여 개선하면 더 우수한 제품을 생산할 수 있다.

예제 8-2

어떤 피자집에서 고객의 불만을 조사한 결과, 피자 배달시간에 대한 불만이 가장 많다고 조사되었다. 실태를 파악하기 위해 2005년도 7월 1일 배달 된 50건의 배달 시간을 조사한 결과 평균 18분이 소요되었고, 샘플에 대한 표준편차는 5분으로 산출되었다. 공정능력지수를 산출하고 해석하시오. 단, 이 피자집에서는 배달시간을 최대 30분으로 정하고 있다.

▶▶▷ 풀이

배달시간의 규격상한은 30분이다. 식(8·2)을 사용하여 공정능력지수를 구하면 다음과 같다.

$$C_p = \frac{S_U - \mu}{3\sigma} = C_p = \frac{S_U - \bar{x}}{3s} = \frac{30-18}{3 \cdot 5} = 0.8$$

공정능력지수는 0.8로써 C급이다. 평균 배달시간은 18분으로 큰 문제점은 없어 보인다. 그러나 표준편차가 5분으로 매우 크다고 할 수 있다. 주문 수주부터 배달 완료까지 소요되는 시간을 구분하여 조사하여 그 원인을 해결해야 한다.

예제 8-3

어떤 그린 하우스(greenhouse)에서 습도는 대략 65~85%이어야 적정하다. 지난 10일 동안의 습도를 매일 1회씩 랜덤으로 추출하여 측정한 결과 다음과 같은 결과를 얻었다.

70, 78, 70, 84, 81, 80, 85, 60, 88, 75

위 측정결과에 대한 공정능력지수를 구하고 개선 방안을 논하시오.

▶▶▷ 풀이

규격상한은 85%이고 규격하한은 65%이다. 그리고 공정은 관리상태에 있다고 가정하자.

σ 의 추정치는 공식 $\hat{\sigma}=s=\sqrt{\frac{\sum(X_i-\bar{x})^2}{n-1}}$ 을 이용하여 계산하면 s =8.57이고, μ 대신에 추정평균치 $\hat{\mu}=\bar{x}=\sum x/n$ 을 이용하여 계산하면 $\bar{x}$ =77.1이다. 따라서 공정능력지수 C_{pk} 는 다음과 같다.

$$C_{pk}=(1-K)\cdot\ \frac{S_U-S_L}{6s}=(1-0.21)\cdot\ \frac{85-65}{6(8.57)}=0.307$$

이 값은 1보다 매우 작은 값으로, 규격에 못 미치므로 어떤 조치를 취해야 할 것이다. 만일 규격상한은 큰 의미가 없고 단지 규격하한만이 중요하다면 규격하한에 대한 공정능력지수를 구해보면 다음과 같다.

$$C_p=\frac{\bar{x}-S_L}{3s}=\frac{77.1-65}{3(8.57)}=0.471$$

이 값 또한 매우 낮은 지수이다. 만일 습도의 변동을 줄이지 못한다면 어떤 조치가 가능한가. 한 가지 조치 방법으로는 규격상한의 제한이 큰 의미가 없으므로 습도의 중앙값을 높이는 것이다. 즉, 습도의 중앙값을 규격하한인 65%보다 매우 높게 잡으면 될 것이다. 만일 표준편차를 줄일 수 없다는 가정 하에, 공정능력지수를 1까지 높이기 위해서는 습도의 중앙값은 다음과 같이 정하면 된다.

$$\mu=S_L+3s=65+3(8.57)=90.71\%$$

8.1.3 공정성능지수

공정능력지수 C_p 의 계산에서 표준편차 σ 는 **군내변동**(within-group variation)만

을 나타내는 산포의 측도가 된다. 그러나 품질특성치의 산포는 **군간변동**(between-group variation)에서도 올 수 있으며, 군내변동과 군간변동을 포함한 표준편차를 σ_T로 나타내면

$$\sigma_T = \sqrt{\sigma_w^2 + \sigma_b^2} \tag{8·10}$$

이 된다. 여기서 σ_w는 군내변동을 나타내는 표준편차이고, σ_b는 군간변동을 나타내는 표준편차이다. 이 σ_T를 사용하여 공정능력지수와 유사한 양을 **공정성능지수**(PPI : Process Performance Index)라고 부른다. 공정능력지수에서 사용되는 σ는 군내변동을 나타내는 σ_w이므로, $\sigma \leq \sigma_T$이고, 따라서,

$$C_p \geqq P_p, \text{ 단 } P_p = \frac{S_U - S_L}{6\sigma_T} \tag{8·11}$$

이 항상 성립된다.

생산공정이 안정되어 있고 관리가 잘 되는 경우에는 군간변동은 과히 크지 않으므로 C_p와 P_p 간에 큰 차이는 없으나, 공정이 불안정하면 군간변동이 커져 C_p에 비하여 P_p값이 상대적으로 작아진다. 만일 C_p값은 만족스러우나 P_p이 상대적으로 많이 적으면 생산공정관리에 어떤 문제가 있는지를 조사해 보아야 한다. 따라서 공정이 불안정한 경우에는 공정성능지수를 산출하여 생산공정의 상태를 조사하는 것이 바람직하다.

공정능력지수는 일반적으로 단기간에 걸쳐 공정이 어느 정도 품질의 제품을 안정되게 생산하는가를 조사하는 공정능력의 조사에 사용된다. 여기에 비하여 공정성능지수는 중장기간에 걸쳐 공정의 품질변동범위가 어느 정도이고, 어떠한 원인들이 공정의 성능에 영향을 주는가 등을 조사하는 것이다. 이러한 공정성능조사의 목적은 시간이 지남에 따라서 이상원인이 될 수 있는 요인들(원료로트의 변경, 작업자의 교체, 공구 교체, 장비의 수리 등)이 어느 정도 생산되는 제품의 품질변동에 영향을 주는가를 조사하여 이상원인을 규명하여 이에 따른 적

절한 조치를 취해주기 위해서이다. [그림 8.4]는 공정능력과 공정성능의 차이점을 나타내고 있다.

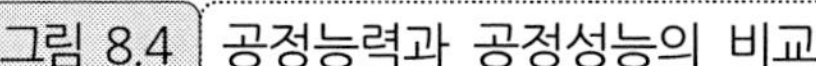
그림 8.4 공정능력과 공정성능의 비교

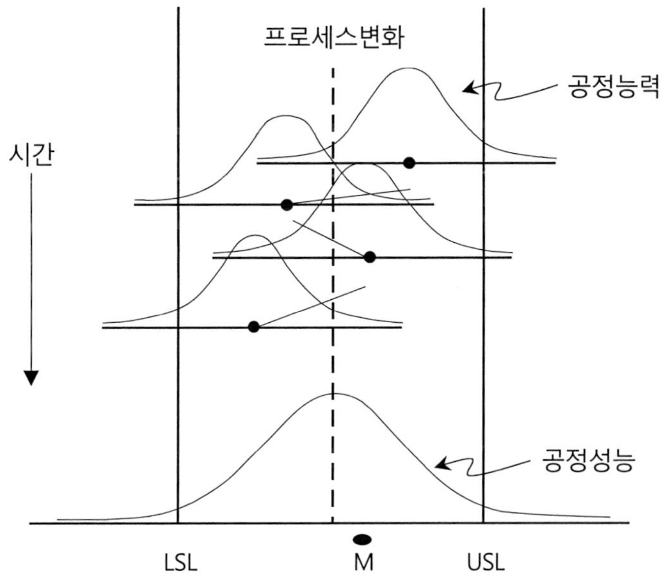

8.1.4 관리도를 활용한 공정관리

관리도를 활용하면 공정관리를 적절하게 진행시켜 나갈 수 있다. 관리도는 그려만 놓고 쳐다보기만 하는 그래프가 되어서는 안되며, 관리도를 효과적으로 이용하기 위해서는 조처와 밀접하게 연결시키는 것이 무엇보다도 중요하다.

관리도를 사용하여 공정관리를 하는 순서는 다음과 같이 하는 것이 좋다. 관리도가 공정관리에 효과적인 역할을 하는가 못하는가는, 관리도가 공정의 상황을 잘 반영하고 있는가, 원인 탐구에 쓸모가 있는가, 조처를 취할 수 있도록 되어 있는가에 따라서 정해진다. 다음은 일반적인 관리도를 사용한 공정관리방법 순서이다.

① 관리하고자 하는 공정을 결정한 후, 그 공정의 관리대상과 관리항목을 결정한다.
② 관리항목에 대한 측정방법, 데이터를 얻는 방법, 데이터의 층별 방법 등을 결정한다.
③ 관리항목에 대한 적절한 관리도를 결정한다.
④ 시료군의 구분방법, 크기, 층별 방법 등을 결정한다.
⑤ 중심선, 관리한계선을 산출한 후 관리도에 점을 찍는다.
⑥ 공정의 이상 유무를 판정하고 공정능력지수를 산출한다. 공정능력이 불충분하여 제품이 규격을 만족시키지 못하는 경우에는, 원인을 찾아 이를 시정하여 가면서 공정능력을 향상시키도록 노력해야 한다.
⑦ 데이터가 누적되면 장기간의 공정능력인 공정성능지수를 산출한다. 공정성능이 만족스럽지 못한 경우, 그 원인을 찾아 이를 개선하도록 한다.
⑧ 필요하면 관리선과 관리항목 등을 개정하고 표준화를 추진한다.

예제 8-4

어떤 자동차 부품공장에서 제조되는 부품의 내경에 관한 것이다. 랜덤으로 한 회에 5개의 샘플을 총 20회 추출하여 측정한 결과가 [표 8.3]에 수록되어 있다. 내경의 규격은 30 ± 0.2 mm이다. 다음 질문에 답하시오.

(1) 미니탭을 사용하여 $\bar{x}-R$ 관리도를 그리고 공정이 관리상태에 있는지 판정하시오.
(2) 목표치가 30mm일 때 공정능력지수를 산출하고, 제품의 공정을 평가하시오.

표 8.3 자동차 부품 내경 자료표

단위 : mm

일자	시료군의 번 호	측 정 치				
		x_1	x_2	x_3	x_4	x_5
	1	30.05	30.01	30.03	30.00	30.02
	2	30.02	29.93	29.95	29.93	29.98
	3	29.95	29.97	29.99	29.98	29.94
	4	29.98	30.04	30.02	30.04	30.06
	5	30.02	30.05	30.01	30.04	30.00
	6	30.08	30.01	30.04	30.04	29.98
	7	29.95	29.94	29.97	29.96	30.03
	8	29.95	29.98	30.01	30.00	30.03
	9	30.00	29.96	30.03	30.06	30.06
	10	30.01	30.20	29.94	30.06	30.06
	11	29.98	29.97	30.05	29.97	29.95
	12	30.01	29.96	29.94	29.99	29.96
	13	30.06	30.01	29.94	29.94	29.94
	14	29.95	30.04	30.04	30.03	30.03
	15	30.05	29.97	29.97	29.94	29.99
	16	30.06	29.99	29.96	29.98	29.95
	17	30.06	30.02	30.05	30.03	30.03
	18	30.01	30.04	30.00	30.05	30.07
	19	30.04	30.02	30.06	30.05	30.07
	20	30.06	30.03	30.07	30.04	30.08

▶▶▷미니탭 이용 (1)

1. C1에 데이터 입력
2. **통계분석 > 관리도 > 부분군에 대한 계량형 관리도 > Xbar-R** 선택

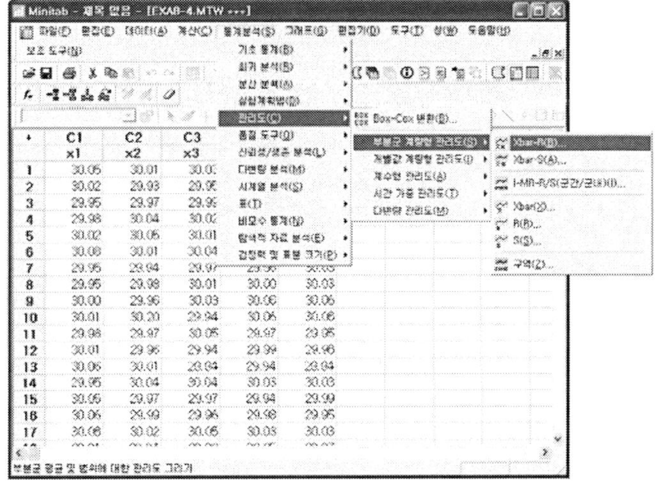

3. Xbar-R관리도 대화상자에서 관측치가 부분군 별로 여러 열에 있는 경우: 를 선택한 후 **C1-C5**를 선택 후 확인

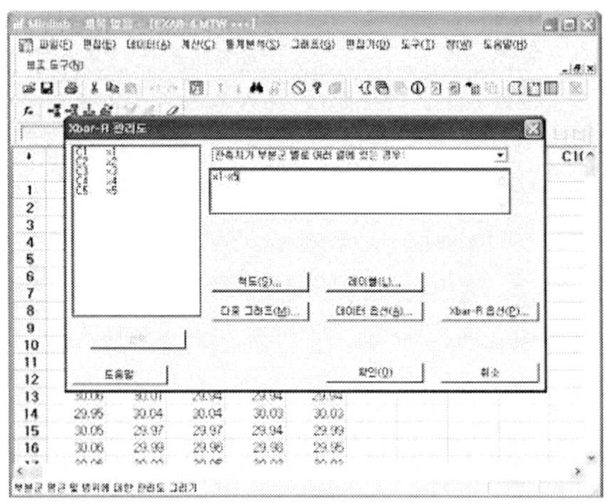

4. 결과창

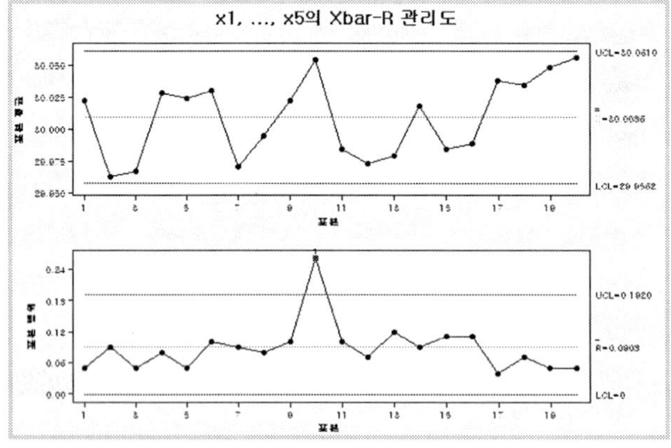

Xbar관리도에서는 대체적으로 이상요인이 발견되지 않고 R관리도에서는 10번째 표본이 UCL을 넘고, 최초 5점이 런의 길이 5를 나타내므로 변동요인을 조사해야 한다.

▶▶▷미니탭 이용 (2)

1. **C1(x1)-C5(x5)**에 데이터 입력

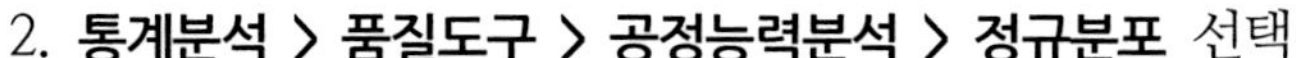

2. **통계분석 > 품질도구 > 공정능력분석 > 정규분포** 선택

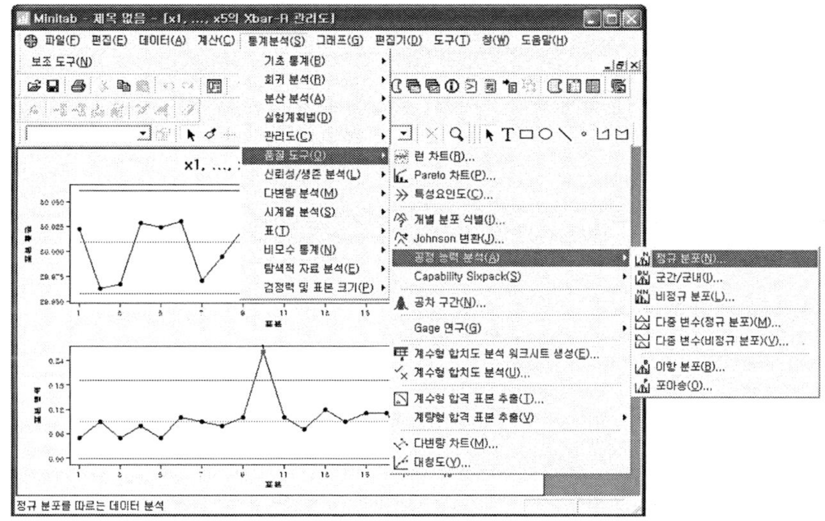

3. 공정 능력 분석(정규 분포) 대화상자에서 **부분군 행 위치**에 **C1(x1)−C5(x5)**를 선택, 규격하한 **29.8**, 규격상한 **30.2**을 입력

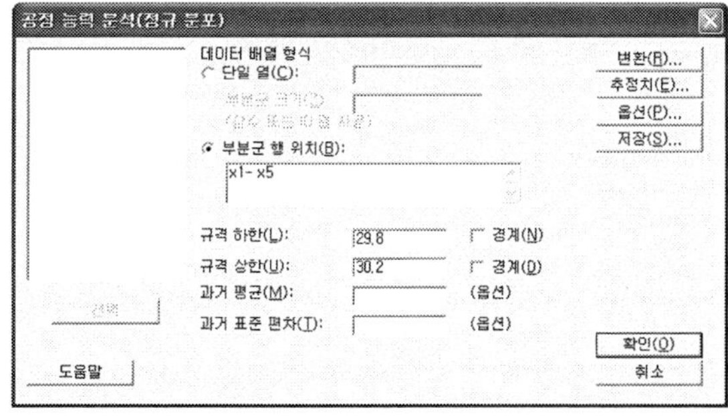

4. 목표값 **30**을 입력 후 확인

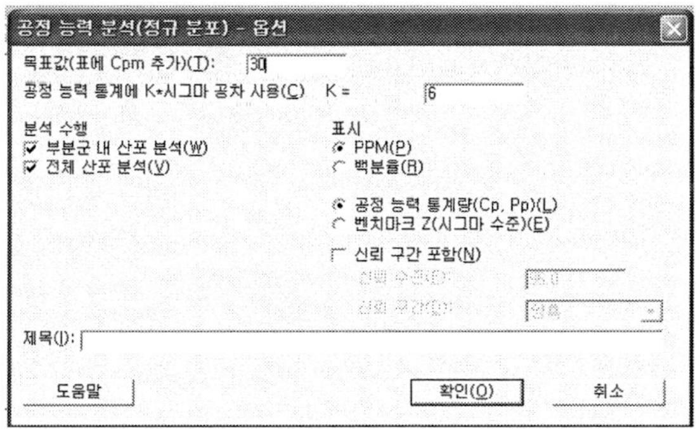

5. 결과창

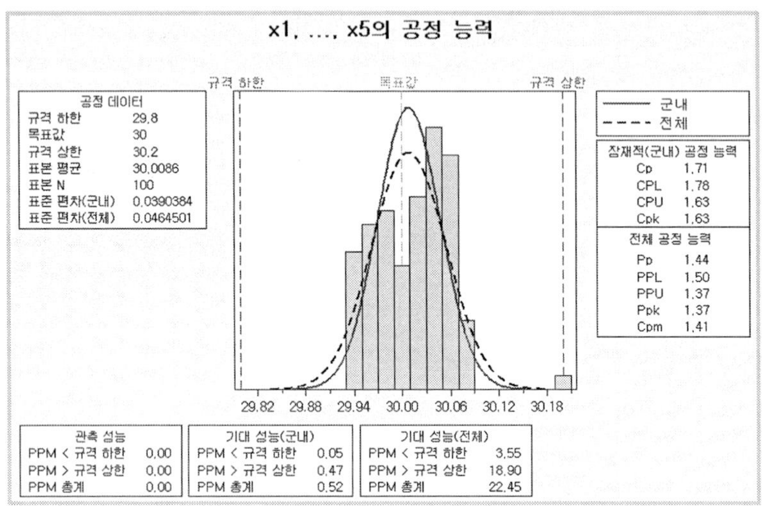

C_p=1.71 C_{pk}= 1.63로 이 공정능력은 매우 우수하다고 할 수가 있다.

예제 8-5

앞의 데이터를 매크로 명령어 %sixpack을 사용하여 공정능력분석을 하시오.

▶▶▷미니탭 이용

1. **C1(x1)-C5(x5)**에 데이터 입력
2. **통계분석 > 품질도구**
   > Capability Sixpack
   > 정규분포 선택

3. Capability Sixpack(정규 분포)에 부분군 행 위치에 **C1(x1)-C5(x5)**를 선택, 규격하한 **29.8**, 규격상한 **30.2**을 입력

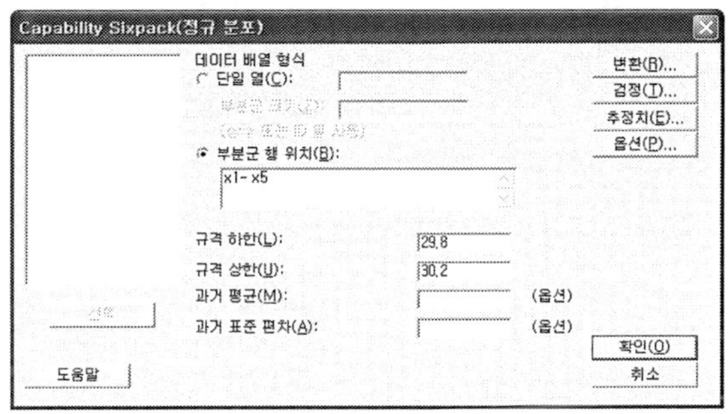

4. Capability Sixpack(정규 분포)-옵션 대화상자에서 목표값 **30**을 입력 후 확인

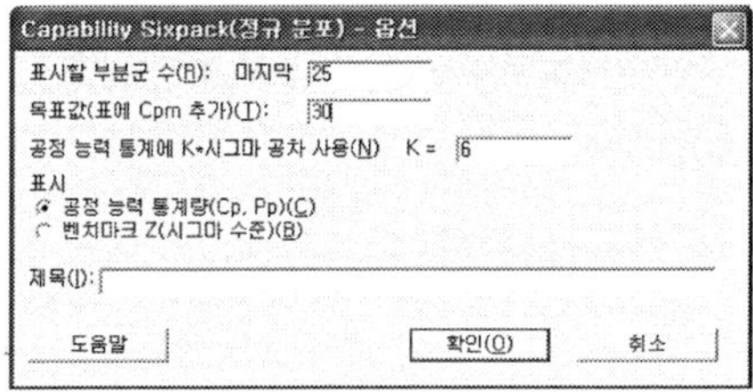

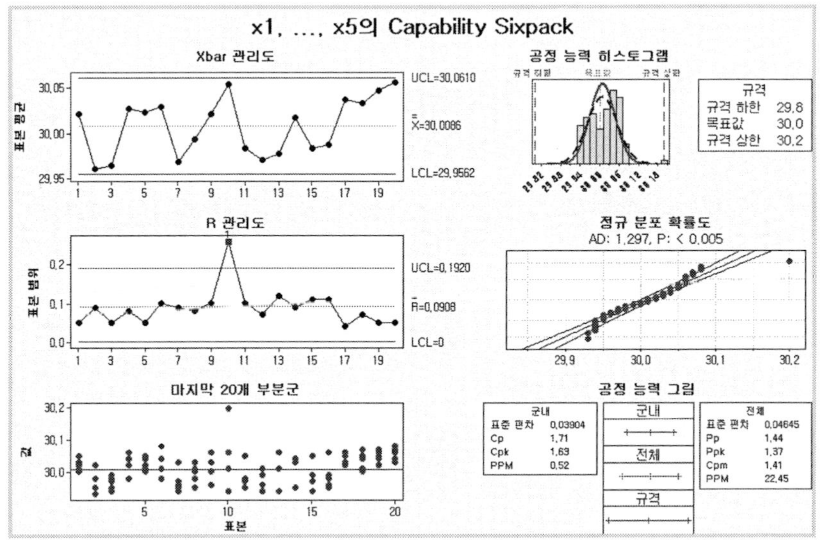

위 그림 중 정규 분포 확률도의 그림의 형태가 직선에 가까우나 30.2값의 이상치가 존재한다. Xbar 관리도에서 관리한계선에서 이탈하는 점이 없으나 R관리도에서는 10번째 관측치가 UCL을 벗어난다. $C_p = 1.71$ C_{pk} =1.63로 이 공정능력은 매우 충분하다고 할 수가 있다.

예제 8-6

컴퓨터 모니터를 생산하는 어떤 전자회사에서는 생산되는 모니터의 표면을 전수 육안검사 한다. 모니터의 표면에 조그만 스크래치가 있어도 부적합품으로 처리한다. 이 회사에서는 p 관리도를 활용하여 생산공정이 어느 정도 안정되어 있는지, 생산공정에 어떤 문제가 있는지를 판단하려고 한다. 생산되는 제품의 수는 매일 변동하므로 시료의 크기(이 경우는 로트의 크기) n 은 일정하지 않다. 다음과 같은 데이터가 수집되었을 때 p 관리도를 미니탭을 활용하여 다음에 답하시오.

(1) p 관리도를 그리고 공정이 관리상태에 있는지를 판정하시오.

(2) 공정능력을 분석하시오.

표 8.4 컴퓨터 모니터 검사 자료표

일시	시료군의 번호 k	시료군의크기 n	부적합수 np
	1	620	4
	2	620	5
	3	620	4
	4	620	3
	5	620	1
	6	600	5
	7	600	5
	8	600	2
	9	600	4
	10	600	3
	11	640	5

	12	640	3
	13	640	5
	14	640	2
	15	640	5
	16	630	5
	17	630	4
	18	630	3
	19	630	2
	20	630	4

▶▶▷미니탭 이용 (1), (2)

1. **C1(시료군의 크기 n), C2(부적합수 np)**에 데이터 입력
2. **통계분석 > 품질도구 > 공정능력분석 > 이항분포** 선택

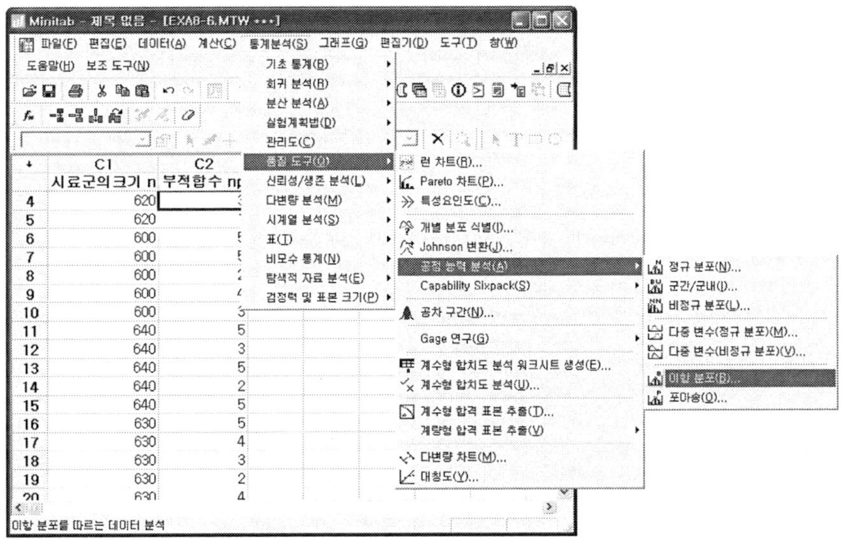

3. 공정능력 분석(이항 분포)대화상자에서 불량에 **C2(부적합수 np)**를 사용될 크기에 **C2(시료군의 크기 n)**를 선택 후 확인

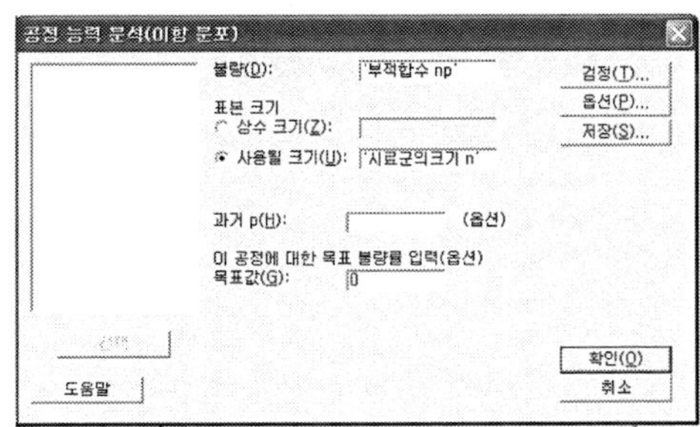

5. 결과창

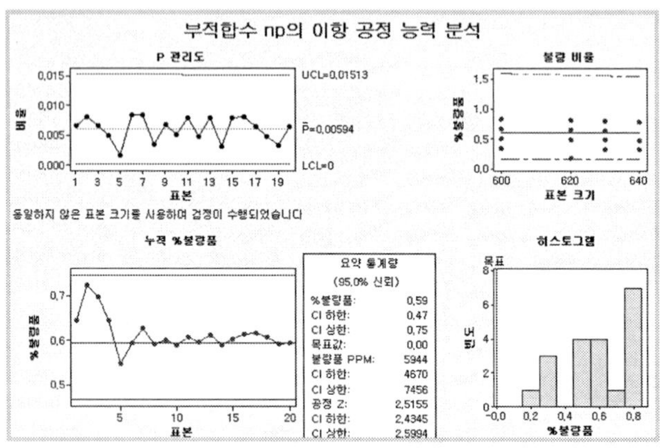

P관리도에서 관리한계선을 넘는 것이 없으므로 안정되어 있다고 할 수 있다. 공정 Z = 2.516로 상당히 좋은 공정이라고 할 수 있다.

8.2 측정시스템

8.2.1 측정시스템의 기본개념

통계적 품질관리는 모든 것을 품질 데이터에 근거하고 있으므로 정확한 데이터의 수집이 매우 중요하다. 만일 측정과정이 충분히 조사되어 있지 못하면, 측정된 결과가 제품의 실질적 특성을 나타내고 있는지를 알 수 없다. 측정시스템이 부정확하거나 계측기의 정밀도가 나빠서 믿을 수 없는 데이터만 얻어진다면, 통계적 품질관리 활동 자체의 가치가 떨어질 것이다.

측정 결과 실질적으로 규격에 맞지 않는 제품이지만 잘못된 측정으로 인하여 제품이 규격에 맞는 좋은 품질이라고 판명될 수도 있다. 그와 반대로 규격에 맞는 제품도 부적합품으로 판정될 수도 있다. 그러므로 측정시스템이 제품이나 공정을 정확히 측정하여 올바른 데이터를 산출할 수 있는 것인지 반드시 평가되어야 한다. 만일 정확히 평가되지 않고 사용된다면, 잘못된 측정시스템으로 인하여 품질비용은 올라갈 것이며, 품질 산포의 근본적인 원인을 파악할 수 없어 제품의 품질을 개선시킨다는 것은 매우 어려울 것이다.

8.2.2 측정오차

측정오차의 성질을 보면 4가지 형태로 구분할 수 있다.

(1) 정확성(accuracy)

측정의 정확성은 어떤 계측기로 동일의 제품을 측정할 때에 얻어지는 측정치의 평균과 이 특성의 참값과의 차를 말한다. 만일 이 측정값이 참값과 차이가 있으면 편의(bias)가 있다고 하며, 이 편의가 작으면 작을수록 정확성이 좋다고 말한다([그림 8.5]). 정확성은 편의오차(bias error)라고도 한다.

그림 8.5 정확성 그림 8.6 정밀도

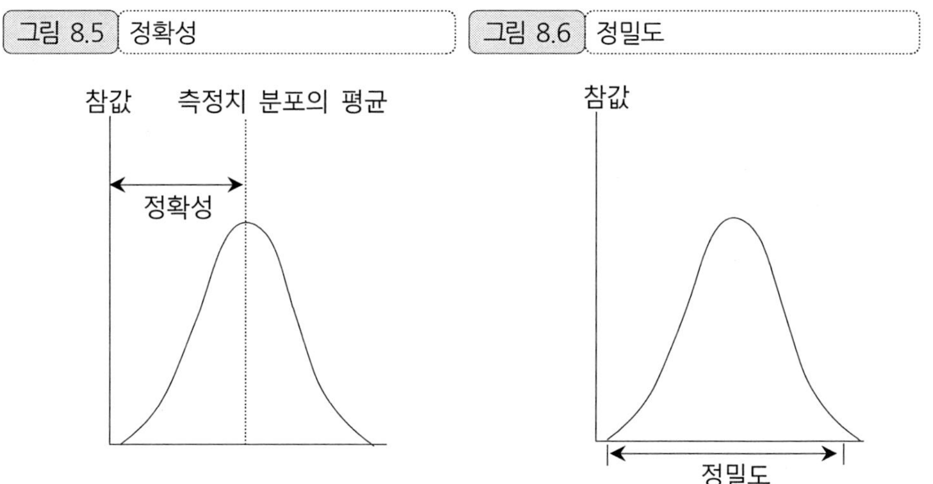

(2) **정밀도**(precision 또는 repeatability)

정밀도는 측정 기계로 인한 산포이다. 이 측정의 산포는 동일의 작업자가 동일의 측정기를 갖고 동일한 제품을 측정하였을 때 파생되는 측정의 변동이다. 즉, 산포가 작으면 정밀도가 좋아진다([그림 8.6]).

(3) **안정성**(stability)

계측장비가 마모나 기온이나 습도와 같은 환경조건의 변화에 의하여 시간이 지남에 따라서 동일 제품의 계측 결과에 영향을 미치는 경우를 말한다. [그림 8.7]에서 보는 바와 같이 시간이 지남에 따라 측정된 평균값이 다를 경우, 그 계측기는 안정성이 결여됐다고 말한다.

(4) **재현성**(reproducibility)

재현성은 측정자간의 차이를 말한다. 동일한 계측기로 동일한 제품을 측정하였을 때에 측정자간에 나타나는 측정데이터의 평균의 차를 말하며, 이 평균의 차가 크면 재현성이 떨어진다고 말한다([그림 8.8]).

그림 8.7 안정성　　그림 8.8 재현성

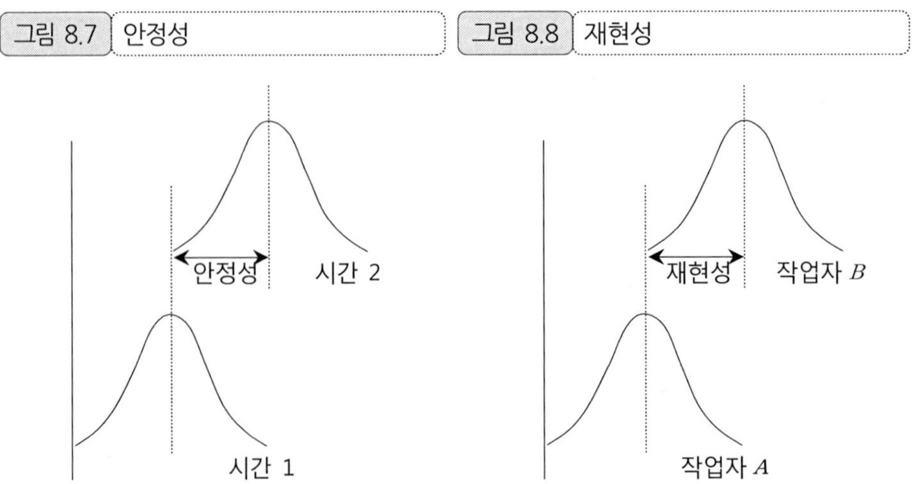

8.2.3 정밀도와 재현성 실험(R&R Test)

생산현장에서는 어떤 경우에도 계속해서 동일한 제품만을 생산해 낼 수는 없다. 그러나 만일 측정시스템에 관한 연구가 되어 있지 않으면, 이런 변동이 제조 단계에서 파생된 문제인지, 아니면 측정시스템의 문제점으로 인한 것인지를 알 수 없을 것이다.

R&R Test를 실시하여 측정변동의 주요 원인인 정밀도와 재현성을 구분 계산하여 측정변동의 주요 원인을 분석하여 보자. R&R Test를 하는데 있어서 무엇보다도 중요한 것은 준비 단계이다. R&R Test를 하는데 필요한 준비 사항을 보면 다음과 같다.

① **인력** : 일반적인 측정자 2명 혹은 3명을 선택한다. 여기서 일반적이란, 일상적으로 측정하는 작업자 중에서 가장 잘하는 사람도 가장 못하는 사람도 아닌 측정자다.

② **방법** : 모든 측정자는 정확하게 측정시료를 측정하는 방법을 알아야 한다. 만일 새로운 측정기를 사용하면, 테스트 전에 미리 측정 교육을 시키고 완전히 이해하였는가를 확인 하여야 한다.

③ **자재** : 대부분의 경우에 10개의 측정시료를 선택하여, 각 측정시료에 번호를 준다. 측정자는 측정시료의 번호를 인식하지 못하도록 한다.

④ **기계** : 계측기는 규격보다 한 눈금 더 작은 것까지 읽을 수 있어야 한다. 예로서, 만일 규격이 1.05g~1.09g이라면, 계측기 눈금은 0.001g까지 읽을 수 있어야 한다.

⑤ **환경** : 측정 품목에 따라 작업환경이 측정오차에 큰 영향을 미치는 경우가 있으므로 적합한 작업환경 하에서 측정하여야 한다. 예로써, 온도는 섭씨 21도 그리고 습도는 약 50%가 적합할 것이며 통풍이 잘 되는 곳이 좋다.

R&R Test는 측정자의 수(g), 측정시료의 수(n), 반복측정의 횟수(r) 등을 상황에 따라 변화를 줄 수 있으나, 일반적으로 g =3, n =10, r =2가 주로 사용된다. 이런 경우에 대한 평가절차를 예를 들어 설명하여 보면 다음과 같다.

① 측정자를 A,B,C라 하고, 측정시료에 번호 1, 2, …, 10을 주고, 측정자는 이 번호를 알 수 없도록 한다.

② 측정자 A로 하여금 10개의 시료를 랜덤하게 측정하여 그 값을 기입한다.

③ 측정자 B, C에 대해서도 순서 2를 반복한다.

④ 1차 반복이 끝난 후, 2차 반복에 대해서도 순서 2, 3과 동일한 방법으로 다시 실시하여 측정치를 기입한다. 필요하다면 3차 반복을 실시한다. 반복의 수가 증가함에 따라 더 정확한 결과를 얻을 수 있다. 정밀도, 재현성, 그리고 정밀도와 재현성을 다음 ⑤번에서 ⑪번에 걸쳐 구한다.

⑤ 샘플의 합과 범위를 구한 후, 각 측정자에 대한 평균값과 평균범위를 계산한다.

⑥ 측정시스템이 관리 상태에 있는가를 확인한다. R-관리도를 사용하여 측정시스템이 관리상태에 있는지를 분석한다. 만일 어떤 범위가 관리상한선보다 클 경우 측정 시스템에 문제가 있는지를 조사하고 그 값을 제외한 후 순서 5와 순서 6을 다시 한다.

⑦ 정밀도를 나타내는 E.V.(계측기변동 ; equipment variation)을 계산한다.

$$\text{E.V.} = \overline{\overline{R}} \cdot K_1 \text{, 여기서 } K_1 = 2 \cdot \frac{2.575}{d_2} \qquad (8\cdot12)$$

여기서 d_2는 부록 [A-7]에서 시료의 크기 n 대신에 반복횟수 r을 대입시켜 얻어지는 값으로 반복회수가 2이면 1,128이고, 반복횟수가 3이면 1.693, 4이면 2.059 그리고 5이면 2.326이다. 이 값이 크면 정밀도, 즉 계측기 간의 변동이 크다고 판단된다.

⑧ 재현성을 나타내는 A.V.(측정자 변동 : appraiser variation)을 계산한다.

$$\text{A.V.}=\sqrt{(\overline{X_{diff}}\cdot\ K_2)^2-\frac{(\text{E.V.})^2}{n\cdot\ r}}\ ,\ \text{여기서}\ K_2\ \text{는}\ 2\cdot\ \frac{2.575}{d_2^*} \qquad (8\cdot13)$$

여기서 d_2^* 는 측정자가 2명이면 1.41, 3명이면 1.914, 4명이면 2.24 그리고 5명이면 2.48이다. 이 값이 크면 재현성, 즉 측정자간의 오차가 큰 것이다.

⑨ 정밀도와 재현성을 동시에 나타내는 R&R을 계산한다.

$$\text{R\&R}=\sqrt{(\text{E.V.})^2+(\text{A.V.})^2} \qquad (8\cdot14)$$

⑩ 정밀도, 재현성 및 R&R의 공차에 대한 백분비를 계산한다.

$$\begin{aligned}\%\text{정밀도} &= \%\text{E.V.} = (\text{E.V./공차})\cdot 100\% \\ \%\text{재현성} &= \%\text{A.V.} = (\text{A.V./공차})\cdot 100\% \\ \%\text{R\&R} &= \%\text{R\&R} = (\text{R\&R/공차})\cdot 100\%\end{aligned} \qquad (8\cdot15)$$

⑪ 산출된 값에 대하여 평가하고, 필요시 조치를 취한다.

8.2.4 정확성의 평가

계측기의 정확성 여부를 판단하기 위해서는 시료특성의 참값(true value)을 알아야 한다. 이 참값은 정밀검사장비를 이용하여 구할 수 있을 것이다. 시료 n 개에 대하여 구한 참평균(true average)과 측정자가 얻은 시료평균 $\overline{X}$ 와의 차이가 정확성을 나타낸다. 정확성의 백분비는

$$\%\text{정확성}=\frac{|\ \text{참평균}-\text{시료평균}\ |}{\text{공차}}\cdot\ 100 \qquad (8\cdot16)$$

으로 얻어진다. 정확성이 나쁜 원인은 다음과 같은 경우가 가능하다.

① 계측기를 오래 사용하여 마모된 경우
② 눈금이 잘못된 불량 계측기
③ 측정자가 계측기 사용 방법을 잘 모르는 경우이거나 측정방법에 어떤 잘못이 있는 경우

8.2.5 안정성의 평가

계측기의 안정성은 시간의 변화에 대한 측정치의 변동이므로, 안정성은 다음과 같이 구한다. 시점 t_1 에서 시료평균 $\overline{X_1}$ 와 시점 t_2 에서의 시료평균 $\overline{X_2}$ 라면 계측기 안정성의 백분비는

$$\%\text{안정성} = \frac{|\overline{X_1} - \overline{X_2}|}{\text{공차}} \cdot 100 \quad (8\cdot17)$$

으로 계산된다. 계측기의 안정성은 다음과 같은 경우에 문제를 갖게 된다.

① 환경조건의 변화로 공기압(air pressure)이 변화되는 경우
② 계측기 작동준비(warm-up) 상태여부가 측정치에 영향을 미치는 경우
③ 계측기를 자주 사용하지 않아서 미사용 기간이 긴 경우

8.2.6 계측기 관리 방안

계측기의 오차를 줄여 나가고자 할 때에 일반적으로 다음의 순서에 의하여 시행하는 것이 바람직하다.

① 먼저 계측기의 정확성과 안정성에 아무런 문제가 없는지를 검토한다. 정확성과 안정성은 계측기 자체의 신뢰성을 좌우하는 것으로, 이 신뢰

성을 확보하기 위하여 측정방법, 시료의 샘플링방법, 실험방법의 면밀한 검토와 계측기의 물리적 상태의 체크 등을 실시하여야 한다.

② 정밀도(%), 재현성(%) 그리고 얻어진 데이터를 분석하여 보면 측정오차의 주요 원인이 무엇이며 어느 분야의 개선이 필요한가를 알 수 있다. 예로써, 만일 재현성(%)이 R&R(%)의 대부분을 차지한다면 측정자와 측정기술의 교육에 염두를 두어야 할 것이다.

반면에 정밀도(%)가 재현성(%)에 비하여 상대적으로 크면, 측정기를 조사하여 개선점을 찾아내야 할 것이다. 보전이 문제라면 계속적으로 보전해야 할 것이며, 계측기의 고정 방법이나 위치가 문제인가도 점검하여야 한다. 만일 계측기의 정도가 떨어지면 계측기 공급자나 제조자와 상의하여 새로 정도 높은 측정기를 구입하거나, 측정기의 정도가 높아지도록 설계 제작되어야 한다. R&R(%)의 크기에 따라서 대개 다음과 같이 평가한다.

R&R (%)	조 치
10% 미만인 경우	계측기 관리가 잘 되어 있는 편임.
10~30% 인 경우	계측기의 수리비용, 측정오차의 심각성 등을 고려하여 조치여부를 결정함.
30% 이상인 경우	계측기 관리가 미흡하여, 반드시 계측기 오차의 원인을 규명하여 이를 해소시켜 주어야 한다. 개선방법이 없으면 계측기 판매회사의 도움을 얻어야 함.

예제 8-7

어떤 핸드폰 업체의 품질관리부서에서는 자사제품의 특성을 측정하는 측정시스템에 대한 신뢰성을 확보하기 위하여 Gage R&R 분석을 하려고 다음과 같은 데이터를 얻었다. 3명의 측정자가 2회씩 반복하여 10개의 샘플을 측정하였다. Gage R&R 분석을 하시오. 단 제품의 규격은 21±1이다.

부품	측정자 A		측정자 B		측정자 C	
	1회	2회	1회	2회	1회	2회
1	20.5	20.2	21.2	21.0	21.0	20.7
2	21.0	21.4	20.5	20.6	20.7	20.6
3	20.6	21.0	20.7	20.9	20.5	20.9
4	20.8	21.2	20.8	20.5	21.2	20.8
5	21.2	20.5	21.2	20.6	20.6	21.2
6	21.4	21.0	21.5	21.2	20.6	21.2
7	20.3	20.6	20.2	20.8	21.2	20.8
8	20.6	20.9	20.5	21.0	20.8	21.0
9	21.2	20.8	21.3	21.6	21.1	21.6
10	20.7	21.1	20.5	20.8	20.7	20.8

▶▶▷미니탭 이용

1. **C1(part), C2(측정자), C3(측정치)**에 데이터 입력
2. **통계분석 < 품질도구 < Gage 연구 < Gage R&R (교차) 연구** 선택

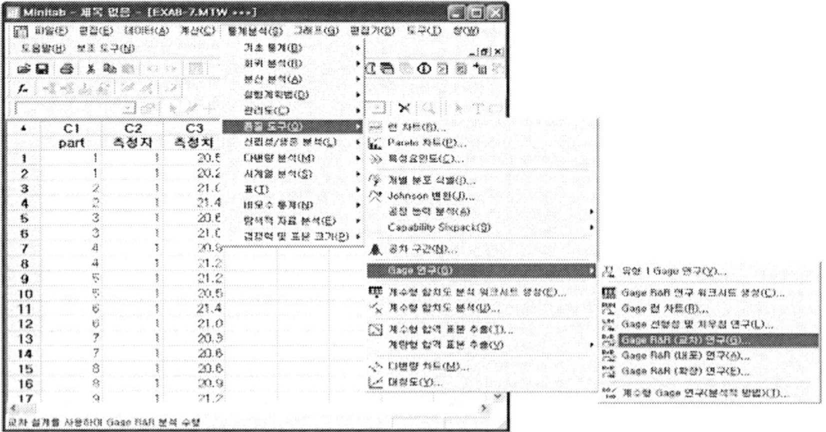

3. Gage R&R 연구(교차)대화상자에서 시료 **번호**에 **C1**(part), 측정 시스템에 **C2**(측정자), 측정 데이터에 **C3**(측정치)를 선택, 분석법에 분산분석 체크

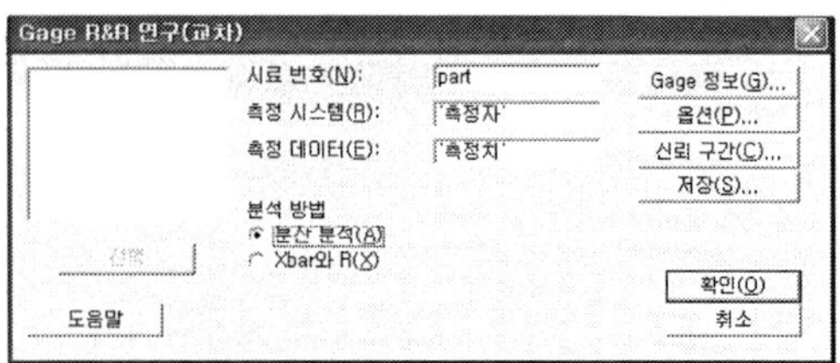

4. Gage **R&R 연구(교차)** - 옵션대화상자에서 연구변동에 **6**을 입력 후 확인

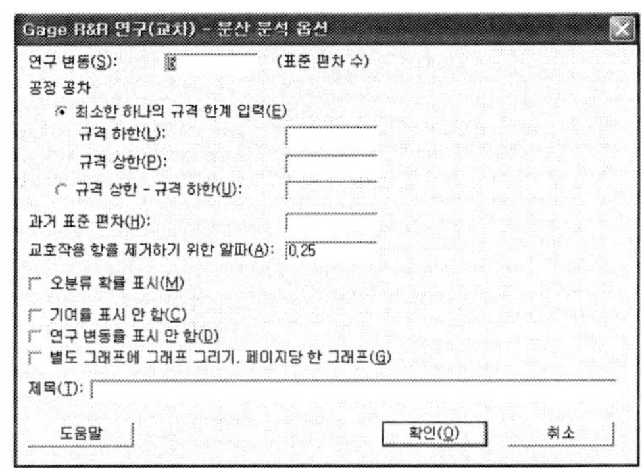

총변동 R&R은 0.1151(11.5%)로 계측기의 상태를 고려 조치여부를 결정해야 하며, 총 게이지 R&R에 분산성분의 기여율 85.60%가 부품-대-부품에 분산기여율 14.40%보다 훨씬 크다. 이는 변동의 대부분이 측정시스템(주로 반복성)으로 인한 것이며 부품간의 차이로 인해서는 발생하지 않는다는 것을 알 수 있다. 구별되는 범주의 수가 4이상이면 측정시스템을 인정한다. 위의 결과는 1이므로 측정시스템이 다소 안정적이지 못하다고 할 수 있다. 반복이 있는 이원분산분석표에서 part*측정자의 p값이 0.161로 상호작용이 약하게 존재한다.

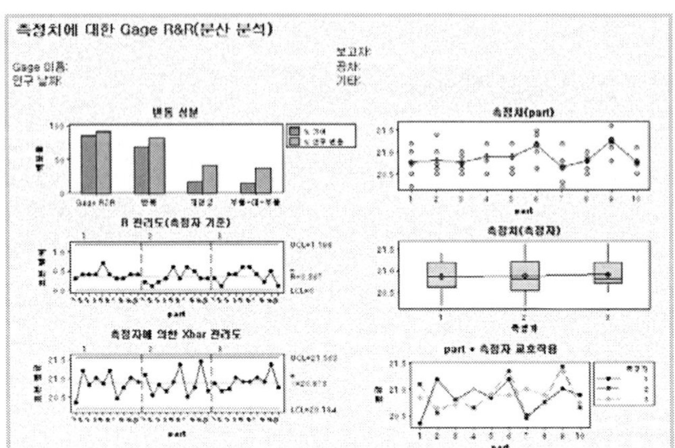

좌측 상단에 있는 변동성분그래프에서 총게이지 R&R의 기여율이 부품대 부품의 기여율보다 큼을 나타내며, 우측 상단에 있는 part별 그래프에서는 거이 수평으로 부품간 차이가 거의 나타나지 않는다.

참고문헌

8·1 Beauregard, M.R., Mikulak, R.J. and Olson, B.A. : A Practical Duide to statistical Quality Inprovement, Van Nostrand Reinhold Inc., 1992.
8·2 Farnum, N.R. : Modern Statistical quality Control and Inprovement, Duxbury Press, 1994.
8·3 Juran, J.M. : Quality Control Handbook, 4th ed., McGraw Hill, New York, N.Y., 1981.
8·4 Juran, J.M. and Gryna, F.M. : Quality Planning and Analysis, McGraw -Hill, New York, N.Y., 1970.
8·5 김영휘 : 품질관리, 청문각, 1979.
8·6 박성현 박영현 : 통계적품질관리, 민영사, 2008.
8·7 이강군 : 6시그마 공정능력분석, (주)시그마 스펙트럼, 2001.
8·8 황의철 : 최신품질관리, 박영사, 1994.

연습문제

8.1 울산에 있는 어떤 공장에서 합금 봉을 가공하고 있다. 봉의 규격(폭)은 1.20 ~ 1.24cm이다. 이 부품의 제조공정을 관리하기 위하여 1시간 간격으로 5개씩의 데이터를 취하여 $\bar{x}-R$ 관리도를 작성하여 보니, $\bar{x}$ 및 R 관리도는 모두 안정상태이며, $\bar{\bar{x}}$ =1.225cm, $\bar{R}$ =0.004cm 이었다고 한다. 이 부품의 공정능력지수를 구하고, 평가하시오.

8.2 정수기를 생산하는 어떤 업체에서 전기부품을 생산하고 있다. 부품의 품질특성치 폭의 규격은 9.7-10.3cm이다. 이 부품의 공정을 관리하기 위해 9개의 부품을 측정한 결과 다음과 같다. 공정능력지수를 산출하고 평가하시오. 그리고 개선 방안을 논하시오.

10.2	9.9	10.0	10.1	9.9	10.0	10.2	10.1	10.1

8.3 어떤 공장에서 생산한 부품의 강도 하한 규격이 25kgf라고 한다. 안정된 공정을 통해 생산된 부품의 시료 50개를 채취해서 확인한 제품의 강도 평균은 30kgf이고 표준편차는 4kgf라고 한다. 이 공정의 부품 강도의 공정능력지수는 얼마인가? 만족할 만한 결과인가?

8.4 양재동에 있는 (주)파란모자 피자집에서 피자 배달 최대시간은 30분이다. 실제 주문 후 배달 시간을 랜덤으로 10번을 측정한 결과는 다음과 같다. 이 피자집의 배달시간에 대한 공정능력지수는 얼마인가? 만족할 만한 수준인가 평가하시오.

25	18	19	20	23	24	20	19	26	27

8.5 농기계를 만드는 (주)우리농기계에서는 농기계 핵심 부품 중 하나인 어떤 봉을 생산 하고 있다. 그러나 봉 길이가 만성적으로 문제가 되어왔다. 길이에 대한 공정능력지수를 조사하고자 16번에 걸쳐 매번 5개를 랜덤으로 샘플을 취하여 측정한 결과는 다음 표와 같다. 단 길이의 규격은 10.0cm ± 1.5cm이다.

(1) 미니탭을 활용하여 공정능력을 평가하시오.

(2) 명령어 %sixpack을 사용하여 공정능력분석을 하시오.

일시	시료군의 번호	측 정 치				
		x_1	x_2	x_3	x_4	x_5
	1	9.4	10.1	9.4	9.1	10.2
	2	10.1	10.4	10.0	10.9	10.8
	3	10.1	10.8	9.4	10.6	10.8
	4	10.8	9.7	9.2	9.3	9.2
	5	10.1	10.1	9.8	10.5	9.7
	6	10.2	10.4	9.1	10.6	10.4
	7	10.4	10.3	9.6	10.1	9.4
	8	10.7	10.7	9.4	11.4	10.8
	9	10.2	10.8	9.4	9.9	10.5
	10	9.9	10.6	10.4	10.4	10.7
	11	9.9	10.3	10.5	9.8	10.8
	12	10.4	10.6	10.0	10.9	10.5
	13	10.0	10.2	10.2	11.0	10.9
	14	9.5	10.0	10.0	10.3	10.8
	15	10.2	10.1	10.2	10.1	10.2
	16	10.0	10.4	10.1	10.3	10.7

8.6 측정시스템이 제품이나 공정을 정확히 측정하고 있는지를 확인하기 위하여 10개의 측정시료를 선택하여 3명의 측정자에게 같은 측정기로 각각 10번씩을 2번 반복하여 다음과 같은 측정 데이터를 얻었다. 제품의 규격은 50±4이다. 측정시스템을 분석하시오.

측정자	A		B		C	
시료 번호	1차반복	2차반복	1차반복	2차반복	1차반복	2차반복
1	50.2	49.5	49.3	50.2	51.8	51.1
2	49.3	50.2	48.3	48.4	49.3	50.2
3	51.1	50.4	50.3	48.5	50.3	50.4
4	25.8	51.0	49.7	50.5	49.5	50.0
5	49.5	49.3	48.8	48.5	51.0	50.2
6	50.0	51.3	50.5	50.0	52.0	50.5
7	51.5	51.0	48.5	49.0	49.5	49.0
8	48.5	49.5	49.5	49.5	51.2	50.5
9	50.8	50.5	50.7	50.5	50.3	50.8
10	51.5	50.5	48.5	49.0	52.0	51.2

제9장

상관과 회귀

9.1 산점도

산점도(scatter diagram)는 품질관리 7가지 도구 중의 하나로서 3장에서 이미 설명한 바 있으나 상관분석에서 매우 중요한 방법으로 사용되므로 여기서 다시 다루기로 한다.

서로 대응관계에 있는 측정치에 의하여 산점도를 그려 양자의 관계를 조사할 때에, 만약 한쪽의 측정치가 변하면 다른 측정치가 이것에 따라 변화하는 관계가 있는 경우, 이들 사이에는 상관이 있다고 말하고 이와 같은 상관관계를 통계적으로 해석하는 방법을 상관분석(correlation analysis)이라고 한다. 두 확률변수 X, Y 간의 상관관계를 알고자 할 때에는 두 변수에 대한 크기 n 의 확률표본을 취한 후, 얻어진 n 개의 데이터

$$(x_i,\ y_i)\ ,\quad i=1,\ 2,\ \cdots,\ n$$

로부터 두 변수간의 관련성을 찾게 된다. 이 때 우선적으로 산점도를 그려보는 것이 좋다. 산점도를 그린 후에 검토하여야 할 사항은 다음과 같은 것들이다.

(1) 점들이 산재해 있는 모양으로부터 x 와 y 사이에 관계가 있을 듯한지를 검토한다. 또한 양(positive)의 상관인가 음(negative)의 상관인가를 알아본다.

(2) x 와 y 가 직선관계인가 곡선관계인가를 살펴본다. [그림 9.1]의 (c)처럼 곡선관계인 경우에는 상관계수를 구하는 것은 전혀 의미가 없다.

(3) 이상한 데이터가 있는지를 확인한다. 산점도상에서 이상점의 발생은 데이터의 수집 시 다른 모집단의 표본이 흡입되었거나, 측정이나 계산이 잘못되었거나, 데이터의 기입 등에 착오가 있는 것이다. 이와 같은 이상점이 발견되면 원인을 규명하여 수정하여 주도록 하여야 한다.

(4) 점들이 뚜렷하게 두 개 또는 그 이상으로 층별이 되는 경우가 있는지 검토한다. [그림 9.1]의 (e)처럼 두 개의 층으로 나누어지는 경우에는 두 개의 모집단으로부터 얻어진 두 개의 표본이 섞여 있는 것이므로 두 개의 서로 다른 표본으로 취급하여야 한다.

그림 9.1 상관관계

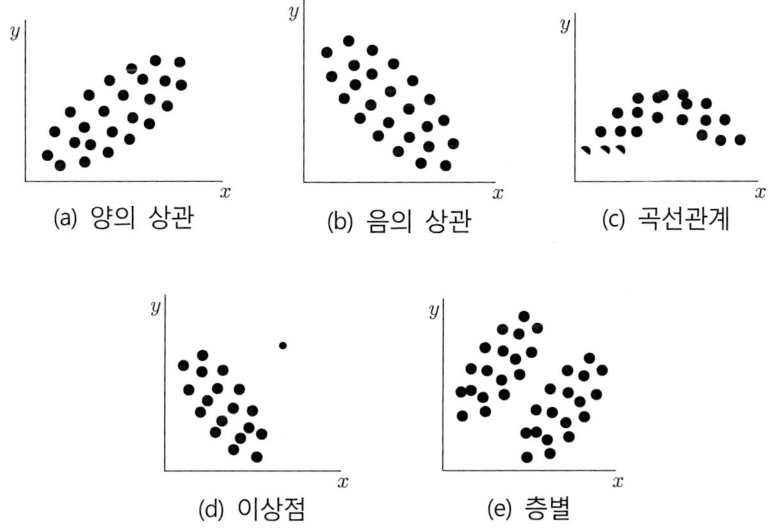

(a) 양의 상관 (b) 음의 상관 (c) 곡선관계 (d) 이상점 (e) 층별

9.2 표본상관계수

두 확률 변수 X, Y에 대하여 n개의 데이터 $(x_1, y_1), (x_2, y_2), \cdots, (x_n, y_n)$이 얻어졌을 때, 그 **표본상관계수**(sample correlation coefficient) r은 다음과 같이 정의한다.

$$r = \frac{S(xy)}{\sqrt{S(xx)S(yy)}} \tag{9·1}$$

단, $S(xx) = \sum_{i=1}^{n}(x_i - \bar{x})^2 = \sum_{i=1}^{n}{x_i}^2 - \frac{(\sum_{i=1}^{n} x_i)^2}{n}$

$$S(yy) = \sum_{i=1}^{n}(y_i - \bar{y})^2 = \sum_{i=1}^{n}{y_i}^2 - \frac{(\sum_{i=1}^{n} y_i)^2}{n}$$

$$S(xy) = \sum_{i=1}^{n}(x_i - \bar{x})(y_i - \bar{y}) = \sum_{i=1}^{n}x_i y_i - \frac{(\sum_{i=1}^{n} x_i)(\sum_{i=1}^{n} y_i)}{n}$$

를 의미한다.

X, Y 간의 모집단간 상관계수 ρ는

$$\rho = \frac{cov(X, Y)}{\sqrt{V(X) \cdot V(Y)}} = \frac{\sigma_{xy}}{\sigma_x \sigma_y} \tag{9·2}$$

이다.

여기서 $Cov(X, Y) = \sigma_{xy}$, $V(X) = \sigma_x^2$, $V(Y) = \sigma_y^2$으로 놓은 것이다.

이들의 표본에 의한 추정값은 각각

$$\hat{\sigma}_{xy} = \frac{\sum_{i=1}^{n}(x_i - \bar{x})(y_i - \bar{y})}{n-1} = \frac{S(xy)}{n-1}$$

$$\hat{\sigma}_x^2 = \frac{\sum_{i=1}^{n}(x_i - \bar{x})^2}{n-1} = \frac{S(xx)}{n-1}$$

$$\hat{\sigma}_y^2 = \frac{\sum_{i=1}^{n}(y_i - \bar{y})^2}{n-1} = \frac{S(yy)}{n-1}$$

를 사용할 수 있으므로, ρ의 추정값은

$$\hat{\rho} = \frac{\frac{S(xy)}{n-1}}{\sqrt{\frac{S(xx)}{n-1} \cdot \frac{S(yy)}{n-1}}} = \frac{S(xy)}{\sqrt{S(xx)S(yy)}} = r \qquad (9\cdot3)$$

로서 표본상관계수이다.

표본상관계수가 갖는 몇 가지 성질을 들어보면 다음과 같다.

(1) r 의 범위는 $-1 \leq r \leq 1$이다.

(2) r 의 값의 X, Y 간의 선형관계를 나타내는 측도로서 [그림 9.1(a)]의 경우는 $0 < x < 1$이고 (b)의 경우는 $-1 < r < 0$이 된다. $r = \pm 1$인 경우는 모든 점이 기울기가 영이 아닌 일직선상에 놓이게 된다.

(3) 만약 x 가 $ax+b$ 로 바뀌고, y 가 $cy+d$ 로 바뀌어도 a 와 c 의 부호가 같으면 r 의 값에는 변함이 없다. 따라서 계산의 편의상 수치변환(단, $h > 0,\ g > 0$)

$$X = (x - x_0) \times h$$

$$Y = (y - y_0) \times g$$

을 하여도 x, y 간의 상관계수는 X, Y 의 상관계수와 동일하다. 여기서 X, Y는 확률변수를 나타내는 대문자의 의미로 사용한 것이 아니라 x, y 의 수치변환 된 값을 나타내고 있다.

예제 9-1

두 변수 x, y 에 대하여 다음과 같은 6개의 데이터가 있다. 표본상관계수 r을 구하라.

x	1	2	3	5	6	7
y	3	4	6	8	9	12

▶▶▷ 풀이

1. C1(x), C2(y)에 데이터 입력

2. **통계분석 > 기초통계학 > 상관계수** 선택

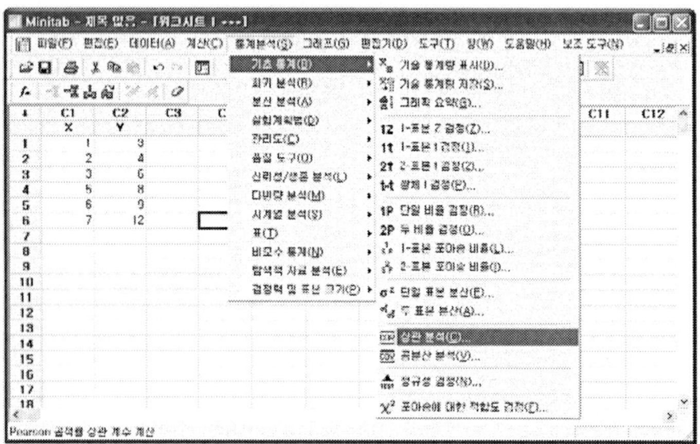

3. 상관 계수대화상자에서 변수에 **C1(x), C2(y)**를 선택 후 확인

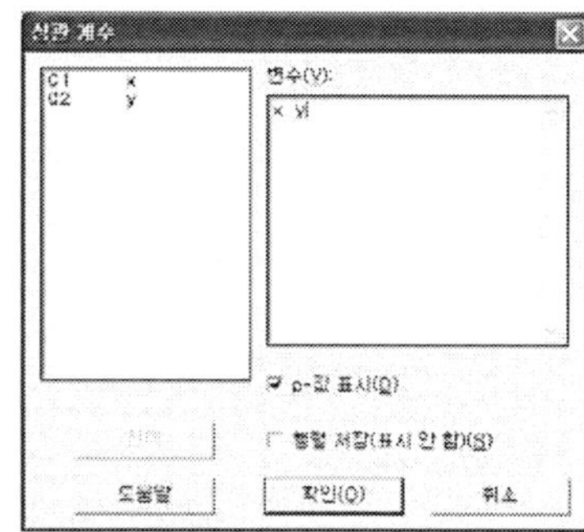

4. 결과창

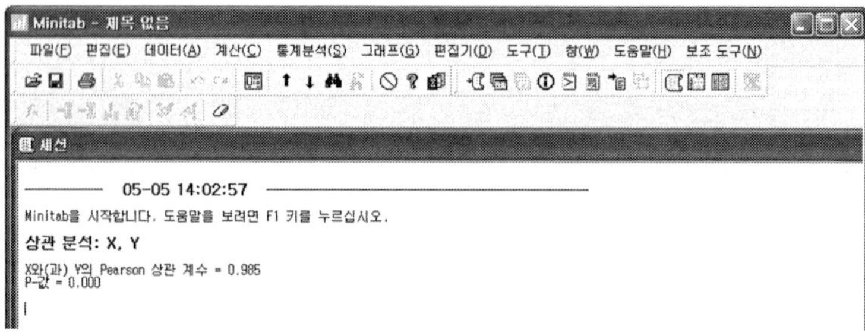

두 변수 x,y에 대한 표본상관계수 r=0.985(p-값=0.000)로 매우 높은 양의 상관을 나타낸다.

9.3 회귀

일반적으로 두 개의 변수 사이의 관계를 방정식으로 나타내는 경우, 이 방정식을 회귀방정식이라 한다. 설명변수 x와 종속변수 y와의 직선 관계가 가능한 경우에 그 관계를 나타내는 선형 모형

$$y_i = \beta_0 + \beta_1 x_i + \varepsilon_i \qquad i = 1, 2, 3, \cdots, n$$

을 회귀식이라 부른다. β_0, β_1는 회귀계수라고 하고, 오차항은 ϵ_i 는 관측할 수 없는 확률변수로서 일반적으로 모든 i 에 대해서 독립이며 평균이 0이고 미지의 분산이 σ^2 인 정규분포를 따른다고 한다. 한편 최소자승법은 y 의 추정값 $\hat{y} = \hat{y} = \widehat{\beta_0} + \widehat{\beta_1} x$와 실제 y 의 값과 총제곱합

$$SS = \sum (y_i - \hat{y})^2$$

을 최소로 하는 $\widehat{\beta_0}, \widehat{\beta_1}$의 값을 구하는 방법이다. 즉,

$$-2\sum_{i=1}^{n}(y_i - \beta_0 - \beta_1 x_i) = 0$$
$$-2\sum_{i=1}^{n}x_i(y_i - \beta_0 - \beta_1 x_i) = 0$$

β_0, β_1에 대하여 각각 편미분의 값을 0으로 하는 식(9·1), (9·2)에 β_0, β_1의 추정값을 $\widehat{\beta_0}, \widehat{\beta_1}$로 놓고 정리하면 다음과 같은 정규방정식을 만들 수 있다.

$$n\widehat{\beta_0} + \sum_{i=1}^{n}x_i\widehat{\beta_1} = \sum_{i=1}^{n}y_i$$
$$\sum_{i=}^{n}x_i\hat{\beta}_0 + \sum_{i=1}^{n}x_i^2\widehat{\beta_1} = \sum_{i=1}^{n}x_i y_i$$

위의 방정식을 연립하여 풀면 $\widehat{\beta}_0$, $\widehat{\beta}_1$의 값을 구할 수 있다.

$$\widehat{\beta}_1 = \frac{\sum_{i=1}^{n} x_i y_i - n\overline{x}\,\overline{y}}{\sum_{i=1}^{n} {x_i}^2 - n\overline{x^2}} = \frac{\sum_{i=1}^{n}(x_i - \overline{x})(y_i - \overline{y})}{\sum_{i=1}^{n}(x_i - \overline{x})^2} \tag{9·4}$$

$$\widehat{\beta}_0 = \overline{y} - \widehat{\beta}_1 \overline{x} \tag{9·5}$$

실제 x와 y의 관계를 이 회귀직선이 어느 정도 설명하느냐를 결정계수 r^2으로 나타낸다.

$$r^2 = 1 - \frac{\sum_{i=1}^{n}(y - \hat{y})^2}{\sum_{i=1}^{n}(y - \overline{y})^2}, \qquad 0 \le r^2 \le 1 \tag{9·6}$$

여기서 r^2은 0과 1사이의 값이다. 1에 가까운 만큼 y와 x사이 관계는 회귀방정식에 잘 들어맞는 것을 의미한다. 단순 회귀의 경우 결정계수의 제곱근은 상관계수와 같게 된다.

예제 9-2

다음 데이터를 이용하여 x에 대한 y의 회귀직선과 결정계수 r^2를 구하라.

x	57.4	64.7	50.4	55.8	64.1	72.3	50.5	52.3	60.3	54.5
y	44.4	52.0	38.1	49.3	60.3	63.2	39.5	30.3	57.5	41.0

▶▶▷미니탭 이용

1. C1(x), C2(y)에 데이터 입력
2. **통계분석 > 회귀분석 > 회귀분석** 선택

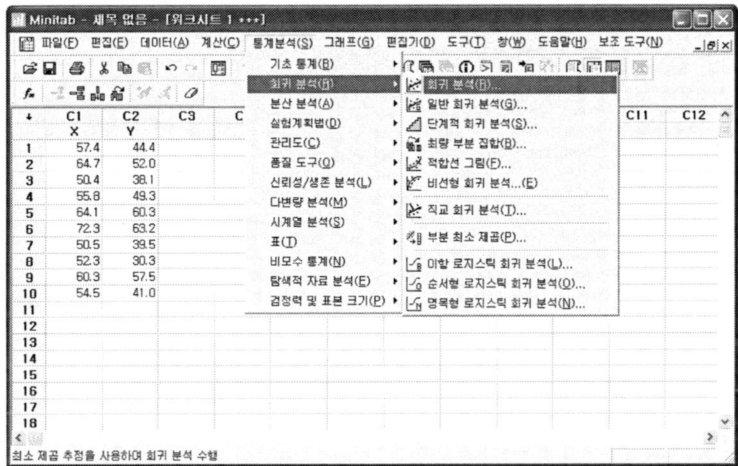

3. 회귀 분석 대화상자에서 반응에 **C2(y)**, 예측변수에 **C1(x)**를 선택

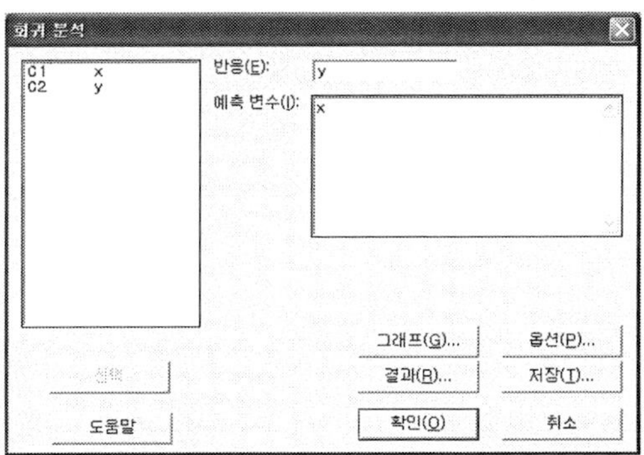

4. 회귀 분석-결과 대화상자에서 **회귀방정식, 계수 표, s, R-제곱 및 기본 분산분석** 선택 후 확인

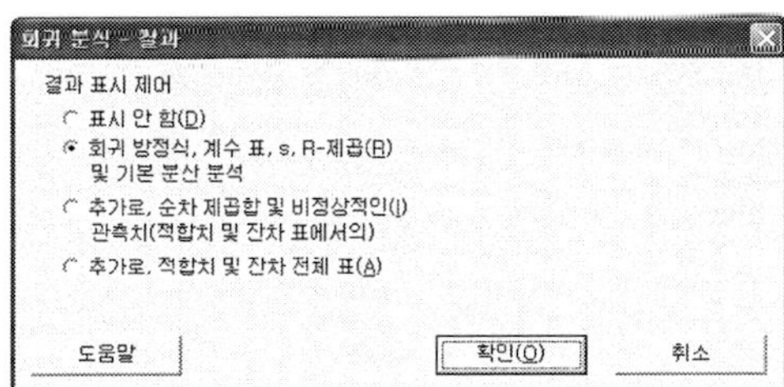

5. 결과창

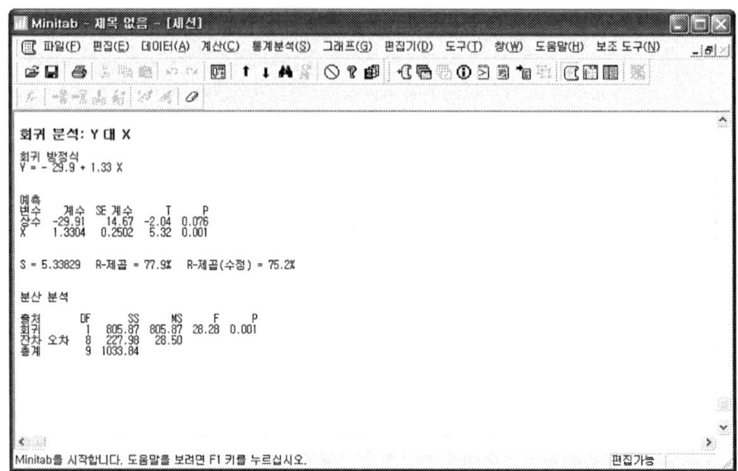

즉, x와 y의 추정된 회귀직선은 y =−29.91+1.33x이고, 결정계수는 r^2 = 0.779이므로 추정된 회귀식이 약 77.9%정도 설명할 수 있음을 보여준다.

적합선 그리기

1. C1(x), C2(y)에 데이터 입력
2. **통계학 > 회귀 > 적합 선 플롯**선택

Minitab - 제목 없음 - [워크시트 1 ***]

	C1 X	C2 Y
1	57.4	44.4
2	64.7	52.0
3	50.4	38.1
4	55.8	49.3
5	64.1	60.3
6	72.3	63.2
7	50.5	39.5
8	52.3	30.3
9	60.3	57.5
10	54.5	41.0

통계분석(S) > 회귀 분석(R) > 적합선 그림(F)...

신뢰 구간과 예측 구간을 사용하여 적합 회귀선 그림 표시

3. 적합선 플롯 대화상자에서 반응에 **C2(y)** 예측 변수에 **C3(x)**를 선택, 회귀 모형의 유형에서 **선형**을 체크 후 확인

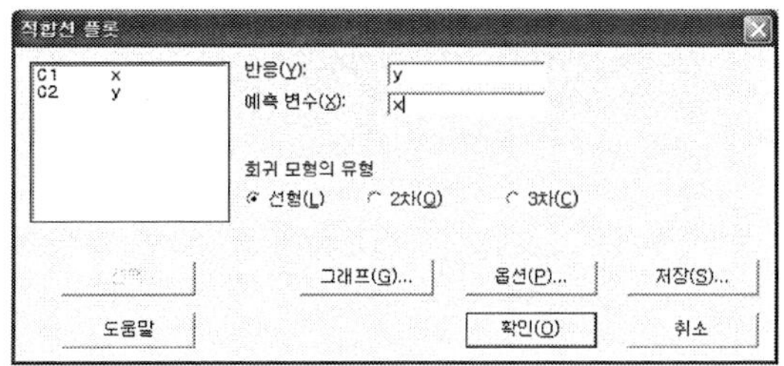

4. 결과창

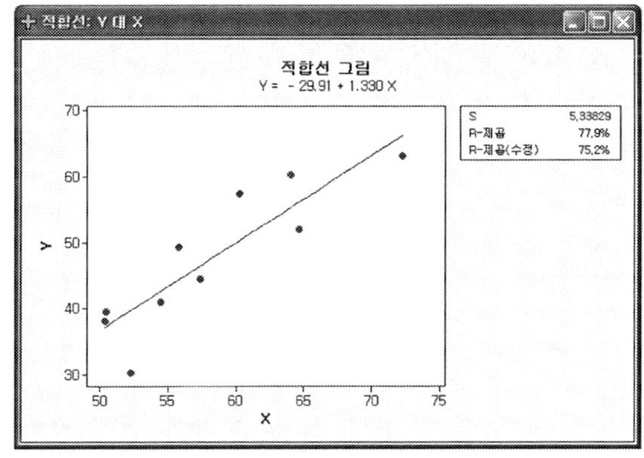

결정계수와 더불어 회귀분석에서 가장 중요한 것 중 하나가 회귀선의 유의성 검정이다. 유의성 검정이란 설명변수와 반응변수의 관계를 나타내는 회귀모형이 어떠한 의미를 가지느냐에 대한 검정이다. 유의성 검정을 위한 가설은 다음과 같다.

$$H_0 : \beta_1 = 0,\ H_1 : \beta_1 \neq 0 \qquad (9\cdot7)$$

이의 유의성 검정을 하기 위해서는 제곱할 분할을 해야 한다. 다음과 같은 제곱합 분할을 할 수 있다.

$$\sum_{i=1}^{n}(y_i - \overline{y})^2 = \sum_{i=1}^{n}(\hat{y_i} - \overline{y})^2 + \sum_{i=1}^{n}(y_i - \hat{y_i})^2$$

제곱합의 분할에서 총제곱합(total sum of squares)을 SST로, 회귀제곱합(regression sum of squares)을 SSR, 그리고 오차제곱합(error sum of squares)을 SSE로 표기한다. 여기 총 제곱합 중에서 회귀제곱합이 차지하는 비율, 비율을 식 (9·6)의 결정계수 r^2으로 나타내면,

$$r^2 = \frac{\text{회귀제곱합}}{\text{총제곱합}} = 1 - \frac{\text{오차제곱합}}{\text{총제곱합}}$$

여기서 가설을 검정하기 위한 검정통계량 값으로 F값을 이용을 한다. 이 F값은 회귀평균제곱(regression mean square, MSR)을 오차평균제곱(error mean square, MSE)으로 나눈 값이다. 여기서 회귀평균제곱과 오차 제곱합은 다음의 식과 같다.

$$MSR = \frac{SSR}{1}, \qquad MSE = \frac{SSE}{n-2}$$

다시 말하면 귀무가설 $H_0 : \beta_1 = 0$에 대한 검정통계량은 아래와 같이 분자의 자유도가 1이고 분모의 자유도가 n−2인 F분포를 이용한다.

$$F = \frac{\text{회귀평균제곱}}{\text{오차평균제곱}} = \frac{MSR}{MSE} \sim \mathrm{F}(1,\ n-2) \tag{9·8}$$

회귀선의 유의성 검정을 위한 지금까지의 내용을 표로 정리한 분산분석표는 다음과 같다.

표 9.1 회귀선의 유의성 검정을 위한 분산분석표

요인	제곱합	자유도	평균제곱	F값	유의확률
회귀	SSR	1	MSR	MSR/MSE	p-값
잔차	SSE	n-2	MSE		
계	SST	n-1			

사실 회귀계수의 기울기에 대한 $H_0 : \beta_1 = 0,\ H_1 : \beta_1 \neq 0$의 검정은 이와 같은 F 검정 대신에 β_1의 최소제곱추정량 $\hat{\beta}_1$을 이용한 t검정을 할 수도 있지만, 일반적으로 회귀분석에서는 t 검정보다는 F 검정을 선호한다. 사실 F 검정은 설명변수가 여러 개 있는 중선형 회귀모형에서 절편을 제외한 모든 회귀계수가 동시에 0이라는 가설에 대한 검정이 된다.

예제 9-3

다음 데이터를 이용하여 마그네슘의 양이 물 맛의 등급에 어떠한 영향을 미치는지에 대한 유의성 검정과 결정계수의 값을 계산하라.($\alpha = 0.05$)

마그네슘의 양(mg/l)	8.7	9	11	9.5	10.2	12	14	18
물 맛의 등급	25	28	35	38	65	77	85	100

▶▶▷미니탭 이용

1. C1(x), C2(y)에 데이터 입력
2. **통계분석 > 회귀분석 > 회귀분석** 선택

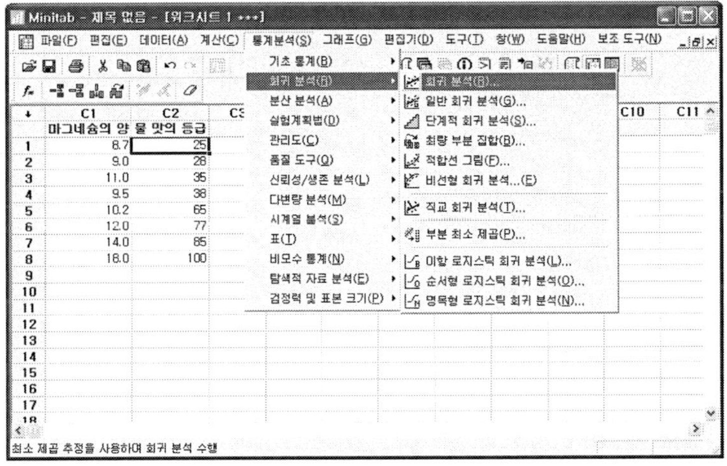

3. 회귀 분석 대화상자에서 반응에 **C2(물 양의 등급)**, 예측변수에 **C1 (마그네슘의 양)**를 선택

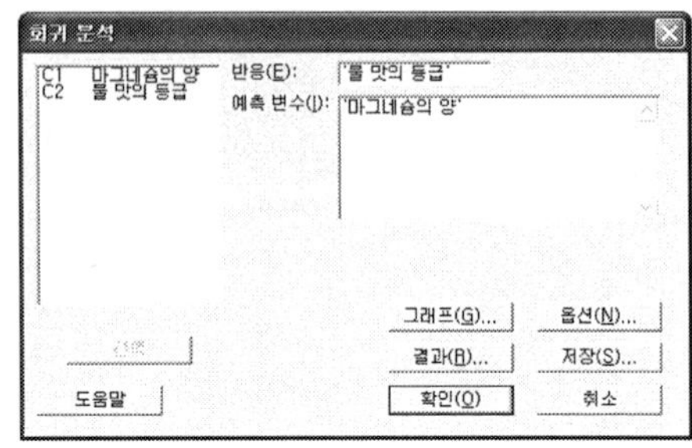

4. 회귀 분석-결과 대화상자에서 **회귀방정식, 계수 표, s, R-제곱 및 기본 분산분석** 선택 후 확인

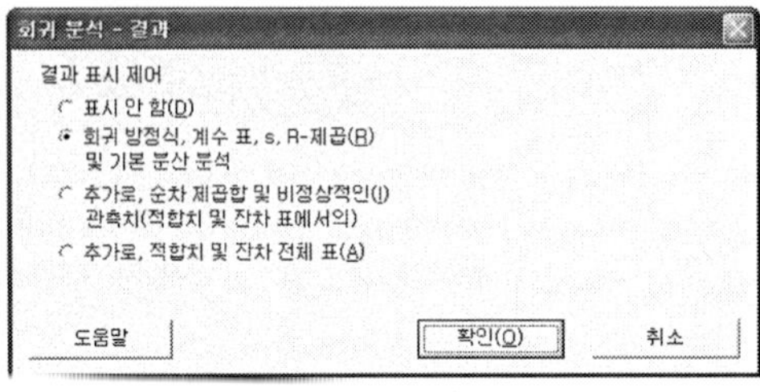

5. 결과창

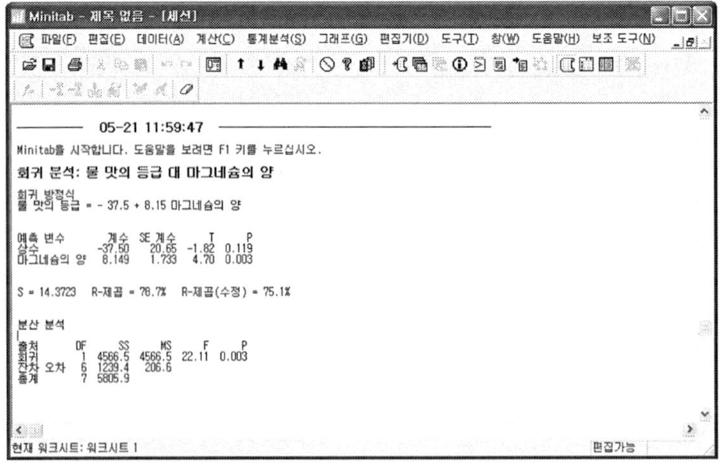

즉, 물 맛의 등급과 마그네슘의 양의 추정된 회귀직선은

$$y = -37.5 + 8.15x$$

이고, 결정계수=SSR/SST=0.787이므로 추정된 회귀식이 약 78.7%정도 설명할 수 있음을 보여준다. 그리고 유의성 검정에 대한 p-값이 0.003 이므로 유의수준 0.05에서 선형회귀 모형이 매우 유의적이라고 할 수 있다.

9.4 중선형회귀

하나의 반응변수와 그것에 영향을 미칠 것으로 예상되는 여러 개의 설명변수와의 관계를 규명하고 예측하는 통계기법을 중선형회귀분석이라 한다. 설명변수가 p($x_1, x_2, \ldots, x_p$)개 있는 중선형회귀모형은 다음과 같다.

$$y_i = \beta_0 + \beta_1 x_{1i} + \beta_2 x_{2i} + \ldots + \beta_p x_{pi} + \epsilon_i \qquad i = 1, 2, 3, \cdots, n \qquad (9\cdot9)$$

위 모형에서 $\beta_0, \beta_1, \beta_2, \ldots, \beta_p$는 회귀계수라고 하고, 오차항은 ϵ_i 는 단순선형회귀모형에서와 같이 서로 독립이고 평균이 0, 분산이 σ^2 인 정규확률 변수로 가정한다. 여기서 최소제곱법에 의한 회귀계수들의 최소제곱추정량을 각각 $\hat{\beta}_i$ 이라 하면, 적합된 회귀선은 다음과 같다.

$$\hat{y}_i = \hat{\beta}_0 + \hat{\beta}_1 x_1 + \hat{\beta}_2 x_2 + \ldots + \hat{\beta}_p x_p \qquad (9\cdot10)$$

그리고 적합된 중선형회귀모형의 적합도를 위한 제곱합의 분할은 단순선형회귀에서의 분할과 같다. 즉,

$$\sum_{i=1}^{n}(y_i - \bar{y})^2 = \sum_{i=1}^{n}(\hat{y}_i - \bar{y})^2 + \sum_{i=1}^{n}(y_i - \hat{y}_i)^2$$

다만, 제곱합의 분할에서 단순회귀분석과 중회귀분석에서의 차이는 적합값을 나타내는 $\hat{y}_i$이다. 그리고 모형의 적합도에 대한 측도로서 결정계수도 단순선형

회귀분석에서와 같이 정의된다.

$$R^2 = \frac{SSR}{SST} = 1 - \frac{SSE}{SST} \tag{9·11}$$

그리고 유의성 검정을 위한 분산분석표도 제곱합들의 자유도를 제외하고는 단순회귀분석에서와 같다. 중선형회귀분석에서 회귀제곱합의 자유도는 p이고 오차제곱합의 자유도는 n−p−1이다.

표 9.2 중선형회귀모형에서의 분산분석표

요인	제곱합	자유도	평균제곱	F값	유의확률
회귀	SSR	p	MSR	MSR/MSE	p-값
잔차	SSE	n-p-1	MSE		
계	SST	n-1			

여기서 유의해야 할 것은 중선형회귀분석에서의 유의성 검정에 대한 귀무가설은 모든 회귀계수가 0이라는 것이다. 즉

$$H_0 : \beta_1 = \beta_2 = ... = \beta_p = 0,\ H_1 : \text{적어도 하나의 } i\text{에 대해 } \beta_i \neq 0$$

이것은 반응변수가 적어도 하나의 설명변수와 회귀관계를 가진다는 것을 주장하고자 하는 것이다.

중선형회귀분석에서는 단순선형회귀분석과는 달리 변수선택문제가 있다. 단순선형회귀분석에서는 반응변수와 설명변수가 각각 하나씩이기 때문에 두 변수 사이에 선형관계가"있다, 없다"로 결론이 날 수 있는 문제가 중선형회귀분석에서는 설명변수가 여러 개이기 때문에 각각의 설명변수와 반응변수 사이의 관계를 살펴보아야 하는 것이다. 이것은 '다중공선성'의 문제로 이 책에서는 다루지 않는다.

예제 9-4

다음 표는 현재 시중에서 판매되고 있는 가솔린 승용차 제원 중의 일부로 자동차 회사에서 공식적으로 발표하고 있는 것이다. 자동차의 연비와 연비의 결정에 중요하다고 생각되는 4개의 설명변수들의 관계를 상관행렬에 의해 규명하고, 추정회귀모형을 찾고, 유의성을 검정 하시오.

모 델	연비 (km/ℓ)	최고출력 (ps/rpm)	최대토크 (kg.m/rpm)	길이 (mm)	폭 (mm)
뉴클릭	15.6	95/6000	12.7/3,200	3,825	1,665
베르나	15.6	95/6,000	12.7/4,700	4,280	1,695
아반테	15.8	121/6,200	15.6/4,200	4,505	1,775
소나타	9.2	233/6,000	31.0/3,500	4,800	1,830
그랜저	8.6	264/6,000	35.5/4,500	4,895	1,865
에쿠스	6.9	268/5,500	37.6/4,000	5,120	1,870
모닝	18.3	61/5,600	8.8/4,500	3,495	1,385
프라이드	15.4	95/6,000	12.7/4,700	4,240	1,475
뉴세라토	15.1	117/4,000	26.5/2,000	4,510	1,485
로체	11.1	166/5,800	23.0/4,250	4,755	1,550
오피러스	8.6	266/6,000	36.0/4,500	5,000	1,850
SM7VQ35	9	217/5,600	32.0/3,500	4,945	1,790
SM7VQ23	9.8	170/6,000	23.0/4,400	4,945	1,790
SM5	10.8	140/5,800	18.8/4,800	4,895	1,785
SM3 1.5L	14.5	100/5,600	13.8/4,400	4,510	1,710
SM3 1.6L	14.5	107/6,000	14.9/4,000	4,510	1,710

▶▶▷미니탭 이용

1. C2(연비), C3(최고출력), C4(최대토크), C5(길이), C6(폭)에 데이터 입력

2. **통계분석 > 기초통계 > 상관분석**

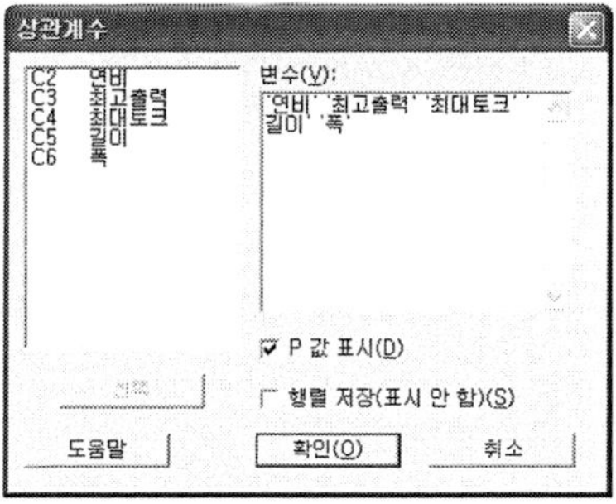

3. 상관계수 결과창

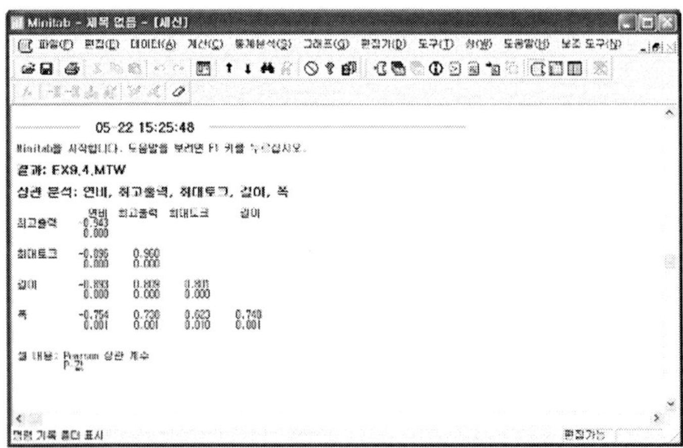

상관계수를 보면 모든 변수들이 자동차의 연비에는 상당히 많은 영향을 끼침을 알 수 있다. 그 중에서 최고출력와 최대토크에서 가장 많은 영향을 끼치는 것으로 생각된다. 그러나 설명변수들 끼리의 상관계수도 상당히 큰 것을 알 수 있는데, 회귀분석에서는 설명변수들끼리의 상관계수가 높다는 것은 다중공선성이라는 아주 심각한 문제를 야기시킬 수 있다는 것을 유념해야 한다.

4. **통계분석 > 회귀분석 > 회귀분석** 선택

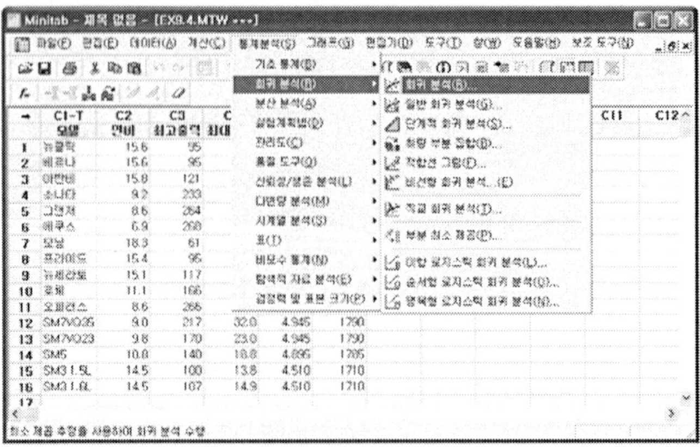

5. 회귀 분석 대화상자에서 반응에 **C2(연비)**, 예측변수에 **C3(최고출력)**, **C4(최대토크)**, **C5(길이)**, **C6(폭)**를 선택

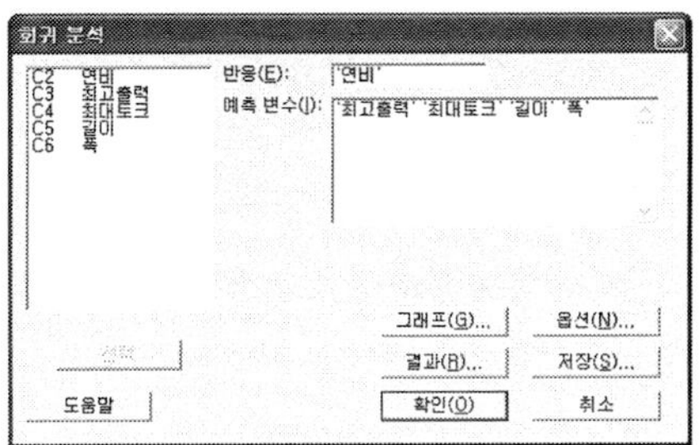

6. 회귀 분석-결과 대화상자에서 **회귀방정식, 계수 표, s, R-제곱 및 기본 분산분석** 선택 후 확인

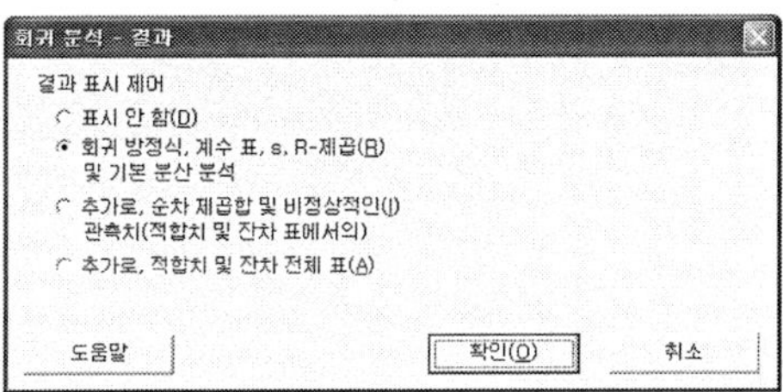

7. 결과창

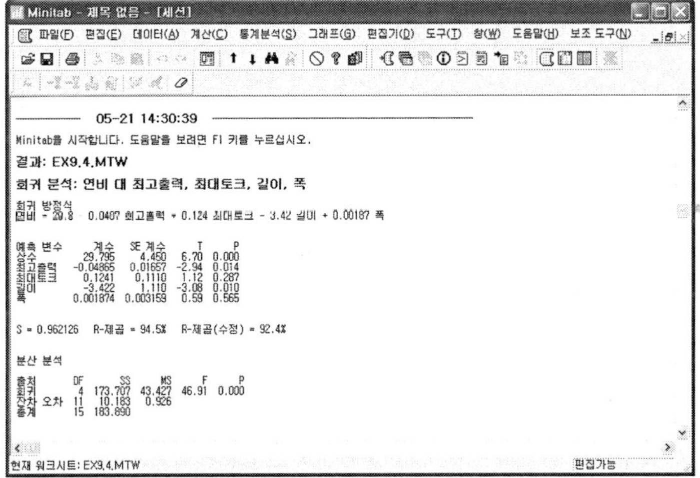

즉, 연비와 최고출력, 최대토크, 길이, 폭에 의해 추정된 회귀직선은

y(연비) =

29.8-0.049(최고출력)+0.12(최대토크)-3.42(길이)+0.0019(폭)

이다. 모형에 대한 유의성 검정은 유의확률이 0.000임으로 유의수준 0.05에서 선형회귀 모형이 매우 유의적이라고 할 수 있으며, 결정계수는 0.945이므로 추정된 회귀식이 약 94.5%정도 설명할 수 있음을 보여준다.

참고문헌

9·1 Fisher, R.A. : "Frequency distribution of the values of the correlation coefficient in samples from an infinitely large population, "Biometrika, Vol.10, pp.507-521, 1915.
9·2 박성현, 박영현 : 통계적 품질관리(제3판), 민영사, 2008.
9·3 김평구, 김희철, 이동준 : MiniTAB을 이용한 통계적품질관리, 교우사, 1997.
9·4 강석복, 오창혁, 우정수, 이광호, 이제영, 이지연 : 통계학입문, 경문사, 2010.

연습문제

9.1 다음 자료는 유성에 관한 것이다. x는 유성의 발광 점의 지상에서의 높이 y는 유성의 소멸 점의 높이를 나타내고 둘 다 단위는 km이다. 다음 자료의 회귀직선과 결정계수를 r^2를 계산하여라.

x	103	96	107	116	98	100	114	99	104	117
y	91	78	88	100	86	88	94	86	91	99

9.2 어떤 원료의 품질특성(x)과 이 원료를 써서 만든 제품이 특성(y)에 관한 조사결과 다음의 데이터가 얻어졌다.

x	y	x	y
36	29	31	28
40	32	44	34
34	29	41	34
44	40	29	27
33	31	42	33
36	29	35	33
40	34	45	34
33	30	31	27
26	25	32	30
36	31	38	33

(1) 산점도를 그려라.

(2) 상관계수를 구하고 x, y 의 관계를 설명하라.

9.3 다음 표를 보고 답하라.

x	0.5	1	2	4	5	6	7
y	4.6	3.8	1.8	1.3	0.9	0.7	0.8

(1) 산점도를 그려라.

(2) 최적합직선을 그려라.

(3) 결정계수 r^2은 얼마인가?

(4) 유의성을 말하고, 그 의미를 설명하시오.

9.4 물에 함유된 마그네슘의 양이 물의 맛에 어떤 영향을 미치는가를 알아보기 위하여 6개의 지역의 음료수를 표본으로 선정하여 조사하여 다음의 데이터를 얻었다.

x	8.7	9	11	8.5	9.2	12	12	18
y	25	25	26	48	65	87	90	100

(1) 산점도를 그려라.

(2) 적합된 회귀직선을 구하라.

(3) 결정계수 r^2은 얼마인가?

9.5 다음 표를 보고 물음에 답하라.

x	57.5	64.7	50.4	55.8	64.1	72.3	50.5	52.3	60.3	54.5
y	44.4	52.0	38.1	49.3	60.3	63.2	39.5	30.3	57.5	41.0

(1) 산점도를 그려라.

(2) 적합된 회귀직선을 구하라.

(3) 결정계수 r^2은 얼마인가?

(4) 적합회귀계수의 유의성 검정을 실시하자.

9.6 의류를 취급하는 어떤 회사의 직매장 중에서 각 지역별로 한 곳을 임의로 선정하여 지난 일년 동안에 광고로 지출된 금액(단위 100만원)과 판매량(단위 1000벌)을 조사하여 다음의 결과를 얻었다.

	A	B	C	D	E	F
광고비	19	12	8.2	7.9	5.2	4.2
판매량	524	427	360	421	260	223

(1) 적합된 회귀식을 구하고, 설명력이 어느 정도인가를 말하라.

(2) 광고비를 백만원 더 지출하면 몇 벌의 의류를 더 팔 것으로 예상할 수 있는가?

9.7 전분의 수분 흡수율과 여러 가지 특성과의 관계를 알아보고자 하는 실험이 있다. 다음 표는 전분의 수분 흡수율(y : 단위%), 단백질 함유율(x_1 : 단위%)과 끈적거림의 정도(x_2 : 단위Farrand)를 나타낸 자료이다.

x_1	x_2	y	x_1	x_2	y	x_1	x_2	y
8.5	2	30.9	8.9	3	32.7	10.6	3	36.7
9.8	22	40.9	10.8	20	42.9	11.6	31	46.3
12.5	31	47.2	10.9	28	44.0	12.2	36	47.7
11.3	30	46.8	13.0	27	46.2	12.9	24	47.0
12.9	28	45.9	13.1	28	48.8	11.4	32	46.2
11.6	35	49.2	12.1	34	48.3	11.3	35	48.6
11.5	45	49.6	11.6	50	53.2	11.7	55	54.3

(1) x_1과 y 그리고 x_2와 y의 산점도를 그리고 상관계수를 계산하여 선형관계가 있는지를 확인하라.

(2) 적합된 중선형회귀선을 구하라.

(3) 분산분석표를 보고 유의성 검정의 결과를 말하고, 각각의 회귀계수가 0인지에 대한 t 검정의 결과를 말하라

(4) 반응변수에 더 많은 영향을 주는 것은 어느 변수인가? 이유를 말하라.

(5) 설명변수 각각에 대해 단순선형회귀분석을 할 때, 결정계수의 크기를 비교하여 어느 모형의 설명력이 더 높은지를 말하라.

제10장

실험계획법

10.1 실험계획법의 개념

10.1.1 실험계획법이란 무엇인가?

통계자료(statistical data)는 크게 **조사자료**(survey data)와 **실험자료**(experimental data)로 분류된다. 조사자료는 어떤 현상이나 시스템에 대한 정보를 얻는데 관찰이나 인터뷰를 통하여 수집되고 기록된 자료를 말한다. 조사(survey)는 목적으로 정한 어떤 현상을 있는 그대로 파악하는 것이 목적이다. 이에 반하여 실험자료는 통계적으로 설계되고, 관리된 실험을 통하여 얻을 수 있는 자료를 말한다. 실험(experiment)란 실험대상에 어떤 목적을 갖고 처치를 하여 나온 자료를 분석하여 새로운 결과를 얻는 과정이라 할 수 있으며, 실험 목적을 성공적으로 달성하기 위해서는 면밀히 실험 계획 세우고 실시하며 그리고 실험 결과로 얻어진 자료를 정확히 분석하는 것이 필요하다.

실험을 통하여 자료를 얻는 데는 비용이 발생하므로 실험설계는 어떻게 실험을 수행해야 최소의 노력 또는 비용으로 최대의 정보를 얻는가에 우선 관심을 갖는다. 실험을 실시하기 이전에 실험에 대한 충분한 계획이 없이는 원하는 실험의 목적을 달성하기 어렵다. **실험계획법**(Design of Experiments : DOE)이란 실험에 대한 계획방법을 의미하는 것으로, 해결하고자 하는 문제에 대하여 실험을 어떻게 행하고, 데이터를 어떻게 취하며, 어떠한 통계적 방법으로 데이터를 분석하면 최소의 실험횟수에서 최대의 정보를 얻을 수 있는가를 계획하는 것이라고 정의할 수 있다. 다시 말해서 실험계획법은 실험에 의한 정보의 획득 및 관리 행위로 볼 수 있으며 정보의 효율적 획득에 초점을 맞추고 있다.

실험에서 관심의 대상이 되는 자료를 **특성값**(characteristic value)이라고 부르고, 실험에서 특성값에 영향을 준다고 생각되는 무수히 존재하는 원인들 중에 실험에 직접 취급되는 원인을 **인자**(factor)라고 부른다. 실험을 하기 위한 인자의 조건을 인자의 **수준**(level)이라고 한다. 예를 들면, 특성값이 제품의 강도이고 이 강도에 영향을 주는 공정상의 원인으로 온도를 택한 경우에, 이 온도는 인자이다. 실험에서 온도로서 150℃와 160℃를 택하여 실험하는 경우에 이 온도값들이 모두 수준이 된다.

실험계획법에서 인자가 온도처럼 기술적인 의미를 가지고 있거나 인자의 수준이 고정된 경우에 그 인자를 모수인자(fixed factor)라 하고 날짜나 혹은 일반적인 작업자처럼 인자의 수준이 랜덤하게 뽑힌 경우 그 인자를 변량인자(random factor)라 한다. 또 실험인자가 모두 모수인자인 모형을 모수모형(fixed model), 실험인자가 모두 변량인자인 모형을 변량모형(random model), 모수인자와 변량인자가 섞여있는 모형을 혼합모형(mixed model)이라 한다. 모수인자에 대해서는 각 수준에서의 모평균에 관한 추론이 주 목적이고, 변량인자에 대해서는 산포에 관한 추론이 주 목적이며 평균에 관한 추론은 의미가 없다. 실험계획법은 6시그마 활동의 개선단계(improvement)에서 제어인자에 대한 최적조건을 찾을 때 사용된다.

10.1.2 실험계획법의 기본원리

실험에 의하여 정보가 효율적으로 획득되기 위해서는 실험설계가 먼저 제대로 이루어져야 한다. 또한 실험설계 방법에 따라서 얻어진 자료에 대한 통계적 분석방법이 달라지므로 실험설계와 통계적 분석은 서로 밀접한 관계를 갖고 있다. 실험을 통한 정보의 효율적 획득과 적절한 통계분석을 가능케 하는 기본원리로는 랜덤화, 반복, 블록화를 들 수 있다. 아무리 복잡한 실험이라도 계획된 실험이라면 이 세 가지 원리의 반복 적용에 지나지 않는다.

(1) 랜덤화

랜덤화(randomization)는 실험단위의 배정 또는 실험순서들을 임의로, 또는 랜덤하게 결정하는 것으로 선택된 인자 외에 기타 원인들의 영향이 실험결과에 편향되게 미치는 것을 막기 위한 방안이다. 랜덤화의 구현은 난수표 등을 이용하면 된다.

만약 실험을 랜덤한 순서로 하지 않고 규칙적으로 차례대로 행한다면 예를 들어, 실험의 숙련도나 실험실의 기온 등과 같이 실험에서 고려하지 않은 원인들이 실험결과에 영향을 끼칠 수 있으므로 어느 것이 참다운 원인인지 모르게 된다. 반면에 실험을 랜덤한 순서로 행하면 선택된 인자 외에 기타 원인들의 영향을 어느 정도 상쇄시킬 수 있으므로 객관성을 유지할 수 있다.

(2) 반복

반복(replication)은 동일한 조건 하에서 실험을 두 번 이상 행함을 뜻한다. 동일한 조건 하에서 수행한 실험이라도 실험결과가 반드시 동일하지는 않다. 제어 불가능한 오차가 항상 수반되기 때문이다. 반복실험을 하면 **실험오차**(experimental error)를 추정할 수 있게 되며, 실험오차의 추정값은 관측된 인자 효과의 차이가 통계적으로 의미 있는 차이인지를 판단하는 데 근거가 된다. 또한 반복을 하면 인자 효과를 추정하는 데 평균을 사용할 수 있으므로 좀더 정밀한 효과의 추정량을 얻을 수 있다.

(3) 블록화

실험전체를 될 수 있는 한 동질적인 부분으로 나누어 여러 블록으로 나눈 후, 각 블록 내에서 인자 효과를 조사하는 것을 **블록화**(blocking)라고 한다. 블록화는 조사연구에서 **층화**(stratification)와 유사한 개념이다.

10.1.3 실험계획법의 순서

이제 실험계획법의 순서에 관하여 생각해 보자. 실험을 설계하고 분석하기 위한 통계적 접근법을 잘 사용하려면 무엇보다도 연구대상이 무엇인지, 자료를 어떻게 얻을 것인지, 어떤 자료분석법을 써야하는지 등에 대해서 명확한 이해가 선행되어야 한다. 실험설계의 순서는 일반적으로 [그림 10.1]과 같은 절차를 따르는 것이 바람직하다. 다음에 앞부분에 대한 것을 설명하기로 하고, 뒷부분은 자명하므로 생략한다.

그림 10.1 실험계획법의 순서

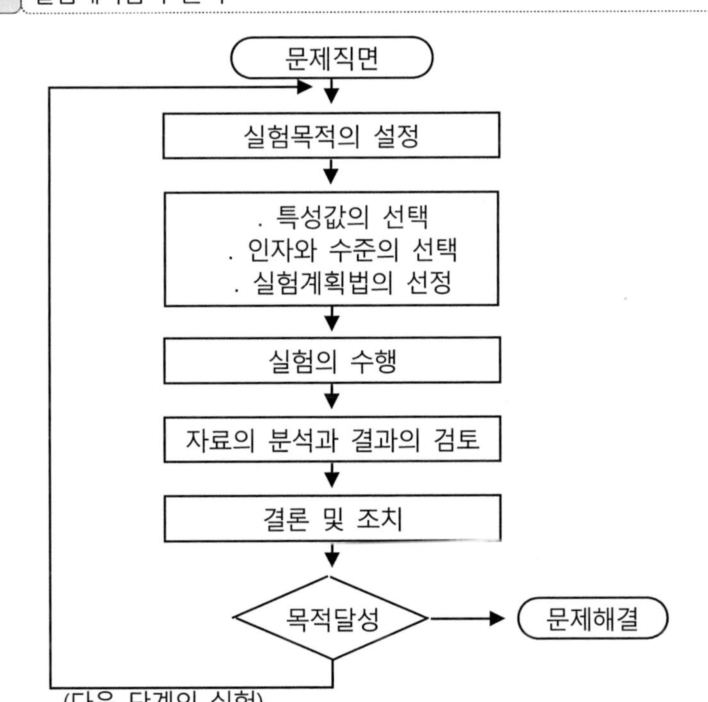

(1) 문제에 대한 이해와 목적의 설정

연구대상과 무엇이 문제인가를 명확히 하여 실험의 목적을 구체적으로 설정한다. 예를 들면, 실험결과에 영향을 줄 수 있는 많은 인자 중에 몇 개의 인자를 선별하는 것이 실험의 목적이라면 나중에 다루게 될 일부실시법을 사용하는 설계를 구상해야할 것이고, 만약 선택된 비교적 소수의 인자에 대하여 최적조건을 구하는 것이 목적이라면 반응표면분석 등과 같이 좀 더 정밀한 실험이 바람직 할 것이다. 이와 같이 목적에 따라 실험설계가 달라진다.

(2) 특성값의 선택

실험을 실시한 후에 자료의 형태로 얻어지는 값을 특성값 또는 **반응변수**(response variable)의 값이라고 한다. 실험의 목적을 달성하기 위한 적절한 특성값을 선택하는 것이 중요하다.

(3) 인자와 수준의 선택

적절한 인자와 수준의 선택은 실험의 성공여부를 좌우하므로 신중을 기해야 한다. 초기단계의 실험에서는 특성요인도(cause and effect diagram) 등을 작성하여 필요하다고 생각되는 모든 인자 중에서 적절한 인자를 선택하여 주는 것도 바람직하다. 선택된 인자의 수가 너무 많은 경우에는 실험의 크기가 커져 비용이 많아지고 시간이 장시간 걸리며 실험을 관리하기 어려워지는 등 많은 문제가 발생하게 되고, 만약 중요한 인자가 빠진다면 실험의 목적을 달성하기 어렵게 된다.

수준은 연구자의 **관심영역**(region of interest) 내에서 선택하게 되는데 수준간격을 너무 넓게 잡으면 인자 수준의 조합에서 생기는 효과인 **교호작용**(interaction)이 지나치게 일어나기 쉽고, 실험자체의 의미가 없어지는 경우도 있을 수 있다. 또한 너무 좁게 잡으면 수준간의 차이가 없게 되어 실험의 효율이 떨어진다.

(4) 실험계획법의 선정

이상의 세 단계를 제대로 했다면 다음으로 구체적인 실험설계 방식을 수립한다. 인자와 수준이 선택되면 실험오차, 비용, 요구되는 통계적 정밀도 등을 고려하여 반복수를 결정한다. 인자들의 수준조합과 반복수가 결정되면 총 실험횟수가 얻어진다. 모든 가능한 인자들의 수준조합에서 실험이 가능하면 **요인배치법**(factorial design)을 사용하게 된다. 그러나 인자가 많은 경우에는 모든 가능한 인자들의 수준조합에서 실험을 하지 못하고 일부만 하는 **일부실시법**(fractional factorial design)을 사용할 수도 있다.

총 실험횟수가 얻어지면 어떻게 랜덤화 할 것인지를 결정하여 실험순서를 정한다. 실험전체를 랜덤한 순서로 행하는 것이 원칙이지만, 예를 들어, 어떤 인자가 수준 변경이 곤란하거나 비용이 많이 든다면 **분할실험**(split-plot design)을 사용하는 것이 바람직하다. 이와 같이 실험환경에 따라 랜덤화 하는 방법을 정하고, 이에 따라 분석방법도 다르게 된다.

이외에도 실험에서 최적조건을 구하는 것이 주요 목적인 경우에는 **반응표면 실험**(response surface experiments), **혼합물 실험**(mixture experiments), **다구찌 로버스트 실험**(Taguchi's robust experiments) 등을 실시할 수도 있다.

10.2 일원배치법

10.2.1 일원배치법이란?

일원배치법(one-way factorial design)은 인자가 단 하나인 경우에 사용하는 실험계획법으로, **수준**(level)을 **처리**(treatment)라고 흔히 부르기도 한다. 일원배치법은 다음과 같은 경우에 흔히 활용되며, 미니탭에서는 ANOVA에서 분석이 이루어진다.

- 특성값에 다양한 인자들이 영향을 주고 있지만, 그 중 알고 싶은 특정 인자의 영향을 조사하고자 할 경우
- 특성값에 영향을 주는 여러 인자에 대한 검증이 어느 정도 진척되고 이들 인자의 정해진 특성값에 큰 영향을 주리라고 예상되는 하나의 인자의 영향을 조사하고자 할 경우

일원배치법은 처리를 받는 대상 또는 실험환경인 **실험단위**(experimental unit)가 모두 동질적이라는 가정에서 출발하므로 처리를 실험단위에 배치할 때 제한조건이 없다. 그 결과 일원배치법은 수준수와 반복수에 제한이 없으며, **결측치**(missing value)가 있어도 분석이 용이하다는 장점을 갖는다.

일원배치법에서는 처리를 실험단위에 배치하는 순서 또는 실험실시의 순서를 랜덤하게 결정하므로 일원배치법을 **완전 확률화법**(completely randomized design)이라고도 한다. 이러한 랜덤화를 통하여 실험자는 회피할 수 없는 외부인자들의 영향을 어느 정도 상쇄시킬 수 있고, 실험자료들이 독립이라는 가정을 어느 정도 충족시킬 수 있게 된다.

10.2.2 일원배치법의 구조식

인자A의 수준(처리)의 수를 a개로 하며, i번째 수준(처리)으로부터 r개의 특성값을 얻을 때, i번째 수준의 j번째 특성값을 x_{ij}라고 표시하면 일원배치법의 데이터의 구조는 [표 10.1]과 같이 나타낼 수 있다.

표 10.1 일원배치법의 데이터의 구조

		실험의 반복				합 계	평 균
인자의 수준	A_1	x_{11}	x_{12}	$\cdots$	x_{1r}	$T_{1\cdot}$	$\overline{x}_{1\cdot}$
	A_2	x_{21}	x_{22}	$\cdots$	x_{2r}	$T_{2\cdot}$	$\overline{x}_{2\cdot}$
	$\vdots$		$\vdots$			$\vdots$	$\vdots$
	A_a	x_{a1}	x_{a2}	$\cdots$	x_{ar}	$T_{a\cdot}$	$\overline{x}_{a\cdot}$
						T	$\overline{\overline{x}}$

[표 10.1]에서 $T_{i\cdot}$과 $\overline{x_{i\cdot}}$는 수준 A_i에서 실험된 r개의 데이터의 합과 평균이며, T와 $\overline{\overline{x}}$는 ar개의 전체데이터의 합과 평균이다. a개의 수준 간에 효과의 차이가 있는지를 분석하기 위하여 [표 10.1]의 데이터를 통계적으로 검정하기 위해서는 각 수준에 대한 모집단 모형의 필요하다. 이제 각각의 수준에서 실험해서 얻어질 특성값들의 모집단이 평균이 μ_i, 공통분산 σ_E^2을 갖는 정규분포를 한다고 가정하고 다음과 같은 가설을 검정하는 문제를 생각해보자.

$$H_0: \ \mu_1 = \mu_2 = \cdots = \mu_a$$

H_1 : 모든 μ_i가 같지는 않다. (10·1)

위의 모집단의 가정에 의하여 x_{ij}는 다음과 같이 표시될 수 있다.

$$x_{ij} = \mu_i + \epsilon_{ij} \tag{10·2}$$

여기서 ϵ_{ij}는 실험오차에 해당되는 확률변수로서 평균 0, 분산 σ_E^2인 정규분포를 따른다. 3개 이상의 수준별 모평균을 비교하기 위해서는 기준이 되는 값이 필요하고, 이 값으로 실험전체의 모평균인 μ를 취하자. 따라서 μ는

$$\mu = \sum_{i=1}^{a} \frac{\mu_i}{a} \tag{10·3}$$

로 정의된다. i번째 수준의 모평균 μ_i는 실험전체의 모평균 μ와 i번째 처리에서의 효과인 α_i의 합으로 나타낼 수 있으므로 $\mu_i = \mu + \alpha_i$로 대체하면 일원배치 데이터의 구조모형은 다음과 같다.

$$x_{ij} = \mu + \alpha_i + \epsilon_{ij} \tag{10·4}$$

$$i = 1, 2, \cdots, a \qquad j = 1, 2, \cdots, r$$

여기서 μ : 전체모평균

α_i : 인자 A의 효과로서 $\sum \alpha_i = 0$

ϵ_{ij} : 오차항으로 서로 독립인 $N(0,\ \sigma_E^2)$를 따른다.

10.2.3 분산분석

a개의 모평균에 차이가 있는가를 검정하는 것은 a개의 수준효과에 차이가 있는가를 검정하는 것과 같으므로 (10·1)에 주어진 가설은 다음과 같이 표시될 수도 있다.

$$H_0 : \alpha_1 = \alpha_2 = \cdots = \alpha_a = 0$$

H_1 : 적어도 한 α_i는 0이 아니다. (10·5)

(10·5)에 주어진 가설은 자료의 총변동을 급간변동과 급내변동으로 분해하여 인자가 특성값에 유의한 영향을 미치는가를 검정하는 방법인 분산분석을 통하여 검정할 수 있다. 지금부터 분산분석의 개념과 절차에 대하여 알아보기로 하자.

(1) 총변동의 분할

변동을 정의하려면 어느 점으로부터의 산포인가를 나타내는 자료의 중심과 각 자료가 중심으로부터 얼마나 떨어져 있는가를 나타내는 거리의 개념이 필요하게 된다. 따라서 특성값 x_{ij}의 총평균 $\overline{\overline{x}}$로부터의 거리인 총편차는 인자 A의 동일한 수준에서 반복실험 했을 때 생기는 잔차와 수준효과 α_i에 기인하는 편차로 다음과 같이 분해할 수 있다.

$$x_{ij}-\overline{\overline{x}} = (\overline{x}_{i\cdot}-\overline{\overline{x}}) + (x_{ij}-\overline{x}_{i\cdot}) \tag{10·6}$$

총편차 = (α_i 에 기인하는 편차)+(잔차)

식 (10·6)의 양변을 동시에 제곱하여 전체 ar개의 데이터의 제곱의 합을 구하면

$$\sum_i \sum_j (x_{ij}-\overline{\overline{x}})^2 = \sum_i r\,(\overline{x}_{i\cdot}-\overline{\overline{x}})^2 + \sum_i \sum_j (x_{ij}-\overline{x}_{i\cdot})^2 \tag{10·7}$$

이 성립한다. 여기서 좌변을 총제곱합 또는 총변동이라 부르고 SS_T로 표현한다.

식 (10·7)의 우변의 첫 번째 항은 각 수준효과의 차이에 기인하는 편차들의 제곱합이므로 처리제곱합 또는 급간변동이라 부르고 SS_A로 나타내준다. 우변의 두 번째 항은 각 처리수준 내에서의 편차들의 제곱합이므로 잔차제곱합 또는 급내변동이라 부르고 SS_E로 표현한다. 따라서

$$SS_T = SS_A + SS_E \tag{10·8}$$

의 관계가 성립하고, 총변동이 인자A에 의한 변동과 잔차변동으로 분할되었다고 한다.

실제로 데이터로부터 SS_T, SS_A, SS_E를 계산할 때는 일일이 편차들을 계산한 다음에 제곱합을 구하는 것보다 다음의 간편계산법을 사용하면 간단하며, 식 (10·9)의 CT를 수정항이라 부른다.

$$CT = \frac{T^2}{ar} \tag{10·9}$$

$$SS_T = \sum_i \sum_j x_{ij}^2 - CT \tag{10·10}$$

$$SS_A = \sum_i \frac{T_{i\cdot}^2}{r} - CT \tag{10·11}$$

$$SS_E = SS_T - SS_A \tag{10·12}$$

(2) 자유도의 분할

각 제곱합의 자유도는 제곱을 한 편차의 개수에서 선형제약조건의 수를 뺀 것으로 정의되므로 [표 10.2]에 의하여 구할 수 있다.

[표 10.2]에서 보는 바와 같이 총제곱합의 자유도 ϕ_T는 총변동이 원인별로 분할되는 것과 마찬가지로 처리제곱합의 자유도 ϕ_A와 잔차제곱합의 자유도 ϕ_E로 분할됨을 알 수 있다. 다시 말해서 우리는 다음 결과를 얻게 된다.

$$\phi_T = \phi_A + \phi_E \tag{10·13}$$

표 10.2 각 제곱합의 자유도

제곱합	편차의 개수	선형제약 조건	자유도
총제곱합	ar	$\sum_i \sum_j (x_{ij} - \overline{\overline{x}}) = 0$	$ar-1$
처리제곱합	a	$\sum_{i=1}^{a} (\overline{x_{i\cdot}} - \overline{\overline{x}}) = 0$	$a-1$
잔차제곱합	ar	$\sum_{j=1}^{r} (\overline{x_{ij}} - \overline{x_{i\cdot}}) = 0 \quad i = 1, 2, \cdots, a$	$ar-a$

(3) 평균제곱의 기대값과 F검정

평균제곱(Mean Square : MS)은 자유도 1개당 제곱합이므로 인자A와 잔차에 대한 평균제곱은 SS_A와 SS_E를 각각의 자유도로 나누어 다음과 같이 구해진다.

$$MS_A = \frac{SS_A}{a-1} \tag{10·14}$$

$$MS_E = \frac{SS_E}{a(r-1)} \tag{10·15}$$

인자A의 평균제곱 MS_A와 잔차의 평균제곱 MS_E의 기대값은 다음과 같음이 알려져 있으며 유도과정은 생략하기로 한다.

$$E(MS_A) = \sigma_E^2 + \sum_{i=1}^{a} \frac{\alpha_i^2}{(a-1)} \tag{10·16}$$

$$E(MS_E) = \sigma_E^2 \tag{10·17}$$

식 (9·17)로부터 잔차의 평균제곱 MS_E는 σ_E^2의 불편추정량임을 알 수 있다. 인자 A의 평균제곱 MS_A는 귀무가설 $H_0 : \alpha_1 = \alpha_2 = \cdots = \alpha_a = 0$ 하에서는 식 (10.16)의 우변 두 번째 항이 영이 되어 σ_E^2의 불편추정량이 되지만 귀무가설이 성립하지 않으면 MS_A의 기대값이 σ_E^2보다 크게 된다는 것을 알 수 있다. 따라서 $H_0 : \alpha_1 = \alpha_2 = \cdots = \alpha_a = 0$의 가설에 대한 검정통계량은 두 평균제곱의 비인

$$F_0 = \frac{MS_A}{MS_E} \tag{10·18}$$

가 되고, F_0의 값이 커지면 귀무가설을 기각하게 된다.

또한 귀무가설이 사실일 때, 검정통계량 F_0는 자유도 (ϕ_A, ϕ_E)인 F 분포를 한다는 것이 알려져 있다. 따라서 대립가설이 사실일 때, MS_A가 MS_E보다 상대적으로 크게 되리라 기대되므로 기각역은 다음과 같이 주어진다.

$$F_0 > F(\phi_A, \phi_E; \alpha) \tag{10·19}$$

(4) 분산분석표의 작성

앞에서 다룬 총제곱합과 자유도의 분할, 평균제곱, 인자효과의 차이가 없다는 귀무가설에 대한 검정통계량과 기각역을 표로 정리한 것이 분산분석표이며, [표 10.3]과 같은 형태를 갖는다.

[표 10.3]의 분산분석표에서 F_0의 값이 $F(a-1, a(r-1); \alpha)$보다 크게 되어 귀무가설을 기각할 때 인자가 특성값에 유의한 영향을 미친다고 말할 수 있으며 인자의 수준(처리)들 간에 차이가 있다고 통계적으로 결론을 내릴 수 있게 된다.

표 10.3 분산분석표

요인	제곱합	자유도	평균제곱	F_0	$F(\alpha)$
A	SS_A	$a-1$	MS_A	$\frac{MS_A}{MS_E}$	$F(a-1, a(r-1); \alpha)$
E	SS_E	$a(r-1)$	MS_E		
T	SS_T	$ar-1$			

예제 10-1

어느 의류 제조회사에서는 직물의 긁힘에 대한 저항력을 측정하기 위하여 검사 대상을 마모도 검사기계에 몇 사이클 돌린 후 감소된 무게를 그램으로 측정한다. 이 회사는 원단 납품업체 A_1, A_2, A_3, A_4의 제품을 마모도의 측면에서 비교하고자 한다. 이를 위하여 각각의 납품업체의 제품 중 4개를 랜덤으로 선택하여 일원배치법에 의해 실험한 결과 [표 10.4]와 같은 자료를 얻었다. 납품업체들 간에 마모도에 유의한 차이가 있는지를 분산분석을 통하여 검정하여 보라.

표 10.4 마모도 검사자료

		반 복				$T_{i.}$	$\bar{x}_{i.}$
납품업체	A_1	1.93	2.38	2.20	2.25	8.76	2.19
	A_2	2.55	2.72	2.75	2.70	10.72	2.68
	A_3	2.40	2.68	2.32	2.28	9.68	2.42
	A_4	2.33	2.38	2.28	2.25	9.24	2.31
						38.4	2.40

▶▶▷ 풀이

1. 가설의 설정

H_0 : $\alpha_1 = \alpha_2 = \alpha_3 = \alpha_4 = 0$ (직물마모도에 차이가 없다)

H_1 : 모든 α_i가 0은 아니다 (직물마모도에 차이가 있다)

2. 제곱합과 자유도의 계산

$$CT = \frac{T^2}{ar} = \frac{38.4^2}{16} = 92.16$$

$$SS_T = \sum_i \sum_j x_{ij}^2 - CT$$
$$= (1.93)^2 + (2.38)^2 + \cdots + (2.25)^2 - 92.16$$
$$= 0.7626$$

$$SS_A = \sum_i \frac{T_{i.}^2}{r} - CT$$
$$= \frac{1}{4}(8.76^2 + 10.72^2 + 9.68^2 + 9.24^2) - 92.16$$
$$= 0.5240$$

$$SS_E = SS_T - SS_A = 0.7626 - 0.5240 = 0.2386$$

$$\phi_T = ar - 1 = 16 - 1 = 15$$

$$\phi_A = a - 1 = 4 - 1 = 3$$

$$\phi_E = \phi_T - \phi_A = 15 - 3 = 12$$

3. 분산분석표의 작성

표 10.5 분산분석표

요 인	제곱합	자유도	평균제곱	F_0	$F(0.01)$
A	0.5240	3	0.1747	8.78**	5.95
E	0.2386	12	0.0199		
T	0.7626	15			

분산분석표에서 검정통계량 F_0의 값이 유의수준 $\alpha = 0.01$에서의 F분포 값인 $F(3,12\ ;0.01) = 5.95$보다 크므로 귀무가설을 기각한다. 따라서 납품업체에 따라 직물 마모도에 차이가 있다고 결론 내린다.

일반적으로 인자 A의 수준효과가 유의수준 $\alpha = 0.05$에서만 유의하면 계산된 F_0에 *를, $\alpha = 0.01$에서 유의한 경우에는 **를 붙여서 표시한다.

10.2.4 분산분석 후의 추정

분산분석을 한 후 인자 A가 특성값에 유의한 영향을 끼친다는 것을 알게 되면 추정의 문제에 관심을 갖게 된다. 우선 인자 A의 각 수준에서의 모평균의 추정에 대하여 알아보기로 하자.

수준 A_i 에서의 모평균 $\mu_i = \mu + \alpha_i$ 의 추정값은 수준 A_i 에서의 특성값들의 평균인 $\bar{x}_{i\cdot}$가 적절하다. 또한 (10·4)에 주어진 데이터의 구조모형으로부터 $\bar{x}_{i\cdot}$의 분포는 $N(\mu_i,\ \sigma_E^2/r)$임을 알 수 있다. 여기서 오차의 분산 σ_E^2는 미지이기 때문에 σ_E^2 의 불편추정값인 MS_E 로 추정을 하면 인자 A 의 i 번째 수준에서의 모평균의 $100(1-\alpha)\%$ 신뢰구간은

$$\bar{x}_{i\cdot} \pm t\,(\phi_E\ ;\frac{\alpha}{2})\sqrt{\frac{MS_E}{r}} \qquad (10\cdot20)$$

으로 주어진다. 이 때 신뢰구간의 폭은 오차의 자유도가 클수록 또 MS_E 값이 작을수록 줄어들 것이다. 또한 실험의 반복수 r이 어느 수준에서나 같기 때문에 신뢰구간의 폭은 어느 수준에서나 일정하다.

예제 10-2

예제 10-1의 직물마모도 예에서 각 수준에서의 직물마모도 모평균의 95% 신뢰구간을 구하라.

▶▶▷ 풀이

신뢰구간의 폭 : $t(12\ ;0.025)\sqrt{\dfrac{MS_E}{r}} = 2.179\ \sqrt{\dfrac{0.0199}{4}} = 0.1537$

따라서 식 (10.20)을 이용할 때 각각의 수준에서 직물 마모도의 모평균의 95% 신뢰구간은 다음과 같다.

μ_1 : 2.19 ± 0.1537 μ_2 : 2.68 ± 0.1537

μ_3 : 2.42 ± 0.1537 μ_4 : 2.31 ± 0.1537

지금부터 수준 A_i와 A_j에서의 모평균의 차이인 $(\mu_i - \mu_j)$의 100(1−α)% 신뢰구간을 구하는 문제를 생각해보자.

모평균의 차이 $(\mu_i - \mu_j)$의 추정값은 수준A_i 와 A_j 에서의 특성값들의 평균의 차이인 $(\overline{x}_{i\cdot} - \overline{x}_{j\cdot})$가 적절하다. 또한 (10.4)에 주어진 데이터의 구조모형으로부터 $(\overline{x}_{i\cdot} - \overline{x}_{j\cdot})$ 의 분포는 $N(\mu_i - \mu_j,\ 2\sigma_E^2/r)$임을 알 수 있다. 여기서 오차의 분산 σ_E^2는 미지이기 때문에 σ_E^2의 불편추정량인 MS_E로 추정하면 $(\mu_i - \mu_j)$의 100(1−α)% 신뢰구간은

$$(\overline{x}_{i\cdot} - \overline{x}_{j\cdot}) \pm t\,(\phi_E\ ;\frac{\alpha}{2})\sqrt{\frac{2MS_E}{r}} \qquad (10\cdot21)$$

으로 주어진다. 신뢰구간과 가설검정과의 관계를 이용하여 $H_0: \mu_i - \mu_j = 0$, 즉 $H_0: \mu_i = \mu_j$를 검정할 수 있다. 식 (10·21)에서 구한 신뢰구간에 0이 포함되어 있지 않으면 $H_0: \mu_i = \mu_j$를 기각한다. 다시 말해서 식 (10·21)의 첫 번째 항의 절대값인 $|\overline{x}_{i\cdot} - \overline{x}_{j\cdot}|$ 가 다음 조건을 만족하면 H_0을 기각한다.

$$|\overline{x}_{i\cdot} - \overline{x}_{j\cdot}| > t\,(\phi_E\,;\frac{\alpha}{2})\sqrt{\frac{2MS_E}{r}} \tag{10·22}$$

이와 같이 두 수준간의 차이가 유의하려면 최소한 자료평균의 차이가 식 (10·22)의 우변의 값보다 커야하므로 이 값을 최소유의차(least significant difference; LSD)라고 부른다.

예제 10-3

예제 10-1의 직물마모도에서 최소유의차(LSD)를 이용하여 어떤 수준 간에 차이가 유의한지를 알아보라.

▶▶▷ 풀이

최소유의차 : $LSD = 2.179\sqrt{\frac{2\times 0.199}{4}} = 0.2174$

두 수준에서의 자료평균의 차이가 0.2174보다 크면 두 수준에서의 직물마모도가 유의수준 $\alpha = 0.05$ 에서 차이가 있다고 결론 내린다. 그 결과를 정리하면 다음과 같다.

$$\overline{x}_{1\cdot} - \overline{x}_{2\cdot} = 2.19 - 2.68 = -0.49^{*}$$

$$\overline{x}_{1\cdot} - \overline{x}_{3\cdot} = 2.19 - 2.42 = -0.23^{*}$$

$$\overline{x}_{1\cdot} - \overline{x}_{4\cdot} = 2.19 - 2.31 = -0.12$$

$$\overline{x}_{2\cdot} - \overline{x}_{3\cdot} = 2.68 - 2.42 = 0.26^{*}$$

$$\overline{x_{2\cdot}} - \overline{x_{4\cdot}} = 2.68 - 2.31 = 0.37^{*}$$

$$\overline{x_{3\cdot}} - \overline{x_{4\cdot}} = 2.42 - 2.31 = 0.11$$

따라서 A_2와 A_3, A_2와 A_4간에는 차이가 있는 것으로 판단된다.

10.2.5 Minitab의 활용

일원배치법 데이터를 분석하는 방법은 2가지 방법이 있다.

(1) 방법 1

예제 10-1을 방법1에 따라 수행하는 절차는 다음과 같다.

- C1열에서 C4열에 납품업체(co1, co2, co3, co4)에 따른 마모도 검사자료를 입력한다.
- 메뉴에서 **통계분석 > 분산분석 > 일원분산분석(분할된 데이터)**를 선택한다.
- <일원분산분석>
  반응에 각 요인별 반응변수들인'co1, co2, co3, co4'를 입력하고 확인을 누른다.
- 결과물

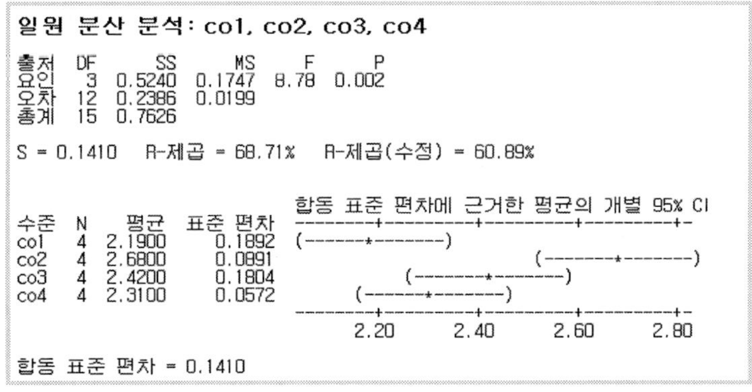

```
일원 분산 분석: co1, co2, co3, co4

출처  DF      SS      MS     F      P
요인   3  0.5240  0.1747  8.78  0.002
오차  12  0.2386  0.0199
총계  15  0.7626

S = 0.1410   R-제곱 = 68.71%   R-제곱(수정) = 60.89%

                               합동 표준 편차에 근거한 평균의 개별 95% CI
수준  N    평균   표준 편차  --------+---------+---------+---------+-
co1   4  2.1900     0.1892  (------*-------)
co2   4  2.6800     0.0891                      (-------*-------)
co3   4  2.4200     0.1804             (--------*--------)
co4   4  2.3100     0.0572        (------*-------)
                             --------+---------+---------+---------+-
                                  2.20      2.40      2.60      2.80

합동 표준 편차 = 0.1410
```

P값이 0.002이므로 유의수준 α=0.01에서도 귀무가설을 기각할 수 있다. 따라서 납품업체에 따라 직물마모도에 유의한 차이가 있다고 결론 내린다.

(2) 방법 2

예제 10-1을 방법 2에 따라 수행하는 절차는 다음과 같다.

- **C1열**과 **C2열**에 납품업체와 마모도를 각각 입력한다. 납품업체 종류는 1, 2, 3, 4로 구분한다.
- 메뉴에서 **통계학 > 분산분석 > 일원분산분석**을 선택한다.
- <일원분산분석>
  반응에 반응변수인 '마모도'를 입력한다.
  요인에 요인변수인 '납품업체'를 입력하고 확인을 누른다.
- 결과물
  방법1과 동일하다.

10.3 이원배치법(반복이 있는 경우)

반응치에 영향을 주리라 기대되는 인자의 수가 2개이고 실험단위가 동질적이어서 실험의 랜덤화에 제약조건이 없는 실험계획을 **이원배치법**(two-way factorial design)이라 한다. 반복이 있는 이원배치법의 가장 커다란 관심사의 하나인 인자 A,B간에 교호작용효과의 의미를 해석하고, 분산분석법을 통해서 인자 A, B의 주효과와 교호작용효과의 유의성을 검토한다.

10.3.1 이원배치법 개요

화합물 공정에서 반응변수인 효율이 반응온도 뿐만 아니라 촉매의 양에 따라서 영향을 받으리라 기대되는 경우 특성값에 영향을 미치리라고 생각되는 인자수는 2개이다. 이원배치법이란 특성값에 영향을 미치리라고 생각되는 인자의 수가 2개이고, 각 인자 수준 조합인 처리에서 모두 실험하는 경우를 말한다. 인자 A, B의 수준수가 a, b이고 인자수준의 각 조합인 처리의 수, 즉 총실험조건의 수는 $a \times b$이다. 각 처리마다 반복수가 r인 실험에서 전체 실험의 횟수는 $a \times b \times r$회가 된다. 일원배치법에서 실험의 랜덤화와 마찬가지로 처리를 제외한 나머지 실험조건들이 비슷한 경우에 $a \times b \times r$회의 전체실험이 랜덤하게 선택된 순서에 의해 실시되어야 한다.

이원배치법의 가장 커다란 관심사의 하나는 인자 A, B간에 교호작용(interaction)이 존재하는가이다. 인자 A, B의 수준조합인 처리 A_iB_j에서의 처리효과가 인자 A의 i번째 수준에서의 효과와 인자 B의 j번째 수준에서의 효과만으로 설명될 수 없는 경우에, 즉 인자 A, B의 특정 수준조합에서 상승 또는 하강효과가 존재하면 이를 교호작용효과라 한다. 그 다음 관심사는 인자 A, B의 수준 변경에 따라서 반응치의 평균이 달라지는가, 즉 주효과 A, B의 유의성을 검토하는 것이다. 사실 분산분석법을 통해서 인자 A, B의 주효과와 교호작용효과의 유의성을 검토할 수 있다.

10.3.2 실험의 랜덤화

실험계획의 중요한 목적 중 하나는 분산분석 결과를 발표했을 때에, 동일한 분야의 전문가들로부터 의견의 일치성을 얻는 것이다. 즉, 관련분야의 당사자들이 반응치의 모평균들간의 차이가 난 원인이 실험계획에서 고려된 인자수준들의 차이에만 기인한다는 결론을 내릴 수 있도록 실험이 설계되어야 한다. 처리효과의 차이를 제외하고 나머지 실험조건들은 동질적이 되도록 노력하지만, 동일하게 유지하지 못한 제3의 중요한 인자가 존재하는 경우에 대비해야 한다. 이 효과가 각각의 처리에 골고루 작용해서 서로 상쇄되도록 도와주는 방법이 실험의 랜덤화이다. 또한 랜덤화를 통해서 실험자료의 독립성을 얻을 수가 있어서 분산분석의 타당성을 제공한다.

이원배치법의 실험의 랜덤화는 각 처리가 인자 A, B의 수준조합인 A_iB_j에 의해서 결정된다는 점만을 제외하고, 일원배치법과 동일하다. 즉, 일원배치법에서의 실험의 랜덤화와 마찬가지로 처리를 실험단위에 배치하는 순서 또는 실험실시의 순서는 실험자의 의지에 관계없이 랜덤한 메커니즘에 의해 결정되는 완전확률화계획법이다.

예를 들어서 인자 A, B의 수준수가 2, 3이고 각각의 처리에서 반복수가 2인 총 실험횟수 $2 \times 3 \times 2 = 12$인 이원배치법 실험의 경우에 총 12회의 전체 실험이 완전 랜덤화가 되도록 하는 것이 원칙이다.

10.3.3 2원배치법의 구조모형과 분산분석

(1) 구조모형

이원배치법의 자료 구조는 [표 10.6]과 같다.

이와 같이 각 수준 조합에서 반복을 하면 이제는 주효과뿐만 아니라 교호작용의 효과도 구할 수 있다. 인자들의 특정한 수준조합에서 일어나는 효과를 교호작용(interaction)이라 하며 인자A의 효과가 인자B의 수준변화에 따라 변화하는 경우에 인자 A, B간에는 교호작용이 있다고 한다.

예를 들어보자. 플라스틱 강도를 우리가 관심을 갖는 특성값이라고 할 때, 성형온도가 영향을 미치리라 생각되어 일원배치법 실험을 하였다. 그 결과 흥

표 10.6 이원배치법의 자료의 구조

인자A / 인자B	B_1	B_2	…	B_b
A_1	x_{111} x_{112} ⋮ x_{11r}	x_{121} x_{122} ⋮ x_{12r}	… … …	x_{1b1} x_{1b2} ⋮ x_{1br}
A_2	x_{211} x_{212} ⋮ x_{21r}	x_{221} x_{222} ⋮ x_{22r}	… … …	x_{2b1} x_{2b2} ⋮ x_{2br}
…	…	…	…	…
A_a	x_{a11} x_{a12} ⋮ x_{a1r}	x_{a21} x_{a22} ⋮ x_{a2r}	… … …	x_{ab1} x_{ab2} ⋮ x_{abr}

미영역(region of interest)내에서 성형 온도가 높아지면 플라스틱 강도가 강해지는 경향이 있음을 알았다. 또 촉매량도 플라스틱 강도에 영향을 미치리라 생각되어 일원배치법 실험을 하였다. 그 결과 촉매량이 많아지면 플라스틱 강도가 강해지는 경향이 있음을 알았다. 이때 성형온도도 높고 촉매량도 많은 곳에서 플라스틱 강도가 가장 강하다고 결론 내릴 수 있을까? 만약 두 인자 사이에 교호작용이 없다면 그러하겠지만 만약 두 인자 사이에 교호작용이 존재하면 다른 엉뚱한 곳에서 플라스틱 강도가 가장 강할 수 있다.

이원배치법 자료에 대한 통계적 구조모형은 다음과 같이 표현될 수 있다.

$$x_{ijk} = \mu + \alpha_i + \beta_j + (\alpha\beta)_{ij} + \epsilon_{ijk} \qquad (10·23)$$

여기에서 x_{ijk}는 인자 A의 i번째 수준과 인자B의 j번째 수준에서 k번째 관측된 반응값이고, α_i는 인자 A의 i번째 수준효과이고, β_j는 인자 B의 j번째 수준효과이며, $(\alpha\beta)_{ij}$는 인자 A, B간의 교호작용효과이다. 그리고 마지막 항인

오차에 대해서는 전과 마찬가지로 서로 독립인 $N(0,\ \sigma_E^2)$를 따른다고 가정한다.

(2) 분산분석

이원배치법에서 우리는 인자 A와 B가 특성값에 영향을 주는가 하는 문제와 인자A,B간에 교호작용이 존재하는가 하는 문제에 관심을 갖게 된다. 이를 가설로 표현하면 다음과 같다.

① H_0 : $\alpha_1 = \alpha_2 = \cdots = \alpha_a = 0$

H_1 : 적어도 한 α_i는 0이 아니다.

② H_0 : $\beta_1 = \beta_2 = \cdots = \beta_b = 0$

H_1 : 적어도 한 β_j는 0이 아니다.

③ H_0 : 모든 $(\alpha\beta)_{ij} = 0$

H_1 : $(\alpha\beta)_{ij}$중 적어도 하나는 0이 아니다.

위의 가설은 분산분석표를 작성해 봄으로써 검증할 수 있다. 우선 다음과 같은 기호를 약속하자.

$$T_{i..} = \sum_j \sum_k x_{ijk}, \qquad \bar{x}_{i..} = T_{i..}/br \qquad i = 1, 2, \cdots, a$$

$$T_{.j.} = \sum_i \sum_k x_{ijk}, \qquad \bar{x}_{.j.} = T_{.j.}/ar \qquad j = 1, 2, \cdots, b$$

$$T_{ij.} = \sum_k x_{ijk}, \qquad \bar{x}_{ij.} = T_{ij.}/r$$

$$T = \sum_i \sum_j \sum_k x_{ijk}, \qquad \bar{\bar{x}} = T/abr$$

분산분석의 요체는 총변동을 주효과들과 교호작용효과에 기인하는 변동으로 분해하는 것이다. 인자 A, B의 수준수가 각각 a, b인 반복이 있는 [표 10.6]의 이원배치법 자료를 살펴보면 관측치 x_{ijk}의 총평균 $\bar{\bar{x}}$로부터의 거리인 총편차는 다음과 같이 분해될 수 있다.

$$(x_{ijk} - \overline{\overline{x}}) = (\overline{x}_{ij.} - \overline{\overline{x}}) + (x_{ijk} - \overline{x}_{ij.}) \tag{10·24}$$

위의 식을 제곱하여 모든 i, j, k에 대하여 합하면 다음과 같다.

$$\sum_i \sum_j \sum_k (x_{ijk} - \overline{\overline{x}})^2 = \sum_i \sum_j \sum_k (\overline{x}_{ij.} - \overline{\overline{x}})^2 + \sum_i \sum_j \sum_k (x_{ijk} - \overline{x}_{ij.})^2 \tag{10·25}$$

이때 총변동 SS_T는 AB간 변동 SS_{AB}와 잔차변동 SS_E로 분해되었다고 하고 다음과 같이 계산한다.

① 총변동 : $SS_T = \sum_i \sum_j \sum_k (x_{ijk} - \overline{\overline{x}})^2$

$$= \sum_i \sum_j \sum_k x_{ijk}^2 - CT \tag{10·26}$$

여기서 CT는 수정항으로 $CT = T^2 / abr$이다.

② AB간의 변동 : $SS_{AB} = \sum_i \sum_j \sum_k (\overline{x}_{ij.} - \overline{\overline{x}})^2$

$$= \sum_i \frac{T_{ij.}^2}{r} - CT \tag{10·27}$$

③ 잔차변동 : $SS_E = \sum_i \sum_j \sum_k (x_{ijk} - \overline{x}_{ij.})^2$

$$= SS_T - SS_{AB} \tag{10·28}$$

처리가 인자 A와 인자 B의 수준들의 결합임을 주지할 때에 처리간 변동인 (또는 AB간의 변동) SS_{AB}의 일부는 인자A의 변동 SS_A와 인자B의 변동 SS_B로 설명할 수 있다. SS_{AB} 중에서 SS_A와 SS_B를 제외한 남는 부분, 즉 인자 A, B의 주효과만으로 설명될 수 없는 부분이 교호작용에 의한 변동 $SS_{A \times B}$이다. 이제 AB간의 변동 SS_{AB}를 인자 A의 변동 SS_A, 인자 B의 변동 SS_B, 교호작용에 의한 변동 $SS_{A \times B}$로 분할해 보기로 하자. $(\overline{x}_{ij.} - \overline{\overline{x}})$는 다음과 같이 분해된다.

$$(\overline{x}_{ij.} - \overline{\overline{x}}) = (\overline{x}_{i..} - \overline{\overline{x}}) + (\overline{x}_{.j.} - \overline{\overline{x}}) + (\overline{x}_{ij.} - \overline{x}_{i..} - \overline{x}_{.j.} + \overline{\overline{x}}) \tag{10·29}$$

위의 식을 제곱하여 모든 i, j, k에 대하여 합하면 다음과 같다.

$$\sum_i \sum_j \sum_k (\overline{x}_{ij.} - \overline{\overline{x}})^2 = \sum_i \sum_j \sum_k (\overline{x}_{i..} - \overline{\overline{x}})^2 + \sum_i \sum_j \sum_k (\overline{x}_{.j.} - \overline{\overline{x}})^2$$
$$+ \sum_i \sum_j \sum_k (\overline{x}_{ij.} - \overline{x}_{i..} - \overline{x}_{.j.} + \overline{\overline{x}})^2 \qquad (10\cdot30)$$

이때 AB간의 변동은 인자 A의 변동, 인자 B의 변동, 교호작용의 변동으로 분할되었다고 하고 다음과 같이 계산한다.

① 인자 A의 변동 : $SS_A = \sum_i \sum_j \sum_k (\overline{x}_{i..} - \overline{\overline{x}})^2$

$$= \sum_i \frac{T_{i..}^2}{br} - CT \qquad (10\cdot31)$$

② 인자 B의 변동 : $SS_B = \sum_i \sum_j \sum_k (\overline{x}_{.j.} - \overline{\overline{x}})^2$

$$= \sum_j \frac{T_{.j.}^2}{ar} - CT \qquad (10\cdot32)$$

③ 교호작용의 변동 : $SS_{A\times B} = \sum_i \sum_j \sum_k (\overline{x}_{ij.} - \overline{x}_{i..} - \overline{x}_{.j.} + \overline{\overline{x}})^2$

$$= SS_{AB} - SS_A - SS_B \qquad (10\cdot33)$$

결국 총변동 SS_T가 다음과 같이 분할됨을 알 수 있다.

$$SS_T = SS_{AB} + SS_E$$
$$= SS_A + SS_B + SS_{A\times B} + SS_E \qquad (10\cdot34)$$

각 변동의 자유도는 제곱을 한 서로 다른 편차의 개수에서 선형제약조건의 수를 뺀 것이므로 다음과 같이 주어진다.

총변동의 자유도 : $\phi_T = abr - 1$

AB간 변동의 자유도 : $\phi_{AB} = ab - 1$

잔차변동의 자유도 : $\phi_E = \phi_T - \phi_{AB} = ab(r-1)$

인자 A 변동의 자유도 : $\phi_A = a-1$

인자 B 변동의 자유도 : $\phi_B = b-1$

교호작용의 변동의 자유도 : $\phi_{A\times B} = \phi_{AB} - \phi_A - \phi_B$

$$= \phi_A \times \phi_B = (a-1)(b-1)$$

이때 SS_T의 자유도가 SS_A, SS_B, $SS_{A\times B}$, SS_E의 자유도의 합으로 분할됨을 알 수 있다.

평균제곱 MS_A, MS_B, $MS_{A\times B}$, MS_E는 SS_A, SS_B, $SS_{A\times B}$, SS_E를 각각의 자유도로 나누어 준 값이다. 분산분석표에서 $F_0 = MS_A / MS_E$가 $F_{\phi_A, \phi_E, \alpha}$ 보다 크면 인자 A가 특성값에 유의한 영향을 준다고 하고, $F_0 = MS_B / MS_E$가 $F_{\phi_B, \phi_E, \alpha}$ 보다 크면 인자 B가 특성값에 유의한 영향을 준다고 말한다.

교호작용에 대한 귀무가설 H_0 : 모든 $(\alpha\beta)_{ij} = 0$ 하에서 $F_0 = MS_{A\times B} / MS_E$는 자유도$(\phi_{A\times B}, \phi_E)$인 F분포를 따르므로 귀무가설에 대한 기각역은 $F_0 > F_{\phi_{A\times B}, \phi_B, \alpha}$로 주어진다. 만약 기각되면 두 인자 A, B사이에 교호작용이 존재한다고 말한다. 이상의 결과를 요약하면 [표 10.7]와 같은 분산분석표를 작성할 수 있다. AB간의 변동 SS_{AB}는 분산분석표에는 나타나지 않는다.

표 10.7 반복이 있는 이원배치법의 분산분석표

요 인	제곱합	자유도	평균제곱	F_0
인자A	SS_A	$a-1$	MS_A	MS_A / MS_E
인자B	SS_B	$b-1$	MS_B	MS_B / MS_E
교호작용$A\times B$	$SS_{A\times B}$	$(a-1)(b-1)$	$MS_{A\times B}$	$MS_{A\times B} / MS_E$
E	SS_E	$ab(r-1)$	MS_E	
T	SS_T	$abr-1$		

이원배치법의 가설검정의 순서는 우선 교호작용효과의 유의성을 검토한다. 유의확률(p-value)이 대략 0.25 이상일 경우에는 교호작용효과가 존재하지 않아서 인자A의 주효과의 크기가 인자 B가 어떠한 수준값을 취하든지 간에 관계없이 똑같다고 판단하고 오차항에 풀링한다. 그 다음에 인자 A, B의 주효과에 대한 유의성을 검토한다. 교호작용효과가 유의하면, 주효과 자체의 유의성 검정이 인자 A, B의 주효과의 크기 비교에 따른 상대적인 중요성을 가름하는 것을 제외하고는 커다란 의미가 없다. 이미 인자 A의 주효과의 크기가 인자 B의 수준값에 따라서 달라진다는 사실을 알았기 때문이다.

예제 10-4

4종류의 사료와 3종류의 돼지품종이 체중증가에 미치는 영향을 조사하고자 각 수준의 조합마다 3회씩 반복하여 전체 36번의 실험을 랜덤하게 행하여 다음 자료를 얻었다. 분산분석표를 작성하고 각 인자와 교호작용의 영향을 분석하라.

표 10.8 돼지 체중증가량

사료 \ 품종	B_1			B_2			B_3		
A_1	64,	66,	70	72,	81,	64	74,	51,	65
A_2	65,	63,	58	57,	43,	52	47,	58,	67
A_3	59,	68,	65	66,	71,	59	58,	39,	42
A_4	58,	41,	46	57,	61,	53	53,	59,	38

▶▶▷미니탭 이용

1. 가설의 설정

가. $H_0 : \alpha_1 = \alpha_2 = \cdots = \alpha_a = 0$

H_1 : 적어도 한 α_i는 0이 아니다.

나. H_0 : $\beta_1 = \beta_2 = \cdots = \beta_b = 0$

H_1 : 적어도 한 β_j는 0이 아니다.

다. H_0 : 모든 $(\alpha\beta)_{ij} = 0$

H_1 : 적어도 한 $(\alpha\beta)_{ij}$중 적어도 하나는 0이 아니다.

2. 분산분석표

[표 10.8] 자료를 Minitab의 **통계분석 > 분산분석 > 이원분산분석**을 실행시켜서 얻은 분산분석표가 아래와 같다.

표 10.9 돼지 체중증가량 자료 분산분석표

요 인	제곱합	자유도	평균제곱	F_0
A(사료)	1156.56	3	385.52	6.16*
B(품종)	349.39	2	174.70	2.79
$A \times B$(교호작용)	771.28	6	128.55	2.05
E	1501.33	24	62.56	
T	3778.56	35		

3. 분산분석표의 해석

Minitab의 활용 절의 결과를 인용하면, 우선 사료의 종류와 품종 사이에 교호작용효과에 대한 $F_0 = 2.05$에 대응되는 유의확률은 0.098로 품종에 따라 사료가 주는 효과의 크기가 약간은 다를 수도 있지만, 유의수준 5%에서 사료의 종류와 품종 사이에 교호작용이 있다는 결론을 내릴 수는 없다. 주효과의 유의성 검정결과를 보면, 사료의 종류에 따라 체중증가에 유의한 차이가 있으나 돼지 품종에 따라서는 체중증가에 차이가 있다는 결론을 내릴 수 없다. 품종에 대한 유의확률은 0.081로 약간의 영향력을 행사하는 듯하다.

10.4 이원배치법(반복이 없는 경우)

지금부터 요인 A, B의 각 수준조합에서 한 번씩만 실험하는 경우에 대하여 알아보자. 만약 반복수 $r=1$이면 [표 10.7]의 분산분석표에서 잔차변동의 자유도 $\phi_E=0$이 된다. 또한 식 (10·23)의 구조모형에서 k가 항상 1이어서 교호작용효과 $(\alpha\beta)_{ij}$와 오차 ϵ_{ij1}의 구분이 불가능하여서, 주효과에 대한 검증을 하기 위해서는 교호작용효과를 오차와 교락시켜야 한다. 따라서 $r=1$인 경우에는 통계모형이 다음과 같다.

$$x_{ij}=\mu+\alpha_i+\beta_j+\epsilon_{ij} \tag{10·35}$$

모형 (10·35)에 대한 총변동의 분해는 다음과 같다.

$$SS_T=SS_A+SS_B+SS_E$$

여기서 SS_T, SS_A, SS_B의 계산식은 반복이 있는 이원배치법에서 $r=1$인 경우와 동일하여 다음과 같이 계산하고, 자유도 역시 동일하다.

① 총변동 : $SS_T=\sum_i\sum_j(x_{ij}-\bar{\bar{x}})^2$

$$=\sum_i\sum_j x_{ij}^2-CT \tag{10·36}$$

여기서 CT는 수정항으로 $CT=T^2/ab$이다.

② 인자 A의 변동 : $SS_A=\sum_i\sum_j(\overline{x_{i.}}-\bar{\bar{x}})^2$

$$=\sum_i\frac{T_{i.}^2}{b}-CT \tag{10·37}$$

③ 인자 B의 변동 : $SS_B=\sum_i\sum_j(\bar{x}_{.j}-\bar{\bar{x}})^2$

$$=\sum_j\frac{T_{.j}^2}{a}-CT \tag{10·38}$$

④ 잔차변동 : $SS_E = \sum_i \sum_j (x_{ij} - \overline{x}_{i\cdot} - \overline{x}_{\cdot j} + \overline{\overline{x}})^2$

$$= SS_T - SS_A - SS_B \tag{10·39}$$

이를 정리하면 [표 10.10]과 같은 분산분석표를 작성할 수 있다.

표 10.10 반복수가 1인 이원배치법의 분산분석표

요 인	제곱합	자유도	평균제곱	F_0
인자A	SS_A	$a-1$	MS_A	MS_A/MS_E
인자B	SS_B	$b-1$	MS_B	MS_B/MS_E
E	SS_E	$(a-1)(b-1)$	MS_E	
T	SS_T	$ab-1$		

10.5 이원배치법의 혼합모형

10.5.1 인자와 모형의 구분

인자가 둘 이상일 때 고려해야할 사항 중의 하나는 인자의 유형구분이다. 인자는 모수인자와 변량인자로 다음과 같이 구분된다.

(1) **모수인자**(fixed factor) : 기술적으로 미리 정하여진 수준이 사용되며, 각 수준이 기술적인 의미를 가지고 있는 인자로서 온도, 압력, 작업방법 등이 여기에 속한다. 공업실험에서 사용되는 대부분의 인자들이 모수인자이며, 최적조건 설정 등에 의미가 있다.

(2) **변량인자**(random factor) : 수준의 선택이 랜덤하게 이루어지며, 각 수준

이 기술적인 의미를 가지고 있지 못한 인자를 말한다. 예를 들면, 실험일을 3일 선택하여 실험하였을 때 날짜라는 구분은 수준이 3개인 변량인자가 되는데, 이 날짜는 무수히 많은 날짜 중에서 임의로 선택된 3일이며, 선택된 하루하루는 아무런 기술적인 의미를 가지고 있지 못하다. 변량인자는 수준 간에 산포가 큰지 작은지를 판단하는 것이 의미가 있다.

실험계획법에 사용되는 통계모형은 인자가 어떻게 구분되느냐에 따라 **모수모형**(fixed model), **변량모형**(random model), **혼합모형**(mixed model)의 세 가지로 구분한다. 인자가 모두 모수인자이면 모수모형이고, 인자가 모두 변량인자이면 변량모형이고, 인자가 모수인자와 변량인자가 섞여 있으면 혼합모형이 되는 것이다. 앞의 **10.1-10.4**절에서 다룬 통계모형은 모두 모수모형이었다. 변량모형은 자주 사용되지 않으므로 생략하기로 하고, 다음에 혼합모형을 설명하기로 한다.

10.5.2 혼합모형

지금까지 두 인자가 모두 모수인자인 모수모형에 대하여 살펴보았고, 지금부터 어떤 특성값에 영향을 주는 2개의 인자 중에서 인자 A는 모수인자이고 인자 B는 변량인자인 혼합모형의 경우에 대하여 살펴보기로 하자. 인자 B가 랜덤이어서 인자 B의 수준은 수준들의 모집단에서 랜덤하게 선택된 결과이다. 예를 들면, 인자 B가 3수준인 경우에는, 인자 B의 수준은 수많은 원료 로트들 중에서 랜덤하게 선택된 3개의 원료 로트이고, 인자 B와 관련이 있는 효과인 β_j와 $(\alpha\beta)_{ij}$는 확률변수이다.

혼합모형이나 모수모형은 변동 $SS_T, SS_A, SS_B, SS_{A\times B}, SS_E$를 구하는 것이나 자유도 ϕ_T, ϕ_A, ϕ_B, $\phi_{A\times B}$, ϕ_E를 구하는 데 차이가 없다. 그러나 평균제곱의 기대치에 약간의 차이점이 있으며, 이 차이로 인하여 분산분석표에서 F 검증에

다른 점이 나타나게 된다. 각 효과의 평균제곱의 기대값은

$$E(MS_A) = \sigma_E^2 + r\sigma_{A\times B}^2 + br\sigma_A^2 \tag{10·40}$$

$$E(MS_B) = \sigma_E^2 + ar\sigma_B^2 \tag{10·41}$$

$$E(MS_{A\times B}) = \sigma_E^2 + r\sigma_{A\times B}^2 \tag{10·42}$$

$$E(MS_E) = \sigma_E^2 \tag{10·43}$$

이다. 여기서 $\sigma_A^2 = \sum_i \alpha_i^2/(a-1)$ 이고 α_i 들간의 산포의 측도이다. σ_B^2, $\sigma_{A\times B}^2$, σ_E^2 는 확률변수 β_j, $(\alpha\beta)_{ij}$, ϵ_{ijk}의 분산을 의미한다. 혼합모형의 경우 모수모형과 비교하여 분산분석표의 F가 어떻게 달라지는가 알아보기로 하자. 인자 A가 특성값에 영향을 주는가를 가설검증 하고자 할 때, 가설은

H_0 : $\alpha_1 = \alpha_2 = \cdots = \alpha_a = 0$

H_1 : 적어도 한 α_i 는 0이 아니다.

로 주어지고 이는 다음과 같이 표현될 수 있다.

H_0 : $\sigma_A^2 = 0$

H_1 : $\sigma_A^2 > 0$

이를 검증하기 위하여 모수모형의 경우와 같이 F비가 MS_A/MS_E로 주어지면 어떻게 될까? 분모 MS_E, 분자 MS_A에 기대값을 취해보면

$$\frac{E(MS_A)}{E(MS_E)} = \frac{\sigma_E^2 + r\sigma_{A\times B}^2 + br\sigma_A^2}{\sigma_E^2} \tag{10·44}$$

이 되고, 만약 귀무가설이 옳아서 $\sigma_A^2 = 0$이라 할지라도 $\sigma_{A\times B}^2$가 큰 값을 갖는다면 F 비값은 큰 값을 갖게 될 것이다. 다시 말해서 MS_A/MS_E를 F 비로 하면 F 비가 큰 값이 나왔을 때 그것이 σ_A^2때문인지 $\sigma_{A\times B}^2$ 때문인지 알기 어렵게

되므로 MS_A/MS_E는 $H_0:\sigma_A^2=0$이라는 가설을 검증하는 데는 적절치 못하게 된다. 그러면 F 비가 $MS_A/MS_{A\times B}$로 주어지면 어떻게 될까? 분모 $MS_{A\times B}$, 분자 MS_A에 기대값을 취해보면

$$\frac{E(MS_A)}{E(MS_{A\times B})}=\frac{\sigma_E^2+r\sigma_{A\times B}^2+br\sigma_A^2}{\sigma_E^2+r\sigma_{A\times B}^2} \tag{10·45}$$

이 되고, 만약 귀무가설이 옳아서 $\sigma_A^2>0$이면 F 비값이 큰 값이 나올 것이 기대될 것이다. 그러므로 F 비값은 $MS_A/MS_{A\times B}$로 되는 것이 타당할 것이고, 귀무가설 하에서는 $F_0=MS_A/MS_{A\times B}$가 자유도 $(\phi_A,\ \phi_{A\times B})$인 F 분포를 따른다고 알려져 있으므로 기각역은 $F_0=MS_A/MS_{A\times B}>F_{\phi_A,\phi_{A\times B},\alpha}$ 로 주어진다. 결국 모수모형과 다른 점은 인자 A가 특성값에 유의한 영향을 주는가를 검증할 때 F 비에서 MS_A를 MS_E로 나누는 것이 아니라 $E(MS_A)$에서 σ_A^2항을 제외한 나머지 항들을 기대값으로 갖는 $MS_{A\times B}$로 나눈다는 것이 다르다는 점에 유의하여야 한다. 이상의 결과를 정리하면 [표 10.11]과 같은 혼합모형의 경우 분산분석표를 작성할 수 있다.

표 10.11 이원배치법의 분산분석표(A:모수인자, B:변량인자)

요 인	제곱합	자유도	평균제곱	F_0
인자A	SS_A	$a-1$	MS_A	$MS_A/MS_{A\times B}$
인자B	SS_B	$b-1$	MS_B	MS_B/MS_E
교호작용$A\times B$	$SS_{A\times B}$	$(a-1)(b-1)$	$MS_{A\times B}$	$MS_{A\times B}/MS_E$
E	SS_E	$ab(r-1)$	MS_E	
T	SS_T	$abr-1$		

예제 10-5

어떤 화학제품의 불순물에 대한 영향을 조사하기 위하여 원료의 모든 로트 B를 랜덤으로 3로트 택하고, 첨가량 A를 A_1, A_2, A_3 3수준으로 변화시켜, 반복 2회의 3×3×2=18회의 실험 전체를 랜덤화하여 실험을 행한 결과 [표 10.12]와 같은 자료를 얻었다. 분산분석표를 작성하고, 각 요인과 상호작용의 영향을 분석하라.

표 10.12 화학제품의 불순물의 양

첨가량 \ 로트	B_1		B_2		B_3	
A_1	1.0	0.3	3.2	2.6	1.3	1.9
A_2	4.2	3.3	6.1	5.3	3.1	4.1
A_3	5.3	6.2	6.6	7.1	6.0	6.4

▶▶▷ 풀이

[표 10.12] 자료를 Minitab의 **통계분석 > 분산분석 > 이원분산분석**을 실행시켜서 얻은 분산분석표가 아래와 같다.

표 10.13 분산분석표

요 인	제곱합	자유도	평균제곱	F_0
A(첨가량)	62.62	2	31.31	79.26**
B(로트)	10.24	2	5.12	18.89**
$A\times B$(교호작용)	1.58	4	0.395	1.46
E	2.44	9	0.271	
T	76.88	17		

따라서 첨가량과 로트에 따라 불순물에 매우 유의한 차이가 있으며 두 인자 사이에 교호작용이 있다는 결론은 내릴 수 없다.

연습문제

10.1 품질관리의 수법에서 층별과 가장 관련이 깊은 것은?

① 랜덤화 ② 반복 ③ 블록화 ④ split-plot

10.2 실험계획법의 기본원리로는 어떤 것들이 있는가? 각각에 대해 간단히 설명하라.

10.3 실험계획법의 순서에 대해 기술하라.

10.4 화학약품의 수율을 향상시키기 위하여 반응온도 200℃, 220℃, 240℃에서 반복 4회의 일원배치법 실험을 실시하였다. 이때 잔차제곱합의 자유도는 얼마인가?

① 9 ② 10 ③ 11 ④ 12

10.5 반복 2회의 2수준 일원배치법 실험에서 각 수준에서의 특성값들의 합계가 15, 25이다. 인자 A에 의한 변동은 얼마인가?

① 15 ② 20 ③ 25 ④ 40

10.6 3개의 서로 다른 형태의 유리관에 대해서 각 유리관 형태에서 8개를 랜덤하게 선택하여 cathode warm-up time(초)을 랜덤한 순서로 측정하여 얻은 실험자료가 다음과 같다.

유리관 형태	A_1	19	20	23	20	26	18	18	35
	A_2	20	20	32	27	40	24	22	18
	A_3	16	15	18	26	19	17	19	18

① 분산분석표를 작성하라.

② 각각의 모평균에 대한 95% 신뢰구간을 구하여라.

③ 유의수준 α=0.05에서 최소유의차(LSD)를 구하라. 실험결과를 얻기 전에 유리관 형태 A_1과 A_2의 비교에 관심이 있는 경우의 차이가 있다고 판단하는가?

10.7 교습방법에 따라서 학생들의 성취도가 달라지는가를 조사하기 위해서 30명의 학생을 다음의 6개의 그룹에 각 5명씩 랜덤하게 할당하였다.

처리	1	2	3	4	5
교습방법의 묘사	현재의 교재	선생님과 교재 A	기계와 교재 A	선생님과 교재 B	기계와 교재 B

학기말에 평가 점수가 기록되었고 통계량의 일부가 다음과 같다.

처리변동= 340, 총변동= 465

요 인	제곱합	자유도	평균제곱	F_0
A	3.33	3	( )	( )
B	0.16	( )	( )	( )
$A\times B$	( )	6	( )	( )
E	0.32	( )	( )	
T	7.39	23		

① 구조모형과 검정할 가설을 세워라.

② 분산분석표를 작성하고 유의수준 α = 0.05에서 처리효과가 있는지를 검정하라.

10.8 반복이 있는 이원배치법의 실험에서 다음의 분산분석표를 얻었다. 빈칸을 채우라. 단, A는 모수인자이고 B는 변량인자이다.

10.9 어떤 합금의 강도를 공정온도의 3수준과 주조시간의 3수준에서 2회씩 관측하여 다음과 같은 반복이 있는 이원배치법의 자료를 얻었다. 분산분석표를 작성하고 각 인자와 교호작용의 효과에 대하여 조사하라.

주조시간 \ 온도	B_1		B_2		B_3	
A_1	61.0	60.2	64.1	63.2	65.2	66.1
A_2	63.3	62.7	66.2	65.4	66.6	67.2
A_3	61.3	61.9	63.2	64.2	66.0	66.4

10.10 반복 2회 실험을 실시하여 다음 데이터를 얻었는데, 이것을 이용하여 교호작용 $A \times B$의 변동 $SS_{A\times B}$를 구하라.

$$SS_T = 15.14,\ SS_A = 4.12,\ SS_B = 5.20,\ SS_{AB} = 12.32$$

10.11 제품의 합성수율에 대한 영향을 조사할 목적으로, 랜덤하게 5일간 (B_1 $B_2, \cdots, B_5$) 을 택하고, 각 일마다 촉매량(A_1, A_2, A_3) 로 랜덤하게 변화시켜 실험한 후 수율을 조사한 결과 다음과 같다. 분석하라.

실험일 \ 촉매량	B_1	B_2	B_3	B_4	B_5
A_1	78.3	77.1	78.2	78.1	77.7
A_2	79.3	78.2	80.1	79.7	79.3
A_3	77.0	78.0	77.4	78.4	77.1

제11장

6시그마 품질경영 시스템

11.1 6시그마란 무엇인가?

11.2 경영혁신 방법론의 변화

11.3 COPQ와 6시그마

11.4 품질수준의 평가방법

11.5 6시그마 추진의 성공요소

11.6 6시그마의 평가기준

11.1 6시그마란 무엇인가?

11.1.1 6시그마의 정의와 프로세스

6시그마(Six Sigma)란 간단히 정의하면 **"21세기 기업생존을 위하여 모든 프로세스에서 무결점을 지향하는 과학적 경영혁신 전략"**이다. 이를 좀 더 상세히 정의하면 다음과 같다.

> 6시그마란 "최고경영자의 리더십 아래 모든 프로세스의 품질수준을 정량적으로 평가하여 품질을 혁신하고, 문제 해결과정 및 전문가 양성 등의 효율적인 품질문화를 조성하여 가며, 고객만족을 달성하기 위하여 프로세스의 질을 6시그마 수준으로 높여 기업경영 성과를 획기적으로 향상시키고자 하는 종합적인 기업의 경영전략이다.

이 정의에서 사용되는 **프로세스**(process)의 의미는 "제조, 사무, 서비스 등의 모든 업무에서 일정한 **투입물**(input)이 들어가서 요구되는 **결과물**(output)로 변화하는 **활동**(activity)을 수행하는 하나의 시스템"을 말한다. 제조단계에서의 가열공정, 압출 공정도 프로세스이고, 구매행위, 영업판촉활동, 우편물처리, 병원에서의 수술 등도 프로세스이다.

기업에서 이루어지는 모든 프로세스에는 [그림 11.1]과 같이 전후에 S-I-P-O-C(Supplier, Input, Process, Output, Customer)로 연결되어 있으며 이들 간에 순조로운 관계가 이루어져야 원활한 프로세스의 운영이 가능하다. Supplier는 협력업체로 기업에서 생산에 필요한 모든 자재, 물건, 장비 등을 납품해주는 곳이며, Input은 투입물로 프로세스에 들어가는 내용물인 자재, 인력, 기술, 장비, 방법 등을 말한다. Output은 프로세스에서 생산되는 결과물로 품질이나 생산성을 측정하는 대상이 되는 것이다. 이 결과물이 Customer(고객)에게 가게 되며, 고객은 결과물에 대하여 만족여부를 평가하는 주체이다. 기업은 부단히 고객을 만족시키는 우수한 결과물을 내고자 노력하며, 6시그마가 필요한 것도 이런 이유에서 이다.

그림 11.1 S-I-P-O-C 의 연결고리

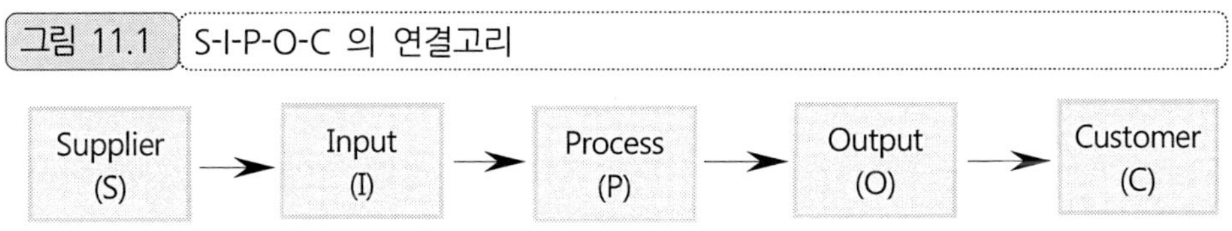

11.1.2 6시그마의 발전 과정

주어진 품질규격에 대하여 품질의 산포를 줄이고 품질평균을 규격의 중앙에 위치시켜 불량률을 획기적으로 줄이자는 품질경영전략으로서의 6시그마 운동은 1987년 미국의 Motorola에 의하여 처음으로 체계적인 기업전략으로 시작되었다. Motorola에서 초기에 6시그마가 어떻게 태동되었는지 알아보자.

1981년 당시 Motorola의 회장이었던 Robert W. Galvin은 5년에 걸쳐 모든 부문의 품질을 10배 혁신하겠다는 야심찬 계획을 발표하였다. 그리고 이를 뒷받침하기 위하여 품질교육을 주관하는 교육훈련센타(처음에는 4인으로 시작되었으나 현재는 이름을 Motorola University로 바꾸어 800여 명의 인력을 보유하고 있으며, 모든 6시그마 관련 교육, 훈련, 홍보를 담당하고 있다.)를 설립하였다. 당시 Motorola에서는 모든 부분의 낭비를 줄이는 방법에 대한 연구가 활발히 진행 중이었다. "6시그마(σ)"란 용어 자체가 Motorola에서 어떻게 나오게 되었는지를 살펴보기로 한다. 이 보고서들은 모두 1985년경에 제출된 것들이다.

(1) William Smith라는 한 엔지니어의 연구보고서

현장에서 수집된 클레임(claim) 및 A/S 관련 데이터를 조사하여 본 결과, 대부분의 고장 난 제품이 제조 시에 재작업이나 수리를 거친 제품이었다는 것을 발견하였다. 그리고 이 데이터의 통계분석을 통해 고객이 사용한 제품의 초기고장 시간과 그 제품이 제조되는 과정에서 재작업을 어느 정도 받았는가에 대한 상관관계를 구해 본 결과 놀랍게도 높은 양의 상관관계가 있음을 발견하였다. 즉, 제조과정에서 결함이 발견되어 재작업과정을 거친 제품일수록 고객에 의한 초기사용 단계에서 고장시간이 길었다는 사실을 발견한 것이다. Smith는 이 보고서에서 "만약 제조과정에서 규격에 비하여 '6σ products'를 생산할 수 있다면 제품의 고장을 획기적으로 줄일 수 있고, 따라서 클레임 처리나 A/S를 하는 고통이 줄어들 것이다"라고 언급하였다.

결함으로 인해 재작업 과정을 거친 제품은 재작업 과정에서 제거된 결함 이외에 다른 결함을 포함하기 쉬우며, 이와 같은 결함이 발견되지 못하고 출하되는 관계로 인해 제품의 사용초기에 고장이 많이 발생한 것이었다. 이것을 다른 측면에서 얘기하면, 결함 없이 조립된 제품은 고객이 사용할 때 초기 고장이 거의 발생하지 않는다고 말할 수 있는 것이다. 이 조사와 관련하여 Motorola가 조사한 바에 의하면, 어느 분야든지 그 분야에서 세계 최고인 기업은 제품의 제조과정에서 수리나 재작업이 없는 제품을 생산한다는 사실을 발견하였다. 이는 6시그마 전략의 주요 개념 가운데 하나인 '숨은 공장(hidden factory)"에 대한 아이디어를 제공했다고 말할 수 있다.

(2) 통신장비 R&D 부문의 허용차 관련 보고서

Motorola의 통신부분(Communication Sector)에서는 "6σ Mechanical Tolerancing"이란 제목으로 분석하기를 "현재 Motorola의 허용차 관련 규격이 4σ수준인데, 이를 6σ 수준으로 향상시켜야 세계적인 수준의 제품을 생산할 수 있을 것"이라고 보고서에서 언급하였다. 이 의미는 품질목표에서 규격한계(specification limits)까지의 거리가 $\pm 2\sigma$ 밖에 되지 않으며, 품질산포를 줄여서 이를 $\pm 3\sigma$ 로 향상시켜야 한다는 것이다.

Motorola의 경영층이 Smith와 통신장비 R&D 부문의 보고서를 받아들이고, 품질경쟁력을 강화하기 위하여 모든 부문에서 "6σ" 제품을 구현하기로 결정하였다. 이에 따라 구체적인 품질개선 실천전략을 구상하기 시작하였다. 그 첫 단계로서 1985년에 통신기기 사업 분야에서 DPU 개념을 확장한 TDU(total defects per unit; 단위당 총결함수) 척도를 사용하기 시작하였다. 이는 6시그마에서 주로 사용하는 DPMO 개념과 맥을 같이 하는 것이다. 그 후 1987년에 이르러 Mikel J. Harry 등이 주축이 되어 "6σ"를 달성하기 위한 구체적인 전략과 방법론이 개발되었고, 1987년에 이르러 공식적으로 Galvin 회장은 이를 "Six Sigma"라고 명명하였다. 1987년 이후 초기에 Motorola에서 추진한 6시그마 중, 주요한 내용을 열거하면 다음과 같다(Losianowycz(1999)).

- 1987: 6시그마(Six Sigma)를 공식적으로 도입.
  2년 내 품질 10 향상, 4년 내 품질 100배 향상 계획 수립.
  1992년까지 6σ 품질수준 달성 목표 수립.
- 1988: MB(Malcolm Baldridge) 국가품질상 수상.
- 1990: 전사적으로 TCS(total customer satisfaction) 팀을 조직하여 프로세스 개선활동 시작.
- 1992: 2년마다 결함수 10배 감소 계획 수립.
  고객만족지수를 개발하여 사용 시작.
  5년 내 사이클 타임(cycle time) 10배 향상 계획 수립.
  측정단위를 ppm에서 ppb(parts per billion)로 바꾸어 사용하기 시작.
- 1995: 품질시스템 검토 규정(Quality System Review; QSR)을 ISO9001 -1994 와 연계하여 개정.

6시그마는 통계적 방법론에서 출발하였지만 경영전략으로 발전되었고, 조직문화를 바꾸는 철학적인 측면으로 확장되었다. 6시그마 철학이란 일하는 사고와 방법을 바꾸고 변화하여 완벽한 **고객만족경영**(CSM: customer satisfaction management)을 이루자는 것이다. Motorola에서 1987년에 6시그마를 도입한 이후 6시그마는 TI(1988), Asea Brown Boveri(1993), Allied Signal(1994), GE(1995) 등에서 성공적으로 도입되었으며, 그 후 Sony, Nokia, DuPont 등의 세계적인 초우량 기업들이 채택함으로서 널리 알려지게 되었다. 우리나라에서도 삼성전관(현, 삼성SDI), LG전자(창원사업부)에서 1996년에 먼저 도입하였고, 곧이어 한국중공업(현, 두산중공업), LG정보통신, 삼성종합기술원, LG화학, 삼성전자, 시티뱅크(Citibank), 현대자동차, 포스코 등이 이를 도입하여 경영혁신에 성공함으로서 많은 국내 기업들이 큰 관심을 갖고 이를 도입하였거나 도입을 적극 검토하고 있다.

[그림 11.2]에 보면 6시그마를 도입한 초기의 세계적인 기업들이 나열되어 있으며, 그 수가 매우 빠르게 급증하고 있다. 현재 국내에서는 400여 개의 기업이 이를 도입하고 있는 것으로 조사되고 있다.

그림 11.2 6시그마를 초기에 도입한 세계적 기업들

1987	1989	1991	1993	1995	1997	1999
Motorola	IBM	Kodak DEC	TI ABB	GE Allied Signal	Dow Chemical DuPont NEC Samsung SDI LG Electronics Sony Toshiba Whirlpool	Ford Motor American Express Johnson & Johnson Samsung Group LG Group Ericsson NCR Nokia Philips Solectron US Postal Service

2001

특히 6시그마는 처음에는 제조분야에 적절하게 만들어졌지만, 제조분야 이외에도 연구개발, 사무 간접, 영업 등 기업 활동의 모든 분야에 적용 가능하여 그 적용범위가 확대되고 있으며, 수없이 많은 성공사례를 통하여 그 효과가 입증되고 있다. 6시그마에 관한 참고문헌으로 고두균 외(1999), 박성현 외(1999, 2001), 안병진(2000), 백재욱(2000), Harry(1994 a, b), Slater(1999) 등을 보면 많은 참고가 될 것이다.

(3) 6시그마의 본질

6시그마의 핵심적인 본질을 살펴보면 [그림 11.3]에서 보는 바와 같이 네 가지로 구분하여 설명할 수 있다. 첫째로, 6시그마는 기업경영의 새로운 패러다임(new paradigm)이라는 것이고, 두 번째로 모든 프로세스를 평가·개선할 수 있는 과학적·통계적 방법(statistical methods)이라는 것이고, 세 번째로 6시그마는 고객만족을 바탕에 둔 품질문화를 조성하기 위한 기업의 경영철학(management philosophy)이자 기업전략(business strategy)이라는 것이고, 네 번째가 인력정예화를 도모하는 리더십 배양 프로그램(leadership promotion program)이라는 것이다. 이들에 관한 구체적인 내용을 살펴보기로 하자.

그림 11.3 6시그마의 본질

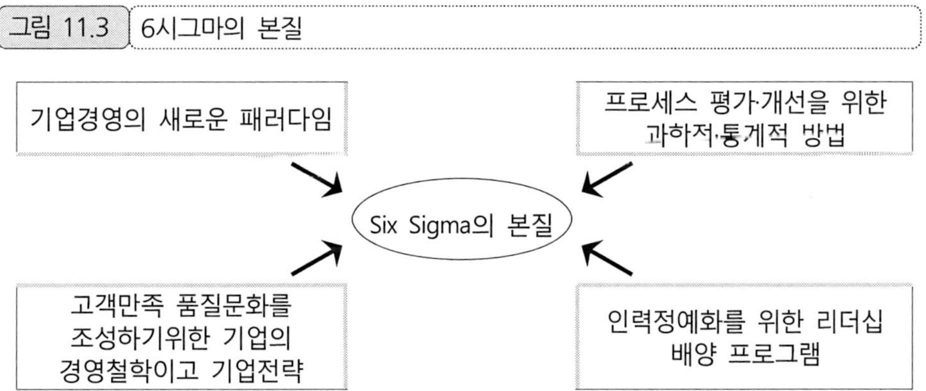

① 6시그마는 기업경영의 새로운 패러다임이다.

세계적 석학인 주란박사(J.M. Juran)는 20세기를 '생산성 시대', 21세기를 '품질 시대'라고 정의한 바 있다. 21세기는 품질이 기업의 경쟁력을 좌우한다는 말이다. 실제로 미국의 경우 말콤볼드리지 국가품질상을 수상한 기업의 주가상승률은 S&P 500 기업의 주가상승률보다 2-3배 높은 것으로 조사된 바 있다. 즉, 품질 중심의 경영활동이 기업의 경쟁력 강화에 실질적으로 크게 기여한다는 것을 보여주는 사례이다.

또한 21세기는 지식과 창조성에 기반을 둔 과학적 사고의 시대, 개성중심의 시대, 지식경영의 시대, 디지털시대 혹은 사이버시대라고도 말한다. 그리고 21세기는 3C(Change, Customer, Competition)의 시대로, 모든 것이 급변하고 있고, 고객위주의 사회가 되어가고 있으며, 경쟁이 더욱 가속화 되는 사회이다.

기업경영의 패러다임은 새로운 시대의 흐름에 맞추어 급격히 변화하고 있다. 새로운 기술의 확산속도도 정보화, 세계화에 따라 과거와는 비교가 안될 정도로 빨라지고 있다. 예를 들어보자. 지난 1세기 인류의 생활을 획기적으로 변화시킨 3대 발명품을 보면, 범세계적 대중화 기준인 5천만 사용자까지의 확산기간이, 라디오는 33년, PC는 16년인데 비해, 인터넷은 4년밖에 걸리지 않았다. 인터넷의 정보량은 3개월에 2배씩 증가하고 있으며, 기술의 확산속도는 과거의 선형적 증가에서 지금은 지수 함수적으로 증가하고 있다.

또한 21세기는 인간의 개별가치를 존중하는 개성중심의 사회로 급격히 변화함에 따라, 고객의 니즈(needs)는 수시로 다양하게 변하고 있으며, 기업은 이러한 니즈를 적시에 프로세스에 반영하여 고객만족을 얻어야만 한다. 고객의 관점에서 경영의 병목(bottleneck)이 되는 핵심품질요소(CTQ: critical to quality)가 무엇이고, 이 요소들에 대하여 고객만족을 이루기 위하여 어떻게 프로세스를 개선하여 나갈 것인가를 전 조직원이 공감하고 순발력 있게 실천하여야 한다. 또한 21세기는 경쟁의 시대로 특히 품질경쟁이 기업의 사활을 좌우하고 있다.

> 이러한 관점에서 6시그마는 획기적인 새로운 패러다임의 경영혁신전략 등장하고 있다. 6시그마는 21세기 지식정보화 사회에서 고객만족경영을 이루는 경영기법으로 각광을 받고 있다. 6시그마는 제조공정을 물론 구매, 인사, 마케팅, 서비스, 연구개발 등 모든 경영활동을 프로세스로 이해하는 데서 출발한다. 모든 프로세스는 고객의 관점에서 구체화가 가능하도록 문제를 정의, 측정, 분석, 개선, 관리하는 사이글을 갖추어야 한다. 6시그마의 초점은 프로세스를 관리하는 것이며, 이는 21세기형 새로운 패러다임의 경영혁신전략이다.

② 6시그마는 프로세스를 평가·개선하는 과학적·통계적 방법이다.

시그마(sigma ; σ)는 그리스 문자로서, 통계학에서 데이터의 산포를 파악하기 위하여 사용되는 **표준편차**(standard deviation)라는 하나의 척도이다. 시그마는 품질의 변동을 의미하는 표준편차로 사용될 때도 있으나, 보통 '몇 시그마 수준'이라고 할 때에는 프로세스의 질을 나타내는 통계척도의 값이다. 이것은 결함 없는 작업을 수행할 수 있는 프로세스의 능력을 계량화한 값이라고 할 수 있다. [그림 11.4]에서 보는 바와 같이 품질분포의 평균(μ)에서 **규격상한**(upper specification limit ; USL)이나 **규격하한**(lower specification limit ; LSL)까지의 거리를 '시그마 수준'이라고 말한다. 첫 번째 그림에서의 품질수준은 6σ 이다. 이 그림에서는 평균과 목표치(target ; T)가 일치하고 있으나, 그렇지 않은 경우에는 평균에서 가까이 있는 USL이나 LSL까지의 거리가 그 품질수준이 된다.

[그림 11.4]에서 만약 표준편차 σ가 두 배로 커진다면 품질수준은 6σ 에서 3σ로 나빠지며, 불량률이 상당히 증가하게 된다. 시그마 수준은 제조 프로세스이든 업무 프로세스이든 프로세스의 품질성능을 동일한 척도로 바꾸어

비교할 수 있는 기준을 제공하여 준다. 한 프로세스의 시그마 품질수준 값이 크면 클수록 프로세스에서 규격을 벗어나는 확률이 줄어들고 결함의 발생이 적어진다.

그림 11.4 6σ와 3σ 품질수준의 그래프

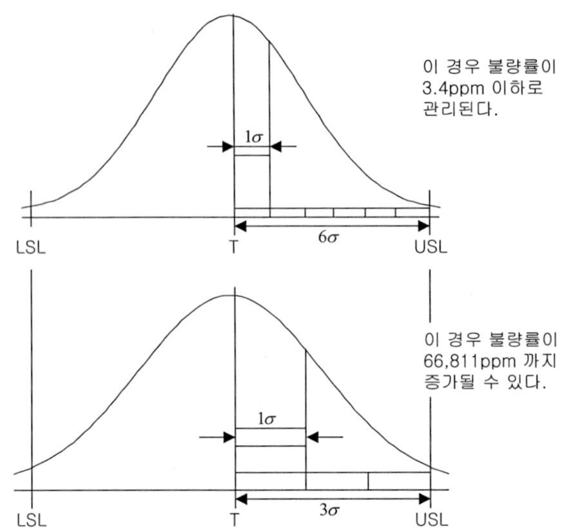

[그림 11.5]에서 보면 품질이 정규분포를 하는 경우에 품질분포의 평균 μ 가 고정되어 있는 경우에는, 평균 μ로부터 규격한계가 3σ의 거리에 있으면 불량이 양쪽으로 각각 1350 PPM(Parts Per Million; 백만 개 제품 당 불량품 수)이 발생한다. 예를 들면, 100만 개의 반도체를 만들 때 이 중에서 2700개가 불량품이 된다. 그러나 3σ 대신에 6σ가 되면 양쪽으로 각각 0.001 PPM이 발생하여, 10억 개 중에서 두 개만이 불량으로 불량률이 실질적으로 없게 된다.

그러나 실무에서는 품질 산포의 여러 가지 원인(재료, 방법, 장치, 사람, 환경, 측정 등)에 의하여 평균 μ자체가 최대한 $\pm 1.5\sigma$까지 흔들릴 수 있다고 평가(Motorola (1988))되고 있다. [그림 11.5]에서와 같이 정규분포를 가정하는 경우에 만일 프로세스 평균이 규격상한 방향으로 1.5σ 만큼 이동했을 때 규격상한을 벗어나는 불량률은 3.4 PPM이 되고, 규격하한을 벗어나는 불량률은 0 PPM으로 불량률의 합은 3.4 PPM이다. 프로세스 평균이 고정된 경우와 1.5σ 흔들리는 경우에 시그마 수준에 따른 불량률의 계산 결과가 [표 11.1]에 실려 있다.

그림 11.5 6σ 수준이고 평균이 고정된 경우와 ±1.5σ 흔들리는 경우의 불량률

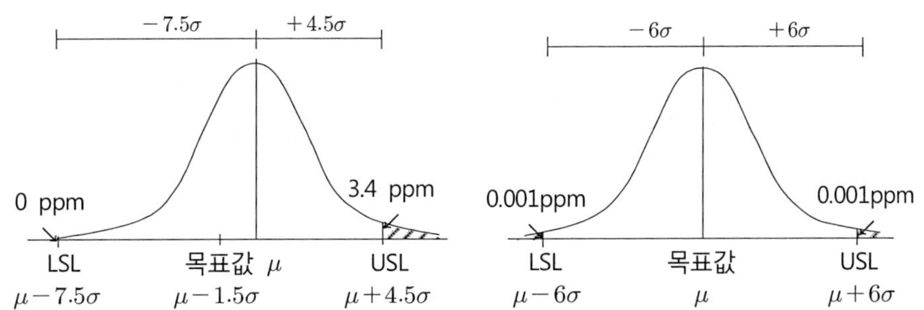

표 11.1 시그마 수준이 변하는 경우의 불량률 변화

시그마 수준	프로세스 평균이 고정된 경우		프로세스 평균이 1.5σ 흔들리는 경우	
	양품률(%)	불량률(PPM)	양품률(%)	불량률(PPM)
σ	68.26894	317,311	30.2328	697,672
2σ	95.44998	45,500	69.1230	308,770
3σ	99.73002	2,700	93.3189	66,811
4σ	99.99366	63.4	99.3790	6,210
5σ	99.999943	0.57	99.97674	233
6σ	99.9999998	0.002	99.99966	3.4

품질수준은 제품만이 아니라 영업이나 사무부문에도 적용 가능하다. 이 경우에는 불량률 PPM을 말하는 것보다는 100만 번의 기회 중에서 결함이 발생하는 건수로 DPMO(defects per million opportunities)를 사용하는 것이 바람

직하다. 시그마 수준과 DPMO 값은 일대 일로 대응시킬 수 있다.

> 결론적으로 좁은 의미의 6시그마는 모든 프로세스의 품질수준이 6σ를 달성하여 불량률을 3.4 PPM(또는 결함 발생수를 3.4 DPMO) 이하로 하고자 하는 기업의 품질경영 전략이라고 말할 수 있다.

[표 11.1]에서 보면 품질수준이 3σ인 경우와 6σ인 경우의 DPMO의 차이를 보면 66,811/3.4=19,650으로 약 2만 배가량 된다. 3σ인 프로세스가 6σ가 될 때에 품질개선 효과를 실감하기 위하여 실지 문제의 예를 들어 설명하면 [표 11.2]와 같다.

표 11.2 3σ과 6σ 품질수준의 비교 사례

3σ 품질수준(66,811 DPMO)	6σ 품질수준(3.4 DPMO)
골프에서 3 퍼트 이상을 불량이라고 볼 때, 한 게임당(18홀) 한 홀 정도에서 3 퍼트 이상을 치는 경우	프로 골퍼가 평생 골프를 치는 동안 3 퍼트 이상을 1회 이하로 하는 경우(Tiger Woods도 이 경지에는 도달하지 못했음)
어떤 지역에서 매주 약 30분의 전화 불통 또는 TV 전송 장애	이 지역에서 매주 약 0.1초간의 전화 불통 또는 TV 전송 장애
한 대학에서 연간 약 200통의 우편물 분실	이 대학에서 100년간 약 1통의 우편물 분실
김포공항에서 연간 40건의 착륙오류 발생	김포공항에서 500년에 한 건 정도의 착륙오류 발생
어떤 종합병원에서 연간 500건의 잘못된 수술	이 병원에서 40년에 1건 정도의 잘못된 수술

DPMO 대신에 단위당 결함수(defects per unit; DPU)를 사용하기도 한다. 이것은 단일 기회당 또는 단일 제품 당 발생되는 결함의 수로 %로 나타내기도 한다. 예를 들어, [표 1.2]에서 품질수준이 3σ인 경우에 DPMO는 66,811이고 이를 DPU로 환산하면 0.066811이 되고, %로 나타내면 6.6811%

이다. 일반적으로 DPU는 한 제품이 많은 부품으로 조립되어 있는 경우에 조립완제품의 불량률을 나타내는 척도로 흔히 사용한다.

③ 6시그마는 고객만족 품질문화를 조성하기 위한 경영철학이며 기업전략이다.

6시그마를 개념적인 측면에서 넓게 본다면 이것은 하나의 기업 운영철학으로, 종업원들의 일하는 자세, 생각하는 습관, 품질을 중요시하는 기업문화의 조성을 의미하고 있다. 6시그마는 모든 프로세스를 정량적으로 평가하여 품질개선활동의 우선순위를 설정하고 이에 따라서 효율적으로 프로세스 관리를 수행한다. 여기서 효율적이란 의미는 무조건 열심히 일하는 것(working harder)이 아니라, 주어진 여건 속에서 객관적 통계 데이터에 근거하여 효과를 최대로 올릴 수 있도록 지혜롭게 일하는 것(working smarter)을 뜻한다. 또한 일을 할 때에 처음부터 바르게 하여 실수를 적게 하는 것을 요구하고 있다. 이것은 처음부터 올바르게 하자(Doing it right the first time)라는 개념과 동일한 내용이다.

6시그마는 고객의 관점에서 출발하여 프로세스의 문제(project)를 찾아서 통계적 사고로 문제를 해결할 수 있는 과정을 제시하고 있다. 이를 **문제점 해결을 위한 품질혁신의 단계**(breakthrough phases)라고 부르는데, 다섯 단계로 나누어 DMAIC(Define(정의), Measure(측정), Analyse(분석), Improve(개선), Control(관리) 문제해결 과정이라고 부른다. 이에 관한 상세한 설명은 Harry(1994)에서 찾을 수 있다.

6시그마는 또한 기업이 경쟁력을 확보하고자 하는 하나의 전략이라고 볼 수 있다. 기업이 품질전쟁에 임할 때에는 하나의 공통된 목표가 있어야 하는데, 6시그마는 분명한 품질목표와 달성방법을 제공하여 준다. 모든 프로세스는 6σ라는 품질수준의 목표를 가지고 있으며, 이것이 달성되면 제품의 품질이 향상되고 비용은 줄어들며 사이클 타임이 감소되어, 궁극적으로 고객만족과 회사의 발전을 도모할 수 있는 것이다.

6시그마는 혁신적인 품질개선을 요구하고 있다. 보통 일년에 10%(1.1배) 정도의 품질향상이 아니라 10배 정도의 품질향상을 요구한다. 예를 들어, 현재의 품질수준이 2σ인 기업이 일 년에 한 σ씩 향상시켜서 4년 후에 6σ를 달성하는 전략을 세웠다고 하자. 그러면 [표 11.3]에서 보는 바와 같이 연도별로 4.6배(308,770 / 66,811 로 얻은 수치), 10.8배, 26.7배, 68.5배가 되어 급격한 품질개선을 요구한다. 이 표에서 보면 현재의 품질수준이 낮으면 품질향상 배율이 낮아서 달성하기 어렵지 않으나, 품질수준이 높으면 높을수록 배율이 대폭 증가하여 달성하기 어렵게 된다. 따라서 6σ 수준으로 향한 과정에서 품질수준이 낮은 초기단계가 달성가능성이 높다. 이런 점에서 볼 때 현재의 품질수준이 낮다는 것은 6시그마를 도입하기 위한 좋은 기회라고 볼 수 있다. 6시그마는 기업전략으로 6σ를 품질목표로 삼고 다 함께 매진하자는 뜻이 있는 것이므로 중간과정을 중요시하며, 목표가 달성되지 않았다 하더라도 계속적으로 노력하는 데 그 의미가 크다고 보겠다.

표 11.3 시그마 수준의 향상에 따른 품질향상 배율

연도	품질목표(시그마 수준)	DPMO	전년도 대비 품질향상 배율
현재	2σ	308,770	
1차년도	3σ	66,811	4.6배
2차년도	4σ	6,210	10.8배
3차년도	5σ	233	26.7배
4차년도	6σ	3.4	68.5배

6시그마는 올바른 품질문화의 정착을 요구하고 있다.'올바른 품질문화'는 끊임없는 품질개선 노력을 통하여 고객의 요구에 맞는 품질의 제품을 경제적으로 설계, 생산, 서비스 해주기 위한 기업문화라고 볼 수 있다. 이러한 품질문화를 정착시키기 위해서는 기업은 고객중심의 경영철학을 가져야 하는

데, 6시그마는 바로 이러한 기업 운영철학을 요구하고 있다. 물고기가 물을 떠나면 살 수 없듯이, 기업은 최종 상품의 구매자인 고객으로부터 외면당하면 생존할 수 없다. 기업의 모든 촉각은 고객이 추구하는 것에 맞춰져야 하며, 고객의 요구에 가장 경제적으로 대응할 수 있는 기업만이 살아남을 수 있다. 6시그마는 고객만족 경영을 가장 중요시하는 철학을 가지고 있다.

④ 6시그마는 인력정예화를 위한 리더십 배양 프로그램이다.

기업경영의 탁월성은 그 기업의 인력이 좌우한다. 즉, 인력의 효율적인 관리는 기업 성공의 열쇠이다. 6시그마의 성공여부도 그 인력의 관리에 달려 있다. 6시그마에서는 품질개선을 체계적으로 실시하기 위하여 훈련된 전문 품질요원을 모든 부서에 배치하여 과학적이고 조직적으로 품질개선운동을 추진하고 있다. 일반적으로 6시그마를 수행하는 데 사용되는 전문 품질요원 체제는 [표 11.4]와 같이 4등급으로 나누어져 있다. 기업에 따라서는 GB 밑에 WB(White Belt)를 추가하여 5등급으로 나누어 관리하기도 한다. 챔피언 위에 사장(CEO)을 그랜드 챔피언(Grand Champion)으로 명명하여 운영하기도 한다.

표 11.4 6시그마 추진을 위한 전문 품질요원

품질요원 구분	주요 인력	역할
Champion	사업부 책임자	· 6시그마 목표설정 및 전략수립 · 6시그마의 이념 확산 및 추진 방법의 확정 · 프로젝트 테마 선정
Master Black Belt (MBB)	전문추진 지도자 (full time: 전업)	· 품질요원 지도교육 및 감독 · 품질기법의 이전
Black Belt (BB)	전담요원 (전업)	· 6시그마 프로젝트 추진 책임자 · GB와 WB의 교육
Green Belt (GB)	현업담당자 (모든 임직원 포함)	· 6시그마 교육을 받은 요원으로 현 조직에서 업무를 수행하면서 부분적으로 개선활동에 참여
White Belt (WB)	현업담당자 (모든 임직원 포함)	· 품질관리의 기본자질을 습득한 모든 사람

11.2 경영혁신 방법론의 변화

11.2.1 우리나라에서의 품질경영 방법론의 변화

우리나라에서의 품질경영의 발전과정과 현재 대두되고 있는 6시그마의 위치에 대하여 고찰하여 보자. 우리나라는 1950-1953년간에 있었던 6·25 사변으로 인하여 그나마 조금 있었던 산업기반이 폐허화되었고, 1960년까지는 세계 속의 빈민국으로 어려운 살림살이를 꾸려왔다. 1961년 5·16 군사혁명 이후 새 정부는 산업화 정책을 채택하여 공업입국의 길을 열어 놓기 시작하였다.

우리나라는 1961년에 공업표준화법(industrial standardization law)이 제정되면서 불량품을 만들어내지 않기 위한 품질관리(quality control(QC)) 활동이 시행되기 시작하였다고 볼 수 있다. 이 법률에 따라 한국공업규격이 제정되기 시작하였고, QC 활동의 기준이 만들어지기 시작하였다. 60년대와 70년대 초까지 QC 활동은 불량품 출하를 방지하기 위한 검사위주의 QC 활동이 많이 강조되었다. 이때에는 불량품을 가려내기 위한 샘플링 검사, 공정에서의 품질흐름을 보기 위한 관리도의 사용 등 SQC(statistical quality control: 통계적 품질관리) 활동이 주류를 이루었다.

70년대에 접어들면서 QC 활동은 공업진흥청의 주도 하에 범산업적으로 강력히 추진되었고, 불량품 생산을 미연에 방지하기 위한 현장의 공정관리가 강조되면서 샘플링검사, 관리도의 사용, 공정능력 조사 등 SQC 활동이 주류를 이루었다. 이런 활동을 통하여 품질향상과 현장관리의 과학화에 많은 기여를 해온 것이 사실이다.

80년대에 접어들면서 우리 기업들은 QC를 발전시킨 TQC(전사적 품질관리: total quality control)를 도입하기 시작하였다. TQC는 미국의 Feigenbaum (1961) 박사가 이론을 개합하였으나, 일본 기업들이 적용하여 성공을 보인 경영기법으로, 고객만족을 달성하기 위하여 기업의 모든 부서에서 전사적으로 실행하는 QC 활동이라고 볼 수 있다. TQC를 통하여 분임조활동, 제안활동, 방침관리, SQC 등이 활발히 전개되어 좋은 성과를 올린 기업들이 다수 나타나게 되었다. 이것은 그동안 우리 기업의 QC 활동이 대부분 생산현장 및 제품중심으로 추진되어 오면서 한계를 나타내다가 타 부서들(구매, 설계, 영업, 기획 등)의 도움으로 전사적으로 실행하면서 성과가 나타났기 때문이다.

80년대 후반에 접어들면서 우리 산업계에 불어 닥친 급격한 변화(이를테면, 무역장벽이 심화되고 있고, 3D(dirty, difficult, dangerous)에 속한 일을 피하는 현상이 나타나고, 강한 노조의 출현과 고임금 현상)에 적응하기 위한 경영전략으로서의 종래의 QC 활동이 한계를 드러내게 되었다. 급격한 산업여건 변화와 다양해진 소비자 요구에 부응하고, 우리 산업의 경쟁력 제고의 전환점을 마련하기 위해서는 제품의 기획·설계로부터 제조·판매에 이르기까지 최고경영자의 리더십 아래 경영 전략적 차원에서의 종합적 대응이 요구되기에 이르렀다. 품질경영(quality management(QM))은 이러한 요구에 부응하기 위하여 대두된 것이다. 품질경영이란 최고 경영자의 리더십 아래 품질을 경영의 최우선 과제로 하고, 고객만족을 확보·유지하여 나가기 위하여 **품질방침**(quality policy(QP)), **품질관리**(quality control(QC)), **품질향상**(quality improvement(QI)), **품질보증**(quality assurance(QA)) 등과 같은 수단에 의해 기업의 모든 부서에서 전사적으로 시행하는 종합적인 경영관리체계이다. QM 활동에서 전사적인 경영을 강조하기 위하여 미국이나 유럽에서는 QM을 TQM(Total QM)이란 용어로 흔히 사용되기도 한다.

TQC와 TQM은 상당부분 유사하나 강조하는 사항에서 약간의 차이점이 있다. TQM에서는 최고경영자의 품질방침과 고객만족(customer satisfaction(CS))을 위한 QA가 강조되는 반면에, TQC에서는 품질을 생산하는 현장 종업원 중심의 QC와 QI 활동이 더 강조된다. TQM이 80년대 후반에 도입되게 된 것은 품질관리 활동에 경영자의 참여를 적극적으로 유도하고, 고객 지향적 기업경영을 도모하기 위한 것이라고 볼 수 있다. 90년대에 접어들면서 TQM이 더욱 꽃을 피게 된 것은 품질경영 및 품질보증을 위한 국제규격으로 **국제표준화기구** (International Organization for Standardization(ISO))가 ISO 9000 시리즈를 1987년에 제정하여 발표하면서 TQM을 적극 장려하였기 때문이다.

ISO 9000 시리즈의 도입과 TQM의 발전은 품질에 대한 경영자의 관심을 불러일으키고 업무 표준화에 크게 기여하였다. 그러나 이들은 주로 품질혁신을 염두에 두고 있는 기업에는 적절한 경영전략이 되지 못하였다. 이 때 과학적인 품질혁신 전략으로 대두된 것이 Motorola에서 시작된 6시그마이다. 6시그마는 품질혁신을 통계적으로 접근하면서도 경영전략적인 차원에서 인재양성, 품질개선활동 등을 조직적으로 다루고 있으므로, 최근에 많은 기업들의 관심 대상이 되고 있다.

[그림 11.6]은 품질경영과 6시그마의 발전단계를 간단히 보여 주고 있다. 이 그림에서 각종의 과학적 관리기법으로는 ERP(enterprise resources planning), SCM(supply chain management), CRM(customer relationship management), BPR(business process reengineering), BSC(balanced scorecard), SPC(statistical process control), QE(quality engineering), TPM(total productive maintenance), DOE(design of experiments), VE(value engineering), IE(industrial engineering), RE(reliability engineering), JIT(just in time), Benchmarking, CIM(computer integrated manufacturing) 등을 들 수 있다.

그림 11.6 6시그마의 진화과정

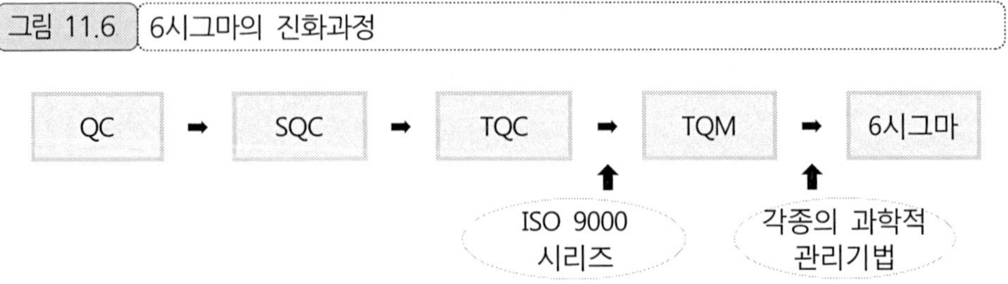

11.2.2 품질혁신활동의 추진단계

종래에 품질관리에서 주로 사용되는 품질혁신의 4단계는 데밍박사의 PDCA (Plan, Do, Check, Action)으로 지금도 널리 애용되고 있다. 6시그마에서 가장 널리 애용되는 품질혁신의 5단계는, 모토롤라에서 처음으로 MAIC를 사용하였고, 후에 GE에서 앞에 D를 추가하여 확장된 DMAIC를 현재 주로 사용하고 있다. 그 흐름도와 주요 내용은 다음과 같다.

- **단계1(정의)** : 기업에서 향후의 비즈니스 기회(business opportunity)를 분석하고, 고객이 요구하는 내용이 무엇인지 고객의 소리(VOC: Voice of Customer)를 조사한다. 다음으로 프로젝트의 테마를 선정하고, 이를 수행하기 위한 범위, 일정, 팀원을 선정하고 테마를 등록한다.
- **단계2(측정)** : 주요 제품 특성치(종속변수)들을 선택하고, 필요한 측정을 실시하여 품질수준을 조사하며, 그 결과를 프로세스 관리 카드에 기록하고, 단기 또는 장기 공정능력을 추정한다.
- **단계3(분석)** : 주요 제품의 특성치에 관한 통계분석을 통하여 정보를 얻는다. 이를 최고수준의 타 회사 특성치와 벤치마킹 한다. 차이분석을 통하여 최고수준의 제품이 성공적인 성능을 내기 위한 요인이 무엇인가를 조사하고 목표를 설정한다. 경우에 따라서는 제품이나 프로세스를 재설계 할 필요가 있다.
- **단계4(개선)** : 설정된 목표를 달성하기 위하여 개선되어야 할 성능 특성치를 먼저 선택한다. 그리고 이 특성치에 대한 변동의 주요 요인을 진단한다. 다음으로 실험계획법, 회귀분석 등의 통계적 방법을 통하여 주요 공정변수를 찾고, 이들의 최적조건(새로운 공정조건)을 구한다. 그리고 각 공정변수가 특성치에 주는 영향관계를 알아내고, 각 공정변수에 대한 운전규격을 정하는 개선활동을 한다.

- **단계5(관리)** : 새로운 공정조건을 표준화시키고, 통계적 공정관리 방법을 통하여 그 변화를 탐지한다. 새 표준으로 프로세스가 안정되면 공정능력을 재평가한다. 이러한 사후분석 결과에 따라서 필요하면 앞의 2, 3 또는 4의 단계로 다시 돌아갈 수도 있다.

그림 11.7 품질혁신 단계의 흐름도와 주요 내용

- 정의
  1. 비즈니스 기회분석
  2. 프로젝트 테마 선정
  3. 프로젝트 범위, 일정 및 팀 선정
  4. 프로젝트 등록 및 실행계획서 작성
- 측정
  1. 주요제품 선택 및 제품구조도 작성
  2. 성능변수 정의
  3. 공정흐름도 작성
  4. 성능(결과)변수 측정
  5. 공정능력지수 설정
- 분석
  1. 성능변수의 통계적 분석
  2. 성능계량치의 벤치마킹
  3. 일등제품의 성능조사
  4. 차이 분석
  5. 일등제품의 성공요인 발견
  6. 성능목표의 정의
- 개선
  1. 성능변수 선택
  2. 성능변수의 진단
  3. 원인변수 제안
  4. 원인변수 확인
  5. 작업한계의 설정
  6. 성능개선을 검증
  7. 개선대책 확정 시행
- 관리
  1. 관리시스템 정의
  2. 관리시스템 구축
  3. 관리시스템 실행
  4. 관리시스템 감사
  5. 성능계량치의 추적

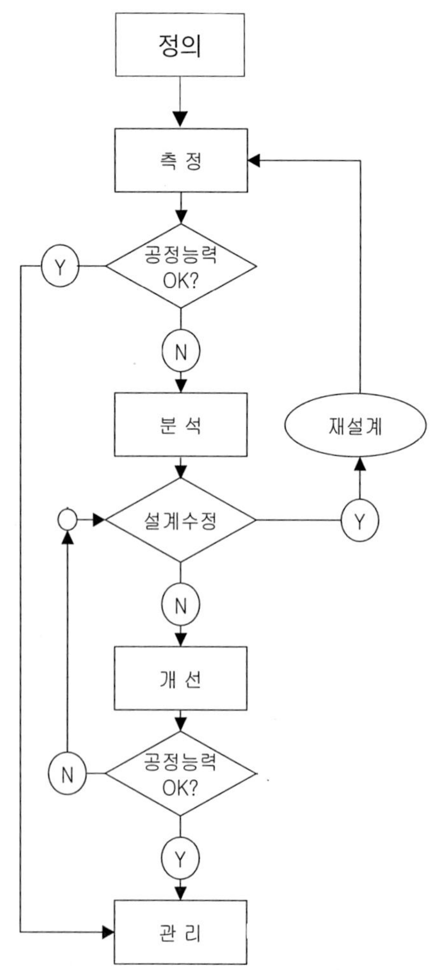

11.2.3 프로젝트의 선정과 추진과정의 변화

프로젝트의 선정은 기업의 경영전략과 사업의 목표로부터 출발하여야 한다. [그림 11.8]에서 보는 바와 같이 변화계획, 연도방침을 중심으로 한 경영전략을 중심으로, 고객요구사항과 환경분석, 프로세스 혁신활동의 목표 등을 감안하여 Company Y인 전사 CTQ를 결정한다. 다음으로 전사 CTQ를 분해하여(break down) 이를 달성하기 위한 사업본부별, 팀별 Y(CTQ)를 정한다. 밑으로 분해되어 내려갈수록 Y(CTQ)의 현수준과 목표수준을 구체적으로 제시하여 이를 달성할 수 있는 프로젝트를 선정하는 것이 바람직하다. 사업본부 CTQ를 정할 때에는 사업본부장이 작성의 책임을 지며, 팀별 CTQ를 정할 때에는 블랙벨트(BB)의 의견을 듣고 팀장이 작성의 책임을 진다.

그림 11.8 프로젝트 선정의 Flow-down

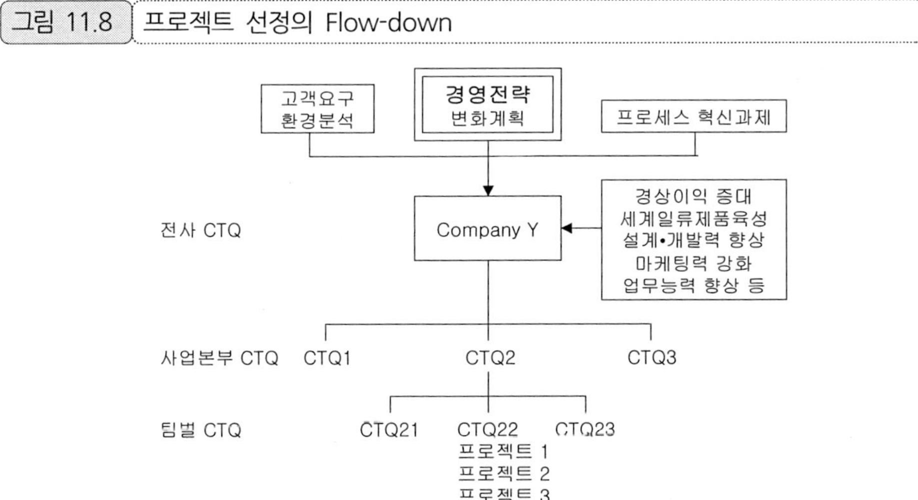

예상 프로젝트의 수가 너무 많아서 프로젝트를 평가한 후 선별하고자 할 때에는 [그림 11.9]와 같이 재무적 관점, 고객만족 관점, 프로세스 관점, 학습관점으로 나누어 평가하는 것이 좋다. 이 때 그 비중을 각각 40, 30, 20, 10%

정도 두는 것이 바람직하다. 평가 시에 객관적으로 쉽게 하기 위하여 BSC (balanced score card)를 작성하여 체계적으로 평가하는 것이 좋을 것이다.

그림 11.9 프로젝트 평가기준

재무적 관점(40%)
·재료비/가공비 절감
·매출/이익 증대
·비용절감

고객 관점(30%)
·고객만족도 향상
·불량감소
·시장점유율 향상

프로젝트 평가기준

프로세스 관점(20%)
·프로세스효율 향상
·리드타임 단축
·부실재고 감소

학습관점(10%)
·지식자산의 증대
·종업원 업무능력 향상
·리더십 배양

프로젝트의 선정을 위하여 CTQ의 흐름을 예로 설명하면 [그림 11.10]과 같은 것이다.

그림 11.10 프로젝트 선정 CTQ의 흐름도

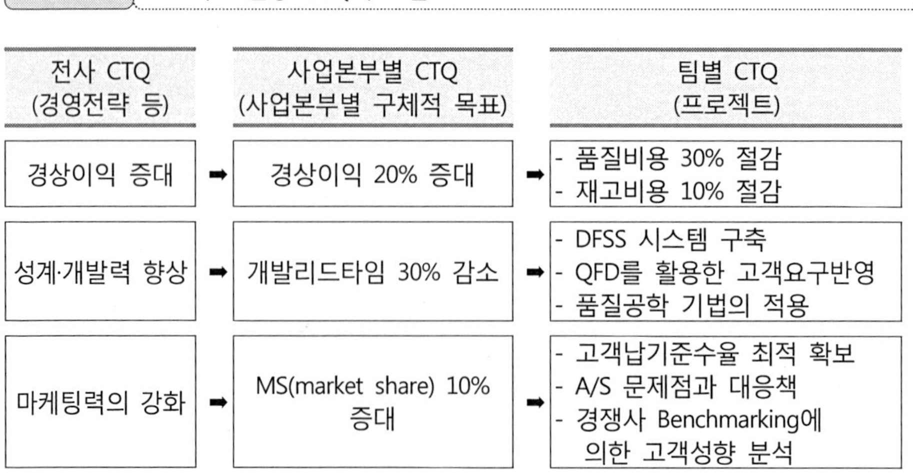

전사 CTQ (경영전략 등)		사업본부별 CTQ (사업본부별 구체적 목표)		팀별 CTQ (프로젝트)
경상이익 증대	➡	경상이익 20% 증대	➡	- 품질비용 30% 절감 - 재고비용 10% 절감
성계·개발력 향상	➡	개발리드타임 30% 감소	➡	- DFSS 시스템 구축 - QFD를 활용한 고객요구반영 - 품질공학 기법의 적용
마케팅력의 강화	➡	MS(market share) 10% 증대	➡	- 고객납기준수율 최적 확보 - A/S 문제점과 대응책 - 경쟁사 Benchmarking에 의한 고객성향 분석

프로젝트가 선정된 후에도 그 수가 많아서 동시에 추진하기가 어려우면 추진 우선순위를 정하여 시작하는 것이 바람직하다. 우선순위를 평가할 때에 "중요도×긴급도×영향도"를 계산하여 평가하는 것이 좋으며, 이 때 평가점수를 상중하로 나누어 [표 11.5]와 같이 각각 5, 3, 1점을 주는 것도 흔히 사용된다.

표 11.5 프로젝트 추진 우선순위의 결정방법

추진과제	우선순위 평가			
	중요도	긴급도	영향도	종합평가점수
품질비용 30% 절감	5	3	1	15
A/S의 문제점과 대응책	3	5	3	45
DFSS 시스템 구축	5	1	1	5

프로젝트가 선정되고 추진 우선순위가 정해지면 이를 추진할 팀원을 구성하여야 한다. 팀장은 BB가 하고 GB 약간 명을 팀원으로 하여 팀구성을 하되 3-6개월에 프로젝트를 끝낼 수 있도록 추진하는 것이 좋다. BB가 부족한 경우에는 GB가 팀장이 될 수도 있으며, BB의 자문을 받아가며 프로젝트를 추진하는 것이 좋을 것이다.

11.3 COPQ와 6시그마

11.3.1 품질비용

품질비용(quality cost)은 [표 11.6]에서 보는 바와 같이 예방비용, 평가비용, 실패비용으로 나누어지며, 실패비용은 내부 실패비용과 외부 실패비용으로 구분된다.

이러한 3가지 품질비용의 비중은 기업의 성질에 따라서 큰 차이가 나기 마련이다. TQC의 창시자인 Feigenbaum(1961) 박사는 최소품질비용은 제조원가의 6-7% 수준이라고 말하였고, 무결점(zero defect)운동의 창시자인 Crosby (1979)는 품질비용이 전체 매출액의 10-20% 수준이 보통이라고 진단하였다.

표 11.6 품질비용의 구분

품질비용 구분	내용
예방비용 (prevention cost)	품질교육·훈련비용, 품질시스템의 개발 및 관리비용, 외주업체 지도비용, 각종 인증시험비용 등
평가비용 (appraisal cost)	수입·공정·출하검사비용, 검사·시험기기보존비용, 기타 각종의 평가비용
실패비용 (failure cost)	• 내부 실패비용(internal failure cost) : 불량품처리비용, 재작업비용, 외주불량비용, 하자처리비용 등 • 외부 실패비용(external failure cost) : 불량품대체 및 애프터서비스 비용, 현지 서비스 활동비용, 외적손실비용 등

6시그마 경영은 불량품, 결함품 등을 근원적으로 제거하여 제품의 실패기회를 없애고 실패비용을 혁신적으로 감소시키자는 것이다. 우리나라의 현실을 감안할 때 철저한 예방 및 평가활동을 통하여 그 비용이 좀 더 증가하더라도 실패비용의 발생소지를 없애주는 것이 바람직하다.

제품이 만들어지는 과정에서 설계단계, 검사단계, 고객사용단계로 나누어 품질비용의 증가추세를 보면 '1:10:100의 법칙'이 존재한다고 말한다. 즉, 설계단계에서 결함이 발견되어 수정하는데 드는 비용이 1이라면, 출하검사단계에서 그 결함이 발견되어 재작업을 거치게 되면 10의 비용이 들고, 고객이 사용하는 단계에서 그 결함이 발견되면 비용이 100배가 든다는 의미이다. 따라서 예방단계에서 결함을 원천적으로 없애주는 것이 가장 기업 손실을 줄일 수 있고, 다음으로 검사·평가 단계에서 결함을 줄이는 것이 다음으로 기업 손실이 적고, 고객사용단계에서 결함이 발견되면 큰 비용이 들게 되는 것이다.

11.3.2 COPQ에 대한 과감한 공략

COPQ는 **저품질비용**(Cost of Poor Quality)의 약자로, 앞에서 설명된 품질비용 중에서 예방비용을 제외한 모든 비용과, 부적합하거나 나쁜 품질로 인한 눈에 안 보이는 **기회손실**(opportunity loss) 비용을 합친 것이다. 즉,

$$\text{COPQ} = \text{평가비용} + \text{실패비용} + \text{기회손실 비용}$$

으로, 일반적으로 기회손실 비용이 매우 크므로 COPQ는 품질비용보다 더 크며, 6시그마에서는 개선프로젝트의 주요 대상이다. 기회손실로 대표적인 것들은 작은 설계변경, 판매기회 상실, 납기 지연, 과도한 재고, 과도한 물류비용, 고객신뢰도 추락, 신제품출시 지연, 긴 사이클 타임, 숨겨진 품질비용 등이다.

그림 11.11 COPQ의 분류

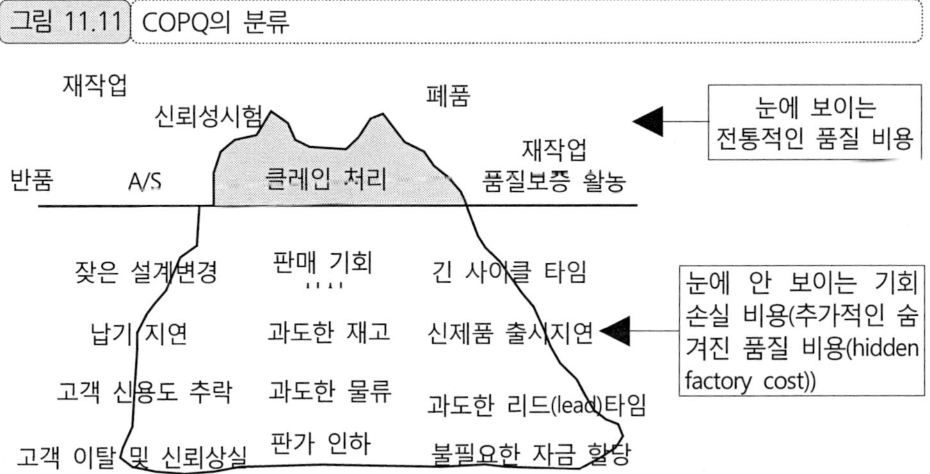

COPQ를 그림으로 그려보면 [그림 11.11]과 같다. 우리나라의 기업에서는 평균적으로 전통적인 품질실패비용은 매출액 대비 5-15%로 알려져 있고, 눈에 안 보이는 기회손실비용은 매출액 대비 10-15%로 알려져 있다. 따라서 이 둘을 합친 COPQ는 매출액의 15-30% 수준이 된다. 6시그마 프로젝트 활동으로 COPQ를 낮추는 활동을 집중적으로 하여, 만약 COPQ를 매출액 대비 30%에서 20%로 낮출 수 있다면 매출액의 10%가 이익으로 전환될 것이다.

11.3.3 COPQ와 시그마 품질수준

품질의 끊임없는 향상으로 품질수준이 증가한다면, 이에 따른 전체 COPQ의 지속적인 감소현상이 나타나고, 숨겨진 품질비용(hidden factory cost)을 찾아내 제거하거나 감소시킴으로서 엄청난 이익을 보장할 수 있게 된다. [표 11.7]은 시그마 수준의 변화에 따라서 매출액 대비 COPQ의 %를 나타낸 표이다. 품질수준이 2σ, 3σ, 4σ, 5σ, 6σ 로 증가함에 따라서 COPQ는 각각 30-50%, 20-30%, 15-20%, 10-15%, 10% 이하로 감소하게 된다. 우리나라 기업의 전반적인 품질수준이 3-4σ 수준에 있으므로, COPQ는 매출액 대비 대략 15-30% 수준에 달하고 있다.

표 11.7 COPQ와 시그마 수준

시그마 수준	2σ	3σ	4σ	5σ	6σ
매출액 대비 COPQ	30 ~ 50	20 ~ 30	15 ~ 20	10 ~ 15	10 % 이하

11.4 품질수준의 평가방법

6시그마의 핵심은 고객만족이며, 고객만족을 도모하기 위해서는 결함 없는 프로세스의 실행이 이루어져야 한다. 이 절에서는 결함과 결함의 정도를 나타내는 척도에 대해서 살펴보고, 그에 따른 시그마 수준의 계산 방법, 그리고 누적수율 등의 개념에 대해 알아보고자 한다.

11.4.1 단위당 결함수와 백만 단위당 결함수

결함(defect)은 고객의 불만족을 발생시키거나 부적합을 발생시키는 것을 말한다. 고객의 입장에서 결함을 말하기는 쉬우나 생산자의 입장에서 결함의 정도와 기준을 정량적으로 정의하는 것은 쉬운 일이 아니다. 6시그마에서 사용되는 결함의 개념은 종래 품질관리에서 사용되어온 불량의 개념과 차이점을 가지고 있다. 이를 설명하기 위하여 예를 들어보자.

[그림 11.12]는 하나의 부품에 대하여 9개의 홀에 대한 드릴링 가공을 하는 프로세스를 통과한 3개의 부품을 보여 주고 있다.

그림 11.12 드릴링 가공의 예

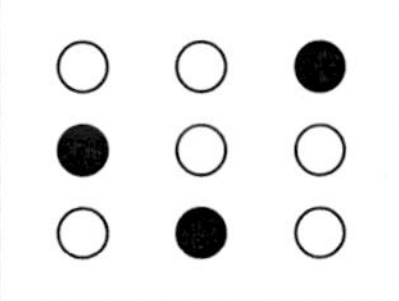
부품1

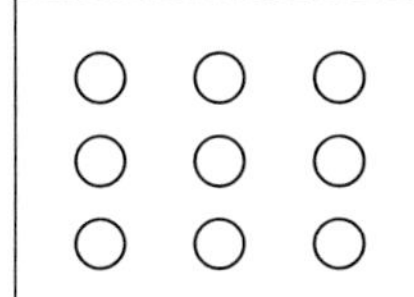
부품2

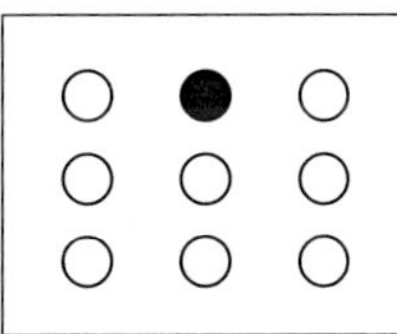
부품3

여기서 까만색으로 표시된 홀은 주어진 규격을 만족하지 못해 생긴 결함을 의미한다. 즉, 첫 번째 부품은 9개의 홀 중에서 3개의 홀이 결함으로 불량품이 된다. 여기서 두 번째 부품은 양품이고, 세 번째 부품은 불량품이다. 과거의 불량 개념에서 보면 불량률은 3개의 부품 중에서 2개이므로 2/3=0.67로 67%이다. 그러나 6시그마에서는 부품들이 결함으로 인해 불량품으로 판정되어도 다 동일한 불량품이 아니라 어느 정도의 결함을 가진 불량인가를 고려하게 된다.

단위당 결함수(DPU: defects per unit)는 이러한 관점에서 결함의 수를 양적으로 나타내기 위하여 만들어진 것으로 다음과 같이 정의된다.

$$DPU = \frac{\text{총결함수}}{\text{총생산단위수}}$$

[그림 11.12]의 예에서는 DPU=(3+0+1)/3=1.33으로, 이것은 하나의 부품 당 평균 1.33개의 결함이 있다는 것을 의미한다. DPU는 개선 대상이 되는 프로세스의 선정 기준이 되는 중요한 척도이다. 하나의 제품이 출하되기까지 중간에 여러 프로세스를 거치게 되는데, 각 프로세스별로 DPU를 계산하여 DPU가 가장 큰 프로세스를 우선 개선 대상으로 택할 수 있을 것이다.

DPU는 단위 부품당 평균 결함의 수를 나타내고 있으나, 이것은 부품당 몇 개의 홀 중에서 발생된 결함의 수인지는 말해주고 있지 않다. 예를 들어, [그림 11.12]의 부품1에서 드릴링 가공 홀수가 9개 중에서 3개가 결함인 것과 90개 중에서 3개가 결함인 것은 차이를 두어야 한다. **백만 기회당 결함수**(DPMO: defects per million opportunities)는 이러한 점을 고려하여 만들어진 것으로 다음과 같이 정의된다.

$$DPMO = \frac{DPU}{\text{한 단위에 대한 총결함 발생기회수}} \times 1{,}000{,}000$$

위의 예에서의 DPMO의 값은 DPMO=(1.33/9)×1,000,000=147,778이 된다.

보통 6시그마 품질수준을 말할 때 불량률이 3.4PPM이라고 말하는 것은

3.4DPMO라고 말할 수도 있으며, PPM은 DPMO의 한 특수한 경우로 생각할 수 있다. 만일 결함 발생 기회를 단위당 1이라고 생각하는 경우에는, 불량률의 개념에서 사용하는 PPM 단위와 결함발생 기회를 고려한 DPMO 단위가 일치하게 된다. 백만기회당 결함수는 기회의 수가 서로 다른 프로세스나 제품을 비교하는 데 적합하다. 한 기업 내에서 서로 다른 생산제품간의 비교가 용이하고, 나아가서 제조분야와 비제조분야 간의 비교도 가능하다.

일반적으로 백만 기회당 결함수를 기회당 결함수(DPO : defects per opportunity)보다 더 많이 사용하는 이유는 대부분의 현실에서 불량수준이 매우 낮으므로 DPO를 사용하게 되면 값이 소수점 이하로 매우 작은 값을 갖게 되는데, 이는 사용상 불편하기 때문이다.

11.4.2 누적수율

누적수율(RTY: rolled throughput yield)은 여러 개의 프로세스가 연결되어 있을 때 초기에 투입된 생산원료의 양에 비하여 모든 프로세스가 끝나는 최종단계에서의 양품의 양이 차지하는 수율을 말한다. 예를 들어, [그림 11.13]처럼 하나의 작업이 A, B, C, D의 4개의 프로세스로 이루어진 작업에서 각 프로세스의 수율이 90%라면 누적수율은 RTY=0.9×0.9×0.9×0.9=0.656 이 된다. 즉, 초기에 100개의 제품을 생산할 수 있는 원료가 투입된 경우에 재작업이 고려되지 않는다면 마지막으로 생산되는 제품의 수는 66개 정도이다.

그림 11.13 각 프로세스의 수율과 누적수율

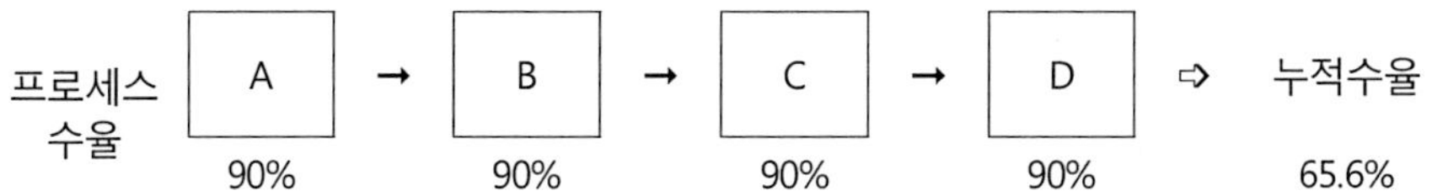

프로세스 수율	A	→	B	→	C	→	D	⇨	누적수율
	90%		90%		90%		90%		65.6%

만약 k 개의 프로세스가 연결되어 있고, 각 프로세스의 수율이 $y_1, y_2, y_3, \ldots, y_k$ 라면 누적수율은

$$RTY = y_1 \times y_2 \times \cdots \times y_k$$

가 된다.

주어진 데이터가 결함수와 같이 이산형인 경우에 결함수의 확률계산은 포아송 분포를 이용한다. 제품 한 단위당 결점수를 DPU로 나타내면, 제품 한 단위당 결점수가 x개 발견될 확률은 포아송 분포의 확률밀도함수를 이용하여

$$p(x) = (DPU)^x e^{-DPU} / x!, \quad x = 0, 1, 2, \cdots$$

이 된다. 여기서 e 는 대략 2.7182의 값을 가진다. 한 단위(한 제품, 한 프로세스도 포함)의 수율 y 는 $x = 0$일 확률이므로

$$p(x=0) = (DPU)^0 e^{-DPU} / 0! = e^{-DPU}$$

로 계산된다. 예를 들어, DPU=1인 제품에서의 수율은 $(2.7182)^{-1} = 0.368$으로 36.8% 정도이다.

11.4.3 다특성치의 통합 품질수준의 계산

품질특성치가 여러 개인 경우에 통합 품질수준을 정하는 방법을 살펴보자. [표 11.8]은 한 제품의 주요 특성치가 3개인 경우에 결함수, 단위수, 단위당 결함발생 기회수, 결함발생 총기회수(TOP : Total Opportunities), 단위당 결함수(DPU), 기회당 결함수(DPO), 백만기회당 결함수(DPMO), 시그마 수준값의 한 예를 보여주고 있다.

이 예에서 특성1에 대한 검사결과를 살펴보면 총결함수는 78개이고, 검사한

단위 제품수는 모두 600이다. 단위 제품당 결함이 발생할 기회수는 10이므로, 결함발생 총기회수는 TOP = 600×10 = 6,000이 된다. 단위당 결함수는 DPU = 78/600 = 0.130이며, 기회당 결함수는 DPO = 78/6,000 = 0.0130이다. 따라서 백만기회당 결함수는 DPMO = 0.0130×1,000,000 = 13,000이다. 그리고 시그마 수준 환산에 의하여 시그마 수준은 3.726이 된다. 결국 특성 1, 2, 3의 전체 결함수와 결함발생 총기회수를 고려한 이 제품의 전체 DPMO는 5,580이고 그 시그마 수준은 4.038에 해당한다.

특성치가 아무리 많아도 위와 같이 유사한 방법을 사용하면 통합 품질수준을 계산할 수 있다.

표 11.8 통합 품질수준의 계산

품질 특성	결함수	단위수	단위당 기회수	TOP	DPU	DPO	DPMO	시그마 수준
특성1	78	600	10	6,000	0.130	0.0130	13,000	3.726
특성2	29	241	100	24,100	0.120	0.0012	1,200	4.535
특성3	64	180	3	540	0.356	0.1187	118,700	2.682
총합	171			30,640		0.00558	5,580	4.038

11.4.4 계수치인 경우의 시그마 수준

프로세스에서 얻어지는 데이터가 계량치인 경우에는 평균과 표준편차의 값을 추정할 수 있으므로 시그마 수준을 쉽게 구할 수 있다. 데이터가 계수치인 경우에는 수율을 환산하여 정규분포를 사용하여 시그마 수준을 구할 수 있다. 검사결과가 합격, 불합격으로 판정되는 경우에 합격으로 판정되는 양품율을 y라고 하면, 시그마 수준은 $z=\Phi^{-1}(y)$ 로 얻어진다.

$$\Phi(z) = \int_{-\infty}^{z} \frac{1}{\sqrt{2\pi}} e^{-w^2/2}\, dw$$
$$= y$$

여기서 Φ는 표준정규분포의 누적분포함수로 다음과 같으며, [그림 11.14]의 관계로부터 y를 알면 z의 값을 구할 수 있다.

만약 여기서 구해진 y의 값이 오랜 기간에 걸쳐 수집된 데이터에 의거하여 구해진 값이라면, 단기적인 측면에서의 시그마 수준은 $z_s = z + 1.5$ 로 계산된다. 몇 가지 예를 들어보자.

그림 11.14 표준정규 누적분포함수

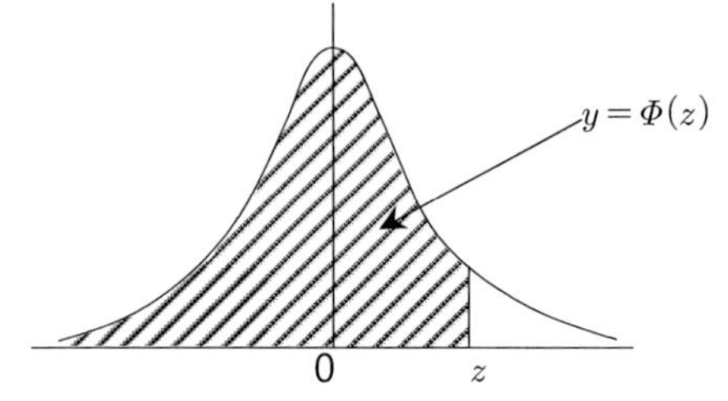

(1) DPU가 사용되는 경우

어떤 코팅공정에서 장기간에 걸쳐 조사한 결과 500개의 제품 중 5개의 제품에서 핀홀(pinhole) 결함불량이 발생하였다. 이 결함에 대하여 시그마 수준을 계산하여 보자. 이 때 DPU는 DPU=5/500=0.01이다. 따라서 $y = e^{-0.01} =$ 0.99005 이고, 이에 대응되는 z의 값은

$$z = \Phi^{-1}(0.99005) = 2.33$$

이 된다. 이것은 장기에 걸쳐 수집된 데이터에서 얻어진 값이므로, 이 값에 1.5를 더하여 단기간의 시그마 수준을 구하면 z_s = 2.33 + 1.5 = 3.83 이 된다.

(2) DPO가 사용되는 경우

어떤 프로세스에서 생산되는 부품이 규격을 만족시키지 못하는 기회는 10가지인데, 이 부품 500 단위를 생산하는 동안 총 5,000 기회 중 1,000 기회를 검사하여 20개가 결함임을 발견하였다. 기회당 결점수는 검사된 기회에 근거하여 DPO = 20/1,000 = 0.02 이 되고, 단위당 결점수는 각 부품에 기회가 10 이었으므로 DPU = 0.02 × 10 = 0.2가 된다. 따라서 수율은 $y = e^{-0.2}$ = 0.8187 이고, 이에 대응되는 z 의 값은 $z = \Phi^{-1}(0.8187)$ = 0.91 이다. 만약 이와 같은 데이터 수집이 장기간에 걸쳐 이루어졌다면 이 공정의 시그마 수준은 z_s = 0.91 + 1.5 = 2.41 이 된다.

(3) 불량률이 사용되는 경우

조사된 제품의 수 n 개 중에서 r 개가 불량(보통 규격한계를 벗어나는 경우)이 되어 불량률이 p 인 경우에 수율은 $1-p$ 라고 볼 수 있으므로, 시그마 수준의 계산은 $z = \Phi^{-1}(1-p)$ 로 얻을 수 있다. 장기적으로 품질평균이 1.5σ 흔들린다고 가정하고 있으므로, 이러한 치우침을 고려했을 경우에 단기간의 시그마 수준 z_s는 1.5를 더하여 구할 수 있다. 예를 들어, 100개의 제품을 조사한 결과 1개가 규격을 벗어나서 불량률이 1%라면 수율은 99%이고, 시그마 수준은

$$\begin{aligned} z_s &= z + 1.5 \\ &= \Phi^{-1}(0.99) + 1.5 = 2.33 + 1.5 = 3.83 \end{aligned}$$

이다. 대표적인 몇 가지 불량률과 시그마 수준의 관계를 [표 11.9]에서 찾을 수 있다. 1장에서 언급한 바와 같이 6시그마 수준은 z_s= 6, z = 4.5, p = 0.0000034 (3.4 PPM)이고, 수율은 99.99966%이다.

표 11.9 시그마 수준과 불량률, 수율의 관계

시그마 수준(z_s) (1.5σ 이동을 고려한 값)	표준정규분포값(z)	불량률(PPM)	수 율
2σ	0.5	308,770	69.1230 %
3σ	1.5	66,811	93.3189 %
4σ	2.5	6,210	99.3790 %
5σ	3.5	233	99.9767 %
6σ	4.5	3.4	99.99966 %

(4) RTY가 사용되는 경우

A, B, C, D, E, F, G의 7개 공정으로 연결되어 있는 생산라인이 있다. 각 공정의 수율을 동일하게 0.98이라고 하자. 이 생산라인의 시그마 수준을 구해 보자. 이 생산라인의 누적수율은 $\mathrm{RTY} = (0.98)^7 = 0.8681$이고, 시그마 수준은 표준정규분포에서 $z = 1.12$이므로 $z_s = 1.12 + 1.5 = 2.62$를 얻을 수 있다.

또 다른 예로서 전체 공정이 3개의 부분공정을 거쳐서 제품이 완성되고, 각 부분공정의 수율이 각각 0.98, 0.95, 0.96 이라고 하면 누적수율은 $\mathrm{RTY} = 0.98 \times 0.95 \times 0.96 = 0.89376$ 이 된다. 각 공정의 시그마 수준은 각각 3.55, 3.14, 3.25 시그마 수준인데 비하여 전체 공정의 시그마 수준은 2.75 시그마로 각 부분 공정의 시그마 수준보다 크게 낮아지게 된다.

11.4.5 고객 만족도와 시그마 수준

(1) 설문조사에서 불만족을 결함으로 보는 경우

프로세스의 품질수준을 평가할 때 설문지 같은 수단을 사용하는 경우가 있다. 이러한 경우는 계량형도 계수형도 아닌 특수한 경우이며, 이러한 경우를 범주형(categorical type)이라고 한다. 범주형인 경우 어떻게 시그마 수준을 산출하는지 예를 들어 알아보자.

예를 들어, 미국의 Texas Instrument사의 DSEG(Defense System and Electronics Group)에서는 고객만족도에 대한 설문조사를 실시하였다. 각 문항마다 '매우 불만족스럽다'는 0점으로 하고, '매우 만족스럽다'는 9점으로 하여 0점에서 9점까지 10단계로 고객의 만족도를 조사하였다. DSEG에서는 고객이 응한 설문지에서 문항의 점수 합계가 5점 이하인 고객은 회사에 불만이 있다고 판단하여, 이러한 고객을 결함으로 간주하였다. 결함 고객의 수로부터 DPU를 계산하고, 이것을 다시 시그마 수준으로 환산하는 방법을 DSEG에서는 사용하였다. 만족도 조사 결과 총 286명 중 7명이 5점 이하로 회사에 대해 만족하지 못하고 있는 것으로 집계되었다. 따라서 DPU = 7/286 = 0.02448로 이에 상응하는 수율은 $e^{-0.02448} = 0.9758$이고, 따라서 시그마 수준은

$$z_s = \Phi^{-1}(0.9758) + 1.5 = 1.97 + 1.5 = 3.47$$

이 된다. 이와 같이 설문조사의 범주형 자료에서 시그마 수준을 계산할 때는 결함으로 처리할 수 있는 객관적 기준을 마련하여야 한다.

(2) 문항의 중요도가 다른 경우

설문조사에서 문항마다의 중요도가 다른 경우에는 문항마다의 가중치와 만족 여부의 평가기준을 설정하여야 한다. 예를 들어보자. 어떤 자동차 회사에서 A/S에 대한 고객만족도 조사를 실시하여 [표 11.10]의 결과를 얻었다. 여기서 가중치가 크면 그만큼 중요한 것이고, 각 문항의 만족도에 대한 가중평균을 구한 것이 종합 만족도이다.

종합만족도는 $85 \times 0.5 + 70 \times 0.3 + 60 \times 0.1 + 50 \times 0.1 = 74.5$ 으로, 이를 합격률로 볼 수 있으며, 따라서 시그마 수준은

$$z_s = \Phi^{-1}(0.745) + 1.5 = 0.66 + 1.5 = 2.16$$

라고 할 수 있다.

표 11.10 고객만족도 조사결과와 가중치

문항	만족도(%)	가중치
서비스의 질	85	0.5
신속성	70	0.3
친절성	60	0.1
편이성	50	0.1

11.4.6 데이터를 전혀 구할 수 없는 경우의 시그마 수준 계산방법

경우에 따라서 품질 데이터를 계량치로도 계수치로도 구할 수 없는 경우가 있다. 그러나 품질을 시그마 수준을 구하여 관리하고 싶은 경우이다. 이런 경우가 사무 간접 부분이나 서비스 산업에서 자주 발생한다. 예를 들면, 비서나 수위의 업무능력을 평가하고 싶으나 데이터를 구하기 어려운 경우 등이다. 이런 경우에 사용하는 방법으로 [표 11.11]과 같이 정성적으로 시그마 수준을 설정하여 사용할 수도 있다. 이 표에서는 한 σ 낮아질 때마다 앞 단계의 70% 수준으로 정한 것이다. 사용하는 사람에 따라서 70%를 60%나 50%로 바꾸어 사용할 수도 있다. 그러나 이런 정성적인 방법은 다분히 주관적이므로 가급적 피해야 할 것이다.

표 11.11 정성적인 경우의 시그마 수준 평가방법

시그마 수준	내용
6σ	가장 이상적인 경우의 업무능력(100%)
5σ	가장 이상적인 경우의 업무능력의 70% 수준
4σ	가장 이상적인 경우의 업무능력의 49% 수준
3σ	가장 이상적인 경우의 업무능력의 34% 수준
2σ	가장 이상적인 경우의 업무능력의 24% 수준

11.5 6시그마 추진의 성공요소

6시그마를 도입하여 성공한 회사들의 사례를 살펴보면 여러 가지 공통점을 가지고 있다. 이러한 공통점은 6시그마 추진의 성공 요소라고 볼 수 있으며, 이를 정리하면 다음과 같은 6R을 들 수 있다.

11.5.1 Right leadership (적절한 리더십)

첫째로 가장 중요한 것은 정확한 현실 인식에 바탕을 둔 Top의 강력한 의지와 리더십이다. 현재 우리 기업의 수준이 시그마 수준으로 평가할 때 어느 정도인가를 정확하게 평가한 후, 이를 전사에 알림으로써 현실에 대한 냉철한 인식과 새로운 도전 의식을 불러일으키고, 이를 바탕으로 전사적인 위기의식의 공감대를 형성할 필요가 있다.

이러한 위기의식의 공감대가 형성되었다면 Top의 강력한 의지와 지원이 6시그마 성공의 가장 중요한 요소라고 할 수 있다. Top은 6시그마에 대한 확실한 비전과 장기적인 발전방향을 제시하고, 모든 종업원들이 이 비전에 공감하고 새로이 도전하여 보겠다는 마음을 갖도록 인내심을 가지고 분위기를 조성하여야 한다.

혁신(innovation) 활동이란 문자 그대로 옛적의 가죽을 벗겨내고 가죽을 완전히 새로이 할 만큼의 의지와 노력, 그리고 때론 고통이 수반되는 활동인 것이다. Top이 혁신활동을 추진함에 있어 고통과 노력을 함께하고자하는 확고한 의지와 리더십을 보여 주지 않는다면, 종업원들은 혁신활동에 동참하지 않을 것이다.

6시그마가 시작된 모토롤라에는 Robert Galvin이, GE에는 Jack Welch라는 걸출한 Top들이 있었기에 6시그마의 괄목할만한 성공을 이룬 것이다. 우리나라에서도 삼성그룹 이건희 회장의 질경영 철학이 6시그마의 인프라를 구축하였고, LG 그룹 구본무 회장의 경영혁신철학이 6시그마의 급속한 확산을 유도하고 있는 것이다.

11.5.2 Right road-map (올바른 로드맵)

목적지가 아무리 좋아도 그 곳을 찾아가는 지도가 좋지 않다면 목적지에 도달하기가 쉽지 않을 것이다. 6시그마를 추진하는 방향과 일정 등에 대하여 좋은 지도를 그리고 이를 모든 종업원이 한 마음이 되어 달려가는 것은 6시그마 성공의 첩경이다. 6시그마의 장기 비전(vision), 전략(strategy), 목표(goal), 일정계획(time scheduling) 등이 합리적으로 작성되고 운영되는 것은 6시그마 성공의 필수적인 요소이다.

11.5.3 Right people (우수한 인재의 확보)

아무리 좋은 목적지와 지도가 있어도 그 곳을 찾아가는 운전수가 초보라면 쉽게 목적지에 도달하기 힘들 것이다. 6시그마에서는 'Belt 제도'라는 전문가 양성제도를 통하여 인재를 육성하고 있다. 6시그마 전문가인 BB, MBB 등은 통계지식은 물론 의사소통 기술, 경영과 관련된 지식을 습득하고 혁신정신으로 무장되어 6시그마 추진의 핵심인력이 되어야 한다. Top의 강력한 의지를 전달하고 구체화 할 수 있는 인력은 6시그마 성공의 필수 요소이며, Top의 손과 발이 되어줄 인재들인 것이다.

6시그마를 처음 시작하는 기업은 가장 우수하다도 생각되는 인력을 일부 차출하여 BB 교육을 실시하는 것이 올바른 방법일 것이다. 초기의 BB 교육을 통하여 6시그마 추진을 위한 우수 인력을 확보하는 것은 성공의 첩경이 된다.

11.5.4 Right system (체계적인 시스템의 구축)

어떠한 경영혁신 활동도 이를 뒷받침하는 조직적인 시스템이 없으면 오래 지속될 수 없다. 특히 6시그마는 장기적인 안목에서 경영혁신을 도모하는 것이므로 목표 지향적인 시스템의 가동이 절대적으로 필요하다. 예를 들면, 다음과 같은 시스템이다.

- 교육 · 훈련 프로그램
  Belt 제도에 따라서 교육·훈련이 체계적이며 효과적으로 운영되고 평가될 수 있도록 교육 시스템을 확립하여 운영하여야 한다. 그리고 교육에 따른 벨트인증 제도를 확립하여 공정하게 운영하여야 한다.
- 프로젝트 운영 시스템
  프로젝트의 등록, 진행관리, 완료 과제 정보공유 등의 제반 문제를 운영하는 시스템이 필요하다.
- 성과 평가 및 보상 시스템
  프로젝트 성과를 객관적으로 평가하고 이에 따른 공정한 보상제도를 운영하여야 한다.
- 경영정보 관리 시스템
  프로세스별 품질정보, 매출, 이익, 고객의 소리 등 경영상의 필요한 데이터 관리가 적절히 이루어져야 한다.
- 고객 품질평가 시스템
  고객의 수리를 듣는 품질평가 시스템을 마련하여 고객의 의견이 제품과 서비스의 품질에 반영되도록 하여야 한다.

11.5.5 Right project (필요한 프로젝트 선정)

6시그마의 성공여부를 좌우하는 또 하나의 중요한 요소는 적절한 프로젝트의 선정이다. 적절한 과제는 경영전략과 직결되는 회사의 주요성과지표(KPI: key performance index)와 연계되어 선정하거나, 고객의 소리(VOC: voice of customer)로부터 얻어지는 회사의 핵심품질요소(CTQ) 중에서 선정하는 것이 바람직하다. 회사의 vision 추구를 위해 설정한 중장기 전략을 수립하고 전략을 달성하기 위한 사업별 전략과제 또는 KPI를 Big Y로 정의하기도 한다. Big Y의 하위개념으로 VOC를 통하여 CTQ를 전개할 수 있으며, 이러한 CTQ를 Small Y라고 부르기도 한다. CTQ를 좀 더 세분화하여 이를 향상시키기 위한 프로젝트 과제들을 만들 수 있다.

11.5.6 Right culture (의욕적인 품질문화)

6시그마를 성공으로 이끄는 것은 다른 측면에서 보면 Top의 리더십도, 교육프로그램도, 시스템도 아니고 결국 사람이다. 기업 구성원들이 높은 품질의식을 가지고 하고자 하는 열망이 성공의 열쇠이다. 구성원들이 하고자 하는 의욕에 차 있을 때 Top의 리더십도 발휘되고, 교육 프로그램과 시스템도 잘 작동되는 것이다. 구성원들이 6시그마 활동을 일상 업무의 일환으로 받아들이고 이를 체질화하는 기업문화의 조성이 필요하다.

표 11.12 6시그마혁신상의 심사기준

심사항목	배점
I. 경영자의 리더십과 전략	(120)
1. 기업의 비전과 가치 및 전략	20
2. 경영관리자의 의지	40
3. 6시그마 전략과 방침	40
4. 사업지속성 계획 수립	20
II. 6시그마 인프라와 지식관리	(180)
1. 교육훈련	50
2. 정보의 창출과 지식관리	50
3. 6시그마 조직체계	40
4. 학습조직 문화	40
III. 고객만족 실천계획	(100)
1. 고객요구 조사	30
2. 고객정보의 활용과 실천	50
3. 고객만족도 수준 및 사후관리	20
IV. 6시그마의 전개와 프로세스 관리	(260)
1. 6시그마 베이스라인의 적절성	50
2. 6시그마 운영 프로세스	120
3. 6시그마 활동의 적합성	90
V. 성과 측정 프로세스	(100)
1. 성과 평가시스템	40
2. 성과 분석 및 활용	30
3. 성과관리 및 사후관리	30
VI. 평가 보상	(80)
1. 인사연계 및 활성화	50
2. 성과 확산 및 포상	30
VII. 경영 성과	(160)
1. 고객만족 성과	30
2. 재무성과	40
3. 협력업체 성과	30
4. 시그마 수준 향상	30
5. 조직문화와 사회적 책임 실현	30
계 23개 항목	1,000

11.6 6시그마의 평가 기준

11.6.1 6시그마 혁신상 심사기준

품질경영과 관련된 포상은 실로 다양하게 있다. 표준협회, 능률협회 컨설팅, 상공회의소, 생산성본부, 품질경영학회 등에서 주관하여 주는 상들이 있으나, 여기에서는 품질경영 및 공산품안전관리법 제6조(품질경영 우수기업의 선정 등)에 근거하여 주는 표준협회 주관의 6시그마 혁신상의 심사기준을 소개하기로 한다. 6시그마를 추진하는 기업에서 도움이 될 것으로 생각한다.

11.6.2 6시그마 혁신상 심사기준의 소항목

[표 11.12]의 7가지 심사항목에 대하여 소항목을 살펴보면 다음과 같다. 6시그마를 실천해 가는 기업들은 이 소항목에 따라 스스로 자체 평가를 실시하여 어느 부문이 취약한지를 살펴서 보강해 가는 것이 필요할 것이다.

I. 경영자의 리더십과 전략(120)

심사항목	소항목
1. 기업의 비전과 가치 및 전략 (20)	1) 기업의 비전 제시 (10) 2) 조직문화의 변혁을 통한 가치관의 정립 (10)
2. 경영관리자의 의지 (40)	1) 경영자에 의한 6시그마 활동성과의 정기적 팔로우업(follow-up) (15) 2) 인적, 물적 자원의 적절한 지원 및 배분 (10) 3) 관련 경영장의 참여 및 지원 정도 (15)
3. 6시그마 전략과 방침 (40)	1) 기업의 중장기 전략과 6 시그마 전략과의 연계성 (10) 2) 6시그마 중장기 전략과 6시그마 단기전략과의 연계성 (10)

	3) 6시그마의 방침전개의 합리성 (10) 4) 기존혁신활동과 6시그마 활동의 역할 명확화 및 효율성 정도 (10)
4. 사업지속성 계획 수립 (20)	1) 환경, 안전 및 사회적 책임 수준 (10) 2) 기업의 리스크 관리체제수준 (리스크관리, 비상대응 및 복구 등) (10)

II. 6시그마 인프라와 지식관리 (180)

심사항목	소항목
1. 교육훈련 (50)	1) 교육 Needs의 파악 및 교육 프로그램 수립 수준 (10) 2) 6시그마 인력 양성계획 및 실적 (15) 3) 교육훈련 성과의 평가체계 수준 (15) 4) 소프트웨어 교육 및 활용능력과 문제해결기법의 응용력 수준(10)
2. 정보의 창출과 지식관리 (50)	1) 정보의 수집 및 정리, 분석체계 (10) 2) 정보의 DB화 및 공유 (10) 3) 프로젝트 종합관리시스템 구축과 활용 (15) 4) 지식관리 시스템 구축과 활용 (15)
3. 6시그마 조직체계 (40)	1) 6시그마 추진조직의 위치 및 차지하는 위상 (10) 2) 6시그마 추진방침의 전달과 역할수행 내용 (10) 3) 프로젝트 추진의 부문별 유기적 연계(cross function) (20)
4. 학습조직 문화 (40)	1) 학습조직 분위기 조성 (15) 2) 자주관리활동의 장려 (15) 3) 전문적인 모임의 활성화 (10)

III. 고객만족 실천계획(100)

심사항목	소항목
1. 고객요구조사 (30)	1. 고객정보 및 조사체계 (20) 2. 고객만족 평가시스템의 적절성 (10)
2. 고객정보의 활용과 실천 (50)	1. 고객정보 관리체계 (30) 2. 고객요구 결과의 활용 (20)
3. 고객만족도 수준 및 사후관리 (20)	1. 고객만족도 수준 및 사후관리 (10) 2. 고객만족 평가의 효과창출 (10)

IV. 6시그마의 전개와 프로세스 관리 (260)

심사항목	소항목
1. 6시그마 베이스라인의 적절성 (50)	1) 6시그마 과제도출 프로세스의 적합성 (20) 2) CTQ 관리 프로세스의 적합성 (30)
2. 6시그마 운영 프로세스 (120)	1) 기존 혁신활동과의 연계 (30) 2) 변화관리 프로그램 (30) 3) 참여인력의 적절성 (30) 4) 자사형 6시그마 운영 프로세스 구축 및 운영 (30)
3. 6시그마 활동의 적합성 (90)	1) 중장기 경영목표 및 전략과 6시그마 활동과의 적합성 (30) 2) 단기 경영목표 및 전략과 6시그마 활동과의 적합성 (30) 3) 6시그마 활동 성과와 재무성과와의 적합성 (30)

V. 성과 측정 프로세스 (100)

심사항목	소항목
1. 성과 평가 시스템 (40)	1) 성과 평가시스템의 체계 (20) 2) 성과 평가기준의 합리적 설정 (10) 3) 평가결과의 활용 (10)
2. 성과 분석 및 활용 (30)	1) 조직(부문)목표와 성과의 연계분석 (10) 2) 프로젝트 결과의 대내외 파급효과 (10) 3) 표준화로의 연계성 여부 (10)
3. 성과 관리 및 사후관리 (30)	1) 성과의 정량화 정도 (10) 2) 성과관리시스템 구축 및 활용 정도 (10) 3) 성과 및 성과자의 사후관리 여부 (10)

VI. 평가 포상 (80)

심사항목	소항목
1. 인사연계 및 활성화 (50)	1) 6시그마 활용의 인센티브제도 (20) 2) 6시그마 프로젝트 수행결과의 인센티브 (20) 3) 6시그마 활성화 방안 (10)
2. 성과확산 및 포상 (30)	1) 성과의 과정 및 결과의 팔로우업 시스템 (10) 2) 포상제도 (10) 3) 표상 실적 (10)

VII. 경영 성과 (160)

심사항목	소항목
1. 고객만족 성과 (30)	1) 고객만족도 성과 및 추이 (30)
2. 재무성과 (40)	1) 재무성과 향상 및 추이 (20) 2) 프로세스 성과 향상 및 추이 (20)
3. 협력업체 성과 (30)	1) 품질향상 성과 및 추이 (10) 2) 생산성, 납기 적중률향상 성과 및 추이 (20)
4. 시그마 수준 향상 (30)	1) CTQ 수준 향상 및 추이 (20) 2) 시그마 수준 향상에 따른 성과 및 추이 (10)
5. 조직문화와 사회적 책임 실현 (30)	1) 개인의 지식경영 역량강화 실적 (10) 2) 조직 내 커뮤니케이션의 일원화 실적 (10) 3) 기업의 환경 및 사회적 책임 정도 (10)

참고문헌

11·1 고두균, 김상익, 서한손, 안병진 (1999),“6 시그마 경영; 이해와 적용”, 한국생산성본부, 서울.

11·2 김종철, 김응석, 전병길, 박재성 (2003),“Six Sigma 101가지 이야기”, 한국표준협회 출판부.

11・3박성현, 이명주, 정목용(1999),“6 시그마 이론과 실제”, 한국표준협회 출판부.

11・4박성현, 이명주, 이강군(2001),“6 시그마 설계를 위한 DFSS", 한국표준협회 출판부.

11・5박성현, 이명주, 정목용 (2005),“6 시그마 혁신전략”, 네모북스, 서울.

11・6백재욱 (2000),“6 시그마 경영”, 자유아카데미.

11・7안병진, 김상익, 서한손, 고두균 (2000),“화이트 칼라 6 시그마 경영혁신”, 한언, 서울.

11・8윤양석, 정연윤(2003),“서비스 식스 시그마 101”, 네모북스.

11・9마이클 해리, 리터드 슈뢰더 지음, 안영진 옮김(2000),“6 시그마 기업경영”,김영사.

11・10 Crosby, P. B. (1979), "Quality Is Free", McGraw-Hill, New York.

11・11 Feigenbaum, A. V. (1961), "Total Quality Control: Engineering and Management", McGraw-Hill, New York.

11・12 Harry, M. J. (1994), "The Vision of Six Sigma: Tools and Methods for Breakthrough", Sigma Publishing Company.

11・13 Harry, M. J. (1994), "The Vision of Six Sigma: A Roadmap for Breakthrough", Sigma Publishing Company.

11・14 Losianowycz, G. (1999), "Six Sigma Quality: A Driver to Cultural Change and Improvement", 품질혁신 전진대회 특별강연 자료집, 한국표준협회.

11・15 Magnusson, J., Kroslid, D. and Bergman, B. (2000), "Six Sigma; The Pragmatic Approach", Studentlitteratur, Sweden.

11・16 Slater, R. (1999), "Jack Welch and GE Way", McGraw-Hill.

부록1

6시그마 품질혁신 프로젝트 DMAIC 수행방법 우수사례

이 예제는 6시그마 품질혁신 수행과정(DMAIC)을 잘 적용한 회사의 우수사례를 소개한 자료로 교육을 위해 활용함을 밝히며 출처가 불분명한자료다.

1. 정의단계(Define)

- 배달전문 피자 체인점 경영하는 회사의 목표
  - 고객만족
  - 매출증대
- 문제점 분석
  - 최근 12개월 동안 매출액 변동

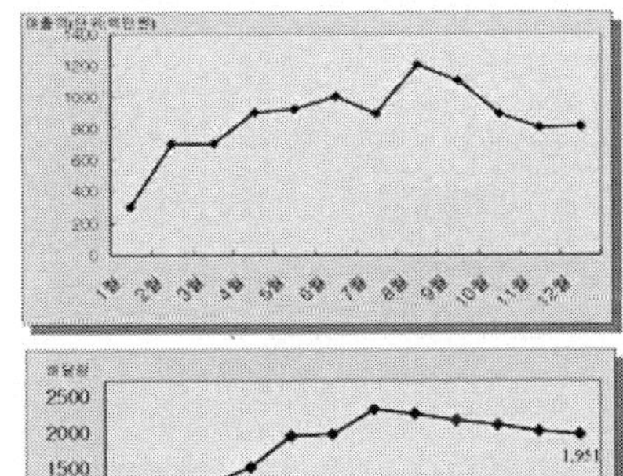

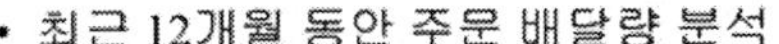
- 최근 12개월 동안 주문 배달량 분석

2500
2000
1500
1000
500
0
1,951

- 12개월동안 월별 고객불만족 비율(100건 당)

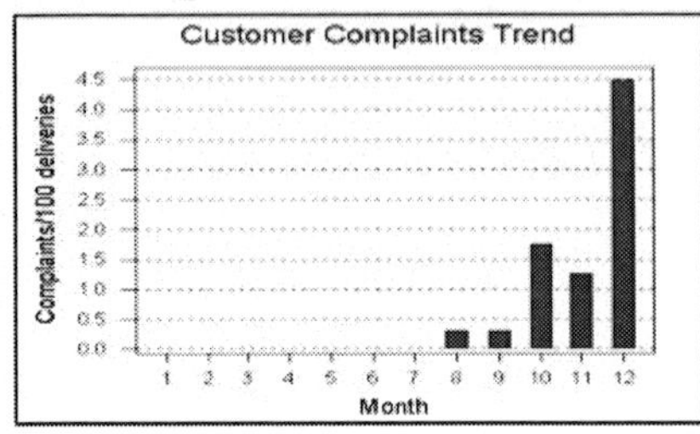

- 프로젝트 테마 선정
  - 고객 불만족 요소 개선
  - 매출신장
- 프로젝트 팀 구성
  - 각 부서의 핵심 담당자
  - 블랙벨트 요원 1명
  - 합계 7명

- 고객 불만족 원인 분석

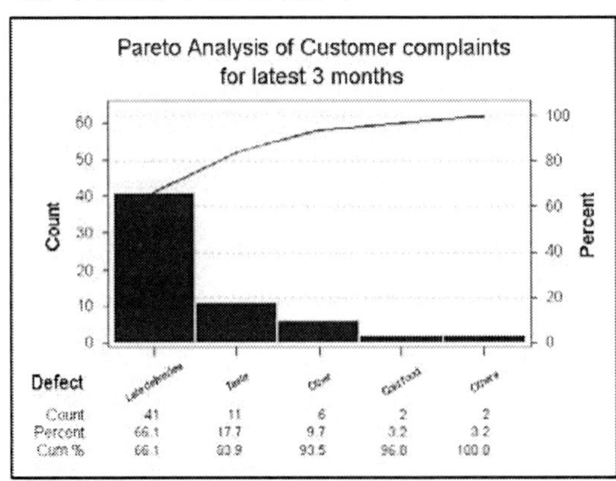

  - 프로젝트 CTQ
    - ▶ 배달시간 단축

• 정의 단계의 요약
  - 최근 드러나 문제점
    ▶ 매출액 및 배달 주문량이 감소
    ▶ 고객 불만족 증가
    ▶ 고객 불만족 중 66%는 배달시간의 지체에 관련되어 있음.
  - 프로젝트 테마 선정
    ▶ 고객 불만족 요소 개선
    ▶ 매출 신장
  - 프로젝트 팀 구성
  - 프로젝트 추진기간 및 세부계획 수립
  - 프로젝트 CTQ선정
    ▶ 주문 접수에서 배달까지의 배달시간 단축

2. 측정단계 (Measure)

• 프로세스 분석
  - 프로세스 매핑

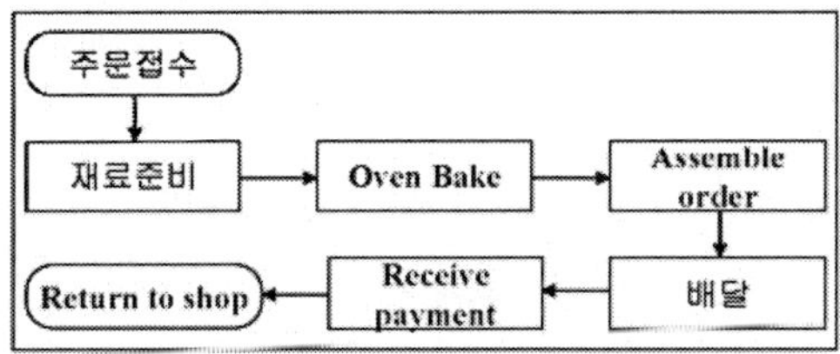

  - 세부 프로세스의 분석(15개 피자 종류)

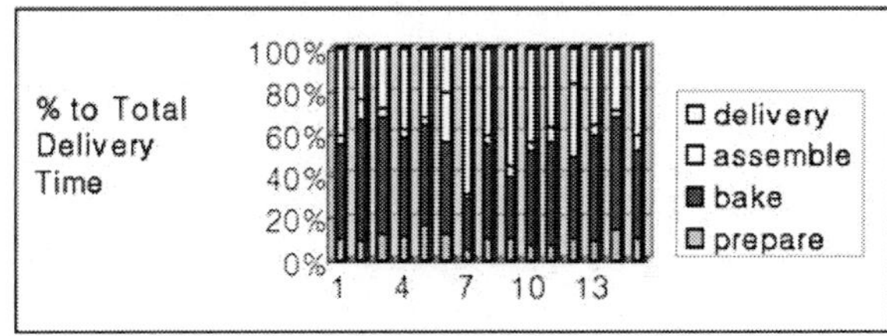

- 프로세스 CTQ 파악
  - 굽는 과정(bake)의 소요시간
  - 배달과정(delivery)의 소요시간
- 성능표준의 설정
  - 벤치마킹 결과
    - ▶ 배달 평균 시간 : 30분
    - ▶ 굽는 과정 평균 시간 : 10분
    - ▶ 배달 과정 평균 시간 : 12분
  - 고객설문조사 결과 고객요구 사항
    - ▶ 25분 이내 배달 희망
  - 성능표준
    - ▶ 주문에서 배달까지의 소요시간이 25분 이하
    - ▶ 굽는 과정의 소요시간 10분 이하
    - ▶ 배달과정 소요시간 12분 이하
  - 성능표준에 부합되지 않으면 결함으로 간주

- 데이터 수집 및 현재 수준 파악
  - 10일 동안 각 체인점에서 무작위로 합계 1000개의 주문 케이스를 추출하여 프로젝트 CTQ와 프로세스 CTQ의 소요시간을 측정하여 결함수 측정
  - 현재 수준 파악 조사

CTQ	성능표준	결함건수	결함(불량)률	수 율	시그마수준
배달 시간	25분	23/1000	2.3%	97.7%	2시그마
굽는과정 시간	10분	30/1000	3.0%	97.0%	1.9시그마
배달과정 시간	12분	36/1000	3.6%	96.4%	1.8시그마

- 목표 설정 및 개선 방향 파악

CTQ	목표시그마 수준	수 율	개선방향
배달 시간	3시그마	99.9%	
굽는과정 시간	3시그마	99.9%	기술적 개선
배달과정 시간	3시그마	99.9%	관리적 개선

3. 분석단계(Analyze)

- 잠재원인 파악
  - 배달과정 분석
    - ▶ 조사된 1000건의 주문 중 배달과정에서 결함으로 나타난 36건에 대해 원인 항목별로 체크 시트에 정리

항 목	위치파악 미숙	잘못된 주소	교통체증	사고	장거리 배달	기타	합계
도 수	18	7	4	1	1	5	36

  - 굽는 과정 분석
    - ▶ 특성 요인도

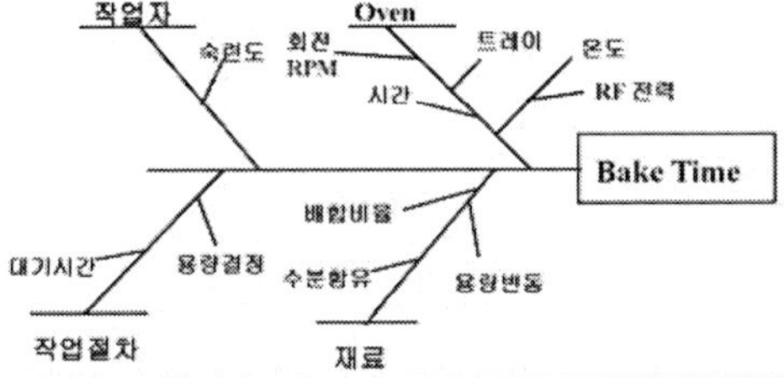

- 핵심원인 파악
  - 배달과정 분석
    - ▶ 잠재원인에 대한 파레토도

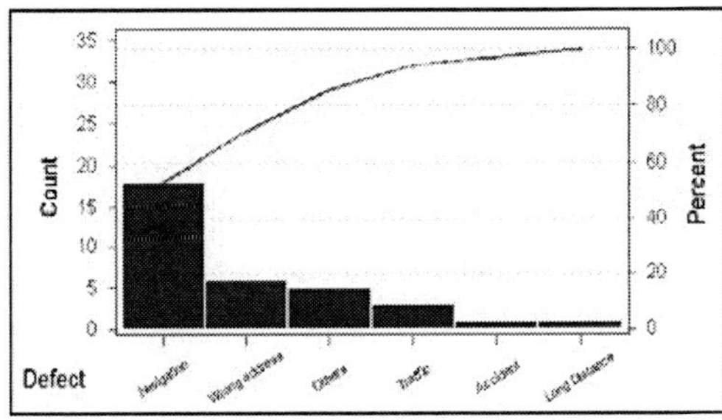

▶ 잠재원인에 대한 파레토도
배달원의 위치파악 미숙
잘못된 주소

- 굽는 과정 분석

▶ 매트릭스도

		Bake Time	Taste
Oven	Bake 온도 조절	⊙	⊙
	회전 RPM	△	
	트레이 종류		
작업자	숙련도	△	
재료	용량변동	△	
	수분함유		
	배합비율	△	△
작업절차	대기시간		
	용량결정	△	

⊙ : 강한 관계 △ : 약한 관계

▶ 굽는 과정의 핵심원인
굽는 온도

4. 개선단계(Improve)

- 위치파악 미숙 및 잘못된 주소의 문제점 파악
  - 배달 직원들의 많은 수가 정규 사원이 아닌 시간제 근무자로서 이직률이 높고, 따라서 배달 지역의 지리에 익숙하지 않게 되어 배달 위치를 파악하는데 문제점이 발생하고 있다.

▶ 배달직원의 이직률 변화 추세

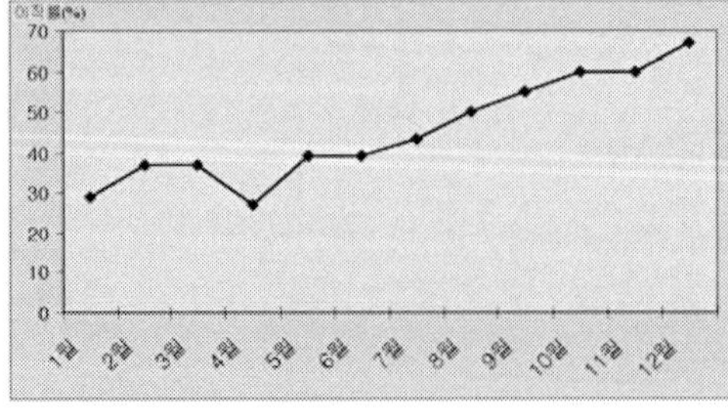

- 신규 배달 직원들의 업무 및 배달 지역의 지리를 숙지하는 교육 시간이 절대적으로 부족하다.

▶ 신규 배달직원의 평균 교육시간 변화 추세

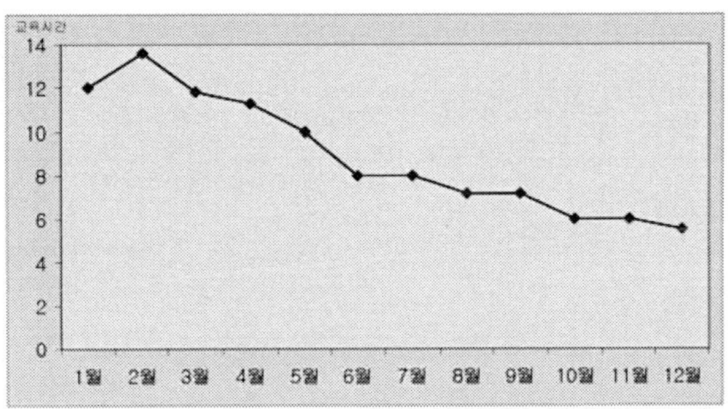

• 배달과정의 개선안

- 배달 직원들에게 근무 기간에 관계없이 일률적으로 적용되는 임금체계를 개선하여 근무 기간에 비례하여 임금을 인상하는 차등 임금제를 실시함으로써 장기 근속을 유도한다.
- 근속 기간별로 배달 직원들을 장기 근속자, 보통기간 근속자, 신입사원의 3개의 그룹으로 구분한다. 그리고 배달 직원의 근무조를 편성할 때 각 그룹에 속하는 배달 직원들의 비율이 비슷하도록 하게 하여 신입 배달 직원의 미숙한 점을 장기 근속자 및 지리 숙달자에 의해 지도를 받을 수 있도록 한다.
- 신입 배달 직원의 교육 시간을 10시간 이상 실시하게 하여 배달 지역의 지리에 익숙하게 한다.
- 배달원들에게 무선통신장비를 공급하여 배달시 사고 및 긴급상황이 발생할 경우 체인점과 통화가 가능하도록 한다.

- 굽는 과정의 개선안 모색
  - 핵심원인
    - ▶ 굽는 온도(Bake Temp)
    - ▶ 굽는 시간(Bake Time)
  - 실험계획
    - ▶

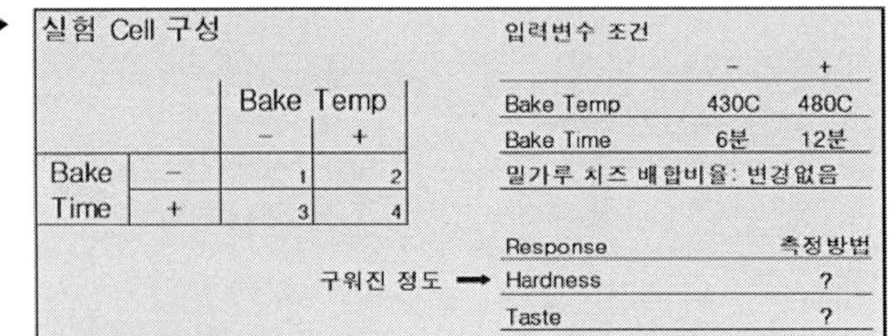

실험 Cell 구성

		Bake Temp –	Bake Temp +
Bake Time	–	1	2
Bake Time	+	3	4

입력변수 조건

	–	+
Bake Temp	430C	480C
Bake Time	6분	12분
밀가루 치즈 배합비율: 변경없음		

구워진 정도 →

Response	측정방법
Hardness	?
Taste	?

▶ 가정에의 조건

지금까지의 정설은 낮은 온도에서 천천히 구워야 맛이 있다는 것이다.

▶ 측정방법의 고안(Hardness/Taste)

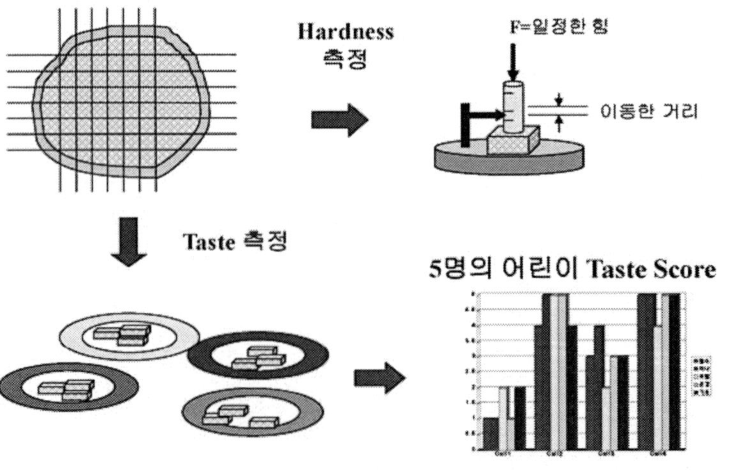

• 실험결과 분석

- Hardness의 분석

▶ 주효과

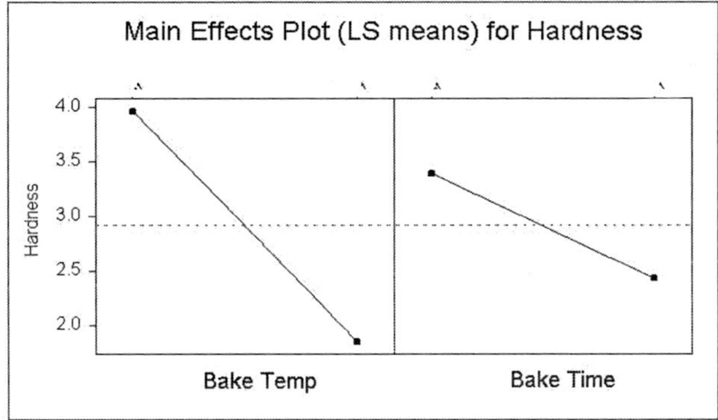

▶ 교호작용 효과는 유의하지 않음

- Taste 분석

▶ 주효과는 약간 유의함

▶ 교호작용 효과

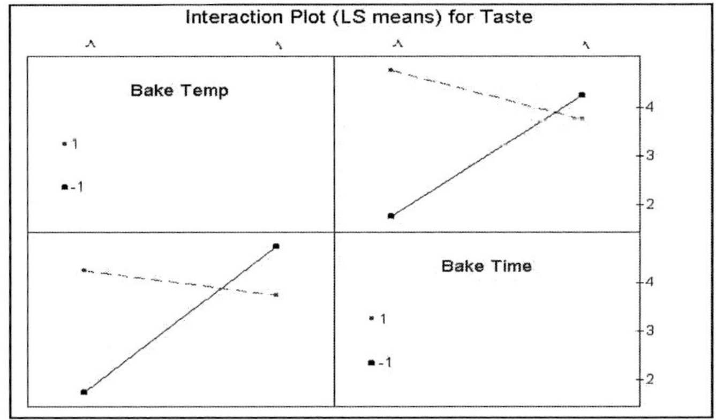

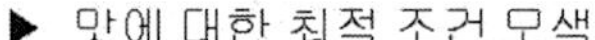

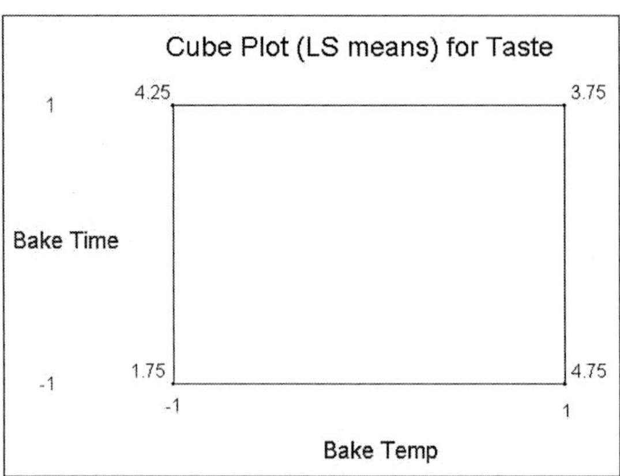

▶ Bake Temp를 높이고 Bake Time을 짧게 했을 때 맛이 가장 좋아진다.

- 굽는 과정의 개선안
  - Bake Temp가 빵을 굽는데 가장 큰 영향을 줌.
  - Bake Temp를 높이고 Bake Time을 줄이면 맛을 그대로 유지한 채 굽는 시간을 줄일 수 있다.
- 개선방안의 평가 (Pilot Test)
  - 문제점이 심각한 6개 체인점 선발
  - 한달간 파일럿 테스트 실시결과

CTQ		개선전		개선후
		전체평균	6개 체인점 평균	6개 체인점 평균
프로젝트 CTQ	전체 배달 시간	32.8	36.5	23.3
프로세스 CTQ	굽는 과정 시간	10	12	6
	배달 과정 시간	15	18	9

  - 개선안 효과 검증 및 개선안 확정

CTQ		성능표준	개선전		개선후		목표수준
			결함률	시그마수준	결함률	시그마수준	
프로젝트 CTQ	전체 배달 시간	25분	2.30%	2시그마	0.70%	2.5시그마	3시그마
프로세스 CTQ	굽는 과정 시간	10분	3.00%	1.9시그마	0.80%	2.4시그마	3시그마
	배달 과정 시간	12분	3.60%	1.8시그마	0.50%	2.6시그마	3시그마

5. 관리단계(Control)

- 개선 단계에서 확정된 개선안을 현장에서 지속적으로 실시하기 위하여 다음과 같은 계획을 수립하였다.
  - 개선 단계에서 효과가 검증된 배달 과정의 개선안을 전체 체인점에서도 실시하도록 문서화하고, 표준화 작업을 거쳐 각 체인점에서 의무 규정 사항으로 시행하기로 하였다.
  - 굽는 과정의 개선안을 피자 조리 과정의 표준안으로 개정하여 각 체인점에 시달하기로 하였다.
  - 각 체인점에서 개선안을 실시할 때 발생할 수 있는 실수를 유형별로 분류하고, 실수방지 대책 및 실수가 발생할 경우의 대책을 수립하려 조치하였다.
  - 실수방지 대책 예
    - ▶ 배달 출발시 배달원들에게 배달할 장소에 대해 복명을 하게하여 확인한 후 출발한다.
    - ▶ 최적 굽는 온도 및 최적 굽는 시간과 세팅한 온도 및 시간이 차이가 날 경우 경고음이 울리도록 한다.

- 이러한 개선안이 각 체인점에서 제대로 시행되고 있는지 통계학 및 전산 프로그램을 이용하여 모니터링 시스템을 구축하였고, 위반이 적발되는 체인점에 대해서는 벌칙 및 제재 조치를 취하기로 하였다.
- 그러나 시그마 수준이 아직 목표 수준에 미치지 못하고 있으며, 문제점을 분석하여 다음 프로젝트의 테마로 삼기로 하였다.
- 전국에서 배달이 가장 빠르고 맛이 뛰어난 피자 프랜차이즈 전문회사가 되기 위하여 계속 노력하기로 하였다.

부록2
통계분포표

〈표 A-1〉 표준정규분포표

양쪽의 경우 (빗금확률면적 $\alpha/2$)

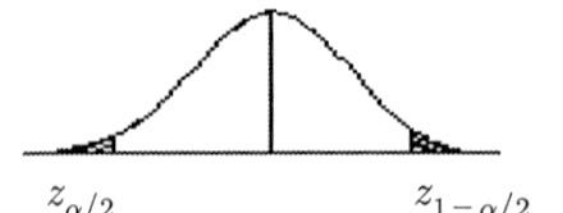

한쪽의 경우 (빗금확률면적 α)

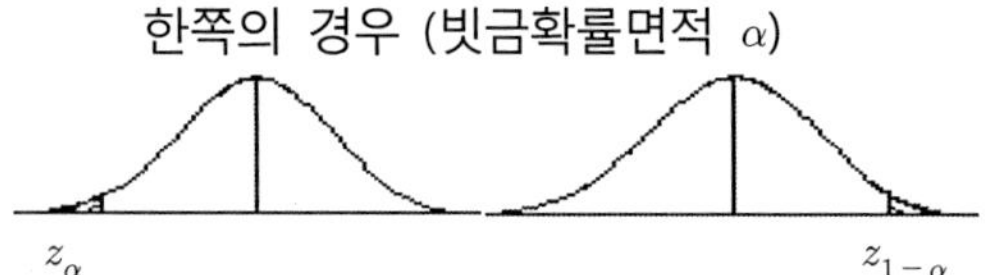

표준화 정규분포의 상측 빗금확률면적 α에 의한 상측 분위점 $z_{1-\alpha}$의 표

α	0	1	2	3	4	5	6	7	8	9
0.00*	∞	3.090	2.878	2.748	2.652	2.576	2.512	2.457	2.409	2.366
0.0*	∞	2.326	2.054	1.881	1.751	1.645	1.555	1.476	1.405	1.341
0.1*	1.282	1.227	1.175	1.126	1.080	1.036	.994	.954	.915	.878
0.2*	.842	.806	.772	.739	.706	.674	.643	.613	.583	.553
0.3*	.524	.496	.468	.440	.412	.385	.358	.358	.305	.279
0.4*	.253	.228	.202	.176	.151	.126	.100	.100	.075	.025

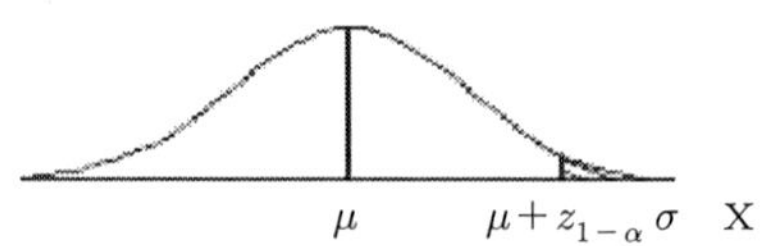

정규분포의 x 가 $\mu+z_{1-\alpha}\sigma$ 이상의 값이 될 확률 α의 표(빗금확률면적은 α를 의미함)

z	.00	.01	.02	.03	.04	.05	.06	.07	.08	.09
0.0	.5000	.4960	.4920	.4880	.4840	.4801	.4761	.4721	.4681	.4641
0.1	.4602	.4562	.4522	.4483	.4443	.4404	.4364	.4325	.4286	.4247
0.2	.4207	.4168	.4129	.4090	.4052	.4013	.3974	.3936	.3897	.3859
0.3	.3821	.3783	.3745	.3707	.3669	.3632	.3594	.3557	.3520	.3483
0.4	.3446	.3409	.3372	.3336	.3300	.3264	.3228	.3192	.3156	.3121
0.5	.3085	.3050	.3015	.2981	.2946	.2912	.2877	.2843	.2810	.2776

0.6	.2743	.2709	.2676	.2643	.2611	.2578	.2546	.2514	.2483	.2451
0.7	.2420	.2389	.2358	.2327	.2297	.2266	.2236	.2206	.2177	.2148
0.8	.2119	.2090	.2061	.2033	.2005	.1977	.1949	.1922	.1894	.1867
0.9	.1841	.1814	.1788	.1762	.1736	.1711	.1685	.1660	.1635	.1611
1.0	.1587	.1562	.1539	.1515	.1492	.1469	.1446	.1423	.1401	.1379
1.1	.1357	.1335	.1314	.1292	.1271	.1251	.1230	.1210	.1190	.1170
1.2	.1151	.1131	.1112	.1093	.1075	.1056	.1038	.1020	.1003	.0985
1.3	.0968	.0951	.0934	.0918	.0901	.0885	.0869	.0853	.0838	.0823
1.4	.0808	.0793	.0778	.0764	.0749	.0735	.0721	.0708	.0694	.0681
1.5	.0668	.0655	.0643	.0630	.0618	.0606	.0594	.0582	.0571	.0559
1.6	.0548	.0537	.0526	.0516	.0505	.0495	.0485	.0475	.0465	.0455
1.7	.0446	.0436	.0427	.0418	.0409	.0401	.0392	.0384	.0375	.0367
1.8	.0359	.0351	.0344	.0336	.0329	.0322	.0314	.0307	.0301	.0294
1.9	.0287	.0281	.0274	.0268	.0262	.0256	.0250	.0244	.0239	.0233
2.0	.0228	.0222	.0217	.0212	.0207	.0202	.0197	.0192	.0188	.0183
2.1	.0179	.0174	.0170	.0166	.0162	.0158	.0154	.0150	.0146	.0143
2.2	.0139	.0136	.0132	.0129	.0125	.0122	.0119	.0116	.0113	.0110
2.3	.0107	.0104	.0102	.0099	.0096	.0094	.0091	.0089	.0087	.0084
2.4	.0082	.0080	.0078	.0075	.0073	.0071	.0069	.0068	.0066	.0064
2.5	.0062	.0060	.0059	.0057	.0055	.0054	.0052	.0051	.0049	.0048
2.6	$.0^{2}4661$	$.0^{2}4527$	$.0^{2}4396$	$.0^{2}4269$	$.0^{2}4145$	$.0^{2}4025$	$.0^{2}3907$	$.0^{2}3793$	$.0^{2}3681$	$.0^{2}3573$
2.7	$.0^{2}3467$	$.0^{2}3364$	$.0^{2}3264$	$.0^{2}3167$	$.0^{2}3072$	$.0^{2}2980$	$.0^{2}2890$	$.0^{2}2803$	$.0^{2}2718$	$.0^{2}2635$
2.8	$.0^{2}2555$	$.0^{2}2477$	$.0^{2}2401$	$.0^{2}2327$	$.0^{2}2250$	$.0^{2}2180$	$.0^{2}2118$	$.0^{2}2052$	$.0^{2}1988$	$.0^{2}1920$
2.9	$.0^{2}1866$	$.0^{2}1807$	$.0^{2}1750$	$.0^{2}1695$	$.0^{2}1041$	$.0^{2}1589$	$.0^{2}1538$	$.0^{2}1489$	$.0^{2}1441$	$.0^{2}1395$
3.0	$.0^{2}1350$	$.0^{2}1306$	$.0^{2}1264$	$.0^{2}1223$	$.0^{2}1183$	$.0^{2}1144$	$.0^{2}1107$	$.0^{2}1070$	$.0^{2}1035$	$.0^{2}1001$
3.1	$.0^{3}9676$	$.0^{3}9351$	$.0^{3}9043$	$.0^{3}8740$	$.0^{3}8447$	$.0^{3}8104$	$.0^{3}7888$	$.0^{3}7622$	$.0^{3}7364$	$.0^{3}7114$
3.2	$.0^{3}6871$	$.0^{3}6637$	$.0^{3}6410$	$.0^{3}6190$	$.0^{3}5976$	$.0^{3}5770$	$.0^{3}5571$	$.0^{3}5377$	$.0^{3}5190$	$.0^{3}5009$
3.3	$.0^{3}4834$	$.0^{3}4665$	$.0^{3}4501$	$.0^{3}4342$	$.0^{3}4189$	$.0^{3}4041$	$.0^{3}3897$	$.0^{3}3758$	$.0^{3}3624$	$.0^{3}3495$
3.4	$.0^{3}3369$	$.0^{3}3248$	$.0^{3}3131$	$.0^{3}3018$	$.0^{3}2909$	$.0^{3}2803$	$.0^{3}2701$	$.0^{3}2602$	$.0^{3}2507$	$.0^{3}2415$
3.5	$.0^{3}2326$	$.0^{3}2241$	$.0^{3}2158$	$.0^{3}2078$	$.0^{3}2001$	$.0^{3}1926$	$.0^{3}1854$	$.0^{3}1785$	$.0^{3}1718$	$.0^{3}1653$
3.6	$.0^{3}1591$	$.0^{3}1531$	$.0^{3}1473$	$.0^{3}1417$	$.0^{3}1363$	$.0^{3}1311$	$.0^{3}1261$	$.0^{3}1213$	$.0^{3}1166$	$.0^{3}1121$
3.7	$.0^{3}1078$	$.0^{3}1036$	$.0^{4}9961$	$.0^{4}9574$	$.0^{4}9201$	$.0^{4}8842$	$.0^{4}8496$	$.0^{4}8162$	$.0^{4}7841$	$.0^{4}7532$
3.8	$.0^{4}7235$	$.0^{4}6948$	$.0^{4}6673$	$.0^{4}6407$	$.0^{4}6152$	$.0^{4}5906$	$.0^{4}5669$	$.0^{4}5442$	$.0^{4}5223$	$.0^{4}5012$
3.9	$.0^{4}4810$	$.0^{4}4615$	$.0^{4}4427$	$.0^{4}4247$	$.0^{4}4074$	$.0^{4}3908$	$.0^{4}3747$	$.0^{4}3594$	$.0^{4}3446$	$.0^{4}3304$
4.0	$.0^{4}3167$	$.0^{4}3036$	$.0^{4}2910$	$.0^{4}2789$	$.0^{4}2673$	$.0^{4}2561$	$.0^{4}2454$	$.0^{4}2351$	$.0^{4}2252$	$.0^{4}2157$
4.1	$.0^{4}2066$	$.0^{4}1978$	$.0^{4}1894$	$.0^{4}1814$	$.0^{4}1737$	$.0^{4}1662$	$.0^{4}1591$	$.0^{4}1523$	$.0^{4}1458$	$.0^{4}1395$
4.2	$.0^{4}1335$	$.0^{4}1277$	$.0^{4}1222$	$.0^{4}1168$	$.0^{4}1118$	$.0^{4}1069$	$.0^{4}1022$	$.0^{5}9774$	$.0^{5}9345$	$.0^{5}8934$
4.3	$.0^{5}8540$	$.0^{5}8163$	$.0^{5}7801$	$.0^{5}7455$	$.0^{5}7124$	$.0^{5}6807$	$.0^{5}6503$	$.0^{5}6212$	$.0^{5}5934$	$.0^{5}5668$
4.4	$.0^{5}5419$	$.0^{5}5169$	$.0^{5}4935$	$.0^{5}4712$	$.0^{5}4498$	$.0^{5}4294$	$.0^{5}4098$	$.0^{5}3911$	$.0^{5}3732$	$.0^{5}3561$
4.5	$.0^{5}3398$	$.0^{5}3241$	$.0^{5}3092$	$.0^{5}2949$	$.0^{5}2813$	$.0^{5}2682$	$.0^{5}2558$	$.0^{5}2439$	$.0^{5}2325$	$.0^{5}2216$
5.0	$.0^{6}2867$	$.0^{6}2722$	$.0^{6}2584$	$.0^{6}2452$	$.0^{6}2328$	$.0^{6}2209$	$.0^{6}2096$	$.0^{6}1989$	$.0^{6}1887$	$.0^{6}1790$
5.5	$.0^{7}1899$	$.0^{7}1794$	$.0^{7}1695$	$.0^{7}1601$	$.0^{7}1512$	$.0^{7}1428$	$.0^{7}1349$	$.0^{7}1274$	$.0^{7}1203$	$.0^{7}1135$
6.0	$.0^{9}9899$	$.0^{9}9276$	$.0^{9}8721$	$.0^{9}8198$	$.0^{9}7706$	$.0^{9}7242$	$.0^{9}6806$	$.0^{9}6396$	$.0^{9}6009$	$.0^{9}5646$

〈표 A-2〉 t 분포표

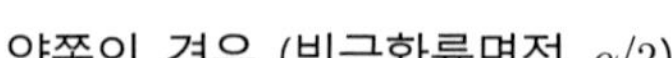

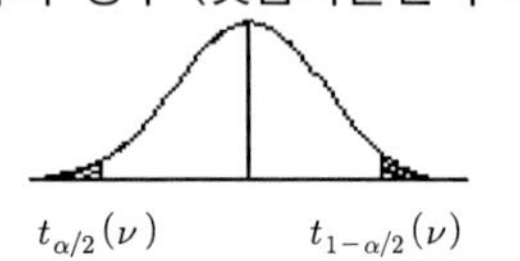

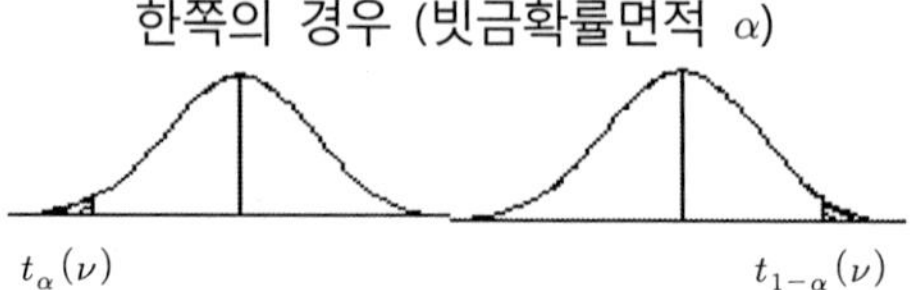

t 분포의 상측 분위점 $t_{1-\alpha}(\nu)$의 표

ν \ $1-\alpha$	0.75	0.80	0.85	0.90	0.95	0.975	0.99	0.995	0.9995
1	1.000	1.376	1.963	3.078	6.314	12.706	31.821	63.657	636.619
2	0.816	1.061	1.386	1.886	2.920	4.303	6.965	9.925	31.598
3	0.765	0.978	1.250	1.638	2.353	3.182	4.541	5.841	12.941
4	0.741	0.941	1.109	1.533	2.132	2.776	3.747	4.604	8.610
5	0.727	0.920	1.156	1.476	2.015	2.571	3.365	4.032	6.859
6	0.718	0.906	1.134	1.440	1.943	2.447	3.143	3.707	5.959
7	0.711	0.896	1.119	1.415	1.895	2.365	2.998	3.499	5.405
8	0.706	0.889	1.108	1.397	1.860	2.306	2.896	3.355	5.041
9	0.703	0.883	1.100	1.383	1.833	2.262	2.821	3.250	4.781
10	0.700	0.879	1.093	1.372	1.812	2.228	2.764	3.169	4.587
11	0.697	0.876	1.088	1.363	1.796	2.201	2.718	3.106	4.437
12	0.695	0.873	1.083	1.356	1.782	2.179	2.681	3.055	4.318
13	0.694	0.870	1.079	1.350	1.771	2.160	2.650	3.012	4.221
14	0.692	0.868	1.076	1.345	1.761	2.145	2.624	2.977	4.140
15	0.691	0.866	1.074	1.341	1.753	2.131	2.602	2.947	4.073
16	0.690	0.865	1.071	1.337	1.746	2.120	2.583	2.921	4.015
17	0.689	0.863	1.069	1.333	1.740	2.110	2.567	2.898	3.965
18	0.688	0.862	1.067	1.330	1.734	2.101	2.552	2.878	3.922
19	0.688	0.861	1.066	1.328	1.729	2.093	2.539	2.861	3.883
20	0.687	0.860	1.064	1.325	1.725	2.086	2.528	2.845	3.850
21	0.686	0.859	1.063	1.323	1.721	2.080	2.518	2.831	3.819
22	0.686	0.858	1.061	1.321	1.717	2.074	2.508	2.819	3.792
23	0.685	0.858	1.060	1.319	1.714	2.069	2.500	2.807	3.767
24	0.685	0.857	1.059	1.318	1.711	2.064	2.492	2.797	3.745
25	0.684	0.856	1.058	1.316	1.708	2.060	2.485	2.787	3.725
26	0.684	0.856	1.058	1.315	1.706	2.056	2.479	2.779	3.707
27	0.684	0.855	1.057	1.314	1.703	2.052	2.473	2.771	3.690
28	0.683	0.855	1.056	1.313	1.701	2.048	2.467	2.763	3.674
29	0.683	0.854	1.055	1.311	1.699	2.045	2.462	2.756	3.659
30	0.683	0.854	1.055	1.310	1.697	2.042	2.457	2.750	3.646
40	0.681	0.851	1.050	1.303	1.684	2.021	2.423	2.704	3.551
60	0.679	0.848	1.046	1.296	1.671	2.000	2.390	2.660	3.460
120	0.677	0.845	1.041	1.289	1.658	1.980	2.358	2.617	3.373
∞	0.674	0.842	1.036	1.282	1.645	1.960	2.326	2.576	3.291

〈표 A-3〉 χ^2 분포표

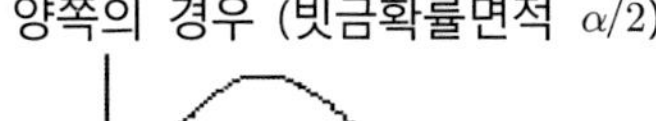
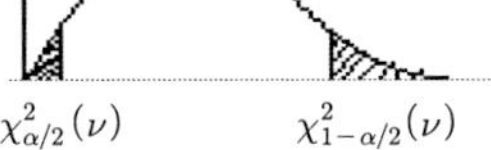

카이제곱 분포의 하측,상측 분위점 $\chi^2_{\alpha}(\nu)$와 $\chi^2_{1-\alpha}(\nu)$의 표

v	α인 경우						$1-\alpha$인 경우				
	0.005	0.01	0.025	0.05	0.10	.50	0.90	0.95	0.975	0.99	0.995
1	0.0	0.0	0.0	0.0	0.0158	0.455	2.71	3.84	5.02	6.63	7.88
2	0.0100	0.0201	0.0506	0.103	0.211	1.386	4.61	5.99	7.38	9.21	10.60
3	0.0717	0.115	0.216	0.352	0.584	2.37	6.25	7.81	9.35	11.34	12.84
4	0.207	0.297	0.484	0.711	1.064	3.36	7.78	9.49	11.14	13.28	14.86
5	0.412	0.554	0.831	1.145	1.610	4.35	9.24	11.07	12.82	15.09	16.75
6	0.676	0.872	1.237	1.635	2.20	5.35	10.64	12.59	14.45	16.81	18.55
7	0.989	1.239	1.690	2.17	2.83	6.35	12.02	14.07	16.01	18.48	20.28
8	1.344	1.646	2.18	2.73	3.49	7.34	13.36	15.51	17.53	20.09	21.96
9	1.735	2.09	2.70	3.33	4.17	8.34	14.68	16.92	19.02	21.67	23.59
10	2.16	2.56	3.25	3.94	4.87	9.34	15.99	18.31	20.48	23.21	25.19
11	2.60	3.05	3.82	4.57	5.58	10.34	17.28	19.68	21.92	24.73	26.76
12	3.07	3.57	4.40	5.23	6.30	11.34	18.55	21.03	23.34	26.22	28.30
13	3.57	4.11	5.01	5.89	7.04	12.34	19.81	22.36	24.74	27.69	29.82
14	4.07	4.66	5.63	6.57	7.79	13.34	21.06	23.68	26.12	29.14	31.32
15	4.60	5.23	6.26	7.26	8.55	14.34	22.31	25.00	27.49	30.58	32.80
16	5.14	5.81	6.91	7.96	9.31	15.34	23.54	26.30	28.85	32.00	34.27
17	5.70	6.41	7.56	8.67	10.09	16.34	24.77	27.59	30.19	33.41	35.72
18	6.26	7.01	8.23	9.39	10.86	17.34	25.99	28.87	31.53	34.81	37.16
19	6.84	7.63	8.91	10.12	11.65	18.34	27.20	30.14	32.85	36.19	38.58
20	7.43	8.26	9.59	10.85	12.44	19.34	28.41	31.41	34.17	37.57	40.00
21	8.03	8.90	10.28	11.59	13.24	20.30	29.62	32.67	35.48	38.93	41.40
22	8.64	9.54	10.98	12.34	14.04	21.30	30.81	33.92	36.78	40.29	42.80
23	9.26	10.20	11.69	13.09	14.85	22.30	32.01	35.17	38.08	41.64	44.18
24	9.89	10.86	12.40	13.85	15.66	23.30	33.20	36.42	39.36	42.98	45.56
25	10.52	11.52	13.12	14.61	16.47	24.30	34.38	37.65	40.65	44.31	46.93
26	11.16	12.20	13.84	15.38	17.29	25.30	35.56	38.89	41.92	45.64	48.29
27	11.81	12.88	14.57	16.15	18.11	26.30	36.74	40.11	43.19	46.96	49.64
28	12.46	13.56	15.31	16.93	18.94	27.30	37.92	41.34	44.46	48.28	50.99
29	13.12	14.26	16.05	17.71	19.77	28.30	39.09	42.56	45.72	49.59	52.34
30	13.79	14.95	16.79	18.49	20.60	29.30	40.26	43.77	46.98	50.89	53.67
40	20.71	22.16	24.43	26.51	29.05	39.30	51.81	55.76	59.34	63.69	66.77
50	27.99	29.17	32.36	34.76	37.69	49.30	63.17	67.50	71.42	76.15	79.49
60	35.53	37.48	40.48	43.19	46.46	59.30	74.40	79.08	83.30	88.38	91.95
70	43.28	45.44	48.76	51.74	55.33	69.30	85.53	90.53	95.02	100.4	104.2
80	51.17	53.54	57.15	60.39	64.28	79.30	96.58	101.9	106.6	112.3	113.6
90	59.20	61.75	65.65	69.13	73.29	89.30	107.60	113.1	118.1	124.1	128.3
100	67.33	70.06	74.22	77.93	82.36	99.30	118.50	124.3	129.6	153.8	140.2

〈표 A-4〉 F 분포표

양쪽의 경우 (빗금확률면적 $\alpha/2$)　　　　한쪽의 경우 (빗금확률면적 α)

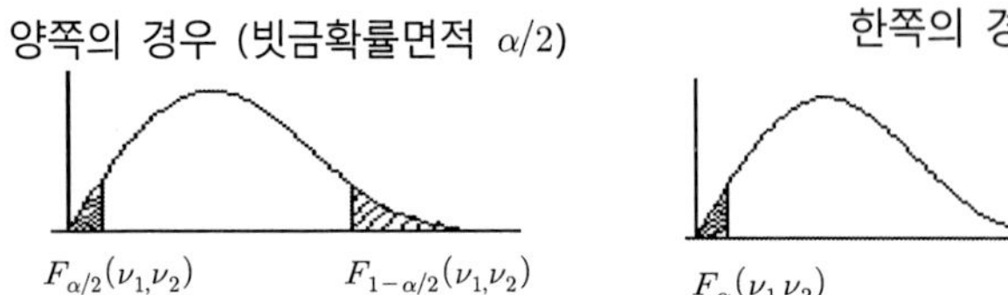

F 분포 상측 분위점 $F_{1-\alpha}(\nu_1,\nu_2)$의 표 (단, $F_{\alpha}(\nu_1,\nu_2) = 1/F_{1-\alpha}(\nu_2,\nu_1)$이다.)

ν_2	$1-\alpha$	ν_1																		
		1	2	3	4	5	6	7	8	9	10	11	12	15	20	24	30	60	120	∞
1	0.90	39.9	49.5	53.6	55.8	57.2	58.2	58.9	59.4	59.9	60.2	60.5	60.7	61.2	61.7	62.0	62.3	62.8	63.1	63.3
	0.95	161	200	216	225	230	234	237	239	241	242	243	244	246	248	249	250	252	253	254
	0.975	648	800	864	900	922	937	948	957	963	969	973	977	985	993	997	1001	1010	1014	1018
	0.99	4052	5000	5403	5625	5764	5859	5928	5981	6022	6056	6082	6106	6157	6209	6235	6261	6313	6339	6366
2	0.90	8.53	9.00	9.16	9.24	9.29	9.33	9.35	9.37	9.38	9.39	9.40	9.41	9.42	9.44	9.45	9.46	9.47	9.48	9.49
	0.95	18.5	19.0	19.2	19.2	19.3	19.3	19.4	19.4	19.4	19.4	19.4	19.4	19.4	19.4	19.5	19.5	19.5	19.5	19.5
	0.975	38.5	39.0	39.2	39.3	39.3	39.3	39.4	39.4	39.4	39.4	39.4	39.4	39.4	39.5	39.5	39.5	39.5	39.5	39.5
	0.99	88.5	99.0	99.2	99.2	99.3	99.3	99.4	99.4	99.4	99.4	99.4	99.4	99.4	99.4	99.5	99.5	99.5	99.5	99.5
3	0.90	5.54	5.46	6.39	5.34	5.31	5.28	5.27	5.25	5.24	5.23	5.22	5.22	5.20	5.18	5.18	5.17	5.15	5.14	5.13
	0.95	10.1	9.55	9.28	9.12	9.01	8.94	8.89	8.85	8.81	8.79	8.76	8.74	8.70	8.66	8.64	8.62	8.57	8.55	8.53
	0.975	17.4	16.0	15.4	15.1	14.9	14.7	14.6	14.5	14.5	14.4	14.4	14.3	14.3	14.2	14.1	14.1	14.0	14.0	13.9
	0.99	34.1	30.8	29.5	28.7	28.2	27.9	27.7	27.5	27.3	27.2	27.1	27.1	26.9	26.7	26.6	26.5	26.3	26.2	26.1
4	0.90	4.54	4.32	4.19	4.11	4.05	4.01	3.98	3.95	3.94	3.92	3.91	3.90	3.87	3.84	3.83	3.82	3.79	3.78	3.76
	0.95	7.71	6.94	6.59	6.39	6.26	6.16	6.09	6.04	6.00	5.96	5.94	5.91	5.85	5.80	5.77	5.75	5.69	5.66	5.63
	0.975	12.2	10.7	9.98	9.60	9.36	9.20	9.07	8.98	8.90	8.84	8.80	8.75	8.66	8.56	8.51	8.46	8.36	8.31	8.26
	0.99	21.2	18.0	16.7	16.0	15.5	15.2	15.0	14.8	14.7	14.5	14.4	14.4	14.2	14.0	13.9	13.8	13.7	13.6	13.5
5	0.90	4.06	3.78	3.62	3.52	3.45	3.40	3.37	3.34	3.32	3.30	3.28	3.27	3.24	3.21	3.19	3.17	3.14	3.12	3.11
	0.95	6.61	5.79	5.41	5.19	5.05	4.95	4.88	4.82	4.77	4.74	4.71	4.68	4.62	4.56	4.53	4.50	4.43	4.40	4.37
	0.975	10.0	8.43	7.76	7.39	7.15	6.98	6.85	6.76	6.68	6.62	6.57	6.52	6.43	6.33	6.28	6.23	6.12	6.07	6.02
	0.99	16.3	13.3	12.1	11.4	11.0	10.7	10.5	10.3	10.2	10.1	9.96	9.89	9.72	9.55	9.47	9.38	9.20	9.11	9.02
6	0.90	3.78	3.46	3.29	3.18	3.11	3.05	3.01	2.98	2.96	2.94	2.92	2.90	2.87	2.84	2.82	2.80	2.76	2.74	2.72
	0.95	5.99	5.14	4.76	4.53	4.39	4.28	4.21	4.15	4.10	4.06	4.03	4.00	3.04	3.87	3.84	3.81	3.74	3.70	3.67
	0.975	8.81	7.26	6.60	6.23	5.99	5.82	5.70	5.60	5.52	5.46	5.41	5.27	5.27	5.17	5.12	5.07	4.96	4.90	4.85
	0.99	13.7	10.9	9.78	9.15	8.75	8.47	8.26	8.10	7.98	7.87	7.79	7.72	7.56	7.40	7.31	7.23	7.06	6.97	6.88
7	0.90	3.59	3.26	3.07	2.96	2.88	2.83	2.78	2.75	2.72	2.70	2.68	2.67	2.63	2.59	2.58	2.56	2.51	2.49	2.47
	0.95	5.59	4.74	4.35	4.12	3.97	3.87	3.79	3.73	3.68	3.64	3.60	3.57	3.51	3.44	3.41	3.38	3.30	3.27	3.23
	0.975	8.07	6.54	5.89	5.52	5.29	5.12	4.99	4.90	4.82	4.76	4.71	4.67	4.57	4.47	4.42	4.36	4.25	4.20	4.14
	0.99	12.2	9.55	8.45	7.85	7.46	7.19	6.99	6.84	6.72	6.62	6.54	6.47	6.31	6.16	6.07	5.99	5.82	5.74	5.65
8	0.90	3.46	3.11	2.92	2.81	2.73	2.67	2.62	2.59	2.56	2.54	2.52	2.50	2.46	2.42	2.40	2.38	2.34	2.32	2.29
	0.95	5.32	4.46	4.07	3.84	3.69	3.58	3.50	3.44	3.39	3.35	3.31	3.28	3.22	3.15	3.12	3.08	3.01	2.97	2.93
	0.975	7.57	6.06	5.42	5.05	4.82	4.65	4.53	4.43	4.36	4.30	4.25	4.20	4.10	4.00	3.95	3.89	3.78	3.73	3.67
	0.99	11.3	8.65	7.59	7.01	6.63	6.37	6.18	6.03	5.91	5.81	5.73	5.67	5.52	5.36	5.28	5.20	5.03	4.95	4.86
9	0.90	3.36	3.01	2.81	2.69	2.61	2.55	2.51	2.47	2.44	2.42	2.40	2.38	2.34	2.30	2.28	2.25	2.21	2.18	2.16
	0.95	5.12	4.26	3.86	3.63	3.48	3.37	3.29	3.23	3.18	3.14	3.10	3.07	3.01	2.94	2.90	2.86	2.79	2.75	2.71
	0.975	7.21	5.71	5.08	4.72	4.48	4.32	4.20	4.10	4.03	3.96	3.91	3.87	3.77	3.67	3.61	3.56	3.45	3.39	3.33
	0.99	10.6	8.02	6.99	6.42	6.06	5.80	5.61	5.47	5.35	5.26	5.18	5.11	4.96	4.81	4.73	4.65	4.48	4.40	4.31

10	0.90	3.29	2.92	2.73	2.61	2.52	2.46	2.41	2.38	2.35	2.32	2.30	2.28	2.24	2.20	2.18	2.16	2.11	2.08	2.06
	0.95	4.96	4.10	3.71	3.48	3.33	3.22	3.14	3.07	3.02	2.98	2.94	2.91	2.84	2.77	2.74	2.70	2.62	2.58	2.54
	0.975	6.94	5.46	4.83	4.47	4.24	4.07	3.95	3.85	3.78	3.72	3.67	3.62	3.52	3.42	3.37	3.31	3.20	3.14	3.08
	0.99	10.0	7.66	6.55	5.99	5.64	5.39	5.20	5.06	4.94	4.85	4.77	4.71	4.56	4.41	4.33	4.25	4.08	4.00	3.91
11	0.90	3.23	2.86	2.66	2.54	2.45	2.39	2.34	2.30	2.27	2.25	2.23	2.21	2.17	2.12	2.10	2.08	2.03	1.99	1.97
	0.95	4.84	3.98	3.59	3.36	3.20	3.09	3.01	2.95	2.90	2.85	2.82	2.79	2.72	2.65	2.61	2.57	2.49	2.43	2.40
	0.975	6.72	5.26	4.63	4.28	4.04	3.88	3.76	3.66	3.59	3.53	3.48	3.43	3.33	3.23	3.17	3.12	3.00	2.94	2.88
	0.99	9.65	7.21	6.22	5.67	5.32	5.07	4.89	4.74	4.63	4.54	4.46	4.40	4.25	4.10	4.02	3.94	3.78	3.66	3.60
12	0.90	3.18	2.81	2.61	2.48	2.39	2.33	2.28	2.24	2.21	2.19	2.17	2.15	2.10	2.06	2.04	2.01	1.96	1.93	1.90
	0.95	4.75	3.89	3.49	3.26	3.11	3.00	2.91	2.85	2.80	2.75	2.72	2.69	2.62	2.54	2.51	2.47	2.38	2.34	2.30
	0.975	6.55	5.10	4.47	4.12	3.89	3.73	3.61	3.51	3.44	3.37	3.32	3.28	3.18	3.07	3.02	2.96	2.85	2.79	2.72
	0.99	9.33	6.93	5.95	5.41	5.06	4.82	4.64	4.50	4.39	4.30	4.22	4.16	4.01	3.86	3.78	3.70	3.54	3.45	3.36
13	0.90	3.14	2.76	2.56	2.43	2.35	2.28	2.23	2.20	2.16	2.14	2.12	2.05	2.10	2.01	1.98	1.96	1.90	1.86	1.85
	0.95	4.67	3.81	3.41	3.18	3.03	2.92	2.83	2.77	2.71	2.67	2.63	2.53	2.60	2.46	2.42	2.38	2.30	2.23	2.21
	0.975	6.41	4.97	4.35	4.00	3.77	3.60	3.48	3.39	3.31	3.25	3.20	3.05	3.15	2.95	2.89	2.84	2.72	2.66	2.60
	0.99	9.07	6.70	5.74	5.21	4.86	4.62	4.44	4.30	4.19	4.10	4.02	3.82	3.96	3.66	3.59	3.51	3.34	3.22	3.17
14	0.90	3.10	2.73	2.52	2.39	2.31	2.24	2.19	2.15	21.2	2.10	2.08	2.05	2.01	1.96	1.94	1.91	1.86	1.83	1.80
	0.95	4.60	3.74	3.34	3.11	2.96	2.85	2.76	2.70	2.65	2.60	2.57	2.53	2.46	2.39	2.35	2.31	2.22	2.18	2.13
	0.975	6.30	4.86	4.24	3.89	3.66	3.50	3.36	3.29	3.26	3.15	3.10	3.05	2.95	2.84	2.79	2.73	2.61	2.55	2.49
	0.99	8.86	6.51	5.56	5.04	4.69	4.46	4.28	4.14	4.03	3.94	3.86	3.38	3.66	3.51	3.43	3.35	3.18	3.09	3.00
15	0.90	3.07	2.70	2.49	2.36	2.27	2.21	2.16	2.12	2.09	2.06	2.04	2.02	1.97	1.92	1.90	1.87	1.82	1.79	1.76
	0.95	4.54	3.68	3.29	3.06	2.90	2.79	2.71	2.64	2.59	2.54	2.51	2.48	2.40	2.33	2.29	2.25	2.16	2.11	2.07
	0.975	6.20	4.77	4.15	3.80	3.58	3.41	3.29	3.20	3.12	3.06	3.01	2.96	2.86	2.76	2.70	2.64	2.52	2.46	2.40
	0.99	8.68	6.36	5.42	4.89	4.56	4.32	4.14	4.00	3.89	3.80	3.73	3.67	3.52	3.37	3.29	3.21	3.05	2.96	2.87
20	0.90	2.97	2.59	2.38	2.25	2.16	2.09	2.04	2.00	1.96	1.94	1.92	1.89	1.84	1.79	1.77	1.74	1.68	1.64	1.61
	0.95	4.35	3.49	3.10	2.87	2.71	2.60	2.51	2.45	2.39	2.35	2.31	2.28	2.20	2.12	2.08	2.04	1.95	1.90	1.84
	0.975	5.87	4.46	3.86	3.51	3.29	3.13	3.01	2.91	2.84	2.77	2.72	2.68	2.57	2.46	2.41	2.35	2.22	2.16	2.09
	0.99	8.10	5.85	4.94	4.43	4.10	3.87	3.70	3.56	3.46	3.37	3.29	3.23	3.09	2.94	2.86	2.78	2.61	2.52	2.42
24	0.90	2.93	2.54	2.33	2.19	2.10	2.04	1.98	1.94	1.91	1.88	1.85	1.83	1.78	1.73	1.70	1.67	1.61	1.57	1.53
	0.95	4.26	3.40	3.01	2.78	2.62	2.51	2.42	2.36	2.30	2.25	2.21	2.18	2.11	2.03	1.98	1.94	1.84	1.79	1.73
	0.975	5.72	4.32	3.72	3.38	3.15	2.99	2.87	2.78	2.70	2.64	2.59	2.54	2.44	2.33	2.27	2.21	2.08	2.01	1.94
	0.99	7.82	5.61	4.72	4.22	3.90	3.67	3.50	3.36	3.26	3.17	3.09	3.03	2.89	2.74	2.66	2.58	2.40	2.31	2.21
30	0.90	2.88	2.49	2.28	2.14	2.05	1.98	1.93	1.88	1.85	1.82	1.79	1.77	1.72	1.67	1.64	1.61	1.54	1.50	1.46
	0.95	4.17	3.32	2.92	2.69	2.53	2.42	2.33	2.27	2.21	2.16	2.13	2.09	2.01	1.93	1.89	1.84	1.74	1.68	1.62
	0.975	5.57	4.18	3.59	3.25	3.03	2.87	2.75	2.65	2.57	2.51	2.46	2.41	2.31	2.20	2.14	2.07	1.94	1.87	1.79
	0.99	7.56	5.39	4.51	4.02	3.70	3.47	3.30	3.17	3.07	2.98	2.91	2.84	2.70	2.55	2.47	2.39	2.21	2.11	2.01
60	0.90	2.79	2.39	2.18	2.04	1.95	1.87	1.82	1.77	1.74	1.71	1.68	1.66	1.60	1.54	1.51	1.48	1.40	1.35	1.29
	0.95	4.00	3.15	2.76	2.53	2.37	2.25	2.17	2.10	2.04	1.99	1.95	1.92	1.84	1.75	1.70	1.65	1.53	1.47	1.39
	0.975	5.29	3.93	3.34	3.01	2.79	2.63	2.51	2.41	2.33	2.27	2.22	2.17	2.06	1.94	1.88	1.82	1.67	1.58	1.48
	0.99	7.08	4.98	4.13	3.65	3.34	3.12	2.95	2.82	2.72	2.63	2.56	2.50	2.35	2.20	2.12	2.03	1.84	1.73	1.60
120	0.90	2.75	2.36	2.13	1.99	1.90	1.82	1.77	1.72	1.68	1.65	1.62	1.60	1.55	1.48	1.45	1.41	1.32	1.26	1.19
	0.95	3.92	3.07	2.68	2.45	2.29	2.18	2.09	2.02	1.96	1.91	1.87	1.83	1.75	1.66	1.61	1.55	1.43	1.35	1.25
	0.975	5.15	3.80	3.23	2.89	2.67	2.52	2.39	2.30	2.22	2.16	2.11	2.05	1.94	1.82	1.76	1.69	1.53	1.43	1.31
	0.99	7.08	4.98	4.13	3.65	3.34	3.12	2.95	2.82	2.72	2.47	2.40	2.34	2.19	2.03	1.95	1.86	1.66	1.53	1.38
∞	0.90	2.71	2.30	2.08	1.94	1.85	1.77	1.72	1.67	1.63	1.60	1.57	1.55	1.49	1.42	1.38	1.34	1.24	1.17	1.00
	0.95	3.84	3.00	2.60	2.37	2.21	2.10	2.01	1.94	1.88	1.83	1.79	1.79	1.67	1.57	1.52	1.46	1.32	1.22	1.00
	0.975	5.02	3.69	3.12	2.79	2.57	2.41	2.29	2.19	2.11	2.05	2.00	1.94	1.83	1.71	1.64	1.57	1.39	1.27	1.00
	0.99	6.63	4.61	3.78	3.32	3.02	2.80	2.64	2.51	2.41	2.32	2.25	2.18	2.04	1.88	1.79	1.70	1.47	1.32	1.00

〈표 A-5〉 누적 이항 분포표

$$P[X \leq c] = \sum_{x=0}^{c} \binom{n}{x} p^x (1-p)^{n-x}$$

	c \ p	0.05	0.10	0.20	0.30	0.40	0.50	0.60	0.70	0.80	0.90	0.95
$n=1$	0	0.950	0.900	0.800	0.700	0.600	0.500	0.400	0.300	0.200	0.100	0.050
	1	1.000	1.000	1.000	1.000	1.000	1.000	1.000	1.000	1.000	1.000	1.000
$n=2$	0	0.902	0.810	0.640	0.490	0.360	0.250	0.160	0.090	0.040	0.010	0.002
	1	0.997	0.990	0.960	0.910	0.840	0.750	0.640	0.510	0.360	0.190	0.097
	2	1.000	1.000	1.000	1.000	1.000	1.000	1.000	1.000	1.000	1.000	1.000
$n=3$	0	0.857	0.729	0.512	0.343	0.216	0.125	0.064	0.027	0.008	0.001	0.000
	1	0.993	0.972	0.896	0.784	0.648	0.500	0.352	0.216	0.104	0.028	0.007
	2	1.000	0.999	0.992	0.973	0.936	0.875	0.784	0.657	0.488	0.271	0.143
	3	1.000	1.000	1.000	1.000	1.000	1.000	1.000	1.000	1.000	1.000	1.000
$n=4$	0	0.815	0.656	0.410	0.240	0.130	0.063	0.026	0.008	0.002	0.000	0.000
	1	0986	0948	0.810	0.652	0.478	0.313	0.179	0.084	0.027	0.004	0.000
	2	1.000	0.996	0.973	0.916	0.821	0.688	0.525	0.348	0.181	0.052	0.014
	3	1.000	1.000	0.998	0.992	0.974	0.938	0.870	0.760	0.590	0.644	0.185
	4	1.000	1.000	1.000	1.000	1.000	1.000	1.000	1.000	1.000	1.000	1.000
$n=5$	0	0.774	0.590	0.328	0.168	0.078	0.031	0.010	0.002	0.000	0.000	0.000
	1	0.977	0.919	0.737	0.528	0.337	0.188	0.087	0.031	0.007	0.000	0.000
	2	0.999	0.991	0.942	0.837	0.683	0.500	0.317	0.163	0.058	0.009	0.001
	3	1.000	1.000	0.993	0.969	0.913	0.812	0.663	0.472	0.263	0.081	0.023
	4	1.000	1.000	1.000	0.998	0.990	0.969	0.922	0.832	0.672	0.410	0.226
	5	1.000	1.000	1.000	1.000	1.000	1.000	1.000	1.000	1.000	1.000	1.000
$n=6$	0	0.735	0.531	0.262	0.118	0.047	0.016	0.004	0.001	0.000	0.000	0.000
	1	0.967	0.886	0.655	0.420	0.233	0.109	0.041	0.011	0.002	0.000	0.000
	2	0.998	0.984	0.901	0.744	0.544	0.344	0.179	0.070	0.017	0.001	0.000
	3	1.000	0.999	0.983	0.930	0.821	0.656	0.456	0.256	0.099	0.016	0.002
	4	1.000	1.000	0.998	0.989	0.959	0.891	0.767	0.580	0.345	0.114	0.033
	5	1.000	1.000	1.000	0.999	0.996	0.984	0.953	0.882	0.738	0.469	0.265
	6	1.000	1.000	1.000	1.000	1.000	1.000	1.000	1.000	1.000	1.000	1.000
$n=7$	0	0.698	0.478	0.210	0.082	0.028	0.008	0.002	0.000	0.000	0.000	0.000
	1	0.956	0.850	0.577	0.329	0.159	0.063	0.019	0.004	0.000	0.000	0.000
	2	0.996	0.974	0.852	0.647	0.420	0.227	0.096	0.029	0.005	0.000	0.000
	3	1.000	0.997	0.967	0.874	0.710	0.500	0.290	0.126	0.033	0.003	0.000
	4	1.000	1.000	0.995	0.971	0.904	0.773	0.580	0.353	0.148	0.026	0.004
	5	1.000	1.000	1.000	0.996	0.981	0.937	0.841	0.671	0.423	0.150	0.044
	6	1.000	1.000	1.000	1.000	0.998	0.992	0.972	0.918	0.790	0.522	0.302
	7	1.000	1.000	1.000	1.000	1.000	1.000	1.000	1.000	1.000	1.000	1.000
$n=8$	0	0.663	0.430	0.163	0.058	0.017	0.004	0.001	0.000	0.000	0.000	0.000
	1	0.943	0.813	0.503	0.255	0.106	0.035	0.009	0.001	0.000	0.000	0.000
	2	0.994	0.962	0.797	0.552	0.315	0.145	0.050	0.011	0.001	0.000	0.000
	3	1.000	0.995	0.944	0.806	0.594	0.363	0.174	0.058	0.010	0.000	0.000
	4	1.000	1.000	0.990	0.942	0.826	0.637	0.406	0.194	0.056	0.005	0.000
	5	1.000	1.000	0.999	0.989	0.950	0.885	0.685	0.448	0.203	0.038	0.006
	6	1.000	1.000	1.000	0.999	0.991	0.965	0.894	0.745	0.497	0.187	0.057
	7	1.000	1.000	1.000	1.000	0.999	0.996	0.983	0.942	0.832	0.570	0.337
	8	1.000	1.000	1.000	1.000	1.000	1.000	1.000	1.000	1.000	1.000	1.000

$n=9$	0	0.630	0.387	0.134	0.040	0.010	0.002	0.000	0.000	0.000	0.000	0.000
	1	0.929	0.775	0.436	0.196	0.071	0.020	0.004	0.000	0.000	0.000	0.000
	2	0.992	0.947	0.738	0.463	0.232	0.090	0.025	0.004	0.000	0.000	0.000
	3	0.999	0.992	0.914	0.730	0.483	0.254	0.099	0.025	0.003	0.000	0.000
	4	1.000	0.999	0.980	0.901	0.733	0.500	0.267	0.099	0.020	0.001	0.000
	5	1.000	1.000	0.997	0.975	0.901	0.746	0.517	0.270	0.086	0.008	0.001
	6	1.000	1.000	1.000	0.996	0.975	0.910	0.768	0.537	0.262	0.053	0.008
	7	1.000	1.000	1.000	1.000	0.996	0.980	0.929	0.804	0.564	0.225	0.071
	8	1.000	1.000	1.000	1.000	1.000	0.998	0.990	0.960	0.866	0.613	0.370
	9	1.000	1.000	1.000	1.000	1.000	1.000	1.000	1.000	1.000	1.000	1.000
$n=10$	0	0.599	0.349	0.107	0.028	0.006	0.001	0.000	0.000	0.000	0.000	0.000
	1	0.914	0.736	0.376	0.149	0.046	0.011	0.002	0.000	0.000	0.000	0.000
	2	0.988	0.930	0.678	0.383	0.167	0.055	0.012	0.002	0.000	0.000	0.000
	3	0.999	0.987	0.879	0.650	0.382	0.172	0.055	0.011	0.001	0.000	0.000
	4	1.000	0.998	0.967	0.850	0.633	0.377	0.166	0.047	0.006	0.000	0.000
	5	1.000	1.000	0.994	0.953	0.834	0.623	0.367	0.150	0.033	0.002	0.000
	6	1.000	1.000	0.999	0.989	0.945	0.828	0.618	0.350	0.121	0.013	0.001
	7	1.000	1.000	1.000	0.998	0.988	0.945	0.833	0.617	0.322	0.070	0.012
	8	1.000	1.000	1.000	1.000	0.998	0.989	0.954	0.851	0.624	0.264	0.086
	9	1.000	1.000	1.000	1.000	1.000	0.999	0.994	0.972	0.893	0.651	0.401
	10	1.000	1.000	1.000	1.000	1.000	1.000	1.000	1.000	1.000	1.000	1.000
$n=11$	0	0.569	0.314	0.086	0.020	0.004	0.000	0.000	0.000	0.000	0.000	0.000
	1	0.898	0.697	0.322	0.113	0.030	0.006	0.001	0.000	0.000	0.000	0.000
	2	0.985	0.910	0.617	0.313	0.119	0.033	0.006	0.001	0.000	0.000	0.000
	3	0.998	0.981	0.839	0.570	0.290	0.113	0.029	0.004	0.000	0.000	0.000
	4	1.000	0.997	0.950	0.790	0.533	0.274	0.099	0.022	0.002	0.000	0.000
	5	1.000	1.000	0.988	0.922	0.753	0.500	0.247	0.078	0.012	0.000	0.000
	6	1.000	1.000	0.998	0.978	0.901	0.726	0.467	0.210	0.050	.0.003	0.000
	7	1.000	1.000	1.000	0.996	0.971	0.887	0.704	0.430	0.161	0.019	0.002
	8	1.000	1.000	1.000	0.999	0.994	0.967	0.881	0.687	0.383	0.090	0.015
	9	1.000	1.000	1.000	1.000	0.999	0.994	0.970	0.887	0.678	.0.303	0.102
	10	1.000	1.000	1.000	1.000	1.000	1.000	0.996	0.980	0.914	0.686	0.431
	11	1.000	1.000	1.000	1.000	1.000	1.000	1.000	1.000	1.000	1.000	1.000
$n=12$	0	0.540	0.282	0.069	0.014	0.002	0.000	0.000	0.000	0.000	0.000	0.000
	1	0.882	0.650	0.275	0.085	0.020	0.003	0.000	0.000	0.000	0.000	0.000
	2	0.980	0.889	0.558	0.253	0.083	0.019	0.003	0.000	0.000	0.000	0.000
	3	0.998	0.974	0795	0.493	0.225	0.073	0.015	0.002	0.000	0.000	0.000
	4	1.000	0.996	0927	0.724	0.438	0.194	0.057	0.009	0.001	0.000	0.000
	5	1.000	0.999	0.981	0.882	0.665	0.387	0.158	0.039	0.004	0.000	0.000
	6	1.000	1.000	0.996	0.961	0.842	0.613	0.335	0.118	0.019	0.001	0.000
	7	1.000	1.000	0.999	0.991	0.943	0.806	0.562	0.276	0.073	0.004	0.000
	8	1.000	1.000	1.000	0.998	0.985	0.927	0.775	0.507	0.205	0.026	0.002
	9	1.000	1.000	1.000	1.0000	0.997	0.981	0.917	0.7417	0.442	0.111	0.020
	10	1.000	1.000	1.000	1.000	1.000	0.997	0.980	0.915	0.725	0.341	0.118
	11	1.000	1.000	1.000	1.000	1.0000	1.0000	0.998	0.986	0.931	0.718	0.460
	12	1.000	1.000	1.000	1.000	1.000	1.000	1.000	1.000	1.000	1.000	1.000
$n=13$	0	0.513	0.254	0.055	0.010	0.001	0.000	0.000	0.000	0.000	0.000	0.000
	1	0.865	0.621	0.234	0.064	0.013	0.002	0.000	0.000	0.000	0.000	0.000
	2	0.975	0.866	0.502	00.202	0.058	0.011	0.001	0.000	0.000	0.000	0.000
	3	0.997	0.966	0.747	0.421	0.169	0.046	0.008	0.001	0.000	0.000	0.000
	4	1.000	0.994	0.901	0.654	0.353	0.133	0.032	0.004	0.000	0.000	0.000
	5	1.000	0.999	0.970	0.835	0.574	0.291	0.098	0.018	0.001	0.000	0.000
	6	1.000	1.000	0.993	0.938	0.771	0.500	0.229	0.062	0.007	0.000	0.000
	7	1.000	1.000	0.999	0.982	0.902	0.709	0.426	0.165	0.030	0.001	0.000

	8	1.000	1.000	1.000	0.996	0.968	0.867	0.647	0.346	0.099	0.006	0.000
	9	1.000	1.000	1.000	0.999	0.992	0.954	0.831	0.579	0.253	0.034	0.003
	10	1.000	1.000	1.000	1.000	0.999	0989	0.942	0.798	0.498	0.134	0.025
	11	1.000	1.000	1.000	1.000	1.000	0.998	0.987	0.936	0.776	0.379	0.135
	12	1.000	1.000	1.000	1.000	1.000	1.000	0.999	0.990	0.945	0.746	0.487
	13	1.000	1.000	1.000	1.000	1.000	1.000	1.000	1.000	1.000	1.000	1.000
$n=14$	0	0.488	0.229	0.044	0.007	0.001	0.000	0.000	0.000	0.000	0.000	0.000
	1	0.847	0.585	0.198	0.047	0.008	0.001	0.000	0.000	0.000	0.000	0.000
	2	0.970	0.842	0.448	0.161	0.040	0.006	0.001	0.000	0.000	0.000	0.000
	3	0.996	0.956	0.698	0.355	0.124	0.029	0.004	0.000	0.000	0.000	0.000
	4	1.000	0.991	0.870	0.584	0.279	0.090	0.018	0.002	0.000	0.000	0.000
	5	1.000	0.999	0.956	0.781	0.486	0.212	0.058	0.008	0.000	0.000	0.000
	6	1.000	1.000	0.988	0.907	0.692	0.395	0.150	0.031	0.002	0.000	0.000
	7	1.000	1.000	0.998	0.969	0.850	0.605	0.308	0.093	0.012	0.000	0.000
	8	1.000	1.000	1.000	0.992	0.942	0.788	0.514	0.219	0.044	0.001	0.000
	9	1.000	1.000	1.000	0.998	0.982	0.910	0.721	0.416	0.130	0.009	0.000
	10	1.000	1.000	1.000	1.000	0.996	0.971	0.876	0.645	0.302	0.044	0.004
	11	1.000	1.000	1.000	1.000	0.999	0.994	0.960	0.839	0.552	0.158	0.030
	12	1.000	1.000	1.000	1.000	1.000	0.999	0.992	0.953	0.802	0.415	0.153
	13	1.000	1.000	1.000	1.000	1.000	1.000	0.999	0.993	0.956	0.771	0.512
	14	1.000	1.000	1.000	1.000	1.000	1.000	1.000	1.000	1.000	1.000	1.000
$n=15$	0	0.463	0.206	0.035	0.005	0.000	0.000	0.000	0.000	0.000	0.000	0.000
	1	0.829	0.549	0.167	0.035	0.005	0.000	0.000	0.000	0.000	0.000	0.000
	2	0.964	0.816	0.398	0.127	0.027	0.004	0.000	0.000	0.000	0.000	0.000
	3	0.995	0.944	0.648	0.297	0.091	0.018	0.002	0.000	0.000	0.000	0.000
	4	0.999	0.987	0.836	0.515	0.217	0.059	0.009	0.001	0.000	0.000	0.000
	5	1.000	0.998	0.939	0.722	0.403	0.151	0.034	0.004	0.000	0.000	0.000
	6	1.000	1.000	0.982	0.869	0.610	0.304	0.095	0.015	0.001	0.000	0.000
	7	1.000	1.000	0.996	0.950	0.787	0.500	0.213	0.050	0.004	0.000	0.000
	8	1.000	1.000	0.999	0.985	0.905	0.696	0.390	0.131	0.018	0.000	0.000
	9	1.000	1.000	1.000	0.996	0.966	0.849	0.597	0.278	0.061	0.002	0.000
	10	1.000	1.000	1.000	0.999	0.991	0.941	0.783	0.485	0.164	0.013	0.001
	11	1.000	1.000	1.000	1.000	0.998	0.982	0.909	0.703	0.352	0.056	0.005
	12	1.000	1.000	1.000	1.000	1.000	0.996	0.973	0.873	0.602	0.184	0.036
	13	1.000	1.000	1.000	1.000	1.000	1.000	0.995	0.965	0.833	0.451	0.171
	14	1.000	1.000	1.000	1.000	1.000	1.000	1.000	0.995	0.965	0.794	0.537
	15	1.000	1.000	1.000	1.000	1.000	1.000	1.000	1.000	1.000	1.000	1.000
$n=16$	0	0.440	0.185	0.028	0.003	0.000	0.000	0.000	0.000	0.000	0.000	0.000
	1	0.811	0.515	0.141	0.026	0.003	0.000	0.000	0.000	0.000	0.000	0.000
	2	0.957	0.789	0.352	0.099	0.018	.0.002	0.000	0.000	0.000	0.000	0.000
	3	0.993	0.932	0.598	0.246	0.065	0.011	0.001	0.000	0.000	0.000	0.000
	4	0.999	0.983	0.798	0.450	0.617	0.038	0.005	0.000	0.000	0.000	0.000
	5	1.000	0.997	0.918	0.660	0.329	0.105	0.019	0.002	0.000	0.000	0.000
	6	1.000	0.999	0.973	0.825	0.527	0.227	0.058	0.007	0.000	0.000	0.000
	7	1.000	1.000	0.993	0.926	0.716	0.402	0.142	0.026	0.001	0.000	0.000
	8	1.000	1.0000	0.999	0.974	0.858	0.598	0.284	0.074	0.007	0.000	0.000
	9	1.000	1.000	1.000	0.993	0.942	0.773	0.473	0.175	0.027	0.001	0.000
	10	1.000	1.000	1.00	0.998	0.981	0.895	0.671	0.340	0.082	0.003	0.000
	11	1.000	1.000	1.000	1.000	0.995	0.962	0.833	0.550	0.202	0.017	0.001
	12	1.000	1.000	1.000	1.000	0.999	0.989	0.935	0.754	0.402	0.068	0.007
	13	1.000	1.000	1.000	1.000	1.000	0.998	0.982	0.901	0.648	0.211	0.043
	14	1.000	1.000	1.000	1.000	1..000	1.000	0.997	0.974	0.859	0.485	0.189
	15	1.000	1.000	1.000	1.000	1.0000	1.000	1.000	0.997	0.972	0.815	0.560
	16	1.000	1.000	1.000	1.000	1.000	1.000	1.000	1.000	1.000	1.000	1.000

n	x											
$n=17$	0	0.481	0.167	0.023	0.002	0.000	0.000	0.000	0.000	0.000	0.000	0.000
	1	0.792	0.482	0.118	0.019	0.002	0.000	0.000	0.000	0.000	0.000	0.000
	2	0.950	0.762	0.310	0.077	0.012	0.001	0.000	0.000	0.000	0.000	0.000
	3	0.991	0.917	0.549	0.202	0.046	0.006	0.000	0.000	0.000	0.000	0.000
	4	0.999	0.978	0.758	0.389	0.126	0.025	0.003	0.000	0.000	0.000	0.000
	5	1.000	0.995	0.894	0.597	0.264	0.072	0.011	0.001	0.000	0.000	0.000
	6	1.000	0.999	0.962	0.775	0.448	0.166	0.035	0.003	0.000	0.000	0.000
	7	1.000	1.000	0.989	0.895	0.641	0.315	0.092	0.013	0.000	0.000	0.000
	8	1.000	1.000	0.997	0.960	0.801	0.500	0.199	0.040	0.003	0.000	0.000
	9	1.000	1.000	1.000	0.987	0.908	0.685	0.359	0.105	0.011	0.000	0.000
	10	1.000	1.000	1.000	0.997	0.965	0.834	0.552	0.225	0.038	0.001	0.000
	11	1.000	1.000	1.000	0.999	0.989	0.928	0.736	0.403	0.106	0.005	0.000
	12	1.000	1.000	1.000	1.000	0.997	0.978	0.874	0.611	0.242	0.022	0.001
	13	1.000	1.000	1.000	1.000	1.000	0.994	0.954	0.798	0.451	0.083	0.009
	14	1.000	1.000	1.000	1.000	1.000	0.999	0.988	0.923	0.690	0.238	0.050
	15	1.000	1.000	1.000	1.000	1.000	1.000	0.998	0.981	0.882	0.518	0.208
	16	1.000	1.000	1.000	1.000	1.000	1.000	1.000	0.998	0.997	0.833	0.582
	17	1.000	1.000	1.000	1.000	1.000	1.000	1.000	1.000	1.000	1.000	1.000
$n=18$	0	0.397	0.150	0.018	0.002	0.000	0.000	0.000	0.000	0.000	0.000	0.000
	1	0.774	0.450	0.099	0.014	0.001	0.000	0.000	0.000	0.000	0.000	0.000
	2	0.942	0.734	0.271	0.060	0.008	0.001	0.000	0.000	0.000	0.000	0.000
	3	0.989	0.902	0.501	0.165	0.033	0.004	0.000	0.000	0.000	0.000	0.000
	4	0.998	0.972	0.716	0.333	0094	0.015	0.001	0.000	0.000	0.000	0.000
	5	1.000	0.994	0.867	0.534	0.209	0.048	0.006	0.000	0.000	0.000	0.000
	6	1.000	0.999	0.949	0.722	0.374	0.119	0.020	0.001	0.000	0.000	0.000
	7	1.000	1.000	0.984	0.859	0.563	0.240	0.058	0.006	0.000	0.000	0.000
	8	1.000	1.000	0.996	0.940	0.737	0.407	0.135	0.021	0.001	0.000	0.000
	9	1.000	1.000	0.999	0.979	0.865	0.593	0.263	0.060	0.004	0.000	0.000
	10	1.000	1.000	1.000	0.994	0.942	0.760	0.437	0.141	0.016	0.000	0.000
	11	1.000	1.000	1.000	0.999	0.980	0.881	0.626	0.278	0.051	0.001	0.000
	12	1.000	1.000	1.000	1.000	0.994	0.952	0.791	0.466	0.133	0.006	0.000
	13	1.000	1.000	1.000	1.000	0.999	0.985	0.906	0.667	0.284	0.028	0.002
	14	1.000	1.000	1.000	1.0000	1.000	0.996	0.967	0.835	0.499	0.098	0.011
	15	1.000	1.000	1.000	1.000	1.000	0.999	0.992	0.940	0.729	0.266	0.058
	16	1.000	1.000	1.000	1.000	1.000	1.000	0.999	0.986	0.901	0.550	0.226
	17	1.000	1.000	1.000	1.000	1.000	1.000	1.000	0.998	0.982	0.850	0.603
	18	1.000	1.000	1.000	1.000	1.000	1.000	1.000	1.000	1.000	1.000	1.000
$n=19$	0	0.377	0.135	0.014	0.001	0.000	0.000	0.000	0.000	0.000	0.000	0.000
	1	0.755	0.420	0.083	0.010	0.001	0.000	0.000	0.000	0.000	0.000	0.000
	2	0.933	0.705	0.237	0.046	0.005	0.000	0.000	0.000	0.000	0.000	0.000
	3	0.987	0.885	0.455	0.133	0.023	0.002	0.000	0.000	0.000	0.000	0.000
	4	0.998	0.965	0.673	0.282	0.070	0.010	0.001	0.000	0.000	0.000	0.000
	5	1.000	0.991	0.837	0.474	0.163	0.032	0.003	0.000	0.000	0.000	0.000
	6	1.000	0.998	0.932	0.666	0.308	0.084	0.012	0.001	0.000	0.000	0.000
	7	1.000	1.000	0.977	0.818	0.488	0.180	0.035	0.003	0.000	0.000	0.000
	8	1.000	1.000	0.993	0.916	0.667	0.324	0.088	0.011	0.000	0.000	0.000
	9	1.000	1.000	0.998	0.967	0.814	0.500	0.186	0.033	0.002	0.000	0.000
	10	1.000	1.000	1.000	0.980	0.912	0.676	0.333	0.084	0.007	0.000	0.000
	11	1.000	1.000	1.000	0.997	0.965	0.820	0.512	0.182	0.023	0.000	0.000
	12	1.000	1.000	1.000	0.999	0.988	0.916	0.692	0.334	0.068	0.002	0.000
	13	1.000	1.000	1.000	1.000	0.997	0.968	0.837	0.526	0.163	0.009	0.000
	14	1.000	1.000	1.000	1.000	0.999	0.990	0.930	0.718	0.327	0.035	0.002
	15	1.000	1.000	1.000	1.000	1.000	0.998	0.977	0.867	0.545	0.115	0.013
	16	1.000	1.000	1.000	1.000	1.000	1.000	0.995	0.954	0.763	0.295	0.067

	17	1.000	1.000	1.000	1.000	1.000	1.000	0.999	0.990	0.917	0.580	0.245
	18	1.000	1.000	1.000	1.000	1.000	1.000	1.000	0.999	0.986	0.865	0.623
	19	1.000	1.000	1.000	1.000	1.000	1.000	1.000	1.000	1.000	1.000	1.000
$n=20$	0	0.358	0.122	0.012	0.001	0.000	0.000	0.000	0.000	0.000	0.000	0.000
	1	0.736	0.392	0.069	0.008	0.001	0.000	0.000	0.000	0.000	0.000	0.000
	2	0.925	0.677	0.206	0.035	0.004	0.000	0.000	0.000	0.000	0.000	0.000
	3	0.984	0.867	0.411	0.107	0.016	0.001	0.000	0.000	0.000	0.000	0.000
	4	0.997	0.957	0.630	0.238	0.051	0.006	0.000	0.000	0.000	0.000	0.000
	5	1.000	0.989	0.804	0.416	0.126	0.021	0.002	0.000	0.000	0.000	0.000
	6	1.000	0.998	0.913	0.608	0.250	0.058	0.006	0.000	0.000	0.000	0.000
	7	1.000	1.000	0.968	0.772	0.416	0.132	0.021	0.001	0.000	0.000	0.000
	8	1.000	1.000	0.990	0.887	0.596	0.252	0.057	0.005	0.000	0.000	0.000
	9	1.000	1.000	0.997	0.952	0.755	0.412	0.128	0.017	0.001	0.000	0.000
	10	1.000	1.000	0.999	0.983	0.872	0.588	0.245	0.048	0.003	0.000	0.000
	11	1.000	1.000	1.000	0.995	0.943	0.748	0.404	0.113	0.010	0.000	0.000
	12	1.000	1.000	1.000	0.999	0.979	0.868	0.584	0.228	0.032	0.000	0.000
	13	1.000	1.000	1.000	1.000	0.994	0.942	0.750	0.392	0.087	0.002	0.000
	14	1.000	1.000	1.000	1.000	0.998	0.979	0.874	0.584	0.196	0.011	0.000
	15	1.000	1.000	1.000	1.000	1.000	0.994	0.949	0.762	0.370	0.043	0.003
	16	1.000	1.000	1.000	1.000	1.000	0.999	0.984	0.893	0.589	0.133	0.016
	17	1.000	1.000	1.000	1.000	1.000	1.000	0.996	0.965	0.794	0.323	0.075
	18	1.000	1.000	1.000	1.000	1.000	1.000	0.999	0.992	0.931	0.608	0.264
	19	1.000	1.000	1.000	1.000	1.000	1.000	1.000	0.999	0.998	0.878	0.642
	20	1.000	1.000	1.000	1.000	1.000	1.000	1.000	1.000	1.000	1.000	1.000
$n=25$	0	0.277	0.072	0.004	0.000	0.000	0.000	0.000	0.000	0.000	0.000	0.000
	1	0.642	0.271	0.027	0.002	0.000	0.000	0.000	0.000	0.000	0.000	0.000
	2	0.873	0.537	0.098	0.009	0.000	0.000	0.000	0.000	0.000	0.000	0.000
	3	0.966	0.764	0.234	0.033	0.002	0.000	0.000	0.000	0.000	0.000	0.000
	4	0.993	0.902	0.421	0.090	0.009	0.000	0.000	0.000	0.000	0.000	0.000
	5	0.999	0.967	0.617	0.193	0.029	0.002	0.000	0.000	0.000	0.000	0.000
	6	1.000	0.991	0.780	0.341	0.074	0.007	0.000	0.000	0.000	0.000	0.000
	7	1.000	0.998	0.891	0.512	0.154	0.022	0.001	0.000	0.000	0.000	0.000
	8	1.000	1.000	0.953	0.677	0.274	0.054	0.004	0.000	0.000	0.000	0.000
	9	1.000	1.000	0.983	0.811	0.425	0.115	0.013	0.000	0.000	0.000	0.000
	10	1.000	1.000	0.994	0.902	0.586	0.212	0.034	0.002	0.000	0.000	0.000
	11	1.000	1.000	0.998	0.956	0.732	0.345	0.078	0.006	0.000	0.000	0.000
	12	1.000	1.000	1.000	0.983	0.846	0.500	0.154	0.017	0.000	0.000	0.000
	13	1.000	1.000	1.000	0.994	0.922	0.655	0.268	0.044	0.002	0.000	0.000
	14	1.000	1.000	1.000	0.998	0.966	0.788	0.414	0.098	0.006	0.000	0.000
	15	1.000	1.000	1.000	1.000	0.987	0.885	0.575	0.189	0.017	0.000	0.000
	16	1.000	1.000	1.000	1.000	0.996	0.946	0.726	0.323	0.047	0.000	0.000
	17	1.000	1.000	1.000	1.000	0.999	0.978	0.846	0.488	0.109	0.002	0.000
	18	1.000	1.000	1.000	1.000	1.000	0.993	0.926	0.659	0.220	0.009	0.000
	19	1.000	1.000	1.000	1.000	1.000	0.998	0.971	0.807	0.383	0.033	0.001
	20	1.000	1.000	1.000	1.000	1.000	1.000	0.991	0.910	0.579	0.098	0.007
	21	1.000	1.000	1.000	1.000	1.000	1.000	0.998	0.967	0.766	0.236	0.034
	22	1.000	1.000	1.000	1.000	1.000	1.000	1.000	0.991	0.902	0.463	0.127
	23	1.000	1.000	1.000	1.000	1.000	1.000	1.000	0.998	0.973	0.729	0.358
	24	1.000	1.000	1.000	1.000	1.000	1.000	1.000	1.000	0.996	0.928	0.723
	25	1.000	1.000	1.000	1.000	1.000	1.000	1.000	1.000	1.000	1.000	1.000

〈표 A-6〉 누적 포아송 분포표

$$P[X \leqq c] = \sum_{x=0}^{c} \frac{e^{-m} m^{x}}{x!}$$

c	m 0.10	0.20	0.30	0.40	0.50	0.60	0.70	0.80	0.90	1.00
0	0.905	0.819	0.741	0.670	0.607	0.549	0.497	0.449	0.407	0.368
1	0.999	0.982	0.963	0.938	0.910	0.878	0.844	0.809	0.772	0.736
2	1.000	0.999	0.996	0.992	0.986	0.977	0.966	0.953	0.937	0.920
3	1.000	1.000	1.000	0.999	0.998	0.997	0.994	0.991	0.945	0.981
4	1.000	1.000	1.000	1.000	1.000	1.000	0.999	0.998	0.080	0.996
5	1.000	1.000	1.000	1.000	1.000	1.000	1.000	1.000	0.998	0.999
6	1.000	1.000	1.000	1.000	1.000	1.000	1.000	1.000	1.000	1.000
7	1.000	1.000	1.000	1.000	1.000	1.000	1.000	1.000	1.000	1.000

c	m 1.10	1.20	1.30	1.40	1.50	1.60	1.70	1.80	1.90	2.00
0	0.333	0.301	0.273	0.247	0.223	0.202	0.183	0.165	0.150	0.135
1	03699	0.663	0.627	0.592	0.558	0.525	0.493	0.463	0.434	0.406
2	0.900	0.879	0.857	0.833	0.809	0.783	0.757	0.731	0.704	0.677
3	0.974	0.966	0.957	0.946	0.934	0.921	0.907	0.891	0.875	0.857
4	0.995	0.992	0.989	0.986	0.981	0.976	0.970	0.964	0.956	0.947
5	0.999	0.998	0.998	0.997	0.996	0.994	0.992	0.990	0.987	0.983
6	1.000	1.000	1.000	0.999	0.999	0.999	0.998	0.997	0.997	0.995
7	1.000	1.000	1.000	1.000	1.000	1.000	1.000	0.999	0.999	0.999
8	1.000	1.000	1.000	1.000	1.000	1.000	1.000	1.000	1.000	1.000
9	1.000	1.000	1.000	1.000	1.000	1.000	1.000	1.000	1.000	1.000

c	m 2.10	2.20	2.30	2.40	2.50	2.60	2.70	2.80	2.90	3.00
0	0.122	0.111	0.100	0.091	0.082	0.074	0.067	0.061	0.055	0.050
1	0.380	0.355	0.331	0.308	0.287	0.267	0.249	0.231	0.215	0.199
2	0.650	0.623	0.596	0.570	0.544	0.518	0.494	0.469	0.446	0.423
3	0.839	0.819	0.799	0.779	0.758	0.736	0.714	0.962	0.670	0.647
4	0.938	0.928	0.916	0.904	0.891	0.877	0.863	0.848	0.832	0.815
5	0.980	0.975	0.970	0.964	0.958	0.951	0.943	0.935	0.926	0.916
6	0.994	0.993	0.991	0.988	0.986	0.983	0.979	0.976	0.971	0.966
7	0.999	0.998	0.997	0.997	0.996	0.995	0.993	0.992	0.990	0.988
8	1.000	1.000	0.999	0.999	0.999	0.999	0.998	0.998	0.997	0.996
9	1.000	1.000	1.000	1.000	1.000	1.000	0.999	0.999	0.999	0.999
10	1.000	1.000	1.000	1.000	1.000	1.000	1.000	1.000	1.000	1.000
11	1.000	1.000	1.000	1.000	1.000	1.000	1.000	1.000	1.000	1.000
12	1.000	1.000	1.000	1.000	1.000	1.000	1.000	1.000	1.000	1.000

c	m 3.10	3.20	3.30	3.40	3.50	3.60	3.70	3.80	3.90	4.00
0	0.045	0.041	0.037	0.033	0.030	0.027	0.025	0.022	0.020	0.018
1	0.185	0.171	0.159	0.147	0.136	0.126	0.116	0.107	0.099	0.092
2	0.401	0.380	0.359	0.340	0.321	0.303	0.285	0.269	0.253	0.238
3	0.625	0.603	0.580	0.558	0.537	0.515	0.494	0.473	0.453	0.433
4	0.798	0.781	0.763	0.744	0.725	0.706	0.687	0.668	0.648	0.629
5	0.906	0.895	0.883	0.871	0.858	0.844	0.830	0.816	0.801	0.785
6	0.961	0.955	0.949	0.942	0.935	0.927	0.918	0.909	0.899	0.889
7	0.986	0.983	0.980	0.977	0.973	0.969	0.965	0.960	0.955	0.944
8	0.995	0.994	0.993	0.992	0.990	0.988	0.986	0.984	0.981	0.979
9	0.999	0.998	0.998	0.997	0.997	0.996	0.995	0.994	0.993	0.992
10	1.000	1.000	0.999	0.999	0.999	0.999	0.998	0.998	0.998	0.997
11	1.000	1.000	1.000	1.000	1.000	1.000	1.000	0.999	0.999	0.999
12	1.000	1.000	1.000	1.000	1.000	1.000	1.000	1.000	1.000	1.000
13	1.000	1.000	1.000	1.000	1.000	1.000	1.000	1.000	1.000	1.000
14	1.000	1.000	1.000	1.000	1.000	1.000	1.000	1.000	1.000	1.000

c	m 4.50	5.00	5.50	6.00	6.50	7.00	7.50	8.00	8.50	9.00
0	0.011	0.007	0.004	0.002	0.002	0.001	0.001	0.000	0.000	0.000
1	0.061	0.040	0.027	0.017	0.011	0.007	0.005	0.003	0.002	0.001
2	0.174	0.125	0.088	0.062	0.043	0.030	0.020	0.014	0.009	0.006
3	0.342	0.265	0.202	0.151	0.112	0.082	0.059	0.042	0.030	0.021
4	0.532	0.440	0.358	0.285	0.224	0.173	0.132	0.100	0.074	0.055
5	0.703	0.616	0.529	0.446	0.369	0.301	0.241	0.191	0.150	0.116
6	0.831	0.762	0.686	0.606	0.527	0.450	0.378	0.313	0.256	0.207
7	0.913	0.867	0.809	0.744	0.673	0.599	0.525	0.453	0.386	0.324
8	0.960	0.932	0.894	0.847	0.792	0.729	0.662	0.593	0.523	0.456
9	0.983	0.968	0.946	0.916	0.877	0.830	0.776	0.717	0.653	0.857
10	0.993	0.986	0.975	0.957	0.933	0.901	0.862	0.816	0.763	0.706
11	0.998	0.995	0.989	0.980	0.966	0.947	0.921	0.883	0.849	0.803
12	0.999	0.998	0.996	0.991	0.984	0.973	0.957	0.936	0.909	0.876
13	1.000	0.999	0.998	0.996	0.993	0.987	0.978	0.966	0.949	0.926
14	1.000	1.000	0.999	0.999	0.997	0.994	0.990	0.983	0.973	0.959
15	1.000	1.000	1.000	0.999	0.999	0.998	0.995	0.992	0.986	0.978
16	1.000	1.000	1.000	1.000	1.000	0.999	0.998	0.996	0.993	0.989
17	1.000	1.000	1.000	1.000	1.000	1.000	0.999	0.998	0.997	0.995
18	1.000	1.000	1.000	1.000	1.000	1.000	1.000	0.999	0.999	0.998
19	1.000	1.000	1.000	1.000	1.000	1.000	1.000	1.000	0.999	0.999
20	1.000	1.000	1.000	1.000	1.000	1.000	1.000	1.000	1.000	1.000
21	1.000	1.000	1.000	1.000	1.000	1.000	1.000	1.000	1.000	1.000
22	1.000	1.000	1.000	1.000	1.000	1.000	1.000	1.000	1.000	1.000

〈표 A-7〉 관리도용 계수표

군의 크기	관리 한계를 위한 계수													중심선을 위한 계수			
	A	A_2	A_3	A_4	A_9	B_3	B_4	B_5	B_6	D_1	D_2	D_3	D_4	c_4	d_2	d_3	m_3
2	2.121	1.880	2.659	1.880	2.695	-	3.267	-	2.606	-	3.686	-	3.267	0.798	1.128	0.853	1.000
3	1.732	1.023	1.954	1.187	1.826	-	2.568	-	2.276	-	4.358	-	2.575	0.886	1.693	0.888	1.160
4	1.500	0.729	1.628	0.796	1.522	-	2.266	-	2.088	-	4.698	-	2.282	0.921	2.059	0.880	1.092
5	1.342	0.577	1.427	0.691	1.363	-	2.089	-	1.964	-	4.918	-	2.114	0.940	2.326	0.864	1.198
6	1.225	0.483	1.287	0.549	1.263	0.030	1.970	0.029	1.874	-	5.078	-	2.004	0.952	2.534	0.848	1.135
7	1.134	0.419	1.182	0.509	1.194	0.118	1.882	0.113	1.806	0.204	5.204	0.076	1.924	0.959	2.707	0.833	1.214
8	1.061	0.373	1.099	0.432	1.143	0.185	1.815	0.179	1.751	0.388	5.306	0.136	1.864	0.965	2.847	0.820	1.160
9	1.000	0.337	1.032	0.412	1.104	0.239	1.761	0.232	1.707	0.547	5.393	0.184	1.816	0.969	2.970	0.808	1.223
10	0.949	0.308	0.975	0.363	1.072	0.284	1.716	0.276	1.669	0.687	5.469	0.223	1.777	0.973	3.078	0.797	1.176
11	0.905	0.285	0.927	0.350	·	0.321	1.679	0.313	1.637	0.811	5.535	0.256	1.744	0.975	3.173	0.787	1.228
12	0.866	0.266	0.886	0.315	·	0.354	1.646	0.346	1.610	0.922	5.594	0.284	1.717	0.978	3.258	0.778	1.188
13	0.832	0.249	0.850	0.307	·	0.382	1.618	0.374	1.585	1.025	5.647	0.308	1.693	0.979	3.336	0.770	1.232
14	0.802	0.235	0.817	0.280	·	0.406	1.594	0.399	1.563	1.118	5.696	0.329	1.672	0.981	3.407	0.763	1.196
15	0.775	0.223	0.789	0.275	·	0.428	1.572	0.421	1.544	1.203	5.741	0.348	1.653	0.982	3.472	0.756	1.235
16	0.750	0.212	0.763	0.254	·	0.448	1.552	0.440	1.526	1.282	5.782	0.364	1.637	0.983	3.532	0.750	1.203
17	0.782	0.203	0.739	0.251	·	0.466	1.534	0.458	1.511	1.356	5.820	0.379	1.622	0.985	3.588	0.744	1.237
18	0.707	0.194	0.718	0.234	·	0.482	1.518	0.475	1.496	1.424	5.856	0.392	1.609	0.985	3.640	0.739	1.208
19	0.688	0.187	0.698	0.232	·	0.497	1.503	0.490	1.483	1.487	5.891	0.404	1.596	0.986	3.689	0.733	1.239
20	0.671	0.180	0.680	0.218	·	0.510	1.490	0.504	1.470	1.549	5.921	0.414	1.585	0.987	3.735	0.729	1.212
21	0.655	0.173	0.663	0215	·	0.523	1.477	0.516	1.459	1.605	5.951	0.425	1.575	0.988	3.778	0.724	1.240
22	0.640	0.167	0.647	0.203	·	0.534	1.466	0.528	1.448	1.659	5.979	0.435	1.565	0.988	3.819	0.720	1.215
23	0.626	0.162	0.633	0.201	·	0.545	1.455	0.539	1.438	1.710	6.006	0.443	1.557	0.989	3.858	0.716	1.241
24	0.612	0.157	0.619	0.191	·	0.555	1.445	0.549	1.429	1.759	6.031	0.452	1.548	0.989	3.895	0.712	1.218
25	0.600	0.153	0.606	0.190	·	0.565	1.435	0.559	1.420	1.806	6.056	0.459	1.541	0.990	3.931	0.708	1.242

〈표 A-8〉 r 분포표

v \ $1-\alpha$	0.95	0.975	0.99	0.995
10	.4973	.5760	.6581	.7079
11	.4762	.5529	.6339	.6835
12	.4575	.5324	.6120	.6614
13	.4409	.5139	.5923	.6411
14	.4259	.4973	.5742	.6226
15	.4124	.4821	.5577	.6055
16	.4000	.4683	.5425	.5897
17	.3887	.4555	.5285	.5751
18	.3783	.4438	.5155	.5614
19	.3687	.4329	.5034	.5487
20	.3598	.4227	.4921	.5368
25	.3233	.2809	.4451	.4869
30	.2960	.3494	.4093	.4487
35	.2746	.3246	.3810	.4182
40	.2573	.3044	.3578	.3932
50	.2306	.2732	.3218	.3541
60	.2108	.2500	.2948	.3248
70	.1954	.2319	.2737	.3017
80	.1829	.2172	.2565	.2830
90	.1726	.2050	.2422	.2673
100	.1638	.1946	.2301	.2540
근사치	$\frac{1.645}{\sqrt{v+1}}$	$\frac{1.960}{\sqrt{v+1}}$	$\frac{2.326}{\sqrt{v+2}}$	$\frac{2.576}{\sqrt{v+3}}$

〈표 A-9〉 난수표

03 47 43 73 86	36 96 47 36 61	46 98 63 71 62	33 26 16 80 45	60 11 14 10 95
97 74 24 67 62	42 81 14 57 20	42 53 32 37 32	27 07 36 07 51	24 51 79 89 73
16 76 62 27 66	56 50 26 71 07	32 90 79 78 53	13 55 38 58 59	88 97 54 14 10
12 56 85 99 26	96 96 68 27 31	05 03 72 93 15	57 12 10 14 21	88 26 49 81 76
55 59 56 35 64	38 54 82 64 22	31 62 43 09 90	06 18 44 32 53	23 93 01 30 30
16 22 77 94 39	49 51 43 54 82	17 37 93 23 78	87 35 20 96 43	84 26 34 91 64
84 42 17 53 31	57 24 55 06 88	77 04 74 47 67	21 76 33 50 25	83 92 12 06 76
60 01 63 78 59	16 95 55 67 19	98 10 50 71 75	12 86 73 58 07	44 39 52 38 79
33 21 12 34 29	78 64 56 07 82	52 42 07 44 38	15 51 00 13 42	99 66 02 79 54
57 60 86 32 44	09 47 27 96 54	49 17 46 09 62	90 52 84 77 27	08 02 73 43 28
18 18 07 92 46	44 17 16 58 09	79 83 86 19 62	06 76 50 03 10	55 23 64 05 05
26 62 38 97 75	84 16 07 44 99	83 11 46 32 24	20 14 85 88 45	10 93 72 88 71
23 42 40 64 74	82 97 77 77 81	07 45 32 14 08	32 98 94 07 72	93 85 79 10 75
52 36 28 19 95	50 92 26 11 97	00 56 76 31 38	80 22 02 53 53	86 60 42 04 53
37 85 94 35 12	83 39 50 08 30	42 34 07 96 88	54 42 06 87 98	35 85 29 48 39
70 29 17 12 13	40 33 20 38 26	13 89 51 03 74	17 76 37 13 04	07 74 21 19 30
56 62 18 37 35	96 83 50 87 75	97 12 25 93 47	70 33 24 03 54	97 77 46 44 80
99 49 57 22 77	88 42 95 45 72	16 64 36 16 00	04 43 18 66 79	94 77 24 21 90
16 08 15 04 72	33 27 14 34 09	45 59 34 68 49	12 72 07 34 45	99 27 72 95 14
31 16 93 32 43	50 27 89 87 19	20 15 37 00 49	52 85 66 60 44	38 68 88 11 80
68 34 30 13 70	55 74 30 77 40	44 22 78 84 26	04 33 46 09 52	68 07 97 06 57
74 57 25 65 76	59 29 97 68 60	71 91 38 67 54	13 58 18 24 76	15 54 55 95 52
27 42 37 86 53	48 55 90 65 72	96 57 69 36 10	96 46 92 42 45	97 60 49 04 94
00 39 68 29 61	66 37 32 20 30	77 84 57 03 29	10 45 65 04 26	11 04 96 67 24
29 94 98 94 24	68 49 69 10 82	53 75 91 93 30	34 25 20 57 27	40 48 73 51 92
16 90 82 66 59	83 62 64 11 12	67 19 00 71 74	60 47 21 29 68	02 02 37 03 31
11 27 94 75 06	06 09 19 74 66	02 94 37 34 02	76 70 90 30 86	38 45 94 30 38
35 24 10 16 20	33 32 51 26 38	79 78 45 04 91	16 92 53 56 16	02 75 50 95 98
38 23 16 86 38	42 38 97 01 50	87 75 66 81 41	40 01 74 91 62	48 51 84 08 32
31 96 25 91 47	96 44 33 49 13	34 86 82 53 91	00 52 43 48 85	27 55 26 89 62
66 67 40 67 14	64 05 71 95 86	11 05 65 09 68	76 83 20 37 90	57 16 00 11 66
14 90 84 45 11	75 73 88 05 90	52 27 41 14 86	22 98 12 22 08	07 52 74 95 80
68 05 51 18 00	33 96 02 75 19	07 06 62 93 55	59 33 82 43 90	49 37 38 44 59
20 46 78 73 90	97 51 40 14 02	04 02 33 31 08	39 54 16 49 36	47 95 93 13 30
64 19 58 97 79	15 06 15 93 20	01 90 10 75 06	40 78 78 89 62	02 67 74 19 33
05 26 93 70 60	22 35 85 15 13	92 03 51 59 77	59 56 78 06 83	52 91 05 70 74
07 97 10 88 23	09 98 42 99 64	61 71 62 99 15	06 51 29 16 93	58 05 77 09 51
68 71 86 85 85	54 87 66 47 54	73 32 08 11 12	44 05 92 63 16	29 56 51 29 48
26 99 61 65 53	58 37 78 80 70	42 10 50 67 42	32 17 55 85 74	94 44 67 16 94
14 65 52 68 75	87 59 36 22 41	26 78 63 06 55	13 08 27 01 50	15 29 39 39 43
17 53 77 58 71	71 41 61 50 72	12 41 94 96 26	44 95 27 36 99	08 96 74 30 83
90 26 59 21 19	23 52 23 33 12	96 93 02 18 39	07 02 18 36 07	25 99 32 70 23
41 23 52 55 99	31 04 49 69 96	10 47 48 45 88	13 41 43 89 20	97 17 14 49 17
60 20 50 81 69	31 99 73 68 68	35 81 33 03 76	24 30 12 48 60	18 99 10 72 34
91 25 38 05 90	94 58 28 41 36	45 37 59 03 09	90 35 57 29 12	82 62 54 65 60
34 50 57 74 37	98 80 33 00 91	09 77 93 19 82	74 94 80 04 04	45 07 31 66 49
85 22 04 39 43	73 81 53 94 79	33 62 46 86 28	08 31 54 46 31	53 94 13 38 47
09 79 13 77 48	73 82 97 22 21	05 03 27 24 83	72 89 44 05 60	35 80 39 94 88
88 75 80 18 14	22 95 75 42 49	39 32 82 22 49	02 48 07 70 35	16 04 61 67 87
90 96 23 70 00	39 00 03 06 90	55 85 78 38 36	91 37 30 69 32	90 89 00 76 33

53 74 23 99 67	61 32 25 69 84	94 62 67 86 24	98 33 41 19 95	47 53 53 38 09
63 38 06 86 54	99 00 65 26 37	02 82 90 23 07	76 62 67 80 60	75 91 12 81 19
35 30 58 21 46	06 72 17 10 94	25 21 31 71 96	49 28 24 00 49	55 65 79 78 07
63 43 36 82 69	65 51 18 37 88	61 38 44 12 45	32 92 85 88 65	54 34 81 85 35
98 25 37 55 26	01 91 82 81 46	74 71 12 94 97	24 02 71 37 07	03 92 18 66 75
02 63 21 17 69	71 50 80 89 56	38 15 70 11 18	43 40 45 86 98	00 83 26 91 03
64 55 22 21 82	48 22 28 06 00	61 54 13 43 91	82 78 12 23 29	06 66 24 12 27
85 07 26 13 89	01 10 07 82 04	59 63 69 36 03	69 11 15 83 80	13 29 54 19 28
58 54 16 24 15	51 54 44 82 00	62 61 65 04 69	38 18 65 18 94	85 72 13 49 21
34 85 27 84 87	61 48 64 56 26	90 18 48 13 26	37 70 15 42 57	65 65 80 39 07
03 92 18 27 46	57 99 16 96 56	30 33 72 85 22	84 64 38 56 98	99 01 30 98 64
62 95 30 27 59	37 75 41 66 48	86 97 80 61 45	23 53 04 01 63	45 76 08 64 27
08 45 93 15 22	60 21 75 46 91	98 77 27 85 42	28 88 61 08 84	69 62 03 42 73
07 08 55 18 40	45 44 75 13 90	24 94 96 61 02	57 55 66 83 15	73 42 37 11 61
01 85 89 95 66	51 10 19 34 88	15 84 97 19 75	12 76 39 43 78	64 63 91 08 25
72 84 71 14 35	19 11 58 49 26	50 11 17 17 76	86 31 57 20 18	95 60 78 46 75
88 78 28 16 84	13 52 53 94 53	75 45 69 30 96	73 89 65 70 31	99 17 43 48 76
45 17 75 65 57	28 40 19 72 12	25 12 74 75 67	60 40 60 81 19	24 62 01 61 16
96 76 28 12 54	22 01 11 94 25	71 96 16 16 88	68 64 36 74 45	19 59 50 88 92
43 31 67 72 30	24 02 94 08 63	38 32 36 66 02	69 36 38 25 39	48 03 45 15 22
50 44 66 44 21	66 06 58 05 62	68 15 54 35 02	42 35 48 96 32	14 52 41 52 48
22 66 22 15 86	26 63 75 41 99	58 42 36 72 24	58 37 52 18 51	03 37 18 39 11
96 24 40 14 51	23 22 30 88 57	95 67 47 29 83	94 69 40 06 07	18 16 36 78 86
31 73 91 61 19	60 20 72 93 48	98 57 07 23 69	65 95 39 69 58	56 80 30 19 44
78 60 73 99 84	43 89 94 36 45	56 69 47 07 41	90 22 91 07 12	78 35 34 08 72
84 37 90 61 56	70 10 23 98 05	85 11 34 76 60	76 48 45 34 60	01 64 18 39 96
36 67 10 08 23	98 93 35 08 86	99 29 76 29 81	33 34 91 58 93	63 14 52 32 52
07 28 59 07 48	89 64 58 89 75	83 85 62 27 89	30 14 78 56 27	86 63 59 80 02
10 15 83 87 60	79 24 31 66 56	21 48 24 06 93	91 98 94 05 49	01 47 59 38 00
55 19 68 97 65	03 73 52 16 56	00 53 55 90 27	33 42 29 38 87	22 13 88 83 34
53 81 29 13 39	35 01 20 71 34	62 33 74 82 14	53 73 19 09 03	56 54 29 56 93
51 86 32 68 92	33 98 74 66 99	40 14 71 94 58	45 94 19 38 81	14 44 99 81 07
35 91 70 29 13	80 03 54 07 27	96 94 78 32 66	50 95 52 74 33	13 80 55 62 54
37 71 67 95 13	20 02 44 95 94	64 85 04 05 72	01 32 90 76 14	53 89 74 60 41
93 66 13 83 27	92 79 64 64 72	28 54 96 53 84	48 14 52 98 94	56 07 93 89 30
02 96 08 45 65	13 05 00 41 84	93 07 54 72 59	21 45 57 09 77	19 48 56 27 44
49 83 43 48 35	82 88 33 69 96	72 36 04 19 76	47 45 15 18 60	82 11 08 95 97
84 60 71 62 46	40 80 81 30 37	34 39 23 05 38	25 15 35 71 30	88 12 57 21 77
18 17 30 88 71	44 91 14 88 47	89 23 30 63 15	56 34 20 47 89	99 82 93 24 98
79 69 10 61 78	71 32 76 95 62	87 00 22 58 40	92 54 01 75 25	43 11 71 99 31
75 93 36 57 83	56 20 14 82 11	74 21 97 90 65	96 42 68 63 86	74 54 13 26 94
38 30 92 29 03	06 28 81 39 38	62 25 06 84 63	61 29 08 93 67	04 32 92 08 09
51 29 50 10 34	31 57 75 95 80	51 97 02 74 77	76 15 48 49 44	18 55 63 77 09
21 31 38 86 24	37 79 81 53 74	73 24 16 10 33	52 83 90 94 76	70 47 14 54 36
29 01 23 87 88	58 02 39 37 67	42 10 14 20 92	16 55 23 42 45	54 96 09 11 06
95 33 95 22 00	18 74 72 00 18	38 79 58 69 32	81 76 80 26 92	82 80 84 25 39
90 84 60 79 80	24 36 59 87 38	82 07 53 89 35	96 35 23 79 18	05 98 90 07 35
46 40 62 98 82	54 97 20 56 95	15 74 80 08 32	16 46 70 50 80	67 72 16 42 79
20 31 89 03 43	38 46 82 68 72	32 14 82 99 70	80 60 47 18 97	63 49 30 21 30
71 59 73 05 50	08 22 23 71 77	91 01 93 20 49	82 96 59 26 94	66 39 67 98 60

찾아보기

1~9

A

B

C

D

E

F

J

K

ㅊ

저자소개

박성현

[약력] 서울대학교 공과대학 화학공학과 졸업 / 미국 노스캐롤라이나 주립대학교 산업공학 석사, 통계학 박사 / 미국 미시시피 주립대학교 경영대학 조교수 / 한국통계학회 회장 / 서울대 학생처장, 서울대 자연과학대학장 / 한국품질경영학회장 / 서울대 통계학과 교수, 국제산업통계학회 부회장, 서울대 평의원회 의장/ 서울대 법인화위원회 위원장 / 한국연구재단 기초연구본부장 / 현재 한국과학기술한림원 부원장, 서울대 통계학과 명예교수, 건국대 기술경영학과 석좌교수

[주요저서] 실험계획법 증보판(1995) / Robust Design and Analysis for Quality Engineering (영문, 1996) / 6 시그마 이론과 실제(1999) / Statistical Process Monitoring and Optimization (영문, 2000) / 품질공학(2000) / Six Sigma for Quality and Productivity Promotion(영문, 2003) / Robust Design for Quality Engineering and Six Sigma (영문, 2008) / Minitab을 활용한 현대실험계획법 (2010)

박영현

[약력] 한양대학교 공과대학 금속공학과 졸업 / 미국 미시시피 주립대학교 산업공학 석사 / 미국 어번대학교 산업공학 박사 / 미국 뉴멕시코 주립대학교 경영대학 조교수, 부교수 / 한국품질경영학회 국제위원장 / 한국산업공학회 이사 / 강남대학교 공과대학 학장 / 총무인력처장 / The Asian Journal on Quality 편집위원장 / 대한설비관리학회 이사 / 현재 강남대학교 미래위원회 위원장/한국 품질경영학회 부회장

[주요저서] 국내외 학회지 및 학술지 80여 편 게재 / 통계적 공정관리(1997) / 공장관리이야기(1999) / 경영품질론(2005) / 서비스품질경영론(2005) / 통계적 품질관리(2005)

이제영

[약력] 영남대학교 수학과 졸업 / 미국 애리조나 주립대학교 통계학 석사 / 미국 뉴멕시코 대학교 통계학 박사 / 영남대학교 이과대학 부학장 / 영남대학교 이과대학 학장 / [현재]영남대학교 통계학과 조교수, 부교수, 교수(1994~), 영남대학교 자연과학대학 학장 / Journal of Info. & Optim. Sci.(India) 편집위원 / 한국데이터 정보과학회 부회장 / 한국통계학회 부회장

[주요저서] 의학통계분석(1996) / 실용통계학(1998) / 기초통계학(2000) / 응용통계학(2000) / SPSS로 배우는 교양실용통계(2002) / 기초 SAS와 통계분석(2005) / 통계적 품질관리와 6시그마이해(2012) / 통계학 입문(2009) / 통계학 : 원리와 방법(2016)

MINITAB 17 활용

통계적 품질관리와 6시그마 이해(제3판)

지은이 박성현 · 박영현 · 이제영

펴낸이 김동현

펴낸곳 민영사

펴낸날 2012년 9월 1일 초판
2014년 9월 1일 수정판
2019년 2월 15일 제3판 2쇄

등 록 2014년 1월 1일 제2014-000001호

주 소 서울시 성동구 옥수동 독서당로 39길 43 1층

전 화 (02) 711-1224~5

FAX (02) 711-1226

E-mail myspub@hanmail.net

Home www.minyoungsa.com

ISBN 979-11-86378-16-8 93410 가격 27,000원